本书为西南财经大学中央高校基本科研业务费专著出版与后期资助项目（项目编号2020110005）研究成果

后发大国
财政演进逻辑与路径

HOUFA DAGUO
CAIZHENG YANJIN LUOJI YU LUJING

文峰 著

西南财经大学出版社
Southwestern University of Finance & Economics Press
中国·成都

图书在版编目（CIP）数据

后发大国财政演进逻辑与路径/文峰著.—成都:西南财经大学出版社,
2022.11
ISBN 978-7-5504-5492-7

Ⅰ.①后… Ⅱ.①文… Ⅲ.①财政—研究—中国 Ⅳ.①F812

中国版本图书馆 CIP 数据核字（2022）第 146324 号

后发大国财政演进逻辑与路径

文峰 著

责任编辑:李晓嵩
责任校对:王甜甜
封面设计:何东琳设计工作室
责任印制:朱曼丽

出版发行	西南财经大学出版社（四川省成都市光华村街55号）
网 址	http://cbs.swufe.edu.cn
电子邮件	bookcj@swufe.edu.cn
邮政编码	610074
电 话	028-87353785
照 排	四川胜翔数码印务设计有限公司
印 刷	四川五洲彩印有限责任公司
成品尺寸	170mm×240mm
印 张	34.75
字 数	835 千字
版 次	2022 年 11 月第 1 版
印 次	2022 年 11 月第 1 次印刷
书 号	ISBN 978-7-5504-5492-7
定 价	128.00 元

序

　　中华人民共和国成立以来，我国财政经历了70多年的发展。伴随着我国经济发展和经济体制改革，从服务于奠定国家发展基础的计划经济体制下的、以经济建设为主的、优先发展城市的、中央集权的财政制度到建立与市场经济体制相适应的公共财政制度，再到党的十八届三中全会将财政提高到国家治理的基础和重要支柱的地位，并明确建立现代财政制度，我国财政经历了一个曲折的发展历程。我国财政演变是否有一个一以贯之的理论体系和逻辑框架？各发展阶段之间的关系是怎样的？是前后相继、相互依存，还是相互否定、相互冲突？"基础和支柱说"的财政定位是适用于党的十八届三中全会以后的经济发展阶段还是适用于中国经济发展的全过程？如果是适用于中国经济发展的全过程，在不同的经济发展阶段，财政的基础和支柱作用又是如何体现的？在了解中国财政运行基本事实的基础上，笔者结合后发大国经济发展理论、制度经济学和财政学相关理论，构建了一个反映后发大国财政运行内在规律的理论框架，期待为中国财政运行基本事实提供一个合理的解释，为中国财政运行的趋势提供一个基本的预测。

　　本书在明确财政研究基本方法论的基础上，首先从后发大国的内在规定性出发，在后发大国经济发展的框架内分析后发大国财政的基本规定性和演进机制，然后将后发大国财政理论与中国财政运行基本事实结合起来，运用

后发大国财政理论对我国财政运行基本事实做出一个合理的解释，并对我国财政发展的趋势做出预测。

第1章 为什么研究后发大国财政制度。本章主要从中国财政演变的基本事实出发，从中国财政理论研究和财政制度建设中的深层次困惑出发，阐述研究后发大国财政运行机制和路径的必要性。同时，本章从财政理论研究和中国经济发展对财政制度的需求以及中国财政制度与经济发展的相互关系角度阐述研究后发大国财政问题的意义。

第2章 相关研究文献述评。本章通过对后发大国经济发展理论、后发大国财政与国家治理理论、后发大国财政制度与经济增长以及经济结构变化等相关理论的梳理，了解后发大国财政相关理论研究成果。尽管在已有研究文献中，直接、明确研究后发大国财政演进机制和路径的文献不是太多，但很多理论成果仍然为本书的研究提供了重要的理论营养。

第3章 后发大国财政研究的基本方法论。正确开展后发大国财政问题的研究必须以科学的方法论为指导。马克思主义辩证唯物主义与历史唯物主义是认识世界和改造世界的科学世界观、方法论，也是研究后发大国财政问题的方法论基础。后发大国财政研究主要以马克思主义辩证唯物主义的基本观点为基础。在内容与形式关系方面，后发大国财政制度是财政运行的形式体现，后发大国财政运行的内在逻辑决定财政制度的具体形式。适合后发大国财政运行的财政制度有助于促进财政的正常运行和财政功能的正常发挥，有助于实现财政与经济运行的良性互动，推动经济社会向前发展。在结构与功能关系方面，后发大国财政各要素的结构决定财政制度的功能，财政功能的正常发挥又推动财政制度结构的完善、优化。在客观规律性与主观能动性关系上，后发大国财政制度变化必须遵循财政运行的一般规律，符合后发大国经济发展的一般规律。同时，政府在财政制度安排中也要充分发挥主观能动性，制定适合经济发展要求的财政制度，并适时推动财政制度的变迁。

第4章 财政基因及其对财政演变的影响。财政运行的一般规律是后发大国财政制度安排的重要依据。财政是内生于经济社会发展，又反作用于经济社会的政治经济现象。财政具有复杂的内部结构，包括处于核心地位且具有较强稳定性的财政基因、中间层次的财政制度（正式与非正式的财政制度）以及外在表现的各种财政现象。财政基因是决定财政演变方向与路径的最基本的元素或成分，包括政治、经济、伦理、文化四个方面，财政基因的组合方式形成了财政的多样性，四种基因由低级到高级演化，决定了财政从低级到高级、从简单到复杂的发展方向和趋势。

第5章 财政发展的内在机制。财政从产生以来经历了一个不断运动、变化和发展的过程，与任何事物的运动、发展一样，财政的运动、发展来自财政内部矛盾运动的推动。在财政发展过程中，个人与国家、公平与效率、政府与市场的对立统一和矛盾运动是推动财政运动、变化与发展的内在动力。

第6章 财政形态。财政一般具有五种形态，即国家财政、公共财政、发展财政、国际财政和转型财政。国家财政是财政维护国家存在、促进国家与财政互动中所表现出来的主要关系。公共财政是基于市场经济条件下政府与市场职能分工的财政形态。发展财政是财政促进经济发展职能的综合体现。国际财政是基于全球公共品生产与消费关系的财政关系的综合。转型财政是与经济发展阶段转换相联系的财政制度的转变。财政诸形态并不是孤立存在的，而是相互依存、相互联系地存在于任何国家和任何时期，只是由于经济社会发展条件不同，诸财政形态在特定国家和时期的财政整体中所处地位与作用有所差异而已。

第7章 财政和财政制度的结构、功能与绩效。财政制度是财政内容的形式化表现，财政制度包含正式的财政制度和非正式的财政制度。正式的财政制度一般包括财政收入制度、支出制度、政府预算制度、财政体制、财政政策等。财政制度的结构决定财政制度的功能，财政制度功能的发挥具体外化为财政制度的绩效。财政制度的绩效包括具体某项财政制度安排的微观绩

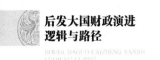
效和整体财政制度的宏观绩效。财政制度的绩效与财政制度的结构密切相关。财政制度的结构包括静态的财政制度要素集合和动态的财政制度要素集合。财政制度整体结构是运动中的有机体，在动态演变中提高财政制度要素耦合效率是提高财政制度绩效的基本要求。

第8章 后发大国财政的政治、经济和文化背景。后发大国财政是与后发大国的经济、政治和历史文化紧密联系的一种财政类型。后发大国要素禀赋结构和经济发展逻辑是其财政制度形成与演化的内在依据。后发大国的经济发展水平和发展趋势是决定财政制度安排和发展趋势的最基础的因素。后发大国的政治结构是影响其财政制度安排和财政演进的最直接的因素。后发大国厚重的历史文化传统是影响财政连续性和稳定性，决定财政与财政制度人文特性的重要因素。

第9章 后发大国经济发展的机制。经济因素是后发大国财政运行的最基本的因素。后发大国经济发展水平、发展机制是决定和影响财政制度安排的重要前提，后发大国财政制度安排和变迁也反过来影响后发大国经济发展的水平、进程和趋势。后发大国同时具有后发国家和大国的特征。后发大国在经济发展中具有潜在的后发优势、后发劣势、大国优势、大国劣势。充分发挥后发优势与大国优势，抑制后发劣势和大国劣势是后发大国经济发展的必然要求。将潜在的后发优势和大国优势转化为经济发展的现实优势和国家实力需要国家有较强的发展能力。后发大国能力在后发大国的不同发展阶段有不同的内容。为培育后发大国国家发展能力，后发大国需要建立相对完整的国民经济体系。在经济发展水平较低阶段建立相对完整的国民经济体系，对资本的需求受到国内资金供给能力的约束。为满足资金需求，后发大国需要制定特殊的财政、金融等制度安排。国家发展能力形成后，市场机制在资源配置中发挥基础性和决定性作用的基本条件就已经具备，后发优势与大国优势就可以充分发挥，后发大国经济进入持续、快速增长阶段。伴随经济持续、快速增长，后发大国内部地区间、城乡间发展差距快速扩大，供求结构矛盾趋于尖锐，有陷入"中等收入陷阱"的趋势和风险。为优化经济结构、转变经济发展方式，后发大国的财政、金融制度必须适时调整、改革。随着后发大国经济实力、科技实力增强以及结构优化，后发大国进入超越发达国家的"关键一跃"的阶段，这要求财政等制度与时俱进地进行调整和优化。

第10章 后发大国财政的含义、重要属性和内容。后发大国财政是内生于后发大国经济社会内部，既体现财政的一般属性又具有后发大国特殊性的一类财政。后发大国财政具有内生性、发展性、中央集权性与地方适度分权相统一和阶段性与发展连续性相统一的属性。后发大国财政制度的主要内容需要适应经济发展的要求，并随经济发展阶段的推移而调整、变革。当然，财政制度安排和变革也会反过来影响经济发展水平。实现财政与经济发展的良性互动是处理好财政和经济之间的关系的基本原则。

第11章 政府在后发大国经济发展中的作用。财政是国家治理的基础和重要支柱，财政为国家治理提供财力支持。政府在经济发展中的作用是定位财政在经济发展中地位的"锚"。政府在经济发展中的作用经历了无为、主导、放任市场作用和重新定位几个阶段。在现代市场经济条件下，既要确保市场在资源配置中发挥决定性作用，又要求政府有所作为，这明确了后发大国财政在经济发展中的功能、作用和地位。

第12章 后发大国财政制度演变的主要阶段。根据后发大国经济发展的内在逻辑和后发大国财政与经济发展的关系，后发大国财政演变一般经历了如下几个阶段：第一阶段，服务于奠定后发大国国家发展物质基础的经济建设性财政阶段；第二阶段，服务于后发优势和大国优势充分发挥的、具有后发大国特色的公共财政建设阶段；第三阶段，服务于抑制大国劣势和后发劣势的、具有后发大国特色的公共财政阶段；第四阶段，积累发展能力，助力后发大国经济发展"飞跃"及进入发达国家行列的现代财政制度建设阶段。每一个财政演进阶段都有该阶段的经济发展条件和财政制度的任务及主要内容。每从一个财政制度阶段向下一个财政制度阶段转变都是一次重要的财政

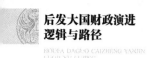
制度变革和阶段性的质变。

第 13 章 后发大国财政制度变迁的机制与路径。后发大国财政制度变迁主要由中央政府主导，但也需要调动地方政府推动财政制度创新的积极性。后发大国宏观层面阶段性的财政变革主要受到经济发展阶段推移的内在驱动。后发大国财政制度变迁整体上经历了四次大的变革：第一次大的变革是建立奠定后发大国发展基础的财政制度，第二次大的变革是从奠定发展基础的经济建设性财政向发挥后发优势和大国优势的、具有后发大国特色的公共财政变革，第三次大的变革是从城乡、产业和区域平等发展的财政制度向农业农村和欠发达地区倾斜的财政转变，第四次大的变革是建立适应积累发展能力向发达经济体飞跃的现代财政。每一次财政变革都需要在适当的时候，在条件具备的情况下才能发动并推进。

第 14 章 为国家发展奠基的城乡二元财政制度：形成、特征和基本内容。中华人民共和国成立后，在后发大国经济发展内在机制的驱动下，受到特定的政治经济条件的约束，中国选择了重工业优先的经济发展战略。为了支持特定的发展战略，中国建立了城市偏向、重工业优先、中央集权的典型的城乡二元财政制度。城乡二元财政制度具有典型的发展财政的特征，在促进国家发展基础形成、奠定后发优势和大国优势发挥作用的物质基础的同时，也为城乡和产业经济结构失衡埋下了一定的隐患，导致中国经济发展中的经济结构演进的非典型性，进而导致中国财政制度变革路径的曲折性。

第 15 章 对改革开放以来中国财政制度变迁路径的回顾与反思。改革开放以后，中国经济进入后发优势和大国优势充分发挥阶段，其间既有后发优势和大国优势的发挥，也伴随后发劣势和大国劣势的逐渐显现。财政制度也在经历"分灶吃饭"财政体制和"包干"财政体制过渡阶段后，先后经历建立适应市场经济体制的公共财政制度框架的基本形成、逐渐完善，在党的十八届三中全会后进入建立现代财政制度的过程，并在党的十九大后加快现代财政制度建设，向适应新时代中国特色社会主义发展的财政制度转变。在中国财政制度变革历程中，党的十六大的召开对城乡二元财政制度和偏向工商业的财政制度的变革具有里程碑式的意义。此外，城乡二元财政制度、区域财政制度、促进人力资本形成的财政制度、促进科技发展的财政制度、促进民生事业发展的医疗卫生财政制度、基础设施和装备制造业发展的财政制度以及促进全国统一大市场形成的财政制度都经历了明显的阶段性变化。从整体上看，中国财政制度的变革与后发大国财政制度变革的基本模式之间存在一定偏差。中国的财政制度不是在奠定后发大国发展物质基础后直接进入促进后发优势和大国优势发挥的财政制度。与此相联系，从适应奠定后发大国发展基础的经济体制和财政制度向适应后发优势和大国优势转变的过程中经济体制和财政制度都存在一个过渡阶段。经济体制和财政制度转变滞后于后发大国经济发展基础条件转变，导致后发优势和大国优势发挥不充分，后发劣势和大国劣势过早出现，阻碍了中国经济潜力的充分释放。中国财政制度从 1998 年定调建立适应市场经济的公共财政制度到 2002 年开始逐渐转向城乡均衡发展，并在党的十八大以后开始转为农业农村偏向的财政制度。由于 1998 年以前制度变革过渡期较长，1998 年以后财政制度变革节奏明显加快，适应市场经济体制要求的、具有后发大国特色的公共财政制度在进一步完善的同时，也开始向农业农村偏向的财政制度变革。在促进统筹城乡发展的财政制度建设完善的同时，党的十八大以后又开启现代财政制度建设的进程。这段时期，中国财政制度变革与财政制度完善基本上同步推进。如何处理完善适应市场经济体制要求的公共财政制度，农业农村优先发展的财政制度和适应中国特色社会主义新时代要求的、高质量发展的现代财政制度之间的关系是中国财政制度变革的难点和重点。

第 16 章 对中国财政制度进一步变革的展望。中国财政制度变革的路径既反映了财政制度演变的一般趋势，又体现了中国典型后发大国财政制度变革的特殊性。在中国财政制度变革中，国家财政在奠定国家发展基础时期强化，之后有所弱化，在中国特色社会主义新时代进一步强化，目的是应对新

发展阶段的挑战，促进高质量发展目标的实现。发展财政在奠定国家发展基础阶段发挥了重要作用，在后发优势和大国优势发挥阶段有所弱化，在新发展阶段需要进一步强化，在夯实新发展阶段国家发展等能力的基础上，为高质量发展奠定基础。公共财政在经历建立基本框架、进一步完善的基础上，需要进一步完善新时代具有中国特色的后发大国公共财政制度。在经济发展进入新时代后，在参与国际政治经济活动的深度和广度都上升到一个新阶段后，国际财政建设需要进一步完善。转型财政一直伴随着中国经济发展的全过程。在经济发展进入新时代后，多重财政转型空间并存，相互交织，更需要统筹协调多重财政制度的变革。当前，中国政治、经济和社会环境整体上有利于财政制度变革，但也存在局部不利因素。推动中国财政向适应中国特色社会主义新时代的变革，需要发挥中央和地方的积极性，在国家财政、公共财政、发展财政、国际财政和转型财政中抓住重点，协调、稳妥推进。

2022 年 8 月于成都

目录

MULU

上篇 后发大国财政制度的基本理论

上篇

后发大国财政制度的基本理论

1
为什么研究后发大国财政制度

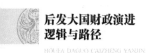
1.1 选题背景

中华人民共和国成立以后，中国财政演进的路径究竟是在向世界各国普遍实行的公共财政趋同呢？还是在建立具有中国特色的财政制度呢？有中国特色的财政制度的特色表现在哪些方面呢？中国财政作为一种与中国经济社会发展相适应的财政，一方面具有明显的中国特色，另一方面又必须体现财政的一般规定性，是一般性和特殊性的统一。在一般的财政和具体国家的财政之间是否存在一种介于它们之间的中间形态的财政呢？这种财政集中反映了一种类型国家财政的共性，同时又体现财政的一般特征。假设有这种形态的财政，如果能够解释其内在规律和演进机制，对适用于这种特定类型国家的财政制度建设和经济发展应该具有重要的指导意义。

详细分析一般财政与具体国家财政之间的关系，有助于发现介于一般财政和具体国家财政之间的特殊中间财政形态。一般财政应该是反映财政区别于其他政治经济现象的内在规定性，比如财政之所以区别于金融，是因为财政和金融所反映的现象之间存在本质的区别。又如在财政中，有传统农业社会的财政，也有商品经济条件下的财政；有重点服务于经济建设的财政，也有主要提供公共品和公共服务的财政；有适用于发达国家的财政，也有适用于欠发达国家的财政。具体国家和具体国家特定发展阶段的财政必须在体现财政的一般规定性的同时，与特定国家和特定发展阶段的政治、经济和社会发展相适应，不能照搬不同经济发展水平的国家的财政制度，也不能使用本国历史上已经过时的财政制度，更不能采用适用于将来发展阶段的财政制度。即使处于同一层次的具体国家的财政制度，由于经济发展水平、政治制度、历史文化传统不同，它们之间的差异也非常明显，欠发达国家不能直接使用发达国家的财政制度，发达国家也不能直接使用欠发达国家的财政制度，这就意味着同一类型的国家应该具有该类型国家财政的共性。某一类国家财政的一般性其实是一般财政中的特殊表现，也是该类型国家财政的一般性表现，具体国家财政制度则是其所在国家类型财政的具体性表现。具体国家的财政既要反映财政的一般性，也要反映其所在类型国家财政的共性。

中国是世界上最大的发展中国家，中国的财政应该属于后发大国财政的一个具体表现形式。世界上的国家可以根据不同标准进行划分，比如发达国家与发展中国家，成熟市场经济国家与转型经济国家，大国与中等规模国家、小型国家等。中国属于大国，也是发展中国家，从动态发展角度看，当前属于后发国家；从经济体制角度看，当前属于经济体制转轨国家；从经济社会发展阶段角度看，当前属于转型经济国家。每一个国家对应的每一个不同分类都反映着其不同方面的属性，每一种不同的属性都意味着具有不同的财政特殊性，比如大国与小国相比，在经济发展思路上就不一样，小国没有必要建立完整的国民经济体系，必须高度依赖国际市场；大国有建立完整的国民经济体系的必要，也有建立完整国民经济体系的可能性。经济发展思路不同，财政制度安排也会有所区别，大国为了建设完整的国民经济体系，尤其是建立支撑国民经济的基础工业和基础设施，需要集中较大规模的财政收入，小国则没有这方面的必要。因此，至少在经济发展某一阶段，这两类国家的财政制度具体内容存在明显区别。再如，大国一般需要有较大规模的国防军事支出，小国的此项支出则少得多，在军事、外交上更多是依附于大国，或者保持中立。中国是世界上最大的发展中国家意味着中国财政具有后发大国这类国家财政的特性，如果能够揭示出这种类型的国家财政的内在规定性及其演进规律，则会对中国财政制度变革、财政制度建设起到重要的指导作用。

透过中国财政变革的表象可以发现后发大国财政的基本轮廓。中华人民共和国成立以后，在特定的发展环境下，中国选择了重工业优先的经济发展战略，与此相适应，选择了计划经济体制，财政制度实行了城市偏向的、以经济建设为主的、中央集权的、以国有企业为主体的财政制度，主要目的是建立相对完整的工业和国民经济体系，奠定国家经济、政治独立的物质基础。相对完整的工业和国民经济体系建成后，中国实行改革开放，经过一段时间的探索后，确立市场经济体制的改革目标。与此相适应，中国逐渐明确了建立公共财政制度。由于城乡和地区差距的快速扩大，城乡基本公共服务均等化的公共财政目标直到 2002 年召开的党的十六大后才逐渐被提出。显然，尽管我国的公共财政制度在不断完善，但在较长时期内并不符合公共财政理论的一般原则。随着经济发展水平的提高，城乡、区域经济结构失衡日益加剧，国家在 20 世纪 90 年代中期就提出了西部大开发，党的十六大提出统筹城乡发展。相应地，财政制度上也做出了一些具体安排。2007 年，国家提出新增基础设施和社会事业发展资金向农村倾斜。党的十八届三中全会将财政定位成国家治理的基础和重要支柱，明确了建立现代财政制度的目标。党的十八大以后，中央明确我国进入中国特色社会主义新时代，提出乡村振兴战略，要求建立与乡村振兴相适应的财力保障机制。之后，中央进一步提出财政资源配置上要促进、保障农业农村优先发展。从我国财政演变的基本路径可以看出，我国财政建设的主线如下：先服务于建立相对完整的工业和国民经济体系，奠定国家发展的物质基础。当后发大国潜在的后发优势和大国优势发挥出来的基本物质条件具备后，为了配合建立社会主义市场经济体制，确立了建立公共财政制度的目标。但是，我国的公共财政制度经历了较长时期的完善和健全，至今还在完善中，而且我国的公共财政还具有典型的后发大国的特色。当市场机制在资源配置中的作用逐渐发挥出来后，城乡和区域差距快速扩大，内外经济结构失衡也逐渐严重。相应地，财政制度在促进城乡、区域、内外等经济结构协调方面做出了重要安排。2020 年，在新型冠状病毒肺炎疫情全球蔓延导致国际经济形势发生重大变化的条件下，中央提出了以国内经济循环为主，内外循环相互促进的较长一段时期的经济发展战略，财政制度也必然会做出新的回应。建立相对完整的工业和国民经济体系、发挥后发优势和大国优势、促进城乡和区域经济结构协调、助力国内循环为主的双循环发展战略，这些都具有明显的后发大国的特色。与这些后发大国经济发展特色相适应的财政制度必然也具有后发大国特色。具有典型后发大国特色的财政就是既体现财政一般规律，又反映具有后发大国特色的后发大国财政。

我国既然是典型的后发大国，财政制度具有十分典型的后发大国的特色，厘清后发大国财政的内在规定性、演进机制和基本路径，对进一步丰富财政基本理论、科学评价中华人民共和国成立 70 多年来的财政演变历程、合理预期我国财政演变的方向，无疑具有十分重要的作用。

1.2　研究意义

作为经济社会发展重要制度的财政制度在经济社会发展中对优化资源配置、促进收入分配公平和经济社会发展具有十分重要的意义。中华人民共和国成立以来，立足于当时的国际政治经济环境和后发大国经济社会发展的国情，我们选择了以城市为重点、重工业优先的经济发展战略。服务于该经济发展战略，国家系统地安排了城市偏向的财政、金融、外贸、国际资本流动等宏观经济制度及城市的国有企业和农村的集体经济等微观经济制度。这套系统的制度在较短的时间里达到了建立相对完整的工业和国民经济体系的短期目标，为中国经济社会的后续发展奠定了必要的物质基础。城市偏向的经济制度也在一定程度上扩大了城乡经济社会发展差距，导致城乡二元差距扩大，尤其是在社会主义市场经济条件下，城市较好的经济基础和基础设施等公共品供给条件吸引农村劳动力、资本等要素的流入更是拉大了城乡之间要素丰裕程度的差异，形成经济发展基础-要素收益率-要素城乡空间流动和城乡发展差距的因果循环累积，导致城乡二元差距的累积性扩大。

服务于城市偏向、重工业优先的赶超型经济发展战略的经济制度在完成其历史使命后逐渐暴露出其制度安排的局限性，中国逐渐开始了以市场经济体制为导向的经济体制改革进程，国有企业和农村集体经济的微观经济制度、金融制度、财政制度、外贸制度等经济领域的制度安排相继开始改革。在计划经济体制下，财政制度主导的资源配置使国家成为资源配置的主体，它直接影响着市场与政府的资源配置结构和效率，也影响着各级政府之间尤其是地方政府发展经济的动力和能力，它的变革关系到经济体制改革的全局。

基于前述原因，具有典型城乡二元特征的城市偏向、工业偏向和经济建设支出偏向的财政制度开启了以分权为主要特征的改革历程。"分灶吃饭""大包干"以及分税制等财政制度改革在调动地方政府发展经济、增加财政收入的同时，也由于以建设为主的发展指导思想和以经济增长为主要内容的政绩考核制度强化了地方政府之间的竞争，突出和强化了地方政府在财政资源配置中的主体地位，从而带来财政支农支出绝对额增加但占财政支出比重下降、民生性财政支出比重逐渐被动式上升、经济建设型财政支出比重先下降再提高等特征。随着财政、金融、外贸和微观经济制度的相继改革，在经济中形成了经济体制改革、经济市场化、财政分权、经济增长和城乡二元差距扩大之间相互依存、相互促进、相互强化的经济社会生态。该生态的典型特征就是经济市场化的过程伴随着财政分权，带来经济活力增强、经济快速增长和城乡与区域差距的快速扩大。

中国城乡二元经济结构演变与财政制度安排之间的关系是典型后发大国经济发展特殊性的重要特征之一。现实中的财政制度，一方面反映并体现财政运行的一般规律，另一方面还要与国家特定经济发展阶段的经济社会环境相适应。随着经济社会发展阶段的推移，财政制度的具体目标、内容也将相应发生变化。因此，现实的财政制度是财政的一般性与特殊性的统一。财政制度的一般性本身必然体现财政制度的内在本质，并具有较强的稳定性；财政制度的特殊性意味着在财政制度发展的不同阶段又具有不同的阶段性特征。对不同国家而言，现实、具体的财政制度的特殊性还受到该国的历史、文化、政治、经济等因素的影响，从而使财政制度具有更加丰富的具体形式。

从经济因素角度看，经济社会发展中的国家规模和经济发展阶段，这两个因素对财政制度安排具有明显的影响。其一，国家规模是影响财政制度具体安排的重要因素之一。一般来讲，不同国家规模主要表现在国家的领土面积、人口规模、经济规模、国内经济区域间的差异性。财政制度主要通过集中一部分社会资源来提供各种类型的公共品和公共服务，一方面满足社会公众对公共服务的需求，另一方面为经济社会发展提供必要的配套设施。大国财政制度的内在要求在于：国家规模越大，财政制度提供国内公共品和公共服务需要筹集的资源就会越多，在提供公共品和公共服务中就越有机会形成并获得规模经济效益；通过公共服务促成国内统一大市场的形成，有利于大国内部经济活动的规模效应的发挥，有利于经济增长和增强经济的自我稳定性；为充分享有大国经济的优势，需要在一定程度上维护和体现中央政府的权威，需要维护某些公共服务供给水平的全国统一性；大国内部区域之间差异性大，财政制度安排需要考虑地区之间公共服务需求的特殊性，需要调动地方政府在公共品和公共服务提供中的积极性与主动性，需要通过分权来实现公共品的有效提供。其二，国家经济社会发展的不同阶段也会对财政制度安排产生明显的影响。财政制度主要是通过处理政府与市场的关系，提高资源配置效率，促进社会公平，提高全体社会成员的福利水平，从而实现经济社会发展的目标。一国经济社会发展不同阶段的市场发育程度及其在资源配置中的地位与作用存在区别，政府在资源配置、收入分配、经济稳定和经济发展以及培育市场和弥补市场缺陷中的地位与作用也会有所不同，因此政府和市场的具体关系也存在阶段性差异。事实上，在自然经济阶段、商品经济阶段，尤其是在现代商品经济阶段，市场在资源配置中的具体形式以及作用大小存在明显的区别。为适应不同经济发展的实际，财政制度安排也必然具有阶段性特征。随着经济发展阶段的推移，财政制度的具体内容也应该做相应调整。中华人民共和国成立以后，我国经济发展整体上已经经历国民经济恢复、奠定大国经济发展的物质基础、经济快速发展等几个阶段，还将经历缩小与发达国家发展差距和赶超发达国家的发展阶段。经济发展的不同阶段对应的财政制度在制度目标、制度具体职能、制度具体内容等要素上要与经济发展阶段相适应。

二元经济结构是后发大国经济发展特定阶段的典型特征，这也是影响财政制度安排的主要因素。二元经济结构理论是由发展经济学家刘易斯在《二元经济论》中系统阐述的发展中国家经济的典型结构性特征之一。二元经济结构是后发大国在经济发展中一定阶段的典型特征。后发大国在经济发展初期阶段，由于幅员辽阔，地区之间经济发展区位条件差异大，资本短缺，资本和技术等现代经济发展的重要因素主要集中于交通运输、通信比较方便，人口密度较大，商业基础较好的城市经济空间，广大农村地区主要从事传统农业生产，从而空间经济结构呈现出现代工业集中的城市和传统农业集中的广大农村地区的城乡二元经济结构。随着经济发展阶段的推移，由于要素的空间流动、集聚，大国内部还会出现整体经济发展水平较高的经济先发达地区和经济欠发达地区的区域二元经济结构。城乡空间二元经济结构的形成和存在以及地区二元经济结构的形成和存在在一定程度上有助于要素空间配置结构的优化和经济增长质量的提高。促成要素空间配置结构优化需要基础设施、教育、医疗、社会保障等公共品和公共服务的配套。因此，财政制度安排是促成要素空间配置结构优化和经济增长的重要条件。伴随要素空间流动和资源空间配置结构的调整，要素空间配置引致的空间经济发展速度和水平差距将累积性扩大，导致空间发展差距扩大。由于土地的空间固定性以及人口的空间流动成本等因素，长期、持续、悬殊的空间经济差距又不利于空间经济和社会的公平协调发展。为引导要素向经济发展水平较低的经济空间流动，加快经济欠发达地区经济发展，改善欠发达地区经济社会发展的公共服务状况，也需要财政制度安排的配合。由此可见，财政制度安排顺应经济发展条件变化的调整是后发大国经济发展的重要基础和条件。

后发大国财政制度变迁具有特定的机制和路径。立足于后发大国经济发展实际的财政制度安排具有明显的大国特征和阶段性特征。从后发大国经济发展的逻辑起点看，经济基础差、工业化压力大。经济基础差表现为人均国内生产总值低，第一产业产值比重高，农业劳动力比重高，工业基础差，尤其是装备工业部门的技术水平低。由于是后发国家，工业化的起点可选择的技术水平受到世界各国已经达到的技术水平约束，具有明显的外在性，因此工业化的技术起点是发达国家已经达到的要素禀赋决定的技术水平，即资本密集度高的工业化水平。为有效服务大国经济发展，后发大国需要奠定经济发展的物质基础，发展具有资本密集型特征的基础产业部门，如基础设施和国民经济的装备工业部门对资本的需求量大，基础设施和装备工业部门及其内部各组成部分具有一定程度的不可分割性和互补性，更加强化了后发大国经济发展起点的资本供给缺口。为了在人均收入水平很低的情况下奠定后发大国经济发展的物质基础，财政制度要具有更强的资源集中配置的特征。随着经济发展基础的形成，市场机制配置资源的物质条件（具有很强外部性，民间资本不能有效提供的基础设施和装备工业部门）基本具备后，财政制度必须由前期的城市和工业偏向（尤其是重工业偏向）的财政制度向弥补市场失灵，对各产业和经济主体一视同仁的公共财政转变。城乡各产业在市场机制条件下正常成长，由于产业间存在劳动生产率、市场需求等差距，产业间发展差距逐渐扩大，最明显的是农村传统农业部门相对于城市非农产业发展的差距逐渐扩大。城乡之间、农业与非农业之间发展差距扩大导致的空间经济和产业结构失衡必然影响国家经济整体的协调可持续发展。因此，对资源配置空间和产业格局具有重要影响的财政制度必须在公共财政的框架下转向优化要素空间和产业配置结构的财政制度，即通过财政制度安排改善农村和经济欠发达地区的外部条件，促进城乡和三次产业协调发展。由此可见，后发大国经济发展的不同阶段，财政制度的作用、功能、内容存在明显差距，其对二元经济结构转换的影响也具有阶段性特征，即在奠定后发大国经济发展基础阶段可能会扩大城乡二元差距，在城乡各产业自由发展阶段也可能会导致城乡二元差距扩大，在统筹城乡和各产业协调发展阶段可能会缩小城乡二元差距。只有理解后发大国经济发展不同阶段财政制度的作用、目标和制度安排基本内容的基础上，才能科学评价财政制度安排的经济发展效果。

立足后发大国经济发展，探索中国城乡二元经济结构演变的规律，各阶段的基本特征、发展趋势、当前处于哪个阶段，了解财政制度在二元经济结构转换中的功能、作用及与金融等其他经济制度在二元经济结构转变中的关系，对处于统筹城乡经济社会发展和全面深化改革阶段的中国，如何建构一个具有较强解释力的经济发展理论框架，并科学认识、评价中国经济发展的过去、现在遇到的问题、存在的困难以及制定和实施的相关制度的绩效，未来还将面临的问题和可能的对策，具有十分重要的借鉴意义。

第一，对财政制度安排和变迁逻辑的探索有助于丰富财政制度相关理论研究内容，为财政制度安排和政策设计提供理论支持。财政现象、财政规律、财政制度和财政政策是既相互区别又相互联系的几个重要范畴。财政现象是包含财政收入、财政支出、政府预算、政府职责范围和行为目标等财政要素的特定组合，随着时间和空间的转换，财政现象具有多样性、特殊性、变动性。财政规律是表现为财政现象的相关财政要素内在关联和运动的内在、本质、必然的联系，具有不以人的意志为转移的客观必然性。财政规律需要借助财政经济运行的现象表现出来，财政现象必然直接或间接地反映财政运行的一般规律。财政规律受财政运行的经济社会环境和条件的制约，财政运行条件不同，财政运行规律的具体内容也不同，不存在不受具体条件制约的财政运行规律。财政运行的经济社会条件在不同的时空条件下会有不同的具体表现形式，对财政运行规律形成不同的约束。

财政是现实经济社会生活的基础，会直接或间接地影响经济社会生活的基础、过程和目标，任何经济社会活动都必须考虑到财政的影响和作用。人们经济社会活动的目的性决定了必须考虑相关影响因素的作用方式和机制对相关活动的影响。为了达成相关经济社会活动目标，行为主体必须充分了解财政运行规律及其对相关活动的影响机制和途径。财政制度和财政政策是国家为服务特定经济发展目标而制定出来的，财政制度和财政政策必须以财政规律为基础，只有充分掌握财政运行规律，财政制度和政策才有可能达到其特定的目标。由于财政规律受经济社会条件的制约，因此在制定具体的财政制度和财政政策时，必须充分考虑经济社会的现实条件和环境的影响，明晰财政演变的一般规律。这是科学制定财政制度和财政政策的前提条件。

财政现象是一般性与特殊性的统一。财政运行的一般其实是通过具体不同类型国家的财政运行来反映的，经济社会发展阶段、社会阶层结构、领土面积等不同的国家，其财政运行既具有一般性，又具有各自的特殊性。每个国家财政经济运行除了追求一般财政目标以外，还要服务于特殊目的，从而使现实的财政现象既具有财政运行的一般性，又具有一定经济社会环境的特殊性，是一般性和特殊性的统一。财政一般性和特殊性的辩证关系要求财政制度不仅要体现财政一般的规律，还要体现特定国家、特定发展阶段的特征和要求。科学评价我国财政制度对我国经济社会发展的作用，必须深入理解

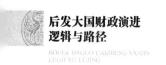
财政运行的一般规律以及中国这一典型的后发大国经济发展不同阶段的财政运行的特殊规律。

第二，有助于加深对我国财政变革的理解，增强财政制度变革的自觉性和主动性。中华人民共和国成立以来，我国财政经历了几次比较大的变革。最初，我国建立的是城市偏向的、以经济建设为主的、中央集权的财政制度；改革开放后，我国经历了"分灶吃饭"和"大包干"财政体制；1998年，我国确立了建立公共财政制度的目标；党的十八届三中全会提出建立现代财政制度的目标；党的十九大提出加快建立现代财政制度。这一系列财政变革的内在逻辑是什么？我国财政变革的方向是什么？厘清后发大国财政的内在规定性、演进机制和路径有助于加深对中国财政变革的理解，更有助于预测中国财政变革的方向和目标，增强财政制度创新的自觉性和主动性。

第三，有助于厘清我国财政制度变革和经济发展之间的关系，增强财政与经济之间的协调性，促进经济发展。掌握了经济运动变化的内在规律，有助于增强经济社会活动的主动性和自觉性，我国经济建设也是这样。中华人民共和国成立以来，我国经济建设经历了一个曲折发展的过程，很多时候是由于缺乏科学的理论指导导致。我国经济发展与财政制度安排高度相关，经济发展要经历从低级到高级、从简单到复杂的发展过程，这中间需要财政制度提供有力的支持。我国作为典型的后发大国，经济发展也具有后发大国经济发展的内在规律，财政制度同样具有后发大国财政的内在逻辑。揭示后发大国财政运行的内在机制，有助于在不同经济发展阶段主动变革财政制度，增强财政制度和经济发展的协调性，促进经济发展，顺利实现经济发展的目标。

第四，有助于提高财政制度变革的主动性。财政制度的变迁不仅要受到客观经济、政治和各种社会条件的约束，还受到利益结构和政治力量的影响。财政制度安排与经济发展具有内在的关联和耦合机制，经济发展阶段推移必然要求财政制度变革。财政制度作为一种基础性的制度，对人们的利益结构具有广泛的影响，财政制度变革意味着利益结构的重大调整，必然受到各阶级、阶层和利益集团的影响，现实的财政制度变革必须充分考虑政治因素。因此，清楚财政制度变迁的机制，审视财政制度变迁的关键环节，寻找制度变迁的推动力量和依靠力量，找准财政制度变革的时机，是推进财政制度变革的必然要求。在厘清后发大国财政运行和演变机制的基础上，分析我国财政制度变革的基本条件、动力、时机和行为主体，有助于减少财政制度变迁的阻力，加快制度变迁的步伐，增强财政制度与经济的协调性，促进经济社会发展。

2
相关研究文献述评

后发大国经济发展中的财政制度、收入分配与经济发展差距是发展经济学和财政学关注的重要问题。从相关文献看，人们主要探讨了后发优势与劣势、大国优势与劣势，探讨了中国作为典型后发大国的经济发展战略、大国财政制度与大国治理的关系，探究了财政制度影响城乡、地区收入差距和经济发展的机理，实证分析了相关财政制度安排对城乡、地区收入差距和经济发展的影响程度，但后发大国财政制度演进的机制和路径的相关研究还不多，还有很大的研究空间。

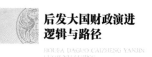

2.1 国内外研究现状

2.1.1 关于后发大国经济发展的研究

后发大国经济发展是发展经济学研究的重要内容之一，该问题的研究涉及后发优势、后发劣势、大国经济发展优势与劣势、大国经济发展机制等内容。中国作为典型的后发大国，其经济发展具有后发国家和大国经济发展的特征。因此，在后发大国经济发展框架下研究中国经济发展的规律、战略、路径等也是发展经济学研究的重要内容之一。

2.1.1.1 后发国家经济发展理论的相关研究

在关于后发国家经济发展的相关理论中，存在两种相互联系的观点，即后发国家存在后发优势和后发劣势。

后发优势理论的创立者是美国经济史学家亚历山大·格申克龙，他在总结德国、意大利等国经济发展经验的基础上，在 1952 年发表了一篇论文，提出了"后发优势"的概念。在该论文中，他提出了几个重要命题：一个国家工业化越落后，其工业化起步越具有不连续性，越是容易出现制造业的快速发展，越是强调大工厂和大企业，越是强调生产资料的生产（经济发展制度中的强制性成分越明显），国民消费水平越低，农业对工业化的作用越小。

纳尔逊（1966）等人证明，后发国家技术水平的提高与技术前沿地区的技术差距呈现线性正比例关系。随着与发达国家技术差距缩小，后发国家技术进步速度会逐渐减慢，并保持着一个"均衡技术差距"。

美国经济学家比较了发达国家和后发国家经济发展的前提，指出后发外生性现代化与先发外生性现代化的条件有明显差异。列维把后发性现代化归纳为五个方面，即对现代化的认识比发达国家开始现代化时对现代化的认识更丰富；可以借鉴发达国家的计划、技术、设备、制度等；可以跨越发达国家某些必需的发展阶段，尤其是在技术方面；对现代化的认识具有更强的预见性；可以获得发达国家在资本和技术上的支持。

阿伯拉莫维茨（1986）在"追赶假说"基础上提出了"追赶理论"。该理论认为，无论是以劳动生产率还是以单位资本收入指标衡量的一国经济发展水平、速度与其初始的经济发展水平都呈现负相关关系，即一国经济越落后，其经济增长速度越快。鲍莫尔则在阿伯拉莫维茨的"追赶假说"基础上指出，对贫穷落后国家而言，其低下的教育水平和工业化水平使其不能有效利用技术差距来实现经济追赶。

多瑞杰和杰迈尔通过实证分析验证了鲍莫尔的理论假说。希尔曼针对拉丁美洲发展中国家工业化的特征分析了格申克龙的理论假说，指出了其不适合拉美各国经济发展的实际。

韩国学者金泳镐提出了工业化的代际理论。该理论认为，随着历史或国际条件的变化，每一代工业化都有其独有的特征，后发优势也有其独特的内容和表现形式，工业化的模式及其发展机制的差异很大。

日本学者南亮进探讨了日本后发优势从产生到消亡的过程，认为 20 世纪 50~60 年代是日本从后发优势中受益的时期，以 20 世纪 70 年代为转折点，日本已经失去了后发优势；20 世纪 70 年代后，日本没有从根本上将其模仿能力改造成为真正的自主创新能力，经济发展失去了动力和方向。

伯利兹和克鲁格曼等（1993）在总结发展中国家发展经验的基础上提出了基于后发优势理论的技术发展"蛙跳"模型，他们认为，后发国家在技术发展到一定程度、具有一定的技术创新能力的条件下，可以直接选择和采用某些处于生命周期成熟前阶段的技术，以高技术为起点，在某些领域、产业实施对发达国家的赶超。

郭熙保、胡汉昌等经济学家在研究后发优势相关理论的基础上，提出了后发国家具有多维后发优势，即资本后发优势、技术后发优势、人力后发优势、制度后发优势与结构后发优势。他们认为，后发优势是中国经济发展的动力[1]。郭熙保在指出后发国家发展障碍的同时，指出后发国家还有可利用大量的先进技术、可利用发达国家的大量知识经验、结构变化引致的资源配置效率、经济全球化等发展优势[2]。胡汉昌、郭熙保系统地比较分析了比较优势和后发优势的关系，指出两者的差别在于优势来源不同、涉及范围不同、作用机制不同[3]。林毅夫教授认为后发展国家具有后来者优势，如果能充分利用

---

[1] 郭熙保，胡汉昌. 后发优势新论：兼论中国经济发展的动力 [J]. 武汉大学学报（哲学社会科学版），2004（3）：351-357.

[2] 郭熙保. 经济发展 理论与政策 [M]. 北京：中国社会科学出版社，2000.

[3] 胡汉昌，郭熙保. 后发优势战略与比较优势战略 [J]. 江汉论坛，2002（9）：25-30.

后来者优势欠发达国家能实现对发达国家的超越[1]。

为了充分发挥技术后发优势，后发国家必须根据经济与社会发展需要制定并执行适当的发展战略。郭熙保、王松茂回顾了中国经济建设各阶段的技术后发优势战略，剖析了各阶段战略存在的问题，指出已经实施的技术后发优势战略存在如下问题：以生产能力替代技术能力导致技术引进质量较低，技术引进缺乏整体的协调机制，"以市场换技术"没有达到预定目标。在此基础上，他们结合经济全球化对技术后发优势的影响，从三个方面提出了如何重构中国技术后发优势的战略：重构技术后发优势的知识基础、重构产业追赶机制、重塑技术后发优势的微观实现机制[2]。郭熙保、崔晓勇等探讨了信息化、工业化与后发优势的关系，提出以信息化带动工业化，发挥后发优势，实现社会生产力跨越发展的思路[3]。简新华等认为，中国是世界上最大的发展中国家，必须充分认识经济发展中的后发优势和后发劣势，充分利用知识经济时代对传统后发优势和后发劣势的影响，发挥后发优势，克服后发劣势，实现跨越式发展[4]。林毅夫在对发展经济学的发展阶段进行较全面回顾的基础上，提出了新结构经济学的基本框架，并在后续的研究中逐步完善。他指出，后发国家应该根据国家整体的要素禀赋选择主要发展的产业，这样企业也具有较强的自生能力，在市场发挥资源配置的决定性作用的基础上，政府应该承担提供经济发展基础设置（含基础设施等硬件基础设施和教育、产权保护等软件基础设施），发挥必要的产业发展指导的职责。随着要素禀赋结构的改变，后发国家要逐步提高技术水平，实现经济的持续、快速发展[5]。

后发国家制度上的后发优势和劣势也是发展经济学家关注的重点。郭熙保等认为，后发国家的制度后发优势主要表现在制度模仿上。通过对制度模仿和制度创新的比较分析，他认为，后发国家为发挥制度上的后发优势有必要进行制度模仿，这也是后发国家实现对发达国家赶超的重要途径[6]。制度模

① 林毅夫，王勇，赵秋运. 论中国经济的发展 [M]. 北京：中信出版社，2022.
② 郭熙保，王松茂. 我国技术后发优势战略的回顾与重构 [J]. 福建论坛（人文社会科学版），2004 (3)：13-18.
③ 郭熙保，崔小勇. 信息化、工业化与后发优势 [J]. 发展经济学研究，2007 (1)：49-56.
④ 简新华，许辉. 后发优势、劣势与跨越式发展 [J]. 经济学家，2002 (6)：30-36.
⑤ 林毅夫. 新结构经济学：重构发展经济学的框架 [J]. 经济学（季刊），2011，10 (1)：1-32；林毅夫. 新结构经济学 [M]. 北京：北京大学出版社，2019.
⑥ 郭熙保，胡汉昌. 论制度模仿 [J]. 江汉论坛，2004 (3)：10-14.

仿是后发优势的重要内容，其中正式制度中的法律体制、政治体制都可以模仿，但正式制度的模仿要受到宪法秩序、关联制度，即非正式制度的制约。相较正式制度而言，非正式制度由于根植于一国的传统和历史，可移植性就差得多了。后发国家的制度后发优势的发挥需要正式制度和非正式制度的互动与融合①。

后发国家不仅具有后发优势，也可能存在后发劣势。技术后发优势和制度后发优势之间具有较复杂的关系。杨小凯等认为，以技术模仿代替制度模仿是后发国家的后发劣势，后发国家的经济发展和制度变革应该先通过宪政改革实现制度模仿，后对发达国家的技术进行模仿。宪政改革是后发国家对发达国家制度模仿和实现经济转轨的核心，后发国家可以通过激进的制度改革实现制度模仿，政治的不统一对制度模仿具有推动而不是阻碍作用②。针对杨小凯的观点，林毅夫认为，技术模仿是后发国家后来居上的主要依据，是后发优势的主要内容，但制度是内生的，制度转变是一个长期缓慢的过程，宪政体制不是经济长期发展成功的充分和必要条件，也不具备短期内建成的可行性③。郭熙保、胡汉昌对杨小凯和林毅夫观点，从制度模仿和技术模仿的相关性、制度模仿中基础性制度与其他制度的相关性、制度与经济社会发展的内生性、制度模仿的激进性和渐进性等方面进行了系统比较分析④。

2.1.1.2 大国经济发展相关研究文献

第一，大国特征和大国优势的研究文献。

国内学者立足中国经济发展，对大国经济的特征和优势进行了广泛的探讨，并取得了一系列研究成果。张培刚是国内最早关注大国特征的学者。他认为，发展经济学应该突出重点，注重对发展中大国的研究。发展中大国是一个既包含自然地理特征，又包含社会经济特征的综合概念，具体的特征是人口众多、幅员辽阔、资源丰富、历史悠久和人均收入水平低⑤。

李由对大国的国家规模及其市场结构、资源禀赋、区域经济、经济开放、

---

① 郭熙保，胡汉昌. 论制度后发优势的实现机制［J］. 上海行政学院学报，2005（1）：66-75.

② JEFFREY SACHS，胡永泰，杨小凯. 经济改革和宪政转轨［J］. 经济学（季刊），2003（3）：961-988.

③ 林毅夫. 后发优势与后发劣势：与杨小凯教授商榷［J］. 经济学，2003（4）：989-1004.

④ 郭熙保，胡汉昌. 技术模仿还是制度模仿：评杨小凯、林毅夫关于后发优势与劣势之争［J］. 学术月刊，2004（4）：29-36.

⑤ 张培刚. 新发展经济学［M］. 郑州：河南人民出版社，1993.

产业政策和管理体制等进行了归纳与分析，揭示了大国国家规模约束下的经济发展特征①。

童有好从大国的地域、人口、资源、国内市场、经济规模、工业体系等方面研究了大国的基本特征②。欧阳峣主要从经济方面概括了大国的基本特征，包括国民经济体系的完整性、经济发展的非均衡性、与世界经济联系的双向性和经济发展的相对稳定性。

张李节认为，一个完备的国内分工体系要求有一定的国土面积、资源禀赋结构，一定的人口总量才具备一定的市场购买力，因此国土面积和人口数量是大国经济的基础特征，同时也是导致大国经济发展不平衡的原因③。

欧阳峣、刘智勇、罗会华从国土面积、人口规模、资源储量、国内市场四个方面对大国进行界定④。欧阳峣、刘智勇比较全面地探讨了大国经济的内涵和特征。他们认为，大国经济最明显的特征是多元性和适应性⑤。大国经济发展的特征包括规模特征、内源特征和多元特征，其中规模特征表现为自然资源储量大、人力资本规模大、经济总量突出等；内源特征主要表现在依托国内资源、国内市场的内源性增长；多元特征主要表现在大国经济的多元结构、城乡多元结构⑥。此外，欧阳峣及其团队还对大国经济综合优势及其在中国的运用进行较广泛、系统的探讨⑦⑧。王俏荔、唐志军认为，大国综合优势发挥需要的前提条件是适宜的激励机制和治理结构，由经济分权和政治集权所生成的地方政府竞争是发挥中国大国综合优势的最重要的激励机制，地方保护主义、产业选择中的重复建设、招商引资中的"滑向底层的竞争"、地方政府投资过度和宏观经济波动等因素会抑制中国大国综合优势的发挥，扩大

---

① 李由. 大国经济论 [M]. 北京：北京师范大学出版社，2000.

② 童有好. 大国经济浅论：兼谈我国的经济发展战略 [J]. 经济体制改革，1999 (3)：3-5.

③ 张李节. 大国优势与我国经济增长的潜力 [J]. 现代经济（现代物业下半月刊），2007，6 (2)：182-184.

④ 欧阳峣，刘智勇，罗会华. 大国的经济特征及其评价指标体系 [J]. 求索，2009 (9)：1-4.

⑤ 欧阳峣，刘智勇. 发展中大国人力资本综合优势与经济增长：基于异质性与适应性视角的研究 [J]. 中国工业经济，2010 (11)：26-35.

⑥ 欧阳峣. 大国经济发展理论 [M]. 北京：中国人民大学出版社，2014.

⑦ 欧阳峣. "大国综合优势"的提出及研究思路 [J]. 经济学动态，2009 (6)：20-22，48.

⑧ 欧阳峣，易先忠，侯俊军，等. 大国综合优势：中国经济竞争力的一种新诠释：兼与林毅夫教授商榷 [J]. 经济理论与经济管理，2009 (11)：25-31.

地区发展差距①。

曾铮认为,"不均质"是大国经济的一个重要特征。他提出了"不均质"大国分析的基本经济学逻辑,设计了相应的经验测算方法②。李玉双、彭晓莲认为,区域经济周期差异是大国经济的重要特征之一。他们通过对中国省级样本研究发现,大国区域经济周期存在差异性③。

刘建国对发展中大国区域经济发展的若干理论进行了探讨,认为区域平衡与不平衡发展问题、区域专业化与综合发展等问题是辩证统一的关系,发展中大国过分强调区域专业化分工容易加剧区域发展两极分化。在发挥区域比较优势的基础上建立区域专业化分工的同时,注重不发达地区经济综合发展是保持区域经济相对平衡发展的重要政策选择④。张亚斌、曾铮探讨了大国经济体制内部的差异性,发现中国具有不均质大国的典型特征⑤。欧阳峣、刘智的研究认为,中国具有后发大国人力资本的综合优势,后发大国较低水平的人力资本仍然可以促进经济较快增长。

第二,大国经济发展机制、战略的相关研究文献。

亚当·斯密在《国民财富的性质和原因的研究》中论述了分工对经济发展的作用。他认为,分工起因于交换能力,分工的程度总要受到交换能力的限制,换言之,要受到市场大小的限制,即市场规模会影响分工,进而影响经济增长⑥。

新古典经济学家马歇尔在《经济学原理》中分析了分工规模的问题。在该书中,马歇尔阐述了大规模生产的规模经济效益,指出大规模生产有利于采用新机械核心技术,大企业大量采购使价格更低廉,大量运输又会更节省运输费用。显然,马歇尔关于生产规模的分析为大国经济研究提供了理论支持。

---

① 王俏荔,唐志军. 比较优势背景的大国优势与机制催生 [J]. 改革,2010 (2):82-87.
② 曾铮. "不均质"大国的理论框架及其经济学界定:基本逻辑、测算模型和对中国的分析 [J]. 中国工业经济,2008 (6):25-34.
③ 李玉双,彭晓莲. 大国区域经济周期的差异性:以中国省际数据为例 [J]. 湖南商学院学报,2013,20 (4):12-16.
④ 刘建国. 发展中大国区域经济发展的若干理论探讨 [J]. 江淮论坛,1991 (5):41-45,103.
⑤ 曾铮. "不均质"大国的理论框架及其经济学界定:基本逻辑、测算模型和对中国的分析 [J]. 中国工业经济,2008 (6):25-34.
⑥ 亚当·斯密. 国民财富的性质和原因的研究 [M]. 郭大力,王亚楠,译. 北京:商务印书馆,1972.

小艾尔弗雷德·D.钱德勒在《规模与范围：工业资本主义的原动力》一书中升华了对规模经济的认识。在该书中，他首先分析了规模经济、范围经济与新制度的紧密联系，其次分析了规模经济的成因和内涵，最后分析了生产和经销上的规模经济。大国具有幅员辽阔、市场广大的特点，在工业生产和经销上具有潜在的规模经济和范围经济的优势①。

迈克尔·波特在《国家竞争优势》一书中从产业集聚和集群角度研究了规模优势②。首先，产业集群可以产生规模优势，集群不仅降低交易成本、提高效率，而且有助于增强激励、创造信息、共享信息、营造创新环境。其次，集群有助于产生规模经济效应。当企业产量达到一定水平后，就可以降低成本，增强出口竞争力。大国的国内市场广大，有助于企业集群和规模化生产，有助于企业享受产业集群带来的经济效益。

西蒙·库茨涅兹在1965年出版的《现代经济增长》和1971年出版的《各国的经济增长》中分析了大国的概念以及国家规模对经济增长的影响。在《现代经济增长》中，他认为，对大国内部经济结构差异和变动的分析应该与大国内部经济发展不同阶段的地区差异和统一程度联系起来。相对于小国，大国对国际贸易的依存度更低；大国的国内市场及资源条件有利于发展专业化和规模经济③。在《各国经济的增长》中，他研究了国家大小对对外贸易在生产中占有较大比重导致国外供求对国内产业结构的影响；国家大小可能决定国家的经济规模和生产结构；国家大小与人均产值表现的经济发展水平没有显著联系④。霍利斯·钱纳里和莫伊思·塞尔昆在1975年出版的《发展的型式》中研究了1950—1970年大国经济型式及规模效应，他们在书中指出：大规模经济体在经济效益上表现为经济比较平衡、变动较小；大规模和低出口的资源配置效益要求国家在发展早期阶段改变经济结构；大国的投入和储蓄水平比较高，增加较快；大国过度注重内部发展容易导致一整套缺乏广泛后果的内向政策；大国劳动力非农化和城市化程度较低，教育水平略高

① 小艾尔弗雷德·D.钱德勒.规模与范围：工业资本主义的原动力 [M].引野隆志，张逸人，译.北京：华夏出版社，2006.

② 迈克尔·波特.国家竞争优势 [M].李明轩，邱如美，译.北京：华夏出版社，2002.

③ 西蒙·库兹涅茨.各国的经济增长：第2版 [M].常勋，等译.北京：商务印书馆，1999：14，264，265.

④ 西蒙·库兹涅茨.各国的经济增长：第2版 [M].常勋，等译.北京：商务印书馆，1999：145.

于小国；大国政治和行政管理困难会影响其创造优势①。在1986年出版的《工业化和经济增长的比较研究》中，钱纳里、鲁滨逊和塞尔奎因专门研究了"大国模式"，他们提出了三种贸易模式，即大国模式、制成品出口导向的小国模式和初级产品出口导向的小国模式。他们分析了大国模式的特点，如倾向于选择内向型政策、出口专门化程度低以及大国模式由于普遍实行制造业进口替代而导致工业化起步早②。

进入21世纪后，西方学者从不同角度对大国经济特征进行了进一步研究，比如对大国经济发展的驱动因素、大国财政分权以及大国经济传导机制等问题进行了研究。阿提拉·奇坎、伊尔塞贝特·克瓦科斯和通德·塔崔等利用经济合作与发展组织（OECD）的数据从库存投资角度研究了14个大国宏观经济状况③。金菁、邹恒甫以中国为例，研究了发展中大国财政分权、收入与转移支付问题，发现它们之间的关系可以协调，关键是发挥财政分权在收入与转移支付之间的桥梁作用，促进区域经济的有效增长和协调发展④。彼得·爱尔兰和斯科特·舒利用第二次世界大战后美国的数据研究了生产率与大国宏观经济表现之间的关系。结果显示，20世纪70年代的全要素生产率增速放缓主要是消费滞后导致的，但这种影响具有短期性，投资的滞后对全要素生产率的影响却是持久的；20世纪90年代全要素生产率的大幅度提高归功于技术变革带来的投资冲动⑤。

张培刚在概括发展中大国经济发展经验基础上提出了发展中大国经济发展的模式战略。第一，发展中大国人口多，国内市场容量大；第二，大国发展对基础设施等需求大，要求有大规模的国内储蓄和总投资；第三，大国有必要在工业化起步阶段就建立起门类齐全的工业体系，从而在经济发展水平较低阶段就可以进入经济结构变动时期；第四，为保持经济发展的优势，大

① 钱纳里，塞尔昆. 发展的型式1950—1970 [M]. 李新华，译. 北京：经济科学出版社，1988：94-107.
② 钱纳里，等. 工业化和经济增长的比较研究 [M]. 吴奇，译. 上海：上海人民出版社，1995.
③ CHIKAN A, KOVACS E, TATRAI T. Macroeconomic characteristics and inventory investment：A multi-country study [J]. International Journal of Production Economics, 2005, 93-94 (1)：61-73.
④ JIN J, ZOU H F. Fiscal decentralization, revenue and expenditure assignments, and growth in China [J]. Journal of Asian Economics, 2005, 16 (6)：1047-1064.
⑤ PETER, N, IRELAND, et al. Productivity and US macroeconomic performance：Interpreting the past and predicting the future with a two-sector real business cycle model [J]. Review of Economic Dynamics, 2007 (10)：473-492.

国需要及时变革组织结构和制度结构①。

李德伟认为，19 世纪初，中国现代经济发展启动之前的经济属于典型的封闭大国传统经济。维持了几千年的自然经济社会制度，一旦对外开放，最可能的经济发展模式是在体制改革和对外开放的同时，从局部地区启动，之后以点带面向全国推进。姜文学分析了大国参与国际经济一体化的战略选择，比较了小国主动参与战略和大国被动跟进战略，并分析了其各自形成的机理②。洪银兴指出，成为经济大国后的中国应该注意的经济发展方向：第一，改变科技和产业创新方面的跟进战略；第二，在经济全球化格局中改变对西方的依附性；第三，从根本上实行经济发展方式转型；第四，通过创新推动经济发展③。

李由认为，大国的经济规模特征体现在国家内部和区域分工明确，市场结构相对完备，储蓄、投资积累水平高，产业结构合理、工业门类齐全，区域发展差距大，外贸依存度低等方面。李稻葵从六个方面提出了大国发展战略：尽快建立国内统一大市场，思考大国贸易战略问题，协调中央和地方之间的关系，有独立的货币政策和稳定的汇率，实现关键产业的技术突破，有大国经济外交和国际舆论主导权④。吕冰洋系统分析了我国央地之间的财政关系，提出了寓活力于秩序的处理央地关系的理念⑤。

欧阳峣从大国特殊性出发，提出大国发展战略包括四个方面的内容：基于大国经济发展的规模性，大国产业发展上要整体推进、重点突破；由于大国发展具有差异性，区域发展要整体推进；根据大国经济发展的内生性，在开放上应该采取内外循环战略；基于大国经济发展的自主性，在国际上应该采取积极进取的战略。欧阳峣在《大国经济发展理论》中较为系统地阐述了大国经济发展的机制和主要内容。首先，他对大国经济的基本特征和典型特征进行了系统归纳、整理，提出了大国经济最本质的特征；其次，他重点强调了发展中大国经济的规模和经济增长之间的管理机制，工业化、资源约束和产业结构演进之间的内在机制以及城乡劳动力和产业转移、城市化与统筹

---

① 张培刚. 新发展经济学 [M]. 郑州：河南人民出版社，1993.
② 姜文学. 国际经济一体化的新特征与大国战略 [M]. 沈阳：东北财经大学出版社，2009.
③ 洪银兴. 成为经济大国后的经济思维 [N]. 光明日报，2010-03-16（10）.
④ 李稻葵，DAVID D LI. 大国发展战略：探寻中国经济崛起之路 [M]. 北京：北京大学出版社，2007.
⑤ 吕冰洋. 央地关系：寓活力于秩序 [M]. 北京：商务印书馆，2022.

城乡发展的关联机制；再次，他探讨了大国制度变迁、经济体制转型和经济增长之间的关系；最后，他论述了国家规模约束下的治理结构、政府行为和宏观调控之间的关系①。

张皓介绍了大国经济发展的模型，并对促进中国经济增长的未来政策选择进行了分析②。靖学青（2005）研究了大国经济发展模式与中国经济增长的主要支撑点。他认为，中国经济增长主要依赖于内需符合大国经济增长的基本规律③。

在大国产业发展战略上，国内学者也进行大量的研究。白旻认为，后发大国产业发展要关注要素禀赋和国家规模，不能仅仅遵循比较优势战略和后发优势战略，要充分利用超大型国家规模内生的大国优势，积极采取自主创新战略④。孙早等在后危机时代的视角下研究了后发大国产业政策。他们认为，应该通过产业创新维持其在新的全球价值链中的系统集成者的地位，应该利用新一轮科技革命的机会，借助政府力量加快战略性产业发展，实现产业结构转型升级⑤。蔡昉等在中国产业升级的大国雁阵模型框架下探讨了中国东、中、西三大地区产业布局，提出三大地区产业重新布局的新思路，东部沿海地区产业转型升级与中西部地区的产业承接，可以在中西部地区回归劳动力丰富的比较优势的同时，保持劳动力密集产业在中国延续⑥。欧阳峣分析了各国贸易增长的大国效应，认为发展中大国出口产品容易导致"合成谬误"，出口产品多样化和鼓励进口偏向性技术基本不可以避免"合成谬误"⑦。

江小娟从总需求的角度提出了大国双引擎增长模式理论，并从大国优势、开放优势、发展阶段优势和体制优势等方面分析了这种模式的特点和可持续性⑧。黄琪轩从海外贸易、国内市场和权力转移的视角分析了大国经济增长模式及其国际政治后果，指出不同的大国增长模式往往会带来不同的国际政治

① 欧阳峣. 大国经济发展理论 [M]. 北京：中国人民大学出版社，2014.
② 张皓. 大国模式与中国经济增长 [J]. 经济理论与经济管理，2001（9）：10-14.
③ 靖学青. 大国经济发展模式与中国经济增长的主要支撑点 [J]. 上海经济研究，2000（5）：23-28.
④ 白旻. 大国优势、边界效应与后发大国产业发展的自主创新战略 [J]. 北方经济，2009（6）：3-5.
⑤ 孙早，张敏，刘文璨. 后危机时代的大国产业战略与新兴战略产业的发展 [J]. 经济学家，2010（9）：84-95.
⑥ 蔡昉，王德文，曲玥. 中国产业升级的大国雁阵模型分析 [J]. 经济研究，2009，44（9）：4-14.
⑦ 欧阳峣. 基于"大国综合优势"的中国对外直接投资战略 [J]. 财贸经济，2006（5）：57-60.
⑧ 江小涓. 大国双引擎增长模式：中国经济增长中的内需和外需 [J]. 管理世界，2010（6）：1-7.

后果，和平发展需要国内基础，即国内市场的拓展是大国经济和平增长的重要基础[①]。毛中根认为，作为一个内部市场容量巨大且日益发展的经济大国，为了增强抵御外部不利冲击的能力，增强国民经济发展的稳定性和可持续性，中国在发展对外贸易的同时，必须注重扩大内需[②]。杨汝岱、姚洋通过关于有限赶超对大国经济发展的研究发现，在大国经济中，实行有限赶超的国家经济增长更快[③]。曾剑秋、丁珂通过探讨内外循环之间的关系发现，作为大国，中国需要重视内循环，发挥大国经济的优势[④]。张焕明、陈年红从经济分权与人口迁移的视角分析了大国发展，指出中国经济高速增长的主要经验在于政治集权下的"经济分权"，但"经济分权"并不能有效缩小城乡、地区与贫富差距[⑤]。

2.1.2　大国财政与国家治理的相关研究

大国财税制度安排及其经济效应与大国国家治理也是大国经济发展研究的重要内容。在 2014 年全国财政工作会议上，时任财政部部长楼继伟提出，要牢固树立"大国财政、统筹内外"理念和全球意识、安全意识，积极参与国际经贸规则制定，主动参与国际财经交流和全球经济治理。

刘尚希立足于大国崛起和全球化视角，从应对全球化风险与大国经济发展的需要等方面思考了大国财政的内涵、目标、挑战和战略。他认为，建立大国财政是分散、化解大国崛起面临的风险的需要[⑥][⑦]。

贾康立足于中国全面建设小康社会的视角提出，中国的财政新任务是解决"三农"问题，促进区域经济协调发展，提供满足民生需要的公共品和公

---

① 黄琪轩. 大国经济成长模式及其国际政治后果：海外贸易、国内市场与权力转移 [J]. 世界经济与政治, 2012（9）：107-130, 159-160.

② 毛中根. 大国经济内需驱动的国际经验及启示 [J]. 中国流通经济, 2011（2）：101-105.

③ 杨汝岱, 姚洋. 有限赶超和大国经济发展 [J]. 国际经济评论, 2006（4）：16-19.

④ 曾剑秋, 丁珂. 内外经济循环理论与大国经济发展策略 [J]. 北京邮电大学学报（社会科学版）, 2007（3）：42-48.

⑤ 张焕明, 陈年红. 经济分权、人口迁徙与大国发展之路：基于人均产出增长地区差异的实证分析 [J]. 财经研究, 2012, 38（1）：4-16.

⑥ 刘尚希. 大国财政 [M]. 北京：人民出版社, 2016.

⑦ 刘尚希, 李成威. 国家治理与大国财政的逻辑关联 [J]. 财政监督, 2015（15）：5-7.

共服务，建立创新型国家，建立社会保障体系等①。

吕冰洋立足于社会治理视角提出，大国财政要能起到提升大国治理能力的作用，大国治理能力的核心是经济治理和社会治理②。胡亚文等认为，大国财政应当保证政府管理职能的履行，应当反映大国的基本特征，应当在服务大国国家目标的同时承担国际责任。他们还指出，构建大国财政需要树立大国财政理念，立足国情，统筹内外，放眼全局，把握大国财政带来的机遇，积极应对大国财政带来的挑战。显然，建设大国财政有助于实现中华民族伟大复兴的中国梦③。

邓力平、曾聪认为，构建"中国特色社会主义大国财政"应该要体现"两特两统筹"，即体现"中国特色"与"时代特征"，统筹国内与国外两个大局，应在统筹推进国家财政治理现代化与参与国际财政治理体系构建进程中发挥应有的作用④。

李建军指出，建设中国式的大国财政与现代财政制度具有天然的契合性，应该坚持如下原则：现代财政制度和大国财政并举；国家利益和世界共同利益并重；稳步推进，有所作为。中国在建立大国财政中应全面深化财政改革，建设现代财政制度；积极主动参与国际财经交流、国际经贸规则制定和全球经济治理；积极参与全球公共品的提供⑤。

在大国财政治理机制上，周业安较早提出了具有 M 层级制的中国地方政府竞争有助于地方政府为增长而进行产权改革和制度创新的实验⑥。王永钦等分析了在分权背景下中国的大国发展道路，分析了大国分权在提供经济增长动力的同时，造成城乡和地区间差距的持续扩大⑦。陆铭认为，大国治理的政治结构应该是经济分权加政治集权，他把中国的大国发展道路概括为四个方面："经济分权+政治集权"的治理结构、强政府推动的经济发展模式、中国特色的社会主义民主、基于关系的社会结构。中国成功的发展经验是"发展

---

① 贾康. 大国财政的新任务 [J]. 当代经济，2007（12）：7.

② 吕冰洋. 大国财政与社会治理 [J]. 财政监督，2015（15）：8-9.

③ 胡亚文，成前，倪志良. 浅谈关于大国财政的几点看法 [J]. 财政监督，2015（15）：10-11.

④ 邓力平，曾聪. 浅议"大国财政"构建 [J]. 财政研究，2014（6）：2-8.

⑤ 李建军. 现代财政制度下中国式大国财政构建 [J]. 财政监督，2015（15）：15-16.

⑥ 周业安. 地方政府竞争与经济增长 [J]. 中国人民大学学报，2003（1）：97-103.

⑦ 王永钦，张晏，章元. 中国的大国发展道路：论分权式改革的得失 [J]. 经济研究，2007（1）：4-16.

共识+必要的政府执行力+政治的竞争+有效激励+制度实验"①。李由提出了大国管理体制改革的思路，即处理好中央政府和地方政府之间的关系，发挥地方政府的活力；合理划分行政区，实行分级管理制度；运用产业政策进行管理和控制，合理配置资源；改革国有企业产权制度，实行分级所有和分级管理的体制②。

2.1.3　大国财政制度与经济增长的相关研究

大国财政制度与经济增长的关系主要从两个方面展开：一是一般性地研究大国财政制度安排与经济增长的关系，这方面的研究文献相对较少；二是以某一具体大国为研究对象，研究其财政制度与经济增长的关系，这方面的研究文献主要集中在研究中国财政分权与经济增长之间的关系。

一般性地研究大国财政制度与经济增长之间关系的文献比较少。部分研究文献认为，大国具有潜在的经济优势，但要将潜在的经济优势转化为实际的经济增长，需要具备一系列条件。某些经济发展所必需的且不能从国外进口的资源就需要国家通过财政制度安排筹集资源，在国内形成满足经济发展所需要的基础条件。其中，道路、交通运输等基础设施系统就是财政投资的重要组成部分。如果大国有建立基于国内经济循环的条件和必要性，但是过度强调国内经济自成体系，不能充分融入国际经济大循环，则难以获得国外先进技术，不能分享国际分工、基于国际市场的规模化生产分工和规模经济的优势，大国的经济增长则可能低于潜在的经济增长率，经济增长的潜力不能得到有效释放。

在财政分权与总量经济增长的实证研究中，一般都是利用巴罗在1990年构建的一个包含政府公共开支的内生经济增长模型，在一个将政府支出内生化的生产函数的基础上，加入人力资本、制度等控制变量进行统计计量分析。如果财政分权可以改善资源配置效率，就可以预计财政制度分权能提高经济增长效率。但是，从财政分权与经济增长关系的实证研究文献看，结论并不一致，确实有研究发现，财政分权显著促进了中国经济的增长。同时，研究

---

① 陆铭. 中国的大国经济发展道路 ［M］. 北京：中国大百科全书出版社，2008.
② 李由. 大国经济论 ［M］. 北京：北京师范大学出版社，2000.

者通过寻找更加丰富的传导机制，发现在中国式财政分权体制下，地方政府通过补贴、减税等公共政策手段，从微观上也可影响地方经济增长（沈坤荣、付文林，2005；方红生、张军，2014）。然而与之相反，有研究者通过对40多个国家的研究发现，发展中国家财政分权与经济增长之间的关系为负。有研究者基于中国20世纪70年代末以来面板数据的实证研究，发现中国财政分权阻碍了省际经济增长。伯德等人在一项关于东欧转型国家的实证研究中就指出，很难明确判断财政分权对经济增长的效应。

除了少量文献研究中国计划经济体制下经济增长外，关于我国财政制度与经济增长的文献主要集中于改革开放以来的财政分权与经济增长的关系。现有文献关于中国财政分权与经济增长关系的基本逻辑是，在以经济增长为当前国家工作重点的条件下，为了调动地方政府发展经济的积极性，中央设立以经济增长为主要目标的政绩考核指标体系，赋予地方政府一定的资源配置权力，鼓励地方政府通过一切手段（也存在隐性的负面清单）发展地方经济，做大地方经济蛋糕。地方政府的行为在促进地方经济发展（Qian & Weingast，1997；席鹏辉等，2017）的同时，还增加就业机会，提高财政的自由度，地方政府官员的执政能力也得到充分的发挥。显然，地方政府能够从地方经济发展中获得经济和政治的奖励（徐现祥、刘毓芸，2017；Li et al.，2019）。地方政府基于做大地区生产总值的发展目标的资源配置行为形成了地方政府之间的经济竞争，这种竞争无疑有助于改善地方经济发展条件，促进经济增长（李书娟、徐现祥，2018）。周黎安等建立了一个由多层级政府组成的锦标赛模型，进一步探讨了中国各级政府国内生产总值计划增长目标的制定、实际经济增长的实现以及官员管理体制的激励设计之间的关系（Li et al.，2019）。张五常（2008）系统论述了县级政府竞争促进中国经济快速发展的机制。

有一些学者将研究视角转移到财政分权改革的负面效应上。财政分权可能导致地区保护主义及重复建设、财政支出结构生产性偏向、市场分割以及城乡之间、地区之间收入差距持续扩大，分税制改革一定程度上促使地方政府对税收收入的竞争，盲目、过度的竞争还会引发实际税率下降，影响财政收入的增加，降低公共品的投入（Xu，2011；Young，2003；周黎安，2004；傅勇、张晏，2007；王永钦等，2007；陈抗等，2002）。不仅如此，财政分权导致的地方政府之间的过度竞争还可能对经济增长产生负面影响（李涛、周业安，2008）。

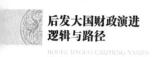
2.1.4 大国财政与经济结构变化的研究

大国财政制度安排对经济结构的影响主要体现在财政制度安排对产业结构、就业结构、城乡和区域经济结构以及对内外经济结构的影响

2.1.4.1 财政分权与经济不平衡研究

财政分权是指中央政府给予地方政府一定的税收权和支出责任范围，允许地方政府自主决定其预算支出规模和结构。在严格意义上，财政分权又称为"财政联邦主义"，是指分权的财政体制，其中的分权特指地方政府或地方立法机关具有相对独立的税权，即与征税有关的一系列权利，包括税收立法权、税收政策制定权和税收征管权三个方面。财政分权的核心是地方政府有一定的自主权。通常采用地方财政收入、地方财政支出、省级政府预算收入中平均留成比例、次级政府支出与中央政府支出比例、预算收入的边际分成率、自治权指标和支出-收入指标、垂直不平衡度等指标来衡量财政分权的程度①。

马斯格雷夫指出，"财政联邦主义"的核心在于资源配置政策应该根据各地方居民的偏好不同而有所差别；而分配与稳定政策则主要归中央一级政府负责②。可见，财政职能在不同层级政府之间配置可能影响收入分配结构，也可能影响经济的稳定增长。

财政分权可能促进地方政府竞争，也可能会加大地方之间的差距。奥茨（Oates）的研究表明，地方政府为了吸引新的公司，可能通过降低环境标准以减少对所在地的污染控制来进行竞争。地区间竞争也可能导致公共服务水平不高。德米尔（Demurger）认为，分权后的地方政府把过多的资金用于生产性投资而忽视了公共物品的建设，从而导致了区域经济的不平衡发展。在分权理论中，普吕多姆（Prud homme，1995）认为，如果其他条件不变，没有限制的分权会使资源向少数几个地区集中，导致空间经济发展不平衡。这个观点被广泛接受。20世纪80年代，拉丁美洲的财富大量集中到几个大城市的过程支持这一观点（Murphy，Libonatti，Salinardi，1995）。但是，证明分权

---

① 杨灿明，赵福军. 财政分权理论及其发展述评 [J]. 中南财经政法大学学报，2004（4）：3-10，142.

② MUSGRAVE R A. The thoery of public finance [M]. New York：McGraw-Hill，1959.

会加剧资源分配的不均等的证据还不是很充分。乔宝云通过模型分析发现，财政分权有助于经济增长，却降低了财政资源分配的均等性；在总体的经济增长与财政资源分配的均等性之间存在着此消彼长的关系。其实证分析结果显示，财政分权在促进经济增长的同时，加剧了财政资源分配的不平等①。吕冰洋认为，中国中央政府与地方政府之间的关系实质上是"共权"而不是"集权与分权"，并系统分析了央地共权对经济增长的影响机制②。

2.1.4.2　财政制度对城乡经济结构失衡研究

第一，中国城市偏向财政制度与城乡差距的研究。

城市偏向的二元财政制度作为财政制度的重要形态受到了学术界的高度关注，对其形成的机制、表现、对中国经济社会发展产生的影响及其向城乡一体财政制度转变的必要性和对策已有大量的研究，梳理这些文献对洞悉后发大国二元财政制度转变的机制和选择转变二元财政制度对策具有十分重要的参考价值③。

学者们在探讨城乡二元财政制度的形成机制时，大多从中华人民共和国成立以来的重工业优先的发展战略和城市偏向的经济制度与政策安排角度展开分析。

中国城市偏向的城乡财政制度是导致城乡二元差距扩大的重要原因之一。研究者对城乡二元财政制度的主要特征进行了较全面的归纳，形成了大体一致的认识。文峰（2004）认为，相当长一段时间里我国财政制度资源配置对农村和农业而言具有"多取少予"的特征，当农村和农业基本完成了向城市工业提供原始积累任务之后，仍然延续了城乡和工农业之间不平等的财政政策④。刘明慧和崔慧玉（2006）指出，在工业与农业之间，国家的资源配置严重不均，长期过度倾斜于工业，对农业公共投资严重不足，导致农业发展严重滞后于工业发展⑤。陈宗胜等（2008）从国家对农业和农村的财政投入

---

①　乔宝云. 增长与均等的取舍：中国财政分权政策研究 [M]. 北京：人民出版社，2002.

②　吕冰洋. 央地关系：寓活力于秩序 [M]. 北京：商务印书馆，2022.

③　本书论述的二元财政制度是指服务于重工业优先工业化战略的一种财政制度安排，目的是通过在城乡间区别配置财政收入和支出制度从农村与农业提取剩余转移到城市工业，以加快以重工业为核心的工业化进程。该制度具体表现在城乡财政收入制度上农民负担重于城市居民，在城乡公共品供给和消费上的偏向城市等。

④　文峰. 消除二元财政体制，促进二元经济结构转换 [J]. 开发研究，2004（2）：45-48.

⑤　刘明慧，崔惠玉. 二元结构下的财政支出结构调整 [J]. 东北财经大学学报，2006（1）：13-17.

不足与乡镇财政危机、农村居民不合理的税费负担与积重难返的农村税费改革、农村公共品供给不足、农村社会保障制度缺失等方面总结了城乡二元财政制度的主要内容[1]。卢洪友、朱华荣（2006）从公共品角度归纳了我国城乡二元财政制度"一品两制"和"一纵两横"的特征，揭示了公共财政资源在城乡公共品配置中长期向城市倾斜的内在特征和机制[2]。郭金洲（2008）把城乡二元财政制度归纳为农村财政收入分配格局和城乡财政资源配置的倾斜性、城乡公共服务供给和城乡税费体制的二元结构等方面[3]。秦海林（2007、2010）则把中国财政管理体制的二元特征归纳为城乡居民承担的税收义务和税收负担不同、财政支出的优先顺序和比重不同[4][5]。蒲晓红和成欢（2012）主要从缴费、待遇和补贴水平三个维度解释了西部地区"新农保"制度的二元财政色彩[6]。

城市偏向的城乡二元财政制度导致了城乡差距扩大已基本成为学术界研究的共识。不少文献都指出，1978年改革开放以后，伴随经济快速增长而出现的城乡间收入差距加剧现象，与中国政府实施的城市倾向的经济政策有关（Yang，1999；Chen，2002；陆铭和陈钊，2004；Lu & Chen，2006）。许多学者从农副产品价格、农村居民承受的税费负担、劳动力市场分割、社会福利与社会保障（李实，2003）以及财政支农支出等方面归纳了城市偏向财政制度的基本特征（Yang，1999；Tian，2001；Yang & Zhou，1999）。

经济发展战略选择无疑对财政制度形成具有重要影响。中国在工业化初期，为了实施赶超发展战略，受"工业偏好"思想的支配，中国对城市和乡村、工业和农业、市民和农民实行不同的资源倾斜政策（刘明慧、崔慧玉，2006）[7]。为了保证优先发展重工业战略的实施，除了实行城乡分治的户籍制

① 陈宗胜，钟茂初，周云波. 中国二元经济结构与农村经济增长和发展 [M]. 北京：经济科学出版社，2008.

② 卢洪友，朱华荣. 论二元财政结构非均衡制度安排及化解路径 [J]. 现代财经（天津财经大学学报），2006（8）：3-6，23.

③ 郭金洲. 统筹城乡发展的财政政策：基于二元财政结构的分析 [J]. 经济研究参考，2008（56）：49-54.

④ 秦海林. 二元经济中的二元财政测度与分解研究 [J]. 中央财经大学学报，2007（1）：7-12.

⑤ 秦海林. 农村实际税负变化与二元财政测度 [J]. 财经论丛，2010（5）：31-38.

⑥ 蒲晓红，成欢. 西部地区新型农村社会养老保险制度水平的评估 [J]. 经济理论与经济管理，2012（8）：91-100.

⑦ 刘明慧，崔惠玉. 二元结构下的财政支出结构调整 [J]. 东北财经大学学报，2006（1）：13-17.

度，中国财税和社会保障体制方面也长期实行城乡有别的二元歧视性政策（陈宗胜等，2008）①。中国在人均产值很低的发展时期启动和实施资本密集型的重工业化，实行农业支持工业的城乡二元财政体制也具有一定的必然性（文峰，2004）②。

在中国城市偏向的城乡二元财政制度表现的诸多方面，有的研究者认为，主要涉及财政支出和税收制度两个方面（陈宗胜，2008；曾国安、胡晶晶，2009）③。有的研究者则从财政对农业与非农业支出方面进行考察（彭真善，2007）④。

中国城乡差距的形成和扩大在很大程度上与我国长期推行城乡有别的二元财政政策和制度有关，这在很多研究者中间达成了共识（傅道忠，2004⑤；代述强，2007⑥；刘后平，2006⑦；何振一，2004⑧；秦海林，2007⑨、2011⑩、2013⑪；李春根，2006）。

大量实证研究成果显示，城市倾向的经济政策有扩大城乡收入差距的作用（陆铭、陈钊，2004；Lu & Chen，2006；陆铭、陈钊、万广华，2005）。在城市倾向的政策下，城乡居民在住房、医疗、养老以及教育等方面的差异加剧了实际的城乡收入差距。

第二，中国财政分权对城乡收入差距的影响研究。

中国经济自改革开放以来所付出的一个代价就是收入差距的持续扩大，

---

① 陈宗胜，钟茂初，周云波. 中国二元经济结构与农村经济增长和发展 [M]. 北京：经济科学出版社，2008.

② 文峰. 消除二元财政体制，促进二元经济结构转换 [J]. 开发研究，2004 (2)：45-48.

③ 曾国安，胡晶晶. 论中国城市偏向的财政制度与城乡居民收入差距 [J]. 财政研究，2009 (2)：36-39.

④ 彭真善. 缩小我国城乡居民收入差距的财税对策 [J]. 税务研究，2006 (12)：22-24.

⑤ 傅道忠. 城乡差距及其二元财政成因探析 [J]. 财贸研究，2004 (2)：59-63.

⑥ 代述强. 对我国城乡二元经济结构与城乡收入差距的探讨 [J]. 新学术，2007 (6)：201-202，176.

⑦ 刘后平. 我国城乡居民收入差距问题研究 [J]. 山西财经大学学报，2006 (4)：46-50.

⑧ 何振一. 关于城乡二元结构下农村财政困难的深层思考 [J]. 地方财政研究，2004 (1)：6-10.

⑨ 秦海林. 二元财政转换与二元经济增长：模型分析与实证检验 [J]. 经济学家，2007 (5)：27-33.

⑩ 秦海林，李志勇. 二元财政政策影响城乡差距的实证分析 [J]. 中央财经大学学报，2011 (9)：7-12.

⑪ 秦海林，席文. 二元财政的制度变迁：基于路径依赖的视角 [J]. 经济理论与经济管理，2013 (7)：46-57.

特别是构成收入差距的主要部分的城乡之间和地区之间的收入差距正在扩大（陆铭、陈钊，2004；Lu & Chen，2006；万广华、陆铭、陈钊，2005）。如果追根溯源的话，城乡之间和地区之间的收入差距都在一定程度上与经济分权有关。城乡收入差距与经济（财政）分权的联系是非常易于理解的。由于经济增长的主要来源是城市部门，因此地方政府存在着优先发展城市、更多考虑城市利益和实施城市倾向的经济政策的激励。

大部分学者的研究都认为，财政分权扩大了城乡收入差距。陈丽华、许云霄和辛奕（2012）认为，分级财政管理体制以及政绩考核机制的不完善是造成中国独特的城市化以及过大的城乡收入差距的根本性原因。赖小琼和黄智淋（2011）指出，如果地方政府将由于财政分权而增加的可支配财政资源更多地用于提高城镇居民收入水平，财政分权将不利于城乡收入差距的缩小。李尚蒲和罗必良（2012）认为，在分税制改革后，地方政府的财政行为具有导致城乡收入差距扩大的内在机制。贺俊和吴照龙（2013）认为，在分权体制下，地方政府基于绩效竞争的经济行为会造成城乡收入差距的进一步拉大。马光荣和杨恩艳（2011）认为，改革开放以来，中国城乡间存在巨大的收入差距的根源是中国式的分权体制。马万里、李齐云和张晓雯（2013）认为，中国式分权是导致收入分配差距的体制根源。同时，马万里（2013）指出，在中国式分权所特有的激励下，地方政府教育投资支出不足，影响了人力资本积累及其对经济增长的贡献，导致了收入分配差距扩大。

也有部分学者认为，财政分权能够缩小城乡收入差距。苏素和宋云河（2011）指出，财政分权程度的提高能够缩小城乡收入差距，中部地区增加人均财政支出，特别是增加福利支出，有助于缩小该地区城乡收入差距。许海平和傅国华（2013）通过空间计量模型检验发现，财政分权让地方政府拥有合适的自治权力，减少预算软约束，提高政府效率，降低收入差距。

还有一部分学者认为，财政分权对城乡收入差距的影响不能简单地认为不是缩小就是扩大（陈工、洪礼阳，2012）。有的研究显示，财政支出分权总体上加剧了地方政府支出规模对居民收入分配的不利影响，收入分权则有助于遏制这种负面效应（贾俊雪、宁静，2011）。有的研究显示，财政分权对我国城乡收入差距没有显著影响，但存在地区差异性，财政分权对东部地区的城乡收入差距有显著作用，对中西部地区的影响并不显著（余长林，2011）。还有研究发现，财政分权对城乡居民收入差距的短期和长期效应并不一致，从长期看，财政分权有助于缩小城乡收入差距，但短期却对城乡收入差距带来较大的正向冲击（范晓莉，2012；李雪松，2012；李雪松、冉光和，2013）。

2.1.4.3　财政制度与地区间发展差距研究

中国各地区之间的资源禀赋各异，发展经济的条件各不相同，在中央政府不干预各地经济发展的条件下，地区之间的经济发展水平也会不一样。在改革开放前的奠定国家发展基础的时期，为了集中有限资源建立国民经济的基础，中央政府集中全国的主要财力重点布局在经济发展条件比较好或者战略地位比较重要区域。这种国家主导下的经济区域布局在突出特定区域经济发展的同时，也会抑制资源净流出地区的经济发展，导致地区间发展差距扩大。

已有文献中，关于中国计划经济条件下财政支出制度、税收优惠制度和转移支付制度对地区间发展差距的影响的研究很少。在"分灶吃饭"财政体制和"大包干"财政体制阶段，各地方政府普遍采取加大经济发展相关的财政支出和税收优惠等方式，力求加快本地区经济增长，增加财政收入。由于国家同期实行了向东部沿海地区倾斜的财政税收政策，中国东部地区与中西部地区间的发展差距快速扩大。

1994 年分税制财政体制施行后，市场机制在资源配置中的作用逐渐加大，研究分税制、税收优惠和财政转移支付等对地区间发展差距影响的文献逐渐增加。1994 年实行分税制以后，中央政府财力逐渐增强，尤其是 2002 年后，所得税纳入中央和地方共享税，中央转移支付在缩小地区间财力差距方面的作用逐渐增大（胡德仁、刘亮，2007）。也有研究认为，转移支付的财力均等化作用并不明显（刘溶沧、焦国华，2002），甚至还有研究成果显示，由于转移支付结构不合理，尤其是税收返还比重太高，转移支付不仅没有缩小地区间财力差距，反而还扩大了地区间的财力差距（尹恒，2007）。中国分税制涉及中央税、地方税和中央与地方共享税三类，如果分别考察三类税收及其总的转移支付对地区间财力差距的影响，可能会得出不同的结论（李齐云、刘小勇，2009）。从人均财政收入和人均财政支出来衡量的转移支付对地区间财力差距调节效果也不一致（张启春，2005）。

财政转移支付不仅会影响地区间的财力差距，也会影响地区间的发展差距。财政转移支付一般对接受地的经济增长有促进作用，适当的财政转移支付政策能够起到缩小地区经济发展差距的作用（刘凤伟，2007）。张晏、龚六堂（2004）认为，不同经济发展水平和要素禀赋的地区之间存在隐性的区域间收入再分配，中央政府的干预措施一般具有协调区域发展，补贴低生产力水平低禀赋地区，缩小地区间发展差距的性质。转移支付对地区间发展差距的影响并没有形成完全一致的实证研究结论。江新昶（2007）的研究显示，中国的转移支付在地区间的分布具有"马太效应"，转移支付没有发挥缩小地区间发展差距的作用。马拴友、余红霞（2003）通过对1994年财税体制改革以后转移支付与地区经济收敛关系的研究发现，转移支付总体上没有达到缩小地区差距的效果。尽管实证分析中转移支付与缩小地区间发展差距之间的因果关系还不确定，但从理论上看，建立科学、规范的转移支付制度仍然是缩小地区差距的一个重要途径（陈秀山、徐英，2004）。

考察转移支付对地区间财力差距、地区间发展速度和发展水平的影响也是一项重要的研究内容。毛捷、汪德华、白重恩（2011）的研究发现，中国在2000年年底实施的民族地区转移支付政策显著促进了民族地区公共支出水平的相对提高和公共支出结构的相对优化，但未显著缩小民族地区与其他地区之间的经济发展差距。李永友、沈玉萍（2010）的研究也发现，中国政府在1994年分税制改革确立的具有集权倾向的财政收入垂直分配关系带来财政资金的大规模双向流动，促进了财政资金的跨区域配置和财政能力的地区间均等，但在均衡地区间经济增长方面的作用却很有限。有研究显示，财政转移支付在缩小政府间财力差距和缩小地区间经济发展差距方面的作用，在时间上并不一致，对财力差距的影响是短期的，对经济发展水平差距的影响则需要较长的时间才能显示出来（刘凤伟，2007）。

财政制度安排不仅会影响城乡之间和地区之间财力差距与发展水平差距，还会影响消费、投资、出口等的结构。在计划经济体制下中国通过财政制度安排对资本密集型的装备工业进行大规模的投资，在奠定国民经济发展基础的同时，导致居民收入增长缓慢、消费需求不足，使经济结构具有明显的投资和消费不均衡的特征。改革开放后，中国形成了具有中国特色的分权治理模式。1994年的税制改革奠定了市场经济条件下税收制度的基础。有研究成果显示，1994年确立的财政收入制度不仅挤压了居民消费能力，而且通过引致财政支出结构扭曲恶化了居民消费倾向（李永友，2010）。

此外，税收优惠、地方政府之间的税收竞争是否会影响地区间发展差距也是学术研究的一项重要内容。尽管有一种观点认为，给予欠发达地区一定的税收优惠可以促进其经济增长，但如果考虑到欠发达地区与发达地区之间区位优势和两类地区之间空间地理因素，可能经济欠发达地区的税收优惠并不能促进要素向这些地区流动，也不一定能缩小其与发达地区之间的发展差距。这可能对如何通过财政税收制度安排缩小地区之间的发展差距提出挑战。我国地方政府之间的竞争在影响地方政府经济增长的同时，也会由于配套财税制度缺失导致地方封锁、全国统一大市场分割，抑制全国大市场优势发挥（欧阳峣等，2018）。

2.2　对现有文献的评价

2.2.1　后发大国经济发展研究评价

国内外对后发优势和大国经济研究的相关文献反映了后发大国经济发展到一定程度的研究成果，但这些研究成果主要集中在后发大国经济发展问题研究的局部或某一层面，要全面认识后发大国的发展机制和路径以及在后发大国经济发展框架下财政的演进机制和路径，还需要对现有研究做进一步的拓展和深入。现有的研究成果表明以下内容：

第一，经济发展理论是研究后发国家或发展中国家经济发展的一般理论，对后发国家和发展中国家经济发展具有一定的指导意义。但是，任何一国的经济发展都不能简单、直接搬用发展经济学的一般理论，必须把一般的经济理论和相关国家经济发展的具体国情结合起来，即在一般经济理论的指导下，在不同国家的发展基础、禀赋结构、优势和劣势的基础上，探索不同类型国家经济发展的特殊机制，寻找适合不同类型国家经济发展的具体对策。

第二，后发国家或发展中国家具有不同的类型。其中，后发大国是后发国家中具有大国特征的一类国家，其独有的特征、优势和劣势决定了其经济发展具有不同于一般后发国家和一般发展中国家经济发展的战略与路径，其发展面临着特殊的问题，需要采取特殊的发展战略和制度安排。

第三，现有文献或者主要集中于后发国家经济发展的优势、劣势和战略的研究，或者主要研究大国经济的特征、优势、劣势和发展战略，较少把后发国家和大国综合起来，全面探讨后发大国经济特点、优势、劣势、战略和制度安排。后发国家作为一个类型的国家或处于特定发展阶段的国家，必然具有其共同的特征、优势、劣势和经济发展的内在机制与规律，大国作为一种类型的国家，也有这类国家的共性特征、优势、劣势和发展机制与规律，但同时具有后发国家和大国两种特征、优势、劣势的国家必然具有不同于后发国家或大国的单一类型国家的属性和发展规律。已有的部分研究成果在大国框架下研究了中国经济发展的相关问题，包含了后发国家经济发展的成分，但对后发大国经济发展机制的挖掘还有进一步深化的空间。例如，研究还需要进一步提炼、归纳后发大国这一类型国家在经济发展视角下的特征、优势、劣势及其经济发展机制。

第四，现有文献重点集中在后发国家或大国经济发展特定阶段的机制和规律，对后发大国经济发展中不同阶段特殊性的认知还有进一步深入研究的空间。现有文献涉及关注后发国家与发达国家在技术、经济发展水平差距较大阶段的后发优势，或者关注大国经济发展的初期、中期或某一特定事件（如 1997 年亚洲金融危机或 2008 年美国次贷危机）背景下的经济发展机制和对策，但缺乏对后发大国经济发展全过程发展机制的关注，缺乏对后发大国经济发展全过程机制的深入探讨和可能经历的主要阶段之间转换机制及其主要面临的问题与对策研究。因此，深入探讨后发大国经济发展全过程的机制、可能经历的发展阶段以及不同阶段之间转换的机制和应对策略，对厘清后发大国经济发展的机制十分必要。

2.2.2　对大国财政与国家治理相关文献的评价

目前，已有文献关于大国财政的研究主要从以下几个视角展开：其一，从经济全球化视角考察我国经济深度融入国际经济大循环财政的职能变化和面临的风险、挑战与应对措施。其二，在党的十八大提出财政是国家治理的基础和重要支柱，明确建立现代财政制度的改革目标后，在现代财政制度的视域下研究大国财政，探讨大国财政与现代财政制度的兼容性。其三，从公共品提供的规模效应角度研究大国财政。这实际上是讨论公共品的消费群体人数与财政之间的关系。其四，在国家治理视角下研究大国财政制度。这一研究视角实际上是研究财政体制问题，即探讨大国的中央政府与地方政府之间的事权、财权划分，转移支付安排以及政府管理体制相关的问题。上述研究文献为研究大国财政提供了十分重要的理论营养，但与本书要研究的后发大国财政存在很明显的差异。本书拟研究的后发大国财政是以经济发展的视角对一种类型国家财政的研究，即研究的既是后发国家，又是大国的这类国家财政的特征、功能和随着经济发展阶段演变而演进的机制与路径。

2.2.3　大国财政与经济增长相关文献的评价

从现有文献看，明确研究大国财政和经济增长关系的文献还很少，更多是研究某一类型的大国或某一具体的大国的财政制度与经济增长的关系，而且主要是研究财政分权对经济增长的影响。从理论基础看，现有研究主要还是在巴罗的新古典经济增长框架下研究财政分权的经济增长效用，数据来源一般都是省级面板数据，而且基本上都是实证研究。从实证分析的结果上看，财政分权究竟对经济增长是促进还是抑制并不统一。直接用巴罗的经济增长模型研究后发大国经济增长可能会存在如下问题：其一，发达国家一般不存在经济结构中的瓶颈问题，但后发大国至少在较长一段时期内存在经济结构瓶颈。其二，后发大国的一个重要特征就是国家内部市场巨大，而只有在国内市场是一个完整统一的大市场时才能体现大国优势，从某一个具体省级或地区级单位来看，最有助于经济增长的财政行为可能不利于国家整体的经济增长，即使用面板数据模型实证研究的财政制度有助于局部地区的经济增长并不一定意味着财政制度安排有利于后发大国整体的经济增长。因此，现有研究后发大国财政与经济增长的文献首先需要从理论上厘清财政对经济增长的作用机制，其次才能建立以后发大国整体为单位的财政与经济增长关系的实证模型，客观地评价财政对经济增长的影响。本书的重点是探讨后发大国经济发展不同阶段经济发展的特征和约束条件，财政制度应该如何满足经济发展的条件来促进经济发展，进而将经济发展过渡到下一个发展阶段。

2.2.4　后发大国财政与经济结构相关文献的评价

有关后发大国财政对经济结构影响的文献主要集中在研究财政制度对城乡经济结构、区域经济结构和内外经济结构的影响上，直接明确研究后发大国财政对城乡、区域和内外经济结构的影响的文献很少，大多数文献集中在研究确立建立社会主义市场经济体制的改革目标后的财政对经济结构变化的影响。

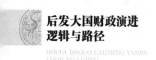
2.2.4.1　对后发大国财政与城乡经济结构关系相关文献的评价

现有文献关于财政制度安排与城乡收入差距的研究主要来源于对国外财政制度的介绍，或者利用国外相关财政制度与收入差距的理论或对其稍加修正来用于分析、验证中国财政制度对城乡收入差距的影响，立足中国经济发展实际的财政制度与城乡收入差距的原创性研究不多。任何一国的财政制度都具有财政制度的一般性，即反映财政运行一般规律并服务于特定经济社会发展目标要求的属性，尤其在现代市场经济条件下，各国财政制度中都包含如何处理政府和市场之间的关系，确保市场在资源配置中发挥决定性作用。但是，任何一国的财政制度安排都需要与该国的政治、经济、社会、文化等相适应、相协调，才能正常运行并达到预期目标。无论是城市偏向的制度安排，还是财政横向与纵向分权，是服务于赶超发展战略的重工业偏向的财政制度安排，还是服务于区域非均衡发展的财政制度安排，都具有一般性和特殊性。如何结合中国典型后发大国经济发展的内在逻辑论证相关财政制度安排的必要性，并对其制度效应做合理评价，尤其是对城乡收入差距影响效果的评价是理解中国财政制度安排的必然要求。

将国外财政制度安排尤其是财政体制相关理论的前提假设引入中国财政制度安排中，其实用性还有进一步考量的必要。在财政分权制度理论中，无论是第一代财政分权理论还是第二代财政分权理论，都是假定市场经济在健全的市场制度下正常运行，这与中国转型国家的国情差异太大，不完全符合中国的实际。中国财政分权的运行机制和制度效应也与国外相应制度的制度效应存在较大差别。国外的财政制度安排有一个隐含的背景就是政府是在政党竞选基础上产生，其制度安排和政策具有偏向在竞选中获胜政党的执政目标与利益的特征，即政府具有偏向性。事实上，政府在社会成员利益倾向上，一方面具有一定程度的偏向性，即"非中立性"政府的特征；另一方面又必须在诸如提供公共服务等方面具有非歧视性，具有"中立性"政府的特征。具体在理论分析中，在对中国政府的假设方面，相当部分学者在财政制度理论中是假定其具有自利性的"经济人"特征或在代表群体利益上具有偏向性，这种对中国政府行为模式假设的偏差可能会导致理论分析的更大偏差，甚至导致整体理论偏离正确的路径。当然，也有很少一部分研究文献认为，政府具有"中立性"政府的特征，从而将其纳入财政经济制度安排中对改革开放以来经济快速增长提供理论解释。贺大兴、姚洋认为，中国政府在过去30多年是一个中性政府，采纳了有利于经济长期发展的政策，但同时，政府把有限的资源分配给生产力较高的群体或地区，必然会扩大收入差距①。陆铭、周业安等在分析中国财政分权对经济增长和城乡、地区收入差距的影响中考虑了中国政治集权、经济分权、官员任期制、异地交流等政治及文化特征，使财政分权理论更接近中国实际，反映财政分权一般理论和中国政治、经济、文化、社会制度相互作用与相互影响的实际，对中国经济社会发展具有更强的解释力。

现有文献认为，中国财政制度安排导致城乡差距扩大不符合社会公平原则，这并不符合经济发展不同阶段经济结构演变的规律。众所周知，立足于市场经济的财政制度应该关注社会公平，同时也要关注经济效率。从现象上看，发达国家财政制度的主要政策目标是关注社会公平，注重地区间发展差距的缩小。国内学者在一定程度上忽略了财政制度目标在国家发展不同阶段的差异性，认为中国市场经济条件下的财政制度无疑应该将缩小城乡之间和地区之间差距放在最重要的地位。同时，改革开放以来，在我国经济快速增长的同时，城乡之间和地区之间发展差距快速扩大，人们据此认为这些差距扩大都来源于财政制度安排，因此认为中国财政制度安排的主要目标应该是缩小城乡之间和地区之间的发展差距。事实上，这忽略了经济发展过程中要素在城乡之间和地区之间流动与再分配也是导致城乡之间和地区之间发展差距扩大的重要原因，甚至是主要原因，或者没有科学分析改革开放以来中国城乡之间和地区之间差距扩大是空间经济结构演变、财政制度安排和其他多个因素共同导致的结果，属于典型的多因同果，或者多因多果的逻辑。在没有精确实证分析的基础上，将导致差距扩大的原因全部或主要归结在财政制度安排上可能会导致财政制度改进建议无效甚至错误。因此，结合后发大国经济发展的内在逻辑，从经济发展的时间和空间视角分析城乡差距演变机制、规律与路径，分析财政制度作用于城乡收入差距的机制，有助于深化财政制度与收入分配关系的理解，有助于提出更加科学的、具有较强针对性的、优化财政制度的对策和建议。

现有文献关于后发大国财政制度变迁与城乡二元经济结构转变的研究在某些方面达成了共识，但还有进一步深入探讨的空间。从现有文献看，学术界对中国财政制度变迁的研究主要集中在由计划经济条件下的以经济建设为主、以城市为重点、重工业偏向的财政制度向适应市场经济要求的公共财政制度转型，以中央集权为典型特点的财政体制向地方分权的纵向财政分权，

---

① 贺大兴，姚洋. 社会平等、中性政府与中国经济增长 [J]. 经济研究，2011, 46（1）：4-17.

较少将财政制度变迁放在后发大国经济社会发展的框架下全面思考后发大国财政制度安排的逻辑和演变机制。对中国财政制度变迁动力机制的分析主要立足于如何建立完善的、适应市场经济要求的公共财政制度，如何在纵向财政分权的框架下完善分级财政体制，较少系统地将财政制度的变迁放在经济社会发展阶段的框架下探讨中国财政制度变迁的机制；主要立足于市场经济条件下政府和市场关系的视角探索财政的职能及相关制度安排，较少全面思考国家财政、发展财政、转型财政、国际财政这几个方面的属性，不利于对中国财政制度及制度变迁的全面理解。

当然，也有一些研究者对多元视角的财政制度进行探索[1][2]。现有文献关于中国后发大国财政制度的研究主要涉及对二元财政制度、财政制度转轨和2014年以后关于大国财政研究三个方面。其中，关于城乡二元财政制度的含义、表现和特征及其对城乡经济社会发展的影响有比较一致的认识，对城乡二元财政制度转变的方向也有较为一致的目标，即改变城市偏向的二元财政制度，加大对农村财政投入力度，建立城乡一体的公共财政制度；调整纵向财政关系，优化政绩考核制度，实现基本公共服务均等化；随着中国经济深度融入全球经济，在全球化条件下如何规避财政风险，合理分担国际公共品的生产成本等引发了对大国财政的讨论。尽管上述三方面的研究直接针对中国财政问题展开，但至今还有没看到比较系统的关于后发大国财政制度的内容、特征、具体职能和演化机制的论述。后发大国财政制度相关研究是介于财政一般理论和具体国家财政制度安排之间的关于某一类型国家财政制度一般性的研究，对指导后发大国财政制度建设和经济发展无疑具有十分明显的指导意义，同时也是通过对后发大国这类国家的一般财政制度的研究丰富和完善一般财政制度理论。

现有文献对财政制度与城乡二元经济的影响的研究，主要逻辑与后发大国经济发展的实践之间存在一定偏差。现有关于中国财政制度变迁和城乡二元经济结构转换之间的主流观点是财政制度安排应该有助于缩小城乡二元差距，实证分析也主要验证财政制度对城乡二元差距的影响，对策也主要是如何优化财政制度缩小城乡二元差距。但是，后发大国经济发展并不是线性地缩小城乡二元差距，可能机制是在城乡要素自由流动的条件下，要素先向具

---

① 邓力平. 中国特色社会主义财政四位一体的分析 [M]. 北京：经济科学出版社，2011.

② 邓力平. 中国特色社会主义财税思考 [M]. 厦门：厦门大学出版社，2016.

有集聚效应的城市和沿海等具有较好经济区位的区域集中，城乡差距扩大。在确保基本公共服务均等化的情况下，财政资源配置需要在一定程度上适应要素空间配置结构转变的规律，可能会导致城乡二元差距扩大，但会提高资源配置效率，促进经济增长，为下一阶段财政缩小城乡和地区差距积累公共资源。随着城乡差距的扩大，财政的平衡城乡发展的能力增强以及城乡差距扩大对经济增长的边际收益递减，财政制度需要加大对农村的投资，强化财政协调、均衡城乡经济发展的职能，城乡二元差距逐渐缩小。因此，立足于后发大国经济发展内在机制研究财政制度变迁机制及其对城乡二元差距的影响更符合后发大国经济发展的实践和理论逻辑。

现有文献关于中国财政制度变迁与城乡二元差距的研究主要集中在财政制度变迁对城乡居民收入差距的影响上，涉及财政制度变迁对城乡二元经济结构转换的影响较少。城乡二元经济结构转换是经济发展中的结构转换问题，包括城乡居民收入差距变化但不仅限于城乡居民收入差距变化。从整体上衡量城乡二元经济结构转换需要采用综合性的指标，比如农业与非农业比较劳动生产率、二元对比系数、二元反差系数，不仅要反映城乡二元经济的居民收入结构变化，还要反映就业结构、产值结构，甚至城乡公共品供给差距。因此，采用综合性的城乡二元经济结构指标来衡量城乡二元差距变化情况更能有效反映财政制度变迁对城乡二元经济结构变换的影响。

综上所述，现有文献关于后发大国财政制度变迁与城乡二元经济结构转换研究在最核心的后发大国经济发展理论的构建，后发大国财政制度的特征、形成、内容和演化机制以及城乡二元经济结构转换的内容和指标设定等方面都还有较大的拓展空间。在阐述后发大国经济发展内在机理的基础上，厘清后发大国财政制度的内容、特征、功能、演化机制对深化后发大国经济发展、财政制度变迁和经济结构变化的内在关系，增强对后发大国经济发展中可能遇到问题的预见性和应对能力，促进后发大国经济发展可持续推进具有十分重要的理论和现实意义。

2.2.4.2　对后发大国财政制度对区域经济结构影响相关文献的评价

在现有文献中，直接、明确研究后发大国财政制度与区域经济结构变化关系的很少。笔者查阅到相关的文献主要是研究中国财政制度对区域经济结构的影响。研究主要集中在财政分权对地区间财力和经济发展差距的影响、转移支付对地区间财力和经济增长的影响以及区域间税收优惠对地区发展差距的影响等方面。

现有相关文献主要立足于市场经济条件下财政分权、转移支付和税收优惠以及政府之间财政竞争对区域间财力和发展差距的影响，主要集中在中国改革开放以后，尤其是"分灶吃饭"和"大包干"财政体制时期及1994年分税制改革以后相关财政制度对区域经济结构变化的影响。尽管存在部分文献论述中国计划经济时期（本书界定为奠定后发大国发展基础阶段）财政制度安排对中国各区域经济结构的影响，但主要是理论分析，缺乏实证研究。其他的从转移支付制度、财政分权、税收优惠和政府间竞争角度研究中国地区间财力差距、公共服务差距和经济发展差距的文献大都涉及实证分析，但存在以下几个方面的问题：其一，没有将中国区域间经济结构演变放在后发大国经济动态发展的视域下研究财政制度对区域财力差距、发展差距和公共服务差距的影响；其二，忽视空间经济结构演变的内在规律，直接从各地区之间应该均衡发展的理念出发研究财政制度对区域经济结构变化的影响；其三，没有从中国典型的后发大国实际出发，没有建立在后发大国经济发展内在机理的基础上研究财政制度对区域经济结构的影响；其四，在利用面板数据模型研究财政制度对区域间财力差距、经济发展差距和公共服务差距影响中难免有割裂大国内部统一、开放大市场的嫌疑。

从后发大国经济发展内在逻辑出发研究财政与区域经济结构关系需要处理好以下两个关系：其一，将财政制度变迁与区域经济结构变化放在后发大国经济发展的框架下，在厘清后发大国经济发展中空间经济结构演变机制和路径的基础上研究财政制度对区域经济结构的影响；其二，充分考虑到后发大国国内统一开放大市场和区域经济分工协调对区域经济结构与财政制度安排的影响，在此基础上进行理论研究和实证研究。

此外，现有文献关于财政制度对内外经济结构影响的研究都是在宏观经济框架下展开的，在一定程度上体现了后发大国经济发展的特征。李永友（2010）建立了一个财政分权导致需求结构失衡的分析框架分析中国财政制度导致宏观经济结构失衡的基本事实。该理论框架通过对中国财政分权策略、财政制度安排以及财政政策选择失衡的深入分析，认为中国需求结构失衡在某种程度上可以说是财政体制、财政制度和财政政策内生的结果[1]。该理论框架对中国需求、投资和出口结构失衡有一定的解释力，但对中国作为一个后发大国特定发展阶段的经济增长特征和财政制度动态变化内在机制的考虑还

---

① 李永友. 需求结构失衡的财政因素：一个分析框架 [J]. 财贸经济，2010（11）：63-70.

不充分，还没有结合后发大国经济发展不同阶段政府财政支出结构、社会资本形成对中国一段时间财政支出结构偏向性做出合理解释。如果能够从后发大国经济发展内在逻辑展开和发展阶段推移角度进行分析，中国财政支出的结构特征可能得到比较合理的解释。

2.3　结构安排

本书主要包括两个部分：上篇探讨后发大国财政制度的基本理论，下篇运用后发大国财政理论剖析中国财政制度变革的逻辑和路径。第一部分主要包括：方法论部分，即探讨后发大国财政研究的方法论；从财政一般的角度分析财政的基因、基因组合及其演变的内在机制和趋势，分析财政的各种形态、财政绩效等；探讨后发大国财政的政治、经济、文化背景和后发大国财政的内涵、特征演进机制与路径等。第二部分首先对中国财政制度形成背景、机制进行分析，阐释中国作为后发大国的财政制度的形成机制，主要特征、作用和对经济结构、财政演变可能产生的影响；其次对改革开放以来中国财政制度演进的经济背景和财政制度演变的过程做全面、详细梳理，发现其内在机制与后发大国一般的财政演变机制和路径之间存在的偏差；最后展望中国财政制度演变的前景。

3
后发大国财政研究的基本方法论

　　财政制度既有经济的内容，又反映和服务于政治目的与要求，具有经济和政治的双重属性；既要服务于个体社会成员，又要体现作为社会整体的国家意志。财政制度的演变规律和轨迹既要受到政治、社会、历史与文化的影响，又要受到经济发展一般规律的约束。效率和公平是财政和财政制度的内在要求，财政和财政制度需要体现和兼顾公平与效率双重目标。由于受到政治、经济、社会伦理等影响，尽管效率目标与公平目标同时包含在财政和财政制度之中，但在不同的时空条件下的侧重点又有所不同。

　　一般和个别的关系是唯物辩证法的重要观点之一，也是指导科学研究和社会实践的重要方法论。一般，即普遍的本质及规律；个别，即个体具有的独特矛盾与发展过程。任何个体的独特矛盾都具有普遍的一般性，但其在具体的发展中具有独立的历史性，即其发展的时间、空间所决定的独立特点与特性。本质是事物之所以是它自己而不是其他事物的内在规定性。

决定事物运动变化和发展的矛盾不是单一的一对矛盾，而是极其复杂的矛盾群体。关于复杂的矛盾群体，从运动形式上看，不同的事物、不同的运动形式都包含着本身矛盾的特殊性，从而构成这一事物与其他具体事物、一种运动形式与其他运动形式区别开来的特殊性本质。事物是运动、变化和发展的，并且一般要经历若干个阶段，区分不同过程或阶段的基础就是它们各自包含的特殊矛盾。在经济发展中，所有人类经济活动内部都存在经济活动的一般规定性，这种规定性是经济活动区别于政治、文化、社会活动的根本依据，但是对不同类型的经济活动，如宏观经济活动和微观经济活动、小规模国家的经济活动和大国的经济活动；或者不同经济条件下的经济活动，如政府与市场不同作用范围下的经济活动；或者不同经济发展阶段的经济活动，如发达国家的经济活动和欠发达国家的经济活动都包含着特殊性。在承认经济活动存在一般规律的条件下，遵循经济活动一般规律，并根据具体的、不同类型的、不同发展阶段的经济活动的特殊矛盾决定的特殊规律开展经济活动和制定经济政策才能有效地指导经济实践，达到经济活动的目的。

财政制度是指导和规范财政活动的规则和规则体系，遵循财政运行的一般规律，由一系列财政制度要素组成，规范约束相关主体的行为，服务于一定经济社会目标。制定科学的财政制度一方面要尊重财政运行的宏观规律，另一方面要充分发挥人的主观能动性。

3.1　财政与经济社会发展：普遍联系视角的考察

普遍联系的观点是马克思主义唯物论和辩证法的基本观点，揭示了客观世界的基本特征和运行规律。财政与财政制度是经济社会客观存在和发展中的重要现象，财政和财政制度与经济、政治、历史文化，乃至自然地理条件之间存在广泛的联系。从普遍联系和系统的角度把握财政与财政现象的存在、运动、演化、发展，有助于科学认识财政与财政制度的演变趋势，有助于制定科学的财政制度和财政政策。后发大国财政与财政制度是内生于后发大国经济社会发展中的政治经济现象，从普遍联系和系统观点出发来认识后发大

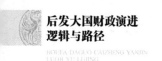
国财政与财政制度的存在、运动和演变趋势，有助于形成对后发大国财政与财政制度的科学认识，并以此为基础，制定符合后发大国经济社会发展的财政制度，实现经济社会发展的目的。

3.1.1　普遍联系和系统论的基本观点

马克思主义唯物辩证法认为，联系作为一个哲学范畴，包括一切事物、现象之间，即事物内部诸要素之间的相互影响、相互作用和相互制约的关系。相互联系是事物的普遍本性之一。首先，联系是客观存在的，即联系是事物本身所固有的，不以人的意志为转移。这里的事物是指客观世界自然存在的事物和经过人的实践活动影响后形成的事物。其次，联系是普遍的，是指世界上一切事物、现象、过程都与周围的事物、现象、过程之间存在某种联系，一切事物、现象、过程内部的各部分、要素、环节、成分之间又相互联系、相互影响。客观世界的事物既作为个体事物而存在，同时又作为普遍联系的事物而存在，事物之间的联系都要借助一定中介事物，任何事物又是作为其他事物联系的中介而存在的。再次，事物、过程和现象之间的联系是复杂的、多样的，有直接的和间接的联系，有内部的和外部的联系，有本质的和非本质的联系，有必然的和偶然的联系，不同的联系对事物的存在和发展所起的作用不同。最后，事物之间的联系往往需要一定的条件，条件是同特定事务相联系的、对其存在和发展发生作用的诸要素的总和。由于事物的存在、发展和消亡是有条件的，因此事物的联系也都是有条件的。随着条件的变化，事物之间的联系将发生相应的变化。事物联系的条件是具体的、多种多样的，包括必要条件和非必要条件，决定性条件和非决定性条件，有利条件和不利条件，主观条件和客观条件等。条件也是可以改变的，为了促成事物向有利于行为主体的方向运动、变化和发展，可以充分发挥人的主观能动性，改变不利条件，创造有利条件，实现期望的目标。

3.1.2　普遍联系的观点对财政与财政制度研究的指导意义

第一，财政与财政制度是社会有机体内部的重要组成部分，与政治、经济、文化、历史、地理等因素紧密联系。在普遍联系的观点下，财政和财政制度与政治、经济、文化等相互联系，即财政的内容、形式、功能的发挥受到政治、经济、文化、伦理甚至自然、地理、历史等因素的影响，同时财政制度安排也对经济基础、政治结构、发展伦理、文化传统等产生影响。经济的发展水平决定着财政收入的形式、规模和结构，财政收入的形式、规模和结构也会影响经济增长趋势、规模和结构。经济发展水平及对基础设施、教育、医疗卫生、社会治安、社会保障等的需求决定和影响财政支出规模、结构与支出形式。经济发展水平所影响的人们的收入水平、消费水平和消费结构也影响和决定财政支出的形式、规模和结构。相应地，财政支出规模、结构也直接影响经济的规模、结构，影响人们消费的满足程度等。政治结构影响财政的职能，尤其是政治结构对应的利益结构影响和决定着财政收入和支出的形式、规模和结构，财政收入与支出安排又会反作用于政治结构，或者维护、巩固、强化政治结构中处于统治地位和支配地位的利益集团、阶级和阶层的利益，或者导致政治结构变化、震荡甚至崩溃。社会发展伦理和文化观念作为社会发展的价值尺度和指向标，会对财政制度产生重要的规范、约束作用，财政也会反过来维护、继承、强化或更正社会发展伦理和文化观念。一个国家历史上长期形成的传统观念，甚至自然地理因素也会直接或间接地影响财政的运行和财政制度安排。

第二，财政和财政制度与国家政治、经济、文化、历史传统等因素的联系具有多样性。财政与经济基础、经济规模、结构的联系可以是直接联系，也可以是间接联系，但都需要借助一定的中介。例如，经济基础对应的所有制结构与税收制度安排的关系就要借助不同所有制利益代表的政党或利益集团，通过其对财政制度安排的影响进而影响税收制度的安排；财政支出制度与人们对公共服务需求的影响需要借助公共选择途径将公共需求信息转化为政府预算安排，进而转化为财政支出结构。财政和财政制度与政治结构要借助政党或利益集团的中介发生联系，财政和财政制度与社会发展伦理、文化的联系需要借助社会公共选择途径，或者借助制度安排者的理念、观念中介相互作用，制度安排者需要主动或被动考虑社会发展伦理或文化的价值取向，否则财政制度运行必然遇到民众的阻挠和反对。财政和财政制度安排与政治、经济、社会发展伦理、文化等都会通过一定的中介相互作用，离开中介抽象地谈论财政和财政制度与其他社会政治、经济等因素的联系都毫无意义。或者说，离开中介，财政和财政制度与政治、经济等因素之间难以发生实实在在的联系，难以有效地相互影响。事实上，作为财政和财政制度与政治、经济、社会发展伦理、文化等因素联系中介的政党、利益集团、预算审查团队等机构、组织或程序、规则的存在，就是财政和财政制度与其他因素联系的条件。某些因素导致财政和财政制度的某些安排，或者某些因素的变化导致财政运行方向或进程的改变就是联系的条件，即财政和财政制度与相关因素之间的联系是有条件的，离开了条件，联系就不存在，某些影响因素的变化会导致财政与财政制度发生相应的变化或改变。

第三，后发大国财政和财政制度与后发大国经济社会发展具有高度相关性。财政和财政制度与政治、经济、社会发展伦理、文化、历史等联系的一般规律在后发大国内部同样存在。但是，后发大国内部的经济、政治、历史、文化传统甚至国际政治经济环境因素与其他国家存在系统性的差异。因此，后发大国财政和财政制度与政治、经济、历史文化、发展伦理等之间的联系也具有后发大国的特殊性，了解这些特殊联系的中介和条件有助于全面理解后发大国财政与财政运行的特殊性，有助于制定符合后发大国经济发展的财政制度。后发大国经济的特殊性主要体现在其经济发展初期的人口众多、幅员辽阔、自然资源丰富、潜在市场大、区域间差异大、与发达国家的技术差距和经济发展水平差距大、资本短缺、经济结构层次低等，这些因素决定了后发大国有较特殊的发展机制。例如，将潜在的技术后发优势、制度后发优势、经济结构后发优势、大国优势等转化为现实的经济增长、技术进步、人民生活水平提高等，而要与相应经济制度安排相适应，即后发大国经济发展有特殊的财政运行规律，财政制度安排只有符合其财政运行和经济发展的特殊规律，才能顺应和促进后发大国经济发展。随着经济发展阶段的推移，财政与经济联系的条件也相应发生了变化。财政制度安排只有适应新的、变化了的条件才能继续适应和促进后发大国的经济发展。后发大国的政治结构也具有其特殊规定性，为了维护国家的长期统一，其政治制度都具有明显的集权或等级特征，否则国家容易陷入混乱和动荡，不利于经济社会的稳定和发展。由此，这些政治结构特征也会影响财政运行机制和财政制度安排，这种政治上的集权性和等级性可能会影响财政体制安排，如中央政府与地方政府的事权分配、支出责任界定和财权分配。后发大国大多具有深厚的历史文化传统，这些文化传统包含人与自然、人与社会、人与人的世界观、价值观以及独特的社会发展理念等，这些也会对财政制度安排具有间接或直接的影响，违背这些世界观、价值观等内在要求的财政制度安排要么运行成本高、运行效果差，要么难以有效实施。后发大国的经济社会发展是一个过程，具有明显的阶段性，不同发展阶段的政治、经济、社会发展伦理、文化等因素与财政和财政制度的联系中介、具体条件也是变化的，财政制度必须根据不同经济社会发展阶段的实际进行适应性调整，才能与经济社会发展相适应。后发大国经济社会发展中的经济、政治、社会发展伦理、文化等因素演变的机制和进程存在差异性，这也会影响财政的演变和财政制度安排。

3.2 系统论及其对财政与财政制度研究的启示

3.2.1 系统论的基本原理

唯物辩证法认为，系统是相互联系的整体，要素是整体中的各个组成部分。要素作为整体的组成部分、因素和方面，具有个别性、局部性、多样性、差别性和相对不稳定性。要素作为系统的单元，相对系统而言，具有不可分割性，否则将失去作为系统的要素的特征、功能和作用。任何系统都是一个有机的整体，以整体与周围的事物即环境发生作用。系统具有统一性，作为整体出现并发挥作用；系统具有复杂性，由多个要素有机组合而成。系统是要素的有机组合，具有相对稳定性。系统中各要素不是孤立存在的，每个要素在系统中都在一定的位置上起着特定的作用。要素是整体中的要素，如果将要素从系统整体中分离出来，它将失去要素的作用。系统总是存在于一定的环境之中，系统、要素和环境之间是相互联系的。系统与要素、要素与要素、系统与环境之间存在着有机的联系，它们相互作用、相互影响，构成一个整体。系统的性质和规律，只有从整体上才能显示出来，整体功能不是各部分功能的简单相加，整体可以出现部分未有的新功能。

3.2.2 系统论在财政与财政制度研究中的指导意义

第一，财政与财政制度作为一个相对独立的系统，要求其内部的要素之间形成有机的联系。财政内部的要素，如财政收入、支出、预算、政府间财权与事权分配，是财政的形式要素。这些要素之间的组合、匹配关系直接关系到财政系统的功能。从静态看，财政内部的形式要素的完整性和耦合性是形成财政系统的前提；从动态看，随着经济社会的发展，经济增长、经济结构变化、政治结构演变、社会发展伦理和文化演变要求财政内部的形式要素随之发生变化，进而在变化中形成有机联系，组成财政系统，发挥系统的功能。从财政系统的实质要素看，经济发展水平、政治结构、社会发展伦理、文化、传统等是决定财政收入、支出、政府预算和政府间财政关系等形式要素的因素，它们的变化方向和演变进程决定着财政形式要素的演变方向和进程，财政与财政制度安排只有与它们保持相互协调、兼容的状态才能形成有机的系统，发挥财政与财政制度的功能和作用。

第二，财政与财政制度作为一个系统，与系统环境之间的相互协调、互动是其存在并发挥作用的前提。社会本身就是一个复杂的系统，财政是社会系统的一个子系统，财政系统与经济、政治、文化、自然环境甚至国际环境之间存在不断的交流和互动，财政与经济发展水平、所有制结构、居民消费水平和消费结构、经济增长的相互适应、相互影响，构成财政系统与经济环境的互动；财政与政治结构、利益集团、政党、阶级等也存在互动，它们之间的相互适应、相互依存是财政系统与政治环境的交流和互动；财政与社会文化观念、经济社会发展伦理、历史地理条件的协调、适应和互动是财政与社会的交流；主权国家的财政与国际社会的政治、经济、军事、文化交流互动，进而在国际社会中发挥作用及其在国际社会中的地位变化是财政与国际环境的交流。财政与政治、经济、文化、社会发展伦理、历史、国际环境之间的交流是相互的，一个具有活力和张力的财政系统应该保持与其环境要素之间的多种形式的交流，在交流中完善、提升自己，并有效发挥其功能。

第三，后发大国的财政与财政制度是一个特殊的系统，其功能的发挥直接影响后发大国经济社会的发展。财政系统内部的形式要素之间的一般关系在后发大国的财政系统中同样存在，即后发大国财政系统与其财政收入、支出、政府预算和政府间财政关系这些形式要素之间具有系统与要素的一般关系。后发大国的特殊性和发展机制的特殊性决定了后发大国财政要素的特殊性，即人口、资源、幅员、历史、技术、经济结构、居民收入水平等实体要素的特殊性及其静态和动态的联系。政治结构中的中央集权性、社会多元性、历史文化的久远与深厚、地理条件的多样性等都会通过一定的中介和联系方式影响财政形式要素的状态和演变趋势，进而影响形式要素间的结构状态和耦合方式，影响后发大国财政系统的功能，影响财政在后发大国经济社会发展中作用的发挥。在后发大国经济社会发展的不同阶段，经济、政治、发展理念和文化观念等会通过一定的中介影响财政系统中的财政收入规模、结构和形式，财政支出的规模、结构和形式，政府预算的形式、程序以及政府间财权与事权的分配和转移支付等要素，财政制度安排只有确保这些形式要素的完整性、层次性、有序性，才能充分发挥财政制度的功能，促进后发大国经济社会的良性运转和协调发展。

后发大国的财政系统还必须与系统环境保持良性互动才能有效发挥财政的功能。后发大国本身就是一个有机统一体，是一个复杂系统，财政是其内部的一个子系统，财政子系统只有与后发大国的经济、政治、历史文化、传统、社会发展伦理等环境保持协调的物质、能量、信息交流才能维持其存在和发展。后发大国经济社会发展要经历不同阶段，每一个发展阶段中，经济、政治、社会发展伦理、文化观念等都可能有所变化、发展，财政制度只有不断适应这些环境的变化，并通过财政系统功能的发挥作用于这些外在环境，实现财政系统与环境的良性互动，才能充分发挥其功能。值得注意的是，后发大国经济发展的不同阶段，面临的国际政治、经济环境也存在差异，在发展初期，更多是被动地受到这些国际环境的影响，随着后发大国政治、经济、军事、文化实力的增强，其通过财政制度实现与国际环境互动会变得更加频繁，主动性也会越来越明显。

3.3　财政与财政制度：内容与形式视角的考察

财政与财政制度在哲学上是内容和形式的关系。在辩证唯物主义的框架下，内容和形式的关系包括如下几个方面：第一，内容是指构成事物的各种要素，包括事物的内在矛盾以及由这些矛盾决定的事务的特性、成分、运动过程和发展趋势等的总和。第二，形式是指把内容诸要素统一起来的结构或表现内容的方式。世界上的任何事物都有内容和形式两个方面，是内容和形式的统一体。第三，内容和形式相互联系。内容决定形式，形式依赖内容。内容的变化决定着形式或早或迟总要发生变化，一定的形式只有在一定的内容的基础上，适合一定内容的需要，才会产生和出现；形式也会影响内容，对内容具有巨大的作用。当形式适合内容时，可以促进内容的发展，反之，会阻碍内容的发展。第四，形式和内容之间的辩证关系在经济社会中具有很大的指导意义。

财政与财政制度之间的关系也是形式和内容之间的关系。财政是包含政府职能、经济基础（所有制结构）、政治结构、财政收支和政府预算决策等一系列财政要素的综合体。财政制度是在一定的经济、政治结构下，经过上层建筑安排或自发演进形成的，包括财政收入制度、财政支出制度、政府预算制度、公债制度、财政政策等要素的，服务于一定的经济社会目标的，规范约束个人与政府行为的行为规范的总和。财政制度包括正式的财政制度和非正式的财政制度。正式的财政制度是国家机构通过合法程序制定的规范财政经济运行的规则，非正式的财政制度主要是由与财政收支行为相关的人们的行为规范、意识、价值观念等所构成的体系，如依法纳税意义、主动参与公共事务意识等。在不同的经济社会发展条件下，财政的具体内容存在很大的差异，就同一国家而言，随着经济社会发展条件的变化，财政的具体内容也会相应发生变化。财政的内容决定了财政制度的具体内容，不同的财政内容决定了财政制度的多样性。就一国而言，随着其财政内容的变化，财政制度也必将发生相应变化。尽管财政的具体内容、要素复杂，但作为财政要素整体表现形式的财政制度并不是杂乱无序的堆砌，只有当财政内容变化发展到一定阶段才会出现新的财政制度形式，或者向新的财政制度形式转变。财政制度作为财政内容的表现形式，不仅反映、表现财政内容，还会对财政的运行、功能作用等产生巨大的反作用。在既定的财政内容基础上，通过优化财政要素的组合结构，激发财政要素的功能，明确财政的目标，可以优化、放大和强化财政的功能，使财政制度更好地服务于财政内容，达成财政的目标。

财政与财政制度之间的辩证关系对现实经济社会发展具有十分重要的指导意义。其一，不能超越财政具体内容和发展阶段人为制定与财政能力、功能不匹配的财政制度；否则，财政制度不仅不能充分发挥其固有的功能，反而会对经济社会发展造成不必要的甚至巨大的损失。其二，主动顺应财政运行的要求，制定适当的财政制度目标，优化财政制度的要素，有助于优化财政要素的结构，优化财政制度，提升财政制度的功能，更好地促进经济社会的发展。其三，财政制度在制定时，一方面要实事求是，根据财政的具体运行情况制定相应的财政制度，另一方面要主动优化财政制度要素，尽可能让财政制度在经济社会发展中发挥更大的作用。

3.4 财政与财政制度：一般性与特殊性视角的考察

从财政一般性来看，主要是涉及财政与经济基础和上层建筑之间的关系。财政与财政制度是经济基础和上层建筑相互作用的中介环节，当财政制度安排适应经济基础的要求时，就会加强经济基础，促进经济社会发展，形成相对稳定、和谐的政治经济关系。但是，当财政制度安排和变革受到处于统治和主导地位的利益集团、阶级、阶层阻碍，不利于生产力发展时，就会损害经济基础，导致经济增长停滞，社会关系紧张，甚至出现社会动荡。财政制度在促成经济基础和上层建筑的相互作用中具有不同的表现形式：财政制度促成经济社会在同一政治经济框架下向前运动、变化、发展，引起政治经济关系量变（阶段性和局部性质变）或根本性变化（质变）。

财政的阶级性和公共性也是财政制度一般性的重要内容。任何国家只要存在阶级、阶层、利益集团，财政就不可能完全公平地对待所有人，就不可能是绝对公平的。公共性是指财政作为一种制度安排具有向社会成员提供共同消费、共同受益的公共品和公共服务的属性。公共性和阶级性是任何国家、任何时期的财政制度的共同特征。

财政与财政制度的一般性还体现在其他一些方面，如财政与文化、社会结构之间的关系等。

财政的特殊性是指在不同国家，或者在同一国家的不同经济发展阶段，经济社会发展所面临的问题不同决定了财政制度的具体内容必然存在差异，不存在适用于所有国家、所有发展阶段、所有政治经济环境的无差异的财政制度。国家经济社会情况不同决定了不同形态的财政在国家中的地位和作用不同，不同形态财政结构对经济社会的作用形式也会不同。因此，任何国家和同一国家的任何发展阶段都必须根据经济社会发展情况，实事求是地提供

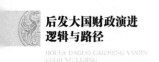
与其相适应的财政制度，以使财政制度与经济社会发展互相适应、相互促进。

不同类型的国家和处在不同阶段的国家的经济发展面临的约束条件和发展目标存在明显差异，与之相适应的财政制度安排也应有所区别。后发大国同时具有后发国家和大国的双重特征，有潜在的优势和劣势。经济发展具有内在逻辑和机制，其财政制度安排也应该有自己的特殊性。后发大国经济社会发展会经历不同的发展阶段，每个阶段面临的约束和目标会不同，财政制度安排也应该因时而异、因发展阶段而异，不能也不可能在所有发展阶段都采用同一财政制度安排。由此可见，后发大国财政是财政的特殊形态，一方面要遵循财政运行的一般规律，另一方面又具有后发大国财政运行的特殊性。这决定了后发大国财政制度安排既要体现财政运行的一般规律，又要符合后发大国财政运行的特殊规律，是一般性财政规律指导下的具体财政运行规律的反映和体现。对后发大国而言，由于具体经济社会发展的政治、经济、文化、历史传统不同，面临的国际政治经济环境不同，具体的经济社会发展路径也存在明显差异。因此，其经济发展的具体规律、机制和路径也会有所不同，从而使财政制度运行规律、演进路径有所差异。具体某一后发大国的具体财政与财政制度既具有后发大国财政的一般性，也具有各国财政运行的特殊性，因此财政制度也应有所区别。就同一后发大国而言，尽管其整体上遵循同一经济发展规律和财政运行规律，但在经济发展的不同阶段，财政制度安排所面临的经济社会发展环境、发展目标、约束条件等也存在显著差别。因此，其具体的财政制度安排在遵循本国财政和经济运行一般规律的前提下，还必须与本国具体发展阶段的环境、目标等相适应，充分发挥财政的功能，促进本国经济的持续发展。

3.5 财政与财政制度：质变与量变视角的考察

质量互变规律是马克思主义哲学关于世界运动的基本规律之一，对财政与财政制度研究具有重要的指导作用。后发大国财政本身就是质和量的统一，在后发大国经济发展过程中，财政在适应经济社会发展的过程中也在发生变化，财政从一个发展阶段向另一个发展阶段过渡、转化的过程也是财政与财政制度量变和质变的过程，后发大国财政从一个阶段向另一阶段转变的过程就是财政从量变到质变之后在新的阶段开始新的量变，进而向更高阶段的质变的过程。

3.5.1　质量互变规律的基本表述

质和量是事物的重要规定性。质是事物之间相互区别的、内在于特定事物的基本规定性，所有事物都有多方面的属性；量是事物不同方面规定性的数量表现。作为事物的质和量统一的度，是指保持事物自身的质的量的限度、幅度、范围，是事物的质相统一的数量界限。量变是事物在原有性质的基础上，在度的范围内的不显著的量的变化。质变是事物性质的变化，是一种质态向另一种质态的变化，属于根本性、显著性的突变，是对原有度的突破。量变是质变的准备、基础和前提，质变是量变的必然结果，质变巩固量变的结果，又开始新的量变。由此可见，事物变化的实现从量变开始，量变达到临界点，超出了度的范围，就会导致质变，质变又引起新的量变。量变既包括数量的增减引起质变，也包括构成事物的成分在空间结构上的变化引起质变。量变的过程中既包括根本性质稳定条件下的次要性质变化的阶段性质变，也包括事物全局性质稳定情况下的个别部分发生性质变化的局部质变。质量互变规律对财政与财政制度、后发大国财政与财政制度研究具有重要的指导意义。

3.5.2　质量互变规律对财政与财政制度研究的启示

第一，财政与财政制度是质和量的统一，既有质的规定性也有量的规定性。不同形态的财政与财政制度具有该类型财政与财政制度的内在规定性。从发展阶段看，财政与财政制度有奴隶制财政、封建制财政、资本主义财政和社会主义财政；从财政的侧重点看，财政与财政制度有经济建设型财政、满足民生需要的公共财政、弥补市场失灵的公共财政；从财政的具体形式看，财政与财政制度有国家财政、公共财政、发展财政、国际财政等。每一种形式的财政都有该类型财政的质的内在规定性，不同类型和形式的财政与财政制度是相互区别的。任何一种形式和类型的财政与财政制度都具有其量的规定性，标志不同类型和形式的财政与财政制度的根本性特征的量存在差异性。例如，发展型财政和经济建设型财政的核心在于财政支出中的经济建设支出比重和规模；民生型财政的核心在于财政支出中满足民生支出的财政支出的规模和比重；公共财政的核心在于公共品和公共服务支出的规模和占财政支出的比重以及公众消费公共品和公共服务的平等、均等程度，等等。值得注意的是，在理论上，各种财政形式或财政类型的每一个方面的属性都应该可以被量化确定。但是，在实际上，有些属性的量化较容易，有些属性的量化的难度要大一些，甚至某些属性至今还没有找出可以直接量化的指标。

第二，财政与财政制度受到经济社会发展环境的影响，在财政内部矛盾的推动下具有稳定性和变动性的双重属性，稳定性是暂时的、相对的，变动性或运动性是长期的和绝对的。自从财政产生后，随着经济的增长、经济基础的变化、政治结构的演变、社会发展伦理的演变以及价值观念等的转换，财政与财政制度已经经历几个重要的发展阶段，包括奴隶制财政、封建制财政、资本主义财政和社会主义财政。从财政与财政制度的演变趋势看，其包括两种典型的演变形式，其一是同一种财政与财政制度的量的积累。例如，在资本主义财政与财政制度框架下，财政收入的形式、结构和规模的变化，财政支出形式、结构和规模的变化，公共财政框架内政府预算形式的变化以及政府间财政管理体制涉及的政府间事权划分、财权划分、转移支付形式和规模的变化，等等。这种财政与财政制度的变化不改变财政与财政制度的形态，但可能会在某一方面积累向新的财政与财政制度变化的能量。其二是财政与财政制度的质变，即从一种财政与财政制度向另一种财政与财政制度的变化。例如，从封建制财政与财政制度向资本主义财政的变化，该变化最早发生在英国。财政与财政制度的质变是财政与财政制度的根本性变化，突破了原来财政与财政制度的框架，改变了原来财政与财政制度的基本规定性。财政与财政制度的根本性变化并不意味着完全抛弃原来财政与财政制度中的某些元素、形式，可能在新的财政与财政制度中仍然会长期保留财政与财政制度中的某些元素和成分，如财政收入形式中的税收、行政事业性收费，财政支出中维持国家机器正常运转的支出和满足社会公共需要的教育、医疗卫生、社会保障的支出等。

第三，财政与财政制度的量变和质变的形式具有多样性。财政与财政制度受到经济基础和上层建筑的影响具有变动的内在必然性，量变是在既定经济基础和上层建筑结构框架下的变化。经济基础的变化，即不同所有制形式在经济基础中的地位和作用的变化，随着社会财富的增加、民众收入的增加和消费水平发生相应的变化，表现为对私人消费与公共消费的规模、结构和形式的变化，民众的生产和生活方式与消费水平的变化，这些变化会直接或间接影响公共收入和支出的规模、结构和形式的变化。随着经济基础的变化，不同形式所有制成分在上层建筑中的相对地位和作用的变化，为维护和强化不同利益集团、阶级的利益，必然通过财政制度等政治经济制度影响面向不同利益集团和阶级的财政收入和支出，影响财政收入和支出在公共利益与利益集团、阶级利益中的结构。随着社会发展伦理的变化，人们对政府的财政与财政制度会产生隐性或显性的影响和压力，进而影响财政与财政制度安排的某些方面，如对社会公平的基本追求，满足社会成员基本生存、发展权利的财政制度安排等。文化作为政治、经济、社会、宗教、哲学等的综合反映，会通过文化观念、文化产品、文化活动等方式影响财政与财政制度的理念和具体内容。由此可见，财政与财政制度受经济基础、政治结构、社会发展伦理和文化等因素的影响，具有随着这些因素变化而变化的内在趋势。在财政与财政制度的演变过程中，尽管经济基础、政治结构、社会发展伦理和文化都会对其产生或大或小、或直接或间接的影响，但并不意味着他们对财政与财政制度变化的影响相同。经济基础是基础性的影响因素，政治结构是最直接的影响因素，社会发展伦理和文化通过影响财政与财政制度的理念等间接影响财政与财政制度。财政与财政制度的量变受到的影响主要如下：在经济基础上主要表现为经济总量的增长、人们收入水平的提高、不同经济成分的相对增长继而在社会产出总量中地位和作用的变化；在政治结构上主要表现为不同利益群体、利益集团、阶级、政党在国家政策决策机构中的地位和作用变化，对财政、金融等制度安排的影响力；在社会发展伦理上主要表现为各种社会发展伦理的相对地位的变化，或者说，持有不同社会发展伦理的人数在总人数中的比重以及不同社会发展伦理对政府主要决策者的相对影响力的大小；在文化上主要表现为持有不同文化观念的人数占总人数的比重，或者政府在提供重要制度安排中对不同文化观念的关注程度，或者重要制度安排中对不同文化观念的优化关注程度。财政与财政制度的量变从形式上看主要涉及财政收入和支出与转移支付的形式、规模、结构，政府预算的编制、审查、通过、执行、调整、决算的程序，不同层级政府收入和支出的形式、规模、结构，这些变化主要受到决定其变化的经济基础、政治结构、社会发展伦理和文化观念等的影响。在财政与财政制度整体处于量变阶段时，也可能存在局部性或阶段性的质变，一种典型情况就是在同一政治经济结构下的主导性的财政形态的变化。例如，在较长一段时期内，在中国国家财政的框架下，由于东部沿海地区率先实行市场经济体制，而在这些地方先行实行公共财政制度，中西部地区还保留着原计划经济体制下的城市偏向的经济建设型财政制度。

第四，财政与财政制度的质变是量变的结果。财政与财政制度的质变往往来源于直接影响财政与财政制度的政治结构的变化，具有强制性、激变性的特征，当然也有通过合法的财政收入、支出等决策形式变化实现的情况。财政与财政制度质变的一般规律如下：当经济基础和上层建筑的矛盾难以在原来的政治经济制度框架下保持财政制度的稳定性时，财政制度就必须发生质变了。财政制度的质变有多种表现形式：在相同的政治经济框架下处于主导地位的财政形态发生变化，如在社会主义经济基础和上层建筑下由经济建设型或经济发展型财政向公共财政转变；在政治上层建筑发生重大或根本性变化的情况下，不同形态的财政与财政制度的转变，如封建制财政被资本主义财政替代，封建制财政与财政制度转变为资本主义条件下的公共财政。

第五，财政与财政制度的质变和量变是相互作用、相互转化的。在经济基础、政治结构、社会发展伦理和文化的影响下，财政与财政制度经过量变的积累，发生财政形态的根本性改变后，还会在新的财政与财政形态基础上，开始新的量变，进而向新的、更高水平的财政与财政制度进化。

第六，后发大国财政与财政制度变化是量变和质变的统一。后发大国不同发展阶段的经济社会发展约束决定了财政制度的质的规定性和量变的起点，经济社会条件的变化决定了财政制度安排会相应发生变化，这是财政制度的量变。经济社会发展阶段发生较大的甚至根本性的质变时，财政制度也必须发生重要的调整，以适应和促进后发大国经济社会发展。例如，当后发大国经济已经完成为其经济社会发展奠定物质基础的任务后，财政制度就应该从服务于奠定后发大国发展物质基础的经济建设型财政过渡到公共财政主导的财政制度中来。当后发劣势和大国劣势开始出现后，意味着财政制度又必须面对经济社会发展的新挑战，进入新的财政阶段，符合后发优势和大国优势发展条件的公共财政制度必须向新的财政制度转变。随着后发大国经济发展水平的进一步提高，技术进步能力和经济社会综合发展能力的增强，后发劣势趋于消失后，进一步挖掘、发挥大国优势，财政与财政制度又必须进入新的发展阶段。

后发大国财政与财政制度是多种形态和性质的财政与财政制度的共同存在，财政与财政制度的量变和质变涉及各种形态或性质的财政与财政制度。国家财政、发展财政、公共财政、国际财政和转型财政实际上存在于后发大国的任何发展阶段，它们在不同经济发展阶段和发展时期所处地位与作用存在差别，国家财政处在所有财政形态的核心地位，其本身演变也遵循质量互变规律。财政从产生开始就具有公共性，在资本主义条件下，其公共性得到完整的体现。随着市场经济体制的建立和完善，公共财政在后发大国经济发展中的作用逐渐增大。发展财政在后发大国经济发展中占有十分重要的地位。由于是后发国家，因此其经济发展的压力大，动力也大，并且方向明确，具有强烈的赶超性质，财政制度的发展性质十分明显。但是，在不同的经济发展阶段，发展财政的重点和主要内容也存在差别。国际财政是后发大国经济发展到一定水平后逐渐出现的一种财政形态，其在后发大国发展不同阶段的内容和重点存在差别。转型财政应该是后发大国经济发展阶段递次转变中的一种必然形态，但在每一经济发展阶段的初期和向新的发展阶段转变时期比较明显，在每一经济发展阶段的中间阶段表现得相对不明显。

3.6　财政与财政制度：结构与功能视角的考察

3.6.1　结构与功能的基本关系

财政与财政制度在经济社会发展中的作用具有哲学上的结构与功能的关系。在辩证唯物主义的理论视角下，结构与功能具有如下关系：

第一，任何事物都有一定的结构方式，结构是指事物内部各种要素的组合方式与结合方式。结构具有较强的稳定性，是事物内在关系中相对不变的方面。由于结构具有稳定性和相对不变性，因此结构可以作为划分事物不同类型的依据。结构具有有序性。作为要素之间相互连接的方式，结构具有一

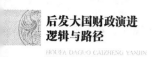

定的规则，受一定的规律支配，事物结构的有序性是系统有序性的基础。结构与结构之间形成了一个由低级到高级、由简单到复杂的发展序列。

第二，功能是事物作用于他物的能力。就事物本身而言，功能就是事物所具有的能力；就事物与他物而言，功能就是事物对他物的作用。事物的功能具有层次性，一般来讲，有以下几种：其一，"元功能"，即事物内部每一种要素在孤立状态下不依赖于其他要素组成的整体而具有的功能；其二，"本功能"，即事物内部各要素的"元功能"机械加总而成的功能；其三，"构功能"，即事物结构所形成的功能，在一个复杂有序的结构中，会产生远远大于"本功能"的"构功能"。因此，事物的功能既取决于要素，也取决于结构，其功能是要素产生的"本功能"和结构产生的"构功能"的综合。由此可见，增强事物的功能可以通过改造每个要素，增加要素的数量，提高"本功能"；或者改变事物的结构，发挥事物的整体作用，提升"构功能"。

第三，结构和功能的相互关系。结构与功能是相互区别的、不同的范畴，结构与功能又相互联系、相互作用。结构决定功能，是功能的基础和前提，事物的结构决定其"构功能"。"构功能"是事物结构能力的表现，它可以放大或缩小事物的"本功能"。事物的功能反作用于事物的结构，即在事物发挥功能的过程中，也就是在事物与周围环境进行物质、能量、信息交流时，会影响和改变事物的结构，使事物出现从无序向有序转化或从有序向无序退化。事物的结构与功能相互作用，在一定条件下可以相互转化，即事物结构变化到一定程度会产生新的功能，事物功能发挥到一定程度也会导致事物出现新的结构。

第四，结构与功能的辩证关系在经济社会生活中具有很强的指导作用，尤其是在经济制度安排和经济社会发展方面，充分运用结构和功能之间的关系有助于制定合理的经济制度，促进经济社会的发展。

3.6.2 结构与功能关系在后发大国财政研究中的方法论意义

财政制度是包括政府与市场职能分工、财政收支制度、政府预算制度、公债制度、财政政策等在内的一系列制度在一定财政理念指导下，服务于一定经济社会发展目标的有机组合，是一个有机整体。财政制度通过资源配置、收入分配、经济稳定、经济增长等作用的发挥所达到的经济社会整体发展状态和水平是财政经济功能。财政制度内部个别财政要素，如财政收入制度所反映的财政收入形式、规模、结构，财政支出制度所反映的政府职能范围、财政支出规模、结构是财政制度的"元功能"。财政制度的"元功能"反映了单项财政制度的功能或其作用发挥的程度。一般来讲，单项财政制度的作用发挥程度或其功能的强弱直接影响财政制度整体的功能和作用。或者说，单项财政制度的功能是财政制度整体功能的基础，但脱离财政制度整体目标，即使单项功能强大也可能会弱化或损坏财政制度的整体功能。单项财政制度功能的机械加总等于财政制度整体的"本功能"，只有相互协调的各项财政制度整体产生的功能才是财政制度的"构功能"。

　　由于各项财政制度之间存在互补、互斥和并列三种关系，各项具体财政制度功能的总和不一定等于财政制度整体的功能。如果各项财政制度之间只是并列关系，财政制度整体的"本功能"可以等于各项财政制度的"元功能"的机械加总；如果各项财政制度之间是互斥关系，财政制度整体的"本功能"必然小于各项财政制度的"元功能"的总和；如果各项财政制度之间是互补关系，即各项财政制度在一个明确的理念指导下，服务于统一的财政制度目标，各项财政制度之间相互依存、相互补充、相互协调，财政制度整体的"本功能"必然大于各项财政制度的"元功能"的机械加总。由此可见，各项财政制度有机协调、相互配合，形成的高度协调的财政制度结构所带来的"构功能"是财政制度整体追求的最佳效果，财政制度的功能才能得到最大程度的发挥。因此，财政制度体系内部不同财政制度的互补、协调，形成有机的整体可以使财政制度整体功能最大化；反之，缺乏统一的目标，缺乏一致认同的财政制度理念，缺乏有机协同的各项财政制度，即使单项财政制度的功能强大，也不会带来整体财政制度的功能强大。事实上，如果各项财政制度之间缺乏共同理念引导，缺乏共同目标指引，必然引起功能相互冲突，制度运行成本增加，单项财政制度的功能会小于其该有的"元功能"的水平。

　　财政制度整体结构决定的财政制度的整体功能会影响经济社会的结构，影响更高层次的经济社会发展进度和发展水平。财政制度通过其功能的发挥会影响政府机构的运转状态、社会的运转态势、资源的配置效率与生产效率、收入分配的公平程度、经济增长的平稳性以及长期的经济增长潜力和趋势，进而影响经济社会的整体发展进程和发展水平。由此可见，明确经济社会的发展目标，运用具有较高的社会认同度、先进的发展理念优化财政制度体系内部各项财政制度的结构，最大限度地发挥财政制度整体的功能，有助于充分利用社会资源，最大程度上达到经济社会发展的目标。

结构与功能视角下的财政与财政制度的关系对现实经济社会发展具有明显的指导意义。现实财政制度中的各项财政制度分别服务于不同的目标，如增加财政收入、促进基础设施建设、改善医疗卫生条件等，每一项财政制度的功能发挥和具体目标的实现是财政制度整体目标实现的基础。如果脱离或偏离财政制度的整体目标，单纯追求个别财政制度的具体目标，意味着财政制度整体结构的失衡，这样反而会破坏整体财政制度结构的有序性和有机性，降低整体财政制度的结构效率，不利于财政制度整体目标的实现。有效发挥财政制度的功能需要在了解单项财政制度功能和财政制度整体内部各项财政制度之间结构关系的基础上，明确财政制度整体的目标和指引财政制度安排的理念，在考虑财政制度演进的延续性的基础上合理安排财政制度，提高财政制度整体内部各项财政制度结构的有序性、协调性，提升和增强财政制度整体的功能。

3.7 财政与财政制度：财政运行的规律性与财政制度安排的主观能动性

3.7.1 客观规律性与主观能动性相互关系的基本内容

理解财政运行规律的客观性和在财政制度安排中如何发挥人的主观能动性的关系是处理财政与财政制度关系的重要方法论基础。财政存在的经济社会基础，财政运行的过程、机制和效果是客观的，认识财政运行的规律性和规律的客观性对制定财政制度具有重要的指导意义。制定财政制度不仅要遵循财政运行规律的客观性，还必须从人的主体性出发，考虑经济社会发展的目标、社会发展的理念、财政制度的整体功能、单项财政制度的功能、财政制度的内部结构特征等要素，使财政制度既体现社会主体的内在要求，又符合财政运行的规律，既充分发挥人的主观能动性，又充分尊重客观规律性，让财政制度更好地服务于经济社会和人的发展。

客观规律性和主观能动性是辩证唯物主义的重要内容。唯物辩证法认为，世界上的万事万物都是普遍联系的，规律就是事物发展中本身所固有的本质的、必然的、稳定的联系。客观世界的事物现象之间存在着普遍的联系，但并不是所有的联系都是本质的联系、都可以成为规律。规律是事物的必然联系，它代表着事物必定如此、确定不移的趋势，是变动不居的现象中相对稳定的现象。规律总是体现、贯穿于事物发展的现实过程之中，是事物的联系在发展中的表现。作为事物本身固有的、本质的、必然的联系，规律意味着事物发展具有一定的决定性，即当某些条件具备时，事物就会沿着某一趋势运动、变化和发展，导致某一结果。规律是有条件的，事物内部包含着对立统一的两个方面。发展的方向有三种可能：第一种，居主导地位、起决定作用的方面战胜处于次要地位的方面，决定事物发展的方向；第二种，居次要地位、非决定性作用的方面快速发展战胜原来处于主导地位、起决定作用的方面，决定事物发展的方向；第三种，原来事物内部对立统一的两方面消失，新出现的某一方面决定事物发展的方向。决定事物发展方向的三种可能性表明事物发展具有一定的不确定性，在统一体内部，随着时间的推移和环境的变化，对立统一双方经过并存、对立、力量此消彼长，地位可能发生相对变化，导致事物发展的方向具有一定的不确定性。但是，根据事物内部对立统一两方面的力量变化情况，如果事物内部对立统一的两方面的力量对比是确定的，事物发展的方向和趋势仍然具有确定性。

主观能动性是指作为社会主体的人从主体需要的角度出发，积极干预、影响事物的运动、变化和发展，使事物朝着有利于主体的方面发展的特性。毫无疑问，人参与经济社会事务，处理人与自然界、人与人、人与社会的关系时都带着特定的目的，希望通过活动达到人的某些目的。主体的目的是否能够实现或实现的程度受到自身的努力程度和对客观规律的认识、掌握、利用程度的影响。由于事物的发展方向具有决定性和不确定性，有三种可能的发展方向，这就为主体主观性的发挥留下了空间。作为社会活动主体的人可以通过对事物发展规律的认识和掌握，充分发挥主体的积极性、主动性和创造力，通过各种可能的方式对事物内部对立统一的两方面进行干预，使对立统一体内部两方面的力量对比向主体期望的方向变化，从而引导事物发展方向，实现主体的目标。但人的主观能动性又有一定的限度，只能在事物发展

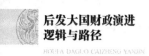
方向的三种可能性中进行选择，而且必须通过影响对立统一体内部两方面的相对力量来影响事物发展的结果，如果人的行为没有改变对立统一体内部两方面的相对地位，则不能改变事物发展的方向。因此，作为经济社会活动主体的人，在处理主观能动性和客观规律性时应该注意以下几点：其一，从人的主体性角度出发，充分认识、利用事物发展的规律，确定具有实现可能性的行为目标，并积极主动地影响对立统一体的运动方向，追求符合主体需要的发展目标。其二，充分尊重客观规律性。客观规律决定了事物的发展方向，为主体的行为确定了边界或可能性。客观规律限定了主体的行为路径，主体只有沿着影响对立统一体两方面相对力量变化的方向开展活动才能影响事物的发展方向，达到活动的目的。其三，社会主体在经济社会活动中，既要尊重客观规律，又要充分发挥主观能动性，既要避免被动接受规律，在事物发展面前无所作为、无所适从，又要避免无视客观规律，仅凭主观意愿而蛮干。

3.7.2 客观规律性与主观能动性在后发大国财政研究中的方法论意义

充分运用客观规律性和主观能动性的原理对合理处理经济社会发展中的财政问题、科学制定财政制度和政策具有十分重要的指导意义。财政是经济社会发展中的重要现象，财政内部包含着一些对立统一的因素，它们孕育着财政演变的方向，或者说，意味着财政运动和发展的可能性。这些对立统一因素的矛盾运动，经历由量变到部分质变、再到质变的过程，经历否定之否定发展阶段构成了财政运动的内在规律。财政收入和支出、政府职能履行、政府预算决策等直接影响着经济社会活动主体的利益，每个利益主体都有追求自身利益的动机。为了实现自身利益，主体就需要在尊重财政运行规律的情况下，发挥人的主观能动性，主动影响财政制度和财政政策，积极争取自身的利益。

财政制度是一系列规范政府和经济社会行为的规则的总和，财政制度安排总是会通过一定的途径、机制影响人们的行为，影响经济社会运行的过程和结果。作为经济社会活动主体的人、群体、政府为了达到一定的目的，必须在充分了解财政制度影响相关结果的机制和路径的基础上，制定相关政策，提供相关制度安排，积极争取期望目标的实现。财政在经济社会的每一个发展阶段或每一种状态下都有三种可能的演变方向，每一种演变方向都意味着会对经济社会发展产生不同的影响。由于财政制度与经济社会发展的因果循环累积机制的存在（一定的财政制度导致一定的经济社会发展结果，经济社会发展结果反过来又成为影响财政制度的原因，原因和结果互为因果，相互强化），不同财政制度安排导致的经济社会发展结果的差距会持续扩大甚至大相径庭，即由于路径依赖的作用，财政制度导致完全不同的经济社会发展结果。政府或社会公众有必要在明白不同财政制度可能导致不同经济社会发展结果的基础上，通过积极干预，促成有助于好的经济社会发展结果的财政制度的形成，争取符合社会发展方向的经济社会发展结果。例如，在财政制度安排影响社会生产和社会消费的关系上，如果经济条件允许（国内社会基本公共需求能够得到满足，人们的正常消费能够维持），通过财政制度安排，暂时减少一部分当期的社会消费，增加一部分社会生产性支出，奠定经济将来较长一段时期的发展基础，有助于长期的经济增长，从而增加将来可消费的资源。具体在财政制度安排中，在一定的条件下，政府就可以适度提高经济建设方面的财政支出，增加对基础设施的投资，改善经济增长的基础设施条件，促进经济的长期可持续增长。当经济发展到一定水平，进入持续快速增长通道后，财政收入总量增大，政府就可以安排较大规模的消费性财政支出，满足社会消费，从而实现生产和消费的跨期协调。

4

财政基因及其对财政演变的影响

　　财政是经济社会发展到一定阶段随着国家产生而产生的，是一系列政治、经济要素按照一定秩序运行的，具有一定内在规律性的政治经济行为的总和。财政制度是遵循财政内在运动和发展规律，根据经济社会发展需要，通过一定程序制定出来或自发演进而成的、规范财政经济行为的规则体系。任何国家、任何时期的财政与财政制度都是一般性的财政与财政制度的具体体现，即任何财政现象和财政制度都体现着财政和财政制度的普遍规律与内在属性，同时又反映特定国家的特定发展阶段的具体内容。任何国家的任何特定时期的财政制度都必须兼顾经济社会发展的具体需求、财政的基本属性和财政运行的基本规律。作为政治、经济、文化等综合体现，财政是一个政治、经济、文化等"元素"形成的"化合物"。财政的形式具有固定性，但具体内容是变动的。其运动变化和发展受到财政内容基本矛盾的推动，形成从低级到高级，从简单到复杂的运动、发展路径。

4.1　财政的结构分析

　　财政作为经济社会大系统的一个子系统，具有十分复杂的内部结构，各组成部分之间具有明显的层次性。在财政内部，最核心的是财政理念，它主要由经济社会发展演进积累下来的社会发展伦理、文化、政治与经济结构决定，具有较强的隐蔽性，通过具体的财政制度和财政现象表现出来。中间层次的是财政制度，如财政收入支出制度、政府预算制度、财政管理体制、财政政策以及非正式的政府及官员的行为方式等，它们受到财政理念等财政核心要件的支配和影响。最表层的是各种纷繁复杂的财政现象，这些现象直接受到各种形式的财政制度的影响，间接反映财政理念。

　　财政作为一种包含了政治、经济、文化等要素的综合体，有一个动态的变化和发展过程，但其发展过程具有综合性和阶段性的特征。从横向看，不同国家同一时期的财政与财政制度既有共同性，也有差异性。例如，财政所反映的国家政治、经济和社会管理职能，财政收入规模、结构与经济发展水平之间的关系，财政支出决策机制以及不同层级政府之间的关系等方面都有相似性，但即使是经济发展水平、经济体制和政治制度相似的各国在财政方面也存在明显的差异性。从纵向看，一个国家在经济发展的不同阶段，财政与财政制度在财政收入与支出的规模结构、收支决策机制和政府间财政关系等方面都存在显著的区别。由于文化、历史传统等原因，不同时期的财政与财政制度尽管显著不同，但还是在某些方面保持着一定的稳定性和连续性。从人类社会角度看，财政与财政制度经历了原始财政、奴隶制财政、封建制财政、资本主义财政和社会主义财政的发展阶段，或者说经历了传统农业社会时期的财政、现代商品经济时期的财政等发展阶段。尽管上述发展阶段明显不同，但财政与财政制度中总存在一些内容保持着较强的稳定性。简言之，从财政与财政制度的变化、发展来看，财政发展的过程是阶段性和连续性、变动性和稳定性的统一。接下来的问题就是：决定财政变动性、阶段性、连续性和稳定性的因素究竟是什么？不同国家财政的差异性与相似性和同一国家不同时期财政的差异性、继承性、稳定性究竟由什么决定？要回答这些问题就需要深入财政的基因层面进行分析，财政包括的基因究竟有哪些？这些

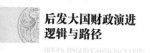

基因的演变机制和路径是什么？不同基因会组合成哪些财政类型？财政基因对财政类型、财政变化和发展的影响机制是什么？

4.2　财政的基因考察

由于财政现象具有复杂性、多样性和变动性，财政制度与财政现象紧密联系，具有系统性、规范性和相对稳定性，因此透过财政制度有助于更好地认识财政。财政财政制度是规范政府财政活动范围、内容、程序的一系列规范，同时具有一般性和特殊性的双重规定性。财政制度的一般性是指任何社会的财政制度所反映和服务的目标的共性，财政制度的特殊性是指特定国家、特定社会条件下财政制度的具体特征和内容。从财政制度的一般性看，无论何种形态的财政制度都包含着政治、经济、社会发展伦理和文化等元素。从财政制度的特殊性看，在财政发展不同阶段或不同的财政形态中，财政制度各元素的具体内容存在一定的差异性，不同发展阶段或不同形态的财政制度实际上是财政制度相关要素按照财政制度一般的、内在的、稳定的联系方式在一定经济社会条件下的不同排列组合形成。

4.2.1　财政的政治基因分析

从政治角度看，任何财政制度都具有满足社会公共需要的功能。满足社会公共需要是财政产生和存在的基本的原因之一。社会中存在不同的利益群体，各自有不同的利益诉求，并都会通过相应的途径影响政策和制度安排，进而在不同程度上维护和争取群体利益。任何社会群体都具有多元性，且各利益群体的资源动员能力不同，对国家政策和制度的影响力也不同，那些处于支配地位的利益群体具有更强的资源动员能力，往往会利用其群体影响力更多地影响甚至主导国家政策和制度安排，形成有利于该群体的、具有偏向性的制度安排。在不同的国家或同一国家的不同时期，利益群体也以不同的形式出现，如社会阶层、利益集团、阶级等。不同利益群体的组织化程度存在差异，有的利益群体是松散的，它们还只是有模糊的、基本相近的利益目标，不能有组织、有意识地维护和争取群体利益。利益集团具有较强的组织能力，有明确的利益目标，有统一的维护和争取群体利益的认识和行动，能够自觉地、有组织地维护和追求集团利益。形成具有一定利益偏向性的财政制度的过程有可能是和平的政治博弈过程，也有可能是激烈的、爆发式的政治博弈并伴随着军事博弈的过程。博弈的激烈程度与不同利益群体之间的力量对比、利益差异化程度等相关。一般地，利益群体间实力悬殊越大，财政制度形成过程的博弈激烈程度越低，反之则越高；群体间利益差异化程度越高，博弈激烈程度越高，反之则越低。从财政制度安排反映的政治利益结构看，各利益群体间的力量差异性越小，财政制度反映的利益结构差异性越小，财政制度的均等化程度越高，公平性越强；反之，财政制度的利益结构差异性越大，财政制度的公平性越弱。从动态的财政制度演进角度看，随着政治市场内各利益群体相对力量对比的变化，财政制度会或早或晚、或快或慢地发生变化，以适应政治力量对比的变化，形成与政治力量对比相适应的财政制度结构。

财政制度包含的利益包括社会共同利益和社会群体之间的差别化利益，其比例关系影响财政形成过程中不同利益群体之间博弈的激烈程度。从内容上看，财政制度反映了政府活动的范围、领域、目标，财政收入的形式、依据、规模以及财政收入和支出制度安排的程序等，一方面要回应、满足全体社会成员的共同利益诉求，另一方面要满足不同利益群体的利益诉求，尤其是要满足强势利益集团的利益诉求。全社会成员的共同利益在财政制度利益盘子中的比重越高，财政制度具有越高的社会认同度，财政制度的形成过程越顺畅、平稳；特殊利益群体利益在财政制度利益盘子中的比重越高，尤其是社会共同利益在财政制度利益盘子中的比重越低，弱势利益群体的被剥夺感越强，财政制度的形成过程越艰难。从形式上看，财政制度一般包括财政收入制度、支出制度、预算安排制度等，这些制度安排一方面要体现和满足全体社会成员的要求，另一方面要反映和满足特定利益群体的要求。财政制度内部的财政收入制度、支出制度等制度要素直接关系到不同利益群体的利益。因此，财政制度在满足最低程度的社会公共需要的基础上更多地反映了强势利益集团的利益诉求，从而使财政制度具有很强的政治偏向性，其形成过程也伴随着利益群体之间的博弈。毫无疑问，财政制度的利益偏向性一旦超出弱势利益群体对不公平利益分配的承受限度，财政制度的形成过程就会

遭遇巨大的阻力，已经形成的财政制度就迟早会被替代或变革。由此可见，财政制度必须在满足社会共同利益和偏向特定的强势利益集团利益之间寻找平衡点，既满足社会公共利益，又满足特定利益集团利益。

根据上述分析可以发现，不同社会群体、利益集团的相对力量对比是制衡和影响财政制度安排的重要隐性因素。如果某一强势利益集团、阶级或阶层在政治结构中处于绝对统治地位和支配地位，财政制度中体现的利益会通过财政收入制度、支出制度、预算管理制度等制度安排的变化体现出来。如果利益集团、阶级、阶层的政治力量对比发生了变化，这也会在财政制度安排中反映出来。例如，英国政府预算制度在资产阶级取得政治上的支配地位后，在财政收入制度与支出制度，尤其是政府预算管理制度中得到明显的体现，进而使公共预算制度最先在英国得以产生。

4.2.2　财政的经济基因分析

经济发展水平从根本上决定着财政和财政制度的发展水平。从满足社会成员需要的角度看，社会资源总量中总有一部分用于满足社会成员的公共需要，这是维持社会共同体存在的要件。随着经济发展水平的提高，社会资源总量不断增加，用于社会公共需要的资源总量也会相应增加，这部分社会资源用途的内部结构也会发生相应的变化，其中一部分仍然必须用于满足社会成员无差别享受的公共需要，另一部分的使用方式会通过公共选择形成，但其受益具有一定的偏向性，即部分利益群体的社会成员可能会从消费中受益更多，其他社会成员可能会受益较少。实际上，用于社会公共需要的资源的内部结构呈现出形式上公平而实质上不公平的特征。除了上述资源的内部结构会发生变化外，社会公共需要的范围也会进一步拓宽，满足公共需要的公共品的种类会增加，质量也会进一步提高。与此相关的是，从社会成员可消费的公共品和公共服务的范围、种类等方面上看，财政制度的公平性程度也越来越高。与此同时，社会成员对公共需求消费的观念也会发生相应的转变，从而影响公共需求的公共物品的范围、水平和质量。社会总资源的另一部分主要是满足私人需要。私人需要具有个人差别化特征，私人需要的满足程度主要取决于个人可支配资源的规模。个人可支配资源越多，其私人消费的选择性就越强，可以达到的私人消费水平也就越高。随着经济发展水平的提高，个人收入水平会越来越高，私人消费的内容越来越复杂，越来越多样化。当然，私人消费不仅取决于个人可支配收入，还受到伦理道德、消费习惯等因素的影响。因此，高收入个人的消费水平整体上会高于较低收入者，但也可能等于或低于较低收入者。从满足公共消费和私人消费的资源配置结构来看，经济发展水平越低，社会全体成员的消费中公共消费的比重越高，同质性越强；经济发展水平越高，公共消费的差异性越大，私人消费的差异性也越大。从动态角度考察，在经济发展水平较低的阶段，由于社会资源总量较少，用于满足社会公共需要的资源较少，公共品和公共服务中具有实质上平等、无差别消费特征的部分比重也比较低，具有形式上平等、无差别消费特征但实质上存在消费和受益差别性的部分比重相对较高，财政制度的公平性程度较低；在经济发展水平较高的阶段，由于社会资源总量较多，用于满足社会成员共同的、无差别消费的资源绝对量增大，社会成员可以消费的公共品和公共服务增多，财政制度的公平性程度明显提高。但是，相对而言，满足社会成员私人消费的资源的绝对量增长会更快，只是这些可供私人消费的资源有越来越多的部分被储蓄起来，或者转化为投资，进而掩盖了社会成员私人消费绝对量扩大和比重提高的事实。

　　财政制度可以通过财政支出和税收制度安排影响经济结构，或者影响政府和市场之间的要素配置以及经济发展。其一，财政制度可以影响经济结构，进而影响经济增长。经济结构包括所有制结构、地区结构、产业结构等，不同经济成分在经济运行中的地位和作用存在差异，理论上存在着不同经济发展水平上的最优经济结构。最优经济结构意味着资源的最优配置和最优的经济增长质量，经济结构由次优结构向最优化结构转化意味着经济增长质量的提高。不同的经济结构对应着不同的利益结构，为维护各自利益，各类经济主体具有通过政治途径影响财政制度安排维护自身经济利益的动机。由于各利益集团相对实力存在差距，政治活动的均衡结果往往形成具有一定经济利益偏向性的财政制度安排，这使得财政制度对不同经济主体的利益具有不均衡性特征。当财政制度对应的利益结构和经济结构有助于优化资源配置时，财政制度安排就会促进经济增长，反之则不利于经济增长。在极端情况下，当财政制度导致的经济结构严重偏离最优资源配置的经济结构时，财政制度会导致经济崩溃。其二，财政制度通过影响公共品和私人品供给结构进而影响经济增长质量和社会福利水平。当通过财政制度安排下的财政收入、财政支出刚好能够满足社会对公共品和公共服务的需求，市场配置的要素规模刚好满足了社会的私人需求时，政府和市场配置的资源结构对应的公共品与私人品之间的资源配置结构达到最优①。相反，如果财政收入和支出制度决定的政府与市场配置的资源结构偏离了全社会对公共品和私人品的需求结构，财政制度参与的资源配置就出现了错配，就会降低资源配置效率。其三，财政制度通过影响社会总供求关系影响短期经济波动。由于财政收支构成的政府收入和支出是社会总供求的组成部分，财政收支若促成社会总供求基本均衡，将有助于促进经济平稳增长，财政制度的短期经济稳定功能得到有效发挥。由于短期总供给相对稳定，财政制度通过影响私人与政府的消费、投资和净出口规模影响短期总需求规模，从而影响总供求关系。当总供求相对均衡时，经济会平稳增长；反之，经济会出现波动。其四，财政制度还可以通过对人力资本、基础设施、科学技术等长期经济增长因素影响经济增长的潜力和长期发展。经济发展包含经济总量增长、经济结构优化和收入分配改善等内容，财政制度通过对经济增长要素的投资改善了经济增长的条件，有助于经济平稳增长。财政制度通过对资源配置结构的影响改善了资源配置结构，或者提升经济结构水平，或者通过税收和财政支出制度改善了社会收入分配状况，优化了收入分配结构，调动了经济主体在经济增长中的积极性，当财政制度保持人与自然、生态的良性互动关系，改善了生态环境质量时，财政制度的经济发展职能就得到了比较充分的发挥。

4.2.3　财政的社会发展伦理基因

财政必然体现一定的社会发展伦理价值观，符合社会发展伦理演变的趋势。社会发展伦理是人们对社会发展的价值追求，是人们评价社会发展程度的重要标准。社会发展伦理也是评价社会经济制度安排的重要内在尺度之一。只有符合社会发展伦理要求的制度安排才能获得社会公众的心理认同和价值认同，才能得到社会公众的自觉遵从。因此，符合社会发展伦理要求是社会政治经济制度得以正常有效运行的基础。财政制度作为一项重要的社会政治

---

① 这里的最优公共品供给是指既定数量的财政支出带来了符合公众需求的最大数量和最有质量的公共品和公共服务。

经济制度，必然在一定程度上反映社会发展伦理的要求，并与社会发展伦理保持一致。在同一时期的各种伦理中，尽管每一种伦理都有自己相对独立的演变机制和路径，但从各项伦理相互关系的角度看，总存在一种处于主导地位的伦理。从伦理与其他社会规范的关系看，不同伦理主张在社会各种正式与非正式制度安排中的地位不同，对各种制度的影响力也不同，但总有一种伦理主张在诸多伦理主张中处于支配地位。从社会发展伦理演变的角度看，社会发展的经济伦理主要经历了功利主义阶段、罗尔斯的正义理论阶段、诺奇克的权利至上阶段、阿玛蒂亚·森的可行能力发展阶段、马克思主义的发展伦理阶段等。

（1）功利主义阶段。18~19世纪占主导地位的社会发展伦理观是功利主义[①]。其主要内容是如果一个社会的主要制度安排能够使得该社会国民生产总值或国内生产总值的总和达到最大化，那么这个社会组织就被认为是正确的、合理的，因而也是正义的。对功利主义思路的演绎可以发现，社会福利最大化可以归结为简单加总后的国内生产总值最大化[②]。如果财政制度只关注国内生产总值的数额，不考虑收入分配状况，则可能出现经济增长与收入分配状况恶化同步、经济增长与社会不公并存的现象。

（2）罗尔斯的正义理论阶段。该理论的主要内容是社会主要制度分配了人们的基本权利与义务，并决定了合作产生的利益的分配方式。人们的生活前景受到政治体制和一般的经济社会条件的限制，也受到人们初始时的社会不公平状态和自然禀赋的影响，但这种初始不平等是个人无法选择的。正义原则就是通过调节主要的社会制度，从全社会的角度处理这种不平等，尽量排除社会历史和自然方面的偶然因素对人们生活前景产生的影响。该理论坚持两个原则：其一是平等自由原则。平等自由关系到公民的政治权利，罗尔斯认为，公民的基本自由包括政治自由（选举和被选举的权利）、言论和集会自由、良心和思想自由、依法不受逮捕和不被剥夺财产的自由等。其二是机会公平原则和差别原则。这涉及公民的社会利益和经济利益。罗尔斯认为，每个人都有两种地位：一是平等公民的地位，二是在收入和财富分配中的地

---

① 功利主义伦理观的代表人物包括洛克、休谟、斯密、詹姆斯·穆勒、杰文斯、艾奇沃斯、马歇尔、庇古等。

② 邹薇，张芬，周浩，等. 中国经济增长与收入差距：理论与实证研究 [M]. 武汉：武汉大学出版社，2011：40.

位。"最少受惠者"作为社会应该重点关注的群体，可以选择某一特定社会地位（如非熟练工人），或者按照达不到中等收入水平的一般标准来进行选择。在此基础上，罗尔斯又提出了两个优先原则：其一是自由优先，即自由只能为了自由的缘故而被限制；其二是正义相对于效率和福利优先。可见，罗尔斯正义理论关注人们基本的自由和权利，关注收入分配和社会公平。

（3）诺奇克的权利至上阶段。这种观点对罗尔斯的正义理论中的基本自由及其优先性没有异议，认为国家在政治上要尽量保障所有人享有广泛的、平等的基本自由，这种保障应该优先于对社会福利、功利的考虑。但诺奇克反对国家对个人所有权的干涉，反对以关照"最少受惠者"的理由来侵犯个人的经济自由和财产权利。诺奇克认为，合理的国家是"最弱意义上的国家"，国家职能只能是保障个人权利免受侵犯。诺奇克提出了"正义三原则"来反对罗尔斯的差别原则以及把国家功能扩大到分配领域的观点。这三个原则分别是：获取原则，即财产的最初获得；转让原则，即财产从一个人到另一个人的转移；矫正原则，即对最初获得和转让中不正义行为的矫正。诺奇克认为，实际上，"分配正义"要面对的就是这样的过程是否公平。由此可见，相对于罗尔斯，诺奇克强调程序正义，突出个人权利，提出了财产的"拥有正义"的概念，并确定了"拥有正义"的领域（一个符合获取正义原则获得一种持有资格的人，对这种持有资格是有权利的；一个符合转让正义原则从别的拥有者那里获得一种持有资格的人，对这种资格是有权利的；除非同时通过上述两个原则的运用，无人对一种持有资格拥有权利）。诺奇克的分配正义原则就是：如果所有人对分配在其名下的持有资格都是有权利的，这个分配就是公平的。

（4）阿玛蒂亚·森的可行能力发展阶段。阿玛蒂亚·森是 1998 年的诺贝尔经济学奖得主，被誉为"经济学的良心"。阿玛蒂亚·森认为，自由既是发展的目的，也是发展的手段。实质性自由包括免受困苦（如饥饿、营养不良、可避免的疾病、过早的死亡）的基本可行能力以及能够识字算数、享受政治参与等的自由。阿玛蒂亚·森提出了"功能性行动"和"可行能力"的概念。"功能性行动"是指一个人在生活中的行动或存在的状态，"可行能力"是指个人有可能实现的各种各样的功能性行动的集合。发展是指"可行能力"的扩展。阿玛蒂亚·森强调，传统的发展经济学过分关注国民收入、总产出或总收入、某些特定商品的总供给量等，而没有关注人们所享有的权利以及由这些权利所产生的"可行能力"。阿玛蒂亚·森的观点既可用于针对发展的内涵、目标和发展程度的测度，也可用于指导发展政策及财政制度安排。

（5）马克思主义的发展伦理阶段。马克思的经济伦理思想贯穿他早期的劳动异化学说和后期的历史唯物主义及资本主义危机理论之中，集中通过马克思关于社会发展和人的发展的论述体现出来。马克思认为，经济活动具有增加社会财富的作用，但最终目的是通过经济发展和自由人的联合实现"各尽所能，按需分配"性质的公平正义，把人从异化劳动中解放出来。公平正义观念是各个时代的社会经济关系的反映，不存在抽象的、绝对的、永恒的公平正义。资本主义社会的公平正义是表面上的政治平等隐藏着实质上的经济剥削，社会主义社会的公平正义是平等权利和按劳分配，是社会生产力方式和经济结构所决定的。从马克思关于人的发展的相关理论可以发现，马克思认为，社会发展的最终目的是实现人全面、自由的发展。但在现实中，人全面、自由的发展受到生产力发展和社会制度的约束，因此把人从落后的、低下的生产力发展水平和由资本主义私有制决定的社会中解放出来是实现人全面解放的内在要求。显然，发展生产力和消除资本主义私有制是人解放的两个重要条件。发展生产力、增加社会财富需要激发微观经济主体的活力，消除资本主义私有制下的剥削、贫富分化、阶级对立和社会危机则需要消除资本主义私有制。在资本主义还具有存在合理性的条件下运用财政等收入再分配手段缩小收入差距是促进社会公平正义得以实现的重要途径。当资本主义制度失去存在合理性的时候则需要重建否定资本主义私有制的社会主义所有制及其对应的上层建筑，之后在新的经济基础和上层建筑之上建立有助于缩小收入差距、消除阶级对立、实现社会和谐的财政经济制度。

4.2.4 财政的文化基因

任何国家和任何时期的财政制度都受到特定文化的影响，并在某些方面体现文化的内涵和要求。文化有狭义和广义之分。狭义的文化是以社会意识形态为主要内容的观念体系，是由政治思想、道德、艺术、宗教、哲学等意识形态所构成的领域。广义的文化是指以各种民族的、区域的、世界的文化形态，其本质含义是自然的"人化"，是人和社会的存在方式，反映在历史发展过程中人类的物质和精神力量所达到的程度、方式和成果①。确切地说，文化是指一个国家或民族的历史、地理、风土人情、传统习俗、生活方式、文学艺术、行为规范、思维方式、价值观念等的综合体现。文化既是国家经济社会发展和制度安排的结果，也是经济社会发展和制度安排的基础和约束因素。财政制度作为一项重要的制度，其形成、演变也必然受到文化的影响，即文化是财政制度安排的重要基础和约束因素。文化的内容、价值取向必然影响财政制度的具体安排和变迁方向。

所有文化都是共性和个性的统一体。从共性来看，各种文化都是物质财富和精神财富的总和，都表现为文化产品、文化活动方式和文化观念的一般联结方式。此三者相互作用，构成文化综合体并促进其发展。从个性来看，文化是随现实发展变化而动态变化的。一定时期的文化要素会组合形成一定的文化结构。文化结构是文化各要素所固有的相对稳定的连接方式。各种文化会因为文化要素不同而具有不同的特征。不同的国家，由于地理、历史、生活方式、经济发展水平等要素的不同，会形成不同的文化要素组合，这些组合构成多姿多彩的文化结构，这些文化结构是文化的个性并呈现出文化的多样性。

文化是一定经济社会发展的产物，又会对经济社会发展产生一定的影响。文化对经济社会发展发挥作用的过程，在一定程度上就是文化功能的发挥过程。具体而言，文化具有四项功能：其一是信息传递功能，即文化具有传递社会经验、维持社会历史连续性的作用。其二是教化、培育和塑造功能，即通过知识体系、行为方式等规范人的行为，使人有效地适应社会环境和人际关系，成为社会的人。这项功能一方面能够降低社会管理的成本，另一方面能够维持社会历史发展的连续性。其三是促进社会发展功能，即人类社会在既定的发展成果的基础上，利用文化的物质和精神要素，遵循自然社会发展规律，按照人类的内在尺度适应和改造社会，推动社会向前发展。其四是认识功能，即人类在经济、政治和社会活动中，运用人类社会发展过程中所积累起来的工具、观念和知识，在现有文化观念、规范的指导下认识自然和社会，以增强人类参与政治、经济和社会活动的能力。

---

① 李秀林，王于，李淮春. 辩证唯物主义和历史唯物主义 [M]. 4版. 北京：中国人民大学出版社，1995：407.

　　文化的功能决定了财政制度和文化的关系。文化作为政治、经济、社会、宗教等观念的集合，是财政制度的基础，一定程度上决定着财政制度的理念、宗旨、目标、具体内容等。财政制度必然在一定程度上反映文化的价值取向和要求，财政制度是否与文化兼容在一定程度上决定着财政制度是否被社会成员所接纳、遵守，进而决定财政制度的功能发挥程度如何。当然，财政制度并不是单纯地反映文化，它还会结合经济社会发展的环境、目标以及财政运行的一般规律顺应、适应、引领经济社会发展，并为文化注入新的内容。

　　由于文化是不同国家经济社会发展水平、历史、地理、宗教、观念等文化要素的综合反映，这些要素必然通过文化的信息传递功能，教化、培育和塑造功能，认识功能映射到国家财政制度上，使以前财政制度的某些要素遗传到新的财政制度之中，使财政制度具有一定的继承性，这是构成财政制度历史延续性的基础。同时，新的财政制度安排又要考虑到经济社会发展面临的新的环境、目标和挑战，这构成财政制度的适应性和动态性。尽管如此，制定新的财政制度也必须考虑到凝结在文化中的先前的财政、经济、政治等因素，以确保财政制度能够得到有效的实施。由此可见，由于文化的存在和作用，财政制度既要考虑历史上的政治、经济、地理、哲学、观念等因素，又要考虑新的环境、目标和挑战，从而表现为连续性和适应性的统一。

4.3　财政基因的综合考察

　　财政制度内在的政治结构、经济发展、社会发展伦理和文化基因之间是相互联系、相互影响的。首先，经济基础是政治结构的决定性因素，政治结构会反作用于经济基础。生产力及与其相适应的生产关系构成社会经济基础，该经济基础必然通过阶级利益集团等中介影响社会政治结构（政党结构、社会各阶层、阶级在国家政治中的地位与作用）及上层建筑（含意识形态等观念上层建筑和军队、警察、监狱、法庭等实体上层建筑），即经济实力的强弱决定政治地位的高低和对国家政策的影响力的大小。为巩固和维护经济基础，相关利益主体（如利益集团或阶级、阶层）必然通过一定的政治渠道影响财政、经济、政治等制度安排，比如财政收入制度、财政支出制度、预算制度等。财政制度可以巩固强势利益集团或统治阶级的经济基础（如所有制），削弱弱势利益集团或被统治阶级的经济基础，达到维持政治结构对应的经济基础的目的。其次，社会发展伦理从整体上反映社会经济基础、生产力发展状况和政治结构，并反作用于社会经济与政治发展。同时，社会发展伦理本身又具有较强的独立性，其"扬弃"已有的社会发展伦理观点，形成超越于现实的社会发展伦理，并通过对现实经济社会制度提供审视、导向和指导作用，引导现存制度安排，影响政治经济发展方向和进程。需要注意的是，社会发展伦理对政治与经济发展的影响是有限度的，政治与经济发展的方向、进程受生产力发展水平、社会发展伦理、文化等多种因素影响，同时还要遵循自身发展规律和逻辑，社会发展伦理只是其中的一个影响因素，不能过分扩大社会发展伦理对政治与经济发展的作用。最后，文化作为包含经济、政治、观念、地理、历史、宗教、哲学等因素的综合体，既包含反映政治结构、经济发展和社会发展伦理的内容，又通过其文化功能反作用于政治结构、经济发展和社会发展伦理，协调它们之间的关系，引导经济社会的发展方向。具体来说，在文化与财政制度的关系上，文化一方面反映财政制度安排所固化的政治、经济、历史、地理、宗教、哲学等内容，另一方面将与文化相关的内容外化在财政制度安排中，通过财政制度巩固、强化或改变文化的某些内容，促成文化的继承与发展。

由上可知，财政制度安排包含政治、经济、社会发展伦理和文化四个方面的基因，是四个方面基因不同的综合体，无论是政治权利结构的改变、生产力和生产关系的变化、社会发展主导型伦理观念的改变，还是文化结构的演进，都迟早会通过一定的途径影响财政和财政制度安排，推动财政制度演进。

4.4　财政基因的遗传与变异：一般趋势与路径

由政治、经济、社会发展伦理和文化等基因组成的财政制度必然随着其基因的遗传和变异而演变。政治格局、经济发展环境和目标、社会发展伦理以及文化是财政制度的内在影响因素，这些要素的变化必然推动财政制度或大或小、或早或晚地演变。解释政治、经济、社会发展伦理和文化各自演变的过程与互动机制，有助于厘清财政制度变迁的一般趋势和路径。

4.4.1 财政基因的演进路径

从国家产生以来的社会政治结构演变阶段看，人类社会政治权力结构经历了专制、形式民主和实质民主三个阶段。在专制的政治格局下，王权或皇权是政治权力的核心，基本处在无约束的状态，整个社会政治权力结构形同金字塔，处在塔顶的是权力最高的是王权或皇权（也存在宗教教皇权力凌驾于世俗王权之上的情况），处在塔底的是一般民众，处在中间层次的是王权或皇权统治民众的代理阶层。这种政治权力结构意味着除了满足社会最基本公共需求外，绝大多数正式和非正式制度安排都要服务和服从于统治阶级的利益。资产阶级革命胜利后，社会政治结构变成民主选举、三权分立的政治格局，从形式上看，选民可以通过选举代理人来表达、维护、争取个人和群体的利益，政治构架兼顾了所有选民的利益。这种政治结构在一定程度上是社会的巨大进步。但是，由于选举代理人等政治参与活动需要较高的经济成本，利益群体或利益集团的实力存在差异，对制度安排的影响力悬殊，形式上的民主不能掩盖一部分人强制另一部分人的事实，因此这种政治结构及其派生的制度安排只具有有限的形式民主的意义。此外，在竞选中当选的政治家在竞选中提出的政治承诺的有效性、可信程度以及监督不守承诺政治家及其代理人的可行性和成本高，也是影响这种政治结构下选民利益的重要因素。更高层次的民主是实质民主阶段。在这种政治格局下，在经济基础上处于同等地位的所有人都可以通过选民代表表达本人或群体的利益诉求，尽管存在利益差别，但由于在所有制中处于同等地位，根本利益是一致的，国家政治决策和相关政策服从与服务于全体社会成员的一致利益。该种政治结构的优势是它能够避免强势利益集团对政治决策和政策的干预，充分发挥其优势的关键在于如何约束决策机构和决策者并使国家政治决策机构的决策原则和程序规范服务于全体社会成员的共同利益。从整体上看，这种政治结构还在探索和完善之中。

从政府行为与经济发展的关系来看，社会经济发展经历了政府对经济发展的无为、有限参与、积极参与三个阶段。经济发展水平一方面通过经济剩余影响政府可以提取的公共资源的数量影响财政制度，另一方面通过对基础设施等公共品和公共服务需求影响财政制度。当然，财政制度中收入与支出的规模、结构、方式及其途径也影响着经济增长方式和速度。在工业革命前的传统农业时期，经济增长受制于土地、劳动力、传统经验技术等因素，严重依赖自然条件，经济能够提供作为公共资源的经济剩余很有限，从而使财政收入规模较小。同时，经济发展对公共品和公共服务需求也有限，主要限于国防、社会治安、道路交通、水利等方面。政府在经济增长中的作用仅限于基础设施建设、社会治安和产权保护等，经济增长在政府"无为"状态下缓慢推进。工业革命后，随着工业化和城市化的推进，要素空间集聚对交通、教育、医疗卫生、社会保障等公共服务的需求增加。同时，经济快速增长使其可以提供的公共资源也相应增加。正如主流经济学家所公认的一样，以政府为主体的经济行为体现的财政收支具有低效率的内在特征，为提高整体社会资源的配置效率，政府和市场出现了相对清晰的分工，政府主要通过税收融资提供市场不能有效提供的公共品和公共服务，满足经济社会发展对公共品和公共服务的需求，从而达到提高全社会资源配置效率的目的。随着经济社会的发展，科技、教育、生态环境、医疗保健等在经济社会发展中的作用越来越明显，为适应经济社会发展的要求，政府必须主动顺应经济发展新阶段的实际情况，主动增加对以上公共服务的提供，从而在经济社会发展中的作用从有限参与转化为积极参与。

从社会发展伦理的演变来看，社会发展伦理经历了弱人权、维持基本权利、扩展"可行能力"三个发展阶段。在经济社会发展水平较低的前资本主义阶段，一方面由于经济发展水平低，社会产品有限；另一方面由于专制政治的统治，社会公众对自身的基本权利、自由等认识不充分，社会发展伦理更多关注社会产品增加对满足人的基本生存的物质需求，对精神需求、受尊重和发展的需求还远没有给予足够的重视，从而决定了这一时期的社会发展伦理对人权的关注度较低，对人权的认知范围较狭隘。当然，也不排除部分追求更高生产力发展目标和更加公平和谐社会发展状态的伦理主张。随着社会公众对人的权利、自由、需求等自然和社会属性认识的深化，加之经济发展水平提高使得社会产品增加，人的自然属性和社会属性更多地被发现，人的多元化需求，尤其是生存权之上的经济与政治自由，选举、集会、思想自由等更多的人权内容被激发出来并要求得到保障，社会发展伦理进入维持基本权利的阶段。在这一阶段，尽管社会对人权的认识加深了，但更多关注的是人的一些表层权利，人是否有能力充分、实质性地享受这些权利以及实现和享受这些权利的能力的培养机制还没能引起足够的重视。基于对社会发展伦理、社会公平、人的自由的深入思考和探索，伦理学家和发展经济学家逐渐发现，社会发展的实质是人的自由的扩展，人的"可行能力"增强才是社会发展的本质，社会发展伦理进入扩展"可行能力"阶段。然而，建立在经济基础之上的自由、平等等伦理诉求才是可及的实质、自由、民主。

　　作为一种包含政治、经济、地理、历史、宗教、哲学等要素的综合体，文化的演进路径是统一性和多样性的结合。一方面，随着经济发展水平的提高，政治文明程度的上升，社会发展伦理的演变，文化也随之由原始状态向现代转变，由较低水平的文化状态向较高水平的文化状态上升。另一方面，由于地理、历史、宗教、哲学、社会发展伦理、社会群体意识等文化要素本身具有较强的独立性，即文化可以在一定程度上独立于经济、政治等的发展而保持相对稳定性，或者按照这些文化要素自身的演进规律而演进，从而使文化的演进又能在一定程度上脱离经济、政治、社会发展伦理的发展而延续，保持文化的多样性和独特性。此外，文化的演进并不一定是线性的、单向的演进，也可能因为某些外在或内在原因而跨越式前进或倒退。

　　经济、政治结构、社会发展伦理和文化在对财政制度演变的影响中处于不同的地位，发挥不同的作用。其一，经济发展水平是财政制度演变的决定性因素，即包含生产力发展水平和所有制结构等要素的经济发展水平是财政制度演变的决定性因素。生产力发展水平决定着社会剩余产品总量，决定着财政收入的规模和政府可以动用社会资源的规模；生产力发展水平及人们的生活水平决定公共服务的内容和水平，决定国家职能的内容和重点，决定财政支出的规模和结构；所有制结构决定政治上处于统治地位的阶级、阶层，决定财政收入制度、支出制度的阶级偏向性，决定国家预算的决策机制。其二，政治结构受经济发展水平的影响，对财政制度安排产生直接的影响。政治结构决定上层建筑结构的具体内容，包括统治阶级与被统治阶级、国家机器的阶级属性（重点服务于哪一个阶级的利益）。政治结构决定政府在履行提供一般公共服务职能的基础上，或者在形式上服务于全体社会成员公共需要的基础上，通过财政收入制度、财政支出制度和预算决策制度体现政治上处于统治地位的阶级的利益。政治结构通过财政制度反作用于经济基础，即通

过财政收入制度、支出制度、预算决策制度影响不同经济成分的发展速度和
发展水平，进而影响不同经济成分在经济体系中的地位和作用。其三，社会
发展伦理会间接影响财政制度的目标和具体内容的某些方面。社会发展伦理
是对经济、政治、社会发展现状的归纳、提炼和期望，也是对先前或其他国
家政治、经济和社会发展现状及其结果的反思，一定程度上反映了知识阶层、
统治阶级、被统治阶级关于经济社会发展的理想和诉求。社会发展伦理对财
政制度的影响通过两个渠道来实现，其一是统治阶级主动采纳反映经济社会
发展理想状态的社会发展伦理，并将其纳入财政制度设计中，影响财政制度
安排和财政制度变迁；其二是先进的社会发展伦理为被统治阶级所接纳和吸
收，继而通过和平、渐进的方式影响上层建筑对财政制度的安排，或者通过
非和平、激进的方式改变上层建筑，促使政府提供符合新的社会发展伦理要
求的财政制度。社会发展伦理也会通过上述两种方式影响上层建筑的政治结
构，通过影响政治结构和财政制度安排间接影响经济发展。文化对财政制度
也会产生间接的影响。文化主要通过观念影响政治结构和财政制度的理念、
目标、内容等，间接影响财政制度安排和财政制度变迁。文化对财政制度的
影响具有间接性和较长时滞的特点。从文化对财政制度影响的途径上看，文
化要通过对上层建筑决策者的经济社会发展理念的影响而影响财政制度的安排；
从文化对财政制度影响的时滞上看，反映经济社会发展方向的文化观念的形成、
传播，统治者接受和转变发展观念并将其纳入财政制度安排当中，其影响财政
制度变迁的过程比较漫长。文化对经济发展和政治结构安排也具有间接的作用。
文化对经济与政治的反作用主要通过文化的反映社会发展现实、引导社会发展
方向、传播社会发展理念、规范社会发展方向等功能的发挥来体现。

4.5 财政的演进阶段与路径

　　财政的四个基因演变的方向总体上是由低级向高级推进的，但各基因演
变的机制不同，进度不同，使财政制度演变呈现出统一性和多样性的特征。
财政包含政治、经济、社会发展伦理、文化四个方面的基因使财政具有一般
性和统一性；不同演变阶段的基因组合不同使财政具有特殊性和多样性。财

政四个方面的基因的演变方向决定着财政的演变方向，四个方面的基因的演变阶段的差异性和组合方式的多样性决定着财政的复杂性和多样性。从财政基因演变机制和基因组合的多样性看，财政演变主要经历如下几个阶段：

第一，专制-低增长-低人权-传统文化阶段。该财政发展阶段是专制统治、传统农业条件下的经济增长、低人权保障社会发展伦理和传统文化的结合。从经济增长看，在传统农业条件下，生产工具简单，劳动力文化知识水平低，人们主要依靠传统农业耕作经验和传统耕作工具从事农业生产劳动，劳动对象主要是自然形成的土地，在人口增长和农业产出增长之间形成典型的马尔萨斯经济增长特征。从政治结构上看，由于主要生产资料——土地的所有者是奴隶主或封建地主，国王或皇帝是最高层次的土地所有者的代表，为维护处于支配地位的土地所有者的根本利益，最高土地所有者在政治上处于绝对统治地位。土地所有者一方面拥有高度集权的、处于绝对统治地位的王权、皇权，广大奴隶、农民处于绝对被统治地位，王权、皇权在不受奴隶、农民约束的条件下追求统治阶级利益最大化。为维护经济基础和政治上的统治地位，代表统治者利益的政府的职能体现在两个主要方面：一方面，提供产权保护、社会治安、国家安全和少量的基础设施等一般性公共品和公共服务；另一方面，主要服务于统治阶级的利益。财政收支制度安排主要是维持国家机器的正常运转，提供社会正常运行的公共品，维护土地所有者的特殊利益。社会发展伦理也主要反映在经济社会中处于统治地位的土地所有者的利益和价值取向，维护统治者的绝对优先利益，具体而言就是维护王权、皇权及其代表的阶级利益的最大化，底层奴隶、农民根本上只是王权、皇权及其代表的阶级维护和追求利益的工具，甚至保障奴隶、农民的最低限度的生存权也具有工具性的意义。从文化来看，包括政治、经济、历史、地理、宗教、哲学等社会观念、意识形态都主要反映和维护在经济与政治上处于统治地位的作为统治阶级的土地所有者的利益、价值观和意识形态等。从内容上看这一阶段主要包括一些朴素的自然观和维护传统农业经济时期王权、皇权对社会的绝对统治地位的、解释、巩固奴隶主、地主等阶级利益的意识形态和价值观念。这一阶段的财政制度对应工业革命前的中西方奴隶社会、封建社会的财政。在这一阶段，政府的政治职能在国家职能中居主导地位，经济职能和社会管理服务职能处于次要地位，由此决定了经济发展和民生保障都处于很低的水平。

第二，现代经济增长-形式民主-保证基本权利-现代文化型的财政阶段。该财政阶段是民主形式得以完善，在工业化、城市化驱动下经济快速增长，社会发展伦理注重基本权利保障等特征的结合。在经济上，随着生产力的发展，生产方式由传统农业生产过渡到机器大生产，劳动生产率大幅度提高，资本代替土地成为主导性的生产资料，资本所有者成为社会主导性的经济主体。由于劳动生产率的提高远超过人口增长率，社会产品快速增加，剩余产品也快速增加，社会可以用更多的资源满足社会公共需要。在政治上，资本所有者的资本家阶级在政治上成为实质性的统治阶级，伴随着资产阶级革命的胜利，政治结构形成了形式上的民主选举、多党制、三权分立的政治体制，形式上民主制度框架逐渐建立并不断完善和健全。政府经济职能集中在满足社会公共需要，提供市场不能有效提供的公共品。财政收入主要集中在工商税收等方面，财政支出一方面满足社会成员对基本公共服务的需求，另一方面满足在经济和政治上处于统治地位的阶级的利益。公共预算在形式上也较充分地体现作为纳税人的社会公众的意愿。在社会发展伦理上，在经历文化启蒙运动后，社会成员作为自然人的属性被全面发现，作为社会人的基本政治、经济、社会权利也开始受到社会的重视。在文化上，机器大生产条件下的必要的权利意识、公平意识、竞争意识以及个人基本权利诉求、政治上形式民主的社会不平等条件下社会公众对实质公平、平等的追求也在文化中也得到充分体现。综合反映该阶段的经济、政治、文化、社会发展伦理特征的财政制度是当前发达国家中居主导地位的财政制度，相对于前一发展阶段的财政制度，其形式和内容、现象和实质上都是一种重大的进步，但无论是其中的政治民主还是民生保障形式上的完善都不能掩盖由于资本主义生产资料私有制导致的实质上的不足和需要进一步完善与发展的必要性和紧迫性。

第三，经济高度发达-实质民主-"可行能力"扩展型财政阶段。该财政制度阶段是政治由形式民主发展到实质民主的高级民主阶段，经济进入全面协调可持续发展阶段，社会发展伦理扩展到"可行能力"和具有可及性经济基础层次的高级财政发展阶段。在经济上，经济发展进入以经济发展规律被充分认识和自觉运用，技术高度发达，经济发展制度高度完善，产品极大丰富为特征的阶段。随着科学技术的进步，劳动生产率达到较高水平，社会产品供给充足，能够充分满足人们对商品和服务的需求，社会产品供给增长率远高于人口增长率，社会剩余产品增加，可用于提供社会公共品和公共服务的财政收入大幅度增加。在政治上，伴随着商品经济发展进入较高水平，平等、公平、竞争等经济领域的意识上升为政治领域的行为准则，并在政治民主形式上达到高度完善。民众的民主意识增强和民主能力提高，民主机制达到人人参与、人人分享的实质民主阶段。社会发展伦理扬弃了过程公平、权利平等内容达到扩展社会个人"可行能力"可及性和具备现实条件的阶段，即政府承担主要职责并构建、完善机制，促成社会个人发展能力的提升，保障社会成员平等参与、共享社会发展成果的阶段。该财政制度阶段现在还没有成熟的典型代表。

　　文化作为经济、政治、伦理、历史、地理、宗教、哲学等要素的综合反映，直接渗透到财政制度演变的三个阶段中，使每一财政制度发展阶段因各国的不同文化背景而表现出不同的特征，呈现出财政的多样性、复杂性。例如，同属于第二阶段的财政在东西方国家之间，甚至西方国家内部不同国家之间，国家的职能范围、职能重点、财政收入规模与形式、财政支出规模与结构、社会福利内容与水平等具体财政要素上都存在较大差别。在历史与地理背景、国家领土面积、人口规模等方面存在差异的国家，财政的具体内容和形式上也存在明显的差别。但是，由于文化的多样性和特殊性所导致的财政的多样性还是受到由经济、政治等决定的财政演进三个阶段的制约，文化多样性不会超越财政演变三个阶段的基本特征，文化不能取代经济、政治因素对财政演变起决定性作用。

　　以上主要是归纳出财政发展的三个主要阶段，或者说是提炼出三种典型的财政类型，现实中的财政可能是三个层次的政治结构、三个经济发展阶段、三种社会发展伦理和多样性的文化的某种组合形态。财政发展阶段的推移和财政类型的转换需要政治结构、经济发展和社会发展伦理的相互依存、相互影响、相互作用、协同推进。

5
财政发展的内在机制

财政的形成、演进过程就是由财政内部对立统一的矛盾运动推动的运动变化过程。财政内部对立统一包含个人与国家、公平与效率、政府与市场三对对立统一的范畴，每一对范畴的矛盾运动都能推动财政运动和发展，影响财政运动变化的过程、方向和路径。

5.1 个人与国家的矛盾运动及其对财政发展的影响

现代西方财政学或公共经济学关于财政研究的方法论中涉及的国家理论都包含了个人与国家关系的内容。政府机械论和政府有机论是现代西方财政学研究财政问题的两个基本方法论。政府机械论认为，政府不是一个有机组成部分，而是个人为了更好地实现个人目标而人为创立的东西。该观点的典型代表是美国政治家亨利·克莱。他指出，政府是一个信托机构，政府官员只是受托人；信托机构和受托人都是为了人民的利益而设立的。因此，处于政治舞台中心的不是群体，而是个人。政府有机论则认为，社会是一个自然的有机体，每一个人都是这个有机体中的一部分，政府可以被看成这个有机体的心脏①。该观点认为，个人只有作为社会的一部分而存在才有意义，个人利益要服从于整体利益，社会利益凌驾于个人利益之上。柏拉图在《理想国》中指出，只有当公民的活动导向一个公正的社会时，他才被认为是符合需要的。由此可见，政府有机论认为，财政活动的主体是社会，或者说是社会有机体的核心；政府机械论则认为，财政活动的主体是个人，国家、政府仅仅是个人的受托人。这两种关于财政运动主体和核心的观点，差别的关键是如何认识个人与国家或政府之间的关系。

5.1.1 自然人与社会人

个人具有自然属性和社会属性。从自然属性看，个人是一个生命有机体，一方面，人是自然的人，需要衣、食、住、行等方面生活资料来维持自然人的正常生命活动。在人类社会的相当长一段时期，人的自然属性是被压抑的，主要是被宗教禁锢，欧洲文艺复兴逐渐把人的自然属性和多方面的需求唤醒，人的自然属性和多方面的需求随之被越来越充分地发掘出来，人的独立性也逐渐从对神的依附中被激发出来，可以说人性获得了空前的解放。另一方面，人也是社会的人，个人不是孤立于其他社会成员的个体。个人维持生命运动

---

① 哈维·S. 罗森，特德·盖亚. 财政学（第八版）[M]. 北京：中国人民大学出版社，2009：4-5.

的任何物质需要的满足都离不开其他社会成员，没有其他社会成员提供衣、食、住、行的物质资料，个人哪怕一天也难以生存下来，甚至在封闭的情况下也是如此。即使不考虑维持生命运动的基本物质资料的情况，个人的思想、观念也不能完全脱离其他社会成员的思想与观念的影响而孤立存在，其思想的内容、方法、框架不可能完全摆脱其他社会成员的影响。不可否认，人的自然属性中具有以自我为中心的行为取向，即其行为、思想均具有以"我"为中心，服从和服务于"我"的成分。但是，如果每个社会成员都无视其他社会成员的存在，片面孤立地追求"我"的利益最大化，个人之间必然陷入无休止的矛盾与斗争之中，每个人都不可能实现自我利益最大化的目标。为此，每个人在追求自我利益最大化的同时，都必须考虑其他社会成员的行为目标、方式和约束条件，每个人的行为都必须遵循所有社会成员共同遵守的行为规则（事实上，社会成员活动的行为规则都是在相互作用的过程中形成的，即个人间的行为规则是内生于社会成员共同的、相互依存的活动中的），在考虑相互行为共同结果的情况下确立自己的行为目标、行为方式，并在行为过程中，根据他人行为规划调整自己的行为，使自身行为在与他人行为的有效互动（协调和博弈）中实现自我利益的最大化。由此可见，个人是具有自然属性的个体，但在个人需要的满足（包括生活资料和思想资料的获得）、个人活动有效性等方面又是完全意义上的社会人，每个人的生存和发展都必须依赖于社会上的其他个体，同时每个人也是其他人生存和发展依赖的对象。

5.1.2 国家的基本分析

关于国家的论述主要有两种观点——契约国家论和阶级国家论。契约国家论认为[1]，每个人都是独立的个体，在社会丛林状态下，由于没有社会行为的规则约束，每个人追求自己利益最大化的行为会导致人与人之间相互伤害，社会共同体会陷入一种极端混乱的状态之中。为了保障每个人的利益，维持社会的有序运转和良性循环，独立的个人签订协议，让渡一部分个人拥有的财产权利、人身权利，交给一个独立的组织，让其拥有个人让渡的权利，同

---

[1]　在西方政治思想中，契约论经历了一个长期的演化过程，霍布斯、洛克、卢梭的契约论观点既有相似性，也存在一定的差别。

时负责向全体社会成员提供人身和财产权利保护，维持社会的正常有序运行，这个独立的组织就是国家。国家通过组建一系列的机构来履行为社会成员提供财产和人身权利保护，维护社会治安等职能。如果国家不能有效履行社会公众的受托责任，人们有权利解除与国家之间的合约。阶级国家的论述是由马克思系统提出来的。该理论认为，当生产力发展到一定水平后就会出现剩余产品，有了剩余产品后，伴随着产品交易就出现了私有制，即产品交易中，代表氏族成员参与交易的首领将部分用于交易的物品占为己有。以前没有剩余产品时，不能养活而被杀死的战俘也可以利用社会剩余产品保留下来，让他们为主人生产更多的剩余产品。为了维护私有财产所有者的利益，他们会组成一个团体，结成同盟，组建军队、警察、监狱、法庭等暴力机器。这些暴力机器主要负责维护统治阶级的利益，镇压试图侵犯统治阶级利益的人。这些暴力机器就是国家机构，暴力机器的出现标志着作为统治工具的国家的出现。国家出现后，其职能体现在两个方面：其一是向社会成员提供无差别的诸如道路、水利、产权保护、社会治安等公共品和公共服务；其二是制定和执行偏向于统治阶级的制度和政策，维护统治阶级的利益。

5.1.3　个人与国家的矛盾运动及其对财政发展的影响

契约国家论和阶级国家论分别反映了不同财政制度的形成和演进机制。财政制度是国家制度和政策安排的重要内容之一，社会成员以个体或团体形式影响财政制度安排，财政制度和政策安排反过来影响社会成员的经济利益和政治利益。契约国家论强调的是国家对社会成员提供平等的服务，社会成员个体从某种抽象意义上可以说是平等的主体，他们及其利益集团在宪法规则下借助于国家获得对各自由个体无差别的制度安排。阶级国家形成及其运行机制强调社会成员经济和政治地位的不平等，即由于社会成员拥有财产的不平等，使其在国家中政治地位不平等，导致由经济和政治上处于统治地位的阶级主导的国家政策和制度安排对不同经济和政治地位的社会成员的不平等，制度和政策的不平等反过来导致经济和政治地位不同的阶级获取财富机会的不平等以及参与收入分配权利的不平等，进而强化社会成员财产、社会地位和政治地位的不平等，原因和结果的互为因果乃至相互强化，构成封闭的正反馈机制。事实上，社会成员不可能以个人的名义单独影响国家制度和政策，而是需要组成团体，有组织地追求团体成员的整体利益。组成任何组织或社会团体并维持组织或团体的运行都需要成员支付和承担相应成本。由于社会成员之间财产多寡不同，想要形成利益集团或其他有组织的团体成员的成本支付能力不同，这必然导致要么部分社会成员没有支付能力或不能承担组织的成本而处于分散、孤立的状态，不能有组织、有意识地争取有利于自身利益的财政制度和政策，要么不同社会成员组成的团体对国家政策的影响能力不同，导致国家制度和政策安排不能公平对待每一个社会团体，从而导致国家财政制度和政策具有偏向性，更多照顾具有较多财产、有较强支付能力与承担成本能力的个人和社会团体。由此可见，忽视社会成员个体或群体在经济地位、政治地位上的差异，认为财政制度安排对所有社会成员都一视同仁，这在现实经济社会生活中是不现实的。我们要承认社会成员个体或群体经济和政治地位差异以及这种差异对财政制度安排的影响，进而财政制度影响不同经济和政治地位社会成员的利益，导致社会成员经济和政治地位差距进一步扩大是客观的、不以人的意志为转移的。

社会个体与国家之间存在协调推动财政制度渐进变化的可能性。作为社会个体，个人有追求自身利益的内在动力，在国家整体经济水平提高，社会产品增加的情况下，个人获得与社会发展相应的福利改善有三种情况：第一种情况是绝对收入水平提高，福利改善，即相比以前的自己，个人的收入增加了，社会福利水平提高了；第二种情况是相对收入增加，福利水平提高，即个人相对于其他人的收入增加了，或者在社会总收入中的份额提高了，个人的相对收入增加了，福利状况改善了；第三种情况是个人相对于其他人在社会总收入中的份额有略微下降，但由于社会总财富较前期有较大幅度增加，个人绝对收入增加，福利水平提高。如果伴随着经济增长和社会发展，财政制度安排保持相对稳定，出现了个人绝对收入水平提高，同时伴随相对收入增加和相对福利改善，则个人整体上会感知到国家财政制度带来的福利，认同国家的合理性，维护国家的稳定性，并希望国家进一步调整财政制度，改善个人的福利状况。此时，财政制度在个人与国家相对稳定的互动关系下逐步向前推进。

在国家总财富增加的情况下，个人相对收入减少，福利水平下降，即伴随经济增长的是社会成员收入差距扩大，低收入社会成员经济地位相对下降，则个人与国家间的关系会促使财政制度调整、变化，甚至发生急剧的变化。

这里又有四种情况：第一种情况，当在经济和政治上处于统治地位的社会成员和群体意识到财政制度不平等过于严重，超出弱势社会成员和群体对这种差距的承受限度可能导致社会统一体瓦解，统治集团利益难以长期维持时，他们会主动或被动地调整财政制度内容，通过提供给社会成员平等消费的公共品和公共服务来降低社会成员之间的对立程度。第二种情况，当经济基础发生重大变化后，如生产方式发生变化后，原来在经济中处于弱势地位的阶级或团体的经济地位逐渐提高，其通过对政治决策层的经济收买来提高政治地位，迫使国家财政制度安排向有利于他们的方向转变，这样也会导致财政制度的改变。第三种情况，当适应新的经济生产方式的阶级或团体经济地位上升到主导地位后，其会通过和平或斗争的方式在政治上取得统治地位，从而主导财政制度安排，形成有利于本阶级的财政制度。第四种情况，随着社会发展伦理和文化的进步，公平意识也会对国家财政政策和制度安排产生一定的影响，使财政制度安排更多地体现全体社会成员的共同利益，表现出更加明显的公共性。社会发展伦理和文化对财政制度的影响是需要政策制定者和制度安排者接受公平、平等意识，并且在公平、平等意识对政策的影响力超过利益集团单纯追求自己集团利益最大化的影响力的情况下，制度和政策安排的公平性才能更加明显地体现出来，甚至在制度安排中处于主导地位，起支配作用。

自然人的需求的增加和个体的发展，自然人群体、阶层、阶级的差异对立和斗争推动国家职能的发展，国家的发展为自然人和自然人群体、阶层和阶级对立统一提供新的平台和环境。财政则是自然人、自然人群体、阶层、阶级相互作用的中介，人与国家之间的对立统一促成财政由低到高、由简单到复杂的演进和发展。

5.2 公平与效率的矛盾运动及其对财政发展的影响

公平与效率是财政中一对十分重要的范畴，也是财政内部对立统一的矛盾双方，公平与效率的矛盾运动是推动财政向前演进的重要动力。根据辩证唯物主义的基本原理，任何事物内部都有对立统一的矛盾双方，它们存在于

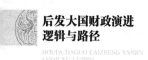
统一体内部，相互区别、相互对立，经历共存、相互区别、对立、量变、质变、新事物产生的唯物辩证的运动过程。

5.2.1 公平的基本分析

公平是财政重要规定性之一。公平作为一个重要的政治范畴，其内容是变化的，但也具有相对稳性，在国家内部，公平意味着社会内部不同社会成员应该享受政府提供的相同的公共品和公共服务，如制度、教育、医疗卫生、社会保障、基础设施、就业支持，缩小贫富差距等。公共品应该为全体社会成员所共享，不应该有任何歧视性规定，也不应该有任何人和群体在享受顺序、数量、质量等方面享有优先权和其他特权。在经济上，市场经济制度应该确保所有社会成员有公平地参与市场经济活动并根据各自拥有要素多寡和质量优劣获得相应收入份额的权利。在收入分配结果上，尽管承认不同社会成员有要素禀赋差异，但收入分配的结果差距不能太大，必须确保社会弱势群体的基本生活，且其基本生活水平应该随着社会经济发展水平的提高而相应提高，不同个人、群体之间的收入差距不能超过同期社会发展伦理或社会心理认定的水平，否则会被认为收入分配不公平。此外，政府应确保所有社会成员基本平等的选举权、被选举权、言论自由等。在社会上，所有社会成员应该平等地享有法律和社会发展伦理道德范围内的相关权利。

从权利和义务的角度看，公平包括社会成员拥有的作为社会成员的基本权利的公平和承担社会义务的公平。公平是社会成员应该获得国家或政府提供的服务或福利上的公平。由于权利和义务是相互的，因此公平也包括社会成员作为公民对国家和社会的义务的公平。具体来看，这包括如下几个方面：其一，所有社会成员都应该平等拥有对国家政治事务的参与权，充分表达对公共事务的意愿；其二，所有社会成员都应该平等地拥有维持社会正常运转、为公共消费筹资的义务；其三，在为包括公共消费在内的公共事务的筹资上，所有社会成员都应该享有根据各自承担能力承担相应的税收或费用的义务，这里的承担能力是指个人可以变现并可以用于支付的资金或财物，不包括诸如个人的信仰带来的满足感、效用等不可变现的福利或效用。

公共消费权利视角下的公平包括空间、时间视角下的公平。所谓空间视角下的公平，在公共消费视角下是指同一空间范围内的社会成员在政府提供的公共品的种类、规模、结构上具有完全平等的消费权利。当然，这并不意味着所有社会成员实际消费的公共品和公共服务完全没有任何差别。事实上，由于地域、文化、风俗习惯、宗教等因素，不同人群具有不同的公共消费偏好，简单、机械地为所有居民提供无差异的公共品和公共服务可能意味着歧视或实质上的不公平。因此，公平实质上意味着在居民可以选择消费公共品的具体形式的情况下，任何公民在同一区域内任何地方从公共品的消费中可以获得无差异的满足或效用。时间视角下的公平是指在同一时间的社会成员都可以获得政府提供的、从实际公共消费中获得的无差异的满足或效用。现实中还有一种跨期存在的公平。在不同人群中，有一部分人在不同生命周期阶段从公共消费中的受益不均等，但总体上所有社会成员在全生命周期内从公共消费中获得可以加总的总满足或效用是无差异的。由于存在满足感或效用的加总可能性和时间贴现因素，这种全生命周期的公平并不完全精确，但财政资源在生产与消费之间的跨期配置具有必然性，即某些时候财政制度可能需要将更多公共资源配置到诸如基础设施建设等生产性领域，另外一些时候可能需要调整财政制度，将资源更多配置到影响社会福利的消费领域，这样跨期配置的目的是实现国家较长时期资源的最优配置。当然，这种跨期公平很容易导致代际的不公平，即某一代人的公共消费少，另一代人的公共消费多，即一代人为另一代人的公共消费承担成本的可能。当这类公平的时间跨度较大时，这种情况可能更容易出现。一般来讲，后发大国为了奠定经济发展的基础条件，需要在经济发展初期建立相对完整的国民经济体系，尤其是重工业基础及基础设施，在不能通过其他方式筹集建设资金时，就可能通过压缩消费性支出，提高经济建设性支出的财政制度安排达到经济发展初期的目标。等到经济发展达到一定水平后，市场机制在资源配置中发挥基础性甚至决定性作用后，再调整财政制度安排，提高公共消费财政支出，降低经济建设性财政支出，扩大公共消费比重。在这种情况下，不同发展时期的财政制度安排就会出现跨期公平和跨期不公平的情况。

社会公平是具体的，也是历史的。同时期的任何国家和任何国家的不同发展阶段的公平都是具体的，即无论是政治、经济、文化以及社会生活任何方面的公平都是具体的。公平不是完全平等或完全相同。财政作为社会公平的制度保障，是确保社会成员一定程度、一定范围内的公平和基本平等，这并不意味着所有社会成员在所有领域都是完全平等的、无差别的。同时，社会公平又是历史的，随着经济社会的发展、公平观念的演变，政府保障社会成员公平权利的能力逐渐提高，社会公平涉及的领域和范围逐渐扩大，社会成员公平享受物质产品、精神产品的水平会逐渐提高。社会经济发展水平决定了社会可以提供的能够满足社会成员平等消费的物品和服务的范围与水平，超越经济发展水平的社会公平的要求是现实经济社会发展水平提供不了的，是不现实的。社会经济发展水平可以提供社会公平的最大限度，但不能完全决定社会可以提供的社会公平的具体范围和水平。社会经济发展水平决定了政府可以取得的最大限度的财政收入，即经济社会发展水平决定了政府提供公共品的能力，政府提供公共品的意愿和生产公共品的效率同样决定了社会成员可以公平消费公共品的数量和质量。因此，社会经济发展的水平、政府获取财政收入的能力、提供公共品的意愿以及生产公共品的效率共同决定了社会成员可以消费公共品的规模和质量，决定社会公平的水平。

社会公平受到经济发展水平、政治、社会发展伦理、文化等因素的影响。保障或提高社会公平水平需要投入一定的财力，需要一定的物质基础。从供给角度看，社会经济发展水平越高，物质财富越丰富，政府可以支配的财力越强，可以向全体社会成员提供可消费的物质和非物质产品或服务越多，社会公平程度越高。政治发展水平也会影响社会公平的水平，政治文明程度越高，社会成员对自身政治权利的认识越充分，行使公平政治权利的能力越强，国家为全体社会成员公平行使政治权利提供的机会越多，政治公平机制越健全，制度越完善，政治公平程度越高。文化公平一方面受到社会成员个体对文化消费的意愿、偏好和能力的制约，另一方面受到社会（包括政府和非市场主体）提供的文化产品的数量、质量的制约。社会成员收入水平越高，闲暇时间越多，文化知识水平越高，社会形成的文化消费的环境越有利，个人对文化产品的消费能力越强，消费意愿越强。社会提供的文化产品越丰富，尤其是政府提供的公益性质的文化产品越多，社会成员可以消费的文化产品越多，消费的选择空间越大。社会发展伦理主要通过对社会公平的价值评价、呼吁、导向作用影响社会公平的领域和水平，社会发展伦理对社会公平的评价和期待具有"棘轮效应"，即每一个社会发展阶段所达到的社会公平的范围、水平、程度都通过社会发展伦理固定下来，并期待更广范围、更高水平的社会公平，一般不存在社会发展到较高水平或社会发展后期所达到的社会公平范围小于过去已经达到的社会公平范围，公平水平低于过去已经达到的公平水平的情况。社会理念对公平的影响是通过将社会公平理念植入社会成员、政府决策层、政府官员的价值观之中，通过价值观影响财政制度和公共政策，影响政府提供的满足社会成员消费的公共产品或服务，影响社会公平的实现程度。

公平对全体社会成员而言既是权利，也是义务。从社会成员享受权利的角度看，政府作为全体社会成员的受托者，应该在一定程度上履行向全体社会成员提供平等受益的公共品和公共服务，或者说，向全体社会成员提供一视同仁的公共品和公共服务，保障一定水平的社会公平的职责，这是国家政治和治理的基本内容之一，这对国家或政府来讲是责任，对全体社会成员来讲是应该享受的作为社会成员的基本权利。从社会成员履行义务的角度来看，任何情况下都不存在无条件的权利，享受国家或政府提供的一定程度的基本公共服务对应的社会公平的前提条件是社会成员要履行作为公民的基本义务，包括遵守国家的法律，依法纳税，遵守社会公德，自觉履行作为国家公民应该履行的政治、经济、法律、社会等方面的义务。公民履行基本义务是国家或政府提供公共品和公共服务，保持一定水平的社会公平的经济基础、政治基础，也是个人对社会公平的期待，还是一定发展阶段实现社会公平的前提。

5.2.2 效率的基本分析

财政范畴里的效率包含两个层次的内容：第一个层次的效率是指政府和市场各自配置资源所提供的公共品和私人品的规模、结构与同期经济社会发展水平下社会成员对公共品和私人品的需求规模和结构相吻合，实现全社会层面上的资源配置效率最优。在任何经济社会发展阶段，人们的收入水平决定着消费水平和消费结构，消费结构中包含对满足私人需求的私人品的需求与满足公共需求的公共品和公共服务的需求。满足私人需求的私人品具有消费的排他性、受益的竞争性和可分割性特征，这决定了提供私人品的厂商可以从私人品的销售中收回成本，并获得平均利润，甚至超额利润，同时消费者通过购买行为获得所需的消费品，即理想状态下的市场机制可以实现私人品的有效供给和有效需求之间的对接与相互适应。对于公共品而言，由于其具有消费的非排他性、受益的非竞争性以及不可分割性特征，市场提供者难以通过公共品的销售行为弥补公共品提供所产生的生产成本。对于追求利润的厂商而言，其不能通过市场机制实现公共品的可持续提供和生产，即不能

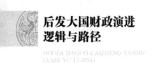
通过市场机制实现公共品的供求适应和均衡。由于政府拥有征税的权利和向社会提供基本公共品和公共服务、满足社会成员需求的义务，因此其可以通过征税筹集资金并借助公共选择或其他途径合理分配资源，提供满足社会成员公共需求的公共品和公共服务，实现公共品的供求适应和均衡。

第二个层次的效率是政府将征税取得的财政收入通过预算机制分配到不同部门，并将预算资金转化为各种形式的公共品和公共服务，满足社会成员对公共品和公共服务的多元化需求。从理论上讲，只有当分配到各部门的公共资源比例使政府各部门生产出的公共品和公共服务刚好满足社会成员对公共品和公共服务的需求时，第二个层次的资源配置才是有效率的。这里还隐含着政府具有较高的公共品和公共服务生产效率的含义，即每一个政府部门都应该尽可能实现投入的财政资源产出最大数量与最优质量的公共品和公共服务。关于政府如何才能把财政收入或公共资源分配到政府各部门，使各部门生产出的公共品和公共服务符合社会成员对公共品和公共服务的需求，一般来讲，政府可以通过公共选择将社会成员对公共品和公共服务的个人需求汇总成为社会总需求，或者通过尽可能接近选民的地方政府的竞争使各地方政府尽可能提供符合本辖区选民需求的公共品和公共服务；或者通过政府购买公共服务的方式，即委托市场组织生产符合选民需求的公共品和公共服务的方式；或者鼓励非营利组织志愿提供社会所需要的公共品和公共服务；或者将具备一定条件的公共品和公共服务转由市场化经济主体来提供等方式实现公共品的供求适应和均衡。显然，实现公共资源有效率的配置和生产是有条件的，可以借助于多种途径来达成目标。

5.2.3 效率与公平的矛盾运动及其对财政发展的影响

在现实中，效率和公平既相互依存又相互对立，它们的矛盾运动推动财政制度的演进和变迁。其一，效率是公平的基础。当社会资源在政府和市场之间的配置结构符合社会成员对公共品和私人品的需求结构时，能够确保消费者消费权益的实现，有助于发挥该机制在私人品的生产和提供中的优势，提高资源配置效率。当政府通过政府预算配置到各部门的资源结构最优，政府部门能高效率生产公共品时，能够在既定的财政收入约束下最大限度满足社会成员对公共品的需求，即效率能够确保社会总产品的快速增加，能够最大限度满足社会公平所需的公共品供给。其二，公平是效率的保障。社会成员之间的收入差距、政治地位差距相对缩小有助于增强社会成员的公平感，有助于增强其对国家、政府合法性的认同，有助于保持经济社会发展环境的稳定。社会成员对政府合法性的认同有助于调动其积极参与经济、政治和社会活动的积极性，有助于提高资源的配置效率和生产效率，有助于增加社会总财富，从而保持公平和效率的良性互动。

政府配置资源的规模可能与社会成员所需要的公共品和公共服务的规模不完全适应，需要通过一定的协调机制实现公共品供求规模的均衡。由于不同收入水平社会成员的消费偏好、消费选择空间不同，从而对公共消费和私人消费的偏好程度不同。不同收入水平和消费偏好的社会成员需要通过影响政府的税收制度来影响政府配置资源占社会总资源的比重，通过财政支出制度、预算制度来调整财政支出规模和结构。由于政府的征税能力或筹集财政收入的能力以及政府征税效率是决定政府实际配置资源占社会资源总量比重的重要因素，而税收等财政收入制度是政府合法取得财政收入的重要依据。为了获得更大比重的个人可支配收入，提高私人消费的比重，社会成员需要通过影响政府财政收入法律依据的方式来合法改变个人收入中可支配收入和政府收入的比重。相对而言，高收入者具有更大的消费选择空间，能从私人消费中获得更高消费效用，具有更强的激励要求降低税率。较高收入的社会成员往往具有更强的意愿通过政治选票选举符合自己消费偏好的代理人，或者通过行贿等方式寻找自己的利益代言人，即通过影响财政收入制度获得具有政治合法性的较多的个人可支配收入。事实上，高收入者具有比低收入者更强的组建利益集团的意愿，有更强的承担组建、运作利益集团成本的能力，具有更强的影响政府财政收入制度的能力，从而拥有更能影响政府公共服务供给能力的能力，导致政府的财政制度安排更能偏向于该群体的社会成员。反之，低收入群体的社会成员则面临另外的选择来维护自己对公共品需求的权利：其一是被动接受被高收入社会成员和群体主导的财政制度安排及其决定的公共品的供给规模；其二是主动影响财政制度安排，影响公共品供给规模。在一般情况下，由于低收入社会成员组建利益集团的意愿较低，即使有较强意愿组建利益集团，但承担利益集团组建和运行成本的经济能力和组织能力较弱，在民主政治框架下，难以通过正规渠道影响政府的财政制度安排来维护其公共消费的合法权益。低收入社会成员和社会群体还可以借助社会

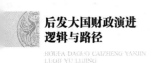

发展伦理的演变和社会精英阶层的努力争取有利于自己的财政制度安排，但这种方式的效果具有不确定性。如果没有其他更好的方式、渠道，低收入社会成员和群体又不满足于公共消费的现状，还有可能通过激进的、爆发式的方式，比如通过政变、暴动甚至革命的方式改变政府的政治结构，进而获得有利于本阶层、阶级的财政制度安排，维护本阶层公共品和公共服务的消费权益。

在政府实际可配置资源约束下，公共品的供给结构也不一定符合所有社会成员的需求，这也需要一定的机制调整公共品的供求结构。不同收入水平的社会成员的公共消费水平和结构存在较大差异，即使是社会成员共同消费的公共品，如义务教育、医疗卫生、社会保障等，不同收入水平的社会成员的消费水平也存在明显的差异。一般来讲，高收入者更倾向于更多、更高水平的公共消费或具有更多选择性的公共消费。正如前面所分析的，在一般情况下，高收入者有更强的承担组建利益集团和寻求代理人维护其利益的成本支付能力，其公共消费需求更容易通过政府的财政税收制度安排来实现；反之，低收入社会群体的公共消费则更难获得满足。由此可见，即使在政府可提供的公共品的选择集内，不同收入水平和不同政治地位的社会成员所获得的消费水平是不同的，财政制度安排更是偏向于收入高的社会成员和群体，从而使财政制度安排不容易或不必然促进社会公平。在中央集权的情况下，如果中央政府能够从全社会公共消费均等化或社会公平的角度安排财政制度，则可以通过转移支付制度设计缩小不同收入水平地区之间公共消费的差距，促进社会公平。但是，什么样的中央政府能做到公共消费均等化呢？中央政府通过什么样的机制才能做到公共消费的均等化呢？这些都还需要进一步探究。在地方财政分权的情况下，正如蒂布特模式所描述的，在允许选民跨区域流动，地方政府拥有征税权并根据辖区选民的公共需求偏好提供公共品，公共消费不具有外溢性等约束条件下，这可能导致高收入社会成员集中在一定地区，通过缴纳较高的税收获得较高水平的公共服务；低收入社会成员集中在另外的地区，由于只能承担较低税收，从而只能获得较低水平的公共服务。如果没有上级政府的转移支付和高收入社会成员集中的地方政府的财力支持，高低收入者之间公共消费差距会不断扩大，社会不公平问题会变得更加严重。

效率和公平之间的矛盾运动可能导致财政制度的渐进变化。效率和公平作为财政内部两个对立统一的方面，它们的矛盾运动推动财政制度向前发展。当政府制定的财政制度提高政府与市场之间的资源配置效率和生产效率时，相同的社会资源可以产出更大数量的社会产品，社会产品的增加直接增加了社会可供分配的产品或资源，有助于增加低收入群体的收入，缩小社会差距，促进社会公平。一定的财政制度安排缩小了社会成员间的收入差距，有助于缓和社会矛盾，营造有利于经济增长、资源配置效率和生产效率提高的社会环境，有助于促进效率提高。简言之，效率和公平的相互依存、相互促进，有助于推动财政收入增加。财政支出规模扩大、结构改善，社会整体福利改善，进而推动财政制度渐进向前推进。财政制度先进的标志一般可以从质和量两个方面来衡量。从质的角度看，既然满足社会成员公共需要是财政制度产生的原动力，这就意味着财政制度越是有助于缩小社会成员间经济、政治地位上的差距，社会整体的福利水平和财政制度水平就越高；从量的角度看，财政收入规模与结构、财政支出规模与结构、政府预算制度的程序和结果的民主程度等是衡量财政制度水平的重要标志。

效率和公平的关系不协调可能导致财政制度的停滞甚至倒退。第一种情况，单纯重视效率会导致财政的停滞甚至倒退。相比于政府配置资源，在通常情况下市场配置资源的效率有明显优势。在政府配置资源的情况下，政府是资源的具体使用者，无论怎样完善政府财政资金使用的监督机制和制度，政府各部门使用资源的约束程度和提高资金使用效率的激励都难以与市场经济主体基于市场经济条件下的价格机制、供求机制、竞争机制等的激励和约束相比，因此政府配置资源无疑会降低资源配置和使用的效率，政府配置资源比重越高，全社会资源配置和使用效率越低。从追求效率的角度看，政府应该尽可能降低自身配置资源的比重，将更多的资源交由市场配置，但这无疑会减少政府可直接支配资源的规模，必然导致政府提供公共品、履行收入分配职能、促进社会公平的能力下降，导致社会不公平程度提高。当过度追求效率导致社会严重不公平后，可能从各方面影响财政制度进步。其一，社会严重不公平导致低收入群体社会成员对政府和社会严重不满，国家合法性受到严重挑战，国家财政制度安排的公平性和公信力严重不足，可能遭受低收入社会成员的抵制、抗议，甚至影响政权的巩固和延续，导致财政的不可持续。其二，社会成员间不公平程度上升可能导致社会整体消费不足，影响社会总供求关系的均衡，影响短期的经济波动，导致经济萧条。从长期来看，低收入群体对人力资本投资不足导致长期的人力资本积累不足，技术进步缓慢，制约长期的经济增长，进而不利于财政收入增加、收入结构优化以及财政支出规模扩大和支出结构优化。财政收入和支出不足意味着政府调控经济、推动经济增长和国家实力增强的能力不足。

第二种情况，单纯追求公平导致财政难以持续。过度强调公平的自然逻辑是提高政府配置资源的比重，增加政府可直接支配的资源，扩大公共消费规模，缩小社会成员公共消费的差距，增强政府调节收入差距的能力，缩小社会成员间的收入差距，促进社会公平。提高政府配置资源的比重最直接的影响是降低市场配置资源的比重，降低社会整体的资源配置效率和生产效率。过度追求公平可能导致财政停滞或倒退。其一，政府配置资源比重的提高实际上压缩了市场配置资源的空间，抑制了市场机制作用的发挥，必然导致全社会资源配置效率和生产效率降低，进而使经济增速降低，导致财政收入增速缓慢甚至减少。长期的财政收入增长缓慢甚至减少必然导致财政支出规模下降，压缩财政支出结构调整的空间。财政支出规模减小和结构僵化反过来导致经济增长缓慢和经济结构调整困难，进一步抑制财政收支规模扩大和结构优化，使财政停滞或倒退。其二，在提高政府配置资源的比重，增加政府可直接支配资源的同时，如果政治结构、财政制度安排没有优化，财政支出结构不能相应调整，在经济增长率下降的同时，伴随着公共消费结构僵化，即由于不利于低收入群体公共消费的政治结构和财政支出制度、政府预算制度等没有调整，低收入群体的公共消费可能仍然会低于高收入群体，经济效率降低了，但社会公平状况并没有改善甚至恶化。这种情况意味着财政收入减少、支出规模下降，支出结构由于不利于低收入群体，不能促进社会公平。社会公平程度下降乃至恶化必然导致低收入群体对政府的不信任，政治经济制度和财政制度的合法性、公平性遭受质疑。经济增长缓慢，财政收入增长缓慢甚至减少，伴随着低收入群体对政府的不满，对政治经济制度和财政制度的质疑必然加剧财政困难甚至酿成财政危机。

公平和效率推动财政发展的逻辑关系可以通过图5-1反映出来。在图5-1中，横轴 OA 是社会公平，O、O_1、O_2 代表财政水平由低到高的提升，纵轴 OB 是效率。公平、效率和财政演进路径有三种可能：第一种可能是效率和公平同时兼顾，财政演变的路径是沿着实线 $O \rightarrow O_1 \rightarrow O_2$ 的路径演进，财政整体水平不断提高；第二种可能是财政演变的路径沿着 $O_1 \rightarrow A_1 \rightarrow O_2$ 的路径演变，即当

财政演变到 O_1 时，社会更多考虑公平导致财政停滞在 A_1 的水平，在 A_1 的水平上社会发现应该多考虑效率，通过制度安排提高资源配置效率、生产效率，从而提高经济效率，财政从 A_1 上升到 O_2 的水平；第三种可能是财政演变的路径沿着 $O_1 \rightarrow B_1 \rightarrow O_2$ 的路径演变，当财政演变到 O_1 水平时，社会更多考虑效率，公平程度停留在 O_1 的水平，导致财政演变到 B_1，没有进步，此时社会才重视公平，从而使财政从 B_1 演变到 O_2。显然，无论是过度重视社会公平的 $O_1 \rightarrow A_1 \rightarrow O_2$ 的财政演变路径，还是过度重视效率的 $O_1 \rightarrow B_1 \rightarrow O_2$ 的演变路径，财政都经历了曲折，单纯重视效率和单纯重视公平，都导致财政演变偏离了正常路径。

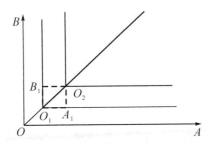

图5-1 公平-效率与财政演变路径

财政是体现和实现公平的重要途径，也是体现和实现效率的重要工具。公平和效率的协调是通过财政来实现的，它们的对立统一是具体的，也是历史的、动态的，这决定了财政是具体的、历史的和发展的。公平和效率的具体内涵和外延的变化与发展决定了作为体现和实现它们的财政与财政制度是不断变化、发展的。

5.3 政府与市场的矛盾运动及其对财政发展的影响

政府与市场的关系是现代财政学或公共经济学的重要研究范畴，它们之间的矛盾运动构成了公共经济运行的内在逻辑，但从财政演进的逻辑和经济发展的历史看，它们之间的关系经历了一个漫长的演变过程。在现代市场经济条件下，政府与市场的对立统一也构成经济社会发展的重要动力，其实在

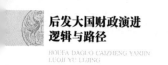
资本主义之前也存在市场和市场机制的作用，只是在资源配置等方面作用不是处于支配地位，全面理解和妥善处理它们之间的关系是维持社会稳定、公平和经济增长的必然要求。

<h3>5.3.1 对政府的基本分析</h3>

自从国家产生以来，政府都是实际执行国家相关职能、推动社会运行和发展的重要主体。作为执行国家职能的主体，政府主要有三种类型：代表少数人利益的专制集权政府、实质上主要代表少数人利益的民主政府、代表多数人利益的民主政府。

代表少数人利益的专制集权政府是政治经济发展中第一阶段的政府，对应于奴隶社会和封建社会以国王或皇帝为核心的政府，代表奴隶主阶级和封建地主阶级的利益。经济上处于统治地位的奴隶主阶级和封建地主阶级必然在政治上也处于统治地位，政府必然服务于在经济和政治上处于统治地位的阶级的利益，并履行政府的职责。从整体上看，政府的职责包括两个方面：其一，履行社会管理的职能，提供社会治安、道路交通、水利、国防等公共品和公共服务，确保社会的稳定，满足或部分满足社会成员对公共品和公共服务的需求，确保政府的合法性；其二，执行阶级统治职能，这种职能的履行从形式上看也可能是借助于提供公共品和公共服务的形式，提供具有阶级或阶层偏向性的服务，如行政管理、执法等。实际上，在这种政府框架下，政府提供的所有公共品和公共服务都同时具有两方面的职能：一方面，满足社会成员的公共需要，维持社会的稳定；另一方面，维护处于统治地位的阶级在经济和政治上的利益。这两种职能在公共品上很难截然分开。当政府的社会管理职能处于支配地位时，社会表现出社会秩序稳定、经济增长、阶级矛盾缓和、国家繁荣的状态；当执行阶级统治职能处于支配地位时，增量利益甚至存量利益严重偏向于统治阶级，社会贫富差距扩大，阶级矛盾尖锐甚至激化，社会秩序混乱，国家处于动荡和改朝换代的过渡时期。该种类型的政府从整体上代表在经济和政治上处于统治地位的奴隶主和地主阶级的利益，无论其提供的是纯公共性的公共品和公共服务，还是具有阶级偏向性的公共品和公共服务，都具有从整体上维护统治阶级利益的倾向，但特定时期或阶段可能促进经济增长和社会进步，比如维护社会治安、修建道路有助于降低交易成本，制定并执行产权制度（如分成地租）有助于调动劳动者的劳动积极性，兴修水利有助于降低经济活动的自然风险，维护国家统一有助于统一国内市场和扩大交易范围，制定并执行税收制度有助于公平不同收入水平的阶级、阶层或社会成员的税负，等等。由于在经济和政治上处于统治地位的阶级主导和控制的政府履行职能的阶级偏向性，不利于调动劳动者的劳动积极性，因此该种政府必然被新的、更能促进经济增长的政府所替代。

　　第二阶段的政府是实质上代表少数人利益的民主政府。随着商品经济的发展，以资本主义机器大生产为典型特征的现代商品经济成为经济社会的主导经济形式，资产阶级成为统治阶级。在经济和政治上处于统治地位的资产阶级决定了政府具有代表资产阶级利益的典型特征。资产阶级政府最典型的特征就是形式上完全平等地服务全体社会成员，使全社会成员都平等、无差异地消费政府提供的公共品和公共服务。资产阶级政府所谓的民主、自由、平等特征主要与三方面的因素相关：其一，随着社会向前发展，资产阶级启蒙宣传和推动，社会成员的民主、自由、平等意识逐渐增强，要求政府具有为社会公众服务的特征。其二，资产阶级在推翻封建地主阶级统治、建立资产阶级政权中，吸取了封建统治者的政府专制、集权的教训，在以民主、自由、平等口号取得政权后，兑现对社会公众的承诺。其三，推动商品经济的发展，需要强化政府的民主形象，商品经济的发展内在要求交易主体交易地位的平等性、交易动机的自愿性、交易利益分享的合理性；要求保护作为交易主体的公民的合法财产，维护产权的完整性、可交易性和流动性；要求通过完善基础设施，健全司法体系，降低交易成本；要求全国乃至世界市场的统一和完整，扩大交易范围，以便获取生产和交易的规模效益。

　　为了促进商品经济的发展，更好地维护和增进资产阶级的利益，政府的行为具有相对于代表少数人利益的专制政府更加明显的服务于全社会的特征。为了维护社会稳定，促进商品经济发展，资产阶级民主政府需要提供更多满足社会成员形式上平等、无差异消费的公共品和公共服务，这有助于降低厂商的生产成本和交易成本，降低经济活动的风险。政府的这些制度安排在增加社会公众生活福利的同时，促进经济增长，增加社会财富总量。

　　代表少数人利益的民主政府实质上仍然是维护在经济基础中处于统治和支配地位的阶级的利益。资产阶级居统治地位的国家必然通过政府行为维护资产阶级的利益；民主、自由、平等的政府的外在特征并不能完全取代具有阶级利益偏向性的政府的实质。承认并保护私人产权，维护市场交易的自由、平等，甚至在财政分配中对低收入群体的补助并不能代表这类政府真正的公平、平等。承认并保护私人产权意味着私人财产上的差异具有天然的合理性与合法性，保护资产阶级产权，保持资产阶级相对于无产阶级在财产上的绝对优势地位是这类政府的职责。为了维护资产阶级的利益，政府通过财政、金融制度和相关政策安排提供有利于在经济基础中处于支配地位的经济形式的发展机会、平台和分配结果，这完全符合在经济上居统治地位的阶级必然通过其在政治上的统治地位巩固和强化其经济地位的逻辑。代表少数人利益的民主政府、民主选举的现象很容易给人造成一种假象，即认为政府出台的制度安排和政策在现象和实质上是公平对待所有社会成员的。事实上，选举不仅需要候选人支付巨额选举成本，选举人也要支付选举成本，对于低收入群体而言，其承担的选举成本相对于其选举投票对选举结果微弱、不确定性的影响，很多人会选择"理性的冷漠"，从而使候选人的竞选纲领即使在选举获胜后付诸实施也难以真正反映社会底层民众的利益。资本、财团出于对自身经济利益考虑，提供大量的选举"赞助"、政治捐款作为一种政治投资或投机行为，实际上拉大了候选人的实力差距。在"赞助"或政治捐款支持下，当选的执政者必然通过制度或政策安排回报赞助者，使具有经济实力的赞助者成为新的制度和政策安排的最大受益者。即使通过公平的、服务于大众的政治宣传获胜，竞选获胜者执政后也可能屈从于经济基础中强势利益主体的压力而提供具有利益集团与阶级偏向性的制度安排和政策，对在经济基础中处于不同地位的经济主体的利益产生有系统性差别的影响。无论当选者是谁，一旦当选执政就拥有了合法的、制度安排的权利和超脱于选民直接影响的权利，就拥有了执行不同于竞选时承诺的执政纲领的权力，受制于经济基础中强势利益集团的压力就会被迫或主动提供具有偏向性的制度安排和政策。由此可见，民主选举中的候选人对选民的承诺并不具有"可信性"，维护经济基础中处于强势地位阶级的利益才是巩固其执政地位的"明智"之举。

代表少数人利益的形式上民主的政府提供的制度安排会导致社会公众收入差距累积性扩大。形式上民主的政府提供的制度安排通过向全社会提供公共品和公共服务，一方面巩固、促进在经济基础中处于支配地位的经济成分的地位，促进经济增长，更好地服务于资产阶级的利益；另一方面即使提供惠及低收入群体的财政金融政策，也会通过缓和社会矛盾、维持社会稳定，间接使经济基础中处于支配地位的所有者利益长期化，即只要低收入群体或政治上的弱势群体能够感受到社会进步带来的福利增加，或者推翻现政府所获得的净收益少于现政府提供的福利，社会就会处于稳定状态。社会的稳定有利于一般社会公众，更有利于经济基础中强势利益集团经济利益的长期化。制度和政策对社会成员间存量财富产权的保护、服务于资产阶级的制度与政策会形成和增强社会成员之间资源禀赋的差异，导致获取财富机会的不公平分配。受制于经济基础的上层建筑结构决定了财政制度的再分配措施不能从根本上改变财富分配格局。政府保护拥有资源禀赋优势的、在经济基础中起决定作用的、处于支配地位的阶级的利益必然激发其创造财富的积极性。事实上，政府的制度安排会带来经济增长、财富增加和收入差距同步扩大，即在市场机制的资源禀赋、收入与财富差距的因果循环累积机制作用下，社会成员之间的收入差距和财富差距会累积性扩大。其内在机制在于社会经济能力差距的不断累积，必然导致政治地位上差距累积性扩大，政治地位差距扩大进一步强化经济社会政策的实质性不公平，并反作用于经济基础，导致不同经济地位群体收入差距和财富差距的进一步扩大。在国际视角下，我们还可以看到主要资本主义国家通过强化军事和政治实力，加大对其他国家的掠夺来增强资本的力量，一方面暂时缓解国内阶级矛盾，另一方面加剧世界矛盾冲突，加剧其他国家的贫困。经济上的差距与政治地位上的差距通过制度和政策安排相互作用、相互增强，导致社会矛盾扩大、激化。尽管由于政策的调整，在短期内，社会矛盾可能会在一定程度上缓和、转嫁，但长期趋势是扩大、加剧甚至激化。

第三种形态的政府是代表多数人利益的民主政府。随着商品经济的进一步发展，市场经济在资源配置中的作用得到充分发挥。当在经济基础上已经是多数人拥有生产资料的所有制结构处于支配地位时（包括多数人拥有生产资料占社会生产总值的比重，或者多数人拥有的生产资料在社会经济发展中处于绝对或相对控制地位），政治结构就具有服务于多数人利益的实质和形式特征。

代表多数人利益的民主政府会提供有利于经济增长与社会进步的制度和政策安排。由于资源配置方式仍然是市场在资源配置中发挥基础性和决定性作用，为促进市场经济的发展，政府必须强化对各种形式产权（含多数人拥有的共有产权和私人产权以及其他形式的产权）的保护；通过完善市场经济制度，健全市场机制，强化市场交易的合法性、公开性、公平性；统一国内市场，开拓国际市场，扩大交易范围；完善法律制度，健全法治机制，为市场提供有效的法律保护。为了增强经济增长潜力，加大对教育、基础科学研究、医疗卫生等公共品和公共服务的提供；为解决社会弱势群体的基本生活问题，使其共享经济社会发展的成果，政府根据经济发展水平，在兼顾公平和效率的基础上，建立健全社会保障制度，健全社会保障体系。由于经济基础和政治上层建筑都是多数人占统治地位，因此政府提供的公共品和公共服务在实质上是服务于整体社会公平的。从社会经济发展的跨期最优考虑，在不同经济发展阶段，可能存在公平和效率的不均衡，即某一阶段可能更多关注效率，另一阶段重点关注公平。由于经济能力的增强是消费的基础，因此发展初期更多关注资源配置效率，发展后期更多关注公平具有逻辑上的合理性。

代表多数人利益的民主政府并不能消除社会成员间的收入差距。由于市场仍然在资源配置中起决定性作用，不同经济主体因要素禀赋差异而导致的收入差距仍然存在。多数人在所有制结构中处于相同地位，不存在少数人在生产资料中处于统治地位条件下的经济基础—政治上层建筑—经济制度和政策安排导致收入差距累积性扩大的闭环正反馈机制，社会成员之间收入差距持续扩大缺乏必然的逻辑基础。由于具体制度不完善，管理体制不健全，政府工作人员或部分决策者在决策机制不健全或缺乏监督约束的情况下追求私利或决策错误也可能导致收入差距的扩大。多数人所有的经济基础的具体形式、产权安排以及有效实现途径直接关系多数人经济利益的实现程度和收入差距的产生与变化趋势，政府如何处理好政治上代表多数人利益和经济上服务于多数人利益的关系，优化多数人资产的管理体制和机制，巩固和壮大多数人的经济基础是维护与促进社会公平的重要内容。由于经济增长与社会财富总量既是提高多数人福利水平的基础，也是调节收入差距、加大对低收入群体扶持力度的前提，因此探索市场经济条件下如何更加有效地壮大多数人共有的经济基础，提供公共品和公共服务，促进经济的持续、稳定增长，促进社会公平和代表多数人利益是民主政府的主要职责。

三种形态的政府划分作为一种抽象的理论，主要是期望厘清所有制结构代表的经济基础与政治上层建筑结构以及政府行为目标、约束、方式和政策与制度安排之间的逻辑关系，分析不同形态政府职责履行、制度与政策安排对社会公平和效率的影响机制，不期望能够涵盖政府所有行为的分析。即使已经对探讨内容有所限定，部分理论上的分析也还有待实践的验证、丰富和完善，比如代表少数人利益的民主政府行为导致收入差距累积性扩大、社会矛盾尖锐化的分析，代表多数人利益的民主政府行为与社会公平之间的内在联系以及政府如何处理好其所代表和服务的多数人之间的经济利益关系，优化代表多数人利益的经济形式和产权关系，增进社会福利等。

5.3.2 关于市场的基本分析

作为一种资源配置方式的市场，经历了一个萌芽、形成、完善、成熟的过程，代替自然经济条件下的以家庭为单位的资源配置方式的市场机制具有内在的经济合理性。作为资源配置方式的市场是包括市场客体、市场主体、市场规则、宏观调控、社会发展伦理等要素在内的一个有机体系。市场要素不是先天存在的，而是内生于市场经济运行中并不断完善的。市场作为一种资源配置机制有追求效率的优势，但在实现社会公平等方面也存在明显的不足，需要通过市场自身的完善、规范和市场之外的力量来弥补与矫正。

在传统农业经济时期，在以家庭为单位的经济形态下，缺乏专业化生产的市场条件、风险分担机制，农业生产的季节性对劳动力使用及收入的影响使得以交换为目的的生产活动不可能成为主要的生产方式，市场作为资源配置的方式，相对于自给自足的家庭也处于从属地位。随着生产力发展水平提高，商品经济有了大力发展的条件，市场机制的作用逐渐增大，并成为起主导作用的资源配置方式。随着人们劳动经验的积累、技术的进步、收入水平的提高、消费结构的改变，基本农产品消费以外的消费增长，需求市场的扩大为专业化生产提供了内在的动力。由于非农产品的生产可以摆脱自然条件的约束和限制（少部分以农产品为原材料的非农业生产仍然会受到自然条件的约束），专业化生产的自然风险相对于农业生产大为降低，生产风险的下降有助于商业化生产的扩大。随着商业化生产范围的扩大，并逐渐在生产中处于主导地位，借助于价格机制、供求机制和竞争机制配置资源的市场逐渐成为起主导作用的资源配置方式。由此可见，市场不是天然的资源配置方式，至少不是天然的起主导作用的资源配置方式，其在资源配置中的决定性作用也不是人类社会的常态。

作为资源配置方式的市场是一个有机的系统，各要素相互依存、相互作用，共同构成配置资源的一个完整系统。市场系统包括硬件系统和软件系统。硬件系统包括市场主体、市场客体、交易场所、管理主体等。市场主体是市场这一资源配置方式的基础性要件，包括生产者和消费者。生产者是拥有相对完整和独立的产权、自主经营、自负盈亏、自我发展、自我约束的商品生产经营单位。但是，相对完整和独立的产权并不意味着市场主体都是传统的企业主，也不意味着企业主集所有权、经营权于一身。随着经济发展条件的改变，伴随现代产权中自然人产权和法人产权的分离而出现的现代公司产权也是拥有相对完整、独立产权的经济主体。消费者是指拥有相应支付能力的市场需求主体。市场客体是生产者生产的满足消费者需求的各种商品和服务。这些商品和服务必须符合产品和服务的技术要求，符合国家法律和其他制度要求。交易场所是指包括商品市场、要素市场（土地市场、资本市场、人力资本市场等）等在内的完整市场体系。交易场所不仅是指一个个具体的市场，它要求有一个全国乃至全世界统一的市场体系，确保交易的顺畅进行。管理主体包括正式政府管理机构、市场中介组织、行业协会、其他非政府组织，负责对市场主体的行为进行监督、约束和管理。软件市场包括社会信用系统、市场生产交易制度规则（包括正式生产交易规则和非正式生产交易规则）。为了确保市场机制这一中性的资源配置机制不偏离社会发展的方向，基于人类社会发展目标和追求的社会发展伦理具有规范市场发展方向的功能。当市场要件全部具备后，包括价格机制、供求机制、竞争机制等在内的市场机制才能有效发挥资源配置的职能。

市场作为资源配置的一种方式，从自然经济条件下的从属、补充、次要地位到现代的起决定性作用、处于支配地位，经历了一个漫长的发展和演变过程。市场机制作为资源配置的一种方式，所需要的条件不是，也不可能在同一时间具备，必然经历一个较长的时期才能逐渐形成和完善。其一，现在认为是市场机制发挥作用必备要素的，在发展演变过程中，人们不一定认为是必备要素，至少不会有意识地建立、维持和强化。其二，某些要素，如非正式的交易规则，需要经历较长时间的博弈、试错后才能形成并发挥作用。其三，某些正式要素，如交易场所体系、规则，也需要在实践中被证明行之有效后才会由政府或民间有意识地建立。当市场体系内各要素不健全时，市场机制的资源配置作用必然是低效的，甚至是具有破坏性的。我们不能主观地认为，在不完善市场体系条件下，市场机制的作用结果或过程就是理想的市场机制的"应然"或"必然"状态，这可能会导致人们对市场机制的不完整的甚至扭曲的认识，也会在实践中不利于人们自觉地、有意识地完善市场机制的基础条件。因此，在理论上区分市场机制有效发挥作用的条件及其可能达到的理想的资源配置状态、效果和现实中由于市场机制发挥作用的条件不完善、存在缺陷时市场机制在资源配置中的表现、状态和效果，对全面认识市场机制、指导市场经济实践具有重要的理论意义。

即使在市场要件完全具备的条件下，市场机制的正常发挥作用也可能存在缺陷或不足。市场机制基于微观经济主体对自身利益的高度关注，对生产、经营、消费决策的完全信息，要素在不同产品、行业、产业间可以自由流动，生产和消费行为不具有外部性，生产者之间具有完全竞争性等假设，有助于激发生产者降低生产成本，提高生产率，满足消费者的多元化需求，高效率配置资源，促进经济持续快速增长。由于市场完全有效的条件在现实中并不完全具备，市场机制并不能够达到帕累托最优的资源配置效果，市场自发作用的过程和结果并不是理想中的市场经济运行的过程和结果。实际市场运行达到的结果和理想的市场机制能达到的结果之间存在偏差，或者说，达到的非期望的效果主要包括市场无效、市场缺陷、市场失灵。其一，即使满足市场机制有效运行的软硬件条件，市场机制等也不能达到理想市场机制作用下应该达到的结果的情形，比如存在要素闲置、产出规模和结构偏离社会消费的规模和结构、一部分人福利增加是以另一部分人福利减少为代价的等。其二，即使市场机制有效运行的软硬件条件都具备，市场机制也不能达到人们所期望的最佳结果的情形，比如公平的收入分配、经济波动的消除等。显然，这里的最佳结果比帕累托最优的结果要求更严格，不仅是资源配置的帕累托最优，还要求收入分配公平、生态环境改善、没有周期性经济波动的经济可持续增长等。理论上的市场失灵、缺陷主要指上述两种情形。现实中还有第三种情形，即由于市场制度不完善，市场有效的软硬件条件不完全具备，导致市场机制运行的结果不符合最优资源配置的结果。一般的理论在分析市场低效、市场无效、市场失灵的原因时，主要从市场垄断、经济外部性、信息不完全、公共品等方面展开，认为上述因素是导致市场不能达到帕累托最优的原因。当然还有更深入的分析，即探索了导致市场失灵、市场无效的原因，比如认为不完全信息可能导致生产经营和消费中的非最优决策，但在市场惩罚机制的作用下，不完全信息情况下的机会主义行为会受到抑制，但这要求存在重复交易或机会主义行为者会遭到惩罚，这种情况并不具有普遍性。总之，由于满足市场有效的条件在现实中并不完全具备，市场失灵是客观存在的。

5.3.3 政府与市场矛盾运动对财政发展的影响

政府与市场分别通过不同的机制和途径影响资源配置，追求不同的经济与社会目标，它们的行为对社会产生不同的影响。这种影响的结果又通过社会主体人的行为反作用于政府和市场，影响它们在经济增长、收入分配等方面的地位和作用，推动政府与市场关系的调整和财政制度的演变。

政府与市场通过不同的机制影响经济增长和社会发展。政府主要通过经济制度安排和政策设计与实施，具体而言，通过财政、金融、产业等制度与政策作用于价格机制、竞争机制和供求机制，影响微观经济主体的经济利益、经济行为来达到促进经济增长、优化经济结构、调节收入分配、调节经济周期等目的。市场机制在一系列软硬件条件的基础上，通过市场经济主体从自身利益出发的经济行为来达到优化资源配置和促进经济增长等目的。在资源配置效率上，政府要借助政策和制度中介，通过干预市场经济主体的行为来达到目的。微观经济主体在信息、资源和市场需求约束下直接采取相应经济行为，即借助市场机制来达到目的。相对而言，市场机制发挥作用经过的环节较少，效果可预见性较强；政府行为产生效果经历的环节较多，效果具有不确定性。市场机制主体的主要目标是追求自身经济利益最大化，因此市场机制的结果更主要体现在产出增加上，这有助于经济增长，但调节收入分配、熨平经济波动、改善生态环境等更多社会发展目标不属于市场机制的主要目标和直接目标。单纯的市场机制容易导致社会财富总量增加和社会全面发展的脱节，尽管社会财富总量增加有助于社会发展水平提高，但财富总量增加更主要表现为部分经济主体财富总量增加，这只是社会发展水平提高的必要条件，不是社会发展的充分条件。政府的直接目标是使其代表的经济基础的巩固和壮大，同时维持社会的稳定。代表少数人利益的专制政府可能促进社会财富增加，也可能阻碍社会财富增加，不一定会促进社会公平，但在维持政府合法性的前提下会保证最低水平的社会公共消费，其经济增长和社会发展效果低于理论上市场机制作用下的经济增长和社会发展效果。代表少数人利益的民主政府提供公共品和公共服务有助于经济增长，提供公共品和公共服务对其代表的经济基础之外的经济主体也会产生较大的外溢效应，社会公众本身也会从公共消费中获益。但是，伴随着社会财富的快速积累，社会收入分配不公也在扩大，财富总量的增加并不同步带来社会发展水平的提高。理想中的代表多数人利益的民主政府通过提供公共品和公共服务使其代表的经济基础巩固壮大，增加大多数人利益，增加社会财富，同时通过民主机制促进收入分配公平，实现社会发展的目标，即实现财富总量的增加和社会发展水平提高。由此可见，政府行为对经济增长和社会发展目标的实现都具有不确定性，理想中代表多数人利益的民主政府更能够同时实现经济增长和社会发展的目标。

在现代市场经济条件下，政府目标要通过市场机制来实现。其一，政府的财政、金融等制度安排和政策制定需要考虑市场机制下微观经济主体的应对措施，需要了解财政、金融政策如何影响微观经济主体的经济行为，如何通过市场机制实现制度、政策目标。其二，政府财政、金融等政策的效果要借助市场机制下微观经济主体的经济行为中介来实现。其三，政府本身提供的财政、金融制度或政策安排也应该遵循市场原则，力求提高政策效率和经济社会效益。政府的制度、政策安排可能会对市场机制造成一定的干扰，比如导致价格的扭曲，影响市场机制的正常运行，当然，政府提供的制度安排也可能减少甚至消除单纯依靠市场机制难以解决的生产、消费的外部性以及公共品等问题。

政府是市场机制在资源配置中发挥决定性作用的基础和前提，也是市场机制持续发挥作用的保障。市场体系、市场交易制度、产权保护制度等市场基础性制度安排尽管可以在自发演进中形成，但自发演进一方面时间长，另一方面结果具有不确定性，对于后发国家而言，借助于政府作用，利用国家的强制力可以在短期内建立相关制度，为市场机制发挥作用奠定制度基础。基础设施、教育、基础科学研究等会直接或间接影响市场经济主体的经济效益，如果没有这些制度安排和基础设施的提供，很多市场经济活动的预期收益远低于预期成本，根本不具有经济合理性。政府的相关活动使一些经济活动得以出现，促进了社会财富的增加，有助于社会发展水平的提高。在市场经济条件下，缺位的主体的利益不能获得必要的保障，这将导致社会失衡，比如生态环境本身不能直接作为经济主体维护自身利益，容易招致过度使用甚至破坏，后代人的利益也难以被当代人所直接关注，追求短期经济利益最大化的市场行为容易导致经济发展的不可持续，等等。信息成本和经济主体的利己动机容易导致机会主义行为，影响经济效率，市场本身不能提供有效的解决方案，但政府通过建立社会信用系统，倡导社会信用，有助于降低信息成本和减少个人机会主义行为对市场机制的不利影响。市场机制不能解决的某些问题，如社会信用、社会发展伦理、文化传承等本身又是影响市场机制发挥作用的环境性因素，市场机制在这些领域的失灵会间接影响市场机制作用的发挥，政府则可以通过其社会管理职能的发挥促成上述问题的解决，为市场机制发挥作用提供支持。

经济社会的发展是在政府和市场相互协调、互为补充中推进的，财政则是政府和市场相互作用的中介。政府的经济作用通过市场机制来实施和体现，政府为市场机制运行提供制度和物质基础。市场机制在资源配置中具有优势，但也有局限，即它不能有效解决资源配置之外的社会公平、生态环境保护、文化传承等问题，这些问题恰好是政府的职责范围，即政府作用可以填补市场无效的领域，促进社会全面发展，财政就是政府发挥相应作用的手段和工具。当出现市场自身不能有效解决的问题时，政府就可以完善市场，或者政府直接参与解决相关问题。当政府行为导致市场机制被干扰，降低资源配置效率时，政府就应该适当收缩其作用范围。不同国家，市场机制的成长路径不同，政府的作用也应有所区别。对自发演进的市场经济，政府应该主动建立和完善市场机制发挥作用的软硬件条件，并在市场机制不能发挥作用的领域积极发挥作用，促进社会协调发展。对从计划经济转轨到市场经济的国家，政府应该主动调整职能范围，从市场有效领域渐进退出，即使保留在市场活动领域内的经济主体，也要按照市场机制的要求开展经济活动，同时建立和完善市场机制发挥作用的软硬件条件。对经济体制转轨国家，政府不是要一味地退出活动领域，而是要退出和介入相结合，因为单纯的市场机制并不能促进社会全面发展，其有效和优势领域主要是资源配置领域，而社会发展远远不止于资源配置，还有其他很多重要的领域，市场机制不能有效发挥作用，这就需要政府积极介入并发挥作用。由此可见，全面审视社会发展的目标内容，客观看待政府与市场作用的前提、基础和功能，合理处理政府与市场的关系，有助于经济协调发展和社会进步。过度夸大政府作用抑制市场机制和过度夸大市场作用抑制政府作用，都不利于政府和市场的作用发挥。政府和市场在相互补充和促进的过程中推动财政向前发展。

5.4　财政发展机制与发展路径的一般性和特殊性的关系

　　财政的发展与政治、经济、历史、文化密切相关，决定了财政与财政制度演进具有共同的规律和基本一致的趋势。经济是财政发展最基本的影响因素，经济发展水平决定了财政收入的规模与结构，也决定了社会对公共品和公共服务的需求规模、结构和水平，经济发展水平从财力供给和对公共品和公共服务需求两个方面影响财政。经济发展从动态上决定了财力的增强与社会对公共品和公共服务需求规模的扩大、结构的变化和质量的提高。经济发展所决定的社会对公共品和公共服务满足的方式与途径则受到政治因素的影响，政治是影响财政制度安排及其变革的最直接的因素。在一国政治体系中，不同阶级、阶层和利益集团对公共品和公共服务的特殊需求与满足公共需求的财政制度之间存在差异，这种差异是借助于国家制度政策安排来实现的。但是，财政收入和支出中还有体现同一时期内所有社会成员共同需求的部分，这部分需求也是通过共同认同的政治决策、价值追求来实现的。所有社会成员都一致认同的公共品和公共服务以及愿意承担的财政负担则是体现在历史文化传统和社会发展伦理之中，从而使历史文化传统和社会发展伦理借助于政治决策机制内化在财政与财政制度中，实现经济、政治、历史文化和社会发展伦理的统一。经济因素由于受到科学技术和劳动力、自然资源禀赋变化和制度等因素的推动而不断发展，这是推动财政发展和财政制度变革的基本力量，具有从低级到高级，从简单到复杂的变化趋势。政治因素中的阶级、阶层和利益集团因素在所有国家和任何国家所有时期内具有很大的相似性，只是在政治结构中居于主导地位，起支配作用的阶级、阶层和利益集团不同，从而决定了财政制度安排和变革的差异性。但政治制度安排也受到人类社会发展中的政治与社会伦理的影响，而政治与社会伦理整体上是沿着从低级到高级的发展路径演进的。由此，政治结构所决定的财政与财政制度也具有差异性和一致性。人类社会发展伦理既受到经济、政治和社会发展影响，又受到人类社会群体交往、互动的影响，既具有差异性，又相互影响，从而也决定着受其影响的财政与财政制度安排以及变革具有差异性和一致性。历史文化传统内生于不同国家的长期发展之中，具有很强的差异性，但也受到人际

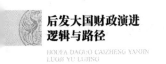
交往甚至全球化的影响，因此国家之间的历史文化传统既具有很强的差异性，又具有交叉、互动、融合性，但差异性是主要的，这决定了受到历史文化传统影响的财政与财政制度具有很强的差异性。

财政与财政制度受其内部矛盾运动的推动，具有向前变化发展的趋势，但具体路径因受到其他因素的影响具有曲折性和多样性的特点。辩证唯物主义和历史唯物主义基本原理认为，事物内部的矛盾运动是推动事物运动、变化和发展的根本原因，但事物运动变化的具体路径还受到其他因素的影响和制约。财政内部的个人与国家、公平与效率、市场与政府的矛盾运动是推动财政从低级到高级、从简单到复杂的运动发展的内在动力，但财政与财政制度的具体安排和变革的时机、方式和路径要受到特定国家具体发展阶段的经济发展水平、政治结构以及社会发展伦理和历史文化传统的影响与制约。

不同国家的要素禀赋、发展环境、社会发展伦理和历史文化传统的特殊性决定了财政与财政制度安排及其变革的一般机制和路径在表现形式上的特殊性。后发大国在人口、自然资源、国土面积、政治制度、历史文化等方面具有不同于一般国家的特殊性，这些特殊性具体表现在后发大国经济发展机制与路径、政治结构以及人文历史等方面。一方面，财政综合反映这类国家的政治、经济、历史、文化传统等，遵循财政基本要求，融合了后发大国的政治、经济、文化等，是一个"化合物"；另一方面，财政又作为一个相对独立的要素与政治、经济、历史、文化传统相互影响、相互作用。由此，研究后发大国财政与财政制度必须以辩证唯物主义和历史唯物主义为指导，从后发大国的内在规定性和经济社会发展机制出发，将财政与财政制度和经济社会发展有机结合，将财政与财政制度的一般理论和后发大国的特殊国情结合起来，揭示后发大国财政运行的内在机制和规律，为后发大国经济社会发展提供必要的理论指导和政策建议。

6
财政形态

财政作为由政治、经济、文化、社会等元素构成的"化合物",具有多方面的属性。财政的任何一种属性都从某一特定方面反映财政的内在规定性。财政每一属性都体现着它的一种重要的规定性以及该规定性所对应的功能和表现形式。由此可见,财政是多种规定性和功能的统一体。财政的多元属性和对应的功能也意味着财政具有多面性。财政在不同的经济社会发展环境中具有不同的表现形式,处在经济社会发展不同阶段的同一国家,或者同一时期的经济社会发展水平或历史与社会文化背景不同的国家的财政的具体内容、形式与功能也会存在一定程度的差异,不存在适用于任何时期和任何国家的具体形式、内容和功能一成不变的财政。

财政制度作为使经济社会得以正常运行的基本政治经济制度之一,在人类社会发展的不同时期、同一时期的不同国家以及同一国家的不同发展时期,其既具有财政的一般规定性,反映财政的一般特性和运行规律,又在不同经济

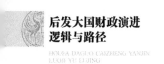

社会环境下，适应国家经济社会发展的需要具有财政的特殊性。财政某一方面的属性在财政诸属性中成为主导的方面，使财政具有特定的形式。基于一系列财政基因组合，某一财政属性主导形成具有一定特性的具体的财政制度。从财政的多重属性和内在规定性看，财政形态包括国家财政、公共财政、发展财政、国际财政和转型财政。

6.1 国家财政形态

财政是一个历史范畴。财政不是从人类社会一开始就存在的，尽管其具有满足社会共同需要的基本属性，但也只能在社会经济发展到一定水平后才有可能出现。

从政治和经济的关系看，在生产力发展水平十分低下的条件下，不存在完整意义上的财政。从经济上看，在生产力发展水平低下的条件下，全体社会成员都必须参加生产物质财富的经济活动，这样才能生产出满足全体社会成员生存需要的物质资料，社会不可能有独立于物质生产活动之外专门从事提供社会公共品和公共服务的人和组织。在生产力发展水平极低的情况下，社会群体内部也存在公共需要和满足公共需要的机制，但群体内部社会成员之间不存在专门从事公共品和公共服务生产与提供的群体。群体内部社会成员的劳动时间在满足生存需要的基本物质产品生产与满足公共需要的公共品和公共服务的生产与提供之间的分配。事实上，由于生产力水平十分低下，群体成员个体的生存就直接影响群体成员数量，群体成员数量减少直接降低群体应对生存危机的能力，影响群体的生存，因此群体内部包括维持群体成员个体基本生存需要的物质资料和满足公共需要的公共品与公共服务都是维持群体生存的共同需要，群体内部成员所从事的所有活动都是公共活动，群体内部成员劳动时间和成员个体之间根本不存在现代财政意义上的私人品生产和公共品生产的划分，不存在市场经济活动和公共经济活动的划分，也不存在市场活动主体（个人、家庭、企业）和作为公共品与公共服务提供主体的政府。总之，在生产力发展水平十分低下的情况下，尽管社会群体内部也提供群体内部的公共品和公共服务，但提供公共品和公共服务的活动与物质财富的生产活动是联系在一起的，没有独立于物质财富生产的公共品和公共服务提供活动。从政治角度看，由于生产力水平低下，社会还没有完整形态的阶级和维护阶级利益的军队、警察、监狱、法庭等暴力机器。由于严格意义上的财政是由国家参与一部分社会产品分配并向社会提供公共品和公共服务的活动，其产生的前提包括两个方面：一方面是生产力发展水平的提高为满足社会成员基本生存的私人物质财富与满足公共需要的公共品和公共服务的分离提供经济基础；另一方面是国家的出现并作为满足公共需要的公共品和公共服务的提供者，只有经济条件和政治条件同时具备时，财政才能形成。当然，财政的形成是渐进的，即随着经济发展水平的提高和国家的部分要件的逐渐产生，财政经由不完整、不规范的萌芽与雏形向完整意义上的财政过渡和演变是一个长期的过程。最后，当经济和政治条件完全具备后，财政才完整地形成。财政的形成就像胎儿在母体中逐渐成型一样，直到分娩那一刻才正式产生。

随着经济发展水平的提高，私有制逐渐出现，国家逐渐产生，财政也逐渐形成。随着社会生产力的进一步发展，剩余产品开始出现，族群冲突中被俘人员具有留下来的经济条件，即冲突中获胜方通过提供被俘人员基本生存资料而强迫其从事高强度劳动，可以获得超过为其提供生存资料的成本的净收益，从而在族群内部出现了被压迫、被剥削的群体，形成族群内部两个基于不同经济地位、利益根本对立的群体。当然，原始社会末期阶级产生还有其他途径。例如，随着群体内部生产力水平的提高，共同生产、共同消费的群体组织内部出现家庭生产单位。由于不同家庭的生产能力不同，部分家庭的规模扩大，拥有更多的生产资料，积累更多的财富；另外一些家庭由于财富生产能力较弱，逐渐衰落，进而沦为拥有很少生产资料、被拥有较多生产资料家庭剥削的对象。随着家庭分化的进一步扩大，族群内部和社会内部逐渐分化出两个经济利益根本对立的群体。强势群体为了维护其经济利益，逐渐建立起包括军队、警察、监狱、法庭等暴力机器。暴力机器的出现不仅保护、巩固和强化强势群体的经济利益，还形成了其在暴力机器中绝对的统治地位，其拥有通过暴力机器合法强化其经济利益的政治地位。至此，伴随着生产力的发展，社会已经出现了经济、政治利益根本对立的两大对立阶级。国家暴力机器除了维护统治阶级的根本利益，还通过提供社会治安、国防、道路、水利等公共产品和服务来维持社会的正常运行，即还需要履行社会管理和服务的职能。由此可见，只有当生产力发展到一定水平，阶级才有可能产生，进而有维护阶级利益的、有组织的暴力机器的出现，有利用国家暴力机器维护统治阶级利益和为社会提供一般公共活动。

综上所述，财政是生产力发展到一定阶段，阶级和国家产生后才出现的，属于政治经济范畴，其本质是国家凭借政治权利参与一部分社会产品的分配，并向社会提供一般公共服务和选择性公共服务。这里的一般性公共服务是代表统治阶级利益的国家通过财政支出提供的满足经济社会发展所必需的、有利于维护国家经济社会稳定的公共品和公共服务，这类公共品和公共服务体现的是所有财政制度形态下财政的一般特性。当然，具体在不同的国家或同一国家经济社会发展的不同阶段，经济社会发展所需要的、国家所提供的具体公共品和公共服务，在范围和形式等方面存在明显的差别。选择性公共服务是指任何时期代表统治阶级利益的国家提供的公共品和公共服务具有偏向于统治阶级的特性，它是区分不同时期财政制度的基本特征。

从财政的经济和政治生态来看，财政是镶嵌于国家经济、政治之中，与经济、政治等紧密联系的一系列关系的总和。具体而言，经济结构决定政治结构，政治结构决定财政制度的主要内容和目标，财政制度反过来影响经济结构，巩固、强化支撑政治结构的经济基础，形成经济、政治、财政制度三位一体的结构。经济结构在制度上集中表现为所有制结构。在所有制结构内部，在同期存在的多种所有制形式中，必有一种所有制处于支配地位，起主导作用，处于支配地位和起主导作用的所有制所对应的阶级、阶层必然在政治结构中处于支配地位，起主导作用；其他所有制形式的经济主体处于次要地位，发挥从属性作用。因此，经济结构直接决定各阶级、阶层在政治上的地位，也决定政治结构。政治结构决定国家的主要职能。政府是履行国家职能的直接载体。政府职能主要包括提供一般性公共服务和选择性公共服务及确定两类服务在政府职能中的地位和重要程度。财政收入制度是为政府履行职能筹集资金的主要制度安排，财政收入的规模、结构直接决定了政府的履职能力，折射出各种形式的所有制在政府目标中的地位与重要程度。税负是反映政府对各种所有制形式重视程度的指标。财政支出制度包括支出规模和结构，它直接反映出政府履行职能的重点或偏向性。政府支出主要用于两个大的方面：其一是社会各阶级、阶层成员以及不同所有制形式主体平等、无差别受益的一般性公共品和公共服务；其二是具有阶级、阶层和所有制偏向性、歧视性的公共品和公共服务。政府预算决策制度也是政府财政收支决策机制，主要包括社会各阶级、阶层如何在财政收入、支出、公共政策决策中发挥作用的一套措施。从总体上来看，阶级社会的财政制度都是处于统治地位的生产资料所有制形式的阶级在政治上也处于主导地位，政治上的统治阶级为维护其政治与经济利益，通过其代理人主导或直接影响财政收支决策，借助国家暴力机器按照一定的决策原则和决策程序确定财政收入制度和支出制度安排，在维持社会正常运行的情况下巩固、强化处于统治地位的生产资料所有制形式。当然，为确保处于统治地位的统治阶级利益的长期性，国家也会实施一些有助于社会稳定和经济发展的政策，同时，借助国家职能的履行协调统治阶级与被统治阶级之间、统治阶级内部不同群体之间的矛盾，确保社会统一体的完整性和延续性。

国家财政的稳定性和连续性与财政所履行的一般性公共服务职能和偏向性公共服务职能密切相关。由于所有制内部不同所有制形式的作用和地位不同，政治结构内部代表不同所有制形式的政治力量存在差异，决定了财政制度对不同所有制形式并没有实质上的一视同仁，必然存在偏向性和歧视性。其一，当财政制度能够在提供一般性的无差别的公共服务为各种经济形式主体带来公共利益时，促进经济社会稳定和发展，社会财富总量增加；同时，偏向性的公共服务导致不同所有制形式在不同发展机会和条件下的发展结果存在差异，导致经济结构发生变化。当这种经济结构变化能够适应生产力发展的方向并促进全社会经济增长时，具有所有制结构偏向性的财政制度具有经济合理性。如果处于弱势地位的所有制主体也能从经济增长中获得净收益，其财富因此而增加，该类经济主体缺乏改变政治结构的内在动力，则这种具有偏向性的财政制度具有政治合理性，财政制度具有一定的稳定性和连续性。其二，当财政制度提供的一般性公共服务带来的不同经济形式的边际经济利益递减，偏向性公共服务导致不同经济形式的发展条件、机会不同，不同经济形式经济利益差距逐渐扩大。当不同经济形式的结构变化与生产力发展方向所要求的所有制结构出现偏差甚至严重对立和冲突时，财政制度安排就成为经济增长和社会财富增加的障碍，财政制度安排的经济合理性逐渐丧失，变革的必要性逐渐增强。由于社会财富增量减少，处于弱势地位的经济主体的增量财富减少，甚至绝对减少，不同所有制结构经济主体的相对财富差距扩大，社会不公平感明显上升，弱势经济主体具有改变财政制度的内在政治需求。随着社会内部不同经济主体贫富差距扩大，分配状况进一步恶化，或者出现严重的财政危机，弱势群体范围逐渐扩大，通过合法、和平的政治改革或激进的暴力斗争方式取得政治上的控制权，必然改变财政制度，导致原来财政制度的终止及连续性的中断。

国家财政是国家存在条件下的财政的一般形态。也就是说，只要国家存在就有国家财政，但不同的国家或同一国家的不同发展阶段由于经济基础不同、政治结构不同，国家具体职能也存在差异，具体财政制度也会有所差异。

6.2　公共财政形态

公共财政主要是指财政公共性的方面的属性。当公共属性获得充分发展并独立呈现出来后就是公共财政。公共财政其实是财政演变的一个特定阶段，是生产力发展到现代资本主义阶段，适应现代市场经济制度的一种财政形态。现代公共财政理论认为，公共财政的逻辑起点是现代市场经济条件下政府和市场在资源配置领域的分工逻辑以及与之相联系的一些政治、经济、社会制度安排。

公共财政的逻辑起点是市场失灵或市场无效。由于自然垄断、外部性、信息不完全和公共品的存在，市场机制自身不能实现帕累托最优的资源配置效果，市场本身在公平收入分配和维持经济平稳增长等方面存在不足。为了在既定资源约束条件下实现社会成员福利的最大化，有必要发挥政府的作用来弥补市场的不足，从而有在市场失灵情况下的政府和市场之间的职能分工及相应的一系列制度安排。

现代财政理论认为，为了确保市场充分发挥资源配置的职能，应该限制政府作用的空间。政府要有效履行其弥补市场失灵、促进社会福利增加的职责，就需要取得相应的财政收入以及履行政府职责的财政支出行为。在现代市场经济条件下，现代西方主流经济学家认为，政府是纳税人用税收供养起来的，其主要职责就是向社会提供满足公共需要的公共品和公共服务。既然政府是因纳税人的公共需求而产生的组织，就应该设计出尽可能公开、透明、民主的公共品供给机制，包括政府活动的目的和范围，政府预算、决策机制、财政收支规模和结构等。从服务纳税人的目标出发，财政活动的目的、范围和决策机制等都应该充分体现纳税人的意志，尊重纳税人的意愿。简言之，公共财政应该在财政活动范围、财政收入、财政支出和财政收支决策中充分体现公共性的要求。

值得注意的是，公共财政是适用于现代市场经济的一种财政形态，而市场作为资源配置的一种形式，主要借助价格机制、供求机制、竞争机制等市场机制发挥作用，但市场并不是万能的。即使排除了经济学已经形成的共识，企业的存在就说明在企业内部，市场作用其实是让位于指令性安排的。市场规则本身就是公共品，不能或很难自发形成、完善。市场不会自动有效率地合作，没有有效地合作，市场运行的成本会十分高昂，并且效率低下。

市场在资源配置中发挥基础性和决定性作用需要一系列的条件作支撑，缺乏相关基础条件，价格机制、供求机制、竞争机制难以有效发挥作用，或者只能以扭曲甚至变态的形式发挥作用。市场有效运行并充分发挥作用需要前提条件，包括政治稳定、社会信任和必要的基础设施，这三个条件决定了市场作用的发挥程度。这些条件的形成一般有两个路径。路径一：国家在一定能力的基础上，通过制度设计强制推行和实施。如果国家的职责范围被限制在一个狭窄的空间，没有权力对经济社会事务进行必要的干预，则国家能力会受到限制，市场作用也难以充分发挥。如果政府的权力严重受到限制，则难以有效抑制对社会有害的行为。如果国家的汲取财政收入的能力太弱，缺乏必要的履行政府职责的财力支撑，本该国家履行的职责也难以有效实施，仍然不能有效保障市场的顺畅运行。例如，基础设施作为一种为一定空间范围内所有生产活动提供共享性服务的设施，初始投资规模大，具有极强的外部性，一般市场经济主体缺乏建设共享性基础设施的积极性。如果政府不能有效提供基础设施，这一辖区内的生产行为必然受到抑制。途径二：经历长期的优胜劣汰、自发演进形成诸如社会信任等市场条件。单纯依靠社会自发演进形成社会信任，不仅时间漫长，还容易出现逆向选择、道德风险等问题，导致结果的不确定性。政府借助国家的强制力适度介入，可以在一定程度上降低社会信任形成的成本，减少社会信任形成的不确定性。因此，国家根据经济社会发展的需要，以市场机制在资源配置中发挥决定性作用为目标，有计划、有组织地安排相关制度，是后发国家市场经济形成、发展、健全的重

要特征。由此可见，政府职责及财政职能还不能简单理解为是因为市场失灵
或市场失效而产生的，国家履行必要的职能，维护社会经济秩序的职能还是
市场经济条件下市场机制发挥作用的基础和前提。

美国财政学家马斯格雷夫首先系统地提出了市场经济条件下财政的三项
经济职能：资源配置职能、收入分配职能和经济稳定职能，这三项职能是财
政的内在要求。具体到经济社会发展水平不同的国家和同一国家经济发展的
不同阶段，财政的三项基本职能的具体内容和政府履行这三项职能的具体形
式存在显著差别。对处于经济体制转轨时期的国家来说，这些国家原来都不
是实行市场经济制度，经济、社会发展伦理、道德观念以及国家正式制度安
排都没有为市场在资源配置中发挥决定性作用做好充分准备，因此其经济社
会生活中不仅包括一般意义上的市场失灵和市场失效，还包括因为市场相关
正式和非正式制度不完善导致市场作用难以发挥的经济社会现象，这更要求
这些国家加快相关正式和非正式制度的建设与培育进程。

公共财政必须同时关注公平和效率。公共财政中的公平，核心是为全社
会提供均等化的公共服务，配合市场机制的机会公平，为社会公众提供一个
公平的平台和规则。当然，其也包括缩小收入和财富差距。效率包括提高政
府和市场的资源配置效率，提高财政资金的配置效率和生产效率，最终提高
全社会的资源配置效率。公平包括起点公平、过程公平和结果公平。起点公
平承认不同经济主体之间的要素禀赋差异，并且保护私人产权，即严格保护
不同经济主体既定的收入、财富和社会地位等。过程公平是建立在政府是全
体社会成员民主选举产生的，必然公平地服务于全体社会成员福利最大化的
目标，其政策的决策机制是建立在公平、无偏向性的假设基础之上的。从形
式上看，市场经济国家的政策决策机制是公平的，但事实上政策总是在维护
具体不同利益集团的利益，并不是维护抽象的全民的共同利益。尽管全体社
会成员具有共同的利益，国家也在一定程度上维护全社会的共同利益，但是
由于不同利益集团还有各自的集团利益，并且各个利益集团的经济能力、政
治地位不同，对政策的影响能力也不同，因而在实质上，国家政策并不能公
平对待所有社会成员。结果公平是最终的收入分配结果的公平程度。由于不
同经济主体的要素禀赋不同，包括经济资源禀赋、社会资源禀赋、政治资源
禀赋不同，即使经济过程是公平的，但起点不公平在市场公平规则和不公平
的政策下还是会进一步强化。政策的不公平会导致不同经济主体获取收入和

财富的机会不均等，最终收入差距也会扩大。为了维护社会稳定，国家需要通过财政支出、收入制度安排对收入分配进行调节，对低收入群体实行一定程度的补偿。财政的再分配最多只能解决一定程度的收入分配不公平问题，但不能解决政治权利的不平等问题。只要政治权利不平等继续存在，社会成员之间的不公平必然会继续存在甚至不断扩大。在公共财政框架下，经济条件的不平等与实质上的政治权利的不平等具有内在关联性，即经济地位上的不平等必然导致实质上的政治权利的不平等。经济运行过程和经济社会政策上的形式公平加上财政上的再分配并不能从根本上解决社会公平问题。

合理处理政府与市场的关系、促进经济社会发展需要从不同国家的实际出发。对于经济转轨国家和发展中国家而言，一方面，其要充分发挥市场机制在资源配置中的基础性和决定性作用，即培育市场体系，完善产权制度，健全市场经济条件下的生产、交易制度，健全市场中介机构运行机制，完善宏观调控制度，规范政府行为方式等；另一方面，其要结合自身特点，通过增强国家能力，构建使市场机制正常运行的市场体系、基础设施和配套制度。建立和完善市场经济制度，不仅仅是照搬市场经济成熟国家的市场经济制度，还要结合转轨国家和发展中国家自身的政治、经济和社会实际，创新制度安排，使市场经济制度更好发挥优化资源配置、提高资源配置效率、促进经济增长和社会发展的作用。

值得注意的是，现代市场经济条件下仍然存在着利益冲突，这些利益冲突实质上是阶级矛盾、阶层矛盾，无论财政制度的具体形态如何，公平、公开、民主表象下的财政制度都依然存在着阶级利益和阶级矛盾，政府履行的职责和财政职能都不可能公平、平等地对待所有社会成员。

6.3 发展财政形态

国家作为财政的主体，其行为具有双重性，既要维护国家的正常运转，促进国家整体实力增强，也要增加国家的主体——社会成员的福利。国家整体实力的增强集中体现在国家维护主权的能力、调控经济的能力、巩固政权的能力、对全社会的凝聚力、对其他国家的影响力等方面。国家的能力主要是国家调动资源增强国家实力的能力，主要包括财政汲取能力、政治控制力等，是国家实力增强的基础。国家实力是国家能力发挥的结果，只有具备较强的国家能力，才能维持国家政治、经济、社会的稳定及市场的统一，提供经济发展必要的基础设施，有效地保护产权，促进经济持续平稳增长，进而增强国家政治、军事、外交等综合实力。只有在经济增长、财政收入增长的条件下，政府才可能有财力提供其他的促进社会发展的服务和设施，只有经济持续、稳定增长，才能巩固政府的合法性和权威。社会成员福利增加，一方面来源于市场主体自身生产、获取财富能力的增强，进而实现收入的增加和财富的积累；另一方面来源于国家提供的满足公共需要的公共品和公共服务。正如前面所论述的，国家能力所包含的产权保护、市场的统一性、基础设施的提供等都是社会成员福利增加的基础和前提。由此可见，提升国家的能力在国家实力增强和公民福利增加中具有十分重要的基础性作用。

促进经济和社会事业发展是国家的两个重要职能，它们相互影响、互为因果。经济增长是国家能力的物质基础，也是民众福利增加的前提。只有经济增长了，国家取得必要的财政收入，才能提供经济社会发展相关的各种公共品和公共服务。社会事业发展是公共品和公共服务的重要内容，涉及科教文卫、社会保障、就业等，是国民福利水平提高的重要支撑，社会事业的发展水平直接关系到国民对国家的满意度，社会事业发展水平的提高有助于巩固国家的合法性，提高国民对国家的信任度，促进国家的经济发展职能的履行。从前述分析可见，国家的经济发展职能是社会事业发展的基础和前提，国家社会事业发展是经济发展的目的和归属，只有在经济发展的基础上，社会事业才会有更好的发展。因此，经济发展职能是国家一项十分重要的职能，在特定发展阶段，经济发展职能也是国家的基础和核心职能，从而决定了国家财政具有发展财政的典型特征。

在现代经济条件下，存在着市场和国家两种按照不同逻辑运行的分配形式。在抽象的经济分配条件下，市场分配是在承认不同经济主体拥有要素禀赋差异的条件下，在公平的市场规则下，经济主体根据各自拥有要素的市场贡献获得对应的市场收入份额。在经济主体理性、要素禀赋和市场等约束条件下，无论是个人、家庭还是企业，都追求不同形式的收益最大化，这是符合效率原则的资源配置或分配形式。由国家或政府配置的资源主要服务于提供社会需要的公共品和公共服务。当然，在阶级和利益集团存在的条件下，国家配置的资源也要服务于统治阶级或强势利益集团的利益。国家配置资源除了提供国家机器运转必需的资源和社会消费性公共品和公共服务外，还应该提供社会生产性公共品和公共服务，促进经济增长和社会发展。最典型的生产性公共品和公共服务是道路交通等基础设施，科学技术、教育与产权保护等公共服务。

国家提供经济与社会发展必需的公共品和公共服务，促进经济增长的职能是财政的经济发展职能的主要内容。在经济发展的不同阶段，国家在提供经济发展所需的公共品和公共服务，促进经济增长和发展的重点与规模存在一定差异。在经济发展初期，由于基础设施投资具有资金需求量大、建设周期长、收益外溢性强、资金回收慢、直接经济效益较低等特点；同时，民间资本投资基础设施的能力受到资本积累能力限制，难以突破多数基础设施投资的资金门槛。在大多数情况下，伴随着市场制度不完善，民间资本参与基础设施投资的制度不完善，不能有效保护民间资本基础设施投资者的相关权益，这也决定了民间资本不愿意在基础设施中进行投资。另外，基础设施大多具有很强的正外部性特征，对相关产业和居民生活具有很大的影响，如果民间资本从自身短期收益最大化出发，从事追求个别基础设施投资者短期收益最大化的经营活动，可能会对国家整体经济增长和居民生活造成不利影响，这也是政府不愿意在经济发展初期让民间资本在基础设施等领域大规模投资的原因。基于以上原因，政府往往成为经济发展初期的基础设施投资的主体，在经济发展中发挥主导作用。不仅是基础设施投资，甚至事关国民经济发展全局和长远的部分装备工业部门也是政府投资的重点领域。相对于一般竞争性消费品的生产领域而言，装备工业部门是决定一国消费品工业发展水平和可持续发展的重要部门，其产品的市场需求是消费品消费的派生消费，距离最终消费环节较远，市场自发调节存在传导环节多，时滞长，价格机制、供求机制和竞争机制不畅通等问题，尤其是在国家面临不利的国际政治经济环境，处于建立相对完整的工业和国民经济体系时期时，民间资本往往不愿意进行装备工业投资。由于装备工业属于资本密集型行业，民间资本在装备工业初期可能缺乏投资能力。部分装备工业部门涉及国家经济安全和国防安全，或者事关国民经济的消费品工业部门的可持续发展，这就决定了民间资本短期不宜进行对这些装备工业部门的投资。上述原因导致了经济发展初期，装备工业部门也可能是政府投资的重点领域。由此可见，在一国经济发展的特

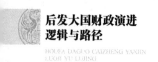
定阶段（主要是经济起飞阶段或经济发展初期），财政配置于经济发展方面的资源，即进行基础设施和装备工业部门投资的资源占国家分配或配置资源的较大比重，反映在政府职能上是政府的经济发展职能起主导作用，这时候的财政就具有鲜明的发展财政特征，发展财政是财政的高显示度的形态。

当然，随着促进经济发展的基础设施条件的改善，装备工业部门的基本建成，民间资本对基础设施和装备工业部门的投资能力增强、投资意愿增强。随着国家政治经济环境改善，国家用于经济建设的资源占财政支出的比重会逐步下降，经济建设职能的地位也将逐渐下降，财政的具体内容也将发生相应变化。随着基础设施条件和重工业基础的大大改善，市场机制成为资源配置的主导方式，民间资本的经济行为成为经济运行的主体，但新的经济发展阶段还会出现新的情况，比如随着经济发展水平和人们消费水平的提高，人们对基础设施提出更高的要求，科学技术和教育在推动经济发展与社会进步中的作用进一步增强，产业政策的制定和执行对经济发展水平提高的作用更加明显，生态环境等经济生活中的外部性问题更加严重，资源跨国流动导致国际经济协调需求激增，等等。这些情况的变化要求财政的经济发展职能必须相应地作出调整和改变。例如，财政直接投资变为财政补贴和税收优惠，财政对装备工业的直接投资变为通过产业政策引导民间资本投资等，否则，财政的经济发展职能就会成为经济发展水平进一步提高的瓶颈和障碍。因此，随着经济发展环境的变化和发展水平的提高，不是要取消财政的经济发展职能，而是要调整、优化财政的经济发展职能的内容和形式。换句话讲，只要经济社会中还需要具有较强外部性的公共品或准公共品，政府相关经济发展职能就存在继续发挥作用的空间，财政的经济发展职能就会长期存在并伴随着国家的发展、政府职能的发挥而存在，同时还需要创新财政的经济发展职能的形式，适应经济发展要求，调整财政的经济发展职能的重点。

6.4　国际财政形态

随着经济开放程度的日益提高，经济全球化的趋势日益明显，以主权国家为载体的国家财政日益突破国家之间的地理界限，出现了国际财政的成分，

并逐渐衍生出国际财政形态。

对国际财政一般有三个角度的理解：其一，国际财政是指主权国家对国际问题的关注而引申出来的财政，这实际上是一国财政的涉外部分，可以称为涉外财政。其二，国际财政是各主权国家在涉及国际经济关系问题时，相互交往、协作中的财政关系，这实际上是国家财政在国际关系中的进一步延伸，是国际财政中两个或两个以上国家之间的财政，从而形成国家之间的财政关系，这可以称为国家间的财政关系。其三，国际财政是指从世界或全球角度来看的财政，是比较完整意义上的国际财政，或世界（全球）财政①。

主权国家的国家财政是国际财政的基础和前提。国家政治的独立、经济的发展、主权的完整是国家正常履行其职能，为国民提供生产生活所需公共品和公共服务，提升国民福利水平，确保主权国家政府的合法性，持续地维持政府运转，保障社会正常运行的前提。只有在主权国家政府能够正常履行政府职能，财政能够正常运行的条件下，主权国家才可能正常地在政府和国家机器的保护下合法地参与国际事务，维护其在国际经济活动中的正当权益，从而把国际经济活动纳入主权国家经济活动和财政活动之中，通过参与国际经济活动强化主权国家的经济实力，拓展主权国家的经济活动范围，进一步扩展国家财政的地理空间。国家财政超出国界参与国际经济活动应该服从和服务于主权国家政治独立、经济发展和国家实力增强。在经济社会发展的不同阶段，主权国家参与国际经济活动的目的、方式、深度、广度等会因国家发展的能力、需要不同而有所不同。在经济发展的初期阶段，主权国家可能更多是通过政府财政活动保护本国涉外经济活动的正当权益，通过争取必要的国际援助增强本国经济社会发展能力。随着经济发展水平的提高，参与国际经济活动能力的增强，主权国家以财政形式参与国际经济活动，可能以更加积极主动的姿态拓展本国发展空间，开拓国际市场，利用国际资源，以便更好地服务本国经济社会发展，同时履行好作为国际社会一员的职责和承担相应的义务。

国际财政的主体具有双重特性：主权国家性和世界性。具有完整财政能力和功能的主权国家是国际财政的组成要素，无论是紧密型的国际财政还是松散型的国际财政，主权国家都是国际财政的重要成员。无论主权国家参与

---

① 邓力平. 中国特色社会主义财政"四位一体"的分析 [M]. 北京：经济科学出版社，2011：82.

国际经济活动的能力强弱，参与国际经济社会事务的范围宽窄、参与程度高低，主权国家都是从本国的国家利益出发参与国际财政活动。当然，也存在不同的主权国家在参与国际财政活动时对本国利益以外的国际共同利益或相关国家利益的关注程度的差异，有的国家具有更强的全球共同体意识和国际主义意识，有的国家则更多从本国利益优先角度考虑和处理国家财政与国际财政的关系。从公共经济学的一般原理可以看出，国际财政的基本成因在于有超越主权国家之上的世界各国的共同利益，需要通过各国协调，提供满足全球各国共同需要的国际公共品和公共服务。事实上，由于各国参与国际共同事务的能力、意愿不同，主权国家对公共品的需求上升为国际公共品的能力有较大差别，因此国际公共需求和国际公共品并不是无差别地反映所有主权国家对国际公共品的需求意愿。与此相联系，不同国家在提供国际公共品中承担成本的能力不同，从而分摊的国际公共品和公共服务的成本也不同。与此相联系，各国在国际公共品和公共服务提供中的表决权利也会存在事实上的差别，部分强势国家可能垄断国际公共品的供给规模和结构，并获得更多利益。部分国家可能被迫接受强势国家对国际公共品和公共服务的供给规模和结构。由此可见，在公平性视角下，国际财政涉及的国际公共品并不意味着所有主权国家都是平等和无差异受益。部分国家在国际财政中发挥着主导性作用，占据支配地位。可以预见，随着参与国际公共品供给的主权国家的增加，国际公共事务协调制度的完善和协调机制的健全，国际财政的国际公共性程度可能会逐渐进步[①]。

国家财政参与国际经济活动必然涉及与相关国家之间的合作、协调，国家财政能力及政府能力是确保主权国家与相关国家在国际经济社会事务活动中有效维护国家利益、促进国际合作的基础。随着经济活动范围的扩大，各国财政活动也随之超出国界。在国家经济交往的平台上，各国经济活动相互交织，财政也随之具有了国家间相互联系、相互影响、相互制约的内容。尽管国家间经济活动应该在平等互利的基础上开展、深入，但现实中很难做到所有国家在国际经济活动中都处于绝对平等的地位。从根本上看，决定各国

---

① 国际财政的公平性包括三个方面：其一是目的上的公平性，即国际财政的目的是公平地实现各主权国家共同的利益；其二是范围的公平性，即国际财政活动的范围应该是公平地服务于各主权国家的共同利益；机制的公平性，即各主权国家在国际公共品和公共服务的提供机制中应该享有平等的参与权。

在国际经济活动中的地位与作用的因素主要是相关国家的政治经济实力。因此，主权国家的政治经济实力在国际经济活动中具有决定性的作用。从这个角度上看，是国家财政决定国际财政。当然，国际经济、政治交往也会反过来影响国家财政的内容和形式。例如，为了全面、深入地融入国际经济大循环，参与国就必须适应市场经济国家通行的公共财政的相关理念和规则，而这又会反过来加快参与国财政制度的改革与转型，实行更加适应国际规范的公共财政制度。

随着国际经济活动的拓展和深入，所有参与国都越来越明显地面临如何处理联系越来越紧密的国际政治经济活动必须面对的政治、经济、环境等超越国家地理边界的问题，如何认识、对待和应对这些问题将直接决定或影响世界上所有国家的生存和发展。和平、发展、生态环境保护已经成为地球上所有国家共同关注的问题，这类问题直接或间接地关系到所有国家的生存和发展，从而具有全球性公共品或外溢性物品的属性。根据公共经济学的一般理论，这些具有全球性公共品和外溢性物品的提供应该是所有国家共同的责任，所有国家都应该根据相关条款分担部分成本。如果缺乏有效地组织，全球性公共品和外溢性物品将不能被有效提供。部分国家可能会在其中发挥较大的作用，部分国家可能会选择"搭便车"。部分国家在提供全球性公共品或外溢性物品中可能会更多地考虑本国的政治、经济利益，从而使全球性公共品在不同程度上打上国家财政的烙印。某些国家甚至以国际社会共同利益的名义谋自身局部利益之实。事实上，由于协调所有国家一致行动的成本高昂，国际财政更多是在部分国家或国家集团主导下，联合其他一些国家从全球关注的局部问题入手，提供单项或几项全球性的公共品或外溢性物品，之后逐渐扩大参与国的范围，逐步完善全球性公共品或外溢性物品的提供机制，逐步扩大提供全球性公共品或外溢性物品的范围。

6.5 转型财政形态

财政的具体内容不是一成不变的，随着国家经济社会发展环境的变化，财政的具体目标、内容和运行机制也会相应地发生变化。财政的变化包括渐进演变、激进突变和介于两者之间的转型三种形式。财政转型的主要动因是经济社会发展环境的变化，根本原因是经济结构发生了较大变化。转型财政是指与财政从一种类型向另一种类型转变相对应的财政形态，是随着经济结构、政治结构局部或阶段性质变而变化的财政制度的过渡阶段，它具体涉及财政转型的动因，财政转变的肯定和继承与否定和发展的关系、与政治上层建筑之间的协同关系、财政与政治经济结构之间以及财政内部各要素之间的内在关联机制。

财政是一般性与特殊性的统一。随着经济社会发展条件的变化，财政的具体内容也必须发生相应的变化。财政的一般性具有相对稳定性，包括财政体现的社会公平与效率目标、个人与国家之间关系的辩证统一，综合反映经济结构、政治结构、社会发展伦理、文化的要求等，这些都具有相对稳定性，属于财政的内核。财政也是具体的，具体的财政总是在特定经济结构、政治结构、社会发展伦理和文化背景中，服务于特定经济社会条件下的公平、效率目标，处理特定社会中个人与国家之间的关系，总是通过具体财政收支制度、政府预算制度等显现出来，并通过这些制度的实施外化为具体的财政行为和财政现象，这些属于财政的外在表现。经济结构、政治结构、社会发展伦理和文化背景尽管具有不同程度的稳定性，但整体上是变化的，只是变化的速度存在一定差异，变化的形式有所区别。例如，经济结构随着生产力的发展变化比较快，尤其是在出现重大技术创新的时候，更是表现出急速的变化甚至突变。社会发展伦理和文化背景具有较强的稳定性，一方面受到经济结构和政治结构变化的影响，另一方面要遵循其自身的演变规律渐进演变。随着经济结构、政治结构、社会发展伦理、文化等财政基因的或快或慢、或渐进或激进的变化，财政涉及的收支规模、结构、形式，政府职能对应的财政支出内容、规模、结构、重点，政府预算的机制以及影响政府收支决策的主导力量等要素都会发生或快或慢的变化。

财政变化有三种情形，每一种情形的变化不仅表现在外在的变化速度上，还表现在经济结构、政治结构变化的连续性和间断性上。从外在的变化速度来看，财政变化分为渐进演变、激进突变和转型三种情形。渐进演变是财政制度所依托的经济结构、政治结构、社会发展伦理、文化背景等没有发生根本性变化，在保持经济、政治、社会发展伦理、文化基本稳定的情况下，存在比较缓慢的变化，因此财政制度的目标、基本内容保持基本稳定，但在收入和支出的内容、规模、重点等方面有较小的变化。激进突变是指财政制度所依托和反映的经济结构、政治结构、社会发展伦理、文化背景发生了根本性的、质的变化导致的财政的根本性质变。一般来讲，经济结构和政治结构的根本性的质变容易导致财政发生根本性的变化，社会发展伦理和文化主要是配合经济结构和政治结构的突变加速财政的突变，它们一般不能单独导致财政的突变。财政的突变集中表现在财政预算决策主导政治力量的变化、财政支出及其所反映的政府职能重点的变化以及财政收入形式、规模和结构的变化，核心是财政所服务的经济主体和政治主体发生根本性的变化。财政转型是指经济发展阶段、经济结构发生质变，在保持政治稳定（统治阶级和被统治阶级的地位没有发生根本性变化）的情况下，政治经济体制的变化，社会发展伦理顺应经济结构和政治结构变化发生相应变化，在文化保持相对稳定的条件下，财政的阶段性质变。财政转型是在财政整体稳定条件下的阶段性的质变，其变化的程度强于财政的渐进演变，弱于财政的激进突变。广义的财政转型包括财政阶段性质变和根本上的、全面的质变。财政转型表现在财政收入形式的结构性、收入规模产生明显区别于先前收入结构、规模的变化，财政支出内容、结构发生明显的变化，财政支出规模有或大或小的变化，财政收支决策机制没有根本性的变化。

转型财政不是一般的财政演变，而是特指财政转型的一种财政变迁。转型财政是指一种特定的财政演变形式，即由于经济结构的部分质变、阶段性质变或全部质变，政治结构基本能够适应经济结构变化情况下，需要处理的经济结构、政治结构与财政之间的关系以及财政内部各要素之间的关系等的一种财政发展类型或形态。在转型财政中，财政演变的原因来自经济结构的部分质变或阶段性质变，或者全部质变，比如由于主导经济资源的方式由计划经济体制转向市场经济体制，或者由于快速市场化导致快速工业化，工业和服务业占社会总产值的比重快速上升，或者国家由农业社会快速向工业社会转变，或者国家发展重心由注重生产快速转向注重民生需求，或者由封闭经济转向对外开放，等等。当经济结构上的部分质变和阶段性质变能够获得政治结构的积极支持时，一般不存在通过推翻政治上层建筑为经济发展开路的问题，主要是通过调整经济、政治政策和制度安排顺应经济发展要求来推动经济发展。在此框架下的财政变迁就属于财政转型，或者说处于转型期的财政就是转型财政。当然，如果政治上层建筑不能容纳经济结构上的部分质变、阶段性质变或全局性质变时，往往是经济中的主导力量推翻上层建筑为自己的发展开辟道路，或者政治上层建筑扼杀新经济，成为阻碍经济发展的障碍，这时往往是伴随政权更替的财政形态的激变。

转型财政中的财政变化的主要动因在于经济结构的变化。由于技术的进步、劳动者文化知识的增加和技能水平的提高、生产资料的改进等原因，生产力总是处在变化发展之中，生产力的缓慢、渐进的变化和进步一般不会直接导致政治结构的变化，也不会受到财政制度和政策的影响。生产力较明显的结构变化或经济结构的阶段性质变（工业化、城市化、国家化）、局部性质变（农业社会向工业社会转变、乡村社会向城市社会转变）或全局性质变（由欠发达国家转变为发达国家），往往会引起财政制度和政策安排与其不适应、抵触甚至对立。当政治上层建筑还能适应经济结构变化时，其通过调整财政安排，使财政制度和政策能够适应并支持新经济的发展，支持经济结构变化就是财政顺应经济结构变化的财政转型。

转型财政中的财政转型不是对前期财政制度的完全否定，而是既保留前期财政中能够适应经济结构变化方向的因素，又根据经济结构变化的需要对前期财政制度和政策做出必要的调整。经济发展过程中的结构变化意味着不同经济成分在经济中的相对地位和作用的变化，并没有导致原经济结构中某些经济成分的消失，因此财政制度安排还必须考虑经济作用和经济相对下降的经济成分对应主体的需求，从而使转型财政可以对前期财政的某些适应经济发展的内容加以继承和保留。一般来讲，经济结构持续、较长时期的变化反映了经济发展变化方向和经济规律，顺应经济发展变化方向和经济规律的财政制度才能促进经济增长，推动经济向前发展。转型财政必须对前期财政制度和政策做出必要调整，加大对引领经济发展方向的经济成分的支持力度。从该意义上看，这是转型财政对前期财政的否定。从财政适应、引领经济结构变化，促进经济增长的角度看，在对待前期财政制度和政策上，转型财政是否定和继承的统一，在否定中继承，在继承中否定。

转型财政涉及经济结构变化与政治结构变化的协调问题，满足经济结构变化中不同经济成分的财政利益需求是财政转型顺利推进的内在要求。在理论上，经济结构对应着潜在的经济利益结构，决定着政治结构，即不同经济成分的相对力量对比决定着各自对上层建筑的影响力，政治结构及其对政策与制度安排的影响力决定着财政制度安排中的利益结构，财政制度安排中的利益结构决定着经济结构中潜在利益结构的实现程度。随着经济发展水平的提高，经济结构将发生部分、阶段性和全局性的质变，导致经济结构中不同利益主体的利益结构发生相应的变化。例如，随着城市人口占总人口比重上升到相对优势地位，城市人口对公共品和公共服务的需求将超过农村人口对公共品和公共服务的需求，要求财政支出的城乡结构发生相应的变化。从政治结构看，存在集团政治类型或民主政治类型。在经济结构中，不同利益主体均处于相应的利益集团，并借助利益集团对国家政策的影响来影响财政制度和政策安排，维护和追求各利益集团的财政利益。另一种类型是集权政治类型，这是一种中性的政治类型，由一个凌驾于各利益集团之上的、超脱于个别利益群体的决策群体代表全体社会成员的共同利益，提供制度安排，制定财政制度和财政政策，使财政制度和财政政策自动顺应经济结构变化，追求全社会福利最大化的目标。无论是哪一种政治类型，在提供财政制度和财政政策安排时都必须兼顾经济上相对地位发生变化的各利益主体的公共利益，力求在动态变化中实现利益均衡，否则可能出现社会不公，甚至演变为政治上的动荡和革命，导致财政制度平稳变迁路径的中断。

转型财政是一种过渡形态的财政，财政内部各要素之间的内在有机关联性应该得到维持。其一，财政收入制度中涉及的财政收入形式结构〔税收、行政事业性收入、国有资源（资产或资本）收入、公债〕、财政收入的经济形式结构（如所有制结构、产业结构、地区结构、城乡结构）、财政收入的税负结构、财政收入规模等必须与经济结构变化相适应，并反映经济结构变化的趋势。其二，财政支出制度中涉及的政府职能重点、财政支出的经济形式结构（对各种经济形式的支持、抑制）、财政支出规模、一般性公共服务支出和体现支持重点的偏向性财政支出结构等也应该与经济结构变化相适应。其三，财政收支决策机制（预算决策）应该平等地尊重全体社会成员的意愿，反映全体社会成员的意志，在决策程序、决策原则等方面适应经济结构变化的趋势。保持财政内在要素之间的关联性和财政制度要素安排与经济结构的适应性是财政转型平稳推进的必要条件。

从前述分析可以发现，财政作为一个经济、政治、社会发展伦理和文化的综合现象，要经历一个产生和演进的过程。由于经济发展阶段、活动范围、国家政治制度变化以及社会发展伦理演进，财政将以国家财政、公共财政、发展财政、国际财政和转型财政等形态出现。其中，国家财政是其他形态财政的基础和本质，伴随财政发展的全过程；公共财政和发展财政是国家财政的两个不同视角，强调财政职能不同重点的财政形态；国际财政是国家财政跨越国家地理界限，融入国际政治经济活动后的形式之一，它既可以与发展财政和国家财政同时存在，也可能与公共财政、国家财政共存；转型财政是

伴随着经济结构阶段性、局部性质变甚至根本性、全局性质变而发生的阶段性、局部性质变。五种不同形态的财政不是相互排斥，而是从不同角度对财政的研究。

6.6 财政形态的复杂性与演进性

从静态角度看，财政的五种形态在同一国家、同一发展阶段的空间并存，即在同一时空条件下五种财政形态同时存在，包括哪种形态处于主导地位，哪些形态处于次要地位，各种财政形态的相互关系对经济社会发展的影响机制以及社会政治经济发展形势对各种财政形态相互关系的影响机制，涉及财政形态空间结构和经济社会发展之间的互动机制。

从动态角度看，随着国家经济社会发展阶段的推移、主要矛盾的变化，各种财政形态在经济社会发展中的地位和作用也会发生相应的变化，包括经济、政治等因素对财政形态的决定作用和财政形态对经济、政治、社会等因素的反作用，它们之间的互动机制会在一定程度上影响经济社会发展的速度、方向和水平。

7

财政和财政制度的结构、功能与绩效

　　财政作为一个政治、经济、文化、社会等元素构成的化合物，具有综合性、复杂性、变动性的特征。为了确保社会政治、经济、文化活动的有序运行，实现社会主体的价值追求，社会需要建立财政制度。财政制度是包含财政相关元素的一个有机整体，具有复杂、有序的内部结构。财政制度内部结构状况和水平决定了财政制度的整体功能，财政制度的功能集中体现为达成预期目标的能力，财政制度的绩效是衡量财政制度优劣的重要指标。

7.1 财政制度的内部结构分析

财政制度是一个有机的整体。从形式上看，财政制度包括正式的财政制度和非正式的财政制度。正式的财政制度包括财政收入制度、财政支出制度、预算制度等；非正式的财政制度主要涉及财政意识形态、价值观念、行为模式等。从财政制度本身的层级结构看，财政制度还包括处于最上层的宪法制度、财政基本法、具体的财政法律制度和财政法律制度的实施细则等。财政制度结构的完整，各项、各层次具体财政制度的有机协调与相互配合是财政制度结构完整、有序和质量高低的重要标志，也是决定其整体功能的前提和基础。

7.1.1 制度的一般理论

制度是经济社会发展的重要设置，是一系列维系经济社会发展的规则的总和。关于制度的产生，大体上有两种观点：第一种观点认为，制度是人为制定的，比较典型的是诺思的定义，即制度是一系列被制定出来的规则、守法秩序和行为道德、伦理规范，它旨在约束主体福利或效用最大化利益的个体行为 ①。第二种观点是青木昌彦在《比较制度分析》中提出来的，他认为，制度是内生于人们的行为之中，在演进中产生，即制度是关于博弈如何进行的共有信念的一个自我维持系统。制度的本质是对均衡博弈路径显著和固定特征的一种浓缩性表征，该表征几乎被相关领域所有参与人感知，认为是与他们策略决策相关的。这样制度就以一种自我实施的方式制约着参与人的策略互动，并反过来又被他们在连续变化的环境下的实际决策不断再生出来②。

7.1.2 正式财政制度

正式财政制度是国家权威机关通过正式的程序制定的，有具体的执行机

---

① 诺思. 经济史中的结构与变迁 [M]. 陈郁，罗华平，等译. 上海：上海三联书店，上海人民出版社，1994：226.

② 青木昌彦. 比较制度分析 [M]. 周黎安，译. 上海：上海远东出版社，2001：28.

构，明确的行为目标、标准，对相关机构和人员具有很强的约束力的财政制度。正式财政制度作为一个制度体系，包括财政收入制度、财政支出制度、预算制度、公债制度、财政体制和财政政策等，它们相互协调、相互配合、相互补充，共同规范政府和市场的财政经济行为，服务于一定时期的经济社会发展目标。

7.1.2.1 财政收入制度

财政收入包括财政收入形式、规模和结构。广义的财政收入形式是指政府依据一定的原则和制度取得维持国家机器运转和履行其他相关职能的财富。财政收入规模直接可以从财政收入的绝对额、财政收入占国内生产总值或国民生产总值的比重、财政收入增长率、财政收入增长率与国内生产总值增长率的相对速度、财政收入增量占国内生产总值增量的比重等指标来反映，它主要衡量政府参与国民生产总值分配的规模和比重。一般来讲，财政收入规模越大，财政收入占国内生产总值的比重越高，财政收入增长率相对于国内生产总值增长率越快，反映出政府参与社会总产品分配的绝对额越大，比重越高，意味着政府的财力越强，应该（可以）履行的事权越多，越能够通过财政活动实现政府的意图，达成政府的目标。当然，如果政府取得的财政收入导致市场配置的资源减少，或者政府履行的事权超出政府有效的领域，干扰了市场机制的正常运行，就不利于全社会资源配置效率的提高。

从财政收入形式看，财政收入主要包括政府凭借财产权利、政治权力、国家信用等取得的财政收入。国家凭借财产权利取得的财政收入主要包括国有资源、国有资产和国有资本收入。不同性质的国家，国有财产规模不同，取得的该种形式的财政收入的多少也就不同。税收收入是国家凭借政治权力取得的财政收入。公债收入是国家凭借其信用取得的一定时期的资金的使用权。此外，政府提供的部分公共服务也会参照市场原则取得一定的财政收入，如行政事业性收费。

税收收入一般可以根据两个标准来征收，一是根据纳税人从政府活动中获得的收益来征税，获得收益多的人多缴税，获得收益少的人少缴税；二是根据纳税人承担税收负担能力的强弱来征税，收入高、福利多的人承担税负的能力强，多纳税；收入低、福利少的人少纳税。从税收具体形式结构演变的历程看，随着经济社会发展阶段的推移，税收收入中的主体税种也因此发生变化：在传统农业经济时期，社会财富的主要来源是土地、房产，因此税收的主体是以土地、房产为征税对象的原始的财产税以及以人为征税对象的人头税。随着商品经济的产生和发展，商品流通、交换变得越来越普遍和频繁，商品生产和交换活动取代农业生产成为财富的主要来源，税收收入的主体变成了与商品生产和交换有关的商品税。随着经济的进一步发展，第三产业成为主导产业，商品税因为可能导致价格扭曲，进而干扰市场机制的正常运行，所以以所得税、房产税等为主体的更高层次的所得税和财产税成为主体税种。

财政收入形式、结构的变化也体现出经济社会发展伦理等的变化。以财产税、所得税为主体税种的税收收入结构意味着拥有财产多的人要缴纳更多的税收，而且难以转嫁给其他的经济主体，一定程度上能够缩小社会中不同经济主体之间收入和财产上的差距。以商品税为主体的税收收入结构，由于税收的可转嫁性，即纳税人通过把其应纳税额分摊到要出售的商品和服务的价格中，通过改变商品和服务价格的方式把税收转嫁给商品和服务购买者，或者上游原材料、能源和半成品供应商，因此不利于缩小收入差距。由于低收入群体对商品税应税商品的消费额占其收入的比重更高，购买商品和服务承担的税负占其收入的比重高于高收入者，因此商品税具有逆向调节、扩大收入差距的效果。同时，由于商品税可以转嫁，一般情况下对纳税人生产财富的积极性影响较小，从而对经济增长的影响较弱。财产税、所得税由于不能转嫁税负或转嫁税负难度很大，征税将直接减少纳税人的可支配收入和财产，从而会对纳税人生产财富的积极性产生一定的负面影响。流转税、所得税和财产税占一国总税收的比重随经济发展水平的变化而有所不同，一般趋势是，在经济发展水平较低的阶段，国家更加关注经济增长，收入分配被置于次要地位，税收以商品税为主体。随着经济发展水平的提高，由于市场机制的作用，收入分配会呈现初始要素禀赋差异和收入分配结果的因果循环累积，导致收入和财富差距扩大，结果可能会影响社会稳定。为维持社会稳定，国家一般会更加关注公平，因此经济发展水平较高的阶段一般是以所得税和财产税作为主体税种。

税收作为财政收入的重要组成部分，还可以影响经济结构。税收制度还可以表现为不同产业、行业、地区与不同所有制经济形式的税负差异，一般来讲，如果不考虑财政支出在不同经济形式上的差异，税负越重的产业、行业、地区和所有制经济形式在经济发展中越是处于不利的税收环境中，在经济结构中的地位越是有可能下降；反之，则上升。

国有要素收益是财政收入的一种重要形式。产权是收入分配的重要依据，在任何经济形式下，产权主体都有权凭借财产权利获得相应的收入。国家所有制的产权主体是国家，按照分配的原则，国家就有权获得其产权对应的收入，这种收入形式也是财政收入的重要内容之一。不同国家和同一国家在经济发展的不同阶段，国有要素的规模和运行效率存在一定的差异，这也决定了国有要素收益的规模及其在财政收入中的地位和作用存在差异。

行政事业性收费是国家机构在向国民提供具有一定排他性和竞争性的行政事业性服务时收取的费用，这部分费用不是用来弥补政府提供相应服务的全部成本，而是为了将相关服务配置给最需要的社会成员，避免这类服务的过度消费、浪费，进而达到提高政府服务效率的目的。

国债是财政收入的重要形式。国债的主要功能是用来弥补年度财政收入和支出之间的缺口，筹集经济建设资金和调控宏观经济。这里重点考察国债在筹集建设资金中的作用。按照财政学的相关原理，税收收入主要应该用来提供当期收取、当期使用、当期受益的公共品和公共服务，这样可以避免纳税义务和公共消费权利的代际错配，确保代内公平。由于与经济建设相关的财政支出形成周期较长，项目建成后可以持续受益，项目资金筹集、项目建成、受益之间的时滞较长，通过税收融资容易造成代际不公平，因此经济建设的相关项目融资主要通过发行国债的方式而不是征税。当然，如果在特定经济发展阶段，经济建设支出所需的资金量特别大，发行国债难以筹集到足够的财政收入，国家有可能通过压缩或减少税收中用于公共消费支出的部分，挤出部分资金用于经济建设。如果这种方式也难以确保筹集的资金满足经济建设需求，国家短期内可能还会采用超发货币，或者垄断商品交易等方式筹集经济建设资金。由于这些方式可能对社会公平、物价、生产等产生负面影响，因此这些手段要受到当时的社会环境制约，群众的理解与支持、政府的社会控制能力以及其他配套政策或制度安排都会影响这类非常规的经济建设筹资手段的可行性。

7.1.2.2　财政支出制度

财政支出制度是国家为有效履行政府职能，通过财政使用为政府履行具体职责提供资金支持，达到国家特定经济社会发展的目的。从内容上看，财政支出制度对应的是国家履行职能的内容和履行职能的预期效果；从形式上看，财政用于各项财政支出的数额及其各自占财政支出的比重，在实质上反映出国家的职责重点和主要目标，是向全体社会成员提供一视同仁的公共品和公共服务（财政的公共性），还是巩固强化特定类型的经济形式（财政的阶级性），是促进经济长期、可持续的增长（经济管理职能），还是谋求短期的社会公共消费公平（社会管理职能）。可以肯定的是，在国家经济社会发展的不同阶段，政府的职责重点和财政支出的结构必然有所差异，国家职责重点引导财政支出结构，财政支出结构支持国家重点职责的履行。

财政支出的主要目的就是为国家履行职责提供财力支持。国家的存在要通过其履行一定的职能体现出来，履行职责的过程就是政府承担相应事务的过程，也是将财政资金等转化为政府提供的公共品和公共服务的过程。国家在经济社会发展的不同阶段，必然有与其相适应的职能需要政府承担，包括一般性的事务，如提供国防、行政管理、法律制度、教育、医疗卫生、社会保障等，也有特定发展阶段需要重点履行的职能，如在经济起飞阶段提供基础设施、教育等社会资本，或者在公共卫生危机时期提供应急性的公共医疗卫生服务、建立应对特定情况的公共医疗卫生体系等。从财政支出结构角度看，财政需要优先满足的是政府机构正常运转所必需的财政支出，这是确保国家机器正常运行的前提。当社会收入差距扩大，可能影响社会稳定时，财政支出就必须通过社会保障、义务教育、医疗卫生等支出强化对收入分配的干预。如果市场机制不能自动实现总供求的均衡，导致经济出现周期性波动，财政支出就要通过对短期总需求的影响，调节总供求关系，促进经济平稳增长。技术进步和人力资本是经济长期可持续增长的关键，为促进经济的长期发展，财政支出需要通过加大对教育、医疗卫生、研究开发等方面的支出确保该目标的实现。

财政支出制度具有一般性与特殊性双重属性。从财政支出的一般性看，任何社会的财政支出从形式上都应该为全体社会成员提供日常必需的、市场不能有效提供的公共品和公共服务，维持社会的正常、有序运转。与此同时，由于任何国家任何时期都会存在不同的经济形式，不同的经济形式对应着不同的利益集团、群体、阶层、阶级，而且各种经济形式及其对应的社会群体的地位和作用不同，总会有处于统治地位、起支配作用的经济形式。维护处于统治地位的经济形式就是维护统治阶级、阶层或利益集团的利益。为了维护在经济上处于主导地位的阶级、阶层或利益集团的利益，巩固其在经济结构中的统治地位，政治上处于统治地位、起支配作用的政治力量就会通过影响财政支出制度和政策，从而使财政支出表现出对不同经济形式的偏向性，即通过财力分配强化处于支配地位的经济形式的地位和作用。

追求经济发展的财政支出制度安排要受到经济社会发展环境的影响和制约。一般来说，在微观领域的资源配置中，由于微观经济主体拥有信息优势和私有产权的激励，财政支出只需要集中在基础设施、产权保护、社会秩序等公共性质的领域，就可以为微观经济活动提供必要的基础条件，经济就可以正常运行。事实上，在现代经济增长视角下，基础设施的建设、装备工业的发展、重要能源和原材料的供应等，这些经济增长的条件并不是自然存在的，需要大规模的投资才能形成。由于其投资规模大、市场前景难以预料、投资风险高，私人投资者一般不愿意投资，或者没有资金实力进行投资。基础设施本身是非贸易品，不能直接从国外进口。装备工业关系到国家经济体系的独立性，从国际市场大规模进口面临很大的不确定性。如果本国不能自行提供，将面临出口国的垄断高价或封锁、禁止出口等威胁，因此从维持经济自主性和长期、可持续发展的角度考虑，国家有必要在一定时期内通过财政支出安排扶持基础设施和装备工业的发展。由于大规模的基础设施、装备工业投资不能在当期带来可消费产品，对它们进行大规模投资将直接减少社会可消费产品数量，容易招致社会公众的反对，因此公众对政府行为理性的认同度、公众对政府的信任程度、公众愿意放弃短期消费追求远期发展的远见等是影响这类财政支出可行性的基础。

7.1.2.3　政府预算制度

政府预算是一国财政收支等相关安排的一套决策、执行、监督约束制度的总称。从一般意义上讲，预算制度就是政府筹集的财政资金的使用决策、监督的一系列规则。预算制度的具体内容和决策的形式、过程与经济社会发展的阶段、政治体制等密切相关。现代公共预算一般包含三个方面的含义：其一，从技术层面上讲，它主要是通过公共资源的集中、分配、使用与投资，为当代及后代公民的福利与权力尽可能地提供最基本的机制与资源保障。其二，从政治层面上讲，它是民主社会各种不同利益群体在公共决策中的利益竞争与利益分配的过程。其三，从管理层面上讲，它是要求政府对其行为公开进行说明并承担责任的资源配置与责任分配的过程。规范合理的预算制度安排有利于保证全体社会成员的公共利益得到充分维护，有助于提高预算支出安排的科学性和合理性，确保公共资金管理的科学规范。

预算制度的完善程度不仅取决于正式的预算制度安排，也受公众对政府经济活动的参与能力、意愿及其对政府信任程度的制约。公众对自身权利的关注程度越高，参与预算资金分配的动机越强，越是要求健全预算制度、规范预算程序。公众对政府的信任度越高，对预算制度规范的要求越低。国家阶级、阶层和利益群体越单一，利益一致性程度越高，预算主要决策者的个人偏好与全体社会成员利益一致性程度越高，预算制度越简单。

7.1.2.4　政府间财政关系

政府间财政关系的主要内容是中央政府与地方政府之间和不同层级地方政府之间财政管辖权的划分，核心是中央与地方之间事权、财权的划分及匹配问题。一般来讲，中央与地方之间的财政关系涉及政治权利划分和经济权利划分，这两种权利安排都存在集权和分权两种极端形态，即中央在政治上高度集权和地方高度分权，中央在经济上高度集权和地方高度分权。政治和经济集权与分权有四种典型的组合方式：中央在政治和经济上都高度集权、中央在政治上高度集权地方在经济上高度分权、中央在经济上高度集权地方在政治上高度分权以及地方在政治和经济上都高度分权。中央在政治上高度集权可以确保中央对全国在政治上的控制，维护国家政治统一。地方在政治上高度分权意味着地方具有很强的政治独立性，国家容易受到外来影响和内在影响走向分裂。一般来讲，国家历史上长期统一，缺乏分裂的内在和外在因素，比如处在孤立的大陆或岛屿，周边没有其他国家对本国统一和独立的外在威胁（包括现实威胁和潜在威胁），这些国家可以选择地方政治分权；相反，国家面临国内外多种分裂因素，比如存在外来国家分裂主权国家的企图，或者主权国家周边存在大量影响国家安全的敌对或潜在敌对国家，这些国家一般选择中央政治集权。从中央与地方政府的经济关系看，中央集权有利于国家集中全国经济资源开展重点项目建设，集中财力办关系国家全局和长远利益的大事，如应对大规模的经济困难或危机，在短期内建立耗资巨大的装备工业体系，有助于在全国范围内实现公共服务均等化。中央集权的弊端是不利于调动地方政府的积极性，中央政府缺乏履行全国性事务的必要信息，中央政府远离基层民众，政府职责履行情况难以得到基层民众的及时反馈，不能受到群众有效的监督约束。地方经济分权有利于调动地方政府发展经济的积极性，由于拥有所履行事权的必要信息，加之履行好本辖区事权后自己可以直接受益，同时也完成了中央或上级政府的委托责任，地方政府具有履行好事权的较强激励。由于与选民接近，因此地方政府提供的公共服务更符合选民的偏好，从而能更好地履行公共品的提供义务。当然，地方经济分权容易导致地方各自为政，造成市场分割，产业同构，难以达成全国协同的经济建设效果，地区间公共服务的供给水平差距可能较大。当然，经济上的分权，除了财权与事权同时同等程度分权外，还可以采取财政收入或财政支出分权，或者财权与事权的结构性分权，如财权中的税收立法权、税收征收管理权或部分税种的立法与税收征管权等的不同程度的分权，或者事权中的事权划分、财力配置以及不同支出项目的决策权、调整权、执行权、监督权的分权等分权形式。由于分权和集权各自的优缺点不同，因此可以根据经济社会发展的阶段和需要，合理安排分权与集权的组合。以国家经济发展不同阶段面临的主要任务为例，国家在经济发展的不同阶段，经济分权程度应该有所区别。在经济起飞阶段，国家面临建立国民经济体系和国民经济体系的基础性经济建设工作任务，适合采用经济上中央集权的方式。当国家经济发展的物质基础奠定后，进入正常经济发展路径时，国家适合采用经济上向地方适度分权的财政体制安排。

7.1.3　非正式财政制度

　　财政制度是一个有机的制度体系，非正式财政制度是财政制度的重要组成部分，是对正式财政制度必要的补充，也是正式财政制度得以有序运行和发挥作用的基础。非正式财政制度主要包括与财政相关的社会意识形态、价值观念、行为方式等影响财政行为的一套规则。

　　非正式财政制度是财政制度体系的重要组成部分。从制度结构来看，正式制度和非正式制度是相互依存、相互补充的。正式制度明确经济社会行为的基本规范，但由于正式制度的实施需要以全面的行为主体的行为信息为基础，否则难以明确其行为是否违背制度规定及违背的程度，难以把握对其行为的奖惩力度。如果民众缺乏遵守正式制度的意识，正式制度实施就需要支付巨大的制度成本。如果社会公众具有较强的遵纪守法意识，能够自觉遵守正式制度安排，正式制度的运行成本会大幅度降低，制度绩效也会大幅度提高。因此，包括财政相关价值、伦理道德和行为规范的非正式制度是正式财政制度的基础和必要补充，是制度体系的重要组成部分。

非正式财政制度主要以意识、观念、行为规范等形式存在。由于财政制度主要涉及社会公众的国家与个人权利、义务、职责边界，政府的财政收入和支出的合法性，政府预算安排和执行的合法性等内容，相关的非正式财政制度包括与国家活动目标、内容、范围、方式、过程以及后果有关的意识、观念与行为模式，对国家公民自然属性和社会属性的意识，尤其是作为公民的社会个体的权利、责任、义务以及行为方式的意识、观念和行为模式。由此可见，非正式财政制度主要包括社会公众对国家合法性的认同程度、认同标准，对政府及政府官员的信任、信任程度和期望，社会公众作为社会成员在公共品和公共服务消费中的权利、义务、责任，在财政收入中的纳税意识、纳税意愿，作为国家公民在监督政府行为中的权利、自觉主动监督政府行为的意识、意愿，作为社会主体的个人对个人、社会、国家关系的认识，对自然人和社会人的内涵、外延的理解，等等。总之，非正式财政制度是社会公众在看待、处理个人与社会、国家的关系，尤其是在看待、处理个人与政府及政府工作人员关系时的意识、观念和行为模式的总和。它们虽然是从不同侧面、角度和层面反映相关关系，但各侧面、角度和层面的意识、观念和行为模式是相互联系、相互补充的，整体上构成个人与社会、国家、政府的意识、观念体系。

非正式财政制度主要通过自发演进、反思、教育以及正式的奖励与惩罚等途径形成、强化和巩固。自发演进是非正式财政制度形成的重要途径之一。当个人在面对、应对、处理财政等相关问题时，个人会自发地产生相应的个人意识。在参与集体活动或与其他人一起面对同类问题时，个人首先以个人意识及观念来应对相关问题。当个人意识和观念能够合理地解释并有效应对相关问题时，个人意识和观念就会得到巩固与强化。当某个人的意识与观念在与其他人的意识与观念在应对相关问题的竞争中获得多数人支持时，个人意识就会上升为群体意识。同样，当某个群体的意识在全社会层面的竞争中获得多数人支持时，就可能成为社会意识。当然，个人意识、观念在应对具体问题时也可能出现不能合理解释的现象，不能通过对行动的指导达到预期目的的情况。当这种情况反复出现的时候，人们就会对先前持有的意识、观念进行反思，并对先前的意识、观念进行修正和完善。在意识的演进路径中，一般是由处理某一具体问题的意识、观念逐渐上升为处理某一类型事物的意识、观念，之后上升为处理所有事情的意识、观念。随着意识和观念中包括的事物的增多，意识、观念本身的抽象程度也逐渐提高，渐进地演变成为应对所有事情的一般性的意识和世界观。事实上，每个人的意识和观念的形成并不是在白纸上作画，不是从没有任何意识的状态开始，而是在教育和传承中接受某些意识、观念，在运用这些意识和观念中检验、修正、丰富和完善意识和观念，由错误的、局部正确的、阶段性正确的意识、观念向全局正确、全过程正确的意识与观念演进。在一定时期，尽管存在群体意识及观念、社会意识及观念等较高层次的意识及观念，也同时存在较低层次的个人意识及观念。同一时期的社会成员、群体和国家多元化的意识及观念并存，但必然有一种或几种处于支配地位、起主导作用的意识及观念，这就是决定和影响正式财政制度实施成本和效果的重要的非正式制度形态。在经济社会活动中，持不同意识及观念的个人、群体在面临相同事情时，各自从自己的意识及观念出发采取行动，一方面是意识、观念的竞争和优胜劣汰的过程，另一方面是处于支配地位、起主导作用的意识及观念对处于次要地位的意识及观念排斥的过程，同时还是起主导作用的意识及观念成长、壮大的过程。当然，持不同意识及观念的社会个体、群体在共同应对相同事情时，能够适应、趋同于处于支配地位、起主导作用意识及观念的个体会通过被认同、奖励等方式强化其对主导意识及观念的接受程度，从而进一步增强主导意识及观念的影响力，扩大其适用的空间范围。非正式财政制度涉及的意识及观念的形成机制在现实中除了意识及观念逐渐形成、强化之外，还涉及渐进形成的财政意识及观念与现实中政府主导的意识及观念之间的差异、对立和冲突。当渐进形成的财政意识及观念与现实中政府主导的意识及观念相符时，会进一步强化，并得到政府主导的正式制度的正面激励；反之，则会在受到负面惩罚后反思，或者产生变革现实主导意识及观念的动机，并通过对正式财政制度的违背、反抗表现出来。与财政意识相关的其他非正式财政制度的形成机制具有各自的特殊性，也有与财政意识相似的形成机制。

非正式财政制度主要通过社会成员的自觉遵守、主动适应、积极参与、社会群体压力、个人反思等途径影响财政经济行为。在系统的非正式财政制度框架下，社会成员形成的相关意识及观念能够和正式财政制度保持高度一致，自觉遵守正式财政制度的规范，主动约束自己的行为，积极参与财政经济活动，降低正式财政制度的运行成本，提高财政制度的执行效率，使财政

制度的功能得到充分发挥。对违背正式财政制度的个人及其具体行为,非正式财政制度主要通过社会群体压力,如社会群体的排斥、鄙视、谴责、抗议等方式阻止、校正,维护、支持正式财政制度的实施,提高财政制度的效率,提升财政制度绩效。

非正式财政制度的效果主要体现在两个方面:其一,与正式财政制度相适应的非正式财政制度通过行为主体(政府、民众)内在的意识形态、价值观念、行为方式对正式财政制度的认同、自觉遵守,降低正式财政制度的运行成本,促进其正常运行;其二,对于与非正式财政制度的意识形态和价值观念相冲突的正式财政制度而言,非正式财政制度的意识形态和价值观念会对现实的财政制度给予非合理甚至负面的评价,通过消极执行、抵触甚至公开反对的方式增加正式财政制度的执行成本,降低执行效率,阻碍其正常实施。为了降低正式财政制度的执行成本,提高正式财政制度的执行效率,政府往往采取正面宣传甚至强制推广、普及与正式财政制度相适应的意识形态、价值观念,减少正式财政制度与非正式财政制度的摩擦,增强其适应性和协调性。当然,积极的和符合经济社会发展方向的文化、发展伦理本身就包含了部分非正式财政制度的内容也会通过非正式财政制度对正式财政制度的评价、批判、引导促进正式财政制度的进步和发展。

7.1.4　财政制度系统的运行机理

财政制度内部各组成部分之间相互依存,相互关联,形成一个有机的整体。政府活动的目标、范围、方式和决策机制具有内在一致性,这是财政制度作为一个有机整体的基础。经济结构决定的政治权利结构是决定政府活动目标的最基本因素,在经济上进而在政治上处于统治地位的阶级、阶层和社会群体必然主导和决定着政府活动的最终目标,代表该阶层的决策者或决策参与者必须代表和维护该阶层的根本利益。为从长远角度有效维护居主导地位的阶级、阶层和群体的利益,国家必须同时兼顾居主导地位的阶级、阶层和群体的利益与普通民众的利益,居主导地位的阶级、阶层和群体的当前利益和长期利益,居主导地位的阶级、阶层和群体的局部利益与整体利益,并在其中找到平衡点。政府活动的范围取决于政府活动的主要目标,政府活动范围既要维护国家机器的正常运转,提供公众日常生活必需的公共品和公共服务，还要为经济的增长提供必要的基础设施，如道路交通、水利、通信等，特定时期甚至还需提供电力等重要能源与原材料。财政决策机制是确保财政活动范围符合财政活动目标的重要保证。国家的经济结构、政治结构决定财政活动目标，继而决定财政活动范围，也会决定财政决策机制和行为方式，即财政决策机制必须与财政目标和活动范围保持一致，追求财政活动目标的实现。

7.2　财政制度的功能

制度的主要功能是给经济社会中的人提供激励与约束。其作用具体体现在几个方面：第一，减少不确定性。人们进行选择所面临的环境总是复杂多变的，充满了不确定性，而人们又总是力求减少这种不确定性。因为不确定性会给人们的选择或决策带来困难，会增加人们经济交往过程中的交易费用，也会增加生产费用。制度可以通过确定共同的行为规则，增加行为的可预见性，从而减少不确定性。第二，外部性内部化。外部性的存在导致具有正外部效应的产品供不应求，具有负外部效应的产品供过于求，不利于资源的优化配置和社会福利的最大化。制度通过清楚地界定产权，从根本上解决外部性问题，可以提高资源配置效率，减少资源浪费。第三，直接降低交易成本。交易成本是影响和制约经济行为的重要因素，它与人们经济活动的积极性成负相关关系。制度可以规范人们的行为，降低交易成本，促进社会分工和专业化生产。第四，抑制人的机会主义行为。机会主义行为对经济社会的有效运行产生极大的负面影响，制度通过规范行为准则可以有效抑制机会主义行为，或者通过提供有效信息降低不确定性，增加经济社会活动的透明度来促进经济社会的发展。

财政制度是确保国家财政正常运行的规则和政策体系。财政是为国家履行相关职能提供财力支持服务的，因此财政制度的功能可以从国家职能中反映出来。国家具有政治职能、经济职能和社会管理职能，这决定了财政也应该有对应的这三项职能。财政制度的功能不仅体现在促进国家职能的实现上，还体现为配合、辅助其他经济社会制度形成有机的制度体系，实现经济社会各领域和各发展阶段的目标。

7.2.1 支持国家职能履行的功能

财政可以被理解成为国家履行职能提供财力支持的一系列政治经济过程，财政制度是服务于财政目标的一系列规则，财政通过财政制度支持国家履行职能。国家的职能包括政治职能、经济职能和社会管理职能，或者说包括对内职能和对外职能。财政制度助力履行国家职能的功能具体体现在如何帮助财政支持国家履行相关职能。

第一，维持国家机器正常运转。国家的政治职能主要是维护统治阶级的统治，对内平衡统治阶级内部不同利益群体的利益，维护统治阶级内部的统一性，安抚或控制被统治阶级，将国内局势控制在一定程度，维护国内的政治、经济与社会稳定；对外抵抗、预防敌对国家对本国的侵略和威胁。国家机器的正常运转是国家机器正常运行的前提和基础，也是维持社会正常秩序的前提。国家机器的运转必然需要一定的财力为基础。财政制度主要通过制度安排和运行筹集一定的资金，为国防、警察、行政管理、法律等职能部门履行职责提供足够的经费支持。在社会经济正常运行中，由于个人要素禀赋差异、发展机会不均、市场规则不公平、个人财富观念差距等因素，收入差距、财富差距必然存在，甚至有持续累积性扩大的趋势，出现社会分配领域的不公平，进而影响社会稳定和资源配置效率。国家有必要通过财政制度安排，健全社会保障体系，为经济社会设立一道安全网，为社会成员提供必要的生活条件。在社会转型时期，为了降低制度变革和社会变迁的阻力，国家还需要财政提供一定财力确保社会的稳定，避免出现超出政府控制范围的社会动乱。在开放经济条件下，随着一国经济对国际经济活动参与范围的扩大和参与程度的深入，国家之间交往的增加，国际政治经济利益也面临越来越多的国际因素的干扰和影响，为了有效维护和保障本国在国际经济活动中的合法利益，主权国家必须强化保护本国经济利益的能力。随着经济实力增强，主权国家需要同时增强政治、军事和文化实力，提升在国际社会的影响力，参与甚至主导国际政治经济规则的制定，扩大文化的国际影响力。显然，主权国家维护国家的主权独立、领土完整、国际经济利益需要财政制度提供必要的经费保障，需要本国财政积极参与国际经济协调和其他国际经济活动。

第二，维护社会正常生产生活秩序。国家正常运转的重要标志就是社会生产生活正常有序进行。教育、医疗卫生、社会保障、社会治安等公共服务的有效提供，满足社会成员基本公共服务需求是社会正常运行的必要前提，也是确保社会机体健康的关键因素。同时，这些基本公共服务的有效提供还有助于增强国家的人力资本，提升经济社会发展的潜力。财政制度安排应统筹考虑经济社会发展中的消费性支出与生产性支出、当期需求与长远发展、个人需求与公共需求，优化财政收入和支出，为基本公共服务提供足够的财力支持，确保社会正常运行所需的公共服务的有效提供。

第三，促进经济发展。社会经济发展在阶级社会主要体现在两个方面：其一是维护、巩固在政治上处于统治地位的阶级的经济利益，强化上层建筑赖以立足的经济基础；其二是发展教育医疗卫生事业，增加人力资本，发展科技事业，推进科技进步，优化经济结构，提高资源配置效率等。为巩固、强化和主导生产关系，国家需要规定一些有利于巩固和强化处于主导地位的生产关系的财政制度，如税收优惠、财政支出制度等。当处于主导地位的生产关系本身代表了经济发展方向时，促进处于主导地位生产关系的发展就是促进经济增长和经济发展。促进经济增长和经济发展的财政制度安排包括加大对教育的财政投入，提高全民受教育水平，提高国民文化知识水平，提高劳动者的劳动技能；增加对研究开发的相关投入，一方面增强本国自身的研究开发能力，另一方面加强引进国外成熟、先进的技术，提高本国使用、掌握、吸纳国外先进技术的能力；通过财政投入改善本国的基础设施条件，适应本国经济发展对基础设施的需求，突破国民经济发展的基础设施"瓶颈"，或者通过制度创新或相关的税收优惠、财政补贴等制度，鼓励、引导民间资本对基础设施的投资，弥补国家投资能力不足的基础设施供给缺口。值得注意的是，国家在经济发展的不同阶段，所需的物质基础不同，财政制度安排也应该有所区别。例如，在后发大国经济发展的初期阶段，一方面，该国需要支撑国民经济发展所需的重工业经济体系；另一方面，由于国际政治经济环境具有不可控制性，导致支撑其国民经济发展的物质基础不能从国际市场获得满足，通过财政制度安排建立相应的重工业体系，奠定国家发展的物质基础就具有必要性和紧迫性。当然，随着经济发展条件的变化，国家发展的物质基础改善后，财政制度就应适时调整财政支出，从先前的部分具体投资领域中退出或淡出。

第四，推动社会进步。物质财富增加、社会公平水平提高、文化传承、人的全面发展等是社会进步的重要内容。经济增长和经济发展是社会发展的基础和重要组成部分，但不是社会发展的全部内容，在特定发展阶段甚至不是最重要的内容。为促进社会渐进、有序发展，国家需要站在社会全面发展的高度，统筹各项制度安排，让各项制度在社会发展目标下产生尽可能大的合力。为此，财政制度应该根据经济社会发展的阶段变化，在统筹兼顾的基础上明确各阶段的主要目标和重点目标，合理配置财力，有序引导民间资本，优化全社会的资源配置，促进社会全面、协调、可持续发展。

7.2.2 制度建设功能

社会发展视角下财政制度的功能还包括引导其他制度形成有机协调的制度体系。财政是社会经济运行的基础，财政制度在社会整体制度中也处于基础性地位，完善财政制度自身的结构，引导其他相关制度、完善相关制度结构，建立以财政制度为基础的，包括其他经济、政治、文化制度在内的完善的制度体系，是促进社会协调发展的重要前提。

优化财政制度内部各项具体财政制度结构是财政制度建设功能的基本内容。财政制度自身结构的优化是财政制度建设功能的基础和前提，只有财政制度本身形成了结构合理、功能优化的制度体系，财政制度才能为国家职能的履行提供财力基础。财政制度自身结构的优化包括两个方面：其一，静态结构优化，即同一时期财政制度结构的合理化，具体包括正式财政制度与非正式财政制度的合理配置，既合理分工，又相互支持、相互补充，确保正式财政制度能够得到非正式财政制度的支持和配合；建立在共同的政治、经济、社会基础上的正式财政制度内部各项具体财政制度之间形成共同的财政制度目标，结构上相互依存、相互补充，功能上相互协调的制度体系。其二，动态结构优化，即随着时间的推移，确保不同财政制度保持动态的协调。由于影响财政制度变化的因素有很多，不同财政制度对变化因素的响应速度存在差异以及不同财政制度的稳定性不同（有的财政制度具有较强的稳定性，如财政基本法等，有的财政制度需要紧随影响因素的变化而变化，如具体的财政支出、收入制度等），因此财政制度总是处在动态变化之中的。为适应、引领经济社会的变化，各项具体财政制度之间需要在运动、变革中保持协调和良性互动。只有同时兼顾了财政制度结构静态和动态协调并不断优化，才能确保财政制度整体结构合理和功能正常发挥，才能促进政府高效履行职能，促进经济社会发展。

　　建立财政制度与其他制度相互协调的制度体系是财政制度促进国家职能履行和经济社会发展的重要途径。由于经济社会中同时存在各种与经济社会发展相关的制度，各项制度之间存在相互依存、相互补充的关系，任何一种制度的作用的发挥都以其他制度的存在和作用充分发挥为前提，任何一种制度也同时是其他制度存在和发挥作用的基础。财政制度只有在其他制度存在并发挥作用的前提下才能发挥作用，财政制度也是在为其他制度功能的发挥提供支持的情况下才能充分显示其存在的合理性和价值。财政制度具体功能的发挥和效果的显现，一方面表现为某些具体目标的实现，另一方面表现为为其他制度作用的发挥奠定基础或提供保障。由于财政制度的作用是为国家履行职能提供财力支持，从财力上决定和影响着其他经济社会发展领域相关制度运行的可能性和可持续性，从而使财政制度在经济社会整个制度体系中处于基础性地位。由此可见，优化包括财政制度在内的经济社会制度体系包括两个方面的内容：其一，财政制度为其他制度存在和发挥作用提供基础性的支撑，引领其他制度安排的方向，发挥在国家治理体系中的基础性和支柱性作用；其二，财政制度以促进经济社会协调、可持续发展为主要目标，兼顾短期、中期、长期目标，配合其他领域制度形成结构合理、功能互补的制度体系，力求建立整体制度结构合理、功能强大的制度系统。与优化财政制度在内的制度体系内容相联系，具体的措施也体现在两个方面：其一，在总结社会发展的经验、理论预测和社会发展伦理引领的基础上，明确经济社会发展的目标，包括整体目标、各具体领域的目标，长期、中期、短期目标。明确目标内容就意味着对整体制度、各领域具体制度的目标有了清晰的定位。考虑到财政制度在其他领域制度的存在和运行中具有财力保障的功能，可以通过财政制度的财力保障能力，根据各领域发展的轻重缓急，引导具体领域相关制度的构建、调整和运行，形成财政制度引领、目标明确、结构合理的制度体系。其二，在整体制度体系内部结构合理的框架下，考虑财政制度与其他制度之间、其他各项制度之间相互依存、互为补充的关系，按照减少相互冲突的制度，增加强化相互补充的制度，保留相互并列的制度，突出关键核心制度，完善配套性制度，做实基础性制度的原则，完善优化社会整体制度结构，为经济社会的协调、可持续发展奠定制度基础。

7.3 财政制度的绩效

作为一种制度，财政制度具有一般制度的绩效特征。财政制度的绩效反映了财政制度运行的成本和制度经济社会效果之间的对比关系。财政制度的绩效包括具体的财政制度的绩效与整体的财政制度的绩效、财政制度的即期绩效和跨期绩效。财政制度的绩效与财政制度的结构密切相关，即当期财政制度内部结构合理和跨期财政制度变迁动态结构合理是影响财政制度绩效的两个重要的结构性因素。

7.3.1 制度绩效的基本理论

制度功能最终通过其对经济社会发展的效果体现出来，这种作用实际上就是制度绩效。制度绩效是制度的净收益，它与效率密切相关，一般来讲，制度效率越高，其绩效越好；反之，制度绩效越差。由于制度安排和制度运行需要成本，同时制度又可以通过其功能的发挥促进经济社会发展，产生制度收益，因此制度绩效也可以从成本和收益两个方面的比较来衡量。制度成本包括制度变革过程中的界定、设计、组织等成本和制度运行过程中的组织、维持、实施等费用；制度收益则指制度通过降低交易成本、减少外部性和不确定性等给经济行为主体带来激励约束而产生的收益。制度绩效有两种表达方式：第一，在制度成本既定条件下比较制度收益；第二，在制度收益既定的情况下比较制度成本。

制度绩效还具有一定的层次性，有微观制度绩效和宏观制度绩效之分。微观制度绩效是指某一单项制度成本与收益的比较，宏观制度绩效是从总体上看一个经济体所有制度成本和收益的比较。微观制度绩效是宏观制度绩效的基础，只有微观制度绩效的提高，才能有宏观制度的高效。但是，宏观制度绩效又不是微观制度绩效的简单相加，当微观制度效益与宏观制度效益是正相关关系时，微观制度效益的提高有利于宏观制度效益的提高。如果微观主体的利益是以牺牲宏观效益为代价的，微观制度效益的提高将不利于宏观制度效益的提高。

制度绩效在制度运行的不同阶段具有一定差异，或者说制度绩效具有一定的阶段性和周期性。制度绩效的周期性包括微观制度绩效的周期性和宏观制度绩效的周期性。单项制度绩效，即微观制度绩效与制度体系中的相关制度紧密联系，当该项制度既定时，相关制度有效供给增加，为该项制度运行提供了有效的支持，有助于降低该项制度运行的成本，这会导致该项制度的微观绩效边际递增。当其他相关制度既定时，单项制度的绩效随着时间推移存在边际收益先递增、后递减的趋势，即随着其他配套制度的完善，单项制度运行成本递减、收益递增、净收益呈现递增趋势。当制度运行到一定阶段后，由于制度变迁相对于经济社会环境变化的滞后性，制度收益逐渐下降。从该制度与其他制度的关系看，由于其他配套制度与该项制度有变迁速度的差异，导致制度间摩擦增大，运行成本逐渐上升，从而导致该制度净收益下降。

宏观制度绩效与经济社会发展中的非制度要素密切相关，非制度要素会从动态上影响宏观制度绩效。这里的非制度要素主要包括实体资产、资源、人力资本、技术、经济结构、经济发展阶段等，这些要素是经济增长的硬件，但单项硬件本身并不能单独直接带来产出增加。制度是把这些硬件要素整合起来，将硬件对经济增长的潜力激发出来的"催化剂"。一般来说，制度要素和非制度要素是经济社会发展中的互补要素，它们相互作用，共同发挥促进经济社会发展的作用。当制度供给既定，非制度要素数量增加、质量提高时（有些非制度要素供给是受制度要素影响或制约的，但有的非制度要素的供给具有相对独立性），宏观制度的边际绩效提高。极端的情况是当制度成为经济社会发展的"瓶颈"的情况下，制度变迁或创新的边际绩效最高。当经济社会的非制度要素供给既定时，制度供给的增加会出现边际绩效递减的趋势。当制度供给过度时，其边际绩效一般比较低。

宏观制度绩效还与制度体系内部的结构和其制度功能的发挥程度紧密联系。宏观制度是一系列具体制度安排的有机组合，实际上是一个制度系统。在该系统中，各项制度安排按照一定秩序有机组合，这种组合形成有机的制度结构。任何制度结构都是由众多制度安排耦合而成的复杂的制度系统，制度安排之间总是存在着各种各样的相互依存性和关联性，它意味着制度结构的效率不可能通过简单加总单项制度安排的效率来说明。制度功能以制度结构为基础的，是制度结构作用的外在表现形式。合理的制度结构有利于各项

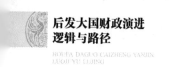
制度的相互补充、相互协调和整体制度作用的充分发挥，发挥出制度整体的最大功能，产生最大的宏观制度绩效。整体制度的功能发挥得越充分，功能越强大，产生的效果越显著，绩效越高。

7.3.2 制度结构与制度绩效

制度结构有静态制度结构和动态制度结构之分，两者分别从静态和动态两个方面影响宏观制度绩效。同时，在制度结构中，制度安排的组合状态有三种基本情形，即制度耦合、制度冲突与制度真空。这三种情形都会通过不同途径，从不同方面影响宏观制度绩效。

7.3.2.1 静态制度结构与宏观制度绩效

静态制度结构是指同一时空条件下不同制度之间的组合情况。某一制度体系内部不同制度之间结构的有序程度存在较大差别，制度之间结构的有序程度越高，制度结构越好；反之则越差。制度体系内部不同制度之间的不兼容、相互冲突是导致制度结构差的主要原因。制度体系中部分制度缺失，尤其是核心制度和基本制度的缺失会导致制度体系内部要素残缺，进而导致制度结构缺陷，这也是制度结构差的重要原因。无论是哪种或哪些原因导致的制度结构差都会对制度体系（或宏观制度）绩效产生不利的影响。

第一，制度不兼容是影响制度绩效的重要因素。制度不兼容是指制度体系内部不同制度之间相互矛盾、相互冲突，是制度体系的一种无序的制度结构状态。与其相反的是制度耦合形成的有序的制度结构状态。制度耦合是指制度体系内的各项制度安排为实现其核心功能而有机地组合在一起，各项具体制度相互依存、相互补充，各项具体制度都从不同角度来激励与约束人们的行为，共同服务于核心制度的目标。在制度耦合的情况下，制度体系内的各项制度安排之间不存在结构性矛盾，各项具体制度的功能不互相冲突和抵消，而且相互为对方或其他制度功能的发挥提供条件，各个制度功能都能充分发挥，甚至因为相互支持使各项具体制度功能放大，整个制度体系的功能充分发挥，产生组合功能远大于各具体制度单项功能的机械加总，从而最大限度地发挥现有制度结构的整体功能，产生最佳的宏观制度绩效。

制度结构优化包括正式制度结构的优化与非正式制度结构的优化。从制度的外在表现形式和实施机制来看，制度可以区分为正式制度和非正式制度。

正式制度是包括政治规则、经济规则、契约以及由这一系列规则构成的从宪法到成文法，再到特殊细则和个别契约的等级结构，它是有意识安排的一系列政策法规。非正式制度是包括价值观念、伦理规范、道德观念、风俗习惯和意识形态等在内的，人们在长期交往中无意识形成的，具有持久生命力并构成文化重要组成部分的约束。不管是正式制度还是非正式制度，都具有相应的实施机制，即这些规则通过规范人们的行为，降低交易成本，建立稳定预期，减少或消除外部性影响，促进经济社会发展。正式制度和非正式制度形成的结构是决定制度结构绩效的重要因素。

正式制度和非正式制度的耦合状况是决定静态制度结构效率的重要因素。一般来说，正式制度可以人为制定，也可以从外部引进，并可以强制实施。正式制度的实施往往需要监督、检查、衡量、评价、奖惩等环节，需要借助一系列正式组织来实施，运行成本较高，甚至会因为许多技术上的障碍而难以实施。如果仅仅依靠正式制度本身，可能导致在制度环境适宜条件下高效率的制度在不适宜的制度环境中成为低效甚至无效的制度安排的情况。相反，非正式制度一般内生于经济社会之中，其实施机制主要是通过主体的内省和非正式的奖惩来规范人们的行为，实施环节少、成本低。当然，非正式制度也存在一定的缺陷，由于其约束主要基于共同的价值观念、意识形态等，具有明显的非正式性，难以在较大范围内发挥作用，因此非正式制度也需要正式制度的配合。只有它们相互协调、协同作用，才能使各自的功能得到充分的发挥，实现制度的结构性效率最大化。

制度耦合还包括制度体系内部纵向的制度结构优化。从制度体系中各具体制度安排的地位高低和作用大小来看，在整体制度和某一方面制度体系中，必然有某种或某些居主导地位、起支配作用的制度，这些制度构成制度体系中的核心制度。其他的一些规则或制度则是一般配套制度，核心制度和配套制度之间的结构也直接决定整体制度的结构效率。

在制度体系中，核心制度和配套制度的耦合也会对制度结构效率产生重大影响。核心制度作用的发挥需要有配套制度的配合，否则核心制度运行的成本将大大提高，收益降低，从而使总收益下降。同样，配套制度在缺乏核心制度支持的条件下运行，必然缺乏明确的制度体系目标，缺乏相互协调的目标，制度间的不协调和冲突增加，必然导致制度体系边际成本增加，边际收益递减，边际净收益下降，甚至为零，最终降低制度体系的总体绩效。

制度体系中制度间的不兼容是影响制度结构效率的重要因素，制度体系内的各种制度只有在相互补充、相互协调，各个具体制度功能得到充分发挥时，制度整体效率才能提高。如果各种制度不兼容，存在制度冲突，也会极大影响宏观制度绩效。所谓制度冲突，是指在制度结构内部不同制度安排的作用方向不一致，在行为规范上存在互相矛盾和抵触。如果制度结构内部中一种制度功能的发挥将抑制其他制度功能的发挥，必然导致制度间内耗增加，运行成本上升，边际收益下降，总体制度的结构效率降低。这将造成行为主体无所适从，行为紊乱，制度结构系统不能发挥其应有的整体功能。

第二，制度缺失是造成宏观制度绩效低下的重要原因。制度缺失是指在制度体系中，某一个制度或几个制度供给不及时，导致制度体系不完整、不协调。制度缺失主要包括一般配套制度缺失、核心制度缺失和基础性制度缺失三种情况。

不同的制度缺失情况对制度体系效率的影响程度存在一定差异。一般配套制度缺失可能导致制度效率损失，但不会使制度完全失灵，制度边际效率可能还是上升的，只是低于潜在效率。核心制度缺失则有可能陷入制度陷阱，即由于核心制度供给不足或缺位，配套制度供给增加不能产生任何实际效果，制度供给的边际效率不变甚至下降①。核心制度缺失会使配套制度难以发挥作用，导致所有配套制度的边际收益趋近于零，总体制度的净收益可能为零，甚至是负数，总体制度的绩效下降。

在制度体系中，根据主体对制度的可选择性强弱不同，制度还可以区分出一般性制度和基础性制度。一般性制度是指个人可以根据自己的约束条件、所获得的信息来进行判断及选择的制度②。一般性制度是行为主体可以选择的，只会影响个人行为不同时的选择和协调，而不会影响到个人不进行选择时利益关系的变化。基础性制度是指在制度体系中处于根本地位，为其他制度作用的发挥提供基础，对所有主体具有普遍约束力的制度。它一般由社会给定或由政府提供，是行为主体不可选择的，从根本上规范着主体的行为。明确及清晰的产权界定是基础性制度的内在前提，也是重建基础性制度的直

---

① 邓大才. 制度缺失与制度供给陷阱：论农业核心制度的缺失与创新 [J]. 山东社会科学，2002 (6)：67-72，

② 易宪容，卢婷. 基础性制度是金融生态的核心 [J]. 经济社会体制比较，2006 (2)：48.

接指向和最终目的所在。因为在市场中，个人总是能够找到改变收益方式的不同合约选择，以便避免遭受不公平合约安排所带来的损失，但人们很难在产权得不到保护时，以这种方式来降低财产被掠夺的可能。基础性制度具有以下特点和功能：一是基础性制度应为市场所有参与者提供一个公平、公正的交易平台。二是基础性制度为所有制度的运行提供最基本的规则。

基础性制度缺失从基础上影响宏观制度绩效。基础性制度缺失导致市场缺乏公平的交易平台，使一部分人可以在制度内合理地占有另一部分人的财富，从而打击利益受损的一部分人创造财富的积极性，会促使人们通过利用不公平的制度去再分配财富，使全社会更多的资源配置偏离财富创造的轨道，导致资源配置不合理和资源浪费。基础性制度缺失必然导致一般性制度缺乏基本的规则指导，容易导致一般性制度之间的不兼容，甚至相互冲突，使制度间的内耗增加，增加制度运行成本。经济社会主体也会由于缺乏基本的规则指引而出现行为紊乱，造成相互抵触和冲突，增加制度实施成本，影响宏观制度绩效。

第三，制度真空是影响制度绩效的重要因素。制度真空是指对某些行为没有相应的制度安排予以规范，形成制度结构中的"空洞"，造成制度功能的缺失，从而使人们的某些行为得不到有效的约束和规范，给社会经济带来危害，从整体上影响宏观制度绩效。

在转型经济中，特别是转型初期，重要制度缺失或相关的法律制度不完善、不能有效实施的情况相对较多。麦克米兰（McMillan，1997）指出，转型经济的这种制度缺失状况可能会造成严重的后果。首先，私人部门可能插手缺失制度的创设。尽管此类手段有时对创设者来说能产生一定的制度收益，但由于它不能提供普遍服务，而且严重损害法治原则，因此不为社会所认同。但是，这样可以填补制度缺失造成的"空缺"。相反，当现有制度松散或法律执行不力时，更具掠夺性的私人部门式的"解决方式"就会通行，甚至造成有组织犯罪。这种情况会抑制经济的发展，严重损害经济环境。其次，由于制度的缺失以及政治、法律和其他障碍造成制度难以创设，导致经济社会活动无序，增加经济运行成本，进而使宏观制度绩效低下。总之，无论制度缺失衍生出哪种情况，都会导致制度体系内部结构的无序，影响制度体系功能的正常发挥，导致社会经济活动紊乱、无序，增加社会经济活动的内耗，降低制度体系的整体绩效。

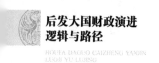
7.3.2.2 动态制度结构与宏观制度绩效

宏观制度绩效与静态制度结构相关，同时由于制度是处在运动变化中的，结构的优化必须在动态中保持和维系，因此从动态的角度考察宏观制度绩效更加重要。制度必须适应经济社会环境的变化，适时变迁。事实上，所有的制度都处在不断演变之中，并且演变速度存在差异。在制度演变过程中，不同制度对环境的应变能力有强弱之分，环境对制度的影响力也有大小之别，这些都会导致制度演变速度的差异。这本是制度变迁的常态，但也可能削弱宏观制度绩效。

根据制度变迁主体的不同，制度变迁被区分为强制性制度变迁和诱致性制度变迁。强制性制度变迁是指由政府法令引致的制度变迁，而诱致性制度变迁是指社会群体在响应由制度不均衡引致的获利机会时所进行的自发性制度变迁。不管是诱致性制度变迁还是强制性制度变迁，都会导致原有制度结构被破坏，影响制度整体功能发挥，在短期内可能导致整体制度绩效降低。当然，制度变迁是必然的，制度结构破坏和功能的降低都是暂时的，当制度结构在新的环境下达到均衡状态时，会形成新的有序结构，功能会更加强大。

强制性制度变迁方式和诱致性制度变迁方式可能影响宏观制度绩效。经济社会环境变化使原制度框架内出现潜在获利机会，由获利机会带来的利润是制度变迁的原动力。制度结构具有整体性，制度体系是由一个个具体的制度安排构成的，这些相关制度是紧密相连、相互依存的。一定社会中具体制度作用的有效发挥有赖于制度的整体性，每一个具体制度都存在于特定的制度结构之中，并在与其他制度的相互联系中实现其功能。制度体系中的一个特定制度安排的变化，必然引起整体制度结构的失衡，影响制度体系正常功能的发挥，对制度绩效产生不利影响。

一般来说，诱致性制度变迁由于有效适应了环境的变化，制度变迁主体是在理性权衡制度变迁的成本和收益基础上进行制度变迁的，这可以使微观制度经济效益十分明显。在制度安排中，具有更强公共品性质的核心制度、基础性制度，由于其获利的非排他性和非竞争性、消费中的"搭便车"现象，可能导致供给滞后，从而导致制度结构失调。另外，当核心制度供给既定时，一般配套制度继续供给必然出现一般配套制度的边际制度收益递减，制度供给和运行的边际成本上升，制度的净收益下降，整体制度的结构绩效降低。

从强制性制度变迁来看，制度供给的主体是国家，国家尽管在一定程度上有获取国家整体利益最大化的动机,同时也不可避免地要追求局部利益集团的利益最大化,当国家整体利益和利益集团利益出现冲突时,在不危及国家和政权安全的前提下,可能以牺牲国家整体利益换取利益集团的利益。由于处于主导地位的利益集团的利益与国家整体利益不兼容,从而可能导致从整体利益角度来看的制度供给过剩与制度供给不足并存,造成制度安排的运行成本上升、收益下降,整体制度的绩效降低。当主导国家制度供给的利益集团代表的是先进生产力时,偏向其利益和方向的制度供给不仅有助于新的生产力发展,而且有助于优化整体制度结构,从而有助于提高整体制度的绩效,促进经济社会发展;当主导制度供给的利益集团代表的是落后的生产力,阻碍经济社会发展时,由其主导的制度供给必然降低整体制度绩效。

制度创新空间在不同群体之间分配不均衡也可能影响整体制度绩效。制度创新空间在不同群体间不均衡分配可能来自两个方面:其一是不同群体由于初始条件差异,对制度的需求不同,而相同制度供给的收益率也大相径庭,为最大化制度收益,可能导致制度创新空间配置偏向于初始条件较好的群体。例如,我国东部沿海地区制度创新空间大,创新活跃,经济发展迅速,而西部地区则与之形成鲜明的对比。在市场经济条件下,资源寻优流动规律必然导致资源在制度创新空间大、要素收益率高的地区聚集。因此,制度创新空间在不同经济发展水平空间非均衡分配会增加资源转移成本,扩大区域间的发展差距,造成社会群体间心理失衡,诱发社会冲突,加大经济社会发展成本,降低整体制度绩效。在重大社会转型中,为避免制度变迁带来的巨大社会震荡,制度变迁总是先在小范围内进行试点,之后总结经验,扩大试点范围,最后全面铺开。尽管这在一定程度上可以降低制度变迁的风险,但不可避免会导致不同区域制度创新空间存在差异,导致制度创新强度不同,扩大地区间的发展差距,增加资源转移成本和制度运行成本,降低整体制度的绩效[①]。

正式制度和非正式制度的变迁机制、路径和速度不同也将导致一定发展阶段内正式制度和非正式制度结构失调,降低整体制度的绩效。在制度体系内,正式制度和非正式制度有机结合可以降低制度运行成本,阻止单纯的正式制度或非正式制度供给导致的制度边际收益递减,提高整体制度的绩效。

---

① 林红玲. 西方制度变迁理论评述 [J]. 社会科学辑刊,2001 (1):76-80.

然而，正式制度和非正式制度演变方式的差异必然导致它们之间的结构失调。正式制度变迁可以通过人为的制度安排实现，即既可以通过自主创新，也可以从外部引进，实现突变。由于非正式制度是在经济社会长期发展中逐步形成的，演进速度缓慢，尤其明显的是一个社会的核心价值观往往具有很强的稳定性，一般不能简单地从外部强行嵌入或移植，因此当正式制度适应环境变化较快发生变化时，非正式制度还保持原来的状态。这就必然破坏正式制度和非正式制度构成的稳定的制度结构，使正式制度的边际收益递减，制度供给和运行的边际成本上升，制度摩擦增大，整体制度运行成本上升，整体制度绩效降低。

从总体上看，整体制度的内在联系可能由于具体制度演变形式和演变速度不同导致在一定阶段内稳定的制度结构失衡，破坏了制度的整体性和协调性，降低整体制度的绩效。例如，原来制度结构协调，在演变的过程中，出现制度结构失衡，降低制度绩效；或者原来失调的制度结构在演变过程中，出现制度结构趋于协调，使原来制度的绩效得到提高；或者原本失调的制度结构，由于受到路径依赖的影响，在演变过程中，制度结构进一步恶化，整体制度绩效继续降低，最后不得不通过大的制度转型实现制度结构优化，提高制度绩效。

7.3.3 财政制度绩效：内涵、外延、影响因素

财政制度绩效包括单个具体财政制度的绩效和财政制度作为一个整体或系统的绩效。财政制度绩效主要考察财政制度安排、运行所产生的直接或间接成本与其所带来的制度收益的比较，主要包括财政收入制度、财政支出制度、财政体制、财政政策、公债、政府预算等制度的效益和这些正式制度与非正式制度是否具有作为整体的财政制度体系的绩效。具体单项财政制度的要素是否具有完整性、普适性以及实施机制是否完整是影响其绩效的主要方面。从财政制度体系角度看，其内部结构状态及其与经济社会发展环境的适应程度等是影响其绩效的重要因素。财政制度在变迁方式、路径、速度等方面的差异会导致财政制度体系结构失衡，影响其功能发挥，进而影响财政制度体系的绩效。

7.3.3.1　财政制度绩效的内涵与外延

财政制度绩效包括单项财政制度的绩效和财政制度整体的绩效两个方面。单项财政制度的绩效是指某一项财政制度的收益现值与制度成本现值的差额。确定财政制度的收益首先要明确财政制度的具体目标。财政制度的目标往往是多元化的，即有一个主要目标，还有很多次要目标。除此以外，由于财政制度安排属于公共性的制度安排，对其他领域还会产生一些影响，这些也应该考虑在财政制度安排的收益之中。另外，财政制度安排的收益，有些属于有形收益，即可以直接用货币度量的收益，如结构性减税制度安排为纳税人减少了多少税收负担；有些属于无形收益，如义务教育支出提高了民众的文化水平，提高了社会的文明程度；有些无形收益由于受益群体对其评价存在差异，需要将不同人群的收益加权加总。此外，财政制度只要持续发挥作用，其收益也具有持续性，需要通过将不同时期收益用一定的贴现率贴现后才能加总。

单项财政制度的成本包括财政制度的直接成本、间接成本等方面，需要全面考察、客观评估财政制度的真实成本。财政制度的直接成本是指某项财政制度直接动用的资源数量，如取得的财政收入或相应的财政支出规模。间接的财政制度成本是指财政制度实施间接影响或带动的社会资源的数量。例如，为了保护环境征收环境保护税，使民间投资减少，被减少的投资项目可能带来的相关产品价值量减少；由于民间投资减少，产品供给减少导致的产品价格上升对消费者实际消费产生影响。某些财政制度安排直接成本比重较高，另外一些财政制度安排间接成本比重较高。一般来说，财政制度的直接成本的统计相对较容易，财政制度的间接成本包括的内容比较多，有的可以用货币度量，有的需要通过其他方式间接度量，统计难度较大。

全面评估财政制度绩效是财政制度安排的重要依据，但存在一定的难度。在多项目标接近的财政制度之中选择一种最优的财政制度来实施是财政制度安排决策的基本逻辑，为科学、客观地选择财政制度，一种方式就是对各项备选财政制度的成本现值和收益现值进行比较，选择净现值最大或收益成本比最高的财政制度。全面评估每一备选财政制度的成本和收益的工作量很大，而且数据可能有较大的偏差，尤其是财政制度收益，在其还没有付诸实施时，很难预测具体收益的数值。选择财政制度还有另外两种方法：方法一，由于测算财政制度方案的成本比测算收益的工作量小，因此可以考虑在明确各项备选财政制度方案要达到的制度目标基本相同的情况下，重点比较不同财政制度备选方案的成本。这种方法可以近似理解为成本较低的财政制度备选方案的绩效更高。方法二，在大国内部，由于各地区之间存在公共服务需求差异，为满足各地经济社会发展的特殊需求，可以在保证国家统一的条件下，赋予地方政府一定的自我管理权限，允许各地方政府拥有一定的财政制度安排权力，以实现辖区范围内的经济社会发展目标。在人口可以自由流动和辖区选民对本辖区地方政府有一定监督约束力的情况下，地方政府有提供最优财政制度的压力和激励。

单项财政制度的绩效外延主要与具体财政制度的目标密切相关，需要根据具体财政制度明确其绩效内容。从财政制度的内容看，财政收入制度绩效主要涉及财政收入的绝对额、财政收入增长率、财政收入弹性（财政收入增长率与国内生产总值增长率的比率）、增量财政收入占增量国内生产总值的比重、税收收入的经济增长效应等方面。财政支出要区分财政支出制度为政府职能履行提供的财力支持情况和各项财政制度的具体目标，主要涉及财政支出规模、财政支出增长率、财政支出弹性（财政支出增长率与国内生产总值增长率的比率）、增量财政支出占增量国内生产总值的比率以及财政支出满足民众对各项公共服务需求的程度、经济增长率、生态环境保持与改善程度、收入差距变化情况等。政府预算制度主要从其资源配置职能、监督政府行为职能等方面来衡量，具体领域的绩效可以通过对政府的项目性支出、经常性支出、部门财政支出的绩效评价来衡量。财政体制相关制度可以根据大国内部市场统一程序、公共服务国民满意程度以及整体经济增长和地区间发展差等方面来衡量。公债制度可以从公债满足国家筹集建设资金、弥补财政赤字、调节经济周期的职能履行情况以及公债发行管理的规范程度等方面来衡量其绩效。

财政制度整体是各项财政制度组合而成的有机整体，整体财政制度的绩效显然与单项具体财政制度的绩效之间存在紧密联系。在绩效角度下，单项财政制度的绩效只是从局部、具体财政制度视角来衡量其绩效，如果包含各项财政制度的财政制度整体内部结构是合理的，各项财政制度相互依存、相互协调、相互补充，形成了最优的财政制度整体结构，则单项财政制度绩效是整体财政制度绩效的基础，单项财政制度绩效提高有助于财政制度整体绩效的提高。如果财政制度内部结构不合理，单项财政制度只是追求自身的绩效，无视其对其他财政制度绩效的影响，则可能出现单项财政制度绩效与整体财政制度绩效相互矛盾、相互冲突的情况。

整体财政制度的绩效是把所有财政制度当成一个有机整体来考察其对经济社会发展的效果。整体财政制度具有三个层面的含义：其一，它是所有财政制度（包括正式财政制度与非正式财政制度）构成的有机整体，是各项具体财政制度按照一定的规则形成的有机体。整体财政制度内部结构合理，其功能也超越各项具体财政制度单项功能的机械加总。其二，整体财政制度作为一个整体来发挥功能，履行财政制度的职能。其三，整体财政制度还与其他的经济制度、政治制度、社会制度、文化制度等制度构成更高层次的、有机的制度体系，在经济社会发展中发挥其功能。整体财政制度是更高层次制度体系的一个要素，只有与其他要素形成相互依存、相互协调的有机整体，才能确保整体制度体系能够发挥其在经济社会发展中的最佳功能。

基于整体财政制度的含义，整体财政制度的绩效也涉及以下三个层次：第一个层次包含各项具体财政制度的财政制度整体的绩效应该超越具体某项财政制度或各项财政制度的具体绩效，体现财政制度整体的功能履行情况。从这个角度看，财政收入制度、财政支出制度、政府预算制度、公债制度、财政体制、财政政策等制度不是单纯追求各项财政制度自身效益的最大化，应该根据经济社会发展环境、目标、主要矛盾、重点工作等情况，既注意财政制度的相互协调、相互补充，又突出财政制度的重点和关键，力求实现各项财政制度的协调，追求财政制度协同效应的最大化。第二个层次，整体财政制度绩效需要从财政制度为国家履行职能提供财力支持，完成维持国家机器正常运转、提高资源配置效率、促进收入分配公平、调节经济周期、推动经济发展、促进社会进步等各项职能的情况来评价和衡量整体财政制度的绩效。财政制度作为一个整体，在某一时期履行上述各项职能是一个有机整体，即在不同经济社会发展条件下，作为财政制度整体的各项职能在财政制度整体职能中所处的地位和所起的作用不同，用一个总量指标来衡量财政制度整体绩效时，财政制度整体的各项职能所占的权重必然有所区别。第三个层次，作为更高一级制度体系组成部分的财政制度体系，应该从财政制度体系与其他经济社会制度相互协调、补充的角度，通过制度协同，实现社会整体制度绩效的最大化。总体来看，整体的经济社会发展是财政制度体系、政治制度体系、文化制度体系等具体领域制度体系绩效的综合。如果可以衡量各领域

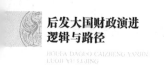
制度体系对经济社会发展的边际贡献，最优财政制度体系的绩效评价标准就是财政制度体系与其他具体领域的制度体系对经济社会发展的边际贡献相等。

整体财政制度体系绩效一般可以从以下几个方面来衡量：其一，从财政制度体系内部结构优化的角度看，尽管各项具体财政制度的主要目标存在差异，但它们之间在达成经济增长、收入分配、国家职能履行、社会发展等财政制度最终目标上是相互补充、相互协调的。在理论上，当整体财政制度结构最优时，再调整财政制度结构或财政制度供给的边际调整就会导致财政制度整体的经济增长、收入分配、国家职能履行、社会发展等目标的边际贡献降低到零的水平。其二，考察财政制度整体对经济增长、收入分配、政府职能履行、社会发展等社会发展终极目标的实现情况，由于要考察财政制度整体的绩效，需要通过对各项具体财政制度进行量化，并分别赋予其不同权重，最后合成一个综合性的财政制度指标代表整体财政制度，连同其他相关经济社会制度对经济社会发展状况的指标（经济增长、收入分配、政府职能履行、社会发展水平）进行分解，考察整体财政制度对经济社会发展目标的贡献程度，从而考察整体财政制度的绩效状况。其三，将整体财政制度作为一个变量，连同其他经济制度、政治制度、文化制度、社会制度对经济社会整体发展目标（通过对经济增长、收入分配、政府职能履行情况、社会发展水平等指标的量化和加权，合成一个综合性的经济社会发展指标）的实现情况，进行分解，考察整体财政制度对经济社会整体发展水平的贡献率，由此来衡量整体财政制度对经济社会发展的贡献程度。贡献越大，整体财政制度对社会发展的绩效越好；反之，越差。

7.3.3.2 财政制度绩效的影响因素分析

单项财政制度绩效和整体财政制度绩效的影响因素不同。单项财政制度绩效的影响因素主要涉及财政制度本身要素的完备性、普适性、执行效率以及单项财政制度运行的阶段和环境。整体财政制度绩效的影响因素主要是财政制度的内部结构、环境、演变阶段等。

财政制度安排的依据充分、程序合法是保证其制度绩效的基本前提。作为指向特定目标的财政制度，首先应该清楚所针对的对象存在的问题以及导致这些问题的原因，财政制度制定者必须全面、真实、及时地了解相关信息才可能提出具有一定针对性的备选制度。其次，财政制度涉及不同利益群体的利益，能够充分征求相关利益群体的意见并尽可能减少利益冲突，相关利益群体就制度安排拟达成的利益达成一致意见，是确保财政制度的权威性、普适性，减少执行阻力的基本要求。最后，严格、规范执行财政制度，拟订方案、征求意见、提交立法机关审查表决和正式向社会公开是财政制度安排必须要遵守的程序，也是财政制度顺利实施的前提和基础。

财政制度本身要素的完备性、规则的普遍适用性、信息的完整性是影响单项财政制度绩效的基本因素。一项正式的财政制度一般应该包括财政制度的执行主体、目标、具体要求、奖惩措施等要素。其整体上要求财政制度的执行主体明确，尽量减少或避免多个政府部门共同管理一项财政制度，即使出现多个部门共同管理一项具体财政制度，也应该明确各部门的职责分工、权限，避免部门权责重叠和某些制度执行机制中职责缺位的情况。制度的目标应该明确，尽量做到可以量化，以便准确考核制度执行结果。为了确保制度有效实施，执行主体必须全面、准确、及时了解财政制度执行实施的真实信息，避免对财政制度执行情况的误判。普适性或普遍约束力是作为正式制度的财政绩效的基本保证。确保在政府管辖范围之内财政制度无差别地适用于所有政府部门和微观经济主体，尽量减少和避免例外情况，是维护财政制度权威、确保财政制度绩效的基本要求。实施机制的完整性是保证财政制度得到有效实施并取得一定绩效的基本要求。对照财政制度的具体要求，有权威机关全面跟踪监督相关主体执行和遵守财政制度的情况，及时发现违反制度规定的行为并进行必要惩罚，纠正违规行为。引导财政制度全面执行也是保证财政制度有效实施的基本要求。

配套财政制度和财政制度环境是影响具体财政制度绩效的重要因素。任何具体财政制度的有效实施都需要其他配套财政制度的协助和支持，缺乏必要的配套制度可能导致具体财政制度要么缺乏必要的权威性、普适性，不能得到有效实施，或者实施成本很高，效果不明显，或者与其他财政制度相互抵触，相互矛盾。总之，缺乏必要的配套制度会降低具体财政制度的绩效。具体财政制度的环境除了配套的财政制度以外，还包括其他正式的经济、政治、社会、文化制度和相关的非正式制度。

具体财政制度在演变的不同阶段所处的环境也影响财政制度的绩效。同一财政制度在其演变的不同阶段，所处的经济社会发展环境和制度环境不同，运行成本不同，制度绩效也有很大差别。一般来讲，财政制度演变都会经历三个阶段：初步建立阶段、成熟阶段和衰退阶段。在财政制度的初步建立阶段，一方面，财政制度整体上顺应新的经济社会发展方向，有政府及相关社会成员的支持，具有一定的发展前途；另一方面，由于配套制度还不完善，还存在来自原有被替代的财政制度的阻力，社会公众对新的财政制度的预期还不稳定，缺乏主动遵守的意愿，导致财政制度执行成本高，制度功能不能得到全面、充分发挥，因此制度绩效比较差。在成熟阶段，由于配套制度逐渐完善，原来被替代财政制度彻底退出，制度运行的阻力和摩擦大幅度减少，随着财政制度效果逐渐显现，民众对该财政制度的预期逐渐稳定，主动遵守制度的意愿增强，因此财政制度运行成本大幅度降低，制度功能充分发挥，效果明显改善，财政制度绩效达到最佳状态。在衰退阶段，由于财政制度的相对稳定，经济社会环境持续变化，财政制度逐渐不能适应新的经济社会环境，并开始成为经济社会发展的阻力，导致财政制度功能的发挥不符合新的经济社会发展的要求，制度效果也因此弱化。新的经济社会发展方向的代表力量开始抵制逐渐过时的财政制度，导致财政制度运行成本逐渐上升。制度运行成本上升和效果弱化导致财政制度绩效下降。随着新的财政制度的提出并正式实施，财政制度运行和绩效变化进入新的循环周期。

整体财政制度的绩效评估需要具有全局和整体视野。经济社会的发展是多种因素长期累积、发展的结果，因而理解宏观财政制度绩效需要理解财政制度对经济社会发展的作用机制，从全局和历史视角考察财政制度对经济社会发展的作用机制和过程。整体财政制度对经济社会发展的作用机制应该包括以下几个方面：其一，通过筹集必要的财政收入为国家正常履行其职能提供物质基础，维持经济社会的稳定，提供基础设施、提高国民的文化知识水平，增加人力资本储量，促进技术进步，从而为经济社会发展提供基础。其二，改善经济发展的条件，降低微观经济活动的交易成本（制度成本、运输成本、信息成本、沟通协调成本等）。其三，促进和推动经济结构调整，如改善基础设施条件，突破基础设施瓶颈。其四，通过对资源禀赋的再分配，市场体系、市场交易规则的建立和规范，促进市场规则和过程公平，通过转移支付等财政制度缩小收入差距。

内生于经济发展阶段和条件的财政制度结构是影响整体财政制度绩效的重要因素。由于在经济发展的不同阶段要面临的主要问题不同，财政制度也会因而有所侧重，某一阶段会侧重于经济增长，另一阶段会侧重于满足社会公共消费、提高社会福利水平，因此在衡量财政制度绩效时，要分别在经济发展不同阶段赋予财政制度不同目标以不同的权重。例如，为了追求长期的经济发展，在经济起飞阶段，政府会通过财政制度重点改善基础设施状况，该时期的财政制度绩效就应该赋予经济增长目标实现程度更高的权重；当经济发展到较高水平，收入差距和财富差距比较大时，就应该赋予促进公平收入等社会发展目标的实现程度更高的权重。

　　时间、空间溢出效应和功能溢出效应也是影响整体财政制度绩效的重要因素。从时间角度来看的整体财政制度绩效包括即期效果和远期效果，主要包括即期效果明显、缺乏远期效果的财政制度和即期效果较差、不明显但远期效果明显的财政制度两种。财政制度安排效果包括即期效果和远期效果。某些财政制度安排主要追求即期效果，远期效果不明显，甚至是即期效果较好，但随着时间推移，效果逐渐减弱，甚至出现负面影响大于正面效果的情况。这类财政制度从财政制度安排实施到产生效果之间的时滞较短，从制度安排到制度效果显现，经过的中间环节较少，制度实施中受到的干扰因素少。例如，对亏损的政府性企业的短期财政补贴制度安排。即期效果较弱，远期效果明显的财政制度是指财政制度主要追求远期效果，即期效果虽不明显，但随着时间的推移，制度效果逐渐明显，直到制度安排付诸实施并经过较长时间后，效果才充分显现。这类财政制度从制度安排实施到产生效果的时滞比较长，经历的环节比较多，受到其他制度或因素的影响比较大，制度效果不确定性比较大。例如，大规模基础设施建设的财政制度安排、义务教育财政制度安排等。从空间溢出角度看，有的财政制度的效果具有较强的空间溢出效应，即财政制度的实施会对相邻空间甚至较远空间产生较大影响。例如，在人口可以跨区域流动的情况下，某一地区政府对低收入人群提供较大幅度的收入补助时，就会导致人口流入。如果人口不能自由流动，就可能导致临近地区居民要求辖区地方政府提高对低收入人群的收入补助。功能溢出视角的财政制度绩效是指由于财政制度是相互依存、相互联系的，某些财政制度安排效应的发挥会对其他财政制度效应产生影响，比如义务教育、基本医疗卫生财政支出制度会有助于缩小社会成员之间的人力资本存量差距，缩小社会成员间的要素禀赋差距，这必然有助于缩小社会成员获取财富能力的差异，从而有助于缩小收入差距和财富差距，促进社会公平。从功能溢出角度看，由于各项财政制度之间本来就具有各种联系，某一具体财政制度安排必然对相关财政制度安排产生影响，因此在安排财政制度时，应该从财政制度相互依存、相互影响的角度，全面考察财政制度之间的内在联系，全面评估财政制度可能对其他财政制度产生的影响并提出相关应对措施，在此基础上合理安排财政制度。例如，当财政收入制度可能导致财政收入的经济增长弹性降低时，就会影响财政支出规模和结构调整，进而影响财政赤字和公债发行规模，甚至还会对下一期的总需求、经济增长率等产生影响，因此政府在考虑调整财政收入制度安排时就必须考虑其可能对财政支出制度、公债发行、经济稳定等的影响，并考虑财政支出规模或结构调整的可能性、国债发行规模调整的可能性等可选应对策略。

国家在经济社会发展中所处的阶段、选择的发展战略和路径也会影响财政制度和财政制度绩效。当把经济社会发展当成一个完整的系统来考虑时，财政制度是经济制度的一个组成部分，是经济手段之一，其目的是促进经济社会发展。各国在经济社会发展的不同阶段所面临的国内外环境、发展战略、近期和远期的经济社会发展目标、对近期和远期经济社会发展目标的侧重会因时而异，以实现经济社会发展为目标的财政制度必然因时而异，不能简单照搬其他国家的财政制度安排。例如，当一国处于较高的经济社会发展水平时，市场配置资源的条件比较好，配置资源的能力也比较强，政府的主要职能就应该集中在提供满足民生需要的社会公共品和公共服务，尽量减少对市场主体经济行为的干预。当国家还处于经济发展初期，市场配置资源基本条件还不完全具备，如交通基础设施条件还比较差，国内统一市场还没有完全形成，微观经济主体从事正常生产经营活动的基础工业体系还没有建成，社会信用系统还没有形成，这时，政府在经济社会发展中的职责就是逐步完善这些影响和制约市场机制发挥作用的基础条件，财政制度安排也应该整体服从和服务于该项政府职责，等到市场配置资源的基础条件具备后再调整财政制度，让市场在资源配置中发挥基础性甚至决定性作用。

后发大国财政的政治、经济和文化背景

　　后发大国财政是后发大国经济社会有机体的重要组成部分，是影响后发大国经济社会发展的重要因素。后发大国是在经济、政治、文化、历史等方面具有典型特征的一类国家，其财政与财政制度安排必然受到这些因素的影响，并反过来对后发大国的经济社会发展产生影响。

　　经济发展一直是后发国家追求的目标，从第二次世界大战结束到现在，发展经济学经历了由注重发展中国家经济发展一般理论的研究到关注特定类型国家经济发展，再到关注特定经济发展项目的过程。后发大国是发展中国家中具有典型特征的一类国家，其领土、人口在发展中国家中占很大比重，其发展是世界经济发展的重要组成部分，对其他国家经济发展具有很大的示范、带动作用。包括中国、印度、巴西、南非、俄罗斯等在内的后发大国持续快速的经济增长为观察、提炼后发大国经济发展的内在机制提供了重要的经验材料。总结、归纳出后发大国经济发展的一般理论不仅是对发展经济学理论的发展和充实，还会为后发大国经济发展提供必要的理论支持，增强后发大国经济发展政策和制度安排的针对性与可行性，提升经济发展的绩效。全面分析后发大国的政治、经济和文化背景对财政的影响有助于重点、系统、深入揭示后发大国财政的本质和把握后发大国财政运行的内在机制与演进趋势。

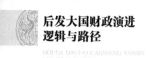
8.1 后发大国特殊经济发展机制及其对财政的影响

8.1.1 后发大国的基本含义

后发大国是同时具备大国特征和后发国家特征的一类国家。大国主要从国家规模角度来描述一国的基本特征，一般主要从国土面积、人口、资源禀赋等实体要素角度来界定。具体而言，可以根据国土面积达到多大，人口总量达到多少，自然资源的种类、绝对量和人均数量达到多少等指标总体上是否达到某种标准来判断一国是否属于大国。以国土面积、人口、资源禀赋来衡量的大国与以经济总量或人均产值来衡量的大国有一定区别。前者意味着这类大国有可能成为经济总量大国或人均产值大国，但只是一种可能；后者是衡量一国经济发展水平的指标。当然，前者的发展结果可能是达到较高发展水平的经济发达国家，但后者并不意味着一国就是人口多、国土面积辽阔、资源丰富的大国。后发国家是指经济发展水平、技术水平、制度、国民福利水平相对于经济发展水平很高、技术很先进、制度很完善、国民福利水平很高的国家要落后一些，但只是从时间上来看暂时落后于发达国家，并不意味着一定是落后国家，也许随着时间的推移，后发国家经过持续的经济增长、技术进步和制度创新，会赶上甚至超过发达国家。后发国家与发展中国家有一定联系，即在某一时间点，后发国家相对于发达国家而言是欠发达国家或发展中国家。但是，从动态角度考察，后发国家有可能通过持续的经济增长变成发达国家。例如，在历史上，英国超过西班牙，美国超过英国，日本超过英国，中国从经济总量上先后超过德国、日本等国家成为经济总量仅次于美国的世界第二经济总量大国。不仅经济总量上存在后发国家赶超发达国家的情况，科学技术和国民福利水平方面也存在后发国家赶超发达国家的情况。

后发大国同时是大国和后发国家，同时具备大国的特点和后发国家的特点，后发大国经济发展的禀赋、潜在优势、劣势也同时兼有大国和后发国家的特点，这也决定了后发大国的经济发展战略、路径也要受到大国和后发国家内生的经济发展战略与路径的影响。

8.1.2 后发大国的典型特征

典型特征是属于普遍性和共性一类的属性，它是在对研究对象外在表现的各种特征进行全面考察的基础上，从中提取出来的能够反映该类对象普遍性和共性的特征，是对研究对象基本特征的归纳，而不是对研究对象外在特征的简单挑选。后发大国的基本特征是大国特征和后发国家特征的综合。

大国的基本特征集中体现在规模性、内源性和多元性三个方面。具体来看，大国的基本特征主要表现在以下几个方面：其一，资源总量大。通过对大国特征的全面梳理可以发现，大国的国土面积大、人口总量多、资源种类齐全、资源总储量大，这些特征为大国经济发展提供了一些重要的条件。国土面积大意味着土地辽阔，土地资源丰富；人口总量多意味着劳动力资源丰富和潜在的市场需求大；资源种类齐全和资源总储量大意味着可以为国民经济发展提供必要的矿产和非矿产资源，有利于大国经济的发展。其二，大国经济具有内源发展的潜在条件。要素绝对量大、总量多，决定了大国的潜在供给能力强，可以提供大量产品；人口多，人均收入提高后，市场需求会很大，能够消化大规模的国内产出，进而在本国内部实现总供求的均衡，可以在一定程度上避免国际市场波动对本国经济增长的不利冲击；另外，市场需求大有助于专业化分工和大规模生产，有利于降低生产成本，获得专业化生产和规模经济的利益。其三，大国国内经济发展具有多元化的特征。由于幅员辽阔，各地方的自然地理条件差异可能会比较大，不同地理特征和气候特征的地方同时存在，既有广大的农村地区，也有城市；既有适合从事农业生产的区域，也有适合从事工业、服务业的地区。这种多元性、异质性自然地理区域的存在，意味着大国经济结构可能是多元化的。各地区之间发展经济的自然地理禀赋不同意味着地区间发展差距可能会很大并将长期存在。多元化也意味着不同地区之间的经济发展水平差距明显，地区间发展梯度明显，技术和产品生命周期的不同阶段可以在一国内部不同地区并存，有助于处于生命周期不同阶段的技术潜在经济效益的发挥，从而充分利用技术的经济增长效应。其四，大国经济发展具有转型特征。尤其是多元异质性自然地理区域的存在，决定了地区间经济发展水平和经济结构差异会始终存在。随着经济发展水平的提高，产业结构、区域结构以及城乡经济结构将处于递次推进与转化之中，从而决定了大国经济发展将长期伴随着经济结构的转变和发展

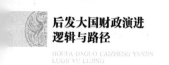

方式的转型。

后发国家的基本特征主要表现在以下几个方面：其一，后发国家相对于发达国家而言，经济总量较小、人均产值较低、国民整体福利水平较低。由于后发国家整体上落后于发达国家，因此在表征经济发展的各项指标上都具有欠发达国家的特点。但是，这种落后状态只是从特定时间点或时间段来考察的，如果后发国家能够实现持续的经济增长，这种经济指标上的落后或早或晚会发生转变。其二，技术落后。后发国家相对于发达国家而言，技术水平显得较为落后，技术进步缓慢，技术对经济增长的贡献率低，有利于技术进步的相关制度较缺失，经济体内缺乏促进技术进步的动力和激励。这种与发达国家之间技术水平的差距意味着，如果后发国家能够利用发达国家的成熟技术，有可能经历一段时间快速的技术进步，从而缩小与发达国家的技术差距。其三，后发国家经济结构水平低。后发国家一般第一产业产值比重较高，就业人口占总就业人口比重较高，而第二产业和第三产业的产值的比重和就业人口比重偏低，尤其是第三产业对应的产值比重更低。在第二产业和第三产业内部也表现出经济结构水平低的特点，即低端、传统制造业产值占第二产业比重偏高，高端制造业占第二产业产值比重偏低，工业经济体系不完整，技术水平低。第三产业内部的传统服务业比重较高，金融、保险、教育、保健等现代服务业的比重较低。其四，制度落后。后发国家相对于发达国家而言，制度整体上落后，缺乏鼓励技术创新、经济增长、社会公平等制度安排，制度体系内部结构不合理，甚至存在部分关键制度缺失的情况，如产权保护的制度、分散风险的制度；存在制度僵化的情况，制约经济增长和社会发展，落后制度长期处于僵化状态，缺乏制度变迁的动力。制度的僵化和落后导致了经济社会发展落后，经济社会发展落后又反过来导致落后制度固化，形成制度落后和经济社会发展停滞的因果循环累积机制。需要说明的是，后发国家经济发展中的上述落后状态也是就特定时点或某一时间段来讲的，也许当其具备经济发展的某些条件后，后发国家经过一段时间发展会逐渐改变经济落后的状况，上述经济落后的特征就变成历史了。

后发大国的特征是大国特征和后发国家特征的综合。经济特征集中表现为国内资源总量大、潜在供给能力强、市场需求大，具有内源发展的特征，国内经济结构多元并存，经济长期处于转型状态，暂时表现为经发展水平低、技术落后、经济结构不合理、制度落后等。这些特征蕴含着后发大国特有的发展优势、劣势以及由此决定的经济发展战略和经济发展阶段推移等趋势与路径。

8.1.3 后发大国的经济发展优势和劣势

后发大国的基本特征决定了其具有独特的经济发展优势和劣势。后发大国的经济发展优势和劣势是大国的经济发展优势、劣势和后发国家的经济发展优势、劣势的综合，如果能够充分发挥后发大国的经济发展优势，规避劣势，后发大国经济发展可望取得好的发展效果。

本部分首先考察大国的经济发展优势和劣势。大国的经济发展优势主要表现在以下几个方面：

其一，规模经济优势。经济规模包括的供给要素、需求要素是大国规模优势的重要条件。从供给角度看，大国幅员辽阔、人口众多、要素种类齐全、要素绝对量大。大国幅员辽阔、人口众多对应劳动力资源丰富，劳动力成本优势明显；要素种类齐全、要素绝对量大，能够满足大国建立完整的工业和国民经济体系的需要。上述要素优势决定了大国经济发展的要素供给（含数量、种类、价格）受国际市场波动的影响较小，经济独立性较强、稳定性较好，具有实现较长时期经济持续增长的条件。从需求角度看，大国潜在市场需求大，可以为经济增长提供市场条件。由于人口总量大，随着人均收入的增加，国内消费需求绝对量大，可以为国内经济增长提供庞大的市场需求支持，使大国经济增长更少受制于国际市场的约束，实现较长时期的持续增长。市场需求大意味着可以支撑深度的分工，有助于专业化生产，获得专业化的经济优势和利益。市场需求大还意味着可以进行大规模生产，降低生产成本，获得规模经济优势和收益。由此可见，无论从要素种类和数量决定的供给能力还是从人口数量决定的消费能力看，后发大国的潜在经济规模都比较大，后发大国无需像小国一样通过出口、加入国际统一大市场等途径获得大市场的发展条件，可以避免小国为参与国际市场所承担的国际市场供求、汇率、关税壁垒等风险。大规模生产有助于企业降低生产成本。企业大规模生产的成本优势不仅有利于消费者福利的增加，也有利于生产者积累资本进行扩大再生产和技术创新，提高经济增长的质量。

其二，经济结构多元化优势。大国内部经济空间异质性明显，要素禀赋差异大。三次产业内部不同技术水平、城乡经济发展差距、地区发展差距等同时存在。经济发展中时间上依次呈现的产业结构演进阶段在大国内部不同经济空间共存。产业结构、区域结构多元化有助于大国经济结构的动态调整，使大国能够兼容不同经济发展阶段的经济结构，使多种经济形式相互依存、相互补充、相互促进。由于自然地理条件差异大，大国内部具有经济结构多元化的特征，这就意味着大国内部同时存在不同经济发展水平和利用不同要素禀赋优势发展的特色经济区域，从而使大国内部可以容纳不同发展阶段、发展水平和要素禀赋的经济形式，能够在经济发展的任何阶段都保持较稳定的发展状态和增长速度，使大国经济具有更强的稳定性和抗风险能力。

大国经济也存在一定的发展劣势，主要表现在以下几个方面：

其一，奠定大国经济发展基础需要大规模的资本积累。大国为奠定经济长期发展的基础，有必要建立相对完整的工业和国民经济体系，相关工业大多资本密集程度高，在经济发展初级阶段建立相对完整的资本密集型的工业体系需要大量的资本，但由于投入资本转化为最终产出的时滞长，国外投资者缺乏投资积极性，这容易让大国经济发展面临较严重的资本短缺问题。如果通过国内传统农业部门来积累资金，也需要传统部门长期承担过重的资本积累压力，对国内经济结构协调发展造成长期的压力。同时，让传统农业部门长期为重工业部门提供资本积累也容易引起传统农业部门的不满。长期为工业部门提供积累可能抑制农业部门发展，导致工业部门和农业部门发展差距扩大，产生严重的结构失衡问题。

其二，国内地区间、城乡间要素禀赋差异大，容易出现经济发展结构失衡的问题。由于地区间、城乡间要素禀赋差异大，发展经济的条件差异大，当经济发展进入快速增长通道后，要素在地区间自由流动很容易出现部分地区要素快速集聚，经济快速增长，其他地区要素大量流失，要素密度降低，经济增长缓慢甚至停滞，导致地区间发展差距扩大，城乡间发展水平悬殊，出现经济严重失衡的局面。尤其是在经济快速发展时期，随着地区间和城乡间发展差距快速扩大，如果不能妥善处理地区和城乡发展差距与不同群体在发展中发展成果的共享问题，有可能陷入"中等收入陷阱"，中断大国经济发展的进程。

后发国家的经济发展优势主要表现在以下几个方面：

其一，技术上的后发优势。后发国家一方面表现为经济发展水平、技术水平远低于发达国家，另一方面，也意味着后发国家有着很大的、因为落后而存在的发展优势。后发国家经济发展水平低，要素价格便宜，意味着生产成本低，在开放经济条件下具有吸引国外投资者的成本优势，随着资本的流入，国内闲置的劳动力、土地和其他要素被充分利用起来，后发国家经济发展进程会明显加快。伴随着国外投资者的进入，资本、技术也随着进入后发国家，如果国内具有一定的技术吸纳能力，后发国家可以在引进外资中实现技术的快速进步，不必承担发达国家在研究开发这些技术时的风险和高额投入，从而技术进步速度明显快于发达国家。此外，后发国家也可以通过购买专利、进口设备、引进专业技术人员等方式加快技术进步的步伐，以较快速度缩小与发达国家的技术差距，实现技术上的赶超。

其二，制度上的后发优势。后发国家可以学习发达国家经济发展中的相关经济政策，把适合后发国家经济发展的经济政策借鉴过来，节省经济发展中相关经济政策的探索、试错的成本，从而实现经济政策的跨越式发展。此外，后发国家还可以借鉴发达国家经济社会发展中行之有效的制度，如产权保护制度、专利保护制度、财政制度、金融制度等，减少制度建设中的相关成本，尽快缩小与发达国家之间的制度差距。当然，由于制度的兼容性和非正式制度的内生性，后发国家不能将发达国家成功的正式制度都借鉴过来，即使是可以借鉴的正式制度，也需根据后发国家自身的相关制度进行必要的适应性改造，这也在一定程度上弱化了后发制度优势。

后发国家的经济发展劣势主要表现在以下几个方面：

其一，经济上的后发劣势。发达国家利用先发优势已经占据技术、市场上的有利地位，后发国家如果跟随发达国家的发展路径发展，就只能跟在发达国家后面，在经济结构、技术水平等方面始终落后于发达国家，难以真正赶上和超越发达国家。

其二，技术上的后发劣势。由于长期模仿、学习发达国家的技术，后发国家如果不能适时转换技术进步的路径，就会导致其缺乏技术研究开发能力，难以研究开发出适合本国要素禀赋的技术，既不利于本国整体技术水平的提高，也不利于本国要素的充分合理利用和经济结构的合理化。

其三，难以解决制度兼容问题，导致引进的制度难以有效发挥作用。如果从国外引入的正式制度不能与后发国家国内的内生制度（由于历史、文化传统等因素决定的内生于本国经济社会发展的、不能从国外引进的制度）相兼容，会出现制度冲突，导致从国外引进的制度难以有效发挥作用，降低整体制度的绩效，甚至引发国内矛盾，影响经济发展进程。

其四，容易出现经济、政治和社会冲突。由于经济发展水平和政治结构、

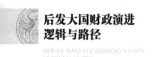

社会结构、制度结构之间具有内在关联机制，在正常情况下，一国经济发展水平和政治结构、政治制度、社会结构、社会制度等之间是相互适应的，处于有机联系状态。在经济后发优势的作用下，后发国家在经济快速发展、技术快速进步的同时，政治结构、政治制度、社会结构、社会制度还是受其自身演变机制的控制，缓慢演变甚至保持相对的稳定性，从而容易出现经济发展与政治结构调整、社会结构调整脱节和不同步的情况，进而出现社会混乱甚至动乱，干扰正常的经济发展和社会进步进程。

后发大国既集中了大国的经济发展优势与后发国家的经济发展优势，也潜藏着大国的经济发展劣势和后发国家的经济发展劣势，为尽可能获得后发大国潜在的经济发展优势，规避后发大国的经济发展劣势，后发大国需要制定适合大国经济发展的战略，构建与发展战略相适应的相关制度，促进后发大国的经济发展，尽快摆脱欠发达国家的困境，实现经济发展和社会进步。

8.1.4　后发大国经济发展机制的基本分析

后发大国经济发展的过程就是立足后发大国的基本国情，充分发挥后发国家优势和大国优势，抑制后发国家劣势和大国劣势，经历若干发展阶段从欠发达的大国发展成为发达的大国的过程。后发大国的经济发展是一个长期的过程，会经历不同的发展阶段，每一个发展阶段因为发展的内部条件和外部条件不同，需要处理的重点问题和关键问题也有所不同，需要政府制定不同的政策和提供不同的制度安排。财政制度是后发大国经济发展的重要制度，但在不同的经济发展阶段，制定和实施的财政政策与财政制度有所不同。因此，后发大国的财政制度具有明显的阶段性特征。

按照后发大国经济发展的逻辑，后发大国的经济发展一般会经历以下几个阶段：首先是为后发优势和大国优势的发挥奠定基础。随着发挥后发优势和大国优势的基本条件的具备，后发大国经济发展进入充分发挥后发优势和大国优势的阶段。伴随着后发优势和大国优势的发挥，后发劣势和大国劣势也逐渐出现，后发大国的经济发展随之进入抑制后发劣势和大国劣势的阶段。如果后发大国能够有效抑制后发劣势和大国劣势，经济发展就进入持续的经济增长阶段。经过一段时期的持续发展，后发大国进入发达国家行列，完成经济发展的目标。后发大国经济发展阶段是影响财政等制度安排和变迁的重要因素，同时财政等制度也会对经济发展阶段产生相应的影响，要么推进经济向前发展，促进经济发展从较低级发展阶段进入较高级发展阶段；要么阻碍经济发展，使后发大国经济发展陷入困境，处于停滞状态，甚至倒退。

后发大国经济发展的第一个阶段是奠定后发大国经济发展基础的阶段。后发大国的基本特征蕴含着后发优势和大国优势，但后发优势和大国优势只是一种潜在的优势，要转化成为实际的经济增长还需要具备一定的条件。稳定的政治局面、统一开放的国内市场、一定规模的符合现代经济发展要求的劳动力、满足经济发展的系统的基础设施、健全的产权保护和市场运行制度、经济发展所需的装备工业体系等是确保后发优势和大国优势能够得到发挥的基本条件。对于经济发展水平较低的后发大国而言，获取奠定上述条件的资本是该阶段经济发展的关键。财政制度作为资源配置的一种制度安排，在积累一定规模的资金，集中配置到上述领域，形成后发大国经济发展基础的过程中有重要作用。由于后发大国经济发展的初始条件不同，奠定上述条件的时间紧迫性不同，财政等经济制度安排筹集资金任务的紧迫程度不同，财政制度的具体内容也有所区别。

随着经济发展基本条件的具备，后发大国经济发展进入后发优势和大国优势充分释放的阶段。由于后发优势和大国优势发挥的基本条件已经形成，意味着市场机制在资源配置中发挥基础性，甚至决定性作用的条件已经形成，这也意味着财政经济制度需要做出重要的调整。为了让市场机制在资源配置中发挥决定性作用，财政、金融等经济制度安排需要服务和服从于要素充分流动和优化配置的目标，政府的经济社会管理职能也应该做出重要调整。但不可否认的是，后发大国的市场经济体制既具有市场经济体制的一般特性，也应该具有后发大国的特殊性，因此后发大国该阶段的财政制度安排既要体现市场经济体制的一般性要求，又要体现后发大国经济发展特定阶段的特殊要求。

随着后发优势和大国优势的充分发挥，后发劣势和大国劣势也逐渐积累，后发大国经济发展进入后发优势与后发劣势、大国优势与大国劣势并存的阶段，继续挖掘后发优势和大国优势，抑制后发劣势和大国劣势成为后发大国经济发展新阶段的主要任务。其一，由于大国内部地区之间、城乡之间的要素禀赋差异较大，经济发展差距在市场机制的作用下累积性扩大，城乡之间、地区之间发展差距所表现出来的经济发展不平衡即将通过对消费、投资、社会稳定等方面影响后发大国经济的进一步发展。其二，随着后发优势的逐渐释放，后发国家与发达国家的技术差距逐渐缩小，后发国家技术研究开发能力弱，关键核心技术受制于发达国家的情况越来越明显，后发国家进入技术进步速度减慢、阻力增大、技术进步方向迷失的困境，甚至陷入技术停滞时期。其三，从发达国家引进的正式制度与后发大国内生的非正式制度之间的矛盾越来越尖锐，甚至出现明显的对立，影响后发大国的社会稳定，阻碍经济的进一步发展。如何缩小后发大国内部地区之间、城乡之间的发展差距，促进经济结构的协调，转变技术进步的路径，增强技术的自主研究开发能力，缓解社会矛盾，维护社会稳定，成为后发大国经济发展需要面对和解决的重要问题。由此，财政、金融等经济社会制度需要对该时期经济社会发展所面临的挑战做出及时有效的应对。

8.2 发展战略、资源配置模式与经济制度安排的相关性分析

任何国家都必须从本国经济发展的实际情况出发，制定相应的经济发展战略。不同的经济发展战略会影响资源配置模式的选择，资源配置模式会影响经济制度、社会制度的选择。

一个国家发展经济所面临的环境约束包括国际环境和国内环境。不同国家在经济发展的不同时期对国际环境的依赖程度存在明显的差别，总体上是在经济全球化以前对国际经济环境的依赖程度较低，自经济全球化以来，国家之间的相互联系越来越多，相互依赖程度越来越高。在一国经济规模比较小的阶段，其对国外要素和市场的依赖程度较低，随着经济规模的扩大，其对国外要素和市场的依赖程度逐渐提高。国家领土面积越大，资源种类越多、总量越大，市场规模越大，国家经济发展的独立性越强，越能主要依靠本国资源和国内市场发展经济，经济发展的空间也就越宽松。当然，由于要素数量和质量在不同国家之间的分布的非均衡性，即使是大国，经济发展也有必要通过要素的跨国流动实现更高的资源配置效率。

由于每个国家正式启动现代经济发展的时间不同，面临的发展环境也会不同，这些都会影响其资源配置基本模式的选择。随着经济规模的扩大，经

济发展对要素和市场需求也越来越大，即使在全球范围内，在技术相对稳定的短期内，要素也是相对固定的。经济发展起步越早的国家，在要素和市场竞争方面所面临的国际环境越宽松，越能够以较低的成本获得发展所需的要素和市场（当然也可能面临市场自我封锁国家的阻力）。现代经济发展起步越晚的国家，要素和市场的国际竞争越激烈，获取发展所需的要素和市场的难度越大。也就是说，发达国家在获取要素和市场方面具有一定的先发优势，但后发国家可能利用发达国家长期研究开发出来的先进技术，借鉴其长期探索、实践成功并行之有效的制度，从而可以获得后发优势。

国家经济发展战略受到国家发展特征的约束。与个人行为的目的性相似，一国经济发展也是有目标、有计划的。处于不同发展阶段的国家，由于对经济发展规律的认识水平不同，可以借鉴和参考的经验与模式存在差别，经济发展战略的选择空间也因此存在差别。现代经济发展起步越早的国家，由于先前研究成果较少，可以借鉴的经验不多，自发地探索经济发展规律的成分越大，对经济发展规律的认识更多是在不断总结经验教训中获得的，经济发展战略和道路在不断的试错过程中确立。当然，随着对规律的认识越来越深入和全面，后发国家制定经济发展战略的自觉性也越来越高，逐步进入有意识和自觉制定经济发展战略的阶段，相关制度安排的计划性、目标性越来越强。

利用经济理论和经验制定相应的经济发展战略，并在战略的指导下确定资源配置模式是各国经济发展的一般逻辑。经济发展战略是基于对某一区域某一较长时间内相关环境的全面了解而制定的长期的、全局性的经济发展规划。从不同角度考察，经济发展战略有不同的分类。例如，根据本国经济发展与国际市场的关系不同，经济发展战略可以分为外向型经济发展战略和内向型经济发展战略；根据经济发展优先顺序不同，可以分为工业优先的经济发展战略、农业优先的经济发展战略、第三产业优先的经济发展战略；根据国内不同产业和区域发展重点不同，经济发展战略可以分为均衡的经济发展战略和非均衡的经济发展战略，等等。要素配置模式的选择与经济发展战略具有一定的相关性，无论哪种经济发展战略都会涉及要素配置模式的选择，根据要素配置主体的不同，要素配置模式可以概括为以企业和家庭为主体的资源配置模式和以政府为主体的资源配置模式，前者是分散的资源配置，后者是集中的资源配置，前者更多是基于微观经济主体在市场和相关信息约束下自主的资源配置，后者则是基于政府的经济发展目标而运用国民经济计划直接干预微观经济主体经济行为的资源配置。

一般来讲，分散的资源配置模式对应着市场经济体制，集中的资源配置模式对应着计划经济体制。分散的资源配置模式基于微观经济主体对自身利益的关注，利用市场机制的优势，灵活调节供求关系，实现资源的优化配置。由于这种资源配置模式的动力来源于微观主体对自身利益的关心，能够充分调动微观经济主体发展经济的积极性和主动性，在竞争性领域的资源配置效率较高。但一些公共性的、全局性的、不能直接分解为个体利益的领域，由于缺乏关心的主体，资源配置不足，容易导致微观高效和宏观低效甚至无效并存，最终出现公共利益、全局利益缺失，个体利益也无法获得保障的局面。相对而言，集中的资源配置模式可以利用集中信息优势，集中配置资源于那些全局性、长远性的领域，解决经济社会发展的关键性的、基础性、"卡脖子"的重要问题，为微观经济提供基础性保障。可是这种模式可能会存在信息收集、处理成本高，容易导致决策失误；由于行政干预容易导致寻租，造成资源低效甚至无效配置的问题。通常，在经济发展的初期，由于经济总量较小、经济结构简单、决策的信息成本较低，通过集中的资源配置发展那些关系经济发展全局的重要产业部门，如重要的装备工业部门、基础设施等，有利于经济体系的合理化和经济增长质量的提高。随着经济发展水平提高，市场需求多元化、复杂化程度提高，生产行为多元化后，集中配置资源的劣势明显超过其可能存在的优势，市场分散配置资源的优势变得更加明显。此外，随着经济发展水平提高，人们的消费结构中公共消费所占的比重越来越高，主要是公共品或具有较强外部性特征的准公共品。在理论上，尽管这类物品或服务更适合由政府提供，但随着经济发展水平提高，技术水平提高，这又会将传统中政府集中配置资源提供的物品或服务转化为通过市场分散配置资源向社会提供。

资源配置模式的选择在一定程度上决定了政府和市场配置资源的相对比重。由于资源一般被分解为归以家庭、企业为主体的市场支配和由政府支配两个部分，分散的、以家庭和企业为主的资源配置模式意味着市场支配的资源或要素占全部资源或要素的比重高，集中的资源配置模式意味着政府支配的资源或要素占全部资源或要素的比重高。实际上，归政府配置的资源占全部资源的比重可以用政府收入或包括全部政府收入在内的财政收入（或支出）

占一国经济总量的比重来衡量，也就是用广义的宏观税负来界定资源配置模式。宏观税负高的资源配置格局可以粗略界定为集中的资源配置模式；反之，则界定为分散的资源配置模式。当然，集中的资源配置模式并不能简单地以具体财政收入或支出占国内生产总值的比重来衡量，还应该结合政府配置这部分资源所处的经济领域在整体经济中的地位和作用以及政府通过行政和法律方式对资源配置的干预范围与强度等来综合确定。

此外，政府还可以通过调整财政制度体系中的财政收入制度、支出制度、财政体制和预算管理制度来调节资源配置模式，或者在同一资源配置模式内部进行局部调整。例如，政府通过调整财政收入制度、增加或减少国债发行、增加或减少税种、调节税目、调整税率、予以税收优惠等措施来调节归政府支配的资源的规模；通过调整财政支出的重点领域，扩大或缩小财政支出领域，集中或分散中央与地方政府财政管理权限等。财政制度的局部调整不影响资源配置的模式，只是局部改变资源配置的结构。财政制度大力度的调整往往意味着资源配置模式的根本性改变，甚至导致经济体制的改变。

8.3　后发大国经济发展与财政制度演变的适应机制分析

后发大国经济发展受到其要素禀赋特征和发展时代性特征的影响。后发大国经济发展的要素禀赋特征决定了其经济发展需要充分利用人口、资源等要素禀赋优势，充分享受规模经济、范围经济以及不同发展水平地区空间并存，相互依赖、相互补充的优势，抑制城乡、地区以及行业发展差距可能对经济发展造成的不利影响。同时，创造条件充分享受技术后发优势、制度后发优势以及产业结构演进后发优势，避免和阻止后发技术劣势和后发制度劣势，实现后发大国经济发展阶段的顺利转换和升级。后发大国的经济发展需要经历不同的发展阶段，每一个发展阶段所面临的内部条件和外部条件不同，需要解决的主要和关键问题不同，对资源配置方式的要求也有明显差异。不同的资源配置方式需要有不同的制度安排与其相适应，适宜的制度安排有助于引导资源配置适应不同经济发展阶段的要求，完成不同经济发展阶段的目标。错误的制度安排会阻碍资源配置适应经济发展阶段的要求，不利于经济发展阶段性目标的达成。财政制度是影响资源配置的一种重要制度安排，对资源的空间、产业、行业配置结构以及投资和消费结构会产生重要的影响，影响资源配置的效率、经济发展的质量以及经济发展的速度与水平。

后发大国在经济发展的初期，为了形成后发优势和大国优势发挥所需的条件，其财政制度需要充分发挥资源配置职能，加快推进基础产业、农业与教育等行业的发展。由于基础产业涉及的基础设施系统、重要的能源与原材料部门和装备工业部门，农业、教育部门等具有投资规模大、建设周期长、资金回收慢以及收益外溢性强甚至难以产生直接经济效益等特点，一般民间投资主体缺乏投资能力和投资意愿，需要政府公共投资发挥主导作用，因此后发大国经济发展初期需要财政充分发挥资源配置职能，即借助一定的财政制度安排，将较大比重的资源分配在基础设施、重要的能源和原材料、装备工业、农业以及教育等领域，奠定后发优势和大国优势发挥的基础，以便充分享受后发优势和大国优势的红利。当财政制度安排顺应了该阶段经济发展的要求，形成了有助于后发优势和大国优势发挥的全国性的基础设施系统，形成了满足经济发展的重要能源和原材料工业体系，满足经济发展的装备工业体系，支撑经济发展的农业基础和一定规模的、满足现代经济发展要求的劳动力队伍后，就标志着后发大国经济发展第一阶段的基本任务完成。当然，资源在行业和空间上倾斜配置也会对一些行业和空间的发展产生不利影响，使经济结构演进有非均衡、跳跃性演进的特征，导致经济结构出现一定程度的不协调，使后发大国经济结构演进具有不同于一般小国和发达国家经济结构均衡渐进演进的路径。

随着后发优势和大国优势发挥的条件逐渐具备，后发大国经济发展进入后发优势和大国优势充分展开阶段。由于市场机制在竞争性领域资源配置中具有明显的优势，因此在后发优势和大国优势发挥的基本条件具备后，后发大国需要建立一种有助于市场机制在资源配置中发挥基础性甚至决定性作用的经济体制。由于市场机制配置资源的优势主要集中在竞争性领域，同时由于市场机制的内在缺陷，需要政府通过财政制度安排在公共品和公共服务的提供、收入分配、经济稳定和经济发展等领域发挥重要作用。建立一种与市场经济体制相适应的、具有后发大国特征的财政制度是后发优势和大国优势得以充分发挥的制度条件。随着市场机制作用的充分发挥，后发优势和大国优势的充分展开，后发大国在实现经济快速增长、技术快速进步和经济结构快速演进的同时，也会出现城乡、地区、行业发展差距扩大，供给与消费结构失衡，收入差距和财富差距扩大的情况，严重时会阻碍后发大国经济的持续发展，甚至中断后发大国经济发展的进程。

随着后发大国内部经济结构矛盾的加剧和后发劣势的逐渐显现，后发大国经济发展进入后发优势与劣势、大国优势与劣势交织甚至相互转化的阶段。随着城乡、地区和行业发展差距的扩大，民众收入差距和财富差距的扩大，后发大国内部经济结构的不平衡越来越明显，可能导致后发大国消费与投资结构的失衡，影响社会稳定，从而导致经济内部结构矛盾尖锐化。随着后发大国技术的快速进步，与发达国家之间的技术差距缩小，后发大国的技术进步逐渐受研发能力限制，难以从发达国家继续引进技术，技术进步陷入缓慢、停滞以及关键核心技术缺乏的境地。为了缓解后发大国阶段性的经济结构失衡，增强技术进步能力，财政制度安排需要做出适应性的调整。财政制度安排的基本任务主要是通过加大对农业农村经济发展的财政支持力度、加大对经济欠发达地区的财政支持力度等措施，缓解国内经济结构的不平衡；加大对教育的财政支持力度，提高人力资本水平；加大对科学技术的财政支持力度，尤其是加大对基础科学研究、重大应用科学技术研究的财政支持力度，增强技术进步的能力，抑制后发技术劣势。有效的财政制度安排会有助于增强后发大国经济持续发展的能力，促进后发大国经济的协调发展。

后发大国的财政制度安排有效抑制了后发劣势和大国劣势，后发大国经济发展进入经济持续增长、技术持续进步并向高收入国家前进的阶段。随着后发大国经济发展水平的提高，国内经济结构、居民消费等必将发生相应的变化，抑制民众收入差距和财富差距扩大、促进地区和行业协调发展、满足国民对公共品和公共服务的要求，成为后发大国财政制度安排的重要内容。与此同时，后发大国经济发展的国际环境也将发生相应变化，尤其是可能遇到发达国家的阻挠，经济持续发展的外部阻力增大。这要求后发大国的财政制度安排有效应对来自国际敌对势力的挑战，维护有利于后发大国经济发展的国际环境。如果财政制度安排能够解决后发大国经济持续发展阶段的关键问题，后发大国的经济发展在经历一个较长时期的持续增长后，将进入发达国家行列，完成经济发展的任务。

综上所述，后发大国经济发展的不同阶段分别面临着不同的环境，需要处理不利于经济发展的关键问题，要求财政制度具有较强的适应性，以便有

效应对不同经济发展阶段的问题，促进后发大国经济沿着由低到高的路径持续发展，直到完成经济发展的任务，达到发达国家的经济发展水平，完成经济发展的使命。

8.4 后发大国政治因素对财政制度的影响

后发大国在开始有意识、大规模的工业化和持续的经济增长之前，大多还没有建立或形成现代民主政治的体制框架，国内政治结构具有较强集权政治的特征。这种政治结构对其在发展初期经济发展战略的制定、财政等经济制度的选择具有十分重要的影响。相对集中的政治权利结构有助于形成具有较强资源动员能力的财政制度，有助于集中资源投资于国民经济的重要领域和关键部门，形成国民经济发展的物质基础。分散的政治权力结构难以在短期内筹集大规模的经济资源，不利于在较短时期内形成有助于后发大国经济发展的物质基础。民众对政府的信任有助于减少国家财政制度安排的阻力，提高财政制度的效率。

后发大国开始大规模的工业化之前的政治结构一般有两种情形：其一是在宗主国控制之下的殖民地或半殖民地国家，其二是在本国原落后政治经济制度控制之下，政治经济处于落后状态，或者主要统治集团附属于国外资本势力。这些国家的政治独立大多通过两种方式实现：其一是国内代表先进生产力的阶级推翻严重腐朽落后的政治制度，建立新的符合生产力发展的政治制度，形成新的政治权力结构；其二是通过民族解放运动摆脱原宗主国的政治控制，获得政治上的独立。政治制度和政治结构对经济发展和财政制度安排的作用主要通过以下几种方式表现出来：

第一，政治独立与主权完整有助于后发大国开展独立自主的经济建设。政治上取得独立的后发大国可以摆脱宗主国在经济上的剥削，建立基于后发大国自身经济发展的国民经济体系，而不是服务于宗主国利益最大化的经济体系。当然，后发大国在产业体系中较长时期处于不利地位，难以完全摆脱在国际贸易中的不利地位，独立的经济体系短期内难以建立。政治上的独立是经济上的独立的基础，政治独立、主权完整使后发大国可以从本国长期经济社会发展的全局统筹考虑国民经济发展，确定经济社会发展的阶段性目标和各时期的重点发展领域，使国民经济发展有目的、有计划推进。

第二，政治上的独立有助于后发大国形成统一开放的国内市场体系。后发大国最重要的潜在优势之一就是规模优势，即后发大国有潜在的、容量巨大的国内市场的优势，大市场可以为专业化分工、规模化生产提供市场条件，但在后发大国政治上取得独立之前，难以自主地建立全国统一、开放、有序的大市场。大市场不仅意味着商品的全国流通，还意味着市场体系的完整、市场规则的统一、交易费用的大幅度下降，意味着要素在全国范围内优化配置与商品、服务在全国范围内的自由流通，大市场有助于经济社会的稳定、持续发展。

第三，政治上的独立有助于后发大国基于本国经济发展的需要，独立自主地制定符合本国经济社会发展的战略和政策。政治上的独立是后发大国独立自主地制定符合本国经济社会发展的发展战略和发展制度的前提与基础。后发大国开展大规模的经济建设，尤其是开展大规模的工业化建设，需要大量对基础设施、基础工业方面的投资，这些领域的投资建设是后发大国经济上摆脱对宗主国和发达国家不对等的依赖，独立自主地开展经济建设的前提。如果不能形成支撑本国大规模经济建设的基础工业和基础设施以及农业基础，后发大国难以从实质上摆脱作为宗主国和发达国家的附属的身份，难以实现经济社会发展的目标。当然，在开放经济条件下，后发大国完全独立于国际经济体系之外，放弃享受后发国家技术后发优势等优势并不明智，但只有建立了本国经济发展的物质基础，后发大国才能真正走上独立自主的经济发展的道路。只有建立了相对完整的国民经济体系，后发大国才可能从整体上改变经济发展的环境，为投资者提供相对稳定的投资预期收益，才可能吸引海外投资者对后发大国的投资。

第四，只有政治上的独立才可能调动民众积极参与经济社会发展的积极性，积极配合后发大国的经济发展。建立在政治独立、主权完整基础上的国家政权才能给民众一个稳定的生产生活环境，才能让民众预期到可以享受经济社会发展成果，进而积极参与、配合国家的经济社会发展战略和政策，尤其是在需要民众承受一定程度的甚至较大的发展成本，为将来发展付出短期代价时，政治上的独立、执政党在民众心目中的威信具有十分重要的作用。

不同的政治结构对后发大国经济发展战略和财政制度安排会产生不同程

度的影响。不同的经济发展战略和财政制度安排会形成不同的社会群体之间的利益结构和不同的经济发展阶段的成本收益分配格局，会对不同的社会群体造成横向和纵向的分配效应。一般来讲，后发大国经济发展战略和财政制度安排会对效率和公平造成一定的影响。后发大国在发展初期的效率主要是指后发大国在一定时间内积累一定规模的资源，奠定国家较长时期的发展基础，享受后发优势和大国优势的红利，实现经济的快速增长和技术进步。公平包括代内公平和代际公平。代内公平是指同一时期同代人不同社会群体之间的公平，比如农村居民和城镇居民如何分担国家长期发展成本。代际公平是指不同时期不同代人在国家发展成本的分担和收益分享之间的分配公平。实行赶超型经济发展战略的后发大国，由于工业基础差，工业的自身积累能力弱，为了在较短时期内积累较大规模的资金，需要农业部门承担较多的国家发展成本，在短期内，需要农业和农民为国家发展做出更大牺牲。在国内各阶层政治力量均衡的政治结构中，这种由农业部门和农民承担更大发展成本的发展战略与制度安排就会因为受到代表农民利益的政治力量的阻挠而难以实施，但在执政党具有较高威信、民众对执政党有较高信任度，农民预期成本付出能在一定时间内获得补偿的情况下，农民也会主动承担短期的、与城市居民不均等的发展成本，为国家长期发展做出较大的贡献。

在集权程度较高的政治体制内，为了后发大国整体、长期的发展，由农业部门和农民承担较大发展成本的发展战略与制度安排可以较容易实施。由不同社会群体承担不同发展成本的制度安排首先还是要受到国家发展目标对社会成员的吸引力的影响，也受到社会群体对执政党的信任度和各社会群体的政治觉悟的影响。当然，即使在集权程度较高的政治结构中，这种由农业部门和农民承担较大国家发展成本的发展战略与制度安排也应该把握一个必要的度，即在农民和农业部门实际可以承受的限度内，否则容易导致农业的停滞，进而影响工业发展，或者导致农民的集体不满，进而通过"偷懒、怠工"等方式消极应对，影响农民对工业发展进而对国家发展的实际贡献。由此可见，集权程度较高的政治结构具有较高的经济效率，代价是代际内的城乡居民在分摊国家发展成本上的不公平。如果这种由农民承担较多发展成本的制度安排实行的时间不长，在国家进入快速发展阶段后能够对前期付出较多成本的农民提供一定的补偿，可以实现农民在不同发展阶段的跨期公平。相反，如果农民承担较多发展成本持续的时间过长，农民群体不能在生命周期内获得国家的补偿，这意味着对部分农民的不公平。在各阶层实力均衡的政治结构里，让农民承受更大的国家发展成本的发展战略与制度安排的实施难度无疑会更大，国家筹集经济建设资金的难度会增大，短期内有助于均衡不同社会群体在国家发展上的成本和负担，维护社会公平，但可能延迟甚至阻碍后发大国奠定长期发展的物质基础，影响后发优势和大国优势的发挥，抑制后发大国的经济发展。

集权型的政治结构在一定程度上有助于形成具有后发大国特色的公共财政制度，但也可能使公共财政制度流于形式。当后发大国进入后发优势与大国优势充分发挥的阶段后，其需要建立市场经济体制，这需要配套建立公共财政制度。这时，集权型政治结构的两面性就会表现出来：一方面，如果集权型政治结构中的执政党代表全体社会成员利益，政府是中性的（对所有社会成员、群体、利益集团没有偏向性），公共财政制度的形式、内容和实质是一致的。另一方面，如果在相对集权的政治结构中，执政党和政府是主要代表部分社会群体或集团的利益，在此政治结构下的公共财政制度的形式和内容就存在背离，形式上是公共财政，但实质上财政制度具有利益群体、利益集团的偏向性。在这种情况下，即使引入发达国家政治中的形式结构和政治程序也难以保证财政的公共性。这实际上也意味着，即使在发达国家民主政治框架下，如果利益集团之间实力不均衡，财政公平在实质上也存在严重缺陷，弱势利益集团的利益必然受到忽视，至少不能得到与强势利益集团同等程度的重视。

随着后发大国经济发展阶段的推移，利益结构和政治结构将趋于多元化，财政制度安排应该充分体现公平和效率兼顾的原则。随着后发大国经济发展基础的形成，大国优势和后发优势转化为经济的持续增长和技术进步，后发大国内部不同社会群体的利益结构也随之变化，国家政治结构面临新的挑战。其一，对在后发大国发展初期承担较大发展成本的农业部门和农民群体，国家应该提供必要的补偿，并借助财政制度安排体现出来，如提高财政对农业的支持力度，增加农民收入，通过农民的土地财产升值增加农民的财产性收入等。其二，由于农民人数众多，伴随城市化的推进，大量农民"精英"流向城市，导致留守农村的农民不能有意识、有组织地主动维护自身的合法权益，其他强势利益集团可能从社会发展中分得更多的收益份额，农民利益可能再次面临损失。如果说前一阶段农民承担更高发展成本是为国家整体发展

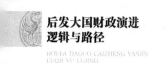
承担成本，那么在利益多元化条件下农民利益受损就是社会发展成果在不同利益群体中的分配不公平。在多元政治结构下，农民群体由于自身发育不足，对政策和制度安排的影响力弱，其利益难以在该政治体制下得到维护。因此，分散化的政治结构难以保证利益结构多元化发展环境中农民的正当利益，需要有一定集权程度的政治结构来维护农民群体的利益。

值得注意的是，后发大国内部中央和地方政府的权力结构也会对财政体制和公共品供给机制产生重要影响。秩序和活力是大国财政体制安排应重点考虑的问题。集权有助于维护中央权威和全国政治、经济统一，有助于确保国家整体有序，但不利于调动地方的积极性，不利于增强经济社会的活力。因此，处理好集权和分权的关系是后发大国财政制度的重要问题。

8.5　后发大国历史文化因素对财政制度的影响

后发大国大多数具有悠久的历史文化，这些文化在一定程度上浓缩了政治、经济发展的过去，既有合理的成分，也有与现代经济发展不相适应的成分，它们对后发大国经济发展及财政既有积极影响，也有消极影响。文化本身也不是固定不变的，随着经济的发展，其本身也会发生一定的变化。全面分析、甄别后发大国传统文化对经济发展不同阶段财政制度的影响，有助于形成与文化相兼容的财政制度，使财政制度与文化良性互动、协调发展。

后发大国的文化具有复杂性，既有合理的成分，也有不利于现代经济发展的成分。后发大国大多数是文明古国，有着深厚的文化积淀。其文化观念中有反映在长期经济社会发展中人与自然、人与社会、人与人之间关系等方面的合理的成分，在较长的人类社会发展中都具有较强的适应性，对现代经济社会发展具有一定的指导作用。后发大国的文化中也有反映传统社会落后生产力条件下的一些价值观念，比如守旧、重农、轻商等观念，这些观念有的是反映和适应特定发展环境下特定群体的利益，但也反映了弱势利益群体被动消极、无为的观念，与现代经济条件下后发大国经济发展的需求和目标严重冲突，必须全面反思并进行调整。

后发大国经济发展必须充分利用传统文化中的合理成分，并把传统文化中的合理成分与现代经济发展有机结合起来。传统文化对后发大国经济发展的作用主要通过文化观念对人们的行为和正式制度安排的影响来发挥。文化观念也是非正式制度的一种，具有教育、反思、评价和导向功能。人们会自觉或不自觉地将自己认同的观念用于影响、教育其他人，人们还会以自己的观念反思、评价自己的言行和社会现实，与自身观念一致的现象与事实被认同，否则就会被认定为不合理，因为人们有构建与自身观念一致、兼容的制度环境和社会的冲动。由此可见，文化观念与制度安排具有紧密的联系，一方面，文化观念本身就是一种非正式制度安排；另一方面，文化观念会通过其教育、反思、评价与导向功能影响到制度安排，也影响到与其他非正式制度的相容性。后发大国经济发展中的制度安排应该合理发掘、运用传统文化中的合理成分，如强调团结、协作、奉献等，摒弃传统文化中的保守、狭隘、畏惧风险、排斥竞争等观念。

文化本身也是动态变化的，后发大国在经济发展中要合理引导文化观念的变革，做到与时俱进。后发大国在不同的经济发展阶段需要不同的经济制度安排，不同的经济制度安排包含着不同的价值目标。传统文化中某些价值观在较长时期的经济社会发展中具有适用性，它们对财政等经济制度安排不会产生不利影响。某些传统观念只适用于特定发展阶段，随着经济发展阶段和社会环境的变化，这些观念会自动与经济社会发展现实相适应，一般不会对经济制度产生明显的负面影响。为了制定和实施适合后发大国不同发展阶段的经济制度安排，后发大国需要主动引导、推动、促进传统文化的现代化。

后发大国财政制度安排需要充分考虑文化的影响，实现文化观念与财政制度的有机结合和良性互动。财政制度内部包含着大量文化的成分，比如个人与社会、个人与政府、个人与国家的关系，个人的权利与义务，社会的公平与效率，政府的责任与权力，政府官员的德行等，这些在不同文化形态中都处于十分重要的地位，每个方面的具体内容也会随着经济社会的发展而或早或晚、或快或慢地发生变化。在奠定后发大国发展基础的阶段，财政制度更多与传统文化中的顾全大局、注重长远、个人服从国家、大一统等观念结合。在后发优势与大国优势充分发挥的阶段及其以后的经济发展阶段，后发大国应该引导传统文化尽快适应现代商品经济发展的趋势，突出社会成员权利平等、注重社会公平、权利与义务对称等现代市场经济的文化观念，并将其运用到财政制度安排中。

　　从财政制度的基因构成可以看出，后发大国财政制度与经济发展、政治结构及其演变、文化观念及其变化有紧密的联系。不仅如此，后发大国财政制度还必须充分遵循社会发展伦理，只有符合社会发展伦理要求的财政制度安排才能为社会成员所接受，并得到有效的实施。由于后发大国经济发展具有阶段性特征，政治结构、文化观念和社会发展伦理尽管具有一定的独立性和相对稳定性，但也具有一定的变动性。随着经济社会发展或早或晚、或快或慢的变化，财政制度也具有明显的阶段性，财政制度只有与经济发展阶段、政治结构、文化观念和社会发展伦理相互协调，才能有效适应不同经济发展阶段，与经济社会良性互动，推动后发大国经济持续、健康发展。

9
后发大国经济发展的机制

　　作为经济制度的重要组成部分，财政制度要受到政治制度、社会发展伦理、经济等因素的影响。在政治制度和社会发展伦理相对稳定的条件下，经济因素是决定财政制度安排的最基本的因素。后发大国经济发展的环境、目标和战略是决定财政制度的决定性因素。后发大国经济发展条件的形成、发展阶段的转变是财政制度变迁的重要依据。厘清有利于后发优势和大国优势发挥的特殊制度要求、经济发展条件对国家能力的需求、确立财政制度在国家能力中的支撑作用，是理解后发大国财政制度形成的关键。后发大国经济发展会经历不同的发展阶段，不同发展阶段需要应对的困难和需要解决的问题对经济制度进而对财政制度产生的不同需求。财政制度的适应性供给是后发大国经济发展的重要保障。

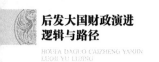

9.1 后发大国经济发展的基础和前提

9.1.1 后发大国经济发展的基本条件

相对于发达国家，后发大国发展面临的特殊的国际、国内环境必然影响其经济发展战略、资源配置模式和经济制度的选择。当然，一国经济发展所处的国际、国内环境是动态变化的，发展战略和经济制度安排也是动态变化的。随着影响经济发展的条件的变化，发展战略和经济制度安排也应相应调整。当然，部分经济制度由于能适应经济发展不同阶段的需要，具有较强的稳定性，需要长期保持，适应特定发展阶段的经济制度安排则需要适时调整。根据发展经济学的一般理论，发展中大国一般都具有二元经济结构的特征，即传统的、低生产率的农业生产部门和现代的城市工业部门并存的经济结构，这是经济欠发达的标志。因此，从经济结构演变意义上讲，后发大国的经济发展也就是由二元经济结构向一元经济结构转变的过程。

一般来说，后发大国在经济发展中具有技术和制度上的后发优势，这也决定了开放条件下的后发大国是在发达国家已经形成的较高技术水平、较高资本有机构成基础上开启现代经济发展历程的。后发大国由于国内资源、要素、市场等客观条件的制约，在发展战略的选择上具有明显需要考虑后发大国特殊性，其发展战略因此具有后发大国的特色。发展战略的特殊性必然影响资源配置模式的选择，继而对财政制度产生较大的影响。

尽管后发大国具有技术和制度上的后发优势，但要将这种潜在优势转化成为现实的经济优势，还需要先建立经济发展的基础，为微观经济主体的经济行为提供条件，才能引导资源合理配置和流动，以形成与其资源禀赋和发展环境相协调的经济结构[①]。众所周知，在影响经济增长的诸因素中，技术扮演着非常重要的角色，尤其是随着经济发展水平的提高，技术的作用越来越重要。但是，技术进步并不是后发大国经济发展的全部，它还需要资本、劳动力、企业家精神等互补性要素的协调、配合才能促进经济增长。在技术上，

[①] 林毅夫. 新结构经济学：重构发展经济学的框架 [J]. 经济学（季刊），2011（1）：1-32.

后发大国可以在短期内引进国外的先进技术，但如果缺乏必要的能够消化、吸收、使用先进技术的人才（包括熟练劳动力），缺乏必要的能源、原材料，缺乏系统的基础设施，缺乏必要的促进经济增长的制度安排，技术、资本、劳动力、制度难以耦合成一个有机的经济系统，再先进的技术也难以发挥作用。促进人力资本形成的教育投资，提供国民经济运行必需的能源、原材料和基础设施以及制度安排等这类投资都具有很强的正外部经济效应，或者具有较强的公共品特征，这些都是确保经济持续增长的重要条件，它们构成了一国经济增长的重要的基础设置①。这类基础设置与一般产业投资之间的关系有三种类型：一是基础设置投资超前模式，二是基础设置投资滞后模式，三是均衡投资模式。这三种类型的搭配结构对应着不同的经济增长路径和效果。

基础设置投资超前模式要求基础设置投资超前于一般产业投资若干年，当基础设置条件改善后，一般产业投资所需的基础设施、重要的能源与原材料、人力资本等条件才具备，进而投资才会持续跟进。有时候，后发大国会因国际或某些国内原因不能从国际市场上获得生产消费品的机器设备，还需要进行装备工业的投资，这样才能为一般产业投资提供必要的生产消费品的机器设备，即工业"母机"。此外，必要的道路、交通、通信等基础设施是一般产业非独占的、不可分割性的生产条件和消费者消费条件，教育事业投资是培养具备必要知识和劳动技能的劳动者的前提，产权制度安排是确保投资者具有持久性投资意愿的制度基础，等等。当上述条件具备后，一般产业投资才可能形成相应的生产能力。只有当上述基础设置条件具备后，一般产业投资才可能有一定的盈利能力，继而具备投资可行性。这时候如果一般产业投资有市场需求和配套产业或行业支撑，就会快速成长，进而推动经济快速增长。

基础设置投资超前模式的核心是追求跨期的投入产出效益。很明显，在基础设置超前投资模式的初期，大量基础设置投资并没有获得大量的消费品产出。由于一般产业投资还没有大规模跟进，基础设置还没有为相关产业提供实质性服务，可能存在一定程度的闲置和浪费，从而使投入产出比率较高，投资的短期经济效益较差。但从整个经济发展来看，这种模式的经济效益不

---

① 这里的基础设置是由林毅夫教授在其发表的《新结构经济学：重构发展经济学的框架》一文提出来的，包括道路、交通、通信等狭义的基础设施，教育、产权制度等软性基础设施。

一定差，原因在于：在后期，随着基础设置体系的建成，一般产业投资的运行成本会大幅度降低，一般产业投资会大规模跟进，直到基础设置被充分利用。这时候，一般产业投资的经济效益会大幅度上升，全社会包括基础设置和一般产业投资在内的总投资的投入产出率会下降，社会总投资的经济效益会上升。从这种投资模式的全过程看，社会总投资的经济效益会比较高。但是，如果基础设置投资过度超前，导致某些投资不能被一般产业投资所吸收并充分利用而成为无效投资，这部分基础设置投资，从全过程看，经济效益也比较差，会拉低全社会总投资的经济效益。

基础设置投资超前模式实施的关键在于国家具有一定的持续投资能力，社会公众能够支持国家的投资。基础设置投资超前投资意味着在一段时间甚至较长时期内，大量资本、劳动力等要素投入不能直接增加可供人们消费的产品，其主要产出属于生产消费品或中间产品，这就带来两个问题：一是国家要有可持续的投资能力，即能获得可持续的资金来源；二是可消费产品不足容易引起民众的不满，因此取得民众对国家长期发展政策的理解和支持十分必要。

基础设置投资超前模式具有潜在的后发优势。在初期，基础设置投资在一定程度上挤出了一般产业投资，不能直接产出较大规模的满足消费需求的有效供给，不利于全社会经济效益的提高。但在中后期，基础设置条件的改善有助于降低一般产业投资的成本，能提高要素收益率，会带来一般产业投资的快速增加，促成经济持续快速增长，在一定程度上弥补和抵消前期一般产业投资不足对经济增长的不利影响。因此，这种投资模式具有一定的后发优势。当然，基础设置中的硬件基础设施的超前程度不能太大，不能过度超越一般产业投资对基础设置的需求；否则，过度超前的基础设置会成为无效供给，造成超前基础设置对应的资源的浪费。

基础设置投资滞后模式实际上是在外因（市场需求）驱动下，一般产业在部分行业或局部经济空间首先进行投资，形成供给能力，形成对基础设置的现实需求，带动国民经济基础设置投资跟进的一种投资模式。率先投资形成供给能力的部分行业和局部经济空间，其一般产业投资的正常运行和扩大很快会受制于基础设置投资不足而出现运行成本上升、要素收益率降低的情况，此时基础设置成为国民经济发展的"瓶颈"。随后，政府或民间资本响应经济发展对基础设置需求的变化，加大对基础设置投资，经过一段时间的投资后，基础设置与一般产业投资达到基本适应的状态。基础设置投资滞后有可能出现一般产业投资的增长路径因基础设置投资滞后而停滞的情况，因为基础设施、制度、人力资本等投资都具有很强的正外部经济效应，尤其是交通运输、电力等重要基础设施投资大都属于国民经济的上游产业，定价太高容易损害下游产业发展，因此这类项目投资规模大、资金回收慢、直接经济效益较差，投资门槛高、风险大，民间投资积极性低。至于制度和教育，其本身就具有很强的公共品属性，民间资本更是缺乏供给的动力。因此，这种投资最终还是需要政府承担主要的责任，成为直接或间接的投资主体。在开放条件下，一国基础设置条件若不仅不能吸引他国一般产业的投资，甚至会导致本国产业资本外流。大多数后发大国在吸取一般产业投资超前、基础设置投资滞后的投资模式的教训后，都会尽量避免基础设置投资滞后对一般产业投资进而对经济发展的不利影响，尽量使基础设置投资适应一般产业投资，确保一般产业投资与基础设置的基本均衡。

基础设置投资滞后模式的实质是追求短期的经济效益最大化。相对于基础设置投资的一般产业投资可以尽快带来产出，满足市场需求，产生经济效益。在市场分散配置资源的条件下，追求利润最大化的厂商有足够的激励生产有市场需求的产品，其投资具有较强的经济效益。当一般产业投资遇到基础设置"瓶颈"约束时，无论是政府投资还是民间投资者投资的基础设置都具有很强的针对性，能够适应一般投资的需求，不容易出现无效、低效的基础设置投资。尽管在这种投资模式前期，一般产业投资者生产的消费品具有较强的市场针对性，但基础设置短缺是一般投资者不能控制的，基础设置短缺必然抬高一般产业投资的生产经营成本，降低一般产业投资的经济效益。此外，由于基础设置的约束，一般产业投资经济效益下降可能会降低一般产业投资的规模，使全社会实际的一般产业投资规模低于合理的投资规模。尽管后期基础设置投资跟进后会降低一般产业投资的生产经营成本，提高经济效益，但全过程的经济效益也不是最理想的水平。

基础设置投资滞后模式遭遇到的社会阻力一般较小。一般产业投资相对于基础设置投资具有投资规模较小、见效快、资金回收快、经济效益明显等特点，不会长期占用大量资金和其他资源，社会承受的经济压力较小，一般不会招致民众的不满，推进较为顺利。但是，基础设置中涉及社会消费性的基础设施建设滞后和缺失可能会影响民众的生活质量，在一定程度上会增加政府的压力，教育、医疗卫生、社会保障、产权保护等基础制度，由于关系经济社会的发展潜力、可持续性和发展后劲，政府投资滞后可能会影响长期的经济增长。从这个意义上讲，如果过分注重民众的短期利益，忽视国家发展的长期性，可能会影响经济的长期发展。

均衡投资模式是指基础设置投资和一般产业投资协调推进的投资模式。政府在吸取前两种基础设置和一般产业投资教训的基础上，主动协调基础设置和一般产业投资的投资规模和速度，使两者保持同步、协调发展的态势，既避免基础设置成为一般产业投资增长瓶颈的情况，也避免一般产业投资滞后导致基础设置闲置的情况，经济增长处于稳定协调的状态。一般产业投资和基础设置投资在空间和时间的经济外部性上存在明显差别，在投资主体和投资决策依据上也明显不同，要实现它们的同步和协调，需要处理好政府和市场之间的关系。从空间外部性看，一般产业投资是通过经济可行性论证后的投资，经济效益一般较好；基础设置投资具有明显的正外部经济效应，项目成本的分担和收益的分享具有非对称性，成本可以归结为项目本身，但收益很容易外溢。从时间外部性看，就国家而言，一般产业投资主要立足于当期或近期的投入产出关系，着眼于提高当期或近期的经济效益；基础设置投资主要立足于长期投入产出关系，重点考虑跨期的投入产出关系最优，着眼于通过前期投入为后期一般产业投资效益提高提供基础和条件。追求局部、短期的经济效益是作为微观经济主体的一般产业投资者的主要经济行为逻辑，追求全局、长期和跨期经济效益是政府经济职能的主要行为逻辑。为实现基础设置投资和一般产业投资均衡增长，需要处理好政府和市场之间的关系，明确各自的经济行为逻辑和投资领域，关注全局、长期、跨期经济效益的政府必须主动了解和预测经济发展对基础设置的需求，及时、主动响应一般产业投资和民间消费对基础设置的需求，继而实现经济持续、稳定增长。

无论是哪一种类型的基础设置和一般产业的投资模式，一定程度的基础设置都是经济发展的前提和基础。基础设置投资超前于一般产业投资的程度越高，基础设置投资占社会总投资的比重越高，用于基础设置的政府合意投资绝对额越大。一国在经济发展初期，如果不能获得从外部积累资金的渠道，在国内资金要素短缺、社会可用财富总量有限的情况下，要筹集促使经济起飞所需的基础设置投资资金，就需要有适度的要素集中配置方式和相应的制度安排。从各国经济发展的事实看，赶超发展成功的发达国家都在一定时期不同程度地提供了有利于筹集基础设置投资资金的相关制度安排，如德国、日本、苏联等。这些制度安排主要涉及包括财政、金融等制度在内的经济制度和相关的社会管理制度。由于经济发展的基础制度不同，发展面临的国际、国内环境不同，制度的具体内容和实施强度存在一定差异，但为激励国家发展所实行的引导要素集中投向基础设施、基础工业、教育、制度等基础设置领域的经济制度安排却是相似的。

9.1.2　后发大国国家发展能力及形成机制

后发大国的大国优势和后发优势的发挥是有条件的。后发大国在经济发展中具有潜在的大国优势和后发优势，但这种潜在的优势转化为现实的优势需要一定的条件，这些条件的形成需要以国家发展能力为基础。后发大国的国家发展能力和国家实力是相关但不同范畴的概念，国家发展能力是国家发展后表现出国家实力的前提和基础，国家实力是国家发展能力将潜在的经济优势转化为现实的经济优势后的外在表现。具体来看，国家发展能力是与经济总量、技术水平、经济结构等国家实力相区别的概念，它集中表现为国家（政府）具备的、构成支持一国经济发展的财政收入规模等。财政收入规模决定了政府可以支配的资源。从经济发展角度看，这些资源主要通过政府的资源配置行为用于建设基础设施等"硬件"和教育、产权保护、医疗卫生、社会治安等"软件"。

从资源禀赋与发展战略的关系看，国内的资源禀赋条件是后发大国经济发展的基础。大国一般幅员辽阔、人口众多、国内潜在市场大、资源绝对量多、资源种类齐全。从供给角度看，大国有建立相对完整的工业体系和国民经济体系的要素供给基础。从需求角度看，大国人口总量大，潜在市场需求大，如果将潜在需求转化为现实需求就可以为大国经济持续增长提供需求支持。从影响经济持续增长的供求均衡角度看，通过建立相对独立完整的工业和国民经济体系，国内要素供给形成的总供给通过以国内为主的消费市场消化，实现总供求的基本平衡，可以减少国际市场波动对大国经济增长带来的不确定性，维持大国经济长期可持续增长。由此可见，大国的资源禀赋有助于其实行主要建立在国内资源和市场基础上的经济发展战略。当然，这并不意味着大国必须在发展的全过程中实行封闭的发展战略，不通过对外开放参与国际经济活动。

国际环境也是影响大国经济发展战略的重要因素。一般来讲，一国经济的供求均衡可以借助国际和国内两个市场来实现，即通过国际市场获得生产所需要的本国不能提供的机械设备、半成品和原材料，通过国际市场消化超过本国需求的国内产出。不仅如此，一国借助国际市场还可以获得贸易中的比较优势。由此可见，相对自由、开放的国际贸易环境有助于大国通过参与国际贸易实现总供求的均衡和获取贸易中的比较利益。后发大国还可以借助国际市场引进国外成熟的设备、技术、管理经验和制度，将潜在的技术、制度后发优势变为现实。自由、平等的国际贸易环境对后发大国经济发展是一个重要变量，大国和小国在面对与利用国际市场时，在地位和影响力上存在显著差别，国际市场对供求规模较小的经济体而言是外生的，但对供求规模很大的大国经济体则是内生的。在国际贸易中，由于大国需求和供给规模大，如果对外贸依存度较高，必然对国际市场的需求和供给产生大的影响，无论是大国自身还是国际市场上的相关国家，都难以长期承受大国供求对国际进出口的影响。反过来，国际市场又会对大国的进出口产生较大的影响，甚至出现大国进口什么，什么东西就涨价；大国出口什么，什么东西就降价的情况。因此，大国有必要建立相对独立、自主的国民经济体系，使大国的总供求关系主要依靠国内市场实现均衡，维持大国经济的持续、稳定增长。

建立相对完整的工业和国民经济体系是大国经济可持续发展的前提。为充分发挥后发大国经济发展的优势，实现经济自主、稳定发展，后发大国有必要在一定时间内建立相对完整的工业和国民经济体系，以维持和支撑大国经济的生存与可持续发展。相对完整的工业和国民经济体系意味着在一国工业和国民经济体系中具有满足国民经济正常运行所必需的主要的经济部门，各产业、工业经济门类相对齐全，即使在不依赖国际市场的条件下，也可以维持国民经济的持续、健康运行。相对齐全、完整的工业和国民经济体系可以在一定程度上屏蔽不稳定的国际供求因素对大国经济的干扰，确保经济的自主和稳定。从理论上讲，在自由的国际贸易条件下，贸易国可以从国际国内市场获得国民经济发展所需要的所有基础设施和重要的装备工业设备，通过专业化生产和进出口合理配置国际国内要素，获取国际贸易的比较利益，推动国民经济发展，但这需要一定的条件，否则会给后发大国经济发展带来风险，而这些条件后发大国并不能控制。

后发大国的特点决定了其需要建立相对完整的工业和国民经济体系。对于一般小型经济体而言，国际经济贸易环境和国际市场供求关系是外生的，只需要适应国际市场就可以获得国际贸易的比较利益。但是，由于不能控制国际市场的供求关系，一般小型经济体容易受到国际市场的供求冲击，丧失经济发展的稳定性和自主性。后发大国在国际贸易中所处的地位不同于一般小国，有必要建立相对完整的工业和国民经济体系来规避国际市场的风险，维持国家经济发展的稳定性。首先，国际贸易环境存在不确定性，使后发大国在国际贸易环境下的经济发展也存在不确定性风险。国际贸易环境涉及国际海、陆、空和管道运输中的安全风险，如战争、海盗、自然灾害等；涉及国际贸易规则的制定和执行，而国际贸易规则很大程度上受到强势主权国家或国家集团的主导和操纵，不一定是公平的。其次，国际市场供求内生于后发大国经济行为。后发大国的需求和供给规模较大，可能会直接影响国际市场的供求量和供求价格，尤其是欠发达国家的供求产品具有较强的同质性，很容易出现进口什么、什么东西价格就上涨；出口什么，什么东西价格就下跌的情况，导致后发大国从国际贸易中应该获得的比较利益减少。再次，后发大国在经济发展中所需的相当一部分产品属于非贸易品。基础设施是后发大国经济发展的重要基础，但基础设施中的道路、电力、通信等很多基础设施和基础教育服务等公共服务属于非贸易品，或者进口难度很大，或者对外依存度抬高会影响后发大国经济的自主性、安全性，从而使得后发大国不能或不值得通过国际贸易获得这类经济发展的基础条件。后发大国国民经济的装备工业部门的可贸易性也比较弱。装备工业是国民经济的"骨架"，提供的是国民经济发展所需的基础性设备，关系一国经济是否具备生存能力和可持续发展能力。如果主要依靠国际市场获得这类产品必然使后发大国面临国际市场供给方、市场价格等不确定性因素带来的风险，这意味着将后发大国经济发展被置于很大的不确定性风险之中，这是大国经济难以承受的风险。在装备工业品的供求市场结构中，存在着非对称的市场结构，即发达国家在供给方面是垄断供给，广大欠发达国家在需求方面是同质性的、竞争性的需求方，发达国家很容易通过垄断价格获取超额利润，甚至通过禁止出口的方式抑制后发大国工业发展，让后发大国承受巨大损失，阻断后发大国经济发展的道路。最后，后发大国内部不存在区域间贸易壁垒，地区间贸易环境完全在主权国家内部，具有很强的可控性。后发大国本身潜在的经济体量大，有助于在国内开展专业化分工，通过专业化、规模化生产获得专业化、规模化的经济优势。在后发大国内部开展专业化、规模化生产可以规避国际贸易不确定性风险。因此，后发大国有建立自己相对独立的工业和国民经济基础的必要性。当然，这种必要性的强度取决于大国经济发展面临的国际市场的不确定性程度、国内市场规模等因素。

作为国民经济发展基础和前提的基础设置是一个复杂的系统。基础设置系统包括硬件系统和软件系统，其中硬件系统包括基础设施和基础工业，这相当于新结构经济学所指的基础设置的硬件部分。基础设施主要涉及交通、通信、水、电气等设施。广义的基础设施还包括教育、基础科学研究、产权制度等非实体性设施或称软件基础设置。基础工业的主体就是重要的能源、原材料和装备工业部门。

一定时期内的非均衡发展战略是后发大国经济发展的必然要求。由于后发大国有建立相对完整的工业和国民经济体系的必要，而硬件基础设置又是工业和国民经济体系的重要组成部分，因此在发展战略上，大国一般有选择优先发展基础设置的非均衡经济发展战略的必要性。作为国民经济基础的基础设施和装备工业属于资本密集型投资项目，按照产业结构演进的一般规律，大规模的资本密集型投资应该在劳动密集型加工业发展到一定阶段后才进行，但对于后发大国而言，其需要在大规模的经济建设初始阶段就进行大规模的资本密集型投资，这显然与后发大国的要素供给能力不相适应。在建立相对完整的工业体系和国民经济体系的过程中，资本要素处于稀缺状态，尤其是基础设置中的基础设施和重工业部门发展的资本需求量巨大，时间紧迫，客观上要求国家通过相关的制度安排，集中配置资源来解决资本短缺的问题。这就意味着实施基础设施和重工业优先的发展战略需要有与集中配置资源相关的经济制度支持。同样，这种战略实施的紧迫程度和相关政策的强度取决于后发大国面临的国际经济环境。

非均衡的重工业优先的经济发展战略需要相对集中的资源配置模式与之相适应。在工业化初期，对于处于不利国际经济发展环境的后发大国而言，由于工业基础薄弱，积累能力弱，农业自然成为为工业化提供资本积累的主要部门。从消费结构演进的规律来看，这一阶段的日常轻工业产品的需求较大，如果实行分散的、以企业和家庭为主体的资源配置模式必然导致资本、劳动力等要素在市场机制的引导下被分散配置到有市场需求的轻工业部门。

由于有市场需求，要素禀赋与市场需求相适应，符合产业结构演进的一般规律，以消费品生产销售为主的微观经济主体的生存能力较强，经济效益较高，因此以日常消费品生产为主的轻工业部门开始的工业化进程能够获得市场支持。值得注意的是，如果市场供给受制于某些关键条件，这些条件又难以通过分散的市场机制而形成，必然出现供给短缺，物价持续上涨，市场难以达成供求的基本均衡，从而导致市场机制功能受限，基础设施和系统的重工业体系就是这些条件的重要内容。由此可见，支撑轻工业部门发展的基础设施和以重工业为主的基础工业的一定程度的发展是经济可持续发展的重要基础，必须首先得到满足；否则，在理论上，可能具有较强生存能力的轻工业企业将因为缺乏基础设施和生产设备供应而难以生存。如果所有要素都在市场机制引导下流向轻工业部门，又将直接导致支撑轻工业发展的基础设施和重工业部门等资本要素供给不足，难以持续发展，结果导致经济运行和发展的基础条件难以形成。由此可见，对处在不利国际发展环境（无论是主动闭关锁国还是被动地被孤立）或不利的国际竞争环境中的后发大国，国民经济如果缺乏装备工业支撑，必然使经济发展陷入失去独立与自主的基础的困境。为此，后发大国在经济发展的初期，客观上需要通过不同程度集中的资源配置方式，借助一定程度的非市场化机制把较高比重的资源配置到需要重点发展的重工业部门和基础设施部门等基础设置领域，尽快奠定国家经济发展的基础。

相对集中的要素配置模式内生于后发大国的经济发展战略，并对经济发展路径产生影响。要素配置的基本模式包括建立在计划经济条件下的集中配置和建立在市场经济基础上的相对分散的配置模式以及介于两者之间的相对意义上的集中配置模式。采取哪种形式的资源配置模式取决于外部环境和经济发展的指导思想以及建立完整、独立的工业和国民经济体系的紧迫程度。后发大国所处的国际政治经济环境是影响后发大国建立相对完整的工业和国民经济体系的重要影响因素。相对宽松的国际政治经济环境有助于后发大国从国际市场进口必要的基础工业相关机械设备，可以在较长时间内逐步建成较为完整的国民经济体系。处于严重被孤立（被封锁而导致的孤立）国际背景下的后发大国，由于经济发展所需的基础工业设备、关系国家领土完整和政治安全所需的设备不能借助国际市场得到满足，往往需要在尽可能短的时间内建立起支撑国民经济发展的重工业基础，只有这样，才可以奠定国民经济长期发展的物质基础，维护主权独立和领土完整，为经济发展争取必要的环境。当然，这种违背产业结构演进一般规律的、与要素禀赋结构不相适应的、优先发展资本密集型重工业的工业化战略可能会在短期内损害国内经济结构的平衡，比如导致农业发展缓慢甚至停滞、就业机会少、城市化进程缓慢甚至停顿等，但可以尽早建立国民经济发展的物质基础，降低因国民经济发展所需重要物资设备难以获得而导致的经济崩溃、国家出现严重混乱的风险。这就需要建立以政府为主导的非市场化的资源配置模式，这种资源配置模式必然通过金融制度、财政制度、外贸制度以及微观经营制度等制度安排来实施。

资源配置模式和经济发展战略具有十分明显的关联性。分散决策的资源配置模式意味着生产主体主动适应多元化消费主体的消费行为，使生产与消费相适应，有助于提高资源的配置效率。因此，分散的资源配置模式与消费主导的经济发展思路相容，在工业化之初，从轻工业开始工业化的发展战略和路径是更加适合的处在比较有利的国际和国内环境的后发国家选择。集中的资源配置模式具有很强的政府主导色彩，有助于推行借助于市场机制难以推行的发展战略。这种资源配置模式不是适应消费者的消费行为，而是主导、引领经济发展的方向。这种资源配置模式的主要目标不是追求局部、短期、微观的经济利益，而是重点考虑全局、长期、宏观的经济利益和政治利益。因此，借助市场机制难以实现的、重工业优先的经济发展思路和战略，可以通过由政府主导的集中的资源配置模式来实现。

从与资源配置效率相关的机制设计角度看，世界经济发展的事实说明，市场经济体制在资源配置效率上具有明显的优势，但一国特定时期采取何种机制配置资源要受到多种因素的制约。后发大国奠定国家发展基础阶段采纳集中的资源配置方式相对于采纳分散的资源配置方式更具有可行性。任何一种资源配置模式都需要有一系列制度配套，这些制度包括世界各国具有普适性的正式制度，也包括大量的内生于各国经济社会内部，作为社会演进产物的非正式制度，这些非正式制度甚至在很大程度上决定了正式制度是否能够正常运行和整体制度绩效。大多数后发国家，尤其是没有经历系统的资本主义经济发展的、直接脱胎于落后的自然经济的国家，不具备建立与市场经济相适应的正式制度和非正式制度的条件[①]。这些条件包括产权制度、政治制

---

① 旧的结构主义发展经济学理论认为，发展中国家不具备市场机制有效运行的条件，存在着严重的市场失灵，因此政府要在资源配置中发挥更大作用。

度、民主观念、民主意识等，这些非正式制度的建立往往需要长期的努力，因此在短期内建立分散配置资源为主的市场经济制度可行性不高（这也是旧结构主义经济学家的主要观点）。相反，这些后发国家具有明显的集权政治制度和传统，政府集中配置资源的指令性计划经济可以利用集权政治和战时经济的很多行之有效的制度安排，选择与资源集中配置相关的制度安排来配置资源是成本更低、更可行的选择。结合后发大国经济发展中建立国民经济发展基础的基础设置的重要性，可以较容易地推断出，这样的经济制度安排，即通过集中的制度安排，广泛动员要素集中配置在工业（尤其是重工业）和基础设施上，奠定国家经济发展的基础是可行的。需要强调的一点是，即使脱胎于较低经济发展水平和较差市场经济制度生态的后发大国也可以通过逐渐引入和培育市场经济制度、政治制度、社会制度、文化制度等途径逐步建立市场经济制度。借助市场经济制度，通过偏向性的经济制度安排也可能在较长时期内实施较为集中的资源配置方式，执行重工业偏向的经济发展战略。但是，如果后发大国受到内外条件影响，需要在较短时间内建立起奠基于重工业基础之上的工业和国民经济体系，缓慢引入、培育市场制度这一路径的可行性就相对较小。当然，借助于集中的资源配置模式和相关制度实施重工业优先的发展战略，逐步建立了国民经济的基础设置后，资源配置模式也应该逐步从集中的资源配置模式向分散的资源配置模式转变，配置资源的制度也应该相应地从以集中为主向以分散为主的制度模式转变。

从不同产业之间（农业与非农业）的资源配置效率看，由于后发大国具有典型的二元经济结构特征，通过制度安排将有限、稀缺的资本要素投向产出率较高的工业生产领域符合提高经济效益的目标。在经济发展水平很低的条件下，农业生产的自然风险和市场风险大，农产品的需求价格弹性和收入价格弹性较低，传统农业内部经济活动的经济效益相对较低，要素收益率较低。相反，第二产业和第三产业受自然风险威胁较小，短缺经济条件下几乎不存在市场风险，产品需求价格弹性和收入价格弹性高，要素收益率高，因此相对于传统农业生产而言，经济优势更加明显。在短期，投向第二产业和第三产业的要素产出率远远高于投向农业的要素产出率，从经济理性的角度看，至少在一段时间内，在农业部门提供的农产品能够支撑非农产业发展的前提下，通过制度安排把资源集中配置在非农产业可以提高要素的产出率，提高一国整体的资源配置效率，进而提高整体经济效益。在非农产业内部，

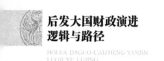

一般而言，服务业的发展要在实体经济发展到一定程度、城市化发展到一定水平后才会有较快的发展，而城市化的发展伴随工业化的发展，并往往略微滞后于工业化的发展。工业化带动城市化，继而带动第三产业的发展。因此，从提高要素配置效率和经济效益的角度看，在一定时期内，通过制度安排把要素集中投向工业生产领域有利于提高资源配置效率，加快一国经济的发展。

由此可见，对于后发大国而言，无论是为了利用后发优势实现经济发展的赶超，从农业和非农业的生产特征出发，合理配置要素提高资源配置效率，还是从制度结构角度考虑的制度安排可行性来分析，都指向一种短期集中资源发展国民经济基础设置的财政制度及相关经济制度安排，这种类型的财政制度的内容包括财政收入制度、支出制度等。

9.2 后发大国经济发展的主要阶段

后发大国经济发展具有潜在的大国优势和后发优势，经济发展具有其特殊机制，一般经历几个递进的发展阶段。区别于小规模国家经济发展，后发大国经济发展将依次经历三个阶段：首先，从资本密集型重工业开始工业化进程，目的是奠定后发优势和大国优势发挥的基础。伴随着快速工业化、缓慢甚至停滞的城市化和缓慢的农业发展，城乡二元差距扩大。当国民经济经过一段时间发展奠定物质基础后，后发优势和大国优势充分发挥出来，轻工业快速发展、农村剩余劳动力大量转移、城市化快速推进、城乡二元差距短暂缩小后进一步扩大。随后，后发劣势和大国劣势开始突显，经济发展遭遇瓶颈，经济进入结构调整阶段。经济发展开始进入新一轮重工业化进程。最后，城乡和地区经济结构趋于协调，技术进步能力增强，城市化程度持续提高，经济发展水平进一步提高，进入发达国家行列。

9.2.1 奠定后发大国发展基础阶段

大国优势和后发优势是后发大国经济发展中两个潜在的优势，大国的资源禀赋特征和后发国家的特征只是大国优势和后发优势存在的必要条件，要将潜在优势转化为经济发展和社会进步的现实，实现国家富强、人民幸福的发展目标，首先需要具备两项优势得以充分发挥的基础。后发大国的国家发展能力是大国优势和后发优势得以充分发挥的前提。当后发大国具备后发优势和大国优势充分发挥的条件后，建立在分散决策基础上的市场经济机制就可以在资源配置中发挥主导性甚至决定性作用，再辅之以国家正确的宏观调控等条件，就可能出现经济持续快速增长、经济结构协调、人民生活水平提高、国家综合实力增强的发展效果。

国家发展能力是后发大国优势充分展开并表现为经济发展过程和发展结果的有机系统。国家发展能力是一个包含多因素的综合系统。

一定规模和水平的、满足现代经济发展的基础设施系统是后发大国经济发展的基础条件。由于国家幅员辽阔、地理条件差异大，经济发展所要求的基础设施建设规模大。必要的基础设施是工业生产经营活动得以正常进行的必要条件，是工业企业空间集聚和集聚效应得以形成的物质基础，也是大国国内市场体系形成，引导企业进行规模化生产，获得规模经济效益的物质基础，同时还是满足人民群众基本生活的基础。

一定规模的、相对完整的重工业体系是后发大国经济增长和优势得以发挥的物质基础。相对完整的重工业体系对国民经济发展的基础性作用对后发大国与一般小规模国家具有不同的意义。后发大国潜在的供给和需求规模大，能够凭借国内相对完整的产业体系和市场完成经济循环，实现经济平稳增长，既可以利用国际市场获得国际贸易的利益，又可以通过容量巨大的国内市场在一定程度上屏蔽国际市场波动对后发大国经济带来的潜在的负面冲击。

经济结构的基本协调是确保后发大国经济能够持续增长的基本条件。在社会资源既定的情况下，不同的资源配置结构会对同一时期的生产与消费结构、当期和未来的生产与消费结构、当期消费与未来消费、当期和未来的经济增长与社会发展等的选择产生不同的影响。无论如何，权衡和选择当期与将来的生产和消费、经济增长和社会发展，在每一时期都要统筹考虑城乡结构、地区结构，农业、轻工业、重工业等经济结构的基本能协调。农村主要从事农产品生产，城市以工商业为主，后发大国必须确保农产品的供给基本满足城乡居民对农产品的需求，否则会出现粮食短缺，引发社会动乱，打乱正常的经济发展进程。后发大国必须确保国内各地区协调发展，统筹全国利益与地方利益之间，避免地区间发展差距悬殊和由此带来的地区分割、封锁、对立。农业、轻工业、重工业之间的关系是农产品的供求、轻工业品的供求、满足当期和将来工业可持续增长及国防安全的重工业产品的供求之间的关系。全面、系统分析上述各种关系是确保社会稳定、经济关系协调、经济可持续发展的基础。对于小规模国家而言，上述经济结构关系可以在一定程度上借助国际贸易或其他经济与政治关系得以协调并实现结构平衡，但对于后发大国而言，由于人口众多、供给和需求规模庞大，国内供给和需求对国际市场冲击较大，尤其是当后发大国经济规模达到一定水平后，其经济结构本身就直接影响甚至决定着国际经济结构，从而难以通过国际市场调整或优化其经济结构，使其经济结构调整困难。因此，后发大国应该在不同经济发展阶段自觉做好经济结构协调的相关工作。在经济发展初期阶段，后发大国应该重点处理好当期基本生活与未来经济发展的关系，在确保农业和轻工业的发展满足城乡居民当期和近期基本生活需求的基础上，通过对基础设施和重工业体系的投资为将来经济增长提供必要的物质基础。

建立并发挥与后发优势和大国优势相适应的经济社会制度体系是后发大国经济发展初始阶段的重点任务之一。建立旨在维护国家政治统一的政治制度是后发大国经济发展的基础，只有建立起有助于国家统一的政治经济制度，才能确保社会的稳定，为大规模经济建设提供必要的社会环境，才能将大国内部大市场的市场优势充分发挥出来。根据经济发展不同阶段的环境、目标、约束条件等建立与主导资源配置模式相适应的宏观、微观经济制度，是后发大国经济优势充分发挥的基本要求。例如，在建立大规模基础设施、重工业体系的阶段，在确保人民群众基本生活需求的基础上，制定与集中资源配置模式相关的经济制度就有助于阶段性经济目标的实现；为了保障大规模经济建设对劳动力、技术的需求，有必要在考虑教育投资、教育产出和经济社会发展需要时滞的基础上，建立相应的教育制度与教育体系；为降低社会管理成本和经济活动的交易成本，需要建立包括正式制度和非正式制度在内的一系列社会信用体系；为激励人们创造财富、保护公共财产，必须建立保护个人、集体和国家财产的相关产权制度。

在经济发展水平较低的情况下奠定后发大国经济发展基础可能会在一定程度上扭曲经济结构。从满足后发大国经济发展的经济结构的内在要求看，满足基本生活需求和满足长期建设与发展需求之间具有较大的可选择空间。在资源总量既定的情况下，后发大国既可以提高满足当期生活和消费的资源的比重，适当降低满足当期生产和将来消费的资源的比重，也可以在满足当期基本生活和消费的情况下提高当期生产和将来消费的资源的比重，这可能出现经济结构在一定程度上的失衡。

建设满足后发大国经济发展需要的基础设施系统需要较大规模的资金投入。作为支撑一国经济发展的基础设施体系，其内部的道路、交通、通信、电力、供水等只有形成一个相对完整、相互协调的系统才能有效发挥对经济发展的支撑作用。基础设施的使用在一定程度上具有非排他性和非竞争性，具有适应一定经济规模和发展水平的弹性，从而使其具有一定程度的超前性（建设规模、质量等在一定程度上超越当前经济发展的需求）。由于基础设施系统和基础设施项目建设都具有不可分割性、资本密集性的特点，因此建设一个满足后发大国经济发展要求的基础设施体系本身需要在一个相对较短的时期内投入较大规模的资金。

建立相对完整的工业经济体系需要较大规模的资金投入。后发大国建立相对完整的工业经济体系的理论依据来源于发展经济学的平衡增长理论。平衡增长理论的基本思想最早可以追溯到 1844 年穆勒对萨伊定律的解释，即为了使供给结构和需求结构相适应，需要各经济部门按照一定的比例进行投资，促使各部门平衡增长。1945 年，诺依曼在其著名的增长理论中论证了所有产出都按照一定比例增长，提出了一种最简单的平衡增长模型。平衡增长理论在 20 世纪 40 年代被提出后，有不同的含义。一种观点认为，一国有必要以大规模的投资来克服发展过程中的供给和需求不可分性，该理论后来被发展为经济发展的道路以及投资的格局一定要使各经济部门保持平衡，不要因为某一个部门的停滞而阻碍其他部门的发展。这意味着要在整个工业和国民经济各部门按同一比率或不同比率同时进行大规模的投资，使工业或国民经济各部门按同一比率或不同比率得到全面发展。平衡增长理论有两个典型类型：保罗·罗森斯坦·罗丹的理论强调投资规模的平衡增长，其核心是通过"大推进式"的投资来克服经济中存在的不可分性；罗格纳·纳克斯主要提出了"贫困恶性循环"理论，提出为摆脱贫困恶性循环，应该全面、大规模地在国民经济各部门进行投资，实行平衡增长。赫希曼在《经济发展战略》一书中着重从发展中国家现有资源和企业家资源稀缺角度对平衡增长理论提出了批评，认为平衡增长理论不可行。赫希曼认为，发展中国家应当集中有限资本和资源首先发展一部分产业，以此为动力逐步扩大对其他产业的投资，带动其他产业发展①。平衡增长理论强调国民经济各部门之间有机联系具有合理性，但在资源约束下，试图借助政府计划机制，通过大规模投资达到经济发展的目标存在一定困难，短期内借助政府计划进行投资具有一定可能性，但长期忽视市场机制在资源配置中的优势和作用的发挥，不利于发展中国家资源配置效率的提高，也不利于经济发展。对国民经济各部门进行大规模投资，对小规模国家来说，其或许可以通过国际借款等渠道解决国内资金缺口，但对于大国来说，其大规模投资的资金需求如果在国内难以得到满足，国际市场也难以满足其巨大的资金缺口，在实践中不可行。赫希曼对平衡增长理论的批评是客观的，但是从国内通过优先发展部分产业来带动其他相关产业发展也不是对所有国家都适用。对于后发大国而言，缺乏支撑国民经济发展的装备工业部门——重工业部门的基本条件，任何产业部门（农业部门除外）都难以正常发展，更不要说带动其他产业发展。由于装备工业部门作为一个系统，具有内在的有机联系，而且其作用的发挥也要求装备工业内部各部门按照一定比例，配套、协调发展，只有相关装备工业部门同时配套形成供给能力，才能使装备工业部门发挥对后发大国经济发展的基础性支撑作用。因此，对于后发大国而言，在一个相对较短的时期内，集中一定规模的资源投资于国民经济发展的装备工业部门，奠定国民经济发展的基本工业物质基础，无论从平衡增长理论还是从以赫希曼为代表的非平衡增长理论来看，都是必要的。

后发大国为了在一个相对集中的时间段内进行一定规模的基础设施和装备工业部门的建设，需要采取必要的制度安排，集中配置资源使这两个部门优先发展和重点发展，这可能会导致一定程度的经济结构的扭曲。后发大国在经济发展初期，经济发展水平较低，社会总资源较少，为了集中资源优先发展基础设施和装备工业部门，可能需要使用产业之间、城乡之间带有一定倾斜性的财政收入制度、支出制度，甚至政府垄断市场的相关制度安排直接配置资源。产业之间、城乡之间带有一定倾斜性的制度安排可以根据政府直接配置资源的比重划分为不同的类型。由高度集中的计划经济制度、有计划的市场经济制度、自由的市场经济制度组成的序列中，政府干预和直接进行倾斜性资源配置的强度依次减弱。后发大国究竟采取哪种资源配置类型，要

---

① 谭崇台. 发展经济学 [M]. 太原：山西经济出版社，2001：223-234.

取决于后发大国国内资源稀缺程度和经济发展水平、政府的权威、民众对国家政策的信任和支持程度等。一般来讲，国家经济发展水平越低，社会总资源越短缺，政府的威信越高，民众对政府的信任度越高，对政府政策的支持意愿越强，国家建立基础设施体系和装备工业体系的现实需求越迫切，越有可能采取激进的资源配置模式和相关制度安排。政府越是采取高强度的、集中的、倾斜性的资源配置模式和相关制度安排，资源配置的结构不平衡程度越大。

为了在经济发展水平较低的阶段集中资源奠定后发大国经济发展的物质基础，集中资源投资于资本密集型的基础设施和重工业体系，必然导致农业和服务业发展相对滞后。后发大国资源配置模式和制度安排会强化产业之间和地区之间的发展差距，扭曲经济结构。在工业发展起点上，农业在国内融资渠道中是唯一能够为基础设施和重工业提供资本积累的部门，因此大规模的基础设施和重工业投资必然导致农业剩余的流出，必然影响农业的资本投入，进而影响农业的发展。由于主要资源要投向重工业，服务业也将因为投入不足而发展缓慢甚至停滞，从而使人们的当期消费在一定程度上受到抑制。城市人口增长受制于城市工业部门和第三产业提供的就业机会以及农业提供的农产品。由于基础设施和重工业部门属于资本密集型部门，提供的就业机会相对较少，农业发展缓慢必然强化农产品供给对城市人口增长的约束。服务业发展缓慢必然强化就业机会对城市化的约束。因此，对基础设施和重工业倾斜的资源配置模式和制度安排在短期内会抑制城市化的进程。为提高资源配置效率，重工业和基础设施以及必要的服务业主要布置在经济区位条件较好的城市，农业资本的流失必然导致农业发展缓慢，甚至停滞，因此城乡发展差距必然会在一定时期存在，甚至扩大。后发大国内部地区之间自然地理、经济、文化条件差异较大，有限的资源只能集中配置在局部地区，以便形成空间集聚，提高经济效益，这样势必导致国内地区之间发展差距扩大。

综上所述，后发大国在经济发展初期阶段的主要目标是奠定其经济长期发展的物质基础，为达到该目标所安排的一系列政治、经济、社会制度运行的结果是在集中有限资源优先发展基础设施和重工业体系的同时，农业、第三产业发展以及城市化都缓慢推进甚至停滞，城乡之间、工农业之间、重工业和轻工业之间、地区之间发展差距必然扩大，国民经济呈现出明显的多重二元结构并存的特征。

9.2.2　大国优势和后发优势发挥阶段

随着基础设施和重工业体系的基本建成，基本经济制度的建立以及教育、医疗卫生、社会事业的发展培养了大量具有一定人力资本的、适应现代工业发展需要的劳动力后，后发大国已经具备大国优势和后发优势发挥需要的硬性条件与软性条件，经济发展目标由服务于建立完整工业体系和国民经济体系的目标转向满足人们对消费品需求，提高人们生活水平。后发优势和大国优势充分发挥阶段的经济具体有以下几个特征：

第一，经济快速增长。这一阶段的经济运行机制由以政府为主体，以政府计划为主导的资源配置模式转向以微观经济主体为主体，以市场为主导的资源配置模式，市场机制在资源配置中的优势得以充分发挥。在市场机制的作用下，满足消费需求的消费品工业快速发展，前一阶段被压抑的消费使消费品工业发展面临巨大的市场，消费工业的供给被市场需求充分吸纳。由于消费品工业资本有机构成低，其快速发展必然带来劳动力需求的快速增加。此时，农村存在的大量剩余劳动力刚好能够满足消费品工业发展对劳动力的需求，劳动力市场的供需两旺促成民众收入水平的提高。收入的提高进一步扩大消费品需求，民众对消费品的消费水平和层次快速提高，市场需求进一步扩大，市场需求又拉动消费品工业进一步发展。消费品工业市场需求和供给相互促进，构成消费品工业快速增长，带动农村劳动力转移→农民收入增加和城市化快速推进→经济快速增长的联动机制。

第二，经济结构快速变化。相对于资本密集型的重工业和基础设施，消费品工业大多属于劳动密集型工业，资本密集程度远低于重工业和基础设施，消费品工业的快速发展可以带来三个方面的结果：其一，提供的就业机会增加，有利于吸纳农村剩余劳动力，加快农村剩余劳动力转移，农村内部劳动力减少不仅不影响农业产出，还会提高农村劳动力的产出率，增加农民收入，在一定程度上缩小农民与城市居民的收入差距。其二，由于农村劳动力向城镇非农产业转移速度加快，非农就业人口占总人口的比重快速上升，城镇工作人口占总人口比重上升，按照常住地标准统计的城镇人口占总人口比重快速上升，城镇化率也随之快速提高。其三，由于消费品供给一方面弥补了前一阶段消费品工业发展不足形成的工业消费品供给缺口，另一方面满足了收入增加后人们的消费的需求，消费品生产厂商因为市场需求旺盛而加大供给，从而出现工业产值增长率和就业人口增长率以及企业利润率同步快速增长，工业内部消费品工业部门比重上升，资本品工业部门比重相对下降，工业产值占社会总产值比重快速上升。简言之，这一阶段是后发大国充分享受大国优势和后发优势的阶段，经济快速增长，经济结构快速变化。由于国内市场广阔、消费需求旺盛，加之国内工业体系和基础设施体系已经建成，企业完全可以在市场机制引导下实现快速发展。由于市场需求旺盛，工业体系已经形成，劳动力资源丰富，生产成本具有国际竞争的明显优势，在开放经济条件下，国外技术和资金大规模进入后发大国。在引进外资、技术和管理经验的同时，后发大国充分享受技术和制度上的后发优势。

第三，技术快速进步。由于有前一阶段重工业和基础设施建设奠定的物质基础，教育与医疗卫生事业发展奠定的人力资本基础以及产权制度、社会政治制度等制度建设奠定的制度基础，后发大国借助消费品工业发展的平台可以大量吸纳发达国家的成熟技术，技术也快速进步。后发大国国内有巨大的潜在市场需求，劳动力、资源等要素价格低廉，资本、技术的边际收益率高，能吸引大量国外投资者在后发大国投资。一方面，后发大国通过引入资本带动国内闲置劳动力、土地等资源，形成现实的生产力；另一方面，国外成熟的技术进入后发大国，与劳动力等要素结合，带动后发大国技术水平的提高。资本和技术的进入在带动后发大国闲置要素形成生产力的同时，也通过增加要素所有者收入进一步扩大国内市场，使后发大国规模经济优势进一步强化，形成技术进步和规模经济优势相互强化的正反馈机制，加快后发大国经济发展和技术进步进程。

在后发优势充分发挥的同时，这一阶段也容易出现一些问题。其一，由于在重工业优先发展阶段实施的城市偏向的经济制度安排导致资本等要素借助市场机制流向城市，加之这一阶段城市消费品工业部门的利润空间大，吸引农村劳动力和资本要素进一步向城市集中，导致要素配置进一步向工业和城市倾斜。随着城市基础设施条件的进一步改善，劳动力、资本、技术等要素进一步集聚，城市逐渐形成要素集聚中心，集聚优势形成。要素集聚进一步强化城市对农村地区的要素吸纳，导致农村劳动力、资金的进一步流失。在理论上，农村剩余劳动力向城市转移使得人均土地要素占有规模扩大，进而形成规模化经营。但是，如果农村土地制度或相关制度变革滞后，传统农业现代化可能会被抑制、延迟，甚至根本不能展开。城乡劳动力工资绝对差距可能导致农村劳动力过度转移，农村边际产出为正的劳动力继续外流导致农村土地荒芜，产业"空心化"。

其二，在农村劳动力向城镇转移的过程中，收入分配向资本所有者的厂商倾斜，强化厂商的供给行为。由于收入分配向少部分资本所有者集中，在社会总供给快速增长的同时，消费以较低速度增长，尤其是农业和农村发展滞后，农民收入增长缓慢，导致消费增长缓慢。供给能力的快速增加和消费需求的缓慢增长，很容易出现在整体上全国人均产值不高情况下全局性的供过于求，经济增长受制于市场需求而减速，甚至停滞。当然，在开放经济条件下，后发大国可以在一定时间内借助国际市场平衡国内供求关系，即国内城市需求、农村需求和净出口总和等于国内总供给和进口，贸易中的净出口弥补国内市场需求的不足，以此来维持国内经济的持续增长。但是，随着后发大国国内生产能力的增强，出口对国际市场形成的供求和价格冲击越来越大，后发大国在国际贸易中会受到越来越多的国家的抵制，这就意味着后发大国经济发展的模式必须着手从对出口的高度依赖向以依靠内需为主的增长方式转变。

其三，后发大国幅员辽阔，在消除地区间要素流动壁垒或要素流动壁垒降低后，劳动力、资本、技术等要素在追求更高收益率的动机驱使下，加速向经济发展领先地区流动，扩大经济发达地区和欠发达地区之间的要素密集程度的差距，导致地区之间经济发展差距的进一步扩大。

其四，在这一阶段的后期，后发大国会面临新的基础设施建设和再重工业优化的任务。由于基础设施和重工业在第一阶段集中投资建成，随着建成的基础设施在使用中的磨损和被损坏，不能继续适应经济发展新阶段的需求，从而使基础设施面临着新一轮的、适应经济发展阶段的建设。前一阶段投资建成的重工业，随着时间的推移和技术的进步也将集中进入更新换代的阶段。为了适应经济发展新阶段的要求，这些重工业又将整体进入再重工业化的阶段。重工业和基础设施集体进入新一轮的、排浪式的建设周期，必然形成对资金的大规模需求。后发大国需要通过对农村投入的增加来缩小城乡之间的发展差距，需要通过对欠发达地区投入的增加来缩小地区之间的发展差距，"扎堆式"的资金需求可能会加剧这一阶段的资金供求矛盾。如果资金供给不能满足经济发展的需求，延迟了经济结构调整，将导致后发劣势和大国劣势出现，抑制后发优势和大国优势充分发挥。

总之，在这一阶段，后发大国在充分获得经济发展中的大国优势和后发优势，实现经济快速发展、城市化快速推进、经济结构快速变化、技术快速进步的同时，也开始出现城乡之间、地区之间发展差距扩大，经济发展对国际市场过度依赖，新的基础设施建设和再重工业化被提出日程等问题。能否协调处理这些问题直接关系到后发大国经济能否持续、快速增长，缩小与发达国家之间的发展差距，进入发达国家行列。

9.2.3　后发大国优势与劣势并存阶段

在后发大国经济发展的第三个阶段，后发优势和大国优势弱化，后发劣势和大国劣势开始显现。后发劣势和大国劣势集中体现在以下几个方面：其一，由于长期引进国外成熟技术，没有及时调整技术进步机制和路径，技术进步沿袭简单复制国外成熟技术的方式，难以实现对关键技术的掌握，科技进步受制于发达国家。其二，由于市场需求量大，使用成熟技术的规模经济效益显著，导致国内企业缺乏技术研发的积极性和动力。其三，城乡差距持续扩大，导致农村劳动力过度转移，农村出现土地荒芜、资本短缺、劳动力短缺的结构状态，农村经济发展缓慢甚至停滞，城乡差距进一步扩大。其四，受到要素空间流动和配置规律的影响，欠发达地区劳动力、资本进一步流失，地区之间发展差距继续扩大。其五，由于城乡差距、地区差距、农业与非农业差距持续扩大，消费需求增长缓慢，工业部门增长受制于市场需求，经济增速下降。经济增速下降导致就业机会减少，收入差距进一步拉大。其六，收入差距的扩大和经济结构性矛盾的扩大导致国内消费需求不足，使国内经济增长更多依赖国际市场，加剧进出口国之间、进口国之间、出口国之间的矛盾。因此，过度依赖国际市场对后发大国发展必定不可持续。其七，在市场经济体制时期，为适应经济体制需要，分散、局部引进的经济制度、政治制度与本国内生的社会、文化等正式制度之间，正式制度与内生的非正式制度之间的不协调，甚至相互对立、冲突，导致矛盾集中爆发，社会关系趋于紧张，呈现经济较快增长和民众生活水平提高条件下社会矛盾集中出现的现象。在此阶段，后发大国维护社会稳定，继续推进经济增长，促进社会进步面临较大压力。

在第二阶段，经济的快速发展和经济结构的变迁问题都来源于后发大国经济发展内在逻辑的自然展开和市场机制作用的充分发挥。在具备经济发展的基础条件后，市场机制在资源配置中的决定性作用的发挥导致后发大国国内居民间收入差距的扩大，城乡之间、地区之间发展差距的扩大，供求矛盾尖锐等经济结构问题。其一，这是市场机制作用的必然结果。在分配起点上，市场承认经济主体要素禀赋差距，借助于竞争机制、供求机制、价格机制产生收入分配结果，收入分配结果在进一步强化主体间的要素禀赋差距，形成收入分配中的因果循环累积，导致城乡之间、地区之间、社会群体之间的收入差距的累积性扩大。在这期间，如果政府能够充分认识政府和市场在收入分配中的功能和作用并发挥积极作用，收入差距可以被控制在一定水平；否则，收入差距可能会失控。其二，后发大国前一阶段的制度安排会加剧市场机制可能导致的结构失衡。第一阶段为奠定后发大国经济发展基础所实施的城市优先、重工业优先的经济社会制度安排，本身就会扩大城乡之间、地区之间、工农业之间、消费与生产之间的差距，由于相关制度变迁的不同步，市场机制不能实现系统性完善，必然加剧后发大国国内的经济结构性矛盾。其三，后发大国的特殊国情会强化上述两种因素导致的结构性矛盾。后发国家经济发展水平低，在经济快速增长阶段，结构变化更迅速，政府更难适应结构变化，难以合理调整经济结构。大国内部城乡之间、地区之间、社会群体之间的结构性差异更大，大范围要素流动、累积容易加剧要素密集领域、地区、群体与要素稀缺领域、地区、群体之间的要素差距，使经济结构性矛盾更严重。

为抑制大国劣势和后发劣势，延续大国优势和后发优势，后发大国需要调整国内经济结构，跨越"中等收入陷阱"，培养技术进步的内生动力，加快制度创新步伐，突破后发大国经济发展的结构、技术和制度瓶颈。第二阶段经济发展中的问题是后发大国经济继续发展的重要障碍，如何认识和处理这些问题直接关系到后发大国经济能否继续增长，直至赶上发达国家，进入发达国家行列，达到经济发展的目标。由此，后发大国经济发展第三阶段主要应处理以下几个问题：

第一，通过结构调整延续经济快速增长的趋势。大国内部地区之间要素禀赋差异与发展水平差距在市场机制作用下存在因果循环累积的机制，会导致地区之间发展差距累积性扩大，国内供给增量和消费增量的差距扩大，总需求不足，制约经济可持续增长。需求不足是后发大国供给能力达到一定水平后制约经济持续增长的关键因素，而收入差距扩大则是导致消费需求不足的根本原因，农业和农村经济发展滞后与欠发达地区经济增长缓慢则是导致收入差距扩大的重要因素。因此，通过制度安排尽快启动和加快农业现代化进程，加速农村经济发展，加大对欠发达地区的基础设施投资力度，改善经济发展的条件，是缩小收入差距、扩大总需求、实现总供求关系协调、维持经济持续较快增长的主要措施。促进城乡之间和地区之间经济结构改善，可以通过要素的流动和优化配置阻止整体上要素收益率下降的趋势，维持经济持续增长的态势。城市地区由于要素密度过大，进一步发展的生态成本、环境成本、土地成本等上升，导致部分传统产业收益率下降，如果这些产业能够转移到次级经济发展空间，既可以延续这些传统产业的发展，在一定时期内维持要素收益率，又可以带动次级经济发展地区的经济发展。后发大国由于国内地区之间禀赋差异明显，不同地区具有不同的容纳和承接不同经济发展水平、技术水平的行业与企业的能力，充分利用这一优势可以在国内不同地区合理布局不同发展水平的行业与企业，实现不同发展水平的行业与企业并存和共同发展。地区之间和城乡之间经济结构的改善，可以从整体上优化地区之间经济结构，促进城乡二元经济结构转换，增加欠发达地区和农村居民收入，缩小整体收入差距，改善收入分配状况。收入结构的改善有助于提高国内平均消费率，扩大消费需求，缓解国内供过于求的总供求矛盾。国内消费能力的增强和消费水平的提高使后发大国潜在的国内消费市场对经济增长的支撑作用充分发挥，缓解经济增长对国际市场的严重依赖，弱化甚至屏蔽国际市场波动对后发大国经济增长的外来风险的传导，使后发大国经济增长建立在自身可控的、自主的基础之上，维持经济的持续、稳定增长。

第二，推进产业结构升级。在后发大国经济发展的前期，由于人均收入水平不高，消费同质性强，企业规模化生产能有效满足消费需求。由于居民收入水平较低且消费水平接近，平均消费率较高，规模化生产带来的大量低价、同质产品与较高平均消费率带来的大规模消费共同作用，推动经济的快速增长，国家整体上可以充分享受大国优势带来的增长"红利"。随着经济增长和人们收入水平的提高，消费结构向多层次和差异化演变，供求适应的复杂程度和不确定性程度提高，只有供给能够适应需求结构变化才能形成有效供给，被市场所接受和消化，企业才具有可持续的生存能力和发展前景，经济增长也才可以持续。由于长期适应经济发展水平较低层次的消费需求，大量企业的产品质量没能随着消费水平上升而提高，不能有效适应国内需求结构的变化。一方面，大量企业产出形成无效供给，成为过剩产能；另一方面，部分需求不能得到有效满足，存在供给缺口。存在过剩产能的企业和产品不能适应市场需求的企业生存困难，提高技术水平和产品质量是获得消费者认同、赢得市场地位、获得生存发展机会的重要前提。企业生存能力增强也是后发大国经济增长可持续性增强的基础和前提。

第三，技术后发优势减弱，要求及时转化技术进步路径，提高自主创新能力。在后发优势充分发挥阶段，后发大国与发达国家的技术差距较大，可以从发达国家低成本获得大量成熟技术，实现技术快速进步，缩小与发达国家的技术差距。随着后发大国技术水平的提高，与发达国家技术差距逐渐缩小，可低成本引进技术的存量减少，低成本技术进步的空间缩小，技术进步速度下降并趋于停滞。由于长期采用引进、吸收国外技术的方式推动技术进步，国内技术研发能力薄弱，后发大国的技术进步缺乏鼓励原创性技术研发的相关制度安排，陷入低水平技术引进、复制的陷阱，难以走出低水平技术进步的困境。为了从根本上转变技术进步路径，提高技术创新能力，后发大国必须健全技术进步的机制。鼓励研究开发，增强原创性技术研究开发的能力是后发大国技术进步机制的重要内容。从经济增长角度看，在经济发展的新阶段，制约经济增长的供给因素是国家整体的供给能力，微观企业的创新能力是影响国家供给能力的微观基础。微观主体的创新能力和市场供给能力越强，越能够有效满足市场需求，适应经济发展水平提高后的消费，形成供求两旺的格局，推动经济平稳、持续增长。在整体供过于求的市场格局下，企业技术水平提高和产品结构升级面临着市场风险与资金困难，因此通过财政、金融政策及其他相关制度安排降低企业生产结构调整和技术升级的压力，分担企业相关风险成为该阶段产业结构调整的关键。

第四，推进再重工业化进程。后发大国国民经济发展所依赖的重工业主要立足于本国供给，国际市场不可能充分满足后发大国经济发展的相应需求。重工业对一般产业发展的支撑作用体现在同一技术梯度上。也就是说，重工业的技术梯度决定了一般产业发展的技术水平。相应地，当一般产业在某一较低技术水平充分发展后，需要上升到新的、更高的技术水平时，重工业的技术水平就成为一般产业技术水平上升的"瓶颈"和"天花板"，突破一般产业技术水平上升的"瓶颈"和"天花板"就需要重工业向新的技术层次提升。在后发大国第一阶段承担重工业化使命的这些企业在一般产业面临技术升级的时候，难以胜任支撑产业技术升级的重任，必须进行新一轮的重工业化；否则，会出现三种结果：其一，大量重工业企业由于不能适应一般产业发展的需求，出现企业经营困难，难以为继的情况。大规模的低层次重工业企业的就业群体收入增长缓慢，消费能力无法提高，拖累整个社会的消费水平，影响整体经济增长。其二，由于这些重工业企业不能为后发大国经济发展继续提供基础性物质、技术、设备支持，将导致后发大国经济进一步发展缺乏必要的物质基础，经济发展的路径被阻断，丧失赶超发达国家的机会。其三，如果不能及时再重工业化，低水平的原重工业企业缺乏自我生存能力，如果要维持企业生存，必须由国家提供大量的财政补贴，耗费大量的财政资源，从而使支撑后发大国经济发展的重工业企业成为经济发展的负担。为此，后发大国要根据经济发展的要求，尤其是提升技术水平的需求，及时展开新一轮的重工业化进程，为一般产业发展和技术进步提供技术支持。新一轮的重工业化不但应该在技术水平上明显高于第一次重工业化，还应该主动适应和引领经济发展的趋势，如突出现代信息技术、互联网、大数据、智能制造等，使重工业发展具有一定程度的超前性。

第五，构建城乡二元经济结构收敛的机制和制度体系。城乡二元经济结构是后发大国经济发展所面临的和需要重点解决的关键问题。按照威廉·阿瑟·刘易斯等发展经济学家的观点，二元经济结构问题是发展中国家经济发展的核心，二元经济结构完成向一元经济结构转换就意味着经济发展目标的达成。当然，不是所有发展中国家都有城乡二元经济结构问题，即二元经济结构转换不是所有国家经济发展的关键，但二元经济结构问题确实是后发大国的典型经济特征，是经济不发达的典型表现。二元经济结构转换问题也是后发大国经济发展最重要的问题。由于在第二阶段后期，城乡二元结构僵化甚至差距扩大就已经成为后发大国经济发展的重要"瓶颈"，其结构强度的降低和消减是整体经济结构改善、经济持续增长的关键。需要注意的是，二元经济结构的收敛不是单纯的主观愿望，而是有内在的机制。二元经济结构的收敛是要素在城乡二元空间结构的优化，这里面涉及公共资源和私人资源的配置。私人资源的配置遵循市场逻辑，如果没有城乡要素收益率预期的改变，私人要素的城乡配置结构是难以改变的，二元差距也难以缩小，二元结构难以进入收敛区间。国内公共资源配置在一定程度上要考虑公平，城乡均衡发展和城乡居民公平享受经济发展的福利是共享发展成果的要求,是政府的责任,当然也是财政的职责。如果完全忽略财政资源配置的效率原则,片面追求城乡公平,有可能降低财政资源配置的效率,导致对财政资源的浪费,导致财政资源的片面追求公平的配置模式不具有可持续性。公共资源城乡空间配置力度也是影响要素城乡流动和二元结构运行方向的重要因素。如果公共资源城乡配置结构不能逆转要素收益率差距,则难以引导私人要素向农村空间流动,城乡二元结构差距就难以缩小。如果社会整体经济发展水平较低,将较大比重的增量公共资源配置到要素收益率较低的农村经济空间,不仅难以缩小城乡差距,还有可能导致城市空间经济增速下降,降低全社会资源配置效率。因此,构建城乡二元结构收敛机制需要遵循经济发展规律,顺应经济发展阶段的变化,重点把握公共资源城乡空间配置结构和力度,兼顾公共资源配置的公平和效率目标。第三阶段的城乡二元经济结构转换面临着新的约束条件和机遇,需要有新的思路和着力点。有利条件在于:其一,由于农村劳动力减少,在理论上,农业劳动力人均土地要素占有量增加,有利于农业实行规模化生产,提高劳动生产率,推动农业现代化进程。其二,由于国家财力增强,对农业的财政支持可能增加,农村经济发展的基础设施、义务教育、医疗卫生等公共服务供给会增加,农业生产条件出现明显改善。其三,城市化水平提高和民众收入水平提高会带动农产品供给增加,农产品品质提高。从城乡二元经济结构转化面临的机遇看,这些条件有助于农业经济的发展和城乡二元差距的缩小。传统农业生产方式难以提高劳动生产率、增加农民收入、缩小城乡发展差距,只有现代农业才能承担促进农业经济发展和缩小城乡差距的职责。但农业现代化还面临一些约束条件,比如农村劳动力的过度流失,导致具有现代农业经营管理知识、技能的经营管理者短缺;现代农业经营所需的金融服务缺失,流动性瓶颈制约现代农业的起步和发展;土地制度缺乏适应性;分散农业经营风险的保险制度缺失,等等。由此可见,为促进农业现代化和农村经济发展,为弱化和消除城乡二元经济结构创造条件,后发大国要全面考虑农业经济发展的需求,统筹相关制度安排。从整体上看,后发大国可以采取以下措施:顺应经济发展条件的变化,优化农村土地制度,增强农村土地制度对要素结构变化和农业经营方式变化的适应性,实行农村土地所有权、承包权、经营权的分离,推动经营权流转,促进农业市场化、规模化、现代化;完善农村金融机构,健全农村金融制度,构建农业保险体制，满足农业规模化经营对金融服务的需求；适当加大对农村和农业的财政支持力度，改善农村生产生活的基础设施条件，增加义务教育、医疗卫生、社会保障、职业技能培训等。

第六，推动制度创新。在后发优势和大国优势充分发挥阶段，市场机制的作用带来经济快速增长，居民收入水平快速提高，市场经济制度的优势得到充分体现。随着后发劣势和大国劣势开始显现，嵌入型的市场经济制度与后发大国内生的经济社会制度之间的矛盾逐渐显现，不协调、对立和冲突变得更加明显。同时，适应后发优势和大国优势充分发挥阶段的经济制度与后发劣势和大国劣势显现阶段经济发展之间的不适应性越来越明显，突显出制度创新的必要性和紧迫性。能否及时强化制度创新直接关系到后发大国能否抑制大国劣势和后发劣势，延长后发优势和大国优势，延续经济增长的趋势，实现经济发展的目标。从后发大国经济发展的内在逻辑考察，其制度创新主要涉及以下几个方面：其一，后发大国应将从国外移植的市场经济制度与本国本民族的传统文化、政治、历史、地理等因素结合起来，在完善市场经济制度的同时，将经济增长与收入分配、生态环境改善、传统文化传承等有机结合起来。后发大国应树立市场经济制度下的制度生态理念，在完善市场经济制度中，应该重点关注市场经济伦理建设、政治体制改革、体现社会公平的社会制度建设，避免单纯追求经济利益目标的短期、片面的制度安排。后发大国应厘清市场经济制度促进经济增长的功能、社会福利增进和社会发展目标之间关系，明确市场经济制度在社会福利增进和社会发展中的工具性功能，避免把市场经济当成终极目标来追求。其二，后发大国应健全收入分配制度，通过教育、医疗卫生、社会保障等财政支出性制度和个人所得税、财产税、遗产税等收入性制度安排以及规范的政府间财政转移支付制度安排，控制地区之间、城乡之间、行业之间收入差距的扩大，促进经济结构协调，以继续维持大国经济优势。其三，后发大国应加大对教育、研究开发等的财政支持力度，增加人力资本存量，培育技术创新能力，加大对企业、科研院所等技术创新主体和技术使用推广主体的激励，培育后发大国技术进步能力，延续和提升技术上的后发优势。其四，后发大国应优化政府间经济分权制度安排，尤其是优化地方政府政绩考核机制，将维护统一、开放、竞争、有序的大市场，提高经济增长质量、改善经济结构、增强经济发展潜力等纳入考核之中，并逐步提高其权重，充分发挥地方政府在延续后发优势和大国优势中的作用。

后发大国如果能够通过相关制度安排，解决经济结构调整缓慢、技术进步能力不足等问题，加快制度创新，抑制后发大国经济发展中的后发劣势和大国劣势，延长、挖掘放大后发大国优势，推动经济持续增长，保持良好的发展势头，就有希望达成经济发展的目标。

9.2.4 经济持续发展并超越发达国家阶段

后发大国在经历大国优势和后发优势充分发挥阶段后，经济综合实力大幅度增强，进而通过财政制度等制度安排成功抑制后发劣势和大国劣势，经济实力进一步增强，与发达国家经济上的差距逐渐缩小。尽管经济实力明显增强，但要超越发达国家还面临很多障碍，财政制度需要积极发挥作用，助力后发大国在经济发展的重要阶段"关键一跃"，进入发达国家行列。

后发大国对发达国家经济上的超越是由多领域协调推进实现的。一个国家经济上的发展与包括政治、文化、军事、社会等综合实力的增强是相辅相成的，经济发展是政治、文化、军事、外交和社会综合实力增强的基础，政治稳定、社会协调、军事强大、国际影响力提高是经济实力增强的保障和助推器，离开政治、文化、军事、社会、外交支撑的单纯的经济实力增强是暂时的、不持久的、难以巩固的。后发大国崛起并超越发达国家，随着经济实力的增强，可能会受到来自发达国家、部分发展中国家的阻挠，这些阻力除了来自经济领域外，还包括军事、外交等领域，这些可能的干扰因素会激发其他不利于后发大国实现发展目标的因素，一起阻碍后发大国经济的继续发展，甚至完全阻断后发大国经济发展的趋势，使其陷入经济社会发展停滞甚至倒退的困境。因此，财政制度通过发挥资源配置职能、经济稳定职能、收入分配职能、经济发展职能、维持国家机器正常运转职能，可以为后发大国文化发展、军事实力增强、国际影响力提升和社会和谐稳定提供有力的支持。由于经济、政治、文化、军事、外交和社会各发展领域之间是高度互补的，财政制度安排应该统筹各方面的发展，力求各领域发展协调、同步，避免出现某一方面或某几个方面突出，而其他领域的发展"拖后腿"的不协调发展局面。

后发大国对发达国家的超越是在一个时间段内完成的。后发大国经济上对发达国家的超越是一个渐进的、长期的过程，在经历阶段性的进步、局部领域的超越后，再在主要的、引领经济发展的领域超过发达国家，最后通过这些领先领域的关联带动，从整体上实现对发达国家的超越。在不同经济发展阶段，决定和引领经济增长与发展的因素各不相同。从经济发展史的角度看，人口、土地是传统农业经济时期的关键因素，资本、技术、制度是工业革命以来以机器大生产、电气化、自动化、人工智能化为标志的现代经济时期的关键因素。从大趋势上看，新能源、新材料、高智能机器人等可能是将来经济发展的主要标志，人才无疑是决定经济增长、激发和增强经济发展潜力的关键。由于经济上对发达国家的超越在一段时期内具有持续性，经济、政治、文化、军事、社会、外交各领域之间相互联系，高度互补，因此财政制度应该站在未来经济增长、社会稳定、文化提升、政治民主、军事实力增强、国家影响力提高相互协同的高度，统筹财政各项职能，积极为后发大国对发达国家的超越创造条件。

后发大国在超越发达国家阶段面临着一些复杂的问题，这些问题决定了后发大国在该阶段的主要任务。

第一，经济上可持续的领先优势的发挥和可持续领先能力的培育是首要任务。可以预见，将来领先全球的经济能力主要体现在前沿科技成果的研发和产业化。后发大国科学技术研发能力在长期积累的基础上逐渐具备集中爆发的条件。同时，后发大国国内有全面、配套的生产体系，有大容量的国内和国际市场支持，应该尽可能将科技成果产业化，转化为经济效益，反哺科学技术研发，形成科学技术研发-产业化-市场化的良性循环。在培育科学技术可持续领先能力方面，后发大国有数量可观的劳动力、高科技人才资源，这是确保后发大国在经济、技术上领先的最重要的基础。根据日本等国在科技上赶超美国的过程中出现的问题，其他后发大国在实施科技兴国强国战略中要注意财政支持产业发展中避免选错重点的教训。为保持这种优势，后发大国应该继续强化对人力资源的积累和对人才的培养，并保持科学技术研发人员与生产、市场开拓和销售人员的合理比例，满足科学技术研发、生产、市场销售对人才和人力资源的需求。后发大国即使科技能力已经接近世界领先水平，也主要是在一些主要领域接近世界领先水平，还会有一些领域处在一般水平，但处于接近领先水平的领域一定是主导世界经济发展格局、引领世界经济发展方向的。后发大国应尽可能通过领先领域的辐射、带动作用，在国内形成若干个产业群，从整体上增强本国经济的竞争力。

第二，合理把握金融与实体经济发展之间的关系，避免金融脱离实体经济、伤害实体经济的情况。随着经济发展水平的提高，经济结构也相应发生变化，第三产业在社会总产值中的比重逐渐上升，以金融业为代表的现代服务业的作用明显提高，地位也相应上升。尽管金融业发展到一定程度后逐渐具有自我循环、自我扩张的机制和能力，并获得可观的、远高于从事实体经济的收益率，甚至逐渐排挤实体经济，成为主导经济社会发展的力量，进而使一国经济逐渐"金融化"，实体经济衰落，但金融的主要职能是服务实体经济，如果完全脱离实体经济并自我循环、自我膨胀，可能会导致实体财富生产萎缩。当金融过度膨胀导致名义财富快速增长，但实体经济停滞或衰落，必然出现物价上涨。不同人群在拥有的金融资源和利用金融资源的能力和渠道上存在差异，收入及财富差距必然扩大，低收入群体的相对贫困必然加剧，进而可能影响社会稳定。对于后发大国而言，其经济体量大，人口众多，对实体商品需求量大，而且会直接影响国际市场商品价格，供给端的约束可能使后发大国在经济上陷入有钱但买不到商品的困境。因此，在加快金融发展的同时，绝不能忽略实体经济尤其是制造业的发展，要强化金融业服务实体产业发展的能力。

第三，避免出现财政转移支付和社会收入与财富差距同步扩大，甚至相互推动的困局。当后发大国具备可持续发展条件后，市场机制在资源配置中发挥基础性和决定性作用，社会成员之间要素禀赋差距在公平的市场规则下可能转化为收入差距和财富差距，收入与财富差距强化社会成员之间的禀赋差距，形成收入与财富差距持续扩大的机制和趋势。如果财政制度主要通过转移支付在社会成员之间禀赋差距、市场规则和收入差距的收入端调节收入分配，或者受调控力度的限制（调控力度太小难以有效缩小收入与财富差距，调控力度太大则会伤害高收入者创造财富的积极性），社会成员之间的相对收入差距必然存在继续扩大的趋势。后发大国经济发展到较高水平后，产业结构逐渐高度化，较低收入阶层就业机会趋于减少，获取收入的机会也相应减少，对转移支付的依赖性增强。收入差距的持续扩大导致对转移支付的需求依赖增强，经济结构的高度化也导致低收入群体对转移支付的依赖增强，财政支出结构出现僵化、刚性化趋势，不利于财政支出结构的调整，进而影响财政培育后发大国在科学技术研发上可持续的领先能力和其他有助于国力增强的能力。

第四，为维护后发大国在国际上的合法利益，后发大国应该逐渐强化军事和外交影响力，确保经济能力、军事实力、外交影响力同步发展。随着后发大国经济实力的增强，对国际经济活动的影响力也相应上升，主要表现在其供求占国际市场总供求的比重大幅度上升，对国际市场供求和价格影响扩大。此时，后发大国的国际义务也会随着其经济实力的增强而增加，对国际经济规则和其他国际事务的参与广度扩大与介入程度进一步加深。为有效维护后发大国合法的经济利益，降低、化解敌对国家施加的压力和阻力，增强与相关国家的协调，后发大国必须同步增强军事实力和参与国际事务、制定国际政治经济规则的能力。为此，确保军费支出与经济总量扩大同步增加，外交支出在优化结构的基础上适度扩大规模优化结构是该阶段后发大国的必然选择。

第五，促进教育、文化、社会事业发展，确保政治、经济、文化、军事、外交、社会事业的同步协调发展。后发大国的崛起、超越发达国家是整体推进的过程，政治、经济、文化、军事、外交、社会事业各领域是相互依存和互相补充的有机整体，只有同步发展、协调推进，才能从整体上增强后发大国的综合实力。因此，财政制度应该充分发挥国家治理基础和重要支柱的作用，统筹各领域的发展，合理配置公共资源，提升财政制度支撑后发大国超越发达国家的能力。

10
后发大国财政的含义、重要属性和内容

后发大国经济发展的内在规律决定了与经济发展相互适应的财政制度的重要特征和基本内容。一方面，在经济发展中，后发大国的特点、优势与劣势以及优势和劣势的动态演变决定了不同的经济发展阶段对财政制度需求的多样性、复杂性和动态性；另一方面，财政制度在资源配置方式、效率、公平、长期与短期经济发展、供求调节重点等决定了财政制度在后发大国发展过程中作用和地位的动态性与复杂性。一般性与特殊性的统一，主权性与开放性的统一，局部与整体的统一，全局性与阶段性统一是后发大国财政的基本属性。内生性和发展性是后发大国财政制度的基本特征。后发大国财政制度在其经济发展中的作用集中体现在为后发优势和大国优势的形成提供制度基础，抑制后发劣势和大国劣势，延续拓展后发大国经济优势，促使后发大国经济持续、健康增长，实现经济发展和社会进步的目标。动态性和阶段性也是后发大国财政的重要特征，后发大国要根据经济发展阶段转移和对财政制度需求的变化，及时推动财政制度与经济发展的动态适应。此外，基于后发大国幅员辽阔和地区间差异大的基本事实，集权和分权的统一性也是后发大国财政的重要特征。

10.1 后发大国财政的含义

后发大国财政主要研究后发大国经济社会发展中不同阶段的财政形态及其转化阶段、机制和路径。研究后发大国财政有助于揭示后发大国财政制度安排的内在逻辑，为后发大国财政制度变迁提供理论指导。

财政是经济社会的重要组成部分，是国家治理的基础和重要支柱。任何国家都必须获得一定的财富来满足国家机器正常运转的需要，通过履行国家职能维持社会的正常有序运行，促进经济社会的发展。尽管在国家治理中，政府治理、市场治理、社会治理以及非政府组织治理都各司其职，相互协调、相互补充，但由于政府处于整个社会的中心位置，政府治理对国家治理机制具有重要的引领、主导、协调作用，从而是国家治理的重要支柱。要确保国家有效履行经济社会管理的职能，就必须筹集财政收入、安排财政支出，使国家正常履行其职能，这些都离不开建立在一定原则、伦理、理论基础上的财政制度安排。可见，财政制度是国家经济社会制度的重要组成部分。从财政制度作为反映财政运行的基本规律、按照相对稳定的原则制定并付诸实施的、保障国家有效履行职能、维持经济社会正常运转的规则和规则体系的角度上看，财政制度具有一般性或自然属性。同时，不同时期的国家，或者同一时期的不同国家，或者同一国家经济社会发展的不同阶段，由于经济社会发展环境或财政制度安排的约束条件不同，国家职能的内容、重点和履行职能的具体方式不同，指导财政制度安排的原则、伦理、理论基础也不同。财政制度的具体内容存在或大或小的差别，这是财政制度的社会属性或特殊性。任何时期、任何国家的财政制度都是自然属性与社会属性、一般性与特殊性的统一。

后发大国财政主要关注后发大国经济社会发展过程中的财政及其运动、变化和发展。后发大国是后发展的大型国家的简称，既是后发国家，也是大型国家。后发国家是某一时期经济社会发展水平相对同期已经发展到较高水平的国家的一类国家。在该时期，后发展国家相对于发达国家而言，是发展中国家或欠发达国家，但后发展国家也可能在将来经历一段时间的快速发展、赶超，在经济社会发展水平上成为发达国家，甚至超过前一时期的发达国家。

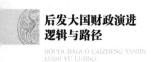
显然，后发展国家是一个相对概念，与发展中国家和欠发达国家有一定的相似性，但不完全等同，后发展国家是一个动态的概念。后发展国家肯定是某一时期的欠发达国家或发展中国家，但发展中国家和欠发达国家既可能是暂时的后发展国家，也有可能因为国家政策和制度以及某些外部原因一直是后发展国家。大国是从国家的领土面积、人口数量、自然资源种类与数量、潜在经济总量和潜在市场规模等方面来衡量的一个综合概念。大国与强国并不完全等同，大国主要是从领土、人口、资源、潜在经济规模等特征来判断的，强国则是从政治、经济、文化、军事等现实实力和影响力来判断的，当大国把人口、领土、资源等要素对经济、政治等的影响力充分发挥出来，把潜在的经济规模、市场规模转化为现实优势，增强经济实力，并增强政治、军事、文化实力，就会成为强国。大国是潜在的强国，强国是大国发展的结果，强国必然是大国，但大国未必是强国。后发大国是指某一时期既具有后发展国家的特征，又具有大国特征的一类国家。由于各国的资源禀赋、经济发展阶段等条件不同，其经济发展的逻辑、路径和发展战略也会有所不同，服务于不同经济发展战略的经济、政治、文化、社会等制度也应有所区别。作为内嵌于经济社会、历史环境之中，服务于不同经济社会发展战略的财政制度，必然同时与其他制度相互依存、相互协调，其内部各项具体财政制度也同时相互补充、相互协调，形成一个有机的制度体系。

10.2　后发大国财政的重要属性

10.2.1　后发大国财政的基本规定性

后发大国财政不是一种独立形态的财政，是与后发大国政治、经济发展相适应的，在不同阶段所可能存在的财政内容的总称。一般性与特殊性、主权性与开放性、局部性与整体性、全局性与阶段性是理解后发大国财政制度需要注意的几对重要关系。

第一，一般性与特殊性。财政的一般性，即财政的共性、普遍性，是任何国家和任何时期的财政的共同性质。在任何时候财政都需要发挥一定的作用来维护国家机器正常运转和确保社会经济的正常运行。只要国家还存在，社会公共需要必须得到满足，财政就会一直存在并发挥作用。无论是哪个国家或某个国家的哪个阶段，财政都包含着财政的基本要素，都必须遵循财政运行的一般规律。自国家产生后，财政就存在，并将一直伴随国家的存在而存在，这是财政的一般性。与财政内容相适应，财政制度作为规范财政行为的一系列规范，也体现着财政的一般规律，并伴随国家的存在而存在。同时，由于经济社会发展阶段不同、背景不同，任何主权国家的财政的具体内容也必然不同，因此具体国家的财政又是具体的，是随着经济社会的发展而发展的。财政的特殊性主要反映在财政的目标、范围、形式、机制等的差别上。后发大国是同时具备后发国家和大国特征的一类国家，比如中国、俄罗斯、印度、巴西、南非等。后发展国家和大国的特征决定了这类国家具有不同于其他国家的经济社会发展机制和路径。具体的财政是内生于具体国家的经济社会发展之中的政治、经济和社会现象，财政制度也是内生于经济社会环境中的制度安排，后发大国财政具有不同于其他类型国家的财政的具体内容。财政制度是财政运行规则的系统化、规范化，同时也是财政正常运行的基础和保障。后发大国财政制度不同于其他国家财政制度的具体内容，这是后发大国财政制度的特殊性。后发大国的财政既体现财政运行的一般规律，又反映后发大国财政运行的特殊规律，是财政一般规律和后发大国财政特殊规律的统一，后发大国财政制度既包含财政制度的一般内容、形式和属性，又体现后发大国财政运行的具体内容、形式和属性。

　　第二，主权性与开放性。后发大国财政制度是直接服务于后发大国的经济社会发展目标的，保障后发大国的后发优势与大国优势的充分发挥，同时抑制后发大国的后发劣势和大国劣势的财政规则体系。随着经济社会发展阶段推移和发展环境的改变，及时转变财政制度的形态，主动适应、引领经济社会发展的方向，实现经济社会的协调、可持续发展是后发大国财政制度的主要任务。尽管后发大国的大国优势决定了其具有较强的经济稳定性和自我协调发展的潜在能力，但在开放经济条件下，后发大国仍然需要在国际经济交往中吸纳发达国家的技术成果，加快本国的技术进步速度；需要通过参与国际经济活动，拓展国际市场，在全球范围内优化配置资源，提升主权国家的经济能力。不同于小规模国家，后发大国经济发展到一定程度后形成更强的经济实力，对国际政治、经济格局具有更强的影响力，应该承担更多的国际责任，在国际事务中具有更大的主导作用。参与国际经济活动和其他国际事务必然涉及借助财政制度安排处理与其他国家的经济、政治、军事、文化关系，协调处理全球性的安全、环境、生态等问题。从这个角度看，后发大国财政制度还具有开放性。当然，后发大国在国际事务中发挥更多作用首先是立足于后发大国本国的经济社会发展，本国的经济、政治和军事实力是其参与国际事务的基础和前提。后发大国承担国际责任、履行国际义务要与本国实力相适应，不应该完全脱离本国经济社会发展实际。

第三，局部性与整体性。后发大国的典型特征是国家幅员辽阔、人口众多以及地区间自然环境、人文历史、经济社会发展水平差异较大。潜在市场庞大是后发大国的重要优势之一，大市场有助于专业化分工、规模化生产，有助于提高劳动生产率，维护国内市场的完整、统一，是发挥大国优势的重要前提。但是，各地区经济社会发展水平的差异又需要有符合各地区经济发展要求的财政制度来支撑经济社会的发展。因此，财政制度的差异性也是后发大国财政制度的重要规定性。由此可见，一方面，后发大国的财政制度安排要强化中央的权威，维护全国市场的整体性。后发大国中央政府要提供全国性公共品，实现全国范围内基本公共服务均等化。例如，后发大国通过全国性的交通、通信等基础设施建设，消除地区间显性和隐性的贸易与投资壁垒，引导地方政府积极主动开放地区市场等，这是后发大国财政制度整体性的重要内容。另一方面，后发大国整体优势的发挥必须有与地区发展差异性相匹配的财政制度为地方经济社会发展服务，地方政府发展经济的积极性的充分调动、主动性与创造性的充分激活是地方经济发展的重要条件之一。因此，财政制度安排又必须充分尊重各地的自主权，调动地方政府发展经济的积极性、主动性和创造性，这就要求中央政府要对地方政府予以适度的财政分权。但是，过度分权且配套制度不完善可能导致地方政府各自为政，造成全国市场分割，抑制大国优势的发挥。因此，后发大国财政制度既具有整体性，又具有局部性，要妥善处理局部与整体之间的关系。

第四，全局性与阶段性。后发大国经济发展是一个长期的过程，服务于经济发展的财政制度必须反映后发大国财政运行的规律，必须与后发大国经济发展的要求相适应。同时，后发大国经济发展要经历奠定后发大国经济发展基础阶段、后发大国优势充分展开阶段、抑制后发大国劣势阶段和积累发展能力并酝酿超越发达国家等几个阶段。每个阶段面临的经济社会发展环境不同，发展目标和任务不同，对应的经济发展战略也大相径庭，服务于经济发展战略的财政制度安排也必然存在明显的差别。由此可见，后发大国财政制度具有明显的阶段性，不可能在所有经济发展阶段和不同经济发展环境下实行同一财政制度。尽管后发大国经济发展不同阶段的环境、发展战略存在明显的差别，但后发大国经济发展的各阶段是一个完整的、相互联系的、相互影响的、前后相继的完整序列，是一个有机整体。经济发展阶段及发展战略在时间上的继起性和内在的有机联系决定了其对应的阶段性财政制度安排之间必然具有有机关联性，即包含服务于奠定后发大国经济发展基础的财政制度、服务于市场在资源配置中发挥基础性作用和决定性作用的后发优势与大国优势充分发挥的财政制度、抑制后发大国劣势的财政制度和积累超越发达国家经济发展能力的财政制度等。

10.2.2　后发大国财政的基本特性

后发大国财政的基本特征是后发大国财政内在规定性的外在表现，集中体现后发国家和大国经济运行中财政的本质。后发大国财政的基本特征来自后发大国的基本特征和经济发展的基本逻辑及趋势。从整体上看，后发大国财政的基本特征体现在其财政对经济社会发展环境的内生性，基于后发国家经济社会发展压力、动力和追赶发达国家指向的发展性，大国地区差异性和统一性并存条件下为发挥大国优势而强调中央政府的主导性与地方政府的自主性，发展过程连续性和阶段性决定的财政制度的连续性和阶段性。

第一，内生性。后发大国财政的内生性是指其财政与后发大国的政治、经济、文化、历史和社会发展紧密联系，来源于并服务于后发大国的经济社会发展，尽管借鉴了发达国家的部分财政制度，但主要财政是基于后发大国自身的经济、政治、历史、文化和社会发展。财政制度包括财政收入制度、支出制度、政府预算制度、财政体制等正式财政制度和包括政治理念、经济社会发展理念、历史文化传统等在内的非正式制度。其中，来源于基本国情、发展环境、发展压力、发展动力和发展方向等的经济社会发展理念是后发大国财政制度安排的重要非正式制度因素或非正式制度的"底色"。正式制度可以在一定程度上基于理性设计和学习借鉴其他国家的相关制度，但服务于后发大国经济社会发展的正式财政制度必须立足于后发大国的具体国情，从具体的发展环境条件和目标出发。非正式制度只能来自本国的政治、经济、历史文化传统，并随着这些要素的发展而渐进演变。正式制度只有与非正式制度相互依存，并得到非正式制度的支持才能正常发挥制度的功能。因此，基于后发大国自身的政治、经济、历史文化传统等土壤，包括正式财政制度和非正式财政制度的财政制度整体上内生于后发大国国情，后发大国国情是其财政制度的土壤。

第二，发展性。后发大国财政具有强烈的加快经济社会发展、缩小与发达国家发展差距的发展财政的动机和成分，发展性集中体现在全社会和政府在强烈发展意愿的驱动下，在财政收入制度、支出制度、政府预算制度、财政体制安排等财政制度中体现出来的特征。后发大国财政首先具有强烈的发展动机。与发达国家在经济、政治、社会等领域的巨大差距，继而本国落后的经济社会发展水平与国民对发达国家高品质生活的期待之间的巨大差距，迫使后发大国政府产生强烈的发展动机，也促使后发大国民众对财政制度安排产生一致的认同和支持。发达国家经济发展的路径、经济社会发展的方向为后发大国提供了可以参考、模仿的对象，这也使后发大国财政制度安排有了明确的方向，提高了财政制度安排的合理性与制度安排追求的发展目标的可及性。当然，追求高水平经济社会发展目标和高水平生活是后发大国政府和民众的主观愿望，只有充分了解了后发大国经济社会发展的内在规律，进而充分了解了后发大国财政制度运行的基本规律和后发大国经济社会发展的条件后，后发大国政府才可能制定符合后发大国经济社会发展要求的、切实可行的财政制度，才能实现经济社会发展的目标。

第三，中央政府主导性与地方积极性的统一。后发大国财政的中央政府主导性是指其财政制度安排中具有明显的中央集权的特征，无论在财政收入、支出制度安排中，还是在政府间事权和财权划分中，都突出中央政府的主导地位和主导作用。首先，大国的政治统一、经济政策统一、国内大市场的统一以及对外政策的统一是大国优势得以发挥基础和前提，只有维护中央的权威，强调全国一盘棋，才可能抑制地区间经济发展水平差异可能带来的地区分割、全国大市场分割，维持发展的政治稳定和市场统一，进而有计划地推进各地区协调发展。其次，强调中央的适度集权有助于统筹经济近期、中期和远期发展，有助于统筹整体发展与局部发展，有助于集中财力开展符合后发大国发展要求的大项目，进而奠定后发大国较长时期的发展基础，克服后发大国经济发展的瓶颈。最后，强调适度的中央财政集权有助于根据经济发展阶段的推移，提供有助于不同经济发展水平地区统筹发展和协调发展的财政制度安排。当然，强调中央财政的适度集权并不意味着后发大国经济发展的所有阶段都要将中央财政的事权、财权保持在基本不变的水平，由于地区间要素禀赋和经济发展水平差异大，加之历史传统等原因，因此为调动地方发展经济社会事业的积极性、主动性和创造性，还需要赋予地方政府一定的财政管理权力。显然，后发大国财政制度既要强调中央的权威和财力统筹能力，也要考虑地方政府经济发展实际情况，充分调动地方政府发展地方经济的积极性。在不同的经济发展阶段，后发大国还要根据实际情况调整中央和地方财政的事权、财权的范围与规模，调整转移支付制度，力求更好地发挥后发大国的优势，抑制后发劣势和大国劣势。

第四，连续性与阶段性的统一。后发大国财政制度的阶段性是指在后发大国经济发展的不同阶段，财政制度安排的理念、目标以及具体制度安排存在明显的阶段性特征，具有分段函数的性质。后发大国经济发展的内在机制和发展的阶段性是财政制度安排的阶段性的基本依据，后发大国经济发展是一个由较低发展水平起步，积累发展基本条件，充分发挥后发优势与大国优势，抑制大国劣势和后发劣势，挖掘大国经济潜在优势，积累发展能力，赶上甚至超越发达国家经济发展水平的过程。不同经济发展环境、发展目标要求不同的财政制度来应对可能出现的问题，达成阶段性的发展目标，促使后发大国经济发展顺利走过每一个发展阶段。后发大国财政制度的阶段性主要体现在不同阶段的财政制度安排目标、财政制度要解决和应对的重点问题与关键问题、收入制度和支出制度与财政体制安排上的阶段性。同时，后发大国发展又是一个由发展阶段递次推进、相互紧密联系的完整过程，也只有各发展阶段相互连接、相互支撑，才能实现经济社会发展的目标。因此，后发大国财政制度的阶段性并不否认后发大国财政制度的完整性和统一性，是在后发大国经济运行规律及财政运行规律指导下的阶段性，是后发大国财政制度完整性和统一性内部的阶段性，不能用财政制度的阶段性否定财政制度的完整性和统一性，也不能用财政制度的完整性和统一性否定阶段性，后发大国财政制度是完整性、统一性和阶段性的对立统一。

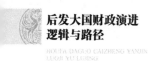

10.3　后发大国财政的内容

10.3.1　后发大国财政与后发大国经济发展的关系

后发大国财政制度是内生于后发大国经济社会发展的一种财政制度。后发大国财政制度安排与经济发展机制和发展路径相互适应、相互影响。内生于后发大国经济社会发展的财政制度安排必然与大国特征和后发国家特征相适应，服从并服务于后发大国治理和经济社会发展。随着经济社会发展条件的变化，后发大国财政制度也将随之发生阶段性的变化，以适应不同经济发展阶段的要求，应对不同经济发展阶段的挑战，推动经济发展，提升经济发展水平，达成经济发展目标。

后发大国财政制度是内生于后发大国经济社会发展的财政制度安排。后发大国的经济发展，一方面要遵循经济发展的一般规律，另一方面要符合后发大国经济发展的规律。后发大国最典型的国情就来自其后发大国的内在规定性。从外在特征看，由于是大国，领土辽阔、人口众多、自然资源品种齐全、自然资源绝对量大、潜在的国内市场需求大、供给能力强、经济总量大。同时，国内区域间差异性明显，资源禀赋和发展水平差异较大。后发国家在较长时期内拥有技术、制度、要素收益、产业结构演进等方面的后发优势，但从长期发展来看，后发优势将逐渐减弱，技术、制度等方面的后发劣势将逐渐增强，甚至可能成为抑制和阻碍后发大国进一步发展的障碍。充分发挥后发大国的优势，将潜在的经济优势转化为现实的经济增长是后发大国经济发展的主要思路。财政制度作为一种重要的制度安排，可以通过发挥资源配置职能，引导、调节资源的流向与流量，提高资源配置效率；可以通过收入分配职能，调节收入分配结构，影响国内收入分配状况，直接和间接影响收入分配、消费和社会稳定，进而影响经济增长和调节经济结构；可以通过发挥经济发展职能，改善经济发展的基础设施、教育、科学技术、生态环境状况，为经济长期发展奠定基础。

后发大国的财政制度安排与经济发展是相互影响、相互作用的。一方面，后发大国经济发展的环境、目标是决定财政制度安排的方向和具体内容的决定性因素，即后发大国经济发展水平和发展目标决定财政收入、支出的规模与结构，决定财政体制的具体内容，决定政府预算的具体内容；另一方面，财政制度安排又会对经济社会发展产生影响，反映后发大国经济发展规律和财政运行规律的财政制度会在既定的政治、经济和社会约束条件下解决发展中的问题，推动经济社会向前发展，违背后发大国经济和财政运行规律的财政制度不仅无助于解决发展中的问题，还会加剧存在的问题，将后发大国的经济带入停滞甚至倒退的困境。当然，后发大国财政制度不仅受到经济条件的影响和约束，还会受到政治、社会、历史文化传统甚至外部因素的影响，需要综合考虑相关约束条件，瞄准不同发展阶段的关键问题和主要障碍，突出重点，并兼顾其他方面的目标，力求在保持社会基本稳定的前提下，将经济发展阶段梯次向前推进。

后发大国经济发展明显的阶段性特征决定了财政制度安排与经济发展阶段具有对应性。后发大国经济发展主要经历奠定经济发展基础阶段、后发大国优势充分发挥阶段、抑制后发劣势和大国劣势阶段、平衡经济结构和积累发展能力超越发达国家四个阶段，每个阶段的经济社会发展条件、资源禀赋、财政制度目标以及财政制度内容等都存在明显的区别。在奠定经济发展基础阶段，后发大国的资本严重短缺、劳动力资源丰富、基础设施严重不足、装备工业残缺、资本积累能力低下。为了奠定后发大国经济发展的基础，后发大国需要通过财政制度安排集中有限的社会资源，在保障社会基本公共需要的前提下，通过对国民经济装备工业、基础设施领域以及具有一定区位优势的城市的优先、重点投资，强化对教育、医疗卫生事业的财政支出，形成后发大国较长时期内经济社会发展的物质基础和人力资本基础。随着经济社会发展基础的形成，市场配置资源的物质、人力、制度基础基本具备，形成了市场在资源配置中发挥基础性、决定性作用的条件，财政制度也应相应地从前期的重工业优先、城市偏向的建设性财政转向市场经济条件下的公共财政。后发大国的公共财政一方面要立足后发大国国情，另一方面要在政府与市场的分工、财政职能、财政收入制度和支出制度、财政体制安排等方面反映出该阶段的特殊性。市场机制在资源配置中发挥决定性作用需要充分激活后发大国的优势，抑制潜在的后发大国劣势。随着发展阶段的推移，后发优势逐渐弱化，后发劣势逐渐显现出来，财政制度安排面临技术进步缓慢、收入差距扩大、城乡和地区发展结构失衡的问题以及进一步挖掘和延长大国优势的

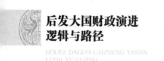
任务。随着后发劣势和大国劣势的出现,为了实现经济的持续增长,平衡、优化经济结构,积累发展能力,最终实现赶上和超越发达国家的目标,财政制度需要进一步创新,以便突破后发大国经济发展中可能出现的"中等收入陷阱""技术模仿-落后陷阱""经济结构僵化陷阱"等。

后发大国经济发展的禀赋和内外部环境是变化的,经济发展的目标、重点和战略是变化的,财政制度也是变化的,不同经济发展阶段的财政制度的具体形态也需随之调整和变化。在奠定后发大国经济发展基础阶段,财政制度是以国家财政主导下的发展财政为主;在后发优势与大国优势充分发挥阶段,财政制度是居主要地位的国家财政主导、国际财政辅助的公共财政;在后发劣势和大国劣势开始出现阶段、追赶和超越发达国家阶段,财政制度是国家财政主导下的公共财政、发展财政和国际财政相互补充与协调的财政制度体系。转型财政贯穿后发大国经济发展阶段转移和财政制度形态变化的全过程,但在不同的转型阶段,转型财政面临的具体内容、需要处理的关键问题、转型思路存在一定的特殊性。

在后发大国经济发展全过程中,财政制度需要遵循服从和服务于后发大国经济社会发展目标,激活后发优势与大国优势,抑制后发劣势与大国劣势的主线,根据变迁的经济社会发展环境不断调整和优化制度内容与结构。后发大国财政制度不仅受到经济发展阶段的制约,还受到政治结构、意识形态、社会发展伦理等的影响,厘清财政制度变迁的内在逻辑,有助于适时推动财政制度变革,促进经济社会协调、可持续发展,尽快实现后发大国经济发展的目标。

10.3.2　后发大国财政的基本内容

后发大国财政制度有一般财政制度的基本要素和基本内容,同时由于其大国特征和后发国家的特征,经济发展机制和发展路径的特殊性,致使后发大国财政制度的内容存在区别于一般国家财政制度的内容。具体而言,后发大国财政制度在财政收入制度、支出制度、政府间财政管理体制等方面具有明显的后发大国特征。

后发大国财政制度具有与一般国家财政制度相同的基本内容。从财政制度的阶级性角度看,任何国家的财政制度都是建立在一定经济基础之上的,与一定政治上层建筑相适应，经济基础和上层建筑结构决定政府的主要职能、财政支出的主要内容和重点内容，经济发展水平和经济结构决定财政收入制度，财政收入制度反映经济基础，并和财政支出制度一起维护、巩固经济基础。从财政制度的自然属性，即一般性角度看，财政制度包括：第一，财政支出制度。其主要反映政府的职能范围、职能重点，表现为财政支出规模和支出结构。第二，财政收入制度。其具有筹集财政收入职能、调节收入分配和经济周期职能、资源配置职能，具体通过财政收入规模、形式和财政收入结构表现出来。第三，政府预算制度，即对政府财政收支的控制、监督的相关制度安排。财政收入和财政支出规模与结构的决定、财政收入和财政支出的监督控制主要通过政府预算制度来实现。第四，政府间财政关系的相关制度。涉及不同层级的政府之间和同级但不同经济社会发展水平的政府之间的财权与事权划分是财政制度管理体制的重要内容。此外，作为调节经济总量和经济结构重要手段的财政政策也是财政制度的重要组成部分。事实上，尽管财政制度一般包括财政收入制度、支出制度、政府预算制度、政府间财政关系制度以及财政政策等，但经济基础、政治上层建筑、经济发展阶段、历史文化传统和经济社会发展的国内外条件也会影响财政制度安排的具体内容。随着这些条件的变化，财政制度的具体内容也会相应调整和变化。

财政支出制度是后发大国财政制度的重要内容。后发大国财政支出制度与各经济发展阶段政府的职能范围和职能重点密切相关。后发大国经济发展的基本逻辑决定了其在经济发展不同阶段面临不同的约束、目标和需要重点解决的问题，只有根据不同经济发展阶段后发大国经济发展面临的主要问题、政府的工作重点合理确定财政支出的规模和结构，才能有助于克服后发大国经济发展的阶段性困难，促进经济增长。具体而言，在为经济长期发展奠定基础的阶段，财政支出的重点就是满足国民经济装备工业部门、基础设施部门的需求；在后发优势与大国优势充分发挥作用阶段，财政支出主要满足提供市场不能有效提供的公共品和公共服务的需求，如保证财政对教育、医疗卫生、社会保障、就业、农业等方面的支出；在后发劣势与大国劣势开始出现阶段，财政应提前通过财政支出应对城乡与地区发展差距扩大、居民收入差距扩大等结构性问题，如进一步加大对农村地区的财政支持、对经济欠发达地区的财政转移支付力度等。为了保证后发大国技术进步的持续性，在与发达国家技术差距逐渐缩小的同时，财政应该通过对教育、研究开发的支持，通过合理的产业政策加大对先进技术和关键技术的研究开发，促技术产业化，增强技术进步能力。在经济持续增长阶段，财政要通过财政支出制度积累技术进步的能力，确保科学技术进步的可持续性，继续通过财政支出应对收入差距和经济结构问题对后发大国经济发展的不利影响，通过财政制度安排促进工业化、信息化、城市化和农业现代化的协调推进，具体包括加大对教育、研究开发等的财政支持力度，加大对城市基础设施建设的财政支持力度，实行促进乡村经济社会协调发展的财政制度等。显然，在后发大国经济发展不同阶段，财政支出需要应对不同的重点问题和关键问题。

后发大国的财政收入制度在后发大国经济发展不同阶段的作用和遵循的基本原则也存在一定的差异性。财政收入制度的首要作用是为财政支出融资，为政府履行职能提供财力支持。财政收入制度需要考虑财政收入规模对资源配置效率的影响，需要考虑对收入分配的影响，尤其是不同形式财政收入的结构对收入分配的影响，短期内还可能涉及财政收入制度对总需求，进而对经济周期的影响。在后发大国经济发展的不同阶段，财政收入的各项职能、财政收入的规模和结构等也存在明显的阶段性特征。在为后发大国经济长期发展奠定基础的阶段，财政收入制度主要为装备工业和基础设施建设提供资金支持。此时，后发大国经济增长处于供给约束型增长阶段，财政收入用于装备工业、基础设施等领域的资金规模扩大，经济供给能力增强有助于经济增长。在该阶段，过度收入均等化反而不利于经济增长，因此财政收入制度的收入分配职能处于相对次要的地位。尽管财政收入制度的主要目标和重点目标是为重点支出领域融资，但财政收入制度也不能影响民众的基本生活，必须保障最基本的公共品和公共服务供给。在后发优势和大国优势充分发挥阶段，财政收入制度主要履行公共收入制度的职能，并随经济发展水平变化调整收入形式和结构，在之后的发展阶段财政收入制度应相应主动适应经济发展的阶段性特征、目标。

政府间财政关系对应的财政制度安排在后发大国发展的不同阶段也有所区别。财政的资源配置职能、收入分配职能、经济稳定职能、经济发展职能的内容和重点在后发大国不同发展阶段的地位与作用存在明显区别，各项职能在中央与地方政府之间的划分也不同。在为后发大国奠定发展基础的阶段，后发大国需要在较低经济发展水平集中财力对基础设施、教育、国民经济装备工业部门进行集中投资。资源配置职能集中在中央政府有助于集中全国资源解决全国经济发展的瓶颈问题，因此中央政府集中较多财力和经济建设相关事权有助于该阶段经济发展目标实现，促进经济增长，并为后发大国长期发展奠定基础。在后发优势与大国优势充分发挥阶段，市场机制在微观层次的资源配置中具有明显优势，除部分全国性公共品的有效提供需要中央政府发挥主要作用外，地方性公共品由地方政府提供具有更高的效率。因此，将与地方性公共品提供相关的事权和支出责任配置给地方政府具有合理性。当然，全国性公共品的提供、收入分配、全国经济社会统筹发展、宏观经济稳定、重大经济结构调整、基础理论研究和重大应用性科技成果研究等事权和支出责任仍然需要由中央政府承担。从整体上看，分权程度相比为经济发展奠定基础的阶段有所提高。在抑制后发劣势和大国劣势阶段，涉及城乡之间和地区之间经济结构调整、基础科学研究、跨区域重大基础设施提供、宏观经济结构调整、重大产业政策制定和实施等关系后发大国整体经济长期发展的事权和支出责任需要界定给中央政府，因为这些重大事项具有明显的跨区域外溢性，地方政府在履行相关事权时，缺乏足够的激励，可能相互推诿，进而影响后发大国整体经济发展。在进一步积累发展能力，促进经济持续增长阶段，乃至在赶上、超越发达国家阶段，如果涉及强化国家整体应对能力，也应根据发展形势和目标调整优化政府间财政制度。当然，由于此时地方经济社会发展的多样性和差异性仍然存在，为充分调动地方发展经济的积极性，中央还需要继续赋予其相应的财政管理权。同时，这也是保持后发大国经济多元化这一优势和特色的必然要求。

11
政府在后发大国经济发展中的作用

　　财政是生产力发展到一定水平后，随着国家的产生而产生的。国家自产生以来就需要履行相关职能，国家的职能是由其实体——政府来具体承担和实施的。财政则是通过为政府履行相关职责筹集资金来发挥在国家治理中的支撑作用。政府在经济社会发展不同阶段的职责范围和作用决定了财政的复杂程度，财政支撑作用反过来影响政府履行职责的能力和效果。后发大国特殊的要素禀赋决定了特殊的经济发展机制，进而决定了政府发挥作用的内容和方式，进一步决定了财政和财政制度的内容与演进机制。

11.1　对发展经济理论的回顾与反思

作为经济社会主体的人是生产和消费的统一体。人作为消费者，追求消费效用的最大化。但是，消费需要有消费的对象，为了能够消费更多的商品，作为生产者的人必须在要素约束下生产出尽可能多的产品。由于要素的有限性和技术条件的短期刚性约束，合理分配既定的资源、使其发挥最大的作用、产出最大数量的产品、满足社会消费需求就成为人类经济活动的永恒主题。

对于主权国家而言，追求经济发展是满足国民需求、提高民众福利水平的必要前提。主权国家既是一个地理范畴，又是一个政治范畴，其凝聚力和向心力与国家为国民提供的福利密切相关。国家经济发展速度越快，所达到的发展水平越高，物质产品供给越多，可供消费的物质产品越多，民众的福利水平越高，国民对国家的忠诚度越高，归属感也就越强，国家的凝聚力也就越强；反之，经济增长越慢，国民的生活水平提高越慢，政府对国民的凝聚力和吸引力越弱，政府的威信越低，国家的政治合法性越差。

一国的经济发展水平高是其在国际竞争中赢得优势地位的重要砝码。包括经济实力、科技实力、政治实力、军事实力和文化实力在内的综合国力是一国实力的综合体现。其中，经济实力无疑是政治实力、军事实力、文化实力的重要基础，只有经济发展水平提高了，国家才有能力和动力加大对科研、教育的投入力度，提高国民文化知识水平，提高科技研发和创新能力，增强文化影响力，增强军事实力，才能在国际事务中发挥主导作用。

经济发展还可以使一国步入持续发展的良性轨道。一国经济发展无疑需要资本、技术、人才、资源等要素的支撑，随着经济社会的发展，资本、技术、人才等要素在经济发展中的地位和作用越来越重要，这些要素的获得能力和将要素转化为产品或社会财富的能力是决定一国经济发展可持续性的重要因素。赢得这些要素最主要的方式是增加要素存量、提高要素质量。投资则是增加要素存量的重要途径，提高要素利用率和产业率则是增强对要素投资能力的重要途径。在经济发展水平提高的条件下，要素的收益率才有提高的空间，才能在开放经济条件下进一步吸引优质要素的流入。优质要素的积聚产生集聚效应，有利于进一步提高要素产出率，增强对要素的吸引能力，形成经济发展、要素收益率提高、要素集聚的良性因果循环累积机制，从而将一国经济带入持续、快速、高质量发展的轨道。

经济发展实践离不开理论指导。在发展经济学中，经济发展的指导理论从亚当·斯密开始，经历了辩证法中肯定→否定→否定之否定三个阶段，相对于前一发展阶段的每一个后续发展阶段，都是在对前一阶段理论与实践中存在问题的反思和对成功经验的继承，一方面表现为对前一阶段理论与实践的否定，另一方面又包含着对新的发展环境的适应和对前一阶段优秀成果的继承，呈现出螺旋式上升的曲折发展路径。

从亚当·斯密时代直到 20 世纪初，绝大多数经济学家都认为，自由放任的市场经济是实现一国经济持续增长的最佳途径。在市场经济中，经济个体作为经济决策主体和资源配置主体，经济活动不受政府的任何干预；由价格机制、供求机制和竞争机制组成的市场机制能够有效引导微观经济主体主要的经济行为。微观主体为了追求各自的利益最大化，在市场机制这只看不见的手的引导下，从事着直接为自己利益行事，同时也间接提高他人和社会福利水平的经济活动。尽管面临马克思和其他一些经济学家的挑战，但自由放任思想在相当长一段时间内是研究国家经济发展的主要分析框架。尽管这一理论在经济发展过程有许多真知灼见，但这个理论框架忽视了不同国家经济发展的国情差异这个重要的经济事实。

第二次世界大战结束到 20 世纪 60 年代是结构主义发展经济学主导发展经济学的阶段。第二次世界大战后新独立的一批发展中国家的经济发展实践急需理论指导，这些国家的经济发展制度条件远远不能提供发达国家经济发展所具备的成熟的市场经济环境，这就在一定程度上决定了其难以依靠市场机制来实现经济发展的目标，这些国家必须寻求新的经济发展思路。持类似观点的经济学家包括诺贝尔经济学奖获得者刘易斯、缪尔达尔、纳克斯、普雷维什等人，他们一般被称为结构主义经济学家。结构主义经济学家观察到的发展中国家大多具有如下特征：国家刚刚取得独立，国民经济具有浓厚的殖民地色彩，在落后的本土原有经济中，一方面存在由原殖民者建立起来的服务于殖民地宗主国经济的先进企业，如农业中的种植园，工业中的采矿业企业、交通运输企业和动力企业等；另一方面存在着大量落后的低水平的传统农业。其整体经济结构就像在传统农业的汪洋大海中零星点缀着少许现代工业企业的小岛，这是一种典型的二元经济结构。这种二元经济结构集中表现为本土固有意识形态与先进资本主义意识形态的对立、本土固有技术和先进技术之间的对立、本土落后的具有隐蔽性失业的农业和少量的先进工业之间的对立。

结构主义发展经济学家提出了具有典型二元经济结构特征的发展中国家经济发展的思路。结构主义发展经济学家认为，由于发展中国家经济中存在二元结构，具有很强的结构刚性，并且难以发生变化，仅凭市场机制的调节作用和私人经济难以改变经济整体上的低水平发展状态，应该由国家承担起规划和推动工业化的重任，而国家推动工业化则主要是依靠综合性总体规划，以确保国民经济发展中各部门的结构协调和经济平稳增长。

结构主义发展经济学家的发展理论和主张在发展中国家经济发展的实践中并没有取得令人满意的成效。主张国家在经济发展中起主导作用的观点几乎在所有发展中国家得到认同并付诸实施，以期尽快实现工业化。在经济发展中，发展中国家普遍采取国家主导的大规模的工业投资，实行工业和城市偏向、农业歧视的经济政策，尽管建立了一定规模的工业企业，但普遍经济效益较差，农业发展长期停滞，工业和农业之间的发展差距日益扩大，人民生活水平长期不能提高。这一切表明，结构主义发展经济学家的理论在实践中没有取得预期的成果。

结构主义发展经济学家的理论和政策主张没能实现预期发展目标，其原因是多方面的。结构主义发展经济学家强调，发展中国家经济发展中的结构性问题和国家在经济发展中的部分领域投资具有一定合理性，但是全面否定市场的调节功能，否定自由贸易理论和政策，可能是国有企业缺乏激励、效率低下的重要原因。事实上，尽管市场机制在资源配置中发挥决定性作用的条件不完全具备，存在一定程度上的市场失灵，但完全忽略市场机制的作用，采用政府作用代替市场机制的资源配置方式可能会带来更大程度的政府失灵或计划机制失灵，即用一种失灵代替了市场可能存在的失灵，甚至由于政府管理经济的能力不足，致使政府失灵程度严重于市场失灵程度，从而导致经济发展失败。结构主义指导下的发展战略通过政府主导发展严重偏离本国资源禀赋的资本密集型工业以及扭曲要素价格的经济制度会人为导致制度错配，市场发挥作用缺乏制度基础，进一步加剧市场的无效。此外，严重偏离本国资源禀赋的资本密集型企业的产出多为中间产品，难以直接转化为企业利润，导致企业生存能力低下，迫使国家长期大量投入资金等稀缺要素，而这必然进一步扭曲要素配置结构。大量资本有机构成高的企业难以提供较大规模的就业机会，导致该类企业的就业者和其他就业者劳动产出差距悬殊，收入差距扩大。因该类企业不能有效吸引农业劳动力导致农业剩余劳动力在农业部门继续累积，人均土地占有量少，农业劳动生产率低下，农业现代化迟迟难以启动，从而导致工业部门和农业部门二元结构固化甚至强化。缺乏农业的有力支撑，工业化必然难以持续推进。

20 世纪 60 年代后，在反思结构主义经济发展理论和政策的过程中，新古典主义的经济发展理论主张成为发展经济学的主流。在新古典发展经济学形成和主导经济发展理论与政策的过程中，以鲍尔、哈勃勒尔、凡纳、迈英等为代表的新古典主义发展经济学家主张采取新古典经济理论的长处，充分发挥市场机制的调节作用，刺激私人经济活动，减少国家干预，扩大对外贸易，实行出口导向的经济发展战略来达到推动发展中国家经济发展的目的。

新古典主义发展经济学的理论和主张在经济发展的实践中同样没有取得令人满意的效果。除了"亚洲四小龙"（韩国、新加坡、中国香港、中国台湾）等小型国家和地区通过发展外向型经济取得较好的经济发展成绩外，广大的第三世界国家经济发展结果大多不如人意，与发达国家之间的发展差距并没有出现缩小的趋势。

反思新古典主义发展经济学理论及其实施的效果，可以发现一些导致其经济发展绩效不好的原因：重视市场机制对私人经济活动的调节作用和对外贸易在经济发展中的作用具有一定合理性，但忽视市场机制有效发挥作用的前提条件，如建立必要的基础性制度，投资教育以提高劳动力的受教育水平和形成一定的人力资本，具有公共品特性或正外部性特征的基础设施投资不足限制了市场机制作用的充分发挥。显然，作为经济发展基础的制度供给、教育、基础设施，仅仅依靠市场机制调节下的私人经济活动是难以形成有效供给的，最终成为阻碍经济发展的因素。不可否认，发达国家的某些基础设施、教育、医疗卫生等具有公共品特征或外部性特征的物品和服务也可以由市场提供或由政府和市场合作提供，但这是在经济发展到一定水平后才出现的，很难想象欠发达国家在经济发展水平较低的阶段可以借助市场机制提供经济社会发展所必需的公共基础设施和教育服务。诸如产权界定和产权保护等基础性制度安排没有政府作用的充分发挥也难以借助市场机制建立，因此单纯借助市场机制难以真正达到经济发展的目的。

在反思结构主义发展经济学理论和新古典主义发展经济学理论的基础上，林毅夫教授等提出了新结构主义的经济发展理论和相关的政策主张。结构主义和新古典主义发展经济学理论与政策主张的核心区别在于如何看待政府和市场在经济发展中的作用。结构主义重视政府的作用，忽视市场机制在资源配置中的作用；新古典主义重视市场的作用，忽视政府在经济发展中的作用，这两种发展理论在看待政府和市场在经济发展中的作用方面都走了极端，没有把政府和市场在经济发展中的作用有机结合起来。林毅夫等全面反思了结构主义和新古典主义发展经济学理论与政策主张的利弊得失，充分利用全面了解的广大发展中国家经济发展的丰富经验，提出在经济发展中，既要重视政府在基础设置（教育、基础设施、制度等）、产业政策等方面的主导作用，也应该充分发挥市场机制的作用，充分重视企业的自我生存能力对经济发展微观基础的作用，利用国际贸易加快后发国家经济发展。

纵观发展经济学理论的发展历程，可以发现发展中国家经济发展的指导理论的演进脉络。结构主义发展经济学侧重于从发展中国家经济中的结构性特征及其持久性角度出发，力图通过国家计划的主导作用替代市场机制下私人经济活动，通过大推进式的投资活动促进宏观经济中供求规模和结构的协调，推动经济持续增长，走出贫困恶性循环。但是，由于忽视受市场机制驱动的微观经济主体的经济行为，政府主导的经济行为的决策信息瓶颈和激励不兼容构成结构主义经济发展政策失效的根本原因。新古典主义发展经济学理论与政策主张充分关注了市场机制驱动下私人经济行为的效率特征，但忽视了政府作用，导致基础设施、教育、基本制度供给等经济发展的基础性设置短缺或缺失，使得市场机制的作用难以充分发挥，进而成为该类经济发展政策失效的根源。新结构主义发展经济学理论同时注重市场机制和政府在经济发展中的作用，并且把企业生存能力的培养作为经济发展关键，激活了微观经济主体的活力，既解决了企业的生存发展问题，也同时关注了企业经济行为正常开展的前提和基础以及与企业发展相关的就业、产业结构合理化、城市化、收入分配、财政收入等经济发展问题。

值得注意的是，新古典主义发展经济学理论与政策取得成功的主要对象是亚洲的几个人口、土地面积、资源等要素匮乏的小型经济体，同时还与以美国为首的资本主义国家集团围堵中苏社会主义国家的国际局势下的地缘政治因素有关。改革开放后，中国经济发展取得了显著的成绩，但中国是典型的后发大国，单纯用新古典主义发展经济学理论来指导中国经济发展显然不符合经济发展的事实，即新古典主义发展经济学理论指导的经济发展成功只在小型经济体中获得成功，并不具有普遍性。尽管各国经济发展都应该遵循具有一般性的经济发展规律，但由于不同类型的国家具体国情存在较大差异，经济发展还应该考虑该类国家的具体特点。只有找出各类型国家的共性，再参照经济发展的一般规律，进而制定经济发展的战略和具体政策，才能取得较为满意的经济发展绩效。仅从国家规模看，不同规模国家的国土面积、人口、资源禀赋、潜在供给能力、市场需求等存在显著差异，这些差异可能通过对总供给、总需求、工业化模式、对外经济发展战略等经济发展要素的影响，形成不同类型的经济发展模式。找出这类国家经济发展的规律，才能制定具有针对性的经济发展战略和政策。

后发大国的经济特征决定了其经济发展在世界经济发展中具有十分重要的地位和作用。当今世界，中国、俄罗斯、印度、巴西、南非等后发大国的国土面积、人口、资源总量占世界总量的比重较高，这些国家找到适合其经济发展的经济理论和经济模式对其经济的持续快速发展，进而对全世界发展中国家的经济发展都具有十分重要的作用。这些国家经济发展取得明显成绩后，通过对其他发展中国家经济发展的支持和带动可以加快全世界发展中国家的经济发展。这些后发大国经济持续发展还可以通过供给、需求和国际市场促进世界经济的持续、平稳增长。

11.2　经济发展演进中政府作用的归纳

经济发展是现代社会发展的主题和基础，市场与政府在经济发展中的角色和作用贯穿于发展经济学的各个发展阶段，全面分析政府在经济发展中的作用对厘清财政在经济发展中的作用定位，进而促进经济持续、健康发展具有重要作用。

政府与市场在经济发展中的作用不是完全并列的，政府作用的合理发挥是市场机制作用发挥的基础和前提。不可否认，政府和市场都具有资源配置职能，都可以影响资源配置效率，进而影响经济增长。但是，市场机制作为资源配置的一种方式，其作用的发挥需要一定的条件和基础。在这些条件中，尽管有一些可以在经济交往中自发形成，但有些条件要么自发形成的时间很长，要么根本难以自发形成。市场作为一种资源配置方式，不仅仅是指交易的场所，还包括交易主体、交易客体、交易平台、交易规则。其中，作为市场交易规则前提的产权界定、保护，交易规则的制定、完善、执行和实施难以通过市场自发演进形成，必须借助国家的强制力才能形成。市场交易有交易成本，由于交易主体信息不对称情况下机会主义行为倾向原因和客观外在环境不确定原因，市场交易存在交易风险，如果不能借助国家力量配置市场交易硬件，制定并实施交易规则，减少交易的不确定性，降低交易风险，市场交易就难以正常进行，更难以在资源配置中充分发挥作用。在一国经济发展的初期，市场机制发挥作用的基础条件还不具备的时候，政府不能将资源配置、经济增长的主要事项放任市场机制去做。正如当一个孩子还没有完全的行为能力的时候，完全承担养家糊口的责任不利于孩子的正常成长，甚至会因为太大的压力和不可控的外部条件导致孩子不能继续成长一样，在一国经济发展初期，当市场机制发挥作用的基本条件还不具备的时候，政府应该承担起培育市场机制发挥作用的基础条件的职能。

政府和市场在资源配置进而在经济发展中确实应该有一定的分工与协作。在市场经济条件下，政府在满足市场机制正常运行所需的基础条件的基础上，主要通过筹集财政资金、运用财政支出和其他的政府权力维持政府机构正常运行，调节收入与财产差距，促进社会公平，提供市场不能有效提供的基础设施、公共服务，对农业、高新技术等领域提供必要财政支持，通过直接或间接支持方式促进产业结构协调和优化升级，运用财政政策等促进经济平稳增长。市场在资源配置中发挥决定性作用，并通过市场机制进行初次收入分配，提高资源配置效率，促进经济增长。政府和市场的具体分工协作情况在不同市场经济模式的国家和同一国家的不同经济发展阶段存在一定差别。在一国经济发展初期，政府应该承担提供市场发挥作用的基础条件的职责，不能在市场机制发挥作用的基本条件不具备时就放任市场自发调节经济。当市场机制发挥作用的基础条件具备后，政府应该主要履行维护市场机制正常运行、维护国家机器正常运转、调节收入和财产分配、营造经济平稳增长的宏观经济环境的职能。

事实上，市场机制发挥作用的基础条件除了交易平台、交易规则、产权

界定与保护、产权主体外，还要求交易客体达到一定条件。市场机制在资源配置中作用的发挥是借助于价格机制、供求机制、竞争机制等的作用，要求交易客体具有一定的供给和需求价格弹性。如果交易客体的需求价格弹性较小，或者供给无价格弹性，很容易出现供给方或需求方垄断，导致消费者或供给者承受重大损失，甚至退出市场，进而出现收入差距急剧扩大，引起社会不稳定，导致正常的经济发展环境被破坏，经济增长路径被阻断。因此，在特定情况下，如果一国不能借助国内和国际市场确保商品具有一定的供求价格弹性，使市场机制正常有序运行，政府还需要通过一定的措施直接建立或引导民间投资者建立一定的产业基础，确保商品具有一定的价格弹性。这方面最典型的是国家装备工业部门的建立和重要能源原材料工业的建立，这在后发大国特定条件下体现得最为明显。

11.3 政府在经济发展中发挥作用的方式

政府在经济发展中作用的发挥方式和程度与政府的能力高度相关。政府的能力是政府动员社会资源实施发展战略、推动经济社会发展的能力的综合。政府在经济发展中发挥作用的过程就是政府以其能力为基础，借助一定方式影响经济发展条件、发展速度和发展水平的过程。政府影响经济发展的方式一般包括直接参与具体经济活动；制定经济政策并通过法律、行政法规等方式执行经济政策；利用财政、金融等政策杠杆影响微观经济主体行为，推动经济发展。

政府通过直接参与经济活动推动经济发展是一种特殊方式。一般来讲，全体社会成员的消费差异性很大，而且随着人们收入水平的提高，消费需求具有复杂性和不确定性，政府难以汇总全体社会成员的消费需求信息。另外，包括劳动力、资本、技术、土地等在内的要素存量和要素运用受到多种因素影响，政府难以通过计划机制充分有效地利用所有的资源。因此，完全通过政府的经济活动来配置资源满足社会成员的消费需求不可行。某些具有私人品特征的物品和服务可以通过市场配置资源的方式来满足，即市场机制可以在具备一定条件的情况下满足人们对私人品的需求。但是，市场机制发挥作用是有条件的，比如具体产权保护制度、市场交易制度以及稳定的社会秩序等。其中，某些生产消费品的机械设备属于资本、技术密集型的领域，在经济发展水平较低的条件下，私人资本不具有投资该领域的能力，如果这些资本、技术密集型的设备不能被生产出来，消费品的供给价格弹性就会很低，市场机制就很难通过价格、供求和竞争机制调节资源配置。因此，政府可以借助政府配置资源为市场机制发挥作用提供基础性条件。在这些方面，政府可以通过直接参与经济活动发挥作用。但是，政府直接参与经济活动的领域是有限的，一旦这些条件具备后，政府就应该尽快从直接经济活动中退出。

　　制定和执行经济发展战略与经济政策是政府影响经济发展的重要手段。当微观经济主体具备从事一般生产消费的能力，在从事正常市场经济活动的其他基本条件具备的情况下，如果政府能够理性地制定经济发展的相关政策，并借助行政机构的正常运行维持市场上正常生产消费活动，确保经济政策实施时，政府也可以通过这种方式推动经济发展。政府通过这种方式影响经济发展也需要前提条件，包括强大的、正常运行且不干预微观经济主体正常经济行为的行政机构、法律法规体系，微观经济主体正常经济行为开展所需要的道路、交通等基础设施条件，确保消费品生产有足够的供给弹性的硬件生产条件等。这里还需要有一个隐性条件，即民众能够信任政府，承认政府的权威性，主动遵从政府制定的法律法规，这样才能降低经济活动的交易成本，才能确保市场经济活动正常开展。实际上，具备上述条件需要政府具有一定的能力。

　　借助于财政、金融制度部分影响微观经济主体行为，促进经济发展是政府影响经济发展的第三种方式。可以想象，在所有经济活动完全放任微观经济主体自由开展的条件下，经济发展也可能出现系统性的偏差甚至重大错误，如经济发展中多次出现的因供给过剩或有效需求不足导致的经济危机。即使我们相信市场机制最终会实现供求均衡，但造成的损失可能会超出社会的承受能力，甚至使经济社会崩溃。因此，政府通过一定的方式影响、调控人们的经济行为有助于经济稳定和持续发展。政府要大范围干预人们的经济行为就需要动用大量的资源，如果社会总资源的很大比重由政府配置，有可能因为政府的有限理性和市场主体"寻租"行为降低资源配置效率。因此，政府借助财政支出、税收等财政手段，利率、汇率、信贷等金融手段影响市场经济活动是可行的选择。只要使用财政手段影响经济活动就需要政府汲取和占

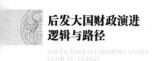
有一定的社会资源。一般来说，政府的资源汲取能力越强，对经济活动的影响能力就越强，因此政府的财政汲取能力是影响政府干预经济发展能力的重要因素。但是，需要注意，政府的财政汲取能力是其经济调控能力和效果的必要条件，不是充分条件。

综上所述，政府无论直接参与生产和消费的经济活动，借助行政和法律手段影响经济发展，还是借助财政、金融手段干预经济活动，都需要具有一定的合法性，其权威要得到社会成员的承认，法律法规要得到社会成员的遵从。政府无论是直接从事生产活动、运用行政法律机构维护经济秩序，还是运用财政支出和收入工具影响经济行为都需要占有一定的资源。政府占有资源的多少和运用资源的能力强弱是政府能力的重要内容，更具体一点，就是获得财政收入和合理使用财政资金的能力是政府影响经济社会发展能力的重要因素。

11.4　后发大国经济发展中政府的作用

后发大国经济发展的主要思路就是充分发挥后发优势和大国优势，抑制后发劣势和大国劣势。其中，后发优势和大国优势发挥所依赖的条件不是自然具备的，需要后发大国在具备一定国家能力的条件下，运用国家能力奠定后发大国优势发挥所需的条件。国家能力包括财政汲取能力和国家履行职能的一系列能力。在获得一定规模财政收入的基础上，准确定位政府在经济发展中的职能，高效率履行政府的经济发展职能，并根据经济发展阶段的变化，适时调整、优化政府的职能是对后发大国政府推动经济发展的必然要求。

充分发挥后发大国政府在经济发展中的作用是后发大国经济发展的必然要求。从经济发展理论和实践演变的历史可以看出，政府在经济发展中具有十分重要的作用。从主流经济发展理论看，充分发挥市场机制在资源配置中的作用是优化资源配置、提高经济效率的必然要求。建立市场机制发挥决定性作用的条件和弥补市场失灵、提供市场不能有效提供的公共品和公共服务是政府的重要职责。此外，尽管市场机制在微观领域资源配置方面具有明显的优势，但在收入分配、宏观经济稳定和经济发展中却存在明显的失灵。因此，为促进经济持续、稳定增长，实现经济发展的目标还必须充分发挥政府的作用。后发大国作为一种特殊类型的国家，其经济发展尽管具有特殊的机制，但也有一般国家经济发展的共性，即需要在经济发展中充分发挥政府的作用。

后发大国政府在经济发展中的作用具有特殊性。后发大国主要特征的特殊性决定了其经济发展机制具有不同于发达国家和小规模国家经济发展的特殊性，厘清政府在经济发展中的一般作用和后发大国政府在经济发展中的作用的关系是有效发挥后发大国政府在经济发展中的作用前提。承担微观市场主体不能承担和不愿意承担的基础设施建设、市场制度建设、教育医疗卫生以及社会保障投资等是各国经济发展中政府的一般职责。奠定后发优势和大国优势所需要的建立相对完整的工业和国民经济体系，尤其是一定规模的、成体系基础设施系统，支撑国民经济发展的装备工业体系，培养较大规模地满足现代经济发展需要的劳动力，制定有助于经济发展的产权制度等经济制度，是后发大国政府在经济发展中重要的职能。此外，后发大国经济发展要经历几个重要的经济发展阶段，每一重要发展阶段都会面临一系列关系经济发展的重要问题并需要政府有效解决，这些都不同于，或者说至少不完全等同于其他类型国家经济发展中政府需要应对的问题。政府只有有效解决了影响和制约后发大国经济发展的问题，才能促成后发大国经济的持续、稳定、协调增长，进而达成经济发展的目标。

后发大国政府有效履行政府职责需要处理好准确定位职能范围、具体内容和高效率履行政府职能之间的关系。一方面，根据后发大国经济发展机制的内在要求明确政府整体上的职能范围和每一个经济发展阶段需要解决的关键问题是高效履行政府职能、促进经济发展的前提和基础。另一方面，高效率履行政府职能是充分发挥政府在经济发展中的作用的必然要求。建立结构合理、运行高效的政府机构和政府治理机制是政府整体上高效率履行政府职能的基本要求。其中，中央适度集权、地方合理分权的政府管理体制和根据经济发展阶段合理调整的政府管理职能结构以及激励和约束地方政府服从国家整体经济发展大局的相关体制机制建设也是确保政府高效履职、促进经济社会发展的必然要求。

提高后发大国国家能力是保障政府高效履行职责、促进经济发展的重要条件。国家能力是国家发挥作用的前提和基础，也是政府有效履行经济发职能的基础。国家能力是一个有机整体，包括政府履行职能所需的财政汲取能力、政府履行职能的合法性、政府确定发展经济职能内容等。其中，财政汲取能力涉及汲取财政收入规模的能力和合理安排财政收入结构的能力等。在政治统一的基础上通过合法程序明确履行职能的内容，充分得到民众的信任和授权是政府能力的政治基础。获得履行职能所必须的财政收入是确保政府充分履行职能的经济基础。合理界定政府职能内容和根据发展阶段变化调整优化政府职能内容是政府履行职能的理论基础。建立高效率的政府组织机构和相应的激励约束机制是确保政府有效履行职能的组织和制度基础。

　　值得注意的是，作为国家治理的基础和重要支柱，财政也是后发大国经济发展的重要保障。这主要体现在以下几个方面：其一，在发展初期，通过各种途径，在维护社会稳定的前提下，筹集奠定后发优势和大国优势发挥的物质基础是财政的重要职责之一。其二，在大国优势与后发优势充分发挥阶段，弥补市场失灵、提供满足民众基本公共服务需求的公共品和公共服务是政府的重要职责。其三，在抑制后发劣势和大国劣势、挖掘拓展后发优势和大国优势阶段，促进城乡、区域经济结构协调，缩小收入差距是财政职能的重要内容。其四，在积累发展能力、促进经济持续增长阶段，培养技术进步能力和提高经济发展质量，应对国际挑战，保护国家发展权益是财政职能的重点内容。其五，在维护中央权威，确保国内整体市场统一的基础上，合理分配不同层级政府的事权、财权，实行科学的转移支付制度，充分调动不同层级政府发展经济和社会事业的积极性是后发大国财政的重要内容。其六，根据经济发展环境和发展阶段的变化，合理处理国家财政、发展财政、公共财政、国际财政和转型财政之间的关系也是充分发挥财政职能，促进后发大国经济持续、健康发展的重要内容。

12
后发大国财政制度演变的主要阶段

后发大国经济发展一般经历以下四个阶段：为后发大国经济发展奠定基础的阶段、后发优势和大国优势充分发挥的阶段、抑制后发劣势和大国劣势阶段、积累发展能力和经济继续发展进入发达国家行列的阶段。在经济发展的不同阶段，由于面临的经济发展环境和发展目标不同，国家需要制定和实施不同的财政制度。由于每一阶段的财政制度安排都面临着不同的约束条件，财政制度供给的机制也因经济发展阶段而异。

从后发大国财政与经济发展的关系看，后发大国经济发展的规律、目标及其财政制度之间是相互依存、相互影响、相互作用的关系。首先，后发大国经济发展的约束条件、机制、路径、目标决定了财政制度的具体内容。后发大国在其经济发展的不同阶段面临着不同的发展任务和约束条件，决定了其财政制度的具体目标和内容的多样性和动态性。其次，后发大国财政制度又反作用于其经济社会的发展。适应经济发展阶段的财政制度安排有助于经济发展目标的实现，并促进经济发展阶段的梯次转换；不适当的财政制度安排

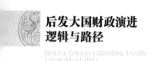
不仅不能促成经济发展目标的实现，还可能导致一些经济社会问题，阻断经济社会发展的道路。随着经济发展阶段的推移，财政制度不断演进、转换，促使经济发展阶段向前推进，形成经济发展阶段转换、推移和财政制度具体形态的阶段性转换之间相互适应、相互推动的良性互动。由此可见，辩证地看待、合理处理后发大国经济发展不同阶段的目标与其财政制度之间的关系，有助于厘清后发大国财政制度与经济发展之间的关系，构建财政制度演变和经济发展的良性互动机制，加快后发大国经济发展进程。

12.1　后发大国经济发展的特殊性

12.1.1　基础设置在后发大国经济发展中的地位和作用

相对于发达国家，后发大国的发展面临着特殊的国际国内环境，这必然影响其经济发展战略、资源配置模式的选择，进而影响其经济制度的选择。当然，一国经济发展所处的国际国内环境是动态变化的，发展战略和经济制度安排也是动态变化的。随着经济发展条件的变化，发展战略和经济制度安排也应相应地作出调整。当然，部分经济制度由于能适应经济发展不同阶段的需要，具有较强的稳定性，需要长期保持；适应特定发展阶段的经济制度安排则需要适时调整。根据发展经济学的一般理论，发展中大国一般都具有二元经济结构的特征，即传统的、低生产率的农业生产部门和现代的城市工业部门并存的经济结构。因此，从经济结构意义上讲，后发大国的经济发展过程也就是由二元经济结构向一元经济结构转变的过程。

一般来说，后发大国在经济发展中具有技术和制度上的后发优势，这也决定了开放条件下的后发大国是在发达国家已经形成的较高技术水平、较高资本有机构成的背景下开启现代经济发展进程的。后发大国由于国内资源、要素、市场等客观条件制约，在发展战略的选择上具有明显的后发大国特征，发展战略也因此具有后发大国的特色。发展战略的特殊类型必然影响资源配置模式，继而对财政制度安排产生较大的影响。发挥后发优势和大国优势需要一定的基础设施条件、相对完整的工业和国民经济体系等前提条件，形成这些条件需要相应的财政制度来完成。关于基础设置在后发大国经济发展中的地位和作用，"9.1.1 后发大国经济发展的基本条件"部分已有详述，此不赘述。

12.1.2　相对完整的工业和国民经济体系是后发大国经济发展的基础

建立相对完整的基础工业体系是后发大国经济发展的前提，也是后发优势和大国优势得以发挥的物质基础，更是后发大国经济的特殊性之一。基础工业对后发大国经济发展至关重要，是后发大国国民经济体系的基础，也是保证后发大国经济发展的稳定性的前提，更是避免国际市场波动对后发大国国内经济造成干扰、冲击的基础。相对完整的基础工业体系是后发大国经济形成相对完整的体系、具有较强独立发展能力的基础。后发大国形成相对完整的工业和国民经济体系，奠定具有独立发展能力的基础，并不是要选择独立于世界经济体系之外，而是后发大国经济发展的内在要求。其一，后发大国潜在的市场需求和供给规模大，具备建立相对完整的工业和国民经济体系的供给与需求条件；其二，建立相对完整的工业和国民经济体系可以避免国际市场波动对后发大国经济发展的干扰；其三，建立相对完整的工业和国民经济体系可以避免发达国家的"敲诈"。由于工业和国民经济体系是内在的联系在一起的有机整体，局部领域发展不足容易成为国民经济发展的瓶颈，如果没有相对完整的工业和国民经济体系，局部瓶颈容易成为国外供给者控制和"敲诈"后发大国的"把柄"，如果"造不如买，买不如租"的观念主导后发大国产业布局和国民经济发展战略，可能给后发大国产业安全带来巨大的隐患和风险，使经济发展长期受制于人。当然，在资本严重短缺的条件下建立相对完整的工业和国民经济体系，存在很大的困难，需要认真面对，一方面要通过经济制度安排积累资本，另一方面要合理处理国民经济中生产与消费，短期与长期，自力更生、自主发展与对外开放、争取必要外部援助之间的关系。

作为后发大国工业和国民经济体系的基础与核心，基础工业体系是一个复杂的系统。基础工业体系主要包括基础能源与原材料工业和装备工业部门，基础能源与原材料是国民经济的"血液"，是维持国民经济系统正常运行的物质基础。装备工业部门主要负责为后发大国经济发展提供生产资料，又被称为工业"母机"。基础工业内部的基础能源与原材料工业和装备工业部门以及基础能源与原材料工业和装备工业部门的内部各部门之间具有十分紧密的内在联系，它们相互依存、相互协调，构成一个有机的整体。后发大国的基本特征决定了需要集中建立完整的、规模较大的基础工业体系，后发优势与大国优势的发挥也依赖于相对完整的基础工业体系。由于基础能源原材料工业和装备工业都属于资本密集型工业，加之建设的规模大，相关工业项目建设时间集中，从而会形成大规模的资金需求。与基础设施体系建设的资金需求和解决途径相似，装备工业体系的建设也需要通过特定时期的产业领域和城乡非均衡的财政收入制度与财政支出制度来实现。

值得注意的是，即使考虑到国际分工合作因素，建设相对完整的基础工业体系仍然是后发大国经济发展的必要前提。经典的国际贸易理论为主权国家建立国民经济体系提供了理论依据。在绝对优势和比较优势理论框架下，各国可以根据其在产品和服务生产中的绝对优势和比较优势，专业化生产在成本上具有绝对优势和比较优势的产品与服务，通过国际市场交易形成国内的规模化生产，带动国内相关产业的发展，从而获得国际贸易中的经济利益。资源禀赋理论认为，各国的资源禀赋结构决定了其要素的相对价格，在生产中大规模使用要素价格相对较低的要素会使其产品在国际市场中具有价格优势，进而获得国际贸易的利益。国际贸易参与国只需要在生产中多使用贸易参与国具有明显优势的要素禀赋就可以提高本国要素配置效率，促进经济增长。上述理论有一个十分重要的前提条件，即国际贸易作为一种国际公共品是被有效提供，并为所有具有国际贸易意愿的国家所共享的。事实上，这种情况仅仅是一种理想的假设，现实中受到自然、战争、政治等因素制约，并不是在任何时候、任何国家都可以免费或低成本享受到这种国际公共服务，并获得国际贸易利益的。如果说小规模国家还只是国际贸易的参与者，不能影响国际贸易环境，那么大国则是国际贸易公共品的重要提供者，包括国际运输安全、国际贸易规则制定、国际金融制度等的博弈和安排等，大国作为国际贸易公共品的重要提供者，一方面可能从中获得更大的利益，另一方面有能力影响国际贸易公共品的供给规模、结构和质量。正因为如此，在很多情况下，由于参与国际贸易公共品提供的各个国家之间在国际贸易公共品的提供中，在成本分摊、利益分配（包括经济利益和政治利益等）等方面的博弃，导致了国际贸易公共品供给不足，影响正常国际贸易活动的进行，妨碍贸易参与国国内资源配置效率的提高。

考虑两种典型资源配置模式的收益有助于厘清建立相对完整的工业和国民经济体系的内在逻辑。一种是放弃在国内建立相对完整的工业和国民经济体系，通过广泛、深入地参与国际分工，借助国际贸易，充分利用国际市场，在国际化视野下配置国内资源；另一种是立足于国内市场，在国内建立完整的工业和国民经济体系，通过国内的生产满足国内生产和生活的需要，实现国内经济的内循环。资源配置的净收益可以近似地等于来自生产的名义收益减去生产和消费中的交易成本。上述两种典型的资源配置模式的净收益都会受到三个方面的影响：其一，规模经济的影响。供求市场越大，生产规模越大，越有助于专业化分工和规模化生产，越有助于劳动生产率提高、技术进步和生产成本降低。其二，范围经济的影响。生产的产品种类越多，不同种类的生产行为越可以共用某些公共设施和服务，越可以降低分摊到产品中的公共设施和公共服务的成本。其三，生产交易的不确定性风险及其带来的成本。交易范围越宽，分工越细，借助于市场交易获得所需的消费品、投资品和中间产品的不确定性风险越大，正常生产和消费面临的不确定性风险越大，由此付出的生产或消费成本越高。

先考虑第一种资源配置模式，即放弃在国内建立相对完整的工业和国民经济体系，通过参与国际贸易，面向国际市场生产和消费，充分利用本国在要素禀赋方面的优势，生产具有绝对优势或相对成本优势的产品。影响该种资源配置模式的收益主要来自三个方面：其一，专业化、规模化生产可以降低生产成本，获得生产上的成本优势，由此决定的成本节约带来的收益为 X_1；其二，消费上可以通过在国际市场上竞争性地购买，以相对低于国内的价格获得所需要的商品或服务，来自该方面的利益为 X_2；其三，由于广泛参与国际经济交往活动，通过要素跨国流动可以获得先进国家的技术与管理知识，有助于技术的进步，来自该方面的利益为 X_3。由于国际贸易公共品供给的外生性（参与国不能控制国际贸易公共服务供给规模、结构和质量等）使参与国通过参与国际贸易的利益具有不确定性，导致国内的各供给部门之间、供给与需求之间的适应性差，潜在经济利益实现的不确定性和风险增加。这种由于国际市场的不可控导致开放经济条件下潜在经济利益实现的风险与不确定性用概率 P_1 表示。该种资源配置模式下的国际贸易公共服务的供给与其对国际经济活动参与国的可获得性直接影响和决定利益的实现程度。在不考虑参与国际贸易的交易成本的情况下（只要国际贸易公共服务能够被有效提供，参与国际贸易就不需要支付额外的成本），由于国际贸易公共服务供给具有不确定性，如果放弃建立相对完整的工业和国民经济体系，通过参与国际贸易可能获得的利益就等于 $(X_1+X_2+X_3) \times P_1$。

第二种资源配置模式，即在国内建立相对完整的工业和国民经济体系，通过国内经济活动解决国内生产和消费中的供求问题。影响该种资源配置模式收益的因素主要有三个方面：其一，相对于国际市场的较小的国内市场，内生于国内工业和经济体系的专业化分工，由此决定国内的生产规模较小，决定生产成本较高对应的收益为 X_1'；其二，较少参与国际经济活动，不能利用或不能充分利用国际市场规模化生产和交易，导致消费品的成本高于广泛参与国际经济活动的成本，来自该方面的收益为 X_2'；其三，由于较少参与国际经济活动，难以直接获得发达国家成熟的技术与管理经验，至少在经济处于较低发展水平时期不利于本国技术和管理的进步，来自该方面的利益为 X_3'。由于主要立足于国内相对完整的工业和国民经济体系，有统一的国内市场、法律，无关税与其他非关税壁垒，国内要素配置的相关公共服务由国内自主提供，具有较强的可控性，借助于市场机制或特定时期的计划机制可以增强供给端各部门之间的适应性以及供给与需求的适应性，从而使生产和消费较少受到外部不确定性因素的影响，国内生产等经济活动可控性更强。由此带来的国内生产与消费利益体现在经济活动的风险与不确定性上的概率为 P_2。该确定性直接影响或决定利益的实现程度。综上所述，在建立相对完整的工业和国民经济体系，较少参与国际经济活动的资源配置模式下的净收益为 $(X_1'+X_2'+X_3') \times P_2$。

后发大国的国情决定了在经济发展初期阶段有建立相对完整的工业和国民经济体系的必要性。全面考察后发大国来自国际分工、贸易专业化生产的收益，国内完整经济体系基础上的分工、规模化生产的利益，来自参与国际分工的技术、管理进步的收益，国际分工和国内分工导致的生产消费不确定性，国际市场供给和需求的负面影响传导到国内的可能性等，有助于理解后发大国国民经济布局的内在逻辑。其一，大国潜在的国内市场广阔，有助于深化分工，开展专业化、规模化生产，有助于获得规模经济效益。但是，相对于广泛参与国际分工，利用国际市场进行规模化生产，生产成本接近或略微偏高，即 $X_1' < X_1$。与市场大小相关的经济利益具有阶段性。在后发大国发展初期，潜在的国内大市场还不能完全发挥作用，随着后发大国经济发展水平的提高，国内大市场与国际大市场带来的经济利益差距会逐渐缩小。其二，大国通过参与国际市场和国内市场，充分利用规模化生产条件下生产者之间的竞争带来的劳动生产率提高、成本降低的优势及其带来的利益可能会大于大国利用国内市场所带来的利益，即 $X_2 > X_2'$。后发大国发展初期，由于劳动力资源、自然资源丰富，价格较低，国内统一市场条件下的交易成本具有低于国际市场交易成本的优势。因此，后发大国来自国内市场的消费利益比来自充分利用国际市场资源的相应利益略高。其三，后发大国由于技术水平较低，立足于国内较低技术水平建立的相对完整的工业和国民经济体系的整体技术水平也较低，局限于国内资源配置的经济活动将导致技术水平在较低技术基础上缓慢提高。如果通过广泛参与国际经济活动，大量引进和利用国外资金、技术，则可以提高技术进步的速度，充分利用国内外技术水平差距获得技术后发优势，加快技术进步速度，因此 $X_3 > X_3'$。需要注意的是，后发大国获得技术后发优势需要具备必要的条件，如必要的基础设施、重要的能源与原材料、一定数量与质量的劳动力等。如果缺乏必要条件，后发大国即使主观上想要通过国际经济活动享受技术后发优势，获得技术进步的利益也难以实现，或者实际获得的技术进步利益远低于理论上可以获得的技术进步利益。建立相对完整的工业和国民经济体系有助于为获得技术比较优势奠定基础。或者说，短期内建立相对完整的工业和国民经济体系有助于长期内更好地利用技术后发优势，加快技术进步。其四，后发大国经济发展初期阶段，参与国际贸易和投资公共品供给的能力不足，难以获得公平参与国际经济活动的机会，也难以获得国际经济活动利益。此外，在该阶段，国际经济活动的公共服务供给具有外生性，后发大国完全只能被动接受国际贸易规则。因此，处于该阶段的后发大国参与国际经济活动的风险较高，且处于不可控状态。相反，在主权国家内部，在政治统一的情况下，市场交易的经济活动可以避免许多国际经济活动中的不确定性和风险，因此 $P_2 > P_1$。随着后发大国国内经济发展水平的提高和制度的完善，其在降低经济活动风险、降低交易成本方面的优势会更加明显。

综上所述，后发大国经济发展初期具有建立相对完整的工业和国民经济体系的必要性。对于后发大国而言，工业和国民经济体系中的装备工业不仅

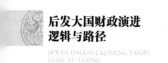
有降低国内经济活动不确定性的作用，有助于培养吸纳发达国家先进技术的能力，还是国防安全、国家统一、社会稳定、国内市场统一、维护本国正常经济利益的基础。因此，相对完整的装备工业体系的建立实际上具有降低交易成本、减少经济活动风险和不确定性的作用。

12.1.3 农业的稳定发展是后发大国经济发展的基础

农业和基础设施共同构成一国的基础产业，是一国经济发展的重要支撑，也是后发大国经济发展的重要条件。农业的发展水平很大程度上决定了后发大国工业化能否全面开启和快速发展，决定着城市化的速度和水平，决定着后发大国经济发展的稳定性和可持续性。

农业是国民经济的基础。其一，农业提供的农产品是满足人们正常生活和部分生产活动的物质基础，农业发展不足，必然导致农产品供给不足，食物短缺，正常的社会生产活动难以开展。其二，农业的发展速度和水平决定着工商业的发展速度和水平以及城市化的速度和水平。其三，农业的发展状况影响人们对物价水平的预期，进而影响整体物价变动方向和变化幅度，对国民经济的波动产生重要影响。其四，农业的发展速度和水平影响着农业生产者的收入和对工业品的消费能力，从需求端影响工商业的发展速度和水平。

农业在后发大国的经济发展中具有特殊的重要性。后发大国人口众多，农产品消费规模大，尤其是在经济发展初期，在恩格尔系数较高的情况下，农产品消费占总消费的比重较高，对农产品的需求量较大。在国际市场农产品供给规模相对稳定、国际农产品总需求大于总供给的情况下（部分欠发达国家需要大量粮食但购买力不足，有效需求量小于农产品的总需求量），后发大国如果将国内农产品供求均衡寄希望于国际市场，国际市场农产品微小的供给或需求冲击即可导致农产品价格大幅度波动，传递到后发大国内部必然导致更大的农产品价格波动和供求波动，进一步传递到工商业和城市经济中，产生难以承受的经济、社会和政治冲击，对经济发展带来重大负面影响。

农业在后发大国经济发展的起步阶段具有重要作用。在后发大国经济发展初期，农业首先要提供工业发展所需要的农产品，满足城乡所有产业部门民众对农产品的消费和以农产品为原材料的加工业对农业原材料的需求。其次，在严重资本短缺的情况下，后发大国还需要出口农产品获得外汇，换取发达国家成熟的技术和管理经验，满足工业化对技术、机械设备等需求。最后，农业还需要为工商业部门的发展提供一定的劳动力，如果农业发展水平较低，一部分劳动力转移到工商业部门必然影响农业再生产，导致农产品供给不足，影响国内农产品供求均衡，不利于工业化起步。因此，在大规模经济发展初期通过财政对农业的一定强度的投资，维持农业的稳定和发展对后发大国经济发展具有十分重要的作用。

12.1.4　经济发展的阶段性和渐进性是后发大国经济发展的基本特征

后发大国经济发展是一个自低到高的不同发展阶段递进推进的过程。以有潜在的后发优势与大国优势发挥为主线，从贫穷落后的国家成长为发达国家，后发大国经济发展将经历以下几个阶段：

第一阶段，在具备国家政治统一、主权领土完整等基本条件的情况下开启正式的现代经济增长进程。该阶段的主要任务是在明确主要目标的条件下，制定和执行经济发展战略，并配置顺应发展战略的经济、政治和相关社会制度安排，开启经济发展的进程。在现代经济发展的政治与社会条件基本具备后，按照后发大国经济发展的基本要求，后发大国应该形成经济发展的物质基础，提供后发优势与大国优势得以发挥的条件。该阶段的发展战略具有明显的城市偏向、经济建设偏向（尤其是基础工业和基础设施偏向）特征，相关制度安排也应该基本符合发展战略的要求，具有明显的重生产、轻消费，重城市、轻农村，重将来、轻当前的特征。如果战略方向明确，配套制度适当，经过一段时间的发展，后发大国将建立国家长期发展的物质基础，形成后发优势与大国优势发挥的条件，经济发展随后进入下一阶段。

第二阶段，在具备后发优势与大国优势发挥的物质条件的基础上，经过调整经济发展战略和相关制度，后发大国经济发展进入后发优势与大国优势充分发挥阶段。当全国基础设施体系基本形成，统一的国内市场基本建成，作为国民经济发展"骨架"的装备工业体系基本形成后，发展战略应该从工业优先尤其是重工业优先、城市优先向充分发挥市场机制在资源配置中发挥基础性、决定性作用转变。相应地，产权保护制度、市场交易制度、市场竞争制度、要素合理流动制度、公共财政制度、积极参与国际经济活动的相关制度应该尽快建立起来。伴随这些条件的形成，后发大国进入后发优势与大国优势充分发挥的阶段，经济持续快速增长，技术持续快速进步，城市化快速推进，产业结构快速转变。与此同时，导致后发劣势与大国劣势的某些因素也开始逐步积累。经过一段时间的发展，后发大国经济发展进入第三阶段。

第三阶段，后发优势、后发劣势与大国优势、大国劣势并存且大国劣势和后发劣势所处地位逐渐上升，政策上抑制后发劣势和大国劣势阶段。在后发优势与大国优势充分发挥阶段，后发大国经济持续快速增长，人均收入水平快速提高，同时居民收入差距、城乡发展差距、地区发展差距持续快速扩大。与此相关的是投资快速增长，消费增速缓慢，经济增长对投资的依赖性增强，产能过剩苗头出现；技术快速进步，与发达国家技术差距逐渐缩小，可低成本引进的技术越来越少，技术研发能力严重不足，技术进步长期依赖于也受制于发达国家成为后发大国进一步发展的障碍。加快制度创新，突破经济结构失衡和技术进步障碍成为这一时期后发大国经济发展的主要任务。如果制度安排能够有效应对经济发展中的这些问题，后发大国的经济将保持中高速持续增长，后发大国接近高收入国家，进入第四阶段。

第四阶段，后发大国在有效应对后发劣势与大国劣势挑战的基础上持续、稳健发展，技术进步能力明显提高，经济结构逐渐趋向合理，进入高收入国家行列。在该阶段，后发大国的经济实力明显提高，但居民收入差距扩大与经济持续增长之间、要素空间集聚与地区间协调发展之间、城乡间协调发展之间的矛盾仍然是后发大国经济持续增长所面临的重要问题。

综上所述，后发大国经济发展的过程来源于后发大国内在规定性中潜在的后发优势与劣势、大国优势与劣势相互作用的过程。根据后发优势与劣势、大国优势与劣势的运动过程，后发大国依次经历为后发优势与大国优势发挥奠定基础的阶段，后发优势与大国优势充分发挥的阶段，后发优势与劣势、大国优势与劣势交织的阶段，经济持续增长并进入发达国家行列的阶段。除第一阶段与第四阶段外，每一阶段都是前一阶段发展的延续，也是后一阶段发展的开始，只有当每一阶段的制度安排适当并顺利完成本阶段的任务时，后发大国经济发展才能顺利进入下一个发展阶段。因此，各发展阶段是相互衔接、相互联系的动态发展过程的集合。后发大国每一个阶段所处的国内外环境和需要解决的主要发展问题都要求财政制度作出及时的回应，这意味着随着经济发展阶段的推移财政制度应该作出相应的调整和变革。

12.2 奠定发展基础阶段的财政制度

12.2.1 后发大国开启现代经济发展的基本约束条件

后发大国经济发展的起点、逻辑、路径与其他国家相比，具有明显的特殊性，这必然对其财政运行和财政制度安排产生影响，使其财政与财政制度具有该类国家的特殊性。

第一，在后发大国经济发展初期，人均收入水平低，财政收入规模小。后发大国经济发展初期的经济发展水平低，具体表现为整体人均收入水平低，第一产业的产值比重和就业比重高，第二产业、第三产业的产值比重和就业比重低，国民经济的整体技术水平低，劳动生产率低，财政能力弱。经济发展水平制约财政收入水平，使后发大国经济发展初期资本的内源积累能力弱，难以通过高税收筹集工业化所需的资本。如果外部资本来源受限甚至枯竭，工业化进程将严重受制于资本供给能力。如果从工业化起点的技术类型选择来看，后发大国一般只能选择劳动密集型的消费品工业，以资本密集型的资本品工业为导向的工业化会受到严重抑制。由于后发大国人口规模大，如果通过集中的资源配置模式，适当压低民众短期的消费，提高投资比重，在短期内也可以筹集发展资本品工业的资本，但应该充分考虑到社会公众对国家发展重工业的支持意愿、国家的动员能力和民众对政府的信任程度。

第二，后发大国经济发展初期的人均收入水平会影响其工业化类型的选择。一般来讲，根据工业化的技术类型，可以将工业化分为从消费品工业开始的工业化和从资本品工业开始的工业化。后发大国经济发展初期，人均收入水平低，决定了基本生活消费品具有巨大的市场，从消费品工业开始工业化能够确保企业经营发展获得巨大的国内市场支撑。但是，资本品工业在一定程度上的发展是消费品工业发展的前提，如果可以从国际市场获得必要的资本品，也可以在一定程度上支撑消费品工业的发展；相反，如果不能从国际市场获得必要的资本品来支持消费品工业的发展，后发大国经济发展初期的工业化就需要在消费品工业和资本品工业之间权衡。如果资本品工业发展不足，消费品工业将不能获得必要的资本品，不能正常发展；如果投入较大规模的资本发展资本品工业，消费品工业的发展必然受到抑制，将影响人们对消费品的正常需求。因此，如何选择优先发展的工业重点对后发大国工业化路径具有重要影响。

第三，后发大国发展初期的经济发展水平在一定程度上会影响资源配置模式的选择。如果后发大国在经济发展初期选择从消费品工业开启工业化进程，由于人们收入水平低，基本生活消费品市场大，发展消费品工业的资本投入相对较少，与后发大国发展初期资本积累能力较弱、劳动力丰富的要素禀赋结构具有较好的匹配性。随着消费品工业的发展，资本积累能力增强，后发大国可以进一步发展资本密集型的资本品工业。工业化与农村劳动力产业转移、城市化具有较好的关联性。由于消费品的供给和需求都具有较高的价格弹性，因此市场机制能够在资源配置中发挥基础性作用。但是，资本品工业可能成为后发大国选择这一发展模式的瓶颈，即如果不能获得消费品工业发展所需的必要的资本品，这一发展模式将难以正常实施。对于面临比较宽松的国际政治经济环境的后发大国而言，这一发展模式具有一定的合理性和可行性。但是，由于国际市场具有一定的不确定性，采取这一发展思路的后发大国的经济发展会受到国际市场不确定性的影响，经济发展稳定性较差。如果不能从国际市场获得消费品工业发展所需的资本品，后发大国必须将部分资源配置到不符合后发大国资源禀赋条件的资本密集型的资本品工业部门。该部门本身是一系列高度关联的资本密集型的工业部门的集合，系统投资该部门必然形成巨大的资本需求。后发大国经济发展初期的资本积累能力弱，在市场机制下，该部门发展必然面临资本成本高的压力。如果强行推动该部门发展，必然要在一定程度上借助于政府的强制力，人为扭曲市场价格，从而抑制市场机制作用的发挥，使经济发展具有一定的政府配置资源的特色。至于政府配置资源与市场配置资源的比重大小，或者政府配置资源在整体资源配置中所起的作用大小和地位高低，取决于发展资本密集型工业的紧迫性程度高低和需要发展的该类型工业规模大小。越是想要在短期内建立体系完整的大规模资本品工业体系，政府配置资源的强度就越大；反之，政府配置资源的强度就越小。

第四，后发大国技术进步的机制和路径会对财政制度安排及其演变产生影响。后发大国的一个典型特征就是与发达国家存在经济发展水平上的巨大差距。其中，技术差距是经济发展差距的重要方面。技术差距大意味着后发大国在较长时期内可以以较低的成本取得来自发达国家转让的技术、设备，通过将引进技术与国内大规模廉价劳动力和其他要素结合，形成庞大的生产力。因此，后发大国技术进步在一定时期内具有外生性的特征，即后发大国的技术进步主要取决于其与发达国家的技术差距。在这段时期，后发大国的财政涉及技术进步的支出主要集中于培训具有一定劳动技能的劳动力，以了解、熟悉、吸收、使用国外的成熟技术，不需要自己投入大规模的研究开发经费就可以实现技术的快速进步和经济的快速增长。这段时期是后发大国技术"落后"的红利期。随着后发大国与发达国家技术差距的逐渐缩小，发达国家会有意识地保持技术上的领先优势，甚至采取措施抑制后发大国技术进步。因此，后发大国需要自己投入较大规模的研究开发经费，培育自己的研究开发和创新能力。考虑到技术研究开发和产业化的周期，后发大国需要在与发达国家还有较大技术差距的情况下加大研究开发投入，扩大财政支出中涉及技术进步的支出规模；否则，后发大国的进一步发展必将严重受阻。因此，后发大国必须清晰把握财政科技支持政策的阶段性和力度。

第五，后发大国潜在的大国优势的实现需要财政制度的配合。后发大国发展初期为奠定后发优势和大国优势发挥条件而进行的基础设施和装备工业体系建设关系国家整体发展，需全国统筹，应充分发挥中央财政统筹全国经济社会发展的作用。人口规模、领土面积、潜在的大市场需求是后发大国优势的重要内容，大市场有助于深度分工、规模化生产，有助于企业和消费者获得规模经济利益。但是，大市场不是自然形成的。由于多级政府之间的信息不对称，上下级政府之间在国家治理中的激励不相容，因此分权治理是后发大国治理的理性选择。分权虽然有助于加强对地方政府的激励，提高地方政府发展地方经济的积极性和有效提供地方公共品和公共服务的积极性，但容易导致地方政府因追求本辖区局部利益而封锁市场，从而导致后发大国国内市场分割的潜在弊端。为了抑制地方政府割裂大市场的行为倾向，后发大国的中央政府需要在中央政府与地方政府的财政管理体制上做出适当的安排，一方面要充分调动地方政府发展地方经济社会事业的积极性，另一方面要通过政府间事权和财权的划分以及转移支付制度安排维持全国市场的统一和地区间基本公共服务的均等化。后发大国在经济发展不同阶段需要解决的关键问题不一样，中央政府的统筹协调作用与地方政府积极性的发挥在财政体制安排中的主次地位存在明显差别。因此，财政体制安排也应该随着经济发展阶段的转移而适时调整，不能期望财政体制安排一蹴而就和一劳永逸。

此外，后发大国经济维度中的其他因素也会影响财政制度安排及其变革。例如，经济发展不同阶段对效率和公平的侧重点不同，可能影响后发大国财政收入的结构和财政支出中投资性支出与转移性支出所占的比重。地区间经济发展差距演变、地区间优先发展顺序和均衡协调发展在后发大国经济发展不同阶段的侧重点也存在差别，这也涉及财政制度安排。城乡间和居民间收入差距的演变、所处的状态和发展的目标也会对后发大国经济发展中与收入分配相关的财政制度安排产生影响。总之，后发大国的经济发展现状、趋势、所处阶段和发展目标是影响财政制度安排的重要因素，只有提供了适当的财政制度安排，处理好了经济发展不同阶段的经济关系，后发大国才可能顺利实现经济发展的目标。

12.2.2 奠定后发大国发展基础阶段的财政制度

后发大国在开启现代经济发展进程的初期阶段，后发优势和大国优势还只是一种潜在优势，不具备转变为现实优势的条件，要获得后发优势与大国优势需要财政制度提供支撑。后发优势一般是指后发国家在具备一定经济发展条件后，拥有并能够从经济发展中享受到的技术后发优势、制度后发优势、要素后发优势和经济结构变化的后发优势，这些优势可以使后发大国实现一定时间内经济的持续快速增长，快速缩小与发达国家之间在技术、制度、经济结构等方面的差距。大国优势一般是指幅员辽阔、人口众多、资源种类丰富、资源绝对量大的大国所具有的规模经济优势和经济多元化优势。后发大国的经济优势包括以后发优势和大国优势为主的一系列优势。后发优势和大国优势只是后发大国潜在的优势，只有具备一定条件后，这些优势才具备转变为现实优势的条件，并在经济发展中表现为经济持续快速增长、技术迅速进步、人均收入水平不断上升、经济结构快速变化等经济发展的态势。

12.2.2.1 财政制度安排是奠定后发大国发展能力的基础

国家发展能力是后发大国经济长期可持续发展的基础。基础设施、基础工业和较大规模的劳动力对后发大国将潜在的后发优势和大国优势转化为现实优势，实现经济持续快速增长具有基础性作用。基础设施和基础工业大多属于资本密集型的产业部门，无论是在空间上还是在时间上，都具有很强的正外部性，对国民经济发展具有基础性作用。基础设施和基础工业内部及它们之间的互补性决定了它们需要同时形成体系才能发挥对经济发展的支撑作用，因此对基础设施和基础工业的投资需要同时进行。教育事业发展和人力资本投资具有很强的外部性，政府需要承担较大的财政支出责任。上述特点决定了后发大国在发展初期对资金需求规模大，这与后发大国在发展初期资金供给能力不足之间是一对比较尖锐的矛盾。筹集一定规模的资金投资于基础设施、基础工业、教育事业，需要财政制度提供必要的支持，这对财政制度供给提出了严峻的挑战。

国家发展基础的形成必须以财政制度为基础。基础设施、基础工业是后发大国国家发展基础的两个最基本的实体性要素。一般来说，基础设施和基础工业都属于资本密集型产业。后发大国在经济发展初期，由于资金短缺，大规模的基础设施建设需要大规模的资金。由于后发大国经济发展水平较低，因此基础设施投资风险大。后发大国幅员辽阔，基础设施建设规模大，加之基础设施建设的不可分割性，基础设施本身大多是公用性的设施，具有物理上的非排他性。由于基础设施对国民经济发展的强外部性，为充分发挥其对国民经济发展的支撑与引导作用，政府会通过法律等制度安排，使基础设施事实上具有非排他性；或者政府规定远低于建设与运行成本的使用收费，这些因素决定了基础设施项目投资收益率低。基础设施项目投资的低收益率决定了民间投资者缺乏投资意愿，依靠民间投资改善基础设施条件在现实中不具有可行性。由于工业基础差，工业部门的自我生存能力和盈利能力弱，后发大国的工业部门难以为基础设施提供必要的资本积累。基础设施的低收益率决定了依靠市场机制难以在相对较短的时间内为基础设施建设积累所需的资金。鉴于基础设施体系对后发大国经济发展的基础性作用，可行的选择是，国家通过财政制度安排从农业提取必要的剩余（农业生产的剩余价值，在特殊情况下甚至包括一部分维持农业简单再生产的价值），以向基础设施倾斜的财政支出方式投资于基础设施，尤其是优先投向具有较好区位条件的经济空间的基础设施上。基础工业的重要性在于：其一，为国民经济运行提供基本的物质支持，是竞争性商品生产和市场机制发挥作用的基础。基础工业缺失必然导致竞争性商品的供给弹性长期处于较低水平，影响以供求机制、价格机制和竞争机制为主要内容的市场机制作用的正常发挥。其二，基础工业具有明显的行业外部性。行业外部性是指基础工业发展初期的需求是市场对消费品的需求派生出来的需求，在消费能力较弱、消费水平较低的情况下，基础工业的盈利能力较弱，但其对消费品工业的发展和对居民基本消费具有很大的保障和促进作用。其三，短期内基础工业自身的经济效益不高，但它有助于奠定和改善市场机制发挥作用的物质基础，有助于将来市场机制在资源配置中的基础性和决定性作用的发挥，有助于国家整体资源配置效率的提高。由于基础工业相互之间依存性、关联性和互补性很强，客观上需要其内部各部门和各组成部分具有空间并存性。这就要求其内部各部门和组成部分同时或几乎同时进行建设。由于基础工业具有资本密集的特点，短期内建成相对完整的基础工业体系必然形成对资金的巨大需求，这与后发大国经济发展初期经济发展水平低、资金供给能力弱形成巨大反差，由此导致了巨大的资金缺口。为解决后发大国经济发展初期基础设施和基础工业体系建设的资金需求与资金供给能力之间的缺口问题，后发大国必须建立适应该特殊目的的财政、金融等制度安排。

此外，为了奠定后发大国发展的物质基础，后发大国还需要大力发展教育事业，以便培养一大批适应现代经济发展的劳动力。为了给大规模的经济建设提供稳定的农产品供应，后发大国还需要投资农田水利基础设施建设，改善农业生产条件。无论是对教育的投资，还是对农田水利基础设施的投资，都会花费大量人力、物力和财力，后发大国必须在经济发展初期，在财力和物资短缺的情况下投入大量资源。这无疑加大了财政的压力，迫使财政制度做出符合经济发展初级阶段特征的特殊性安排。

12.2.2.2 奠定后发大国发展基础阶段的财政制度的基本内容

后发大国发展初期有限的资金和物资供给能力与奠定发展基础的大规模资金和物资需求迫使其经济制度做出超常规的安排，尤其是财政制度，必然承担重要的甚至主导性的责任。当然，后发大国也可以通过向国外借债等方式筹集建设资金，但由于资金需求量巨大，后发大国发展基础又较差，借债的难度很大。后发大国大多脱胎于殖民地半殖民地国家，不能再通过对其他国家的掠夺获得发展资金，因此资金主要来源于国内相关经济部门。不同的后发大国、经济发展的基础不同，资金的供给能力不同，发展的外部环境不同，向外国借款的困难程度不一样，形成后发优势与大国优势的时间紧迫性不一样，因此资金供求矛盾的尖锐程度也存在差异，通过财政制度筹集并分配资源的时间要求和强度也不一样。

在特殊的情况下①，为了集中国内有限的资源，建立国民经济发展的物质基础，后发大国一般可以运用税收、国有经济收益、收费和国债等常规方式筹集满足经济建设需要的资金，甚至运用一定程度的通货膨胀以及政府控制市场和价格的方式，制造工农业产品价格"剪刀差"获得财政收入，集中较大规模的资源，并将筹集到的资金通过财政支出集中配置在某几个重要领域、地区来增加对基础设施、基础工业、教育等领域的投资。相关的财政制度包括两种极端的类型：一是效率型财政制度，即财政制度安排追求在短期内集中尽可能多的财政收入，用于支持国民经济基础设置的建立，这可能导致国民经济整体结构的失调，降低整体经济效益，影响发展质量，但可以在短期内构筑起国民经济发展的基础设置；二是效益型财政制度，即财政制度安排注重经济结构协调、经济平稳增长和微观与宏观经济效益，但不能在短期内集中大量财力建立国民经济发展的基础设置，基础设置体系形成较缓慢。这两种类型的制度选择受到一国建成系统的基础设置的紧迫性的制约，短期内受国际政治经济环境影响较大。从后发大国发展战略的执行情况来看，中国、苏联等采用了效率型财政经济制度，印度等主要选择了效益型财政经济制度。这些成为后发大国工业化初期包括财政制度在内的一系列经济制度安排的一般性逻辑和基本做法。

建立统一开放的国内外市场是后发大国形成大国优势的重要前提，这也需要相应的财政制度安排供给。统一开放的国际市场是外生于后发大国经济发展的。对于后发大国而言，统一开放的国际市场具有不可控性。但是，统一开放的国内市场是可以通过后发大国相关制度安排形成的。统一开放的国内市场一方面受到地区间道路交通等基础设施位置的约束，另一方面地区间要素商品流通关系到地区间的税收等财政收入和经济增长，如果缺乏统一的财政税收政策以及协调的地区间经济政策，统一开放的国内市场将难以形成。显然，统一的财税政策和协调的地区间经济政策是确保国内市场统一的必要条件。符合上述要求的财政制度安排一般具有如下特征：需要有全国统一的财政税收制度，任何地区来源于任何经济活动的税收收入都不属于该地区收入，而属于中央财政收入，避免各地区为了获得财政收入而封锁、分割国内

---

① 这里主要是指为在短时间奠定后发大国经济发展的物质基础而采取的高度集中的、排斥市场机制的计划经济体制。

统一大市场；各地区自身的财政收入与本地区的财政支出不直接挂钩，至少不能唯一关联，即各地区的财政支出不唯一地取决于本地区的财政收入；中央政府集中财政收入，根据国家经济发展的需要，在全国范围内统筹安排；全国经济发展是所有地区经济发展举措的同一目标，即全国"一盘棋"，任何地区的经济行为都必须服从和服务于国家整体经济发展；任何地区民众的生活水平都不直接、唯一取决于本地区的经济发展水平，而是与国家整体的经济发展水平高度相关。同时，这种集权程度较高的财权和事权配置可能会抑制地方政府发展经济的积极性。

教育事业发展是后发大国发展基础的重要内容，教育支出是后发大国发展初期财政支出的重要组成部分。较大规模的、具备一定文化知识和劳动技能的劳动力是大国优势和后发优势得到发挥的必要条件，需要财政制度为其提供支持。较大规模的熟练劳动力是充分利用国内资源、承接发达国家先进技术的必要条件，也是开展大规模生产，形成大国规模经济优势的前提。教育投资本身具有很强的正外部性，市场调节会出现失灵，即从家庭和个人理性出发的教育投资会出现由低水平的边际收益与边际成本决定的低水平均衡，导致家庭教育投入不足。教育投入尤其是初等教育的直接经济效益一般较差，但投入规模较大，一般民间投资者缺乏投资热情和投资能力。人口规模是劳动力规模的基础，财政也应该发挥一定的作用，决定人口规模和劳动力规模的因素尽管包括个人与国家政策两个方面，但以家庭为单位的人口生产决策会因为不能考虑到人口出生率和劳动力供给的外部性而偏离全社会最优的人口规模，因此需要国家从后发大国经济发展的全局制定人口政策。由此可见，财政对教育的投资、对教育结构和人才培养结构的调节、对人口出生率进而对人口规模的干预和调节是满足后发大国经济发展所需的人口、劳动力规模、劳动力知识和技能的重要基础。

后发大国在发展初期为了奠定后发优势与大国优势的基础，财政制度安排具有明显的城市偏向、经济建设偏向和地区偏向，即具有典型的非均衡发展特征。在奠定后发大国经济发展基础阶段，为了在资本短缺的条件下进行基础设施、装备工业、教育事业投资，建立国内统一市场，财政制度需要能够在相对集中的时间内筹集大规模的财政资金，集中投资到特定的行业和经济空间，暂时会将民生支出置于较次要的地位。财政收入的来源主要是农业部门，财政支出的重点则是城市的基础设施及基础工业部门，财政收支存在产业和空间错位，一般公共品和公共服务的支出比重会比较低。为了避免地区间分散配置财政资源对重点投资领域的干扰，避免片面追求地区局部利益导致国内统一市场被分割，需要中央集中国家经济建设的主要财力和决策权。由此可见，这种形态的财政制度具有典型的经济建设偏向、城市偏向和比较高的中央集权的特征。

12.3　后发优势与大国优势充分发挥阶段的财政制度

随着后发大国经济发展能力积累任务的完成，后发优势和大国优势的发挥已经具备现实的经济条件，伴随着后发优势和大国优势的发挥，后发大国经济进入持续、快速发展阶段。由于基础设施、装备工业的投资，教育事业的发展，国内统一市场的建成，经济增长整体上进入以民间投资为主的、市场作为资源配置主导方式的经济增长阶段。从理论上看，如果财政、金融、投资等制度安排能够尽快调整到与市场经济体制相适应的制度框架内，全面适应市场经济发展，后发大国经济发展就将全面进入后发优势和大国优势充分发挥阶段。

12.3.1　大国优势和后发优势充分发挥阶段的经济制度安排

当后发大国经济发展的基本条件具备后，其经济发展开始进入后发优势与大国优势充分发挥的阶段。该阶段的经济增长、结构变化、技术进步等表现出明显不同于前一阶段的基本特征。该阶段的经济发展除了需要前一阶段奠定的物质基础外，还需要具备一定的制度条件。这些制度条件是在前一阶段的经济社会制度基础上转变过来的、适应市场机制的一系列制度安排。与前一阶段经济发展中可能出现的问题一样，该阶段经济在快速增长，结构快速变化，技术快速进步的同时，也会出现一系列不利于经济社会发展的因素。这些不利因素成为影响、抑制后发大国经济持续发展的障碍，需要在制度安排中给予高度的重视。

为了使市场机制在资源配置中充分发挥作用，后发大国需要建立与市机制相适应的相关经济制度。对于后发大国而言，市场经济相关的经济制度不是从零开始，而是从奠定后发大国发展基础的经济制度向市场经济制度转变。这意味着适应市场经济的经济制度的建立过程实际上是从先前适应集中配置资源的经济制度向与市场经济相适应的经济制度转变的过程。

适应市场在资源配置中发挥决定性作用的经济制度是一个有机联系的制度体系，相关制度之间相互依存、相互作用。这一制度体系包括三个层次：第一个层次是与市场经济相适应的一套价值观和社会发展伦理，包括平等、竞争、公平、诚信、责任等，这是市场经济制度中最基础的非正式制度，对市场经济中的经济主体的行为具有很强的规范约束作用。第二个层次是正式的基础性制度，比如产权界定与保护制度、市场交易规则以及其他调节和规范市场经济行为的正式制度。第三个层次是规范市场经济行为的相关具体制度，如反垄断法、产品质量法等。从横向上看，适应市场经济的制度包括公共财政制度、金融制度、外贸制度等经济制度以及政治制度、社会制度等。在该阶段，经济制度是核心，其中公共财政制度、金融制度、外贸制度、投资制度是最主要的正式制度，部分正式制度可以从发达国家引入，但非正式制度是内生于后发大国的，不能从国外引进。作为一个有机的制度体系，后发大国必须注意两个层面的制度协调：其一，内生于后发大国的非正式制度与可以从国外引入的正式制度的协调；其二，各项正式制度之间要相互兼容、相互协调，尽可能形成目标明确、相互协调的制度体系，以便最大限度地支撑市场经济的运行，促成后发大国的后发优势和大国优势充分发挥。

经济发展从城市偏向和工业偏向向城乡、农工商协调发展转变是本阶段财政制度转变的主要背景。在奠定后发大国发展基础阶段，财政制度安排重点服务于城市工业部门，尤其是装备工业部门，对农业和农村发展关注不够。当工业部门具有自我发展能力后，后发大国应该尽快终止这种城乡之间、农业与非农业之间、工业内部资本品工业和消费品工业之间以及地区之间非均衡的制度安排，转向实行各产业部门之间、城乡之间、地区之间协调发展的制度安排，以促进经济均衡发展。后发大国要大力发展消费品工业，一方面满足人们对消费品的需求，弥补前期偏向重工业发展导致的消费品供给缺口，提高消费品供给弹性，确保市场机制对消费品市场供求调节的基本条件；另一方面通过发展消费品工业带动就业，推进城市化进程，使工业化与城市化协调推进。

后发大国要合理处理政府与市场的关系，确保市场在资源配置中发挥决定性作用；同时，政府也发挥应有的作用。市场经济是市场在资源配置中发挥决定性作用的一种经济形态。为了确保市场机制作用的充分发挥，政府需要提供市场机制发挥作用的基础性条件，包括产权界定与保护、统一市场体系的建设与维护、市场规则的制定和执行、基础设施的建设与维护、公共品和公共服务的有效提供、有效的宏观调控等。为了确保市场机制作用的充分发挥，财政、金融、外贸、投资等经济制度，与城乡要素自由流动、人口自由流动相关的经济与社会制度必须配套实施。

由奠定后发大国发展基础阶段的经济制度过渡到后发优势与大国优势充分发挥阶段的经济制度是一个重要的制度变迁过程。这一制度变迁的顺利实现涉及诸多相互联系、相互影响的因素。制度变迁的经济条件、政治条件、社会条件以及制度变迁涉及的相关行为主体的协调、新制度的有效供给等因素必须统筹考虑，协调推进。考虑到后发大国政治、经济、文化等因素以及地区之间发展水平差距较大等情况，制度变迁需要采取诱致型制度变迁和供给主导型制度变迁相结合的方式，基础性、全局性制度主要由中央政府强制供给，一般性具体制度可以采取地方分散试点、总结、推广的方式推开。总之，后发大国要力求提供适合市场经济发展的、适合后发大国经济发展的经济制度，避免制度变迁滞后而抑制、阻碍后发优势与大国优势发挥的情况出现。

12.3.2　后发优势与大国优势充分发挥阶段的财政制度的基本内容

在市场经济条件下，市场机制在资源配置中发挥决定性作用，政府主要负责提供市场不能有效提供的、保障市场机制正常运行的、维护社会公平和宏观经济稳定的公共品和公共服务。后发大国的市场经济体制一方面具有一般市场经济体制的基本规定性，另一方面具有后发大国市场经济的特殊性。因此，后发大国市场经济条件下的财政制度具有鲜明的后发大国特色。

第一，政府的经济活动范围应限定在一定范围内。考虑到后发大国经济发展的特殊性，其政府经济活动范围应该与一般市场经济国家政府经济活动范围有所区别。一方面，政府应该对关系国民经济发展的重要基础工业部门、重要能源和原材料部门等保持一定的控制权，否则在开放经济条件下，由于大国经济总量大、对国际市场供求和价格影响明显，经济增长和国家权益容易因受到国际市场波动的不利影响而遭受损失。另一方面，政府应该从大多数竞争性领域退出，即使保留在竞争性领域的经济实体，也应该和非政府经营实体具有相同的市场地位，并在税收、金融服务、财政补贴等方面享受"国民待遇"。需要注意的是，如何处理基础设施和装备工业部门在财政中的关系十分重要。在开放经济条件下，装备工业部门如果完全进行市场化经营，有被发达国家控股、兼并甚至肢解的可能，这意味着后发大国的国民经济骨架被拆散，可能导致后发大国失去产业安全保障，重新陷入经济不能独立自主的境地。为此，后发大国应该对这类部门提供一定的财力支持，或者给予一定的保障。当然，后发大国也要考虑财政支持对该类企业的激励作用。

第二，政府财政支出应重点保障教育、医疗卫生、社会保障、就业、生态环境保护等民生领域，为经济活动和民众生产生活提供与经济发展阶段相适应的公共品和公共服务。对民生领域的财政支出形成的公共服务供给具有双重属性：一是消费品属性，这类物品或服务的有效提供能够满足社会公众对基本公共服务的消费需要，增强其对政府和社会的认同感；二是生产属性，这类物品或服务的消费有助于增加社会的人力资本，提高劳动生产率，增加社会资本，降低社会管理的成本，提高潜在的经济增长率。公共品的提供应该与后发大国经济发展阶段相适应，一方面要体现国民待遇原则，另一方面要与经济发展阶段相适应，不能不顾经济发展水平而随意提高公共服务水平，尤其不能超越经济发展水平任意提高刚性很强的社会保障类公共支出。公共品和公共服务类支出具有调节收入差距、促进社会公平的作用，但也必须注意公共支出对效率的负面影响。在经济发展水平不高的条件下，公共支出的主要目标应该定位于满足社会成员的基本公共品和公共服务消费。

第三，按照公平效率原则设计财政收入相关制度。税收制度演变的一般趋势如下：按照量能负税原则和尽量减少对市场经济机制的干扰的原则调整安排税收制度，并且随着经济结构的变化和经济发展水平的提高适时调整税制结构，使主体税收收入由以流转税为主逐步向以所得税和财产税为主的税制结构转变。随着后发优势和大国优势的逐渐展开，经济持续快速增长，收入差距逐渐扩大，税收制度调整应该充分考虑两个因素：一是通过税制结构的调整，运用直接税减少高收入者的可支配收入，缩小收入差距，促进社会公平；二是流转税都会在商品价格中加入税收"楔子"，影响价格机制作用的发挥，干扰市场的调节功能。基于上述两点原因，税制结构改革应逐渐提高个人所得税、企业所得税和财产税在税收收入中的比重，相应降低可转嫁的、具有累退效应的流转税在税收收入中的比重。

第四，在财政体制方面，后发大国应在中央政治集权的前提下，实现经济上适度分权。为了充分调动地方政府发展经济的积极性，发挥地方政府在提供公共品和公共服务尤其是地方性公共品和公共服务中的信息优势与激励相容优势，财政支出安排应尽量交给地方政府承担。同时，为了确保全国范围内基本公共服务的均等化，考虑到后发大国内部地区间差异大的特点，后发大国应充分考虑各地提供公共品和公共服务的成本因素、各地经济发展水平决定的财政收入因素，建立以相关可量化的影响因素为主要依据的、以一般转移支付为主的转移支付制度体系，促进公共品和公共服务在全国范围内的均等化。后发大国应合理划分中央政府与地方政府间的财权。为了适应分级财政管理的目标，在考虑到税种属性的前提下，确保各级政府具有相应财力履行相应的政府职责，后发大国应合理划分各级政府的财权。为引导要素在后发大国内部各地区之间的合理流动和优化配置，后发大国应尽量将税基流动性强的税种，社会收入分配和宏观调控作用比较明显的税种以及地区间资源禀赋差异大、容易导致地区间税收收入差距扩大的税种列为中央税，确保中央政府具有较强的调节地方之间财力差距的财力。同时，赋予地方政府一定的、根据地方经济社会发展需要开征的地方性税种的税收立法权和征管权。

为了避免地方政府为发展经济而开展恶性竞争，损害要素配置效率，分割全国统一市场，后发大国应在政治制度安排中适时降低经济增长在地方官员政绩考核中的比重，以促进全国范围内资源的合理流动和优化配置。尽管地方政府会通过一定的制度安排在本区域市场内部实现要素最优配置，提高经济增长率，但地区封锁、市场分割条件下的局部最优要素配置和经济增长远低于全国统一开放市场条件下的要素最优配置和经济增长。大国优势最明显的规模经济优势是以全国统一开放市场为前提的，为确保大国优势的充分发挥，中央政府一方面可以通过财政收入制度和财政支出制度安排约束地方政府的市场封锁行为，如根据有利于企业经营发展和平衡与企业经营相关的地方政府财政收入的原则分享政府间财政收入等；另一方面可以通过强制性政治集权方式，如通过对地方政府主要决策者的考核和异地分流等方式维护

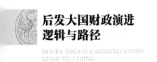

全国市场的统一性和完整性。

第五，财政制度要有助于促进城乡、农业与非农业经济的协调发展。伴随大国优势和后发优势的充分发挥，城市作为要素集聚的经济空间的优势也充分体现出来，基础设施条件的完善、商业活动和要素的集聚进一步强化了城市的经济优势。与此同时，农村基础设施的不足，资本、人才、技术的短缺进一步强化了城乡之间要素收益和生活福利水平的差距，导致农村要素的大规模流失，制约农村经济的发展。与非农产业相比，农业生产经营面临以下问题：基础设施不足；自然风险和市场风险双重约束；生产周期长，资金周转慢；农产品需求价格弹性低，需求收入价格弹性低；后发大国农业人口多，人均土地面积少，在国际经济中缺乏农业生产比较优势，等等。这些问题决定了理性经济主体会将要素配置到非农业领域，导致农业发展滞后。农业发展滞后使得农产品供应能力弱，农民对工业品消费能力弱会从消费端抑制工业发展和整体经济发展，这些都是制约工业化、城市化推进和后发大国的大国优势充分发挥的因素。因此，财政制度必须顺应经济发展阶段的变化，在追求更高财政支出绩效的同时，兼顾对农业和农村的投资，维护城乡之间、农业与非农业之间的均衡发展。

综上所述，在后发优势和大国优势充分发挥的经济发展阶段，在市场作为主要的资源配置方式和民间资本作为经济活动主体的条件下，财政应定位于弥补市场失灵，重点为所有经济主体提供一视同仁的、市场不能有效提供的公共品和公共服务，充分发挥地方政府在经济社会发展中的积极性。同时，财政应充分考虑后发大国经济发展的特色，通过转移支付制度、税收制度等制度安排维护国内市场的统一性和开放性，在尊重顺应市场机制和要素流动趋势的条件下兼顾城乡、农业与非农业的协调发展。

12.3.3 后发优势与大国优势充分发挥阶段的财政制度对大国优势与后发优势的影响

为了后发优势与大国优势的充分发挥而建立的财政制度可能反过来影响大国优势和后发优势的释放和延续。因此，财政制度安排不仅要关注其对后发大国当期经济发展的影响，还要预见对后发大国将来经济发展可能产生的影响。

顺应市场机制的要求而建立的具有后发大国特色的公共财政制度，首先必须有助于后发大国当期后发优势与大国优势的发挥。在市场机制下，后发大国市场在资源配置中发挥决定性作用意味着要素在全国范围内自由流动和优化配置，这要求财政充分考虑以下几种可能：

第一，要素在地区之间自由流动可能导致地区间发展差距扩大和地区间财力差距扩大。如果要实现全国范围内基本公共服务均等化，要素流出的经济欠发达地区的财力缺口能否得到弥补；如果要通过中央转移支付弥补经济欠发达地区的财力缺口，势必加大对发达地区的税收负担，这是否会影响发达地区经济发展的积极性；如果不能有效弥补经济欠发达地区的财力缺口，经济欠发达地区必然出现大规模人口向发达地区流动，而当发达地区不能为这部分人口提供公共服务时，后发大国内部就会出现地区间差距、城乡间差距和发达地区内部不同身份人口的差距扩大，会加剧社会不公平，影响社会稳定。

第二，基于城乡之间不同的生产方式和前一阶段已经形成不同的基础设施条件，在较大的城乡收入差距作用下，农村大量劳动力、资本向城市流动，这势必强化城市的发展条件，同时抑制农业农村的发展，导致城乡差距继续扩大。城乡发展差距扩大意味着城乡经济结构失衡，而且还存在累积性扩大的趋势，这必然从长期抑制大国优势的发挥，阻碍大国经济的发展。

第三，城乡之间基本公共服务均等化必然加大财政压力。在奠定后发大国发展基础阶段，城市偏向的财政制度安排导致城市公共品和公共服务的供给水平高于农村公共品和公共服务的供给水平，要缩小城乡公共品和公共服务的差距，必然要加大对农村地区的财政投入力度，但市场机制作用下大量要素向城市流动意味着城市对公共品和公共服务的需求增长更快，如何才能既缩小城乡公共品和公共服务的差距，又满足市场机制下要素城乡流动对公共品和公共服务的需求，财政制度面临一定的考验。如果不降低城市基本公共服务的水平并提高农村公共服务的水平，必然意味着大量的财力向农村转移。考虑到后发大国农村地区面积广大、公共服务生产成本高的事实，缩小城乡基本公共服务差距可能面临财力难以承担的困境。如果不能尽快缩小城乡公共服务的差距，又将会导致更大规模的农村要素和人口向城市流动，城乡发展差距会进一步扩大，这严重影响后发大国优势的发挥。

第四，在市场机制下，后发大国装备工业可能会受到忽视，这可能影响后发大国经济的长期发展。一般来讲，消费品工业资本有机构成较低，能够较快适应市场，但装备工业具有系统性，涉及一系列高度相关的企业或企业集团，资本有机构成高，投资规模大，资产专用性强，难以快速适应市场需求的变化，对投资者的吸引力较低。上述原因容易导致装备工业领域投资不足，进而导致装备工业技术水平停滞。由此可能出现消费品工业快速发展，装备工业发展缓慢，甚至停滞、破产的局面。对于后发大国而言，其有一种"急功近利"的思维，就是生产设备可以从发达国家购买就不用自己生产，可以租用就不用购买，但这面临着很大的风险。如果国际上生产设备供给方拒绝提供相关设备，后发大国的生产就可能被迫中断；如果供给方索取高价，后发大国将被迫接受"勒索"，这实际上意味着后发大国丧失了产业发展主动性。由此可见，当后发大国消费结构升级要求国民经济整体产业结构升级时，由于装备工业的发展水平是决定产业结构水平的基础，装备工业发展停滞必然抑制后发大国产业结构升级。由于国际经济活动存在不可控性、不确定性，尤其是发达国家可能在后发大国发展到一定阶段后对后发大国采取遏制措施，后发大国完全依靠发达国家的装备制造，产业体系显然是缺乏自主性和安全性的。财政应该按照市场经济原则对待装备工业部门，赋予其市场竞争的激励与压力，同时也应该考虑到其投资的特殊性，提供适当形式和适当力度的财政支持。

第五，后发优势可能导致企业的技术进步路径"锁定"，导致后发大国技术进步陷入引进和落后的路径依赖，这要求财政承担支持技术进步的职责。由于在一定时期内可以低成本、低风险地获得发达国家的成熟技术，实现技术进步，后发大国企业缺乏研究开发投入的动力、压力和积极性，这不利于后发大国的技术进步。为了弥补企业研发投入不足可能对整体技术进步带来的不利影响，国家提前加大对研究开发的财政投入力度，尤其是加大对重大基础理论和重大关键应用技术研究开发的投入力度，培养技术研究开发能力，为后发大国技术进步从引进和落后的路径转换到自主创新的路径奠定基础。

第六，产业政策选择和财政政策支持产业发展的方向、方式和力度可能会对经济持续发展产生重要影响，后发大国需要根据经济发展需要制定和执行合适的产业政策。随着经济发展阶段的变化，主导产业、先导产业、支柱产业也会发生相应的变化，后发大国应该根据经济发展阶段的变化，尤其是在后发优势与大国优势充分发挥阶段，参照发达国家对应发展阶段的主导产业、先导产业和支柱产业的情况制定相应的产业政策，财政政策配套提供相应的财政补贴、税收优惠或政府采购支持促进产业结构合理化，助力经济发展。当然，随着经济发展阶段的进一步推进，主导产业、支柱产业、先导产业发展将逐渐失去参照对象，国家的产业政策应该相机发生相应变化。

12.4 抑制后发劣势与大国劣势阶段的财政制度

12.4.1 抑制后发大国劣势阶段的基本经济事实

大国优势与后发优势在市场机制下的充分发挥，一方面，带来经济的快速发展，另一方面，也开始积累抑制后发优势和大国优势的不利因素，准确预测这些可能的不利因素，采取切实有效的制度安排抑制消极因素的出现是继续推进后发大国经济发展的必然选择。

在后发大国经济发展的第三阶段，由于制度不完善，如城乡二元经济制度长期存在，导致后发大国优势、劣势两个发展趋势的相互转变，后发劣势和大国劣势开始显现，后发劣势和大国劣势集中体现在以下几个方面：

第一，技术进步阻力增大，速度下降，关键核心技术受制于发达国家，成为经济进一步发展的瓶颈。由于长期引进国外成熟技术，享受低成本、低风险、快速技术进步的后发优势的红利，后发大国没有及时调整技术进步的机制和路径，研究开发意识弱，研究开发新技术的能力不足，技术进步路径停留甚至锁定在简单复制国外成熟技术的水平上，难以实现对关键技术的掌握。随着技术后发优势的减弱，发达国家对后发大国技术进步的抑制意识明显增强，一方面是出于防止后发大国技术水平提高可能参与分享产业链高端的利益，另一方面是希望保持与后发大国在技术上的梯度差异的优势，通过技术优势获取全产业链的超额利润。此外，还有一种可能就是保持自身技术上的领先优势和垄断地位，控制后发大国的经济发展，保持发达国家在全球经济中的主导地位。对于后发大国的企业而言，由于市场需求量大，使用成熟技术的规模经济效益显著，因此企业缺乏技术研发的积极性和动力，这也是后发大国在技术进步上陷入困境的重要原因。

第二，城乡差距持续扩大。由于城市与农村的生产方式差异大，劳动生产率、要素收益差距大，城乡公共服务水平差距大，因此农村劳动力、资金大量向城市转移。如果缺乏必要的财政投入，农业生产条件不能得到有效改善，农业现代化迟迟不能启动，如果再加上农村土地制度僵化，难以通过土地使用权流转实现规模化经营、引入现代农业经营方式，进而提高劳动生产率和农业从业者的收入水平，使得农村劳动力过度转移，最终将出现农业劳动力短缺、土地荒芜、资本短缺，进而出现农业、农村"空心化"的情况。农业现代化不能启动，农村发展缓慢甚至停滞，城乡差距将进一步扩大，使大国劣势逐渐强化甚至开始主导后发大国经济发展趋势，阻碍后发大国经济的持续发展。

第三，地区间发展差距持续扩大。在要素自由流动的情况下，市场机制会引导要素向收益率更高的地区流动，某些沿海交通等经济区位较好的地区，由于经济增长快，要素收益率高，吸引其他地区要素流入，在带来优先发展地区更快发展的同时，导致欠发达地区劳动力、资本进一步流失，地区间发展差距继续扩大。地区间的发展差距导致要素的空间流动，要素的空间流动进一步强化地区间的发展差距。这种地区间的发展差距累积性扩大会强化大国劣势，影响大国内部地区间的均衡发展。如果处理不好地区间非均衡发展问题，容易导致地区封锁，大国统一大市场被分割，甚至导致社会和政治不稳定，影响后发大国的持续发展。

第四，收入差距扩大导致消费不足，制约经济增长，并进一步拉大收入差距。由于城乡差距、地区差距、农业与非农业差距持续扩大，消费需求增长缓慢，工业部门产出受到市场需求增长的约束，经济增速下降。经济增速下降又导致就业机会减少，收入差距进一步恶化。

第五，经济增长动力失衡。收入差距扩大，城乡之间、地区之间发展差距扩大导致国内消费需求不足，迫使经济增长更多依赖投资和出口，投资占比过高，一方面会挤出消费，另一方面会导致产能扩大，进一步强化消费不足、投资过度的局面。大国日益扩大的产能在国内不能消化的情况下，大规模出口必然加剧与进口国之间的矛盾。显然，过度依赖出口来维持经济增长的后发大国发展不可持续。

第六，制度结构矛盾加剧，甚至出现严重的制度冲突。为适应市场经济体制的需要，后发大国可以利用制度上的后发优势，从发达国家引进成熟的正式制度，降低后发大国制度进步的风险和成本，但是分散、局部引进的经济、政治制度与社会、文化等正式制度之间，正式制度与内生于后发大国的非正式制度之间存在明显的不协调，制度不协调的问题与居民收入差距、地区发展差距相互交织，容易导致社会矛盾集中爆发，社会关系紧张，出现经济较快发展和民众生活水平提高条件下社会矛盾集中爆发的现象，后发大国维护社会稳定、继续推进经济发展、促进社会进步面临较大的压力。

后发劣势与大国劣势的出现是后发大国经济发展内在逻辑的自然展开和市场机制作用充分发挥的必然结果。在具备经济发展的基础条件后，在后发优势与大国优势发挥阶段，后发大国国内居民间收入差距的扩大，城乡之间、地区之间发展差距的扩大，供求矛盾尖锐等经济结构问题与如下因素密切相关：其一，市场机制在资源配置中发挥决定性作用的必然结果。市场在承认经济主体要素禀赋差距的基础上借助竞争机制、供求机制、价格机制配置资源和分配收入，如果居民之间、城乡之间、地区之间初始要素禀赋存在差异，即使在公平的市场规则下，也必然导致收入分配不平等的结果。在收入分配结果和要素禀赋结构的因果循环累积机制作用下，城乡之间、地区之间、社会群体之间的收入差距必然累积性扩大。当然，在这中间，如果政府能够充分认识其和市场在收入分配中的调节功能，并发挥积极调节作用，收入差距可以被控制在一定水平；否则，收入差距可能会失控。其二，后发大国在奠定后发优势与大国优势阶段的制度安排会加剧城乡之间、地区之间与不同居民之间的要素禀赋差异，与市场机制作用相叠加可能导致收入差距、发展差距扩大。在第一阶段，为奠定后发大国经济发展物质基础所实施的城市优先、重工业优先、城市偏向的经济社会制度安排本身就会使城乡之间、地区之间、工农业之间、消费与生产之间的差距扩大。在此基础上，第二阶段引入市场机制，使市场机制在前一阶段制度安排导致的经济结构差距的基础上发挥作用，必然扩大收入差距，加剧城乡之间、地区之间的发展失衡。如果城市偏向、工业偏向的经济制度变迁之后，或者市场机制本身不健全、不完善，必然进一步加剧后发大国国内的经济结构矛盾。其三，后发大国的特殊国情可能强化上述两种因素导致的经济结构矛盾。后发大国经济发展水平低，在经济快速增长阶段，经济结构变化更迅速，政府更难适应经济结构变化，无法及时合理调整经济结构。由于大国内部城乡之间、地区之间、社会群体之间的结构性差异大，大范围的要素自由流动、要素集聚容易加剧要素密集领域、

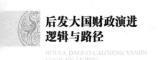
地区、群体与要素稀缺领域、地区、群体之间的要素禀赋差距，使经济结构性矛盾强度更大。

12.4.2 抑制后发大国劣势阶段的财政制度的基本内容

随着经济发展阶段的推移，后发大国的后发优势和大国优势逐渐减弱，同时出现了大国劣势和后发劣势，经济进入中高速增长阶段，甚至经济增速可能出现断崖式下降，伴随着出现严重的经济结构问题。财政制度有效回应并解决这些问题是后发大国抑制后发劣势和大国劣势，维持经济持续、稳定增长，稳步提高增长质量，实现经济发展目标的重要保障。

随着后发优势和大国优势的弱化，后发劣势和大国劣势开始出现并对经济发展带来负面影响，财政制度在应对这种局面时的基本思路是调整和优化财政制度，培养技术上的自主研发能力，抑制大国劣势，进一步挖掘、拓展大国优势，使后发大国经济发展顺利度过优势与劣势胶着期，进入经济持续增长、技术持续进步的下一发展阶段。

12.4.2.1 抑制后发大国劣势阶段的财政制度安排的基本逻辑

在后发优势和大国优势充分发挥阶段，市场机制的作用带来经济的快速增长，居民收入水平的快速提高，市场经济的优势得到充分体现。随着后发劣势和大国劣势的开始显现，嵌入性的市场经济制度与后发大国内生的经济社会制度之间的矛盾逐渐显现，不协调、对立和冲突变得更加明显。同时，适应后发优势和大国优势充分发挥阶段的经济制度与后发劣势和大国劣势开始显现阶段经济发展之间的不适应性越来越明显，突显出制度创新的必要性和紧迫性。能否及时进行制度创新直接关系到后发大国能否抑制大国劣势和后发劣势，能否延续经济增长的趋势和实现经济发展的目标。从前一阶段城乡之间、地区之间各自发展转向农村和欠发达地区偏向，弥补经济发展中的技术进步短板、消费升级短板和农业农村发展短板，促进经济结构协调和不断优化，是这一阶段制度变革的主要目标和主线。从后发大国经济发展的内在逻辑考察，其制度创新主要涉及以下几个方面：

第一，将从国外植入的市场经济制度与后发大国的传统文化、社会、历史、地理等因素结合起来，在完善市场经济制度的同时，兼顾经济增长与收入分配、生态环境改善、传统文化传承等目标。后发大国应树立、强化市场经济制度生态理念，在完善市场经济制度中重视市场经济伦理建设、政治体制改革、体现社会公平的社会制度建设，抑制单纯追求经济目标的短期、片面的倾向。后发大国应厘清市场经济制度促进经济增长的功能、社会福利增进和社会发展目标之间关系，明确市场经济制度在社会福利增进和社会发展中的工具性功能，避免把市场经济当成终极目标来追求的倾向。

第二，健全收入分配制度，促进收入分配公平。后发大国应加大对教育、医疗卫生、社会保障等的财政支出，完善个人所得税、财产税、遗产税等财政收入制度，规范政府之间和政府对家庭、个人的转移支付制度，控制和缩小地区之间、居民之间、行业之间的收入差距，促进经济结构协调以继续维持大国经济优势。

第三，加大对教育、研究开发等方面的财政支持力度，提高研究开发能力。教育支出和研究开发支出具有较强的外部性，局限于家庭、个人和企业投资会导致教育与研究开发投入不足，而人才与技术创新对后发大国经济长期可持续发展具有十分重要的支撑作用，因此财政应加大对教育、研究开发的支持力度，进一步优化支持方式，力求通过财政支出引导更多的企业重视对研究开发的投入，放大财政支出对技术进步的支持作用。财政不应一般性地加大对研究开发的支持，而是要突出支持的重点，加强对基础理论、重大应用研究技术的支持，增强科学技术进步的可持续性、发展后劲及其对后发大国经济发展的支持。财政不仅要加大对研究开发的支持力度，还要通过财政支出促进新技术的使用与推广，提高科学技术对经济增长的贡献率和支持力。总之，后发大国应通过加大财政对人才和研究开发的支持力度，从技术引进为主的技术进步路径向自主研发、自主创新为主的技术进步路径切换。

第四，优化政府间经济分权制度安排，进一步巩固和强化大国优势。伴随着地区间发展差距的扩大，地区间财力差距也随之扩大，如果中央的转移支付制度不完善，可能引致地方政府封锁地方市场，导致大国优势弱化甚至丧失。因此，调整政府间事权与财权分配制度和纵向转移支付制度，有助于维持全国市场的统一，有助于大国内部要素合理流动和配置效率提高。同时，后发大国应优化地方政府政绩考核制度，将提高经济增长质量、改善经济结构、增强经济发展潜力等纳入政绩考核之中，并逐步提高其权重，鼓励地方政府优化地方营商环境，改善经济发展条件和居民生活条件，充分发挥地方政府在延续后发优势和大国优势中的作用。

后发大国如果能够通过相关制度安排，解决经济结构调整缓慢、技术进步能力弱等问题，加快制度创新，抑制后发大国在经济发展中的后发劣势和大国劣势，延长、放大后发大国的优势，维持经济的中高速增长，保持良好的发展势头，就有希望实现经济发展的目标。

12.4.2.2　应对大国劣势的财政制度安排

随着大国经济的发展，如果政策调整滞后，大国优势将逐渐弱化，经济发展出现与大国经济劣势相联系的一系列趋势。在市场机制的作用下，大国内部地区之间、城乡之间发展差距逐渐扩大，居民之间、行业之间收入差距逐渐拉大，引发全社会消费需求不足，出现社会不和谐现象，甚至社会矛盾激化，影响经济持续增长。相对于小国，大国在植入型的、不健全的市场经济制度的调控下，更容易出现超过同等情况下小国经济的内部居民之间、地区之间和城乡之间的发展差距悬殊的问题。市场机制的分配原则是承认不同经济主体之间要素禀赋的差距，在公平的市场规则下，根据各要素主体在市场中的贡献分配各经济主体的收入份额，收入分配结果差异转化为要素禀赋差异并进一步影响收入分配，形成要素禀赋差异与收入分配差距的因果循环累积。初始的要素禀赋差距经过连续的因果循环累积导致收入差距的累积和扩大。作为收入分配依据的要素收益率是决定禀赋差异被放大为收入差距倍数的关键。相关互补性要素越多，要素来源空间越广，收入差距就会越大。后发大国幅员辽阔，劳动力资源丰富，劳动力价格较低，资源绝对量大、价格低，资本要素收益率高，初始资本要素转化为收益的倍数大，经过循环累积更容易导致资本要素的收益快速上涨，在总收入中所占的比重上升得更快。与此同时，劳动力要素和资源要素所有者的收益在总收入中所占的比重下降得更快，劳动力要素和资本要素所有者收入差距扩大得更快，并且差距更大。

地区之间发展差距扩大的机制与居民收入差距扩大类似。地区之间的要素在要素收益率的引导下向要素密度较大的地区流动。初始经济区位较好的地区，要素收益率较高，吸引其他区位较差地区的要素流入，导致要素流入地区要素密度提高，形成集聚优势，经济快速增长。初始经济区位较差的地区，要素收益率低，随着要素流失，要素密度降低，经济增速下降，要素收益率进一步下降。如此循环往复，经济发展水平较高的地区的经济发展进入良性循环的轨道，经济增速较低的地区的经济进入恶性循环轨道，发达地区和欠发达地区的发展差距越拉越大。在大国内部，区位条件较好地区能够从更多地区吸引要素流入，会出现远快于小国内部具有相同初始条件的地区的经济发展速度。在大国内部，持续的增长和要素流动的因果循环累积更容易扩大发达地区与欠发达地区之间的发展差距。

后发大国内部城乡之间的发展差距也存在累积性扩大的内在机制。城乡之间的主要生产方式存在显著差别，非农业相对于农业具有更低的经营风险和更高的要素收益率。城市空间的经济发展区位条件明显优于农村，农村内部劳动力、资本等要素持续向城市流动，这在强化城市要素优势、集聚优势、经济增长优势和要素收益优势的同时，也在不断强化农村内部对应的劣势，导致城乡之间发展差距累积性扩大。大国内部广大农村地区资本、劳动力、金融服务等的缺失或不足，致使农村内部要素结构水平低，潜在要素收益率低且存在下降趋势，进而导致农村内部要素持续流失，形成农村经济的"真空"状态。

后发大国内部发展不平衡加剧，收入差距扩大会影响后发大国经济增长的持续性。当后发大国内部地区之间、城乡之间和个人之间发展差距形成扩大趋势且不能逆转时，产出和供给的快速扩大，伴随需求因收入差距的扩大的减弱，供求矛盾激化，最终不利于经济持续增长。当收入差距扩大的趋势形成，缺乏相关制度安排来阻止收入差距扩大，或者促成收入分配横向（地区之间、城乡之间、居民之间）和纵向（不同收入水平的人群、地区、城乡之间）流动时，就会放大民众内心的不公平感，使社会不稳定因素累积，导致社会动荡，阻碍后发大国的经济持续增长。

为促进地区之间、城乡之间等经济结构协调，在不干扰市场机制正常运行的条件下，后发大国可以通过财政支出制度安排改善经济欠发达地区的交通、通信等基础设施条件，增加对教育、医疗卫生、社会保障和就业的财政投入，营造有利于欠发达地区经济发展的基础条件和有助于缩小发展差距或抑制发展差距累积性扩大的趋势，延续大国经济发展的规模经济优势。从财政收入制度看，调整地区之间和城乡之间经济发展差距的税收制度可以将流动性较大、服务于宏观调控目标的税收收入确定为中央财政收入，适当提高中央财政收入占全部财政收入的比重，一方面避免各地区之间为追求税收收入最大化而形成低水平过度竞争和地区之间市场封锁，阻碍产业结构动态调整和全国统一市场的形成；另一方面提高中央可用于转移支付的财力。在调节个人收入差距的财政收入制度中，后发大国应该随着收入水平的提高和收入差距的扩大，逐步提高个人所得税、财产税、消费税等税种在全部税收收入中的比重。同时，为了减少收入调节性税收对效率的抑制作用，后发大国应参照周边国家个人所得税、财产税的税率、税收优惠等规定，以不高于这些国家平均税负的原则设定相关税收制度。为增加消费，促进供求结构协调，后发大国可以随着经济发展水平的提高来调整税制结构，通过降低流转税的比重，引导商品价格下调，扩大消费需求。同时，后发大国可以通过增加所得税和财产税税负，缩小收入差距，从整体上提高全社会的边际消费率，扩大消费规模，推动总供求关系协调，促进经济持续增长。

在调节国内城乡之间与地区之间经济结构的财政制度中，后发大国可以考虑如下制度安排：其一，增加经济欠发达地区和农村地区的可支配财力，以便加大对经济欠发达地区交通、电力、通信等基础设施的投入，改善经济欠发达地区经济发展的条件；增加经济欠发达地区和农村地区的教育、医疗卫生、社会保障、就业等民生性财政支出，确保相应地区群众对基本公共服务的消费权利，保证他们的生存权和发展权。其二，在政府间财政制度安排中树立、强化大国意识和全局意识，在赋予地方政府发展地方经济的权利的同时，通过财政均衡性转移支付加大对经济欠发达地区的支持力度，一方面确保全国范围内基本公共服务的均等化，并随着经济发展水平的提高而逐步提高；另一方面通过加大经济性基础设施投资的区域倾斜政策改善经济欠发达地区经济发展的条件。为避免经济欠发达地区形成对上级财政转移支付的依赖，转移支付制度应该充分考虑对经济欠发达地区发展经济的激励因素。

12.4.2.3 应对后发劣势的财政制度分析

后发劣势是后发大国经济发展到一定阶段因经济发展相关政策和制度调整滞后，后发国家潜在的劣势倾向性逐渐强化而表现出的影响经济持续发展和后发优势延续的一系列问题。在后发优势充分发挥阶段，后发大国由于劳动力、资源等要素价格低，潜在市场需求大，吸引国外资本、技术和管理要素流入，引导国内投资大幅度增加，带来经济快速增长、技术迅速进步等后发红利。后发优势和后发劣势是后发国家的两个发展趋势，随着后发优势的发挥和逐渐弱化，后发大国经济发展的劣势也逐渐显现出来：

其一，产业结构演变缓慢，甚至停滞，阻碍经济结构升级。在发展初期，由于后发大国经济发展水平低，低收入水平的居民群体规模大，对应低层次消费需求规模大，生产者能够从大规模、同质化生产中获得规模经济的红利。

随着经济发展水平的提高，收入分配结构出现了层次化增强的现象，消费结构多元化和层次多样化现象随之出现。适应消费需求的变化，转向多元化、层次化生产，放弃大规模、同质化生产的机会成本高，前期投入的沉没成本高，企业缺乏调整产品结构的动力和压力，生产行为调整滞后，出现供给结构变化滞后于需求结构变化的现象。从整体上看，产品适应低水平的消费需求，不能适应多层次的消费需求。由于农村内部劳动力、资金在追求更高收益率的市场活动中大量流失，加之金融服务短缺，导致农业现代化停滞，形成农业技术结构、组织结构和现代化水平滞后于国家经济发展水平的结构失衡。从整体上看，经历后发优势充分发挥的大国经济已经出现国民收入水平提高、收入结构层次化、消费需求多样化、消费水平提高的现实，但工业品生产结构和农业技术进步、组织现代化程度滞后，供求结构失衡，农业发展滞后必然导致由经济发展水平决定的需求结构和供给结构的脱节、错位，影响经济的持续增长。财政制度在加快供给结构升级、淘汰落后产能、加快农业现代化进程中可以发挥重要作用。国内低水平、过剩产能的消化与淘汰可以通过市场机制自发实现，但提高供给水平、增强有效供给能力，在主要依靠市场机制的同时，还需要财政给予一定支持，如对生产适应市场需求的产品的企业，可以按照产品特征给予企业所得税中的加速折旧、技术改造资金从应税所得中全额或分期扣除等税收优惠；给予新产品、新技术研究开发和推广提供一定财政补贴等。这些都有助于鼓励企业加快产业技术升级、提升供应能力。后发大国应对高耗能、高污染类型的企业征收环保税，提高该类型企业的生产经营成本，降低该类型企业的市场竞争能力，督促企业生产经营转型。对某些过剩产能，后发大国可以通过财政政策支持，加大对乡村、经济欠发达地区的投资，将过剩产能转化为有效产能，盘活存量产能。

其二，随着后发大国经济持续增长，由于劳动力、资源、环境成本的上升，基于要素价格低廉的后发优势逐渐弱化，经济竞争力存在下降趋势，财政可以通过一定的制度创新，弱化、阻止这种趋势的发生，继续延续后发优势。从生产角度来讲，生产成本是影响企业竞争力的重要因素。构成企业成本的要素除了劳动力、资源、环境成本外，还包括税收。在以流转税为主体税种的税制结构下，企业是纳税主体，尽管税负可以转嫁，但会通过价格传递影响到市场需求。因此，流转税在税收收入中的比重越高，企业承受的税收压力越大，企业的竞争力越弱；反之，企业的竞争能力越强。因此，后发大国应根据经济发展阶段的变化，适时调整税制结构，降低流转税在税收收入中的比重，提高所得税和财产税在税收收入中的比重，减轻企业的流转税压力，增强企业的竞争能力。同时，这也有助于后发大国吸引发达国家的资本、技术和管理，继续保持后发大国的优势。

其三，随着与发达国家技术差距的缩小，后发大国可以低成本从发达国家引进的技术减少，技术进步的成本提高，速度减慢，技术上的后发优势逐渐弱化。在技术创新和技术进步上，一方面，从企业角度看，由于长期习惯于从发达国家低成本引进成熟技术，后发大国的企业缺乏技术创新的能力、经验，技术进步陷入"引进—吸收—落后"的路径，丧失赶超发达国家的可能。不仅如此，后发大国由于国内市场大，即使使用陈旧技术从事大规模生产仍可以获得较高收益，因此企业缺乏从事技术创新的压力。另一方面，后发大国由于人口总量大，技术人才绝对量大，专业性的科研机构和高校等也可以研究开发出大量先进技术，但技术成果转化率低，客观上不利于技术进步。主要原因是技术创新和技术推广、运用机制不畅通，科研机构和高校拥有较强的技术研发能力，但缺乏将技术成果转化为产品的压力和配套生产、市场推广等能力。大多数企业具有生产、市场推广和相关经营管理能力，但缺乏技术研发能力，而技术创新是技术研发、推广、运用的有机统一，研发与推广、运用脱节显然不利于整体技术创新和技术进步。

在增强研究开发能力，打通技术研发与技术推广、运用通道方面，财政制度可以发挥如下作用：一是政府从制度上规定科研机构和高校与企业可以通过一定股权结构构建技术研发、推广、运用的共同体，比如规定技术可以按照一定的标准折算成相应的股本，作为分享技术使用收益的依据；规定科研人员可以凭借技术专利获得相应比例的股权并据此分享收益。二是在流转税制度中，政府根据技术研发机构投入产出的特点，可以规定较低的增值税税率或规定额外增加一定数额的进项税额抵扣，降低技术研发企业的流转税税负。三是在所得税制度上，政府规定与技术相关的资本权益在变现后才征税，如果投资者或权益人将相关收益留在企业继续从事技术进步相关经济活动，可以暂时不予征税。四是在财政支出制度中，政府通过对处在技术进步不同阶段的企业，在市场调控失灵的环节和领域，提供一定规模的财政补贴或企业贷款贴息，或者由有政府资金投入的风险投资基金对相关企业或技术进行风险投资，缓解企业资金上的压力。五是在政府采购制度中，政府可以通过一些特定条款规定优先采购国内的新技术产品，在技术进步初期阶段为企业提供一定的市场支持，帮助企业渡过技术进步的困难时期。六是在财政体制上，政府可以建立以经济型分权为主的财政管理体制，鼓励地方政府出台鼓励辖区技术创新和技术进步的相关政策，让地方政府分享更大比例的由技术进步带来的收益，形成后发大国内部地区之间基于技术创新和技术进步的竞争机制。

后发大国如果能够通过财政等制度创新克服在经历经济快速增长、技术快速进步等后发优势和大国优势充分发挥后可能出现的后发劣势和大国劣势，调整国内经济结构（产业结构、区域经济结构、城乡经济结构、总供求结构等），提升技术自主研发能力，增强内生性技术进步动能，及时切换技术进步路径，缩小国内收入差距，延续后发大国优势，在经历一段时期持续较高经济增长后，即有可能全面缩小与发达国家的发展差距，进入发达国家行列，完成经济发展的任务。

12.5　经济持续发展并接近发达阶段的财政制度

12.5.1　经济接近发达阶段的主要任务、目标和主要内容

后发大国经济发展具有潜在的大国优势和后发优势，决定了后发大国经济发展将经历发展水平递次推进的几个发展阶段。区别于小规模国家、发达国家经济发展的一般过程，后发大国经济发展将依次经历以下几个阶段：为后发大国发展奠定发展基础的阶段、后发优势与大国优势充分发挥阶段、抑制后发劣势与大国劣势阶段、积累发展能力并持续增长并接近发达国家经济发展水平阶段（经济接近发达阶段）。

12.5.1.1　经济接近发达阶段的主要任务和目标

后发大国在经历大国优势和后发优势充分发挥阶段后，综合实力明显增强，通过财政制度等经济制度安排成功抑制住后发劣势和大国劣势后，经济实力进一步增强，与发达国家经济的差距逐渐缩小。尽管经济实力上明显增强，但要赶上并超越发达国家还面临很多障碍，财政制度等经济制度需要积

极发挥作用，助力后发大国在经济发展的重要阶段"关键一跃"，进入一流国家发展行列。

后发大国经济持续发展并进一步积累发展能力，接近发达国家的发展水平是一个过程。一个国家经济上的发展与政治、文化、军事、外交、综合社会治理是相辅相成的，经济发展是政治实力、文化实力、军事实力、外交实力、社会综合治理水平的基础，政治稳定、文化繁荣、军事强大、国际影响力明显、社会和谐是经济实力增强的保障和助推器，离开政治、文化、军事、外交、社会治理支撑的单纯的经济实力增强是暂时的、不可持续的，甚至是不可能的。后发大国经济上的崛起并接近发达国家水平，不仅仅是自身经济实力的增强，该过程可能会受到来自发达国家、部分发展中国家的阻挠，这些阻挠除了来自经济领域外，还包括军事、外交等领域，这些干扰因素可能会激发其他更多不利于后发大国发展的因素一起阻碍后发大国经济的持续发展，甚至完全阻断后发大国经济发展的进程，使其陷入困境。但是，财政、金融等经济制度与政治制度和社会制度的优化与协调可以为文化繁荣、军事强大、国际影响力增强、社会治理效能提升提供有力的支持。由于经济、政治、文化、军事、外交和社会各发展领域之间是高度互补的，财政制度安排应该统筹各方面的发展，力求各领域发展协调、同步。

后发大国经济持续发展并接近发达国家的过程是在一个较长时期内完成的。后发大国经济上接近发达国家是一个渐进的、长期的过程，在经历阶段性的进步、局部领域的超越后，在主导和引领经济发展的领域超过发达国家，通过这些领先领域的关联带动，后发大国经济在整体上接近发达国家的发展水平。在不同的经济发展阶段，决定和引领经济增长与发展的因素各不相同，从经济发展史的角度看，人口、土地是传统农业经济时期的关键因素，资本、技术、制度是工业革命以来以机器大生产、电气化、自动化、智能化为标志的现代经济时期的关键因素。从大趋势上看，新能源、新材料、人工智能等可能是新经济发展的主要标志。人才无疑是决定经济增长和经济潜力的关键。由于经济上接近发达国家是一段时期内的持续的过程，经济、政治、文化、军事、外交、社会各领域之间又相互联系、高度互补，因此财政制度应该站在未来经济增长、政治稳定、文化繁荣、军事强大、国际影响力提升、社会和谐的高度，统筹各项财政职能，积极为后发大国接近和超越发达国家创造条件。

12.5.1.2 经济持续增长并接近发达阶段的经济制度的主要内容

后发大国在超越发达国家阶段面临着一系列复杂问题，这些问题决定了后发大国在该阶段的主要任务。

第一，发挥延续经济上可持续增长的优势。可以预见，将来领先全球的经济能力主要体现在前沿科技成果的研发和产业化。后发大国科学技术研发能力在长期积累的基础上逐渐具备集中爆发的条件。同时，后发大国国内有全面、配套、先进的生产体系，有大容量的国内和国际市场，应该尽可能将科技成果产业化，转化为经济效益，同时反哺科学技术的研究开发，形成科学技术研发、产业化、市场化相互依存、相互促进的良性循环。在培育科学技术研发能力方面和领先能力方面，后发大国拥有数量可观的以劳动力为主的人力资源、高科技人才资源，这是确保后发大国在经济技术上领先的最重要的基础。为保持这种优势，后发大国应该继续强化对人力资源的积累和对人才的培养，并保持技术研发人员与生产、市场开拓、销售人员的合理比例，满足科技研发、生产、市场开拓、销售对人才和人力资源的需求。即使后发大国科技能力已经接近世界领先水平，也主要是在一些主要领域接近世界领先水平，还会有一些领域处在一般水平。处于接近世界领先水平的领域应是主导世界经济发展格局、引领世界经济发展方向的，后发大国应尽可能通过处于领先水平的领域的辐射、带动作用，在国内形成若干个引领世界经济增长的产业群，从整体上增强本国经济在高科技和前沿科技领域的竞争能力。

第二，合理把握金融与实体经济发展之间的关系，避免金融脱离实体经济、损害、阻碍实体经济发展的情况出现。随着经济发展水平的提高，经济结构也相应发生变化，第三产业在社会总产值中的比重逐渐上升，现代金融业、服务业的比重明显提高，地位也相应上升。金融业发展到一定程度后逐渐具有自我循环、自我扩张的机制和能力，可以获得可观的、远高于实体经济的收益率，甚至逐渐排挤实体经济，成为主导经济社会发展的力量，进而使一国经济逐渐"金融化"，实体经济明显衰落。但是，金融的主要职能是服务于实体经济，如果完全脱离实体经济而自我循环、自我膨胀，可能会导致实体经济萎缩。当金融过度膨胀导致名义财富快速增长，但同时实体经济停滞或衰落，必然出现就业机会减少、收入差距扩大、物价上涨等经济社会问题。由于不同人群在拥有金融资源和利用金融资源的能力与渠道上存在差异，收入和财富差距必然扩大，低收入群体的相对贫困必然加剧，进而可能影响

社会稳定。对于后发大国而言，由于经济体量大、人口众多，对实体商品需求量大，金融抑制、阻碍实体经济发展还会直接影响国际市场上商品的价格，供给端可能使后发大国在经济上陷入商品价格持续上涨，民众生活水平难以提高的局面。

第三，避免出现财政转移支付和社会收入与财富差距同步扩大，甚至相互推动的困局。当后发大国具备可持续发展条件后，市场机制在资源配置中发挥决定性作用，个体间要素禀赋差距在公平的市场规则下可能转化为收入差距和财富差距，收入差距和财富差距进一步强化个人间的禀赋差距，形成收入差距和财富差距持续扩大的机制与趋势。如果财政制度主要通过转移支付在个人收入端调节收入分配，或者调控力度的限制（调控力度太小难以有效缩小收入差距和财富差距，调控力度太大则会伤害高收入者创造财富的积极性），社会成员间的相对收入差距必然存在继续扩大的趋势。后发大国经济发展到较高水平后，产业结构逐渐高度化，较低收入阶层获得就业的机会趋于减少，获取收入的机会相应减少，对转移支付的依赖性相应增强。收入差距的持续扩大导致对转移支付的依赖增强，经济结构的高度化也导致低收入群体对转移支付的依赖增强，财政支出结构将出现僵化、刚性化趋势，不利于提高财政支出结构的灵活性，进而影响培育后发大国在科技研发上可持续的领先能力和发展能力。

第四，为维护后发大国的合法利益，后发大国应该逐渐强化军事和外交影响力，确保经济、军事、外交同步发展。随着后发大国经济实力的增强，对国际经济活动的影响力也相应提升，主要表现在其国内市场供求占国际市场总需求的比重大幅度上升，对国际市场供求和价格的影响扩大，后发大国的国际义务也会随着其经济实力的上升而上升，对国际经济规则和其他国际事务的参与面扩大，介入程度进一步加深。为有效保护后发大国的合法利益，降低、化解敌对国家施加的压力和阻力，增强与相关国家的协调，后发大国必须同步增强军事实力和参与制定国际事务规则的能力。因此，确保军费支出与经济总量同步增加，外交支出在优化结构的基础上适度扩大规模是该阶段后发大国的必然选择。

第五，促进教育、文化、社会事业发展，确保政治、经济、文化、军事、外交、社会同步协调发展。后发大国超越发达国家是一个整体推进的过程，政治、经济、文化、军事、外交、社会各领域是相互依存和互相补充的有机整体，只有同步发展、协调推进，才能从整体上增强后发大国的综合实力。因此，财政制度应该统筹各领域的发展，合理配置公共资源，提升财政支撑后发大国崛起和超越发达国家的能力。

归纳后发大国在经济发展不同阶段的主要任务和财政制度的关系可以发现，后发大国围绕后发优势与大国优势的形成、发挥、延伸直到进入经济发达阶段，每一发展阶段都有各自要面临的主要问题和需要解决的主要问题，财政制度安排必须做出有效的回应才能有效应对发展阶段的挑战，利用每一发展阶段的有利条件，推动经济从一个发展阶段跃进到另一个发展阶段，实现发展水平的提升。在奠定后发优势与大国优势的物质基础阶段，财政需要在经济发展水平较低的情况下筹集大规模资金，建立成体系的基础设施、装备工业体系和发展教育事业等，这决定了财政制度具有明显的城市偏向、经济建设偏向，尤其是重工业偏向的非均衡发展的特征。在后发优势与大国优势充分发挥阶段，市场机制需要在资源配置中发挥决定性作用，为了奠定市场机制发挥作用的基础，财政制度具有明显的公共财政的特征，主要定位于提供市场不能有效提供的公共品和公共服务。公共财政对不同类型的经济形式、城乡、地区和居民具有一视同仁的性质。在抑制后发大国劣势阶段，后发大国经济结构性矛盾突出，技术进步陷入困境，财政制度的主要任务是调整经济结构，提升自主研发创新能力，从而具有农业农村偏向和经济欠发达地区偏向的特征。在经济持续增长和接近发达国家的阶段，维护社会稳定、推进技术进步、进一步优化经济结构是财政制度的主要任务，这也就决定了财政制度的主要任务是积累发展能力、优化经济结构、维护社会稳定、促进社会公平。

12.5.2 经济接近发达阶段的财政制度分析

经过财政、金融等经济制度创新，后发大国在抑制大国劣势和后发劣势的基础上，经济持续增长，技术进步能力持续增强，在具备较强的自主研发能力后，后发大国的国情是已经从后发大国逐渐过渡到具有较高发展水平的大国。为了使经济持续增长，并顺利发展成为发达经济体，后发大国在具有较高发展水平的大国财政制度安排上需要处理好几个重要关系。

第一，随着经济增速下降，财政收入的增长速度也将处于较低水平，但社会公共需求持续增加，财政收支差额扩大，财政压力上升。从发达国家的情况看，进入经济发达阶段后，社会公共开支持续扩大，尤其是具有不可逆性的社会福利性支出占财政支出的比重越来越高。同时，随着经济增速下降，产业结构中第三产业比重提高，财政收入增速下降，为了维持较高的社会福利水平，财政赤字规模越来越大，债务负担越来越重，影响经济的持续增长，尤其是影响科技方面的投入力度，导致科技进步速度变慢。为了保持经济的持续增长，处于较高发展阶段的大国需要注意：一是必须根据经济发展水平和财政收入水平，渐进提高社会公共服务的供给水平，尤其要控制不可逆的社会福利性支出的规模和增长速度；二是尽可能通过财政制度创新，运用财政补贴、政府购买服务等方式，借助市场机制提供公共品和公共服务，提高财政支出效率，减轻政府的财政支出压力。

第二，缩小城乡之间、地区之间的发展差距，提高经济结构的协调性。在高收入阶段附近时，社会技术水平处在较高水平，就业门槛相对较高，由于人口规模大，如果经济增长速度太低，意味着新增就业机会难以满足就业需求，可能导致收入差距扩大。为了抑制收入差距扩大，要么持续促进经济增长，要么加大转移性财政支出规模。前者有助于经济社会的可持续发展，后者可能导致财政的不可持续。为确保经济可持续增长，一方面要扩大社会有效需求规模，另一方面要增强有效供给能力。前者可以通过缩小城乡之间、地区之间的收入差距来提高社会整体需求水平；后者需要通过持续的技术创新，进一步改善国家整体的基础设施水平等。对于后发大国来讲，这两者可以有效结合起来。后发大国有广大的农村和欠发达地区，相对于城市和发达地区而言，农村和欠发达地区还需要进行大规模的基础设施建设与其他投资，这有助于改善经济发展条件，也可以扩大有效需求。因此，通过财政直接投资或引导性支出加大对农村和欠发达地区投资，有助于促进有一定发展水平的大国经济持续发展，实现经济持续增长和经济结构改善同步推进。

第三，制定和实施有利于提高经济竞争力的产业政策，保持经济持续增长。产业发展是科技实力转化为经济增长的重要中介，如果说在前几个发展阶段政府可以参照发达国家的经济发展经验，制定和实施指导具体产业发展的政策，并通过一定的财政政策支持实现经济持续快速增长和对发达国家的快速赶超的话，那么随着后发大国经济发展水平接近发达国家，可以借鉴的产业政策越来越少，后发大国就需要自主探索产业发展的方向和制定产业政策。尽管产业发展的整体方向比较清楚，但具体的某些产业的发展，由于受到多种因素的影响，具有不确定性，政府在选定具体重点产业给予支持时可能会产生一定的风险。但是，如果完全没有政府的支持，则可能因为涉及产业发展的重要基础研究、重大应用技术研发滞后而使产业丧失重大的发展机遇。因此，政府应该根据经济发展的方向，通过财政支持加强基础研究和重大应用技术的研究，具体产业发展尽可能交给企业。财政可以对企业的研发活动提供一定的财政补贴，或者充分利用政府产业发展引导基金，或者通过财政补贴、税收优惠等措施鼓励民间产业投资基金、创业投资基金、风险投资基金的设立和运行，间接支持新兴经济业态的发展。

第四，财政制度要在维护社会稳定和保持经济活力上做好平衡。市场机制在资源配置中发挥决定性作用有助于激发经济发展活力，提高资源配置效率，但也会使得收入差距扩大，要素、财富集中于少数人，导致社会收入差距和财富差距扩大，社会不平等加剧。此外，随着技术水平提高，当后发大国经济发展到接近发达国家的水平时，产业结构中第三产业的比重已经上升到较高水平，技术在经济发展中的作用提高的同时，产权结构中技术的比重快速提高，这意味着社会成员间要素禀赋差距、收入差距、财富差距会快速扩大。为了缩小收入差距，税收制度安排可能会提高所得税、财产税税率，这可能会损害经济活力，影响经济持续增长。为了保持经济活力，降低或保持较低的所得税和财产税税率，这又会严重影响财政的再分配作用的发挥，可能导致社会收入差距和财产差距扩大，导致社会不平等加剧。如果既想要保持经济活力，又想要缩小收入差距，这意味着既不能提高所得税和财产税税率，又要通过转移性支出等方式缩小收入差距，则只有两种途径可选，即要么通过发债的方式筹集资金，将缩小收入与财产差距、追求社会公平的效率代价转化为下一代的负担，要么像美国一样，利用在国际货币中的霸主地位将负担转移给世界其他国家。对于前者，债务负担长期累积可能会影响长期经济增长，该举措不可取；对于后者，后发大国不大可能拥有像美国一样的国际货币地位（更何况美国在国际货币领域的地位与其科技实力和军事实力相互支撑，并不是单独存在的），该举措对于后发大国而言，不现实也几乎不可能。对于后发大国来讲，为了保持经济活力，同时维护社会公平和社会稳定，除了在财政上提高所得税和财产税税率，优化财政支出制度，加大对教育、医疗卫生、社会保障、就业等民生支出力度，缩小起点上的要素禀赋

差距，尤其是缩小人力资本差距，做好社会"保底"工作，为困难群体提供基本的生活保障外，还应统筹考虑农村土地制度安排，避免土地所有权过度集中，鼓励有大国特色的、有助于增加就业的产业及企业发展。

综上所述，该阶段后发大国财政制度面临双重任务：一方面要有效应对后发大国自身发展的国内外问题，另一方面要从发达国家财政与经济社会矛盾关系中吸取经验和教训，提高财政制度的前瞻性。后发大国经济和财政制度发展趋势可以预测，但具体制度内容难以提前设计，这就要求后发大国执政党和政府具有较强的应对挑战的能力。

13
后发大国财政制度变迁的机制与路径

　　在社会经济活动中，每个人都会在一定的约束条件下追求自身的经济行为目标，由于个人之间行为目标的差异和冲突，如果每个人的行为都不受一定规则的约束，必然导致人与人之间的冲突，导致每个人都难以达到自己的行为目的，甚至有可能酿成集体行动的悲剧，使人类社会陷入"霍布斯丛林"陷阱。正是在人们经济行为的多次试错和对失败教训的反复总结以及基于一定知识基础上的对人类行为规则的理性设计，才出现了规范、引导人类社会经济行为走向合作共赢的制度。

　　后发大国经济发展中会经历不同的发展阶段，相应地，其财政制度也会经历与经济发展阶段相应的几个发展阶段，每个经济发展阶段所对应的财政制度都有不同的目标、任务和内容。伴随着经济发展阶段变化的财政制度变化不是自发的，需要克服一系列的政治、经济、社会阻碍，才能使财政制度对经济社会发展保持较强的适应性；否则，必然抑制经济发展，阻碍后发大国经济发展的过程。

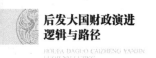
13.1　后发大国财政制度变迁机制的一般分析

后发大国财政制度是服务于后发大国经济社会发展的一系列财政制度安排的统称。后发大国经济发展的制度体系是内生于后发大国经济发展的，包括经济、政治、社会、文化等正式制度和价值观、意识形态、行为模式等非正式制度的一系列规则。后发大国的经济制度包括财政、金融、投资、贸易、微观经济制度等正式制度；与人们经济行为相关的，包括风险、公平、效率等意识、观念和行为模式在内的非正式制度。后发大国经济发展的相关制度是动态演进的，随着后发大国经济发展逻辑的展开与发展阶段的推移，不同经济发展阶段面临的主要环境、约束条件和目标不同，作为经济制度重要组成部分的财政制度也应该随之调整；否则就会延误后发大国经济发展的时机，中断后发大国经济发展的正常进程。

在后发大国经济发展的内在逻辑中，其财政制度包括奠定后发大国发展基础阶段、后发大国优势充分发挥阶段、抑制后发大国劣势和进一步积累发展能力使经济持续增长并接近发达经济阶段这四个阶段。在后发大国经济发展按照逻辑顺序展开的四个阶段中，财政制度先后服务于四个阶段的发展目标：形成国家发展能力，奠定后发大国经济发展的物质基础；为市场经济有效运行提供制度条件，使后发优势和大国优势充分发挥，促使经济持续快速增长；抑制后发劣势和大国劣势，调整、优化经济结构，培育经济持续增长和技术进步的能力；适应经济发展水平提高后经济社会高质量发展对财政制度的需求，助力后发大国经济持续增长并向经济发达阶段接近，实现经济发展的目标。

后发大国经济发展的四个阶段决定了与发展阶段相适应的四个阶段性的财政制度。由于各经济发展阶段的环境、约束条件、目标不同，财政制度的具体内容也存在明显的差别。从一种财政制度过渡到另一种财政制度的过程涉及影响财政制度供需的因素、财政制度变迁的动力、财政制度变迁的方式和路径等方面。全面、深入分析财政制度变迁的每一个方面是顺利推进财政制度变迁、促进经济发展阶段转换、实现经济发展目标的必要条件。

从制度变迁微观机制的角度看，导致制度转变的根本原因是制度安排的成本收益的变化。实际上，后发大国财政制度是镶嵌在后发大国经济社会体系内的一个制度单元，包括财政收入、支出、预算管理、财政体制等具体财政制度。后发大国财政制度体系的整体经济效益和制度本身的成本收益变化是影响财政制度转变的经济因素的主要内容。

13.1.1.1　财政制度体系的整体经济效益

财政制度体系包括两个层次：核心层次是财政制度本身包含的税收等财政收入制度、财政支出等公共服务和基础设施供给制度、预算制度以及相关的涉及政府间财政关系的财政体制安排等；环境层次是财政制度的基础制度和配套制度，包括政府管理体制等政治制度、户籍管理制度、金融制度、企业与农村集体经济组织和家庭经营组织等微观经营制度等，这一层次的制度构成财政制度的制度环境。财政制度体系的主体是第一个层次的财政制度。从后发大国经济发展的基本逻辑看，财政制度安排的目的是通过一定的制度安排影响国民经济的发展和社会进步的方向、速度和进程。当一个发展阶段的任务完成后，经济体系又会面临新的矛盾和任务，财政制度有必要做出新的调整以应对新的挑战。由于每个发展阶段的财政制度作为整体都有需要面对的矛盾和对应的需要解决的问题，如果财政制度安排整体绩效比较高，就能很快促进阶段性问题的解决，推动经济向前发展；反之，财政制度整体绩效越差，这种财政制度持续的时间可能会越长。

13.1.1.2　社会成员对财政制度的公平认知

社会成员对财政制度成本收益相对变化的感知是决定财政制度变迁方向和进程的重要因素。制度是社会人行为的规范体系，必然会影响人的行为选择集和利益。由于制度不是完全中性的，从制度对人的影响的差异看，同样的制度对不同人群利益的影响有差别，某些人从制度安排中受益，而有的人的利益却会受损，因此不同人在同一制度安排下对受益与受损的感知存在差异。这种差异会表现为社会成员对制度安排公平性的认知，进而对制度变迁的方向和进程产生影响。当某一财政制度安排的边际收益小于边际成本时，财政制度安排带来的净收益已经为负，社会成员中反对这种财政制度的人数多于支持这种财政制度的人数，如果所有社会成员都在政治地位和社会地位上无差异，则这种财政制度就需要向另外一种财政制度转变了。如果存在一些利益不同的社会群体，则在诸利益群体中处于支配地位的利益群体对财政制度成本收益评价会主导财政制度变迁的方向。

13.1.1.3 国家发展理念对财政制度变迁的影响

国家对公平与效率的关注程度和偏向性也是影响财政制度变迁的重要因素。公平和效率在经济社会发展中是对立统一的关系。在一国经济社会发展中，公平和效率的主导地位存在空间上或时间上的转换的可能和趋势。国家作为财政制度的重要供给主体，其价值观对制度安排具有十分重要的影响。一国内部有不同的群体、不同的价值观，理论上各群体的价值观都会影响国家的制度安排，但在现实中，只有成为国家的主导性价值观的价值观才会对制度安排产生实质性的影响。在不同的政治背景下，国家的主导性价值观具有动态性和差异性。在民主国家内部，不同政党代表不同利益集团，国家的主导性价值观是强势利益集团的价值观，或者是多个利益集团价值观的综合，或者是相互妥协的结果；在威权政治国家，主导性价值观是执政党的价值观。

一般来讲，国家的主导性价值观的演变有规律可循，在经济发展水平较低时，社会产品很少，为了维持社会有机体的续存，需要在社会成员间比较公平地分配生存资料以维持民众的基本生存，公平观念事实上处于社会群体价值观的主导地位。随着经济发展水平的提高，为了激发人们创造财富的积极性，追求效率成为国家的主导性价值观。追求效率会加快经济增长的速度，较长时期持续的经济增长会导致收入差距快速扩大。随着收入水平进一步提高，为了抑制收入差距扩大，维持社会稳定，公平再次成为国家的主导性价值观。在预期政权会无限期存续的情况下，为了追求经济的长期发展，政府会在满足人们基本生存条件的情况下，尤其是当国家在面临外部发展竞争甚至生存竞争压力的条件下，在一定时期内会牺牲短期公平以争取较快的经济增长，增加社会财富，一部分地区或群体被迫为国家整体和长期的经济社会发展承担较多的损失。当经济发展到了一定水平后，国家再将关注重点转移到社会公平上来，并通过转移支付等途径对前期做出牺牲的群体给予补偿（也可能对该群体的后代提供补偿）。当然，国家主导性价值观不是抽象的，离不开经济基础和与其相适应的上层建筑。后发大国为了在较短时间内奠定较长时期经济发展的基础，可能通过财政、金融、户籍等制度安排让农村和农业为城市和工业提供资本积累，从而使农村和农业承担更多的国家整体发展的成本。当国家发展基础奠定以后，后发大国需及时调整制度安排，通过转移支付、政府投资等途径增加对农村等经济落后地区的支出，加快落后地区经济发展，缩小城乡之间和地区之间经济发展差距。

理论上，后发大国与发达国家经济发展的差距越大，政府在短期内对效率的偏向性越强；居民对国内贫富差距的心理承受能力越强，对不公平财政制度的承受能力越强；不公平财政制度的既得利益集团对政策的影响力越大，不公平财政制度的稳定性越强、惯性越大；国家对公平的关注度越低，城市偏向的财政制度延续的时间越长，财政制度的城市偏向性越强。

13.1.1.4　利益集团对财政制度转变的影响

利益集团作为一种客观的社会存在，也会影响财政制度转换的方向和进程。一般来讲，在和平时期，利益群体和利益集团是一种客观的社会政治现象。作为追求特定利益的社会群体，必定借助政治游说、贿赂等途径影响国家政策和制度安排进而维护、追求该群体的利益。国家内部不同利益群体实力均衡和对政策的影响力相同是实现制度安排相对公平的必要条件。但现实情况是，不同的利益群体由于群体规模大小不同等原因，维护、追求群体或集团利益的能力也存在较大差别。从总体上讲，强势群体和利益集团往往能有效地通过其代理人借助各种渠道影响财政制度和其他公共政策，维护和争取更多的群体或集团利益，而弱势群体和利益集团则难以影响财政制度和其他公共政策，只有被动接受不利的制度安排和公共政策。财政制度无论从税收负担、公共品和基础设施的成本分摊，还是从财政支出中受益多寡来看，都是公共决策形成的财政制度包含的利益结构的一种表现。

利益集团在制度安排中的博弈不是影响财政制度变迁的唯一的政治因素。在不同政治体制的国家内，决策层在公共决策中的独立性有很大差别。在集团政治国家，如果大多数社会成员都已经进入不同的利益集团，并通过利益集团的代理人维护和争取集团的公共利益，公共政策决策过程完全是利益集团博弈妥协的过程。在政治集权程度较高的国家，或者政府具有较强中立性的国家，尽管也存在较多的利益集团，但决策层在公共政策决策中具有较强的独立性，能够超越不同利益集团的干扰使公共政策决策能够较充分地体现国家的主导性价值观，兼顾公平和效率，从整体上维护不同利益群体社会成员的利益。

在利益集团存在的情况下，制度变迁过程是不同利益集团利益格局调整

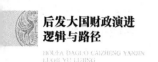
的过程。制度变迁阻力与利益受损者感知到的利益受损程度呈正相关，在新制度下感知的利益受损程度越大的群体和集团，其对制度变迁的反抗越强烈，制度变迁的阻力就越大，变迁难度也就越大；反之，越小。

从整体上看，财政制度转变要取决于制度运行的目标是否达到、制度转变决策机制和影响决策的力量对比变化以及财政制度本身及其制度体系运行阶段转换等因素，每一个因素都有导致财政制度转变的临界点，各因素既单独影响财政制度转变，又相互作用、共同影响财政制度转变。因此，财政制度转变的时机、速度和进程需要综合考虑经济因素、政治因素、意识形态因素等的作用，在转变条件成熟的情况下推进制度变革。

13.1.2 后发大国财政制度变迁的主体分析

制度变迁包括微观的某一具体制度的变迁和宏观的包括一系列具体制度在内的整体制度体系的变迁，前者是局部的制度变迁，后者是整体的制度体系的变迁。相应地，财政制度变迁也包括局部的具体财政制度的变迁和随着经济发展阶段性变化的财政制度整体向新的发展阶段的财政制度体系的变迁。

对于后发大国而言，阶段性的、整体性的财政制度体系的变迁是指由于经济发展阶段的变化，财政制度的整体目标发生变化，甚至包括财政制度的制度环境的变化。例如，国家发展战略、发展理念、社会发展伦理、社会制度、政治制度以及金融、外贸、投资等经济制度发生了阶段性的和系统性的变化。财政制度的制度目标、财政制度内部不同财政制度间的耦合关系都将发生系统性的变化。

局部的、具体的、个别的财政制度变迁在制度变迁的理论框架下是指受到外在因素影响，具体财政制度的边际收益小于边际成本，或者说经济主体可以从新的制度安排中获得大于原有制度安排的净收益，原有制度安排被新的制度安排替代。从制度变迁理论看，由于人们的有限理性和资源的稀缺性，制度的供给是有限的、稀缺的。随着外界环境的变化和自身理性程度的提高，人们会不断对制度提出新的需求，以实现预期收益的增加。当现存制度不能满足人们的需求时，或者说人们会从新的制度中获得超出旧的制度的增量收益时，就会发生制度的变迁。制度变迁的成本与收益之比对促进或推迟制度变迁起着关键作用，只有在预期收益大于预期成本的情形下，行为主体才会去推动直至最终实现制度的变迁，反之制度变迁则不会发生。

财政制度变迁的主体是参与制度变迁的相关经济社会主体，其在财政制度变迁中分别承担不同的角色，对财政制度变迁具有不同的作用。当财政制度变迁被提上日程后，有的主体可能主导制度变迁，有的主体可能积极参与制度变迁，旧的财政制度下的既得利益集团可能采取各种可能的方式阻碍新的制度安排形成，厘清财政制度变迁中各主体之间的行为方式及其在制度变迁中的作用有助于促进财政制度变迁顺利推进。

对经济社会发展具有全局性作用的重要制度的变迁对整体经济社会发展具有基础性、全局性的影响，牵涉所有社会成员的利益，因此区分制度变迁的主导者和主体十分重要。

制度变迁的主导者主要是国家层面的领导集团，其立足于国家整体经济社会发展全局和长远，根据经济社会发展的环境、阶段，借助于经验或相关理论对全局性、长远性制度变迁做出整体性安排，对全局性和基础性制度变迁的时机、进度进行统筹与协调。财政制度在经济社会制度中处于基础地位，是国家治理的基础和重要支柱。在经济发展的不同阶段，为了引导、主导要素配置结构，服务于重大的阶段性经济发展战略，财政制度中的基础性制度，如财政收入制度、财政支出制度、政府间财政关系、政府预算制度等主要由中央政府提供，这样有助于大国内部制度的统一，降低经济运行的交易成本，促进经济增长和社会发展。

制度变迁的主体是指切身利益与制度安排高度相关并实际领导、参与制度设计和执行制度变迁的主体，制度变迁的主体可能是中央政府或某一个、某几个相关的具体部门，或者是地方政府，或者是特定利益集团。由于具体的财政制度安排具有层次性，有基础性的财政制度，也有具体的财政制度。例如，财政收入制度中具体税种的税率、税收优惠等条款主要涉及地方政府，而基础性、全局性、关键性的财政制度由于涉及面广，牵涉的利益群体和人数多，制度的供给主体主要是较高层级的政府，主要是中央政府。一般来讲，财政制度的基础性、全局性和关键性越强，制度供给主体在权利层级中层次越高。当然，在这些基础性、全局性、关键性制度变迁中，还有大量的参与者，制度安排对他们的利益有或多或少、或大或小的影响，他们对新的制度安排会采取支持、观望的态度，从而对制度变迁起着发动、促进、推动作用。全面了解制度变迁中相关主体对制度变迁的态度和影响有助于制订合理的制

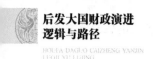
度变迁方案，推进制度变革顺利开展。

财政制度变迁中还有阻碍制度变迁的群体，要推动财政制度变迁需要减少来自这一群体的阻力。财政制度安排涉及社会公众的利益，包括税收制度、财政支出制度、政府间事权和财权划分制度都影响到一部分群体的利益。不同的财政制度实际上意味着不同的利益结构安排，对应着不同利益群体的利益结构。财政制度变迁意味着利益结构的调整或重大变化。在财政制度变迁中，利益受到损害的群体必然通过各种途径影响财政制度变迁的方向，旧的财政制度下的既得利益群体为了维护既得利益，必然通过各种方式阻碍财政制度变迁。为了推动财政制度变迁顺利推进，政府可以通过对既得利益群体的"赎买"（给予一次性补偿或分期补偿）的方式，或者通过制度安排分化、弱化既得利益群体的方式，或者稀释旧制度下既得利益群体既得利益的方式，减少制度变迁的阻力，推动财政制度顺利变迁。

13.1.3 后发大国财政制度变迁的需求分析

后发大国财政制度具有阶段性，不同发展阶段需要有不同的财政制度与其相适应。经济发展对财政制度的需求不是对某一具体财政制度的需求，而是对财政制度理念、目标等非正式财政制度，税收、国债、政府收费等财政收入制度，购买性支出、转移性支出等财政支出制度，政府间财权、事权划分和转移支付等财政管理体制，政府预算制度等一系列财政制度的需求。尽管不同发展阶段的财政制度在形式上都包括财政收入制度、财政支出制度、财政管理体制、政府预算制度等，但不同阶段的财政制度的理念、目标等在实质内容上存在显著的差别。

从一个发展阶段的财政制度过渡到另一个发展阶段的财政制度是财政制度变迁，财政制度变迁涉及财政制度的需求、供给与财政制度变迁的实施机制等。后发大国财政制度变迁的制度需求主要来源于以下几个方面：

第一，新经济发展阶段面临的环境、矛盾和发展目标需要新的财政制度为其提供支持。后发大国在经济发展的初期，相对于发达国家而言，经济发展水平低、人民生活质量差。从国家层面讲，实现国家强盛、人民富裕是政府追求的长期目标；从个人层面讲，增加收入、提高福利水平是基本的要求。但个人收入持续增加的前提是后发大国经济持续增长，而后发大国经济持续增长需要一系列的基础条件，包括基础设施、装备工业体系、具备一定知识和技能的劳动力等。形成这些条件又需要大量的资本投入，如何形成这些资本正是该阶段后发大国经济发展面临的主要问题和要解决的问题。显然，在劳动力、资源、国土面积等要素既定的条件下，原有的财政制度及其经济发展制度安排不能满足后发大国该阶段经济发展对资本的需求，这是引发财政制度变迁的根本动力。后发大国在具备经济发展能力，具备完善的和成体系的基础设施、装备工业和国内国际市场等条件后，民间资本具有很强的投资动力，基本具备条件让市场机制在资源配置中发挥决定性作用，但还需要一些条件才能让市场机制真正在资源配置中发挥决定性作用，如教育、医疗卫生、社会保障、基础设施等基本公共服务。因此，前期形成的以奠定后发大国发展物质基础、城市偏向、重工业偏向为目标的财政制度必须向有利于市场机制在资源配置中发挥决定性作用的公共财政制度转变。在后发优势和大国优势充分发挥阶段的中后期，后发劣势和大国劣势开始出现，城乡发展差距与地区发展差距持续扩大，经济增速放慢，技术进步缓慢乃至停滞，与发达国家的差距有再次被拉大的趋势，这些问题成为影响后发大国经济可持续发展的障碍。如何有效解决这些问题，促进经济的持续增长和技术的持续进步成为财政制度由一般的公共财政制度向经济结构协调和技术持续进步的财政制度转变的关键。随着经济增速进入持续增长阶段，技术进步开始向以自主的技术进步和创新驱动的新发展阶段切换，技术进步风险增加、成本提高，居民收入差距继续扩大等问题出现，如何通过财政制度变迁推进经济持续、稳定增长，促使自主创新能力持续提高，进一步促进社会公平等要求再次对财政制度提出新的要求，推动财政制度进一步变革。由此可见，在后发大国经济发展的不同阶段，存在着不同的阶段性问题，经济发展迫切需要通过新的财政制度变革应对经济发展中的这些问题，推动经济持续发展。

第二，制度之间的相互适应与相互协调是推动财政制度变迁的重要原因。后发大国经济发展是一系列相互依存、相互配合的制度构成的制度体系的共同目标，该制度体系中每一项制度都有各自的功能、作用，并在制度体系中处于不同的地位，都是整个制度体系中不可或缺的重要组成部分。缺乏任何一项制度，或者任何一项制度不健全和功能缺失都会影响整个制度体系功能的发挥与整个制度体系的绩效。尽管每一项制度都有其相对独立的作用机制和目标，但缺少其他相关配套制度的支持和配合，任何制度的功能都难以充分发挥。后发大国每一发展阶段的财政制度都是该阶段经济社会制度的重要组成部分，承担该阶段经济社会发展的某一方面的职责。在后发大国经济发展的每一个阶段面临一系列现有制度体系难以解决的问题时，该制度体系的问题可能呈现出两种情况：一是财政以外的经济社会领域的问题引致该领域的制度率先变革，随着制度变革的推进和深入，财政制度不能有效适应已经发生变化的相关制度，财政制度的僵化成为整体制度的"瓶颈"，财政制度为适应其他制度而被动地变革；二是政府的财政危机、社会公平危机、公共供给缺口等财政领域的问题成为制约后发大国特定经济发展阶段的"瓶颈"，财政被迫进行变革，随着财政制度的变革，其他制度相继跟着发生变革。由于后发大国经济发展不同阶段面临的问题不同，各个阶段财政制度变革的具体原因也有所区别。

13.1.4 后发大国财政制度变迁的供给分析

财政制度变迁是政府或其他主体响应经济社会发展的需求，提供财政制度安排的过程。一个国家能否及时响应经济社会发展对财政制度的需求，提供合适的财政制度安排，实现财政制度变革，取决于国家的政治制度、相关社会科学知识的储备以及政府在经济社会发展中的地位和作用等因素。

第一，政治体制是决定后发大国财政制度供给能力的政治因素。后发大国内部政府间关系直接决定着不同层级的政府在后发大国经济发展不同阶段的财政制度供给能力。一般来讲，中央政府有更强的动力从长远和全局角度提供经济发展所需的财政制度，更能够超越地方政府的局部利益，提供有助于经济社会发展的财政制度。但是，服务于地方经济发展实践的、层次较低的、可操作性较强的财政制度安排不一定适合中央政府提供，因为中央政府缺乏制定这类财政制度的有效的信息条件。另外，财政制度的有效供给不仅是提供制度安排，还需要保证制度的有效执行。中央政府提供的财政制度安排还需要考虑激励的相容性，即如果地方政府执行中央供给的财政制度不仅能体现中央政府的意图，还能同时兼顾地方政府的利益，地方政府才会有较强的激励去执行中央政府的财政制度安排；反之，中央政府制定的制度将难以在地方得到有效执行。由于财政制度的制定是基于对相关理论或理念、对经济发展现状以及对即将出现的情况的预期，而政府理性具有有限性，很难保证政府提供的财政制度完全正确和无风险，为了降低财政制度供给的风险，可行的做法是允许地方政府提供部分财政制度，或者中央政府安排财政制度先在部分地方试点，在试点中发现问题并不断总结、完善，进而在更大范围乃至全国推广。因此，允许地方政府拥有一定的财政制度供给权利是降低大国财政制度供给风险、保障后发大国财政制度有效供给的重要方式。从政治体制角度看，一般来说，实行单一制政体的后发大国的中央政府集中较多的财政制度供给权利，实行联邦制政体的后发大国的地方政府拥有较多的财政制度供给权利。

第二，对后发大国经济发展理论的认识和运用水平也是影响财政制度有效供给的重要因素。后发大国财政制度变迁具有明确的目的性，制度设计者对后发大国经济发展规律的了解程度，对后发大国经济发展每一阶段的主要特征、主要矛盾、发展目标等的掌握程度以及后发大国经济发展不同阶段的财政制度的主要内容等的熟悉程度是有效提供财政制度的知识前提。关于后发大国经济发展中政府作用的认识也是影响财政制度供给者提供财政制度安排的重要背景知识。在发展经济学的发展历程中，不同流派对政府在经济发展中的作用持不同观点，对政府供给财政制度的能力会产生一定的影响。结构主义发展经济学认为，由于发展中国家市场发育不健全，存在经济结构刚性，市场难以有效配置资源并实现经济的持续增长，因此政府应该在经济发展中发挥主导作用，政府不仅要根据经济发展的条件和目标制定经济发展政策，提供包括财政制度在内的一系列经济制度，而且还需要组建一些国有企业生产市场不能有效提供的产品，满足经济发展的需求。尽管发展中国家存在经济结构刚性和市场发育不健全等问题，政府应该提供经济发展所需要的财政等经济制度，但是由于政府的非完全理性，难以全面提供经济发展所需的经济制度。新古典主义发展经济学家在思考和总结了结构主义经济学家的观点与实践后，认为政府难以提供经济发展所需的产品和服务，在经济发展中存在严重的政府失灵，主张政府退回到"小政府"状态，经济发展应该尽可能交给市场机制去实现。显然，新古典主义发展经济学家对政府在经济发展中制度供给能力的认识具有一定的合理性，但让政府处于"无为而治"的状态，将经济发展完全交给市场机制又会使得经济发展中全局性、基础性的制度供给不足出现制度"缺位"甚至制度"真空"，导致后发大国经济发展失败。发展中国家经济发展的实践也证明了新古典主义经济发展理论关于政府在经济发展中制度供给能力的观点存在严重不足。以林毅夫为代表的新结构主义经济学认为，后发大国经济发展需要同时发挥政府和市场的作用，政府应该主要提供经济发展的基础设置，如基础设施、教育、产权制度等，制定并实施产业政策等。显然，财政制度是后发大国经济发展中保障基础设施、教育、产权制度等基础设置有效供给的基础性经济制度。郭熙保等发展经济学家认为，后发大国经济发展不应该完全依据比较优势理论，而应该充分利用后发优势，制定有利于后发优势发挥的财政、金融等制度，促进经济快速发展。综上所述，关于后发大国经济发展规律的认识、政府在经济发展中的地位和作用的认识对政府在财政等经济制度供给中的作用具有重要的影响。后发大国的制度供给者对经济发展相关社会科学知识掌握得越多和越全面，对政府在经济发展中的作用理解得越全面和越深刻，对财政制度在经济发展中的地位、作用理解得越深刻和越透彻，就越有助于根据经济发展实际，提供具有针对性的财政制度，实现经济发展的目标。

第三，民众对政府的信任程度是影响制度供给的重要因素。制度是民众利益的集中体现，不同的制度安排对应着不同的利益结构。从一种制度安排过渡到另一种制度安排意味着利益结构的调整，在利益结构调整的过程当中，必然存在受益者和受损者，受益者会拥护和支持新的制度安排，受损者会反对新的制度安排，阻碍制度变迁。一种制度安排对人民利益的影响包括对短期利益和长期利益的影响、对局部利益和整体利益的影响。当一种制度安排导致一部分人短期利益受损，但会增加整体利益，或者短期利益受损，但长远利益增加时，新的制度安排就会面临来自利益受损方的阻力。此时，民众对政府的信任程度和民众承受短期利益受损的忍耐力就成为新的制度安排的重要制约因素。一般来讲，政府执政理念的公信力越强，政府在民众心目中的威信越高，民众对政府的信任程度也越高，政府整合民众意志形成国家意志的能力越强，民众越愿意忍受短期利益损失，支持新的制度安排，越有助于制度变迁的顺利推进；反之，新制度安排的约束越强，新制度推行的难度就越大。财政制度安排既涉及不同利益群体的利益结构，也涉及不同时期的利益结构。当新的财政制度安排需要一部分社会成员承担更多的经济社会发展成本，获得较少的经济社会发展收益时，这部分社会成员就会抵制新的制度安排。但是，当部分社会成员对政府具有较高的信任度时，他们就会忍受短期的利益受损，支持新的制度安排，或者他们预期到当前的利益受损会在将来获得一定的补偿时，也会支持或认同新的制度安排，促进财政制度变迁的顺利实现；反之，新的财政制度安排将难以付诸实施。由此可见，政府的公正性、公信力、权威性和整合形成国家意志的能力是影响新的财政制度安排的重要因素，也是影响财政制度变迁的重要因素。

13.2　后发大国财政制度变迁的路径分析

后发大国经济发展是围绕着后发优势与大国优势展开的一系列递进发展阶段的发展过程。与经济发展过程相适应的是，后发大国财政制度也要经历几个重要的发展阶段。在后发大国经济发展的不同阶段，由于面临的环境、发展条件、主要矛盾和主要目标不同，财政制度的职能重点和主要内容也存在明显的差别。根据后发大国经济发展与财政制度之间的内在联系，其财政制度发展主要经历如下几个阶段：在奠定后发大国发展基础的阶段，与之相适应的是中央集权的、经济建设偏向的、城市偏向的非均衡财政制度；在后发优势与大国优势充分发挥阶段，与之相适应的是主要服务于市场机制在资源配置中发挥决定性作用以确保后发优势和大国优势充分发挥的、城乡、地区和各产业平行发展的财政制度；在抑制后发大国劣势的阶段，与之相适应的是主要服务于经济结构协调发展和增强自主创新能力的、农业农村偏向的、欠发达地区偏向的非均衡财政制度。在积累发展能力、促进经济持续增长阶段的财政制度是优化经济结构，提升经济发展质量。纵观后发大国财政制度演变的前三个阶段，可以发现财政制度在处理城乡、地区、产业发展关系时的三个阶段，第一阶段财政重点支持城市、经济建设（尤其是偏向重工业）；第二阶段财政强调城乡之间、农业与非农业之间平行发展，突出经济建设（偏向消费品工业）；第三阶段财政重点支持农业农村和欠发达地区，支持科技进步和自主创新。

在第一阶段，为了奠定后发大国发展基础，实行以经济建设为主的，城乡、地区和产业非均衡发展的财政制度。后发优势与大国优势是后发大国经济发展中的潜在优势。这种优势要转化为现实的经济优势，除了后发大国自身的自然、人口等资源禀赋外，还需要有系统的基础设施、重要的装备工业部门、拥有一定知识和技能的劳动力、统一开放的市场体系以及有利于资源合理配置的产权等制度安排。这些条件既是市场机制发挥作用的前提和基础，也是潜在的后发优势与大国优势转化为现实经济优势的前提。这些条件的形成需要投入大量的资源，如果让市场机制一开始就在资源配置中发挥决定性作用，上述条件就很难形成，潜在的后发优势与大国优势也难以真正成为现实的经济优势。作为一种重要的资源配置方式，财政需要在形成上述有助于经济发展的条件中发挥重要作用。有助于上述条件形成的财政制度的核心是在后发大国经济发展水平较低的条件下集中配置资源于基础设施、装备工业、教育等领域。由于城市相对于农村具有较好的发展基础和潜在的集聚优势，因此优先发展城市成为财政制度的重要目标之一。由于基础设施、装备工业等相对于农业具有更大的潜在增长优势，因此工业尤其是资本密集型的装备工业成为优先发展的领域，也是财政制度重点支出的对象。由于后发大国幅员广阔，地区间经济发展区位条件差异大，因此在整体资本有限的条件下，重点发展具有较好经济区位的经济空间成为必然选择，地区间非均衡发展成为这一阶段财政制度的重要特征之一。由于市场机制是一种分散的资源配置方式，由短期利益驱动微观经济主体的经济行为自然会引导资源流向短期收益明显的消费品等工业部门，不利于基础设施、装备工业、教育等公共品或准公共品的投资，可能导致后发大国经济发展基础形成困难，因此集中的、以政府配置为主的资源配置方式更有助于该阶段经济发展目标的实现。这种资源配置方式对应的财政制度具有较强的集权特征。后发大国在经济发展第一阶段的财政制度具有明显的经济建设性、城市偏向性、工业偏向性、地区与产业发展非均衡性和中央集权特征。

值得注意的是，在经济发展水平较低的条件下，通过集权型的、城市偏向的、经济建设偏向（主要是重工业偏向）的、地区与城乡之间非均衡的财政制度安排在相对集中的一段时间内奠定后发大国的发展基础可能产生两个方面的作用：其一，有助于在较短时间内形成相对完整的基础设施和装备工业体系，奠定后发大国经济发展的物质基础，有助于后发优势与大国优势的充分发挥；其二，地区之间、城乡之间和产业部门之间非均衡的要素投入必然埋下经济结构失衡的隐患，当市场机制在资源配置中起决定性作用时，地区之间、城乡之间和产业之间的基础条件差异必然转化为发展速度和发展水平差异，甚至导致经济结构矛盾的累积性扩大。

在第二阶段，基于市场机制在资源配置中发挥决定性作用的条件，财政制度安排服务于城乡之间、地区之间、各产业之间平行发展，是具有后发大国特色的公共财政制度。相对于计划机制，市场机制在资源配置中具有明显的优势，在市场机制在资源配置中发挥决定性作用的前提下，建立市场经济体制有助于资源配置效率提高和经济增长。经过前期服务于奠定后发大国经济发展物质基础的财政制度及其他经济制度的实施，后发大国已经建立了相对完整的基础设施体系与装备工业体系，拥有了一定规模的、符合现代经济发展的劳动力队伍，基本满足市场经济体制在资源配置中起决定性作用所需的硬件条件。市场经济体制要在资源配置中充分发挥作用还需要一系列的制度条件，比如形成市场交易主体、交易客体、交易规则、市场进入退出的相关制度以及适应市场经济体制要求的公共财政制度。市场经济体制作用的充分发挥有助于后发大国的后发优势和大国优势的充分发挥。例如，在市场机制作用下，后发大国可以充分利用市场规模大的优势引导企业进行专业化、规模化生产，享受规模经济效益，可以引导企业根据后发大国要素禀赋结构选择适合经济发展阶段的技术类型，加快先进技术的引进、运用和推广，促进后发大国技术快速进步。根据市场经济体制下公共财政的基本原则，财政制度应定位于为经济社会提供市场不能有效提供的公共品和公共服务，尽可能从经济建设领域退出，为所有经济社会主体提供一视同仁的服务，总之，为所有经济主体提供公平竞争的平台。在公共财政理论和制度框架下，后发大国所有产业、行业、地区都应该基于平等的市场规则获得公平的发展机会。这意味着后发大国内部地区之间、城乡之间、所有适合市场机制发挥作用的产业部门之间都处于平等发展状态。因此，在具备实行市场经济体制的条件下，后发大国在该阶段的财政制度具有公共财政制度的基本特征。

值得注意的是，在后发优势与大国优势在市场机制中充分发挥作用的阶段，地区之间、城乡之间、各产业之间基于市场规则的平等发展并不意味着是平衡发展。由于地区、城乡和不同产业部门的要素收益率、外部性或要素流动技术性壁垒存在差异，它们之间的发展差距可能会快速扩大，进而导致地区经济结构、城乡经济结构、产业经济结构的失衡，导致大国劣势的逐渐积累。由于微观经济主体在市场机制下偏向于追求短期和局部经济利益，因此可能导致教育、科技投入严重不足，供求总量和结构失衡的宏观经济结构问题累积。如果财政不能加大对教育、科学技术、医疗卫生、社会保障等领域的投入，后发大国的

大国劣势与后发劣势将不断累积，抑制后发优势与大国优势的进一步发挥，进而抑制后发大国经济持续增长、技术持续进步和经济发展水平不断提高。

在第三阶段，为促进经济协调发展，后发大国在第三发展阶段实行农业农村偏向的、欠发达地区偏向的、有助于增强经济可持续发展后劲的财政制度。由于第一阶段非均衡发展的财政制度奠定了城乡之间、地区之间和产业部门之间非均衡发展的基础，第二阶段平等发展的财政制度安排没能弥补后发大国经济发展的结构性"短板"，在市场机制的作用下，伴随着经济的持续快速增长和引进、消化、吸收国外先进技术基础上的技术快速进步，城乡之间、地区之间、装备工业与消费品工业之间的发展差距快速拉大，经济结构失衡逐渐累积，阻碍后发大国经济的进一步发展。为了缓解经济结构性矛盾，提高经济结构的协调性，财政制度需要做出重要的调整。财政制度调整的方向是在确保市场机制在资源配置中发挥决定性作用的条件下，加大对经济结构中"短板"的财政支持力度，加快经济结构中"短板"的发展。以补"短板"为目标的财政制度的主要内容包括如下几个方面：其一，实行农业农村偏向和优先的财政制度安排，加大对农业农村的财政支持力度，缩小城乡之间、农业与非农业之间的发展差距。其二，通过财政制度安排加大对经济欠发达地区的转移支付力度，优先安排经济欠发达地区的重大基础设施建设，改善经济欠发达地区的发展条件，加快经济欠发达地区的发展速度，缩小地区之间的发展差距。其三，通过财政制度安排加大对基础科学和重大应用科学技术研究的支持力度，增强科技进步能力，促成科技进步由"引进—消化—吸收型"向自主创新型技术进步路径的切换。其四，加强对支撑国民经济发展的装备工业的支持力度，提升装备工业的发展水平，使其在新的更高的发展阶段上对后发大国经济发展提供有力支撑。

需要说明的是，第三阶段城乡之间、地区之间、农业与非农之间以及其他产业部门之间非均衡的财政制度安排仍然是在市场经济体制的基本原则下提供的，同时也是在后发大国经济发展基本逻辑框架下的阶段性财政制度安排。第三阶段非均衡发展的财政制度安排不是要人为制造非均衡发展，而是对第一阶段和第二阶段财政制度安排导致的非均衡发展甚至严重失衡的经济结构的校正，目的是追求后发大国经济更高水平的均衡协调发展。后发大国经济发展中财政制度演变的三个阶段之间存在着有机的联系：第一阶段非均衡发展的财政制度安排是为后发优势与大国优势的发挥奠定基础不得已的财政制度安排；第二阶段平等发展的财政制度安排是利用市场机制充分释放后发优势与大国优势；第三阶段第二次非均衡发展的财政制度安排是解决第一阶段与第二阶段财政制度安排对后发大国经济发展带来的问题，追求经济结构平衡协调发展的目标。三个阶段的财政制度安排的共同目标是充分发挥后发优势与大国优势，促进后发大国经济持续发展。第四阶段的财政制度则是在进一步巩固第三阶段经济社会发展成果的基础上进一步优化经济结构，进一步培养经济进一步发展能力，尤其是强化科技进步能力，提高经济增长质量，强化军事、社会、文化、外交等方面支撑后发大国向发达国家迈进的能力以及进一步可持续发展的能力。

13.3　后发大国财政制度演变的基本条件分析

在后发大国经济发展中，财政制度的演变是在一系列条件基础上借助于一定制度变迁机制实现的。财政制度是在一定的经济发展基础上形成的，财政制度形成后又反作用于经济发展过程，当经济发展到一定阶段后又形成对新的财政制度的需求，进而促成财政制度变迁。一个阶段的财政制度向另一个阶段的财政制度转变是经济发展阶段向前推进的必要条件。财政制度变迁需要一定的经济条件、政治条件、社会条件等，在相关条件成熟后，才能顺利展开。

13.3.1　奠定后发大国发展基础阶段财政制度的形成条件

奠定后发大国发展基础的财政制度对应着一个新的资源配置结构的形成，会带来一定的经济利益结构的变化，必然会受到一定的阻挠。为后发大国发展奠定物质基础的财政制度的顺利形成需要一系列的政治、经济和社会条件，这些条件的差异会影响到该财政制度形成的进度、具体内容和效率，进而影响后发大国经济发展的进程。

一定的经济发展水平是建立奠定后发大国发展基础的、非均衡发展财政制度的基础。在资源总量既定的条件下，将一定规模的资源配置到基础设施、装备工业等领域必然减少生产当期可消费产品的资源的数量，导致当期可消费产品的减少。只有经济发展到一定水平，在将较大规模资源配置到满足将来发展所需领域后还可以基本满足人们当期消费需求时，奠定将来发展基础的财政制度才有现实可行性。当期经济发展水平越高，在满足当期消费的基础上可以配置到满足将来发展的资源规模越大，财政制度越可能筹集到更大规模的资源，国家才能用较短的时间完成奠定发展基础的任务。当期经济发展水平越低，可以筹集到的满足将来发展需要的资源越少，奠定将来发展基础所需的时间越长，财政制度的效率越低。

社会公众对国家发展政策的支持意愿是影响财政制度形成的重要社会因素。税收是财政制度的重要组成部分，政府通过征税获得财政收入，通过财政对基础设施和装备工业等的支出形成国家发展的基础。税收会减少纳税人的当期可支配收入，税收越多，纳税人负担越重，可能遭到纳税人的反对越强烈。纳税人对国家政策、执政党的认同度越高，越愿意承担更多的税收负担来支持国家的发展；反之，对税收的抵触越强烈，国家筹集税收的难度越大，形成国家发展能力的难度越大。社会公众对国家发展的愿望越是迫切，越是愿意承担短期的成本换取将来的发展，越是愿意支持相应的财政制度安排；反之，对奠定长期发展基础的财政制度的支持意愿越低。

政局稳定程度是影响奠定后发大国发展基础的财政制度形成的重要因素。社会公众对国家政治结构的认同度越高，政局越稳定，社会发展面临的风险越小，发展前景的预期越稳定，民众越愿意承担更多的税收支持国家的长期发展；反之，民众对国家的长期发展的预期越模糊，承担国家发展成本的意愿越低，形成服务于长期发展的财政制度的难度越大。

执政党的威信是影响财政制度形成的重要因素。国家发展的前景与执政党的执政能力高度相关，执政党的执政能力越强，越有能力制定符合经济发展规律和民众发展意愿的经济政策，越能够降低发展的风险，越能给民众带来稳定的发展预期。执政党的威信越高，民众越愿意相信执政党的执政理念和政策，越愿意承担短期的发展成本以换取长期发展的收益，从而越有利于降低财政制度形成的阻力。

财政制度带来的社会的公平程度是影响财政制度形成的重要因素。国家通过财政制度筹集一部分资源用于长期发展意味着社会成员整体要承担相应的负担，由此带来的社会公平程度越高，每个人负担均等性越强，财政制度带来的不公平感越弱；反之，财政制度带来的社会公平程度越低，不同社会成员负担的差异性越大，带来的社会不公平感越强，财政制度形成遇到的阻力越大。

社会利益群体结构是影响财政制度安排的重要因素。利益结构往往会通过对国家制度安排的影响来影响财政制度安排。社会越是存在较少的强势利益集团，国家财政制度安排的独立性越强，越有助于形成助力长期发展的财政制度；社会利益群体越多，对国家制度安排的影响越大，越不利于长期发展的财政制度形成。在极端情况下，当社会不存在目的明确的利益集团，执政党能有效整合公众意志形成追求国家发展目标的国家意志时，形成服务于国家长期发展制度安排的阻力最小，越有助于长期发展的财政制度形成；如果社会存在处于垄断地位的强势利益集团，其利益与国家长期发展严重冲突，则有助于国家长期发展的财政制度形成将十分困难。

此外，后发大国长期形成的关于个人、家庭与国家关系的观念也是影响财政制度形成的重要因素。民众越认同个人、家庭与国家命运的关联性，越愿意支持有利于国家长期发展的财政制度安排。国际政治经济环境也是影响财政制度的重要因素，后发大国经济社会发展面临的国际政治经济环境越差，越容易激发社会公众支持国家发展的热情，形成有助于国家发展的财政制度的难度越低。

奠定后发大国发展基础的财政制度的形成过程是一个制度设计和制度演进相结合的过程。在一定的经济社会发展条件下，政府（主要是中央政府）基于财政制度的目标、约束条件、制度内部结构、制度实施机制等的理性设计建立包括财政收入制度、支出制度、政府间财政管理体制、政府预算等一系列正式财政制度，并设立财政收入、支出执行机构等正式机构执行财政制度；同时，将传统文化等非正式制度中符合本阶段财政制度目标的因素纳入正式制度框架，形成包括正式制度、非正式制度、相关执行机构等相互补充和相互支撑的、服务于奠定较长时期发展基础的、城市与经济建设偏向的、地区与产业非均衡发展的财政制度体系。

13.3.2　后发大国优势充分发挥阶段财政制度的形成条件

随着后发大国发展基础的基本形成，通过建立市场经济体制充分释放后发优势和大国优势成为后发大国经济发展的主要任务，建立具有后发大国特色的公共财政制度是市场经济体制形成和充分发挥作用的必要条件。公共财政制度不是在后发大国的制度背景"白纸"上建立的，而是从前期奠定后发大国发展基础的、集权型的、城市偏向的、经济建设偏向的、地区和产业非均衡发展的财政制度转变而来的。有利于后发优势与大国优势发挥的公共财政制度能否形成要受到经济、政治、社会等多因素的影响。

经济发展水平是影响具有后发大国特色的公共财政制度形成的关键因素。经济因素对公共财政制度形成的影响主要集中在以下两个方面：

其一，如何保证在国民经济中具有重要作用的装备工业部门和国防工业部门相关企业持续发展的财力支持是影响财政支出制度化的重要因素。众所周知，装备工业部门和国防工业部门不是直接生产消费品的，在市场经济条件下其直接经济效益较差。国家如果不能提供一定程度的财政支持，其必然在市场竞争中失去生存能力。装备工业部门和国防工业部门的发展关系后发大国的产业安全和国防安全，是后发大国国民经济的根基和安全保障，必须确保其一定程度的发展。对这类工业部门的财政支持一般有两种方式，即要么采用国有国营的方式，要么采用财政补贴的方式。采用国有国营的方式可能会弱化相关行业企业的预算约束，导致资源配置效率和生产效率低下，也不符合市场经济体制的要求；采用财政补贴的方式意味着会加重财政的负担，可能降低财政支出的效率，也意味着要大幅度增加财政支出规模，这种方式显然会受到财政收入规模的约束，即如果财政收入规模较小将难以维持装备工业和国防工业的正常生存。

其二，必须充分考虑公共服务均等化对财政收支的影响。公共财政的基本要求是公共服务均等化。在奠定后发大国发展基础的阶段，财政支出的重点具有明显的城市偏向和地区偏向性，这意味着这些地方的公共品和公共服务水平明显高于农村和经济发展水平较低的地区。为了实现城乡、地区公共服务均等化的目标，要么实行农村和经济欠发达地区偏向的公共资源配置的制度安排，要么允许劳动力和人口完全自由流动，允许农村居民和欠发达地区居民在城市生产、生活。由于后发大国农村和经济欠发达地区面积广，涉及人口多，提供与城市相同水平的公共品和公共服务所需的财政资金规模巨大，财政无力承担。受城市的整体规模和对人口的容纳能力的限制，有迁移意愿的人口流向城市必然加重城市的负担。如果大量人口流向城市导致城市房价大幅度上涨，必然会将很大一部分人口排斥在城市外面，造成事实上的不平等。

由此可见，确保装备工业部门、国防工业部门的持续发展和公共服务均等化形成的财力约束是财政制度转型的重大挑战。

利益集团是制约财政制度转型的重大社会挑战。与财政制度转变的经济因素相关，无论是给装备工业和国防军工行业提供财政补贴还是实现公共服务均等化都会涉及利益群体之间的利益关系。为装备工业部门和国防工业部门提供财政补贴涉及原来优先发展的这两类行业和市场经济体制下大量其他行业的公平问题，对装备工业部门和国防工业部门提供财政补贴必然会受到其他行业的反对，也不符合市场经济条件下的公平竞争原则。在缩小城乡公共服务差距的方案中，无论是农村偏向的公共资源配置，还是允许大量农村居民向城市流动、享受城市的公共服务，都会影响城市居民的公共消费，从而容易遭到城市居民的反对和抵制。因此，如何化解或弱化城市偏向财政制度下的既得利益群体与新的公共财政制度下受益群体之间的利益冲突是推进公共财政制度建设需要克服的重要的障碍。

减少财政制度变革阻力是建立公共财政制度的重要工作。具体来看，从城市偏向、经济建设偏向、产业不均衡发展的财政制度向一视同仁的公共财政制度转变的阻力来自以下几个方面：财政支出重点转向为全体居民提供一视同仁的公共品和公共服务必须调整财政支出的结构，减少对原来财政支出重点领域的财政支出必然会遭到既得利益群体的强烈反对；财政支出转变的过程也是利益结构调整的过程，为了减少来自利益受损者的阻力，政府必须承担财政制度变革的成本，政府承担财政制度变革的成本的能力也是影响财政制度变革顺利推进的关键；对政府部门而言，调整原财政制度下政府的行为边界、改变原来的财政行为必然需要承担较高的成本；建立一套适应国内公共财政制度要求的激励与约束机制，改变激励方式也意味着需要付出很高的调整成本。此外，后发大国应对每一项制度变革引致的财政压力甚至导致的财政危机又需要匹配相应的财政制度及其他相关制度。

政治和社会的稳定是财政制度转变的基本前提。由于财政制度转变涉及财政收入、支出、预算、财政管理体制等的重大变化，涉及利益结构的重大调整，必然影响不同利益群体的利益，从而给财政制度变革带来很大的风险。将财政制度变革的风险控制在一定范围内，是推进财政制度变革的关键之一。

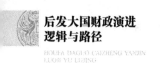

维护社会稳定是控制财政制度变革风险的重要前提。确保政府对社会矛盾的控制力，提高制度供给对经济社会的适应性是推动财政制度变革的基本要求。

13.3.3 抑制后发大国劣势阶段财政制度的形成条件

为了减少城乡之间、地区之间和产业之间发展差距扩大对后发大国经济发展造成的负面影响，为了抑制后发劣势和大国劣势，后发大国必须实现从城乡、地区和产业平等发展的财政制度向农村和欠发达地区偏向的、农业和科技创新偏向的财政制度。这一财政制度转变同样是利益结构的重大调整，可能受到既得利益群体的反对。这一财政制度转变伴随的财政支持重点的变化还会影响短期的经济增长和财政收入增长，导致财政压力增加。国家政局的稳定、社会的稳定和执政党的执政能力是影响这一次财政变革的重要因素。

由城乡、地区和产业平等发展的财政制度转变为向农村、欠发达地区、农业和科技创新倾斜的财政制度受到经济发展水平的影响。尽管城乡、地区与产业的非均衡发展不利于后发大国经济的长期发展，但短期内城市偏向、工商业偏向和发达地区偏向的财政支出确实更有助于特定阶段经济增长和财政收入增加，因此调整财政重点支出领域必然会在短期内降低经济增速和财政收入增速，导致财政压力增加。

随着经济发展阶段的推移，装备工业的整体改造升级与财政制度转变可能进一步加重财政的负担。随着经济发展水平的提高，人们对消费品的需求升级，必然传递到装备工业部门，要求对装备工业进行改造升级。由于装备工业属于资本密集型工业，大规模甚至整体性的装备工业改造升级必然形成巨大的资金需求。相对于消费品工业而言，装备工业的融资难度更大，如果缺乏财政的支持，装备工业的改造升级可能遭遇到融资困境，难以顺利进行。这必然影响后发大国的产业竞争力和可持续发展，因此装备工业改造升级需要财政加大支持力度。财政支出重点向农村、欠发达地区、农业和科技创新等领域倾斜短期内可能加重财政的压力，装备工业改造升级和财政支出重点的调整叠加在一起必然进一步加重财政的压力，因此财政筹资能力成为影响财政制度转型的重要经济因素。

财政制度变革带来的利益格局调整可能影响社会稳定。财政支出向农村、欠发达地区等倾斜意味着城市、发达地区的利益将在这一次财政制度调整中受到一定程度的损害，既得利益群体可能会出于对自己短期利益的关注而反对财政制度变革。在城乡、地区和产业平等发展的财政制度阶段，虽然形式上的城市偏向已经不明显，但实际上由于城市工商业和发达地区的经济增长速度快于农村产业和欠发达地区，导致城市和发达地区财政收入和财政支出远远大于农村和经济欠发达地区，城市居民、城市工商业者和发达地区从财政制度中获得的利益远大于农村居民、农业生产者和经济欠发达地区。因此，城市居民、城市工商业者和发达地区是城乡、地区和产业平等发展的财政制度的既得利益群体。在经济增长格局、城乡结构、产业结构和地区结构基本不变的情况下，财政支出向农村、欠发达地区、农业和科技创新等领域倾斜意味着城市、发达地区、工商业的利益在新的财政制度中会受到一定程度的损害。从短期利益角度看，其对财政制度变迁具有抵触和反对倾向。较大规模的社会群体对新的财政制度持反对态度，财政制度变革的阻力就会增加，变革的难度就会增大。显然，化解财政制度变革的阻力，维护社会的稳定，是推动财政制度变革的基础。

执政党的威信高低、公信力强弱和政府执政能力大小是决定财政制度变革成败的重要因素。从城乡、地区和各产业平等发展的财政制度转变为向农村、欠发达地区、农业和科技创新领域倾斜的财政制度必然导致利益格局的变化，但从后发大国经济发展的长期和全局看，这种转变是有利于后发大国经济结构的协调和经济的持续增长的。利益群体不会自发从全国经济的全局和长期发展角度看待利益结构的变化，但是，一个具有较高威信的、能够赢得全体社会成员信任的执政党和强有力的政府却是协调好不同利益集团的利益、短期与长期利益、局部与全局利益的关键。因此，能够超脱于个别利益群体利益的政府和代表全体社会成员利益、具有较强执政能力的执政党是化解财政制度变革中利益冲突，顺利推进财政制度变革的重要力量。

值得注意的是，伴随着后发大国经济发展阶段推移的财政制度变革实际上是围绕后发优势和大国优势发挥的财政制度安排目标的三次调整。第一次财政制度安排是为了奠定后发优势与大国优势发挥作用的物质基础，第二次财政制度安排是为了让后发优势和大国优势充分发挥，第三次财政制度安排是为了解决第二阶段带来的不利于后发优势和大国优势充分发挥的经济结构性问题及科技创新能力不足的问题。第四次财政制度变革是为了在更高的经济结构和发展水平上积累发展能力，促进经济持续增长，积累向发达经济体

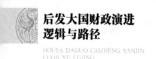
跃升的能力。四个阶段的财政制度安排和财政制度变革都涉及利益格局的调整，都会遇到利益群体的阻挠。推动财政制度变革的关键因素也有相似的地方，即经济发展水平决定的财政能力、社会稳定、政局稳定能够弱化或消除来自利益集团的阻力，代表全体社会成员根本利益的执政党和具有较强执政能力的中性政府是顺利实现财政制度变革的重要保证。

下篇

中国财政制度变革的逻辑和路径

中华人民共和国成立以来，财政制度变迁经历了一个时间不长，但比较曲折的演变过程。中华人民共和国成立初期，在完成国民经济恢复任务之后，为了能在特定的经济社会发展条件下开启现代经济发展的进程，国家实行了以重工业为主的经济发展战略。为了贯彻重工业为主的经济发展战略，国家实行了城市偏向、重工业偏向、中央高度集权、以经济建设为主的财政制度。这一财政制度奠定了后发大国经济发展的基础。1952—1978年，这种财政制度一方面建立了相对完整的工业和国民经济体系，为较长时期中国经济发展奠定了基础；另一方面导致城乡之间、地区之间、工农业之间以及重工业和轻工业之间的结构失衡。这两个方面的作用对中国较长时期的经济发展产生了较大的影响。

随着中国经济发展基本条件的具备，奠定后发大国经济发展基础的财政制度已经完成其历史使命。为了顺应市场机制在资源配置中的基础性作用的发挥，中国逐渐建成了有中国特色的、有后发大国特征的公共财政制度的基本框架。这种财政制度安排在一定程度上促成了后发优势和大国优势发挥，使中国实现了较长时期的经济持续快速增长、技术进步和经济结构的持续变化。但是，由于财政制度变革没有能够及时顺应市场经济条件下要素自由流动和优化配置的基本要求，导致我国城乡之间、地区之间发展差距扩大，居民收入差距和财富差距扩大，技术进步缓慢，尤其是关键核心技术缺乏等问题，导致后发大国劣势在后发大国优势还没有充分发挥之前就开始出现，这在一定程度上影响了作为后发大国的中国的经济发展。

当前，中国经济发展阶段与财政制度供给之间呈现出一种复杂的结构状态。一方面，经济发展阶段已经走过奠定后发大国发展基础的阶段和后发优势和大国优势发挥的阶段，开始步入抑制后发大国劣势的阶段；另一方面，财政制度安排还保留着城市优先的成分，有中国特色的后发大国的公共财政制度基本框架已经形成，但还有很大的完善空间，抑制后发大国劣势的财政制度安排开始出现但还很不完善。如何顺应经济社会发展阶段转换的基本要求，加快城市偏向的财政制度向有中国特色的、后发大国的公共财政制度转换，尽快建立抑制后发大国劣势的财政制度，优化城乡和地区经济结构，增强科技自主研发能力，是当前及今后一段时期中国财政制度变迁的重要内容。

14

为国家发展奠基的城乡二元财政制度：
形成、特征和基本内容

  中华人民共和国成立以来，我国城乡二元经济结构经历了形成、弱化、强化、再弱化的过程，其中城乡二元财政制度是重要的影响因素。二元财政制度特指我国城乡不同的财政收入支出制度安排。从财政收入制度安排看，农村居民和城市居民长期承担不同的纳税义务，城市居民主要承担有免征额的个人所得税，农村居民承担无起征点和免征额的农业税以及长期的"三提五统"；税收负担不同，无免征额的农业税和其他收费使农村居民的税负重于城市居民的税负，在税收原则上没有体现量能负税的公平原则。从财政支出制度安排看，农村相对于城市在财政支出总量和结构上都处于不平等地位，以财政支农资金为主的财政对农业支出占财政支出比重从 1978 年到 2006 年最高没有超出 14%，而且不断降低，到 2006 年仅有 7.85%。就支出结构而言，包括科学、教育、文化、卫生、社会保障、基础设施等在内的公共消费，农村居民相对于城市居民处于严重不平等的地位。在国家预算机制上，农村居民的政治影响力弱，被动接受较长期的城市偏向的财政预算安排[①]。这种

---

① 程开明. 从城市偏向到城乡统筹发展：城市偏向政策影响城乡差距的 Panel Daata 证据 [J]. 经济学家，2008（3）：28-36.

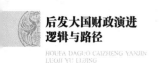

二元财政制度直接制约了农村经济发展和农民福利状况改善，阻碍了城乡二元经济结构转变。当然，这种二元财政制度使我国在严重偏低的经济发展水平下成功开启了具有典型后发大国特征的重工业优先的工业化进程，奠定了中国较长时期经济发展的基础，为后发优势和大国优势发挥提供现实条件。透彻分析我国二元财政制度产生的基础和转变机制对具有后发大国特色的公共财政制度的建立和中国经济发展具有重要意义。

14.1　后发大国财政制度安排的基本逻辑：基于公共资源空间配置格局的视角

相对于发展较早的发达国家而言，后发国家尤其是后发大国的经济发展面临着特殊的国际国内环境，这必然影响其经济发展战略、资源配置的主导模式的选择，进而影响其财政制度安排，这些财政制度安排又会在较长时期影响其经济发展的路径。

一般来说，后发国家在发达国家已经形成的较高技术水平的环境下开始现代经济发展过程，都具有经济发展中的技术后发优势。后发大国（主要从资源、人口、潜在市场等方面界定，不是经济总量或人均经济规模）由于国内资源、要素、市场等客观条件制约，在发展战略的选择上必然表现出明显的大国特色，发展战略的特殊性必然影响资源配置模式，继而对财政制度安排产生较大的影响。

后发大国一般幅员广阔、人口众多、资源绝对量多且种类全、国内潜在市场大。上述条件决定后发大国有必要尽快建立完整的工业体系和国民经济体系，在发展战略上一般有优先发展重工业的国民经济非均衡发展战略的倾向。后发大国建立完整的工业体系和国民经济体系的资本需求量巨大，并且时间较为紧迫，客观上要求通过集中配置资源的方式来实施工业尤其是重工业优先的发展战略。

从资本密集型的工业部门开始工业化进程必然影响到资源配置模式。在工业化初期，由于工业基础薄弱，资本积累能力弱，农业成为唯一能够为工业化提供资本积累的部门。从消费结构演进的规律看，在人均收入水平较低的阶段，消费品的需求较大，如果通过分散的以企业和家庭为主体的资源配置模式必然吸引资本、劳动力等要素集中配置到有市场需求支撑的轻工业部门，这就直接导致国家需要重点发展的重工业部门资本等要素供给不足，制约重工业发展，使优先发展重工业的发展战略难以落实。对于处在国际竞争中的后发大国而言，国民经济因为缺乏装备工业支撑必然陷入对发达国家严重不对等依赖的困境之中，经济发展失去主导权，甚至失去独立性。为此，客观上要求后发大国通过集中的资源配置方式，由政府集中较大比重的资源重点配置到需要重点发展的重工业部门，加快重工业的发展，奠定国民经济发展的基础。

后发大国财政制度作为经济制度的重要组成部分，具有财政制度的一般特征和基本内容，还具有适应特定经济发展阶段、目标的特殊性，即随着经济发展环境、条件的变化，财政制度也必须相应发生转变，否则就会阻碍经济发展，甚至成为经济发展的桎梏。

从后发大国的国情来看，国家幅员广阔，地区间经济发展条件、水平差异明显，不可能在所有地区同时实现经济的同步发展。原因在于经济发展是在不平衡发展中向前推进的，即从低水平的经济发展阶段到经济起飞，再到实现较高水平的经济发展需要要素相对集中，形成空间集聚态势，提高要素的产出率，推动经济在一定区域的快速发展，之后通过经济发展的空间扩散机制，带动更加广泛区域的经济发展，最后促成全国范围内各地区经济发展进入较高的发展水平。

如前所述，经济发展需要劳动力、资本、技术等私人要素和基础设施、制度、教育、医疗卫生、社会保障等社会公共要素共同作用，前者主要通过私人积累、集聚形成，后者由于具有受益的外部性和消费的非完全排他性，或者具有很强的正外部性，在经济发展初期，私人投资者缺乏投资的积极性和投资能力，需要政府主导或作为投资主体。

从效率的角度看，由于资源的有限性，为提高资源的整体配置效率，必须同时提高私人资源和公共资源（财政收入）的配置效率。由于市场机制在私人要素配置中具有效率导向和很明显的效率优势，因此整体资源配置效率的问题就集中在公共资源配置上。只有公共资源配置具有效率，整体资源配置效率才能提高，后发大国才能充分利用有限的资源，为社会提供最大数量和最高质量的产品，满足社会需求，提高社会的福利水平。

从社会公平的角度看，所有社会成员都享有同等的生存、发展的权利，即享有均等、无差别的公共资源消费权利。这种公平有两种实现方式：其一，由于人口流动存在障碍（语言、风俗习惯、工作机会、居住等），为确保所有公民的公共品消费权利，国家在全国所有地区提供符合各地居民偏好的公共品和公共服务；其二，假定人口跨区流动成本为零或很低的情况下，国家可以选择在不同地区提供差别化的公共品和公共服务，并且任何地方都必须无限制地接纳居民迁入，为其提供就业、居住、公共品与公共服务。上述两种方式在实践中均存在不足。例如，人口流动成本显然不为零，甚至会很高，任何地方都不可能无限制接纳迁入的居民。因此，可行的折中思路是：其一，在经济发展初期，在全国提供最基本的生存性公共品和公共服务，即实现最低程度的公共品和公共服务均等化；其二，赋予居民跨地区迁移、流动的权利，并为迁移居民提供与本地居民相同的公共品和公共服务；其三，相对集中地配置公共资源以满足要素空间集聚对公共品和公共服务的需求，以达到促进要素集聚、提高特定区域要素密度、创造集聚效应产生的条件、提高整体要素的产出率和收益率。

当然，这里所讲的提高社会的福利水平并不意味着以功利主义福利观为指导思想，而是以全社会生存性公共品的有效提供和劳动力、人口空间自由流动为前提，既满足社会成员基本的生存权利和迁移、流动、选择更好发展条件的要求，又提高社会整体的资源配置效率。

符合社会公平目标的公共资源配置从来都不是机械的、固定不变的。满足社会公共需要的公共资源和满足社会私人需要的私人资源内在地决定于一定经济发展阶段公共需求和私人需求的比例，只有社会总资源中一定比例的资源转化为公共资源并用于满足社会成员的公共需求才符合社会总资源配置效率最大化的目标。当经济发展水平很低时，社会的公共品和公共服务消费也处于较低水平的公平状态，这时候公共资源和私人资源配置结构属于一种低水平均衡状态。为提高社会整体福利水平，必须提高公共资源和私人资源各自的配置效率，进而提高社会资源整体的配置效率。要素空间集聚①是提高要素产出率的重要途径，因此将公共资源集中配置到特定空间区域引导私人要素空间集聚，或者满足空间集聚的私人要素对公共品和公共服务的需求是

---

① 这里的空间包括一国内部的地区之间和城乡之间双重含义。

提高资源配置效率的重要方式。相对于要素在地理空间平均、分散分布而言，等量社会资源空间集聚能够产出更多的产品，从而使社会可以有更多的资源用于提供社会公共品和公共服务。从空间角度看，在这一阶段，一国内部公共资源空间配置是非均衡的，部分区域空间私人要素和公共资源密集程度较高，部分地区公共资源和私人要素密集程度较低。不仅如此，在该阶段，由于要素集聚导致要素密度和收益率提高，还会进一步吸引更多要素集聚，构成因果循环累积效应。随着要素空间集聚的增长效应的累积，社会资源总量或财富总量快速增加，运用税收手段筹集的财政收入同步快速增加，从而使社会可以运用的公共资源增多，社会产品总量快速增加，使国家具备在较高水平上缩小区域空间要素密度差异的条件。与此同时，那些不可移动的要素，如土地、矿产资源等在部分地区出现闲置，潜在经济价值不能实现，导致潜在经济效益的损失。为降低区域空间公共品和公共服务不均衡程度，社会可以从总资源中提取更多公共资源，通过提取更多的财政收入满足公共服务区域空间均等化的财政支出需求，增大对公共资源短缺地区的公共品和公共服务供给，缩小全域空间公共品和公共服务差距。最后，当区域空间公共品和公共服务差距缩小或接近均等时，全社会公共资源配置达到较高水平的均衡，从而实现更高水平的公共品和公共服务均等化。

由此可见，财政制度决定的公共资源空间配置动态变化经历低水平的空间均衡配置以满足基本生存的需要，到城市和具有较大区位优势的空间集中配置以满足要素空间集聚的需要，进而导致城乡和不同地区空间公共资源非均衡程度加深，最后再次回到公共资源配置城乡和地区空间均衡化直到全社会公共资源配置在更高水平实现均等。这个过程符合马克思主义哲学中讲到的肯定—否定—否定的否定三个阶段，城乡公共资源配置均衡经历一个近似U形的路径。

14.2　城乡二元财政制度的形成过程

国民经济恢复任务完成后，我国随即进入大规模的经济建设阶段。为了推行重工业优先的经济发展战略，我国建立了具有城乡二元特征的财政制度。

我国城乡二元财政制度的形成具有理论基础、实践基础和客观条件。理论基础主要是非平衡经济增长理论和马克思主义的社会扩大再生产理论，实践基础主要是苏联的计划经济实践，客观条件是中国作为后发大国经济发展的内在逻辑。

从国际环境来看，中华人民共和国成立伊始，社会主义和资本主义两种社会制度的对立使我国在国际上面临以美英为首的资本主义国家的经济封锁和禁运，政权面临被颠覆的危险，国家大力发展重工业，尤其是发展国防工业，确保经济独立、政权稳固和国防安全是该阶段的必然选择。

从经济国内环境来看，1949 年的中国基本上是一个农业和手工业国家。国民收入中的 68.4% 来自农业，工业贡献的国民收入占比仅为 12.6%。在工业领域内部，手工业又占了工业产值的 70%。除了少数大城市外，多数中小城市和广大农村基本无电力供应。受战争影响，全国交通运输、通信等基础设施破坏殆尽，主干铁路无一条能够全线通车，勉强能通车的铁路里程只剩 1.1 万千米。全国人口中的约 80% 是文盲，现代科技几乎为一片空白。

经济形势十分严峻，物价飞涨，人心动荡。1949 年的前 8 个月，全国的货币发行额从 185 亿元增加到了 4 851 亿元，增加了约 25 倍，就在开国大典后的一个多月里，京、津地区物价上涨了 1.8 倍，上海物价上涨了 1.5 倍，民间资本几乎全数用于疯狂投机。中华人民共和国已经建立，稳定经济社会局面无疑是维护新生的共和国最重要的工作。

从人均收入水平看，1950 年，中国人口占世界人口的约 22%，但国内生产总值只占世界的 5%，相当于美国的 16.48%；人均国内生产总值分别相当于世界平均水平和美国人均国内生产总值的 20.8% 和 4.59%。从经济结构看，经济结构极不合理，基础设施十分落后。受长期战争的影响，1949 年，中国工业总产值占工农业生产总值的比例为 30.1%，其中近代工业只占 23.2%[1]。从国内生产总值的构成来看，1949 年，农业总产值占国内生产总值的 58%[2]。1952 年，农业劳动力占全社会总劳动力的 83.5%。国内小农经济占主导地位，仅有的现代经济也主要是以食品、纺织等轻工业为主。显然，一个人口大国

---

[1] 杨坚白. 我国八年来的经济建设 [M]. 北京：人民出版社，1958：13.

[2] 国家统计局国民经济平衡统计司. 国民收入统计资料汇编 1949—1985 [M]. 北京：中国统计出版社，1987：3.

不可能置关系国计民生的重要经济部门于不顾，发展基础工业、形成比较稳定的工业体系势在必行。作为后发国家，中国独立自主地开始大规模的工业化建设时，发达国家的工业技术已经十分先进，为了尽快缩短与发达国家的经济发展差距，以便能够具备与发达国家竞争的实力，尽快改变贫穷落后的面貌，在国际贸易中尽快改变主要以初级产品出口而面临的不利的国际贸易条件，我国必须依靠自己的力量从资金密集型的基础工业开始工业化和现代化进程。

在指导思想和理论方面，我国主要以马克思列宁主义的经济理论为指导。列宁在继承马克思的社会再生产理论的基础上，通过把技术进步导致的资本有机构成提高的因素纳入马克思的再生产公式，研究两大部类增长速度对比关系的变化趋势时，得出生产资料的生产比消费资料的生产增长得更快，或者生产资料增长最快这个规律[①]。这为重工业优先的经济发展战略提供了理论基础。

非平衡增长理论是二战后发展起来的重要经济发展理论，也成为中国经济发展战略的重要理论依据之一。该理论认为，平衡增长理论强调发展中国家国民经济内部各部门之间的有机联系，但要在国民经济各部门同时按相同或不同的比例进行投资必然受到发展中国家资本短缺的限制，这种发展思路对于当时的中国不现实。发展中国家可以而且应当集中有限的资本和资源首先发展一部分产业，以此为动力逐步扩大对其他产业的投资，带动其他产业发展，这在一定程度上与当时的中国国情相符合。

在国民经济非均衡增长战略中，工业部门的优势决定了其应该处于优先发展的地位：其一，工业部门的劳动生产率高于农业部门的劳动生产率，优先发展可以提高劳动生产率，提高整个经济的产出率。其二，工业部门的产出增加符合人们消费结构转变的规律。其三，工业部门的发展能够促进技术进步，改变"外围国家"相对于"中心国家"的不利地位，从国际贸易中获得较多的利益，打破发展中国家在经济发展中的不利地位，在较高技术水平上推进发展进程。

工业包括资本品工业和消费品工业两大部分，优先发展资本品工业具有较强的合理性。根据赫希曼的经济发展理论，发展中国家应该优先发展进口

---

① 杨德才. 中国经济史新论 1949—2009（上）[M]. 北京：经济科学出版社，2009：2.

替代部门，这在 20 世纪 50 年代的中国实际上相当于资本品工业部门，其优先发展一方面可以减少对国外经济的过度的、不对等的依赖。事实上，另一方面由于这些部门的联动效应较强，其优先发展能够带动相关工业部门的发展，进而促进整体经济的发展。

在优先发展工业部门的非均衡增长战略中，资本品工业无疑处于更加重要的地位，这还可以从国家领导人的认识中得到印证。毛泽东在中华人民共和国成立后不久的一次重要会议中提到，我们建立的人民民主专政的政权，在经济上，我们虽然能够把小麦磨成面粉，也能生产茶叶，但我们不能生产汽车、拖拉机，不能生产飞机。这意味着，没有国民经济的装备工业，不仅经济难以独立自主地发展，甚至连政权都难以得到巩固。由此可见，在当时的背景下，在工业优先发展战略中，重工业优先发展具有十分重要的现实意义和紧迫性。

优先发展进口替代工业的、重工业偏向的经济发展战略与我国当时的资源禀赋存在一定矛盾。资本是资本品工业发展的重要条件，对于发展中大国来讲，进行资本品工业的进口替代涉及一系列相互联系的大规模的项目投资，资本需求规模巨大。资本来源包括国内积累和国外投资与借款。国内来源包括工业部门积累和农业部门积累。工业部门由于自身发展落后，积累能力非常有限，国外借款受到政治等因素的影响也困难较大，农业无疑成为为工业发展提供资本积累的主要部门。从农业部门提取剩余的方式理论上包括两种：一是效率标准，即在单位时间内从农业调动的剩余占农业生产总量的比例；二是效果标准，即在既定条件下，从农业中调动剩余对农业本身发展所造成的影响以及由农业发展状况形成的产业联动效应①。采用效率标准可以在短期内从农业部门获得较多的资本来加快工业部门的发展，较快形成相对完整的工业体系，完成资本品工业进口替代的任务，但农业发展容易受到抑制，导致工农业发展差距扩大，不利于产业之间协调发展。当这种差距扩大到一定程度后，还可能引发国家的合法性危机，阻碍整体发展进程。

从资本构成角度看，进口替代工业部门的资本投入包括社会资本和直接生产性资本。社会资本，即社会分摊性资本，主要是社会基础设施，具有"不可分性"和高资本-产出比率，即投资规模大、建设周期长、资金回收慢，

① 李岭. 农业剩余与工业化资本积累 [M]. 昆明：云南人民出版社，1993：175，177.

具有投资直接经济效益低但受益面广的特点。直接生产性资本是投资于工业、农业等产业部门中，见效迅速，直接增加产出和收益的资本，具有投资集中、周期短、收益快、投资收益率高的特点。社会分摊性资本和直接生产性资本是两种互补性资本，缺少社会分摊性资本的直接生产性资本投资必然因为配套基础设施不足、运行成本高而效益低；缺乏直接生产性资本的社会分摊性资本只能满足人们的生活需要，但没有产出增加，必然导致社会分摊性资本利用不充分，经济效益低下，进而导致稀缺资本及资源闲置、浪费。

从产业或企业发展的地域载体来看，由于某些主导部门或有创新能力的企业（行业）在一些地区及大城市的聚集，可以产生聚集经济效应，提高投资项目的经济效益，形成"增长极"。"增长极"的优先发展又可以带动相邻地区共同发展。要促进"增长极"的形成，除了有直接生产性资本集聚之外，还必须有社会分摊性资本的配合，否则必将因为直接生产性投资经济效益差而难以增加产出，或者降低直接生产性投资效益。

实际上，直接生产性资本和社会分摊性资本在"增长极"集聚不仅有利于提高直接生产性投资的经济效益，也有利于提高社会分摊性投资的经济效益。以基础设施为主的社会性资本具有不可分割性、排他性和竞争性弱的特点，从而使其越是被一定程度地集中和大规模使用，全社会总产品单位产出的分摊成本越低，经济效益越高，即实现直接生产性资本和社会分摊性资本的效益共同提高。因此，从提高社会分摊性资本投资效益的角度看，应该将其集中投资在直接生产性资本投资集中的"增长极"，这些"增长极"往往是具有一定优势的、历史形成的城市或国家规划建设的城市。由此，从经济合理性角度看，社会分摊性资本在一定时期的城市偏向的集中提供也具有必要性。

包括科学、教育、文化、医疗卫生、社会保障、社会福利等在内的公共服务的提供受经济发展阶段的制约在"增长极"集中提供也具有一定的经济合理性。其中，医疗卫生、社会保障、社会福利等生活性公共服务是居民生活必要支出的部分，由政府集中向城市提供可以降低居民的生活成本，政府可以因此获得尽可能多的剩余产品进行扩大再生产，尽快建立工业体系，完成进口替代的目标。科学、教育、文化等对公民属于发展性需求，也构成其支出的一部分，同样出于减少非生产性支出、降低整体公共品供给成本的需要，通过城乡分割的户籍制度将所有公共品供给分成城乡两种模式，城市由政府集中提供，农村由农民自己或借助集体经济组织提供具有一定的经济上

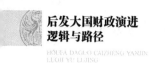

的合理性。由此，公共服务的城乡二元化供给机制也形成了。

与社会分摊性资本和公共服务的城乡分割的供给机制形成相联系，行政、司法等公共服务也在一定程度上形成二元化格局。当然，国防作为一种纯公共品在城乡公平提供是理所当然的。

此外，由于该阶段的投资关系国家整体发展和安全，具有十分明显的空间和时间上的正外部性甚至对于全社会而言直接就是公共投资，地方政府投资能力不足，积极性也不足，因此由中央集中决策和投资具有必然性。由此可见，这段时期实行中央集权程度较高的财政制度具有合理性和必然性。简言之，对于后发大国来讲，为了尽快走上工业化的发展道路，通过从农业提取剩余加快工业化步伐，社会分摊性资本和公共服务在城市集中提供，可以降低公共品和基础设施提供成本，提高资本的利用效率。由此，城乡二元财政制度因此形成了。如果能够适时促进"增长极"扩散效应的发挥，使其促进农村经济的发展，则可以加快整体经济发展，缩小城乡发展差距，尽快实现二元经济结构的转变。随着阶段性经济发展目标的实现，二元财政制度也应作出调整或进行重大变革。

14.3 城乡二元财政制度的基本特征

二元财政制度作为财政制度的一种特殊形式，既具有一般财政的共性，又反映出后发大国特定发展阶段财政制度的特殊性。这种特殊性主要体现在以下几个方面：

其一，二元财政制度反映的是后发国家财政制度的一般性。后发国家的经济发展竞争较为激烈，尤其是面临发达国家在技术、经济实力、市场垄断等方面强有力的竞争时，为了尽快改变这种状况，后发国家本能地有一种加快技术进步、增强经济实力、改变落后局面的动力。为此，通过集中财力、集中配置资源达到以上目的成为后发国家的必然选择。

其二，二元财政制度是后发大国财政制度的特征。一般来讲，发展中小国由于国土面积、人口、资源、潜在市场等限制一般不具备建立完整的国民经济体系的客观条件和主观条件，也没有必要将国民经济的所有产业部门都建立完整，可以充分发展本国在资源或某些方面的比较优势，通过出口这类产品来进口其他生产生活物品的方式得到生存和发展，不需要集中太多资源去跨越经济发展阶段，发展资本密集型的重工业，至少从资源集中程度、资源配置方向和重点上与发展中大国有明显不同。对于后发大国而言，情况就完全不一样了。从资源、市场、要素等方面看，由于有建立完整的国民经济体系的客观条件，而且建立完整的国民经济体系还可以在一定程度上减少国际贸易等跨国经济活动对经济增长带来的不稳定性，可以将主要经济活动放在同一个主权国家统一制度、文化背景下，降低交易成本，因此后发大国有建立完整的工业和国民经济体系的必要性。但是，由于后发大国大规模的经济建设处在国外技术和市场强有力的竞争之中，尽管有技术上的后发优势，但发达国家为了保持技术上的优势和国际竞争中的优势，甚至为了保持中心国家对外围国家的优势，并不愿意转让关键技术，这迫使后发大国在发展路径上采取跨越式发展的路径，即先发展资本密集型的重工业，之后发展劳动力密集型的轻工业。这样必然导致后发大国对资本的过度需求。建立工业体系对资本需求量大，后发大国不能主要依赖国外资本，必须更多地依靠国内农业部门提供。在资源配置上，后发大国主要将从农业部门提取的资本转移到重工业领域，形成资本从农业到工业尤其是到重工业和从农村到城市的单向流动。为提高资源配置的效率，减少市场活动对发展重工业目标的干扰，后发大国往往借助于国家计划来完成资源配置，但不一定要实行单一国家计划配置资源的计划经济体制。

其三，二元财政制度具有阶段性特征。后发大国之所以采取以政府为主体的集中资源配置方式的财政制度安排，主要是为了解决经济发展初期国民经济发展基础缺失的问题。通过一段时期的发展，一旦国民经济的基础（主要是工业基础）建立起来后，经济体系具备独立发展的条件后，后发大国就可以终止从农业提取资本的、资源单向流动和倾斜配置的、以政府为主体的、集中的财政制度形式，转而过渡到工业和农业都依靠自身积累发展，进而过渡到工业反哺农业、城市带动农村的经济发展阶段，即实行公共财政制度。

其四，二元财政制度具有资源配置非均衡性的特征。在农业哺育工业、农村扶持城市的资源配置方式和对应的财政制度安排下，资源配置具有明显的偏向性，即从农业提取资源配置到工业尤其是重工业，将要素从农村转移到城市，在短期内无疑会导致农业与工业、农村与城市发展差距扩大，导致产业之间、城乡之间发展差距扩大，形成非均衡发展格局。

其五，二元财政制度下的资源配置具有计划性和强制性。资源单向流动和倾斜配置必然影响到部分群体的利益，但为了整个国家的长期发展又必须要求利益受损群体做出牺牲，如果通过分散的市场机制来进行资源配置必然难以完成这一艰巨任务。为减少财政制度实行的阻力，建立集中的、强制性的、具有较强计划性的体制和相应的制度安排成为不得以的选择。当然，这种制度安排不能长期执行，应该在重工业和工业体系基本建立起来后进行及时调整，并给予利益受损群体适当的补偿，在此基础上实行公平的公共财政制度，促进资源在市场机制的引导下自由流动、优化配置。

14.4　中国城乡二元财政制度的主要职能

作为政府集中配置资源模式下的一种财政制度，二元财政制度是服务于重工业优先发展的非均衡发展战略的一种制度安排，在财政制度和相关的经济社会制度上具有明显的城乡二元化特征，具有自身的特殊职能和外在表现。

从财政制度的职能看，城乡二元财政制度主要是通过对城乡实行不同财政收入和支出制度安排，从农村、农业提取资本和农产品等要素，向城市、工业倾斜配置，增加对城市、工业的投资；调整国民收入分配结构，贯彻"先生产，后消费""重工业、城市，轻农业、农村"的发展思路，力求尽快建立起相对完整的工业体系和国民经济体系，为国家经济独立和政权巩固提供物质基础。我国二元财政制度的职能归纳为以下几个方面：

第一，资源配置职能。一般来讲，资源配置包括两个层面的内容。第一个层面是资源在市场和政府间的配置，市场一般生产和提供具有排他性、竞争性和可分割性的私人物品，并实现这类物品的供需平衡；政府一般是提供私人不能够也不愿意提供的具有非排他性、非竞争性和不可分割性的公共物品和具有外部性的物品。第一个层面的资源配置实现资源在私人物品和公共物品之间的合理配置，满足社会成员的私人需求和公共需求。第二个层面的资源配置是归政府支配的这部分资源在不同类型的公共物品和具有外部性的物品之间的配置，确保公共物品供给结构合理，满足人们对各种公共物品的需求，实现公共品的内部结构最优化。

对于二元财政制度而言，第一个层面的资源配置主要是集中尽可能多的资源由政府支配，重点发展关系国民经济长远和全局发展的经济部门。当然，这并不意味着私人物品和私人需要不重要，这里有一个底线就是满足人们正常生产生活对相关商品和服务的需要。第二个层面的资源配置是将归政府支配的资源在属于公共支出范围内的生产性和非生产性支出中合理分配，确保这部分支出的效益最大化。在确保履行基本的政治职能和社会管理职能对资源需求的基础上，第二个层面的资源配置重点将资源配置到国民经济的基础设施和装备工业部门，集中资源发展重工业。为了降低重工业的投入成本，事实上要求在一定程度上将重工业投入的相关产业部门和行业也纳入政府配置资源的领域，通过集中计划配置资源使重工业部门的发展有足够的且可持续的资源保障。

后发大国在短期可以以重工业的发展为重点，但在长期必须注重重工业、轻工业和农业的协调发展。这里的度在于，当重工业发展到能够为其他产业部门发展提供生产资料时，就应该重视重工业发展与为其提供投入和服务的部门、基础设施、基础工业的协调与配套问题了，否则将降低政府配置资源的效益，进而降低整体资源的配置效益。在同一时期，我国也加大了对农业的投入力度，只是在资本严重短缺的条件下采取了用劳动代替资本的投入方式。大规模的人力投入建成了大量水库、水渠、乡村道路，为农业发展提供了有力支撑。

第二，收入分配职能。收入分配公平包含三个层面的含义。一是起点上的公平，即人们拥有基本均等的获取收入的能力。这种能力包括劳动者本身的人力资本，如知识、技能、健康等，也包括因为出身、关系等而赋予劳动者的获得收入或财富的能力，如上代人遗留下来的存款、房产等。二是规则和过程的公平，即劳动者拥有凭借获取财富的能力公平地参与经济活动，在一视同仁的经济活动参与机会和收入分配规则下将获取收入的能力转化为对社会的实际贡献，并根据自己贡献的大小获得相应的收入。规则和过程的公平需要一系列的条件，包括公平的、具有普适性的制度和规则，足够多的、可供人们参与的机会等，而要有足够的机会就必须有除劳动力以外的互补性要素，如劳动工具、劳动对象、基础设施、市场需求等。三是结果上的公平，包括以货币、物品、福利等衡量的收入的公平。一般来讲，货币可以购买物品，人们消费物品可以获得效用，增加福利，它们是内在统一的，但在具体收入分配中可能出现不一致的地方。受价格和物品供求等因素的影响，货币收入增加和对应物品的数量可能出现不一致。由于消费习惯和对物品偏好的差异，即使相同种类和数量的物品也可能导致人们从消费中获得效用和福利增加的不同。从合理性和可操作性出发，公平的收入分配应该兼顾货币、物品和福利三种分配标的物，以确保公平分配的基本实现。

从二元财政制度的公平分配目标出发，其重心在规则和过程公平上，即通过资源配置向重工业的倾斜建立起相对完整的工业和国民经济体系，为经济发展提供基础，保证有足够的就业机会，让尽可能多的人公平参与劳动，将劳动能力和获取财富的能力转化为对社会的实际贡献，在此基础上获得与获取财富能力和对社会贡献相对应的收入，实现公平的收入分配。当然，二元财政制度公平分配职能的实现不排除对起点公平的影响，这主要是通过提供最基本的教育、就业技能培训、基本医疗服务等确保人们有基本公平的参与劳动的能力。由于资源重点向重工业倾斜，这方面的资源配置力度相对较弱，其作用也受到较大的限制。应该说，二元财政制度关注规则和过程的公平的最终目的是追求结果上的公平，其直接对结果上的公平的关注体现在为社会成员提供普遍受益的社会福利、社会救助、社会优抚等社会保障上。由于二元财政制度将重点放在对提供公平参与劳动和获取收入的条件与机会上，对直接结果上的公平的关注相对较少。按照一般的逻辑，只要参与劳动和获取收入的机会与条件问题解决了，起点上的公平又没有出现太大的问题，结果上的公平的实现应该是顺理成章的。

第三，经济稳定职能。按照经济学的一般原理，在市场经济条件下，市场总供求关系，即总需求和总供给的均衡状况，是影响短期经济稳定的重要因素。总供求的均衡既包括总量均衡也包括结构均衡，总量均衡但结构不均衡时，同样会出现经济的不均衡，导致经济的周期波动。当所有产品都实现了供求均衡，实际上总量均衡也就实现了。经济的平稳增长可以通过税收制度、财政支出规模和结构、国债发行规模和结构等的调节，即通过市场需求和供给的规模与结构的影响来实现。

在二元财政制度下，影响经济稳定的因素主要表现为供给不足，因此其稳定经济的职能主要体现在对供给的增加和需求的适度控制上。由于二元财政制度是通过集中资源配置方式对消费进行适度控制，借此扩大对重工业的投资来增强经济的供给能力，总供求的失衡主要反映在潜在需求巨大、供给能力不足的短缺经济特征上。为了尽快增强供给能力，投资需求被扩大，而重工业的投资要转化为产出还要经历轻工业生产等环节，从而使供给能力增加较慢，加之对轻工业和农业投资不足，影响供给能力增加，从而形成持续的需求膨胀，影响经济稳定。为此，从短期来看，通过适度控制重工业投资规模，增加对农业和轻工业的投资，或者减少对农业的挤压，恢复和增加农业的供给能力是二元财政制度稳定经济职能的重要体现。在长期，由于持续地对重工业及工业大规模投入，农业投资不足，一定时间之后可能导致工业品产出能力的集中释放。但是，由于农业发展滞后，人们收入增长缓慢，缺乏消费能力，导致工业品需求严重不足，影响经济的持续、稳定增长。

第四，经济发展职能。经济发展不仅表现在经济总量的增加上，还体现在经济结构优化、收入分配合理、社会关系以及人与自然关系的协调等方面。一般来说，财政促进经济发展主要体现在优化要素供给、促进技术进步、完善经济结构等方面。

作为经济特定发展阶段和发展环境的一种财政制度，二元财政制度在促进经济发展上主要是通过资源配置向重工业倾斜来尽快奠定经济持续发展的物质和人力基础，为轻工业和农业的长期发展提供物质与技术保障。当然，由于经济发展本身不仅需要有重工业的物质和技术支撑，还需要农业、轻工业与重工业经济结构的协调，因此长期、高强度的资源倾斜配置，将扭曲经济结构，破坏经济的内在联系，最终阻碍经济的持续、协调发展。通过一段时间的资源倾斜配置，当重工业为国民经发展奠定基本的物质和技术基础之后，就应该适时地调整资源配置格局，促进农业、轻工业和重工业关系的协调，使经济走上持续、稳定、协调的发展道路，使人们能共享发展成果。

14.5　中国城乡二元财政制度的实质和表现

二元财政制度作为财政制度的一种形态出现，在后发大国特定发展阶段，其职能的履行必然通过具体的财政制度表现出来。我国的二元财政制度具体表现在如下几个方面：

第一，公平与效率原则体现不明显。在财政收入原则中，从理论上讲，国家应该公平地对待所有国民，包括农村居民和城市居民。国家在税收制度原则中应该贯彻公平和效率的原则，所有公民都有纳税义务，应该根据各自承担税收负担的能力缴纳税收，税收制度设计应该尽量减少对经济主体行为的扭曲。在财政支出上，国家应该为全体国民提供基本公平的公共品和公共服务，以此体现国家在制度设计上的公平性。事实上，以上内容在二元财政制度中没有得到完全有效地体现。

第二，在税收制度安排上，从税收公平角度看，支付能力原则和受益原则都体现得不明显。在支付能力原则的运用上，农村居民和城市居民在纳税义务上存在系统性差别，农民从 1958 年开始缴纳农业税直到 2006 年全面取消农业税，城市居民缴纳个人所得税，但两种都具有所得税性质的税种在税收制度设计上完全不同。农业税的制度设计是按每亩（1 亩等于 666.67 平方米，下同）的单产（取常年平均产量）为计税基础，税率在 7% 左右，只要农民从事农业生产，不管是否盈利，即农业产出是否能够完全抵消农业投入成本，都要按照 7% 的比例税率纳税。与非农业部门比较，城市居民的所得税都规定了相应的成本费用扣除，以净所得为计税依据。城市居民的个人所得税中的工薪税要扣除相当于基本生活需要的部分，即非农业所得税要在确保纳税人正常的生产生活的前提下才缴纳税收，而农业税则是以总收入为计税依据，没有相关扣除规定。在这种规定下，在其他行业可能不需要缴税，但在农业生产领域的农民却要承担纳税义务。此外，作为"三提五统"的收费，中央规定的征收率为 5%，但在具体执行中一般以定额方式为主。与非农业部门从业人员的个人所得税相比，由于针对农民的收费没有规定免征额，不管农民收入多少，均以 5% 予以征收。农民在收入普遍低下的情况下，仍然要缴纳 5% 的各种费用，而其他行业从业人员在相同情况下却不用缴纳类似费用。

第三，农村居民的财政收入义务与公共消费权利不对称。根据受益原则，农民缴纳的税费应当与获得的公共服务相对应，但从我国农业税费的使用情况来看，大部分农业税费为乡镇政府所使用。在我国乡镇政府的财政支出中，人员经费一般占 60%~80%。在人员经费中，又有约 2/3 的经费用于中小学教师工资的发放。其他公共服务，如公共安全、公共卫生、交通服务等主要集中在乡镇政府所在地，与农民关系密切的农田水利及技术服务并没有处于突出的地位，广大农民并没有从政府那里得到与其税费支付相对应的公共服务。

第四，从财政支出制度安排来看，在一段时间，我国财政支出制度不仅缺乏透明度和效率，而且城乡差别明显，对农村存在明显的不平等。从总体上看，我国在财政支出安排上具有重城市、轻农村，重工业、轻农业的特征。城乡居民享有的政府提供公共品和公共服务的权力方面，财力配置是不平等的。在国防、行政管理、科学教育、文化卫生、社会保障、基础设施等基本的生产生活公共品中，除了国防以外，其他公共品和公共服务几乎都存在明显的城市偏向。在行政管理服务方面，城市这部分支出由财政承担，而在农村，约占全部行政管理人员 70%的人员支出基本由农民自己承担，并且由于农村行政管理服务提供成本较高，加重了农民的负担，但农民享受的行政管理服务质量却远低于城市居民。在政府教育支出方面，农村义务教育支出力度小于城镇义务教育支出力度。长期以来，城镇义务教育由国家财政负担，农村义务教育主要由农民自己集资办学，由于农村自然条件等因素，农民子女享受的义务教育质量远远低于城市居民子女享受的义务教育质量。财政教育经费支出中的不同教育层次结构不合理，初等教育、中等教育和高等教育的生均财政性教育经费中严重向高等教育倾斜，使升学率严重偏低的农村再次在财政支出中处于事实上受忽视的地位。在社会保障制度安排上，典型的城乡二元格局也反映出二元财政支出制度的非公平性。长期以来，农村居民的生老病死、鳏寡孤独、伤残、失业等依赖家庭和保障能力极低的集体经济组织。实行家庭联产承包责任制后，很多地方集体经济瓦解，所有这些不确定性风险和确定性风险在较长一段时间完全由农村居民家庭承担。与此形成对比的是，城市居民基本享受了国家提供的、全面完整的，包括养老保险、医疗保险、失业保险、工伤保险、生育保险在内的社会保障以及政府免费提供的社会福利。从城乡不同产业间财政支出结构也可以看出二元财政制度的典型表现。政府财政支农资金严重短缺，满足不了农业发展的要求。1980 年以来，我国财政用于农业的支出在不断增长，但支农支出占财政支出的比重却呈下降的趋势。1980 年所占比重为 12.20%，1985 年所占比重为 7.66%，1990 年所占比重为 9.98%，1995 年所占比重为 8.43%，1999 年所占比重为 8.23%，2007 年所占比重下降到 7.2%。

第五，从预算管理制度安排上看，财政资源在不同产业之间、城乡之间、区域之间和不同层级政府之间的配置格局等与预算管理体制高度相关。在重工业优先发展战略的指导下，资源配置权力高度集中，资源配置重心向工业和城市倾斜。这具体表现为财权事权高度集中在中央，尽管其中也经历了几次财权下放的体制微调，但改革开放前实行的是整体上的高度集权的预算管理体制。资源城乡配置格局实际上就是财权事权在不同层级政府之间划分的延续，县级及其以下政府在集权财政体制下集中的财力非常有限，从而决定了财政用于农村公共品供给和经济社会发展的财力长期处于短缺状态。根据现代公共财政关于预算安排由政治权利格局决定，预算格局安排取决于不同利益群体的政治实力对比的观点，尽管中国共产党代表全中国最广大人民的根本利益，全体人民根本利益是一致的，但是特定发展阶段城乡居民的具体利益和其决策机制还是存在明显区别。进入预算审查的权力机关的城乡居民代表分配从一个侧面反映了这种差别。1953 年 2 月，中央人民政府委员会通过的《中华人民共和国全国代表大会及地方各级人民代表大会选举法》规定，城乡人民代表可以代表不同的人数。在选举全国人大代表时，农村每一位代表所代表的人数是城市每一位代表所代表的人数的 8 倍，即农村选民的实际选举权是城市选民的 1/8；在选举省、县人大代表时，农村选民的实际选举权分别是城市选民的 1/5 和 1/4。这一规定直到 1995 年才有所改变。1995 年 2 月 28 日，全国人民代表大会对选举法进行了修订，新的选举法规定，全国人民代表大会及地方各级人民代表大会的代表名额，均按农村每一位代表所代表的人数是城市每一位代表所代表的人数的 4 倍的原则分配。

此外，在赶超型经济发展战略、计划经济制度和国家集中的资源配置模式下，国家还形成了工农业产品价格"剪刀差"等财政制度，从农业和农村提取大量剩余发展重工业。据不完全统计，我国农业从 1953 年到 1981 年通过价格转移、缴纳税金等向国家提供资金约 7 000 亿元，加上农业集体生产组织内部积累共计约 8 000 亿元，相当于中国同期资金积累总额的 50% 以上。由于我国土地所有权制度的二元性，即国有土地和集体所有土地制度的双重存在，政府通过低价征用农村集体土地将其转化为非农业用地，之后高价转让获取巨额收益，并将其用于对城市基础设施的投资在较长时期内存在。

综上所述，我国在奠定后发大国优势发挥的物质基础阶段实行了城乡二元的财政制度。这一制度的制定目的是在一段时期内建立相对完善的工业和国民经济体系，为较长时期国民经济发展提供条件。当然，这一财政制度和相关社会制度也带来一系列问题，尤其为城乡和产业结构失衡埋下了隐患。这一制度在 21 世纪初已经发生了很大改变，但至今还有部分遗留的痕迹。

15
对改革开放以来中国财政制度
变迁路径的回顾与反思

由奠定国家发展基础阶段的二元财政制度向有助于后发优势和大国优势发挥的具有后发大国特色的公共财政转变是我国财政制度变革的关键线索。中华人民共和国成立后，受当时国际国内发展环境的制约，我国选择了重工业优先的经济发展战略，并配套安排了包括城乡二元财政制度在内的城市偏向的一系列经济制度。这些制度在奠定中国经济社会发展基础的同时，也抑制与阻碍了农村和农业经济的发展，导致城乡经济结构失衡。这种失衡成为较长时期中国经济的典型特征。改革开放以来，我国进行了一系列财政制度改革，初步建立了适应社会主义市场经济体制要求的公共财政框架，具体涉及财政纵向分权、财政支出结构变化、税收制度多次调整等，这些改革措施在一定程度上反映了我国财政制度适应经济发展阶段变化的过程。随着市场机制在资源配置中的作用越来越大，伴随着财政分权和经济快速增长，城乡二元经济结构也快速发生变化。尽管二元经济结构演变具有其内在规律性和趋势性，但毫无疑问，财政制度安排是影响城乡公共资源配置、农业与非农业

要素收益率、要素流向和流量，导致城乡二元经济结构转换的重要原因。财政集权与城市偏向型二元财政制度紧密联系，财政支农支出比重变化是城乡二元财政制度的具体体现，财政经济建设性支出比重变化和财政经济建设性支出结构变化（城市投资和农村投资比重）也在一定程度上反映我国城乡二元财政制度变化的路径。因此，适时转变集权型、城市偏向的二元财政制度是促进城乡二元经济结构转换、实现城乡经济协调发展的重要前提。尽管转变二元财政制度、建立与市场经济相适应的公共财政制度的必要性和迫切性已在学术界形成共识，并展开了部分政策实践，但只有深入研究二元财政制度转变的条件、机制和路径选择等问题，才能促成二元财政制度转变的顺利实现。

由经济建设性财政向提供公共服务的财政转变也是中国财政制度转变的一条重要线索。经济建设型财政是奠定后发优势与大国优势阶段财政制度的典型特征。为了在人均收入低下的条件下启动并推进工业化进程，建立政府主导的、以政府为主体的、偏向经济建设的财政制度是必然的选择。以经济建设为主的经济建设思路落实在财政制度安排上就是将经济建设作为政府的主要职能，将主要的、较高比重的财政收入配置到有助于奠定发展基础的城市工商业领域，对科学、教育、文化、医疗卫生、社会保障、生态保护等方面的财力配置不足。为了构建适合发挥后发优势和大国优势的市场经济体制，将以经济建设为主的财政制度转向以提供市场不能有效提供的公共品和公共服务为主的财政制度，将经济建设型政府改造成服务型政府是财政制度演变的主要方向。由于受到行政体制、社会体制等因素的影响，财政制度变迁可能会滞后于经济发展阶段，这会反过来制约该阶段中国经济潜在后发优势和大国优势的发挥，影响中国经济发展的协调性和持续性。

由中央高度集权的财政向纵向分权的财政转变也是中国财政制度转变的一条重要线索。在奠定后发优势和大国优势的经济发展阶段，为了集中有限的财力在短期内建立基础设施和装备工业体系，我国实行了中央集权的财政制度安排。随着相对完整的工业和国民经济体系的形成，我国经济进入后发优势与大国优势充分发挥的发展阶段，为了调动地方政府发展经济的积极性，促使地方政府有效提供公共服务，由高度集权的财政制度向纵向分权的财政制度转变具有必然性。但纵向财政分权的形式和分权的深度还受到经济社会发展具体情况的制约，后发大国的特殊性决定了中国的财政分权路径和形式具有明显不同于其他国家的特征，具有明显的中国特色。

　　由区域非均衡发展的财政向区域协调发展的财政转变也是中国财政制度变迁的一条重要线索。在奠定国家发展基础阶段，由于资源的有限性，为了集中有限的资源在较短时间内建成支撑国家经济发展的基础，我国实行了非均衡的区域发展战略，对应的财政制度也具有明显的非均衡区域发展的特征。随着后发优势与大国优势充分发挥阶段的到来，为了充分利用大国大市场衍生的分工、协作的规模优势和多元化优势，我国逐渐实行了区域协调发展的一系列政策和对应的财政制度安排。由于我国经济社会发展的特殊性，促进区域协调、均衡发展的财政制度的形成也具有明显的中国特色。

　　在理论上，随着国家发展基础的形成，经济发展进入后发优势与大国优势充分发挥阶段，为促成后发优势和大国优势的充分发挥，财政制度需要从先前城市偏向的、高度集中的、经济建设型的、区域非均衡发展的财政制度向城乡协调发展的、相对分权的、公共服务型的、区域协调发展的财政制度转变。但是，由于财政制度的变迁受到多种因素的制约，我国财政制度的变迁明显滞后于经济发展阶段的转变，上述各方面的财政制度变迁也存在不同步、不协调的特征，导致我国后发优势与大国优势没能充分发挥，进而引发一系列影响经济社会进一步发展的问题。

15.1　对相关研究文献的回顾与简要评价

　　中国城市偏向的二元财政制度受到学术界的高度关注，对于其形成的机制、表现、对中国经济社会发展产生的影响及其向城乡一体财政制度转变的必要性和对策已有大量的研究，梳理这些文献对于洞悉二元财政制度转变的机制和选择转变对策具有十分重要的参考价值①。

---

① 本书论述的二元财政制度是指服务于重工业优先发展的工业化战略的一种财政制度安排，目的是通过在城乡间区别配置财政收入和支出制度，从农村和农业提取剩余转移到城市工业，来加快以重工业为核心的工业化进程。该制度具体表现在城乡财政收入制度上的农民税收负担重于城市居民，在城乡公共品供给和消费上的严重城市偏向和农村歧视等方面。

学者们在探讨城乡二元财政制度的形成机制时，大多从中华人民共和国成立以来的重工业优先的发展战略和城市偏向的经济制度与政策安排角度展开分析。刘明慧和崔慧玉认为，在工业化初期，为了实施赶超发展战略，受"工业偏好"思想的支配，中国对城市和农村、工业和农业、城市居民和农村居民实行不同的资源倾斜政策①。陈宗胜等认为，为了保证重工业优先发展战略的实施，除了实行城乡分治的户籍制度，中国财税和社会保障体制方面也长期实行城乡有别的二元歧视性政策②。文峰从后发大国经济发展的视角对形成机理进行了阐释，为了在人均产值很低的条件下启动和实施资本密集型的以重工业为主的工业化，中国实行了农业支持工业的城乡二元财政体制③。林毅夫等系统分析了中华人民共和国成立以后在赶超发展战略下财政、金融、外贸等经济制度和社会制度形成的基本逻辑，其研究成果受到国内外学者的普遍认同④。现有文献对中国城市偏向的二元财政制度安排的研究多以重工业优先的经济发展战略为逻辑起点，对该制度安排也给予了一定的肯定，但主要还是将其置于计划经济体制框架下分析，在长期经济发展和城乡协调发展的视角下多对其持批评态度，较少将其放在后发大国经济发展的逻辑框架下进行分析。在这一角度上，胡鞍钢所著的《中国政治经济史论（1949—1976）》一书站在后发大国经济发展的视角，结合当时国内外政治经济形式对这种制度安排给予了较全面和实事求是的评价⑤。

已有文献对我国城乡二元财政制度的主要特征进行了较全面的归纳，形成了基本一致的认识。文峰认为，我国财政制度具有从农村和农业获得财政收入多、支出少的二元化特征，而且当农业基本完成了向工业提供资本积累的任务之后，仍然延续了城乡之间、工农业之间不平等的财政政策⑥。刘明慧和崔慧玉指出，在工业与农业之间，国家的资源配置严重不均衡，长期过度倾

---

① 刘明慧，崔慧玉. 二元结构下的财政支出结构调整 [J]. 东北财经大学学报，2006（1）：13-17.

② 陈宗胜，钟茂初，周云波. 中国二元经济结构与农村经济增长和发展 [M]. 北京：经济科学出版社，2008.

③ 文峰. 消除二元财政体制，促进二元经济结构转换 [J]. 开发研究，2004（2）：45-48.

④ 林毅夫，蔡昉，李周. 中国的奇迹：发展战略与经济改革 [M]. 上海：上海三联书店；上海：上海人民出版社，1999.

⑤ 胡鞍钢. 中国政治经济史论（1949—1976）[M]. 2版. 北京：清华大学出版社，2002.

⑥ 文峰. 消除二元财政体制，促进二元经济结构转换 [J]. 开发研究，2004（3）：45-48.

斜于工业，对农业的公共投资严重不足，导致农业发展严重滞后于工业发展①。陈宗胜等从国家对农业和农村的财政投入不足与乡镇财政危机、农村居民不合理的税费负担与积重难返的农村税费改革、农村公共品供给不足、农村社会保障制度缺失等方面总结了城乡二元财政制度的主要内容②。卢洪友和朱华荣从城乡公共品供给制度方面分析了城乡二元财政制度的内容。他们认为，我国城乡二元财政制度主要表现在"一品两制"和"一纵两横"上，即国家在城乡居民间实行两套完全不同的公共品生产成本分摊和收益分享制度，中央政府与地方政府以及上下级地方政府在有关社会公共事务治理责任划分、支出负担分配以及相应的税与非税分享制度安排上，存在公共事务治理责任及支出负担下沉，财权财力层层上收，导致基层财政能力与其所承担的公共事务治理责任及相应的支出负担之间严重失衡，在各级政府、农村自治组织与农户三者之间，在有关农村公共品供给义务及支出负担分配方面，各级政府职能严重缺位，财政投入不足，导致农村公共品供给不足。在各级政府内部，公共财政资源在城乡公共品配置上长期向城市倾斜③。郭金洲把城乡二元财政制度归纳为农村财政收入分配格局和城乡财政资源配置的倾斜性、城乡公共服务供给和城乡税费体制的二元结构等方面④。秦海林指出，中国财政管理体制具有鲜明的二元特征，表现在城乡居民承担的税收义务和税收负担不同，财政支出的优先顺序和比重不同⑤⑥。郭金洲认为，长期以来，二元财政政策没有兼顾城乡公共品供给的均衡性，导致了农村基础教育、社会保障、基础设施等建设的滞后以及公共服务能力的严重不足。另外，我国的税收体制将财富从农村转移到城市，未体现能力纳税原则⑦。蒲晓红和成欢从缴费、待遇和补贴水平三个维度对西部地区的新型农村养老保险制度进行评估分析，

① 刘明慧，崔慧玉. 二元结构下的财政支出结构调整 [J]. 东北财经大学学报，2006 (1)：13-17.

② 陈宗胜，钟茂初，周云波. 中国二元经济结构与农村经济增长和发展 [M]. 北京：经济科学出版社，2008.

③ 卢洪友，朱华荣. 论二元财政结构非均衡制度安排及化解路径 [J]. 现代财经 (天津财经学院学报)，2006 (8)：3-6，23.

④ 郭金洲. 统筹城乡发展的财政政策：基于二元财政结构的分析 [J]. 经济研究参考，2008 (56)：49-54.

⑤ 秦海林. 二元经济中的二元财政测度与分解研究 [J]. 中央财经大学学报，2007 (1)：7-12.

⑥ 秦海林. 农村居民实际税负变化与二元财政测度 [J]. 财经论丛，2010 (5)：31-38.

⑦ 郭金洲. 统筹城乡发展的财政政策：基于二元财政结构的分析 [J]. 经济研究参考，2008 (56)：49-54.

发现新型农村养老保险制度具有鲜明的二元财政色彩①。

此外，国内大量文献在财政分权和中央政府对地方政府政绩考核机制方面的研究认为，地方政府之间事实上存在追求地区生产总值增长的竞争机制。在该机制下，地方政府为追求经济增长和财政收入最大化，导致城乡财政支出结构失衡、经济建设支出和社会服务类支出结构失衡②。客观来讲，在我国的政治体制下，地方政府官员的行为是导致城乡二元财政制度的原因之一，但城乡二元经济结构、地方政府官员行为和城乡二元财政制度之间具有复杂的双向因果关系，即地方政府官员行为是影响城乡二元财政制度的原因；城乡二元经济结构又是影响地方政府官员行为，进而是导致城乡二元财政制度的原因；城乡二元财政制度又是影响城乡二元经济结构转换的重要因素。

二元财政制度对城乡经济社会发展的影响也备受学者关注。傅道忠指出，在很大程度上，我国的城乡差距与长期推行城乡有别的二元财政政策和制度有关③。何振一认为，公共分配城乡二元结构制度安排长期没有得到改革，是造成农村财政困境的根本症结所在④。秦海林等认为，在过去的几十年里，二元财政制度及相关的配套制度是农村居民长期贫困的根源之一。他们认为，二元财政转换有利于促进二元经济增长。但是，如果不考虑税收政策对城乡差距的影响，而仅仅着眼于调整财政支出结构，在客观上可能进一步拉大城乡差距⑤⑥⑦。李春根指出，二元财政结构是我国农村居民税负沉重的重要原因⑧。曾国安和胡晶晶把我国城市偏向的二元财政制度归纳为财政支出制度和税收制度两个方面。这种城市偏向的财政制度强化了城乡分离的二元经济结构，导致城乡居民收入分配失衡的进一步恶化，拉大了城乡在教育、社会保

---

① 蒲晓红，成欢. 西部地区新型农村社会养老保险制度水平的评估 [J]. 经济理论与经济管理，2012 (8)：91-100.

② 周黎安. 转型中的地方政府：官员激励与治理 [M]. 2版. 上海：格致出版社，2017.

③ 傅道忠. 城乡差距及其二元财政成因探析 [J]. 财贸研究，2004 (2)：59-63.

④ 何振一. 关于城乡二元结构下农村财政困难的深层思考 [J]. 地方财政研究，2004 (1)：6-10.

⑤ 秦海林. 二元财政转换与二元经济增长模型分析与实证检验 [J]. 经济学家，2007 (5)：27-33.

⑥ 秦海林，李志勇. 二元财政政策影响城乡差距的实证分析 [J]. 中央财经大学学报，2011 (9)：7-12.

⑦ 秦海林，席文. 二元财政的制度变迁：基于路径依赖的视角 [J]. 经济理论与经济管理，2013 (7)：46-57.

⑧ 李春根. 制度外财政、农民负担与政权合法性：对农村税费改革的一个解释 [J]. 山西财经大学学报，2006 (3)：108-111.

障和基础设施方面的差距，导致农村居民税外费用负担加重①。这些研究成果反映出二元财政制度是导致农村发展滞后、城乡发展差距扩大的重要原因。客观来讲，在市场经济体制下，城乡要素自由流动会带来城乡要素配置结构的改善，一方面会提高要素配置效率，推动经济增长，另一方面可能导致城乡要素流向变化，导致城乡经济发展差距扩大，这是客观经济规律。如果财政制度要改变这种趋势，可能会抑制城乡要素的流动和优化配置，这在控制城乡差距扩大的同时也可能会损害经济增长，使整体经济增长率低于潜在经济增长率，导致城乡经济在低水平均衡。如何看待城乡差距扩大？财政制度安排如何兼顾城乡公平和经济增长？财政应该在城乡经济发展的哪个阶段以多大力度介入和影响城乡发展差距？这些问题确实值得深入思考。

　　鉴于二元财政制度对城乡经济发展的不利影响，研究者从城乡经济协调发展和缩小城乡差距角度出发，从不同角度探讨了转变城乡二元财政制度的对策。文峰和李正彪从制度变迁路径依赖的角度分析了阻碍二元财政制度转变的因素，从外在经济环境、国家在制度供给中的作用、减少财政制度变迁阻力等方面论述了推进二元财政制度转变的对策②。秦海林和席文在分析二元财政制度安排"内在的自我增强机制"的基础上指出，如果没有来自外部的巨大冲击打破现行制度的供需均衡，二元财政制度就会沿着既定的轨道运行下去，并且二元财政制度变迁中还存在一种恶性的路径依赖现象。基于以上分析，他们提出采取边际调整的改革措施和借助市场化的手段改善经济环境，促进二元财政制度转变的对策③。事实上，城乡二元财政制度是中国作为后发大国在经济发展特定阶段的制度安排，随着经济发展阶段的推移，必然要被新的财政制度安排所替代。但是，财政制度转变不是自发实现的，需要充分考虑相关影响因素，充分考虑财政制度的供给和需求相匹配等。

　　从现有文献看，学术界对我国二元财政制度的含义、表现、特征及其对城乡经济社会发展的影响有比较一致的认识，对城乡二元财政制度转变的方向也有一致的期待，即转变到城乡一体的财政制度，但大多数学者立足于经

①　曾国安，胡晶晶.论中国城市偏向的财政制度与城乡居民收入差距 [J].财政研究，2009（2）：36-39.

②　文峰，李正彪.制度演进视角的中国二元财政制度变迁 [J].经济问题探索，2008（6）：1-4.

③　秦海林，席文.二元财政的制度变迁：基于路径依赖的视角 [J].经济理论与经济管理，2013（7）：46-57.

济体制、政府行为和城乡经济关系视角讨论城乡二元财政制度，没有将城乡二元财政制度置于后发大国经济发展的视角，没有把二元财政制度当成后发大国财政制度演进的其中一个阶段来思考和看待，没有充分认识到作为典型后发大国，我国经济发展具有阶段性，内生于经济发展中的财政制度也具有阶段性和动态性的特征。因此理论分析和对策研究的视野还可以适当拓宽。

二元财政制度是我国作为典型后发大国的特定经济发展阶段的制度，农业、非农业和城乡之间二元财政制度格局是典型和突出的特征，但不是全部内容。该财政制度下城市各非农业产业间非均衡发展，满足当期民生消费财政投入不足。财权和事权高度集中，区域间非均衡发展等特征在后发优势和大国优势发挥阶段都有新的特征。例如，在以经济建设为中心的思想指导下，经济建设财政支出比重持续保持较高水平，财政支出进一步向城市、工业和商业、经济发达地区倾斜，财政纵向分权在调动地方发展经济积极性的同时，进一步强化地区、城乡和行业之间失衡的财政支出结构，加剧我国经济发展的结构性矛盾，阻碍后发大国优势充分发挥。

15.2 后发大国发展框架下中国经济发展的基本阶段

以改革开放为标志，我国经济发展开始从奠定后发大国发展基础阶段转向后发优势与大国优势发挥的发展阶段。随后，由于经济发展相关制度安排的原因，出现了大国优势与大国劣势、后发优势与后发劣势并存，甚至出现后发劣势和大国劣势逐渐增强的趋势。经济发展阶段既是财政制度变迁的基础和前提，又受到财政制度的影响。厘清改革开放以来中国经济发展所经历的主要阶段，有助于为财政制度变迁提供一个参照系，便于对财政制度变迁的方向、进程进行合理研判，进而对财政制度优化提供依据。

15.2.1 不同发展阶段经济发展基本政策轨迹

按照后发大国经济发展的基本逻辑，中国有计划的经济发展可以划分为如下几个阶段：1952—1978 年为奠定后发大国发展基础的阶段，1979—2001 年前后是后发优势与大国优势充分发挥并受到后发劣势与大国劣势干扰和阻挠的发展阶段，2001年左右到现在是有意识地抑制大国劣势和后发劣势，培养后发大国可持续发展能力阶段。中国经济发展主要阶段的划分，一方面基于后发大国经济发展的基本逻辑和路径，另一方面基于中国国民经济发展相关的重要指导性文件提供的政策指引。

15.2.1.1　为中国经济发展奠定发展基础的阶段

中华人民共和国成立后，中国开始为期三年的国民经济恢复时期。在这段时期，中国通过集中的财政金融管理稳定了经济社会局面，并实现了国民经济的恢复。1952年，中国开始有计划地开展经济建设，鉴于国家经济发展的特定国情，加之国际军事和政治形势的影响，我国选择了重工业优先的工业化道路。为了能在经济发展水平较低的条件下启动和推进重工业优先的工业化和经济发展进程，我国实行了计划经济体制，配套实行了城市偏向的、经济建设偏向的、以国有企业为主体的中央高度集权的财政制度。由于工业化道路偏离了国内要素禀赋结构，相应的财政经济制度安排在推进重工业优先的工业化过程中遭遇了若干次强制性的调整。尽管财政经济制度经过几次调整，但直到1978年，我国财政制度基本保持了城市偏向、重工业偏向、经济建设偏向、高度集权的基本特征。尽管财政制度安排对经济社会发展产生了一些扭曲和不利影响，但基本上奠定了中国经济发展的物质基础，为进入后发优势和大国优势充分发挥阶段提供了物质条件。

15.2.1.2　后发大国优势、劣势并存的发展阶段

第一，从奠定后发大国发展基础的阶段向后发优势与大国优势充分发挥阶段转变的过渡时期。

1977年召开的党的十一大宣告"文化大革命"已经结束。党的十一大报告指出，要贯彻多快好省地建设社会主义的总路线和一套"两条腿走路"的方针，把整个国民经济纳入有计划、按比例、高速度发展的社会主义轨道，以农业为基础、工业为主导，实现农业、轻工业、重工业和其他经济事业的协调发展，全面跃进。党的十一大报告提出，到1980年，我国要建成独立的、比较完整的工业体系和国民经济体系。1979年9月，叶剑英在庆祝中华人民共和国成立30周年大会的讲话中宣布："我国在旧中国遗留下来的'一穷

二白'的基础上，建立了独立的比较完整的工业体系和国民经济体系。"① 党的十一大是在"文化大革命"结束后召开的第一次全国代表大会，党的指导思想仍然没有从根本上转变，当时国家的工作总体上还处在徘徊中前进的局面②。

1978 年 12 月，党的十一届三中全会的召开标志着全党把工作重心转移到社会主义现代化建设上来。会议确立了解放思想、实事求是的思想路线，提出了解决国民经济重大比例失调问题的要求，通过了加快农业发展的决定。为了把农业搞上去，必须首先在农村实行改革，推行家庭联产承包责任制。

党的十一大和党的十一届三中全会提出的关于经济建设的指导思想有两个方面的重要作用：一是将经济建设重新置于党和国家的工作重心，这为未来一段时期的经济建设提供了指引；二是调整重大经济结构。党的十一届三中全会是我国经济发展的转折点，既是从计划经济体制向市场经济体制转变的转折点，也是从奠定后发大国发展基础的阶段向充分发挥后发优势和大国优势阶段跨越的转折点，意味着要逐渐改变奠定后发优势和大国优势的物质基础阶段的重大经济结构。在奠定发展基础阶段实施的重工业偏向的、非均衡的投资政策意味着制约经济发展的交通等基础设施、农业、轻工业等领域可能在接下来的一段时期内有较快的发展，经济体制改革进而财税体制改革也因此进入新的阶段。

1982 年召开的党的十二大反思了前一段经济社会发展中的问题，实事求是地确定了我国经济建设的战略目标、战略重点、战略步骤和一系列正确方针，提出在未来 20 年内，要把农业、能源和交通、教育和科学作为经济发展的战略重点。党的十二大明确提出国家要通过集中必要的资金，分清轻重缓急，进行重点建设，打破国民经济发展的瓶颈。在对前期经济建设进行反思的基础上，党的十二大提出了经济建设的目的是要不断满足人民日益增长的物质文化需要。在不同所有制经济形式构成的经济结构中，党的十二大认为要坚持社会主义国营经济在整个国民经济中的主导地位，同时允许多种经济形式在较长时期内存在。在看待不同资源配置机制的作用上，党的十二大认

---

① 叶剑英. 在庆祝中华人民共和国成立三十周年大会上的讲话 [N]. 人民日报, 1979-09-30 (01).
② 张士义, 王祖强, 沈传宝. 从一大到十九大：中国共产党全国代表大会史 (1921—2017) [M]. 北京：东方出版社, 2018：225.

为要在公有制基础上实行计划经济，同时也要继续发挥市场机制的调节作用，但决不能忽视和放松国家计划的统一领导。党的十二大的召开标志着党和国家的重点工作转移到经济建设上来，开始探索有中国特色的社会主义建设道路，也标志着我国奠定经济发展基础阶段的结束，并开始向新的经济发展阶段过渡。从奠定发展基础的发展阶段向后发优势和大国优势充分发挥阶段过渡不是在短期内实现的，而是需要经历一个过程。

党的十二大以后，我国对不同所有制经济形式在国民经济中的作用和不同资源配置方式的作用与地位的认识进一步深入。1984 年召开的党的十二届三中全会阐明了加快以城市为重点的整个经济体制改革的必要性、紧迫性，规定了改革的方向、性质和各项基本方针。党的十二届三中全会指出，改革是我国形势发展的需要，是为了建立充满生机的社会主义经济体制；增强企业活力是经济体制改革的中心环节；要建立自觉运用价值规律的计划体制，发展社会主义商品经济；要建立合理的价格体系，充分重视经济杠杆的作用；要实行政企职责分开，正确发挥政府机构管理经济的职能；要建立多种形式的经济责任制，认真贯彻按劳分配原则；要积极发展多种经济形式，进一步扩大对外的和国内的经济技术交流。

党的十二大提出的工作重点的转移、发展多种所有制经济、自觉运用价值规律、发展商品经济、增强企业活力等思想无疑是符合后发优势与大国优势发挥阶段的经济发展的基本要求的。但是，后发优势和大国优势充分发挥所需要的制度条件不是短期内同时具备的。1978 年从农村开始的经济体制改革取得了明显的成效，城市经济也需要调整奠定发展基础阶段的经济体制，即开启城市经济体制改革的进程。经济体制改革的重点从农村转移到城市必然涉及国有企业改革，相应地，这必然对财政体制改革产生明显的影响。在后发大国发展基础基本形成后，国家开始重视价值规律和市场机制的作用，有助于推动中国经济进入后发优势与大国优势充分发挥的阶段。从开始重视价值规律和市场机制的作用，允许多种经济成分存在与大国优势和后发优势充分发挥所需要的市场经济体制还有一定的距离，财政、金融、投资、宏观调控等制度的形成和微观经济主体构建等经济制度的形成则是市场经济体制正常发挥作用的重要制度前提。因此，现实中便于后发大国优势发挥的市场经济制度的建成及其作用的充分发挥与后发大国发展基础形成后的新的发展阶段的到来和获得潜在的后发优势、大国优势红利还存在一定"时差"。

　　尽管承认了市场机制在资源配置中的必要性和多种经济成分并存在中国经济发展中的合理性，但要制定适合我国经济发展的相关制度和政策还必须清楚认识我国经济发展所处的阶段。党的十三大提出并系统阐述了社会主义初级阶段理论和党的基本路线，指出我国还处在社会主义初级阶段，主要任务是集中力量进行现代化建设，坚持对外开放，以公有制为主体，大力发展有计划的商品经济。在明确我国经济发展所处阶段和重点工作的基础上，党的十三大提出我国经济建设"三步走"的发展战略。此外，党的十三大还提出经济发展要把发展科学技术和教育事业放在首要位置，使经济建设转到依靠科技进步和提高劳动者素质的轨道上来，经济建设需要保持社会总供求的基本平衡，要合理调整和改造产业结构，实现经济结构平衡。尽管我国潜在市场大，但受制于经济发展水平的国内市场实际规模不大，市场相关制度不完善、不健全，我国还应进一步扩大对外开放的广度和深度，在对外开放中不断发展对外经济技术交流与合作，通过交流与合作将潜在的技术和制度后发优势转化为经济发展的成果。党的十三大还在经营机制改革、促进横向经济联合、加快培育和建立社会主义市场体系、健全宏观经济调节体系、发展多种所有制经济和多种分配方式等方面做出了重要表述。显然，社会主义初级阶段理论为我国经济发展进入新的发展阶段提供了重要的指引。

　　社会主义初级阶段理论的提出无疑定位了中国经济发展的坐标，使中国经济发展战略和制度安排真正建立在中国国情的基础上，使中国经济发展从中国的实际出发。培育和建立社会主义市场体系有助于发展商品经济，这也是后发优势和大国优势发挥的重要条件。奠定国家发展基础阶段的制度安排导致企业缺乏经营自主权、发展动力不足，搞活企业（尤其是全民所有制企业）不仅需要处理好所有权与经营权的关系，下放一些企业管理权限、给予企业一定的经济激励也是必然的选择。这意味着需要对国民收入分配结构进行调整，进而带来财政收入增速和财政收入占国内生产总值比重的变化。赋予企业更多的收入分配份额，有助于调动企业的积极性，在社会消费品供给不足、刚性消费需求巨大的情况下，企业积极性的提高必然伴随着供求两旺、经济快速增长，但向企业倾斜的收入分配意味着财政收入比重下降，可能出现财政困难，随之而来的将会引起财政制度的变革。

　　客观上，从党的十一届三中全会确立把党和国家的工作重点转移到经济建设上来到党的十三大提出中国特色社会主义理论是后发大国经济发展的一个过渡时期。该时期主要开展了以下几项具有标志性的工作：其一，明确了我国社会主义建设时期党和国家的工作重点是经济建设；其二，开始着手调整在奠定后发大国发展基础阶段的农业、轻工业、重工业以及重工业内部的经济结构；其三，从重视计划机制在经济发展中的作用向开始重视价值规律和市场机制在资源配置中的作用调整，从发展产品经济的思路向重视发展社会主义商品经济的思路转变；其四，从重视国家宏观发展目标向重视微观经济主体活力的方向转变，这在激励农民和国有企业生产积极性与促进经济增长的同时，在一定程度上也会带来国民经济分配结构的调整；其五，从重视公有制经济尤其是国有企业的主体地位和主导作用开始转向承认多种经济成分长期共存；其六，经济发展重点实现了阶段性地转向农村，重视恢复农业经济，再转向城市，搞活城市国有企业。上述转变在一定程度上有助于经济发展阶段的转变，有助于形成后发优势与大国优势发挥的制度条件和社会条件，但上述转变还远不是后发优势与大国优势充分发挥的全部要求。其中，十分重要的市场经济体制和与其相适应的公共财政制度的形成、完善以及政府经济管理方式的转变还需要进一步的经济体制、社会体制和政治体制改革来实现。

随着价格机制和市场在资源配置中的作用的进一步增强，非公有制经济得到大力发展，多种所有制经济并存的格局逐渐形成，社会主义商品经济得到大力发展，市场经济导向的经济体制改革方向逐渐清晰。1992年召开的党的十四大确立了邓小平建设中国特色社会主义理论在全党的指导地位，明确提出我国经济体制改革的目标是建立社会主义市场经济体制。党的十四大确立市场经济体制改革的方向和以中国特色社会主义理论为指导的经济社会建设的指导思想必然对经济社会发展和财政、金融等经济制度建设产生深远的影响。社会主义市场经济是一个内部结构复杂的经济体制，其形成、稳健运行并充分发挥作用需要一系列有机结合的制度。相应地，从计划经济体制转向市场经济体制就需要一系列配套改革跟进。其中，财税体制改革的方向是统筹兼顾国家、集体、个人三者利益，理顺国家与企业、中央与地方的分配关系，逐步实行利税分流和分税制。社会保障制度建设的目标是建立待业、养老、医疗等适应市场经济要求的社会安全网。国家需要根据市场经济运行的内在逻辑，厘清政府和市场之间的关系，实现政企分开。国家经济社会的发展需要同时注意处理中央政府和地方政府的关系，在维护中央权威的前提

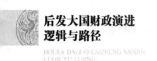
下合理分权，充分发挥中央和地方的积极性。此外，国家还需要改革计划、投资、财政、金融和一些专业部门的管理体制，健全科学的宏观管理体制与方法。党的十四大提出了确立社会主义市场经济体制的基本改革目标，规划了市场经济及其相关改革的蓝图，但相关改革的推进速度和协调程度是影响与决定市场机制作用发挥程度的重要因素，也是影响中国潜在的后发优势和大国优势发挥程度的重要因素。

党的十四大提出了社会主义市场经济体制改革的基本方向，市场经济体制改革的相关具体配套改革内容则是党的十四届三中全会制定的。1993 年召开的党的十四届三中全会审议通过了《中共中央关于建立社会主义市场经济体制若干问题的决定》，建立了社会主义市场经济体制的基本框架。该文件指出，建立社会主义市场经济体制作为一个系统工程，需要建立现代企业制度；培育和发展市场体系；转变政府职能，建立健全宏观调控体系；建立合理的个人收入分配制度和社会保障制度；深化农村经济体制改革；进一步扩大对外开放；深化科技体制和教育体制改革，等等。市场经济体制的建立、形成是一个系统工程，需要一个过程才能完成。中国作为典型的后发大国，适合中国的市场经济体制应该是既体现市场经济的一般原则，又体现中国这一典型后发大国的政治、经济、历史、文化等具有中国特色。

党的十四届三中全会后，在社会主义市场经济体制框架下，我国经济体制改革在财税、金融、外汇、外贸、投资、价格以及国有企业改革等方面取得了突破性进展。为适应社会主义市场经济体制的要求，政府需要转变职能，制定和执行宏观调控政策，搞好基础设施建设，创造良好的经济发展环境，培育市场体系，监督市场运行和维护平等竞争，调节社会分配和组织社会保障等。为了适应社会主义市场经济体制的需要，财税体制需要进行重大改革，具体包括：一是把计划经济体制向市场经济体制过渡阶段实施的地方财政包干制改为在合理划分中央与地方事权基础上的分税制，建立中央税收和地方税收体系；二是按照统一税法、公平税负、简化税制和合理分权的原则，改革和完善税收制度，形成与市场经济体制相适应的税收制度体系；三是改进和规范复式预算制度，使预算制度符合社会主义条件下公共财政的基本要求。

尽管党的十四大和党的十四届三中全会提出了建立社会主义市场经济体制的改革目标，但适应市场经济体制的财政等经济制度究竟应该如何建设，各项经济制度如何从奠定国家发展基础阶段的、适应计划经济体制的制度协调状态转变到适应后发优势和大国优势充分发挥需要的、是有后发大国特色的、相互协调与有机统一的经济制度体系还需要进一步探索。党的十四届三中全会提出的财税体制改革承载着双重使命：一方面要矫正之前财政经济中存在的问题，如调动地方政府和企业发展经济的积极性，"放权让利"阶段财税改革导致财政收入比重下降及其引发的经济社会问题；另一方面要着手形成与市场经济体制相适应的财税体制，尤其是建立适应市场经济体制要求的财税体制不仅要面临政治、经济、社会等方面的约束，还需要有相关的理论探索和准备。由于我国经济发展路径的特殊性，可供借鉴的经验不足，理论准备不够充分，加之适应具有后发大国特色的市场经济的财政理论准备不够充分，决定了尽管我国经济建设已经开始向市场经济体制转变，后发优势和大国优势也开始显现与释放，但相应的财政制度建设仍然是一个渐进的、缓慢的、曲折的过程，这又反过来影响与制约着后发优势和大国优势的发挥，使后发优势和大国优势以不完全、不充分，甚至扭曲的形式显现出来，加大后发大国经济发展的复杂性和曲折性。

第二，后发大国优势与劣势交织，经济快速非均衡发展阶段。

党的十四大以后，我国社会主义市场经济体制的框架加速构建。按照市场经济体制的要求，国家推进了财政、税收、金融、投资、外贸、社会保障等体制改革，市场在资源配置中的基础性作用明显增强。在国民经济和社会发展取得显著成绩的同时，也存在一系列问题，比如国民经济整体素质和效益不高、经济结构不合理的矛盾仍然比较突出，收入分配关系还没有理顺，城乡社会部分群众生活还比较困难等。这意味着与市场经济体制相关的改革还需要继续推进，市场经济体制还需要进一步健全和完善。尽管发挥后发优势和大国优势的物质基础在1952—1978年和1978年开始的农业、轻工业、重工业经济结构以及重工业内部结构调整阶段已经基本具备，但制度因素作为后发优势和大国优势发挥的制度条件，是影响后发优势和大国优势发挥程度的重要因素。市场经济体制及相关制度的渐进完善和不健全决定了我国后发优势和劣势、大国优势和劣势长期交织具有必然性，在建立市场经济体制的一段时期内是后发优势与大国优势处于主导地位，发挥着支配性作用，后发劣势和大国劣势处于从属地位，发挥次要作用。如果市场经济及相关制度建设严重滞后或部分制度严重缺失，制度整体功能的发挥出现严重障碍，后发优势和大国优势难以充分发挥，后发劣势和大国劣势居于主导地位，发挥决

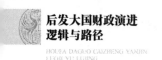

定性作用，中国经济发展就有陷入困境、出现停滞甚至倒退的风险。

1997 年，党的十五大召开。党的十五大以后的一段时期是我国实现第二步战略目标、向第三步战略目标迈进的关键时期。党的十五大确立了邓小平理论是党的指导思想，制定了社会主义初级阶段的基本纲领，确定了经济体制改革和经济发展的战略。经济体制改革和经济发展战略中提出，调整完善所有制结构，贯彻以公有制为主体、多种经济成分共同发展的方针；加快推进国有企业改革；坚持按劳分配为主体、多种分配方式并存的分配制度；集中财力、振兴国家财政是保证经济社会各项事业发展的重要条件；充分发挥市场机制的作用，健全宏观调控体系；强化农业的基础地位，调整和优化经济结构；实施科教兴国战略和可持续发展战略；努力提高对外开放水平；不断改善人民生活。党的十五大提出的目标对中国在后发优势和劣势、大国优势和劣势交织阶段的发展具有十分重要的指导意义，提出的改革任务也是在发展中发现或出现的，关系到后发优势和大国优势能否得到充分发挥、后发劣势与大国劣势能否得到有效抑制的关键问题。

农业在市场经济体制下容易受到不利冲击，对于后发大国经济发展而言，农业容易成为发展瓶颈，影响后发大国经济的持续、协调发展，因此关注农业发展是中国市场经济条件下经济发展的重点工作。1998 年召开的党的十五届三中全会审议并通过《中共中央关于农业和农村工作的若干重大问题的决定》（以下简称《决定》），在高度评价农村改革 20 年取得的巨大成就和丰富经验的同时，也提出了构建适应社会主义市场经济要求的农村新经济体制的基本框架。根据党的十五大的部署，《决定》提出了从 20 世纪末起到 2010 年建设中国特色社会主义新农村的奋斗目标，确定了实现这些目标的十项方针。《决定》强调在农村基本经济制度、经营制度、分配制度的基础上，按照建立社会主义市场经济体制的要求，深化改革。城乡差距问题、农业与非农业问题高度相关，在市场机制作用下，资源自由流动和配置效率提高在带来经济快速增长的同时也容易扩大城乡发展差距、农业与非农业发展差距，导致经济结构失衡，抑制大国优势的发挥。因此，构建市场经济条件下农业农村经济发展的新机制对中国经济发展十分重要。

2000 年，党的十五届五中全会审议通过了《中共中央关于制定国民经济和社会发展第十个五年计划的建议》（以下简称《建议》）。《建议》提出，从 21 世纪开始，中国将进入全面建设小康社会、加快推进社会主义现代化的新的发展阶段。在经济快速发展时期，城市经济快速发展，城市居民和经济发达地区居民率先进入小康社会比较容易，但农村和经济欠发达地区受要素禀赋制约与市场机制影响，经济发展较慢，生活水平较低，如何通过经济制度安排促进城乡和地区经济协调发展，实现全面小康目标，直接关系到中国经济发展的质量和发展的可持续性，值得引起高度关注。随着经济体制改革的推进，市场经济体制激活了中国经济潜在的后发优势和大国优势，实现了经济的持续快速增长。在经济增长中，城市作为经济增长的主力军发挥了引领经济增长的作用，以经济建设为中心实际上也是以城市为经济增长的重点，这意味着政府的工作重心放在了城市。在市场经济条件下，农村和城市、农业和工商业不同的生产经营方式、差异巨大的区位条件就容易导致城乡发展差距扩大，政府经济发展的重点放在城市意味着经济政策安排偏向于城市，财政资源配置集中在城市。此外，工商业空间集中和生产效率高、供给和需求弹性大、市场机制能有效调节供求关系的特点和改革措施的非均衡性供给也导致城乡经济市场化进程不同，城市市场化进程明显快于农村，这必然导致城乡发展差距、农业与非农业发展差距持续扩大。城乡经济结构失衡必然通过对市场需求、农产品供给等途径抑制大国优势的发挥，甚至导致大国劣势的出现，并间接影响后发优势的发挥，加剧后发劣势的积累。因此，在城市经济市场化快速推进的过程中，加快农村经济市场化进程、加快农村经济发展进程就成为中国经济发展大局中的重要环节和重要内容了。

党的十五大和党的十五届三中全会在中国特色社会主义理论指导下推进适应市场经济体制的相关改革有助于深化市场经济体制的改革，充分发挥市场机制作用。在城市市场经济体制改革持续推进的同时，国家对农村经济市场化给予了充分肯定。面对城乡差距扩大的现实和趋势，国家提出了建设社会主义新农村的目标和相应的发展指导方针。由于城乡的产业异质性、经济发展基础条件的差异，在市场机制作用下，城乡之间、农业与非农产业之间的发展差距必然阶段性扩大，这可能导致中国作为典型后发大国的国内城乡经济结构的失衡，进而影响和制约经济的进一步发展。因此，协调推进城乡经济市场化和城乡经济的协调发展是后发大国经济发展的必然要求。城乡经济市场化和新农村建设必然要求财政制度做出适应性的调整。因此，党的十五大的召开意味着财政制度演变即将进入新的发展阶段，即从以城市为重点的改革和发展阶段向关注农村经济社会发展的财政制度转变。

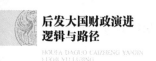

15.2.1.3　抑制后发大国劣势，提升经济发展质量的发展阶段

经济发展的重心转移关系到中国经济发展的大局，对于较长时期以城市为重点的经济发展观念、思路和政策而言，这种转变面临很大的阻力，需要国家高度重视和强力推动。2002年召开的党的十六大的主题为高举邓小平理论伟大旗帜，全面贯彻"三个代表"重要思想，继往开来，与时俱进，全面建设小康社会，加快推进社会主义现代化，为开创中国特色社会主义事业新局面而奋斗。党的十六大标志着经济社会发展的指导思想开始从注重城市发展转向关注全社会统筹、协调发展，经济发展的重点开始由城市向农村转移。党的十六大是在社会主义市场经济体制初步建立，国民经济持续快速健康发展，社会主义民主政治和精神文明建设取得显著成效，人民生活总体上达到小康水平，对外工作开创新局面等建设成绩基础上召开的。同时，这一时期还存在农村居民和部分城镇居民收入增长缓慢、失业人员增多、有些群众的生活还很困难的情况。党的十六大是在中国经济发展进入新的发展阶段的一次重要的大会。从中国经济发展的基本事实看，尽管我国经历20多年的持续快速增长，但城乡二元经济结构还没有改变，地区差距扩大的趋势还没有扭转，收入分配关系尚未理顺，市场经济秩序有待继续整顿和规范，生产力发展水平、科技水平、教育水平仍比较落后。党的十六大在经济建设方面聚焦于全面建设小康社会的奋斗目标，继续坚持以经济建设为中心，不断解放和发展社会生产力，继续激活和释放后发大国的后发优势和大国优势，力求将后发优势和大国优势转化为经济发展红利。党的十六大强调，全面建设小康社会需要走新型工业化道路，大力实施科教兴国战略和可持续发展战略；需要全面繁荣农村经济，加快城镇化进程；需要积极推进西部大开发，促进区域经济协调发展；需要坚持和完善基本经济制度，深化国有资产管理体制改革；需要健全现代市场体系，加强和完善宏观调控；需要深化分配制度改革，健全社会保障体系；需要坚持"引进来"和"走出去"相结合，全面提高对外开放水平；需要千方百计扩大就业，不断改善人民生活。

中国经济发展的过程一直伴随着与经济发展相关的市场经济体制的建立、完善和经济结构失衡的调整与矫正的过程。作为典型的后发大国，中国的经济发展是在市场经济体制建立、完善过程中的后发优势和大国优势充分发挥，后发劣势和大国劣势、后发优势和大国优势并存的发展过程。市场经济体制的不完善和不健全是阻碍中国经济持续、健康发展的重要障碍。因此，完善、健全市场经济体制是中国经济发展必须完成的任务。2003年召开的党的十六届三中全会集中讨论了完善社会主义市场经济体制的若干重大问题。会议提出，进一步巩固和发展公有制经济，鼓励、支持和引导非公有制经济发展；完善国有资产管理体制，深化国有企业改革；深化农村改革，完善农村经济体制；完善市场体系，规范市场秩序；继续改善宏观调控，加快转变政府职能；完善财税体制，深化金融改革；深化涉外经济体制改革，全面提高对外开放水平；推进就业和分配体制改革，完善社会保障体系；深化科技、教育、文化、卫生体制改革，提高国家创新能力和国民整体素质；深化行政管理体制改革，完善经济法律制度。2005年召开的党的十六届五中全会审议通过了《中共中央关于制定国民经济和社会发展第十一个五年规划的建议》，明确了建设社会主义新农村的重大历史任务，为三农工作指明了方向，进一步突显出国家对大国经济结构协调的关注。我国已在通过农业农村的发展缩小城乡发展差距，进一步发挥、挖掘、放大后发大国的优势，抑制、阻止城乡和产业结构失衡对中国经济可能造成的负面影响，实现经济社会的全面、协调和可持续发展。2006年召开的党的十六届六中全会聚焦构建社会主义和谐社会，提出逐步扭转城乡、区域发展差距扩大的趋势，基本形成合理有序的收入分配格局，基本建立覆盖城乡居民的社会保障体系，进一步完善基本公共服务体系，进一步提高政府管理和服务水平。党的十六届六中全会还提出了全民族的思想道德素质、科学文化素质和健康素质明显提高，良好道德风尚、和谐人际关系进一步形成；全社会创造活力显著增强，创新型国家基本建成；社会管理体系更加完善，社会秩序良好；资源利用效率显著提高，生态环境明显好转；实现全面建设惠及十几亿人口的更高水平的小康社会的目标，努力形成全体人民各尽其能、各得其所而又和谐相处的局面。客观来讲，伴随着后发优势和大国优势的发挥，中国经济实现较长时间的持续快速增长和持续快速的技术进步，但由于相关经济、政治和社会体制不健全，后发劣势和大国劣势有增强的趋势，如果不采取有效措施解决经济和社会发展的失衡问题，中国经济有陷入"中等收入陷阱"的风险。因此，适时提出构建和谐社会的目标和具体措施有助于中国经济的持续、健康发展。

党的十六届六中全会在构建社会主义和谐社会的框架下提出了财税体制改革的目标。财税体制改革要健全公共财政体制，调整财政收支结构，把更多财政资金投向公共服务领域，加大财政在教育、卫生、文化、就业再就业服务、社会保障、生态环境、公共基础设施、社会治安等方面的投入。党的十六届六中全会提出，进一步明确中央和地方的事权，健全财力与事权相匹配的财税体制；要促进转移支付规范化、法制化；要保障各级政权建设需要；要着力解决县乡财政困难，增强基层政府提供公共服务的能力；要逐步增加国家财政投资规模，不断增强公共产品和公共服务供给能力。

财税体制改革的适时推出是顺应我国经济发展阶段转移，解决经济社会发展面临的主要矛盾的必然要求。随着市场经济体制框架的基本建成，市场在资源配置中的作用逐渐增强，大国优势和后发优势在不完善的市场经济体制下逐渐发挥出来，中国经济发展呈现出经济持续快速增长，城乡、区域发展差距扩大，经济结构失衡加剧，经济发展和社会事业发展不平衡等复杂局面。尽管市场经济体制框架基本形成，但财税体制、社会保障等相关的制度建设还不完善，相关制度的不完善反过来限制市场机制作用的充分发挥，或者导致市场机制以扭曲的方式发挥作用，使市场"失灵""无效"的经济社会问题大量出现、蔓延、累积，这无疑加剧了后发大国内部的经济结构失衡，抑制后发优势和大国优势的充分发挥，导致后发劣势和大国劣势提前出现。改变经济建设以单纯的经济增长为目标的、以城市为重点的、区域非均衡发展的相关财政制度安排，进一步完善中国具有后发大国特色的财政制度，挖掘、拓展大国优势和后发优势，抑制大国劣势和后发劣势成为这一时期我国财政制度建设的主要任务。

纵观我国经济发展的过程，可以发现一个基本规律，大国经济发展必须以科学的、系统的发展观为指导，才能保证经济社会的协调、可持续发展。尽管我国在经济建设中有意识地以马克思主义普遍联系和系统论的思想为指导，但经济社会发展的失衡问题仍然长期干扰我国经济发展，甚至对经济发展带来很大的挑战。2007年召开的党的十七大提出了深入贯彻落实科学发展观，实现全面建设小康社会奋斗目标的新要求。党的十七大强调，科学发展观的发展是以人为本，统筹兼顾，全面、协调、可持续的发展，这也正是大国经济持续、协调发展的基本要求。全面建设小康社会是要在党的十六大提出的坚持中国特色社会主义经济建设、政治建设、文化建设、社会建设的基本纲领的基础上，增强发展协调性，扩大社会主义民主，加强文化建设，加快发展社会事业，建设生态文明。随着技术的不断进步，中国技术后发劣势越来越明显，技术水平的进一步提高越来越受到发达国家的抑制和阻挠，从发达国家的技术抑制和阻挠中突围的唯一选择就是增强自主创新能力，建设创新型国家。尽管我国资源绝对量大、要素种类齐全，但是随着经济总量的增加，经济发展的要素约束越来越明显，这迫使我国加快转变经济发展方式，推动产业结构优化升级。为了抑制城乡差距扩大形成的城乡经济结构失衡及其给经济发展带来的不利影响，我国必须统筹城乡发展，加快农村经济的发展进程，推进社会主义新农村建设。为了缓解经济发展的资源环境约束，实现经济的可持续发展，我国需要加强能源资源节约和生态环境保护。地区发展差距扩大是大国经济发展的一种必然现象，也是引致后发大国劣势的重要因素，因此抑制地区间发展差距扩大、弱化区域经济结构失衡需要推动区域协调发展，优化国土开发格局。我国的市场经济不是原生性的市场经济，而是具有很强的政府主导的、人为构建的市场经济的性质，市场经济制度作为一个复杂系统不是短期内能够建立起来的，市场制度的不完善、不健全确实是长期影响我国经济发展质量提高的重要因素。因此，完善基本经济制度，健全现代市场经济体系是我国经济进一步发展的必然要求。鉴于财政在国家治理中处于基础地位，财税体制对经济社会发展的影响具有全局性，为实现经济社会统筹、协调发展，必须深化财税体制改革。尽管中国作为大国拥有广阔的国内市场，但通过对外开放，利用国际市场不仅可以弥补国内市场的不足，获得技术后发优势，获得其他国家的资源和市场，还可以拓展大国经济的多元化优势和规模化的优势。因此，我国需要进一步拓展对外开放的广度和深度，提高开放型经济水平。

党的十七大对财税体制改革做出了重要的规划。党的十七大明确提出：第一，要围绕推进基本公共服务均等化和主体功能区建设，完善公共财政体系。尽管我国市场机制已经基本建成，但适应市场经济体制的公共财政制度还远不够完善，而这已经成为我国经济发展的"短板"，因此我国必须尽快完善公共财政体制。第二，深化预算制度改革，强化预算管理和监督。我国财政体制建设涉及诸多领域，各领域的改革进程并不一致，预算制度改革和建设已经明显掣肘财政制度建设，因此深化预算制度改革势在必行。第三，健全中央和地方财力与事权相匹配的财政体制，加大公共服务领域投入。中央与地方事权的合理划分和财权的科学界定关系到不同层级政府之间、同级地方政府之间公共品的供给能力与公共服务的均等化，地方政府之间财权的合理性划分关系到地方政府之间竞争行为对统一大市场的影响，直接影响到大国优势能否充分发挥。因此，健全中央和地方政府财力与事权匹配的体制和机制对中国经济的持续发展具有十分重要的作用。第四，完善省级以下财政体制，增强基层政府提供公共服务的能力同样十分必要和紧迫。中国作为一个后发大国，政府层级复杂，处理好省级政府及其以下各级政府之间的关系也是充分发挥地方政府发展经济社会事业积极性的重要方面。值得注意的是，中央与地方政府之间的关系是多方面的，既有稳定的方面，也有随经济社会发展阶段性调整变化的方面。只有全面认识它们之间的关系，进而理解它们之间的关系，才能制定正确可行的制度，健全财政体制。因此，建立科学合理的财政体制不是一次改革就能完成的工作，是一个系统工程，是一个长期的过程。

2007年召开的党的十七大提出了实现全面建设小康社会奋斗目标的新要求。2008年召开的党的十七届三中全会聚焦农村改革发展，提出加快社会主义新农村建设，大力推动城乡统筹发展。在完善农业发展支持保护的财政制度方面，党的十七届三中全会通过的《中共中央关于推进农村改革发展若干重大问题的决定》指出，要健全农业投入保障制度，保证各级财政对农业投入增长幅度高于经常性收入增长幅度，大幅度增加国家对农村基础设施建设和社会事业发展的投入；要拓宽农业投入来源渠道，提高资金使用效益；要健全农业补贴制度，健全农产品价格保护制度等。此外，该决定还提出，建立促进城乡经济社会发展一体化制度，提出尽快在城乡规划、产业布局、基础设施建设、公共服务一体化等方面取得突破，促进公共资源在城乡之间均衡配置、生产要素在城乡之间自由流动，推动城乡经济社会融合发展。可以预期，财政对农业和农村发展加大支持力度，优化支持方式将有助于农村经济社会的发展，进而促进城乡协调发展。显然，农村经济发展水平的提高有助于改善和优化城乡经济结构，有助于抑制后发大国劣势，进一步拓展后发大国优势。

应该进一步指出，中国的经济发展过程是伴随着市场经济体制和相关政治、社会体制逐步建立与完善的后发优势和大国优势不全面发挥的过程，而且所有的体制和制度都必须随着经济社会发展条件的变化而做出适应性的调整，因此当经济发展进入一个新的阶段后，国家必须通过顶层设计构建系统性的、与经济社会发展相适应的制度体系。2012年召开的党的十八大聚焦全面建成小康社会和全面深化改革，将科学发展观确立为党的指导思想，对中国特色社会主义做出了新的理论概括，提出了全面建成小康社会和全面深化改革的目标，对推进中国特色社会主义事业做出了全面部署。2013 年召开的党的十八届三中全会审议通过了《中共中央关于全面深化改革若干重大问题的决定》，其中指出，财政是国家治理的基础和重要支柱，科学的财税体制是优化资源配置、维护市场统一、促进社会公平、实现国家长治久安的制度保障。建立现代财政制度，必须完善立法、明确事权、改革税制、稳定税负、透明预算、提高效率，发挥中央和地方两个积极性。党的十八届三中全会将财政置于国家治理基础和重要支柱的地位，突显出财政在中国经济发展新阶段的重要作用和地位，同时也界定了现代财政制度的基本内涵，指明了我国财政制度改革和建设的方向。

党的十八大和党的十八届三中全会着眼于社会全面协调发展，重点强调了弥补农业、农村和西部地区发展的短板。鉴于财税体制在国家治理和社会协调发展中的重要地位与作用，在对财政的定位上，我国已经将财政从服务于经济建设和经济体制改革的功能性作用上升到了统筹社会发展全局的国家治理的高度。这是对我国财政制度发展的反思和提升。也就是说，我国财政制度经历了从奠定国家发展基础阶段的城市偏向的、以重工业为重点的、中央集权的、经济建设型财政制度向发挥后发优势和大国优势阶段的具有后发大国特色的、适应市场经济体制的公共财政制度的转变后，进一步向更高水平的、为抑制后发劣势和大国劣势、促进新发展阶段的经济社会全面协调发展的现代财政制度发展跃升。或者说，财政在国家治理中本来就应该处于基础地位，本来就应该是国家治理的基础和重要支柱，只是在国家发展的不同阶段，财政承担的主要职责存在阶段性差异而已。在后发大国经济发展初期，国家需要通过财政的资源配置职能奠定后发大国发展的物质基础；当物质基础基本形成后，财政制度又转向服务于市场机制在资源配置中发挥基础性和决定性作用，促使后发优势和大国优势充分发挥；当后发劣势和大国劣势开始显现的时候，财政制度需要补齐经济发展的短板，协调优化经济结构，增强国家科技实力，抑制后发劣势和大国劣势；当后发大国经济发展进入需要经济社会全面协调发展的时候，财政制度的职能将进一步调整到促进社会全面协调发展，助力经济社会走向更高的发展阶段。

15.2.1.4　积累可持续发展能力追求高质量发展的发展阶段

从 1978 年前后形成基本完整的工业和国民经济体系开始，中国经历了 40

多年持续快速的经济增长、技术进步和经济社会相关制度改革与完善，经济结构和社会结构也发生了显著的变化。在长达 40 余年的发展期间，在不完善、不健全的市场经济制度和其他制度条件下，中国潜在的后发优势和大国优势得到了一定程度的发挥，享受了不完整、不全面的后发大国红利。随着经济总量的增大、结构的改善和技术的进步，中国一方面积累了较强的继续发展的经济、技术实力，另一方面也开始遇到来自发达国家尤其是先发达大国在技术、贸易条件等方面的阻挠，中国经济发展进入一个新的阶段。在此背景下，2017 年召开的党的十九大明确提出中国特色社会主义进入了新时代。习近平新时代中国特色社会主义思想作为党和国家建设的指导思想，提出了新时代坚持和发展中国特色社会主义的基本方略，对开启全面建设社会主义现代化国家新征程做出了战略安排。党的十九大根据新时代面临的主要矛盾提出加快建设现代经济体系，加快建设创新型国家，实施乡村振兴战略和区域协调发展战略，加快完善社会主义市场经济体系，推动形成全面开放的新局面等重点工作。

作为后发大国，中国的经济发展进入新的关键节点，核心目标是实现社会主义现代化和中华民族伟大复兴。在新时代，我国社会的主要矛盾是人民日益增长的美好生活需要和不平衡不充分的发展之间的矛盾，这要求经济社会建设必须坚持以人民为中心的发展思想，不断促进人的全面发展、全体人民共同富裕。新时代中国特色社会主义的主要矛盾和主要任务决定了新时代社会发展的指导思想是马克思主义社会有机体理论。在马克思主义社会有机体理论的指导下，中国特色社会主义事业总体布局是"五位一体"、战略布局是"四个全面"，强调坚定道路自信、理论自信、制度自信、文化自信。新时代的发展条件要求经济社会制度建设必须符合新时代的发展环境和发展目标，必须全面深化经济及相关制度改革。全面深化改革总目标是完善和发展中国特色社会主义制度、推进国家治理体系和治理能力现代化。新时代中国特色社会主义理论是对我国经济社会发展新阶段的主要特点和主要任务的高度概括，抓住了中国经济社会发展新阶段的关键问题，着力解决经济社会的主要矛盾。新时代中国特色社会主义理论所反映的需要重点解决的关键问题也是中国经济社会发展累积到当前需要重点突破的问题，比如决胜全面建成小康社会；通过深化供给侧结构性改革，加快建设创新型国家；实施乡村振兴战略；实施区域协调发展战略；加快完善社会主义市场经济体制；推动形成全面开放新格局等建立现代经济体系①。

党的十九大提出中国特色社会主义进入新时代对我国经济发展具有重大指导意义。经历了后发优势和大国优势的一定程度的发挥，抑制后发劣势和大国劣势的展开，进一步积累经济发展能力，推动经济结构协调基础上进一步优化，促进高质量发展，进而向发达经济体跃升是新发展阶段的主要任务。2019 年召开的党的十九届四中全会聚焦坚持和完善中国特色社会主义制度，推进国家治理体系和治理能力现代化等若干问题，提出了新时代中国特色社会主义需要密切关注的根本问题、关键问题，使中国应对新的挑战和风险，排除阻碍中国经济社会发展的障碍，实现中华民族伟大复兴。财政作为国家治理的基础和重要支柱，为有力支持国家治理体系现代化，需要加快建立现代财政制度，提升支持新时代中国特色社会主义建设的能力。

15.2.2 中国经济发展的基本事实

中国经济发展的过程就是一个典型的后发大国的后发优势和大国优势逐步形成、发挥和转换的过程。1952 年，我国国内生产总值仅为 679 亿元，人均国内生产总值仅为 119 元。1952—1978 年，我国国内生产总值年均增长率为 4.4%，略快于当时被定义为高收入国家的增长速度（4.3%），低于世界平均水平（4.6%）②。经过 20 多年的建设（除去 1966—1976 年，实际集中力量进行经济建设的时间只有十多年），我国建立起独立的、比较完整的工业体系和国民经济体系。从经济结构看，1953 年，工业就业比重仅占 8%，工业增加值占国内生产总值的比重仅为 17.6%。1953—1978 年，工业总产值实际增长了 81%。到 1978 年，工业增加值占国内生产总值的比重达到了 44.1%③。

1952—1978 年是我国奠定后发大国发展基础的阶段。在这段时期，国家

① 在中国特色社会主义进入新时代的大背景下，为了服务于完成新时代经济社会发展的主要任务和解决关键领域的问题，国家先后出台了一系列应对新时代特殊发展条件的相关制度和政策，比如 2018 年 1 月出台的《中共中央 国务院关于实施乡村振兴战略的意见》、2018 年 9 月印发的《乡村振兴战略规划（2018—2022 年）》、2018 年 11 月出台的《中共中央 国务院关于建立更加有效的区域协调发展新机制的意见》、2020 年 5 月出台的《中共中央 国务院关于新时代加快完善社会主义市场经济体制的意见》、2020 年 5 月出台的《中共中央 国务院关于新时代推进西部大开发形成新格局的指导意见》等。

② 高培勇，赵学军，彤新春. 中国经济 70 年［M］. 北京：经济科学出版社，2019：4.

③ 根据国家统计局网站相关数据整理而成。

处在严峻的国际政治经济形势下，为了奠定后发大国经济发展的物质基础并巩固国家政权，我国实行了高度集权的计划经济体制，把资源集中配置到国民经济的装备工业部门，在短期之内建立了相对完整的工业和国民经济体系。此外，在这段时期，人力资本投资也很大。在整个社会主义计划经济时期，国家向基础卫生和教育领域投入的资源相当可观。据估计，1964—1982 年，中国人的平均预期寿命达到 60 岁，从中国的收入水平来看，这个水平已相当高。根据 1982 年的人口普查数据，识字人口占总人口的 2/3，这是一个相当好的成绩。但这段时期中国经济建设也存在着一些不足，比如在追求工业发展的同时，在一定程度上忽视了消费。1952—1978 年，资本形成总值的年均增长率为 8.4%，1978 年已经是 1952 年的 8 倍，但是居民消费增长率为4.32%，仅为 1952 年的 3 倍。其中，城市消费增长率为 3%，大大高于农村消费增长率（1%）。就业增加相对缓慢。大多数工业都是资本密集型产业，服务业的发展又被忽视，因此对劳动力的需求不大。1952—1978 年，全部劳动力增加了 1.9 亿人，但现代企业和服务部门的增长仅吸收了劳动力增长的37%。在这段时期，大多数工业项目属于资本密集型项目，而且对技术的要求也相对较高。这段时期建设的企业往往是大型综合企业，需要耗费数年乃至数十年的时间，要有多方支持才能建成并投入运营，这直接导致经济回报率极低[①]。

15.2.2.1 中国经济增长的基本事实

在后发优势和大国优势充分发挥阶段，即从改革开放以来，中国经济持续快速发展。中国在后发优势和大国优势充分发挥阶段经济发展取得的成绩主要体现在以下几个方面：

中国经济增长和经济结构变化的过程实际上就是后发优势和大国优势发挥条件的形成和发挥潜在后发优势和大国优势与抑制潜在劣势的过程。自中华人民共和国成立以来，中国经济建设取得了显著成效，无论从经济总量、人均产值、经济增长速度，还是从经济结构演变看都发生了明显的质变。

从 1978 年开始中国进入后发大国优势发挥的阶段，经济进入快速增长轨道。根据经济学家麦迪森的估算，1952 年，中国国内生产总值分别相当于世

---

① 巴里·诺顿. 中国经济：适应与增长（第 2 版）[M]. 安佳，译. 上海：上海人民出版社，2020：87-89.

界生产总值和美国国内生产总值的 4.5% 和 16.46%。1978 年，中国国内生产总值为 3 679 亿元，占世界经济的比重为 1.8%，居全球第 11 位。1986 年，中国经济总量突破 10 000 亿元。2000 年，中国经济总量突破 100 000 亿元大关，超过意大利成为世界第六大经济体。2010 年，中国经济总量达到 412 119 亿元，超过日本并连年稳居世界第二。党的十八大以来，我国综合国力持续提升，经济总量连续跨越 70 万亿元、80 万亿元和 90 万亿元大关，2018 年达到 9 000 309 亿元，占世界经济的比重接近 16%。2018 年，中国国内生产总值比 1952 年增长了 174 倍，年均增长 8.1%。其中，1979—2018 年年均增长率为 9.4%，远高于同期世界 2.9% 的经济增长率，对世界经济增长的年均贡献率为 18% 左右，仅次于美国，居世界第二。纵观中国经济增长的路径可以发现，中国经济增长经历了一个持续高速增长阶段和次高速增长阶段，1978—2010 年整体上处于高速增长阶段，2011 年增速下降，之后进入次高速增长阶段。2018 年，中国人均国民收入达到 9 732 美元（约合人民币 61 892 元），高于中等收入国家平均水平①。

后发大国经济增长的过程是后发优势和大国优势充分发挥的过程，但后发优势和大国优势只是一种潜在优势，其转化为经济增长需要一定的条件。后发大国经济增长是后发大国的人力资源、自然资源和来自发达国家的先进技术、资本相结合，形成生产能力，带来产出不断增加和技术水平不断提高的过程。后发大国经济增长不仅需要劳动力、自然资源、资本和技术，还需要交通运输等基础设施供给，需要教育、医疗卫生、社会保障和产权制度等公共品的有效供给，这些条件都是具有很强的外部性的准公共品，或者直接就是公共品，不能自发形成，市场机制也不能充分提供，需要由政府主导供给。政府通过征税筹集资金并将资金转化为经济发展需要的基础设施、公共品的机制就是财政的重要职能。因此，财政是经济增长的必要条件。经济发展是经济结构由低级到高级，由简单到复杂的演进过程。不同的经济发展阶段对基础设施和公共品的需求规模、结构和质量存在明显区别，财政制度安排只有顺应经济发展的需要，有效提供基础设施和相关的公共品才能促进经济持续、稳定增长和经济结构变化。政府提供经济发展所需条件要受到财政

---

① 《辉煌 70 年》编写组. 辉煌 70 年：新中国经济社会发展成就（1949—2019）[M]. 北京：中国统计出版社，2019：3-4.

制度所决定的财政收入规模和基础设施等公共品的提供方式的影响。因此，根据经济发展阶段的推移，适应性调整财政制度是促进经济持续增长的重要条件。

15.2.2.2　中国经济结构变化的基本路径

后发大国经济发展的路径具有其自身的特殊性，中国作为世界上典型的后发大国，其经济发展过程中经济结构演变也具有明显的特殊性。1952—1978 年，中国曾经一度对农业发展重视程度不够，其造成的不利影响迫使中国经济进行结构性调整以恢复农业的发展。改革开放以来，中国农业发展取得了显著成绩。1978 年，全国粮食总产量为 6 000 多亿斤（1 斤等于 0.5 千克，下同）。1984 年，全国粮食总产量达到 8 000 亿斤。1993 年，全国粮食总产量突破 9 000 亿斤。1996 年、1998 年和 1999 年，全国粮食总产量三次达到了 10 000 亿斤。2018 年，全国粮食总产量为 13 158 亿斤，比 1949 年增长了4.8 倍，年均增长率为 2.6%①。主粮安全（食物安全）是我国粮食安全的最重要的内容，是确保国民经济稳健运行、社会稳定的重要条件。中国长期关注粮食安全。2018 年，中国主要谷物自给率超过 95%。农林牧渔业总产值由1978 年的 1 397 亿元上升到 2012 年的 8 万亿元。农业的发展既为农民收入增加提供了前提，也为国民经济稳健运行和持续发展提供了重要的基础。

作为典型的后发大国，中国工业经济发展也取得了显著成绩。20 世纪 50至 70 年代，中国初步建成独立的、比较完整的工业体系，为之后的工业发展打下了宝贵的基础。1978 年，中国工业增加值为 1 622 亿元，按不变价格计算，比 1952 年增长了 15.9 倍，年均增长率为 11.5%。2012 年，中国工业增加值突破 1 万亿元大关。2018 年，中国工业总产值突破 30 万亿元大关，按不变价格计算，比 1978 年增长了 56.4 倍，年均增长率为 10.7%。中国高技术装备类产品起步较晚，但发展迅速。2013—2018 年，中国高技术产业装备制造业增加值年均增长 10%。相对完整的工业和国民经济体系是后发大国经济发展的一个典型特征，也是后发大国经济持续发展的重要前提和基础。改革开放以来，在奠定发展基础阶段已经建成的基本完整的工业和国民经济体系的基础上，中国进一步完善工业经济体系。目前，中国已经成为拥有联合国产业分类中全部工业门类的国家，200 多种工业品产量居世界第一，制造业增加值自2010 年起稳居世界首位。立足于中国庞大的市场需求和人力资源、自然资源等

---

① 根据国家统计局网站相关统计数据整理而成。

优势，借助于对外开放，建立相对完整的工业体系，既有助于屏蔽国际经济波动和其他不利冲击对中国经济发展带来的不利影响，促进中国经济持续、稳定发展，也有助于充分发挥大国经济的优势。当然，中国相对完整的工业经济体系并不排斥参与国际经济活动，而且在经济发展过程中，通过广泛参与国际经济活动还可以加快中国技术进步，利用国际市场的资源，充分发挥中国的经济优势，将资源禀赋优势转化为经济发展优势，提升经济发展质量。

中国产业结构快速变化，但还需要进一步调整。产业结构的合理化是中国经济增长的结果，也是经济进一步发展的条件。从产业结构来看，自中华人民共和国成立以来，三次产业结构发生了显著变化。1949 年，在工农业总产值中，农业产值和工业产值分别占 70% 和 30%，农业、轻工业、重工业分别占国民生产总值的 70%、22.1% 和 7.9%。1952 年，三次产业增加值占国内生产总值的比重分别为 50.5%、20.8% 和 28.7%；在工农业净产值中，工业净产值的份额为 25%；在工业内部结构中，轻工业产值占全部工业产值的68.1%，重工业产值仅占 31.9%。重工业中 50.5% 是原料工业，一些主要的重化工业产品的产量很低。代表当时先进技术水平的汽车制造业、飞机制造业、石油化学工业和精密机床工业等几乎都是空白①。1978 年，三次产业的比重分别为 27.7%、47.7% 和 24.6%。2012 年，第三产业比重达到 45.5%，首次超过第二产业，成为国民经济第一大产业。2018 年，三次产业的比重分别为 7.2%、40.7% 和 52.2%，对经济增长的贡献率分别为 4.2%、36.1% 和 59.7%。

从三次产业就业人口比重看，1978 年和 2018 年，三次产业就业人口比重分别为 70.5%、17.3%、12.2% 和 26.1%、27.60%、46.3%。三次产业产值结构和就业结构的不断调整在一定程度上反映了中国作为后发大国的经济发展的特殊性，也反映了中国经济结构不断调整的基本事实。在奠定国民经济发展基础的阶段，集中力量发展装备工业，进行大规模的资本密集型项目的建设，必然导致工业产值尤其是重工业产值比重的快速上升。同时，由于资本密集型工业提供的就业机会少，导致产值结构变化速度快于就业结构变化速度。从中国整体经济结构看，1978 年，农业就业人口比重远高于第二、三产业就业人口比重，这就意味着农业的比较劳动生产率远低于非农业的比较劳动生产率，城乡产业发展差距较大，在一定程度上反映了城乡经济结构失

---

① 杨德才. 中国经济史新论 1949—2009（上册）[M]. 北京：经济科学出版社，2009：77-78.

衡。如果农村农业长期滞后于非农产业发展，必然会出现农村农业发展水平低，阻碍中国经济的持续发展，影响大国优势的发挥。市场机制作用下城乡不同生产方式又导致城乡差距出现扩大的趋势，如果要抑制城乡发展差距扩大，甚至缩小城乡发展差距就需要借助于一定强度的农业农村偏向的财政制度。但是，如果在国家整体经济还没有发展到一定程度就实行城市工商业支持农村农业的财政政策，可能使城乡差距缩小，促进城乡公平发展，也会使经济增长效率降低，甚至可能出现城市及整个国家经济增长率大幅度下降而农村也还没有发展起来，整体经济陷入低水平增长甚至停滞的状态。如果财政对农业农村支持力度太弱，不足以将农业要素收益率提高到至少等于非农业要素收益率的水平，仍然会存在农业农村要素流出，城乡发展差距继续扩大的趋势。因此，国家需要在整体经济发展到一定水平、国家财政能力达到一定水平后，再实行一定强度的财政支持农业农村发展的财政制度。

后发大国经济协调、稳定发展依赖于成体系的基础产业的发展。基础产业是国民经济发展的基础和保障，也是满足人民群众正常生活的基本要求。基础产业的发展水平直接决定着国民经济的增长情况和发展水平。狭义的基础产业主要涉及重要的能源、原材料、交通运输、通信等产业部门，广义的基础产业除了包括重要的能源、原材料、基础设施外，还包括农业部门，这里主要从狭义角度分析中国基础产业的发展情况。在奠定国民经济发展基础的阶段，国家重点发展钢铁工业，交通运输、电力等基础产业部门发展严重不足。在改革开放以来的相当长的一段时期内，由于国民收入分配向企业、个人和地方政府倾斜，对涉及跨区域的交通运输等基础设施、电力等重要能源投资不足，加之这些领域民间资本进入壁垒较高，导致一段时期内国民经济增长和经济效益严重受制于基础产业的发展。

交通运输体系是大国经济发展的重要条件。后发大国潜在的大市场和要素供给优势主要借助于专业化分工和规模化生产来实现，专业化生产必然会提高交易成本，因此降低交易成本就是大国优势发挥的必要条件。完备的交通运输体系有助于降低要素、商品流动的成本，有助于促进要素流动和优化配置，有助于后发大国优势的充分发挥。自中华人民共和国成立以来，特别是自改革开放以来，中国综合运输体系建设逐步加快，交通网络日益完善，运输能力和效率明显提升。中国交通运输事业发展情况（1978—2018）如表15-1所示。铁路营运里程快速增加，2018年铁路营运里程比1949年增长了

5 倍，是 1978 年的 2.55 倍。其中，高速铁路营运里程达到 3 万千米，占世界高铁总里程的 2/3 以上。公路里程建设成绩显著，其中 1978—1987 年，全国高速公路里程为零，2018 年达到 14.6 万千米。内河航道通航里程受到公路、铁路的影响一定程度上有所减少。在定期航班里程方面，2018 年的定期航班里程比 1950 年增长 734 倍①。值得注意的是，中国交通运输能力在不同经济发展阶段并不一致，1952—1978 年，国家重点发展装备工业，对交通运输业发展的重视程度并不高。改革开放以来到 2000 年前后这段时间，交通运输业发展都是国民经济发展的瓶颈。在制造业快速发展的同时，交通运输业发展滞后，导致要素和产品流通成本高，交通运输业发展的滞后一度成为制约要素空间流动和优化配置、阻碍大国优势发挥的瓶颈。从 2000 年前后开始，中国交通运输业发展才进入快速发展时期。当前，中国东部沿海地区的交通运输业发展水平已经比较高，但中西部地区，尤其是西部地区的交通运输业仍然不能满足较长一段时期经济发展的需要，在西部大开发和中部崛起中还需要进一步强化交通运输这一基础设施的建设。

表 15-1　中国交通运输事业发展情况（1978—2018）

时间	铁路营运里程/万千米	全国公路里程/万千米	高速公路里程/万千米	内河航道通航里程/万千米	定期航班里程/万千米
1978	5.17	89.02	0	13.60	14.89
1988	5.62	99.96	0.01	10.94	37.38
1998	6.64	127.85	0.87	11.03	150.58
2008	7.97	373.02	6.03	12.37	246.18
2018	13.17	484.65	14.60	12.71	837.98

资料来源：国家统计局网站（http://data.stats.gov.cn/easyquery.htm？cn=C01.）

　　作为基础产业重要组成部分的能源在国民经济发展中具有十分重要的基础性作用。在中国经济发展过程中，能源的保障能力在很大程度上决定了经济增长的潜力。1949 年，中国能源生产总量只有 0.24 亿吨标准煤，远远满足不了居民的消费需求，更不能支撑中国大规模的工业建设。1978 年以来，经过几十年的努力，中国已经初步形成了以煤炭为主体、以电力为中心、石油天然气和可再生能源全面发展的能源供应格局，基本建立了较为完善的能源

——————————

① 根据国家统计局网站相关数据整理而成。

供应体系。1980—2006 年，中国能源消费以年均 5.6% 的速度增长，支撑了国民经济年均 9.8% 的增长速度。由于该时期的产业结构以第二产业为主，能源供给处于偏紧状态。后来，随着第三产业比重的提高，能源供给持续增加，基本满足了国民经济发展和人民生活的需要。2018 年，全国能源总生产量为 37.7 亿吨，比 1949 年增长了 158 倍。2018 年年末，全国发电装机容量为 19 亿千瓦，比 1978 年年末增长 32.3 倍①。

交通运输和能源作为基础产业的重要组成部分，是我国经济发展的基础和支撑。在奠定国家经济发展基础时期，国家重点发展装备工业，大规模的消费品工业还没有发展起来，有限的基础设施和能源主要保障城市工业发展的需求。改革开放后，中国进入后发优势和大国优势充分发挥阶段，由于交通运输和能源的制约，后发优势和大国优势没能得到充分发挥。交通运输和能源属于资本密集型产业，具有很强的正外部性，在经济发展水平较低的时期，民间投资主体缺乏投资能力和积极性，政府投资是该类产业发展的重要支撑。在中国经济发展中，1978—1994 年这段时期，由于财政收入占国内生产总值的比重偏低，财政缺乏对交通运输、能源等基础产业的投资能力，基础产业制约了国民经济发展。分税制改革后，随着国家财政收入的快速增加，尤其是中央财政收入比重的提高，财政对基础产业的投资能力增强，在很大程度上缓解了基础产业的瓶颈约束，促进了国民经济的健康发展。在抑制后发劣势和大国劣势的发展阶段，为了促进城乡和区域经济协调发展，中国还需要借助于财政制度安排加大对基础产业发展的支持力度，促进中国经济的协调、稳定、持续发展。

15.2.2.3 中国城镇化及相关经济关系变化的基本路径

城镇化是经济发展的重要驱动力，也是经济发展的重要表现。在中华人民共和国成立初期，城镇人口占总人口的比重仅为 10.6%。1978 年年末，常住人口城镇化率仅为 17.9%。2018 年，中国常住人口城镇化率为 59.6%，比 1978 年年末上升了 41.7 个百分点。2018 年年末，户籍人口城镇化率达到 43.4%，比 2012 年年末提高了 8.0 个百分点②。

---

① 《辉煌 70 年》编写组. 辉煌 70 年：新中国经济社会发展成就（1949—2019）[M]. 北京：中国统计出版社，2019：9.

② 《辉煌 70 年》编写组. 辉煌 70 年：新中国经济社会发展成就（1949—2019）[M]. 北京：中国统计出版社，2019：10.

从整体上看，中国的城镇化经历了探索发展、快速发展和提质发展三个阶段。1949—1978 年是中国城镇化的探索发展阶段。1949 年，中国城镇常住人口城镇化率只有 10.64%，到 1978 年，常住人口城镇化率基本保持在 17%~18%。1979—2015 年是中国城镇化的快速发展阶段。1992 年，邓小平南方谈话推动改革开放进入新的阶段，大批农村剩余劳动力加快向第二、三产业转移，市场经济活力快速增强的珠三角、长三角等城市群逐步形成。2002 年，党的十六大提出科学发展观，提出坚持大中小城市和小城镇协调发展，走中国特色的城镇化道路，西部大开发、振兴东北老工业基地和东部崛起等一系列发展战略，进一步加快了城镇化的进程。2011 年年末，常住人口城镇化率达到 51.27%，比 1978 年年末提高了 33 个百分点，年均提高 1.01 个百分点。

尽管改革开放以来中国城镇化发展比较迅速，但相对于三次产业结构演进和劳动力产业流动而言，城镇化还是明显滞后，在一定程度上抑制了后发大国潜在的大国优势的发挥。中国产业结构变化的基本情况（1978—2019）如表 15-2 所示。

表 15-2　中国产业结构变化的基本情况（1978—2019）

时间	农业产值比重/%	第一产业就业人口比重/%	乡村就业人口占总劳动人口比重/%	乡村人口占总人口比重/%	城镇化滞后于产业结构程度/%
1978	27.7	70.5	76.3	82.0	54.3
1985	27.9	62.4	74.3	76.3	48.4
1992	21.3	60.1	73.0	72.5	51.2
2000	14.7	50	69.1	63.8	49.1
2010	9.3	36.7	54.4	50.0	40.7
2015	8.4	28.3	47.8	43.9	35.5
2016	8.1	27.7	46.6	42.7	34.6
2017	7.5	27.0	45.3	41.5	34.0
2018	7.0	26.1	44.0	40.4	33.4
2019	7.1	25.1	42.9	39.4	32.3

数据来源：根据国家统计局网站相关数据整理而成。

从表 15-2 可以看出，中国农业产业产值比重下降的速度快于乡村就业人口占总劳动人口和乡村人口占总人口比重下降的速度，即产值结构变换速度快于就业人口变化速度和城镇化速度。从整体上看，产业结构领先于城乡就业结构和城镇化的程度逐渐下降，从 1978 年的 54.3% 下降到 2019 年的 32.3%。这也从一个侧面反映了城乡差距变化的基本路径。

从理论上讲，后发大国潜在的大国优势主要体现在人口、劳动力、自然资源等要素规模决定的大市场，由大市场派生出的专业化分工和规模化、多元化生产产生经济优势。由于专业化分工会导致交易费用上升，因此要素和产业空间集聚通过降低交易费用、共享信息和公共服务有助于降低交易费用，充分发挥专业化分工和规模化生产的优势，而城镇化则是要素空间集聚、降低交易费用最重要的方式。由此可见，城镇化是后发大国的大国优势得以发挥的重要条件。

城镇化需要财政发挥重要的作用。城镇化意味着城市基础设施投资和公共服务供给相对于乡村社会要大幅增加。由于财政体制上的安排，在较长时期内，地方政府倾向于对生产性基础设施的投资，城市生活性基础设施和公共服务供给不足导致城市对从农业转移过来的非农劳动力和相关人口的吸纳与承载能力不足，事实上抑制了城镇化进程。在城镇基础设施和公共服务供给不足的条件下，既得利益集团为了维护自身的利益，不降低其对城市公共服务和基础设施的消费，迫使政府对城市居民采取二元化的公共服务供给机制，即拥有城市户籍的城市居民和不拥有城市户籍的城市居民在城市基础设施与公共服务消费权利上的差别待遇，这导致不拥有城市户籍的城市居民的生产、生活方式难以真正市民化，导致以常住人口衡量的城市化率长期高于以户籍人口衡量的城市化率。这一现象使得市场机制对要素和资源的配置作用发生扭曲，抑制了中国后发优势和大国优势的发挥，压低了中国经济的实际发展水平。通过财政制度安排和土地供给制度安排实现未拥有城市户籍的城市居民公共消费权利与待遇的市民化成为中国财政制度改革和创新的重要方面。国有土地供给是城镇化的重要制约因素，解决城镇化土地供给问题成为推进城镇化、人口流动和产业发展相适应的重要问题。2016 年，国土资源部、国家发展改革委、公安部、人力资源和社会保障部、住房城乡建设部联合印发的《关于建立城镇建设用地增加规模同吸纳农业转移人口落户数量挂钩机制的实施意见》正式提出：根据吸纳农业转移进城落户人口（指取得城镇户籍的进城农业人口，简称"进城落户人口"）数量，合理确定城镇新增建设用地规模，保障其用地需求，促进城乡建设相协调、就业转移和人口集聚相统一。此外，解决城镇化过程中城市基础设施的资金来源和城市基本公共服务供给的财力保障都是推进城镇化需要解决的重要问题。毫无疑问，财政制度安排是解决城镇化过程中资金供给的重要制度安排，财政制度供给滞后或安排失误都不利于城镇化的顺利推进，进而不利于我国经济持续、协调发展。

15.2.2.4 财政能力和政府推动经济发展能力变化的基本轨迹

财政能力是国家能力的基础，政府间财政关系是财政能力结构的重要组成部分。国家能力是通过政府履行其相应职能实现国家发展目标的。财政汲取能力是国家履行其职能的财力基础。因此，财政收入规模是衡量国家能力的重要指标。中华人民共和国成立以来，财政汲取能力经历了一个变化的过程，从整体上看，财政收入规模和财政收入占国内生产总值的比重逐步扩大。1950 年全国财政收入仅为 62 亿元，1978 年全国财政收入增加到 1 132 亿元，1999 年全国财政收入首次突破 10 000 亿元，2012 年全国财政收入达到 117 254 亿元，2018 年全国财政收入达到 183 360 亿元。1951—2018 年，全国财政收入年均增长率约为 12.5%，其中 1979—2018 年的全国财政收入年均增长率约为 13.6%。财政收入占国内生产总值的比重反映了政府参与国民收入分配的情况，财政收入占国内生产总值的比重越高，政府配置资源的比重越高，市场配置资源的比重越低。财政收入占国内生产总值的比重越高，财政收入的规模越大，反映出国家履行职能、实现国家发展目标的财力越强，如果政府能够有效配置资源，则有助于国家发展目标的实现。由此可见，如果后发大国在经济发展的一定阶段能够吸收发达国家的发展经验，结合本国经济发展的条件制定合适的经济发展目标，则有助于后发大国发挥后发优势，促进后发大国经济发展；反之，则可能阻碍其经济发展。回顾中国在奠定后发大国发展基础阶段的财政制度安排和政府投资政策及其经济发展效果可以发现，"一五"时期财政制度安排的经济发展效果比较明显，"二五"时期以后政府制定的经济发展目标偏离了经济发展的实际，财政制度安排的经济发展效果有明显下降。改革开放后的财政包干制时期，国民收入分配向企业和个人倾斜，调动了企业和家庭发展经济的积极性，加上改革开放前已经奠定了国民经济发展的基础，因此出现了经济持续快速增长的局面。但是，由于政府在国民收入中的份额下降，尤其是中央政府在国民收入分配中处于不利地位，导致财政收入占国内生产总值的比重下降；中央财政收入占全部财政收入的比重下降，导致国家财政能力下降，这弱化了国家提供公共品的能力，出现了经济快速增长但基础产业与一般产业之间、城乡和地区之间经济结构失衡、生态环境恶化的趋势。1994年实行分税制后，财政收入占国内生产总值的比重上升，国家履行职能的能力增强，经济社会发展走上持续发展的道路，后发优势和大国优势得到比较充分的发挥。

中央政府和地方政府之间的合理分工、协调配合有助于从整体上提高政府履职能力，促进经济社会发展。中央政府与地方政府之间的分工协调主要涉及财权与事权的划分，合理的财权与事权的划分有助于调动中央政府与地方政府的积极性，使政府更好地履行职能。从中央与地方财政收入分配看，1978—1993年，为了调动地方政府发展经济的积极性，国家实行了财权和财力分配向地方倾斜的财政体制。在经济快速增长的同时，中央财政收入占全部财政收入的比重逐渐下降。1993年，中央财政收入占财政总收入的比重仅有22%。中央财政收入比重持续下降并在较长时期处于一个较低水平导致中央政府不能有效提供全国性公共品，具体表现为不能在改善经济欠发达地区的基础设施条件、提高经济欠发达地区公共品和公共服务供给能力等方面充分发挥作用，不能加大对跨地区和经济欠发达地区重要的能源交通等基础设施建设投入力度，地区间经济发展差距扩大。客观地讲，市场机制下要素的自由流动有助于资源优化配置，但也会导致初始资源禀赋差距下的城乡之间、地区之间、产业和行业之间发展差距的累积性扩大。如果没有财政的有效介入，城乡之间、地区之间、产业和行业之间的经济社会发展差距会持续扩大。大国经济内在隐含着经济社会发展不平衡的可能性和趋势，处于统筹全局地位的中央政府财力不足必然制约其统筹全国经济社会发展的能力。地区之间、城乡之间、产业和行业之间发展差距扩大必然导致国内区域、城乡、产业和行业之间经济结构失衡，进而导致消费需求不足，引发投资和消费结构失衡，甚至国内国外经济结构失衡，最后导致大国优势不能充分发挥，大国劣势在大国经济发展中居主导地位，影响大国经济的持续、协调发展。基于上述原因，1994年我国实行了分税制改革①。分税制改革施行后，中央财政收入逐渐增长，直到2010年，中央财政收入占财政总收入的比重都在50%以上。2010年以后，中央财政收入占财政总收入的比重略有降低。分税制改革的初

---

① 1994年实行的分税制改革并不仅仅是解决中央和地方财力失衡的问题，还涉及构建与市场经济体制改革相适应的分级财税管理体制。

衷是理顺政府间财权和事权关系，形成适应市场经济要求的政府间财政管理的基本框架，促进要素在各地区之间自由流动和优化配置。但是，受制于前期包干制财政体制阶段所形成的各级政府之间和地区之间的利益格局的影响，很难借助一次性的分税制改革完全理顺政府间的财权和事权关系。因此，1994 年实行的分税制改革重点解决了中央财政收入占全部财政收入比重低、财力不足的问题。中央政府和地方政府之间事权和支出责任的合理界定以及省级地方政府内部事权和支出责任的划分暂时被搁置了下来，留给了以后的财政管理体制改革完成。事实上，不完善的分税制财政制度安排引发了地方政府基于增加地方财政收入的竞争，这种竞争造成了一系列的不利影响。例如，各地方政府为了扩大本地区的财政收入，竞相通过提供地区内基础设施和税收优惠等措施吸引资本，一方面导致地方政府间的无序竞争和低水平竞争，扰乱了正常的经济发展秩序；另一方面导致地方财政支出结构严重失衡，即各地方政府竞相扩大生产性财政支出比重，降低满足民生需求的基本公共服务支出比重。又如，为了为改善本地区经济发展硬件条件筹资，各地方政府竞相通过经营土地获得财政收入。为了尽可能降低土地经营的成本，一些地方政府采取强制拆迁等措施导致一些地方政府与民众一度关系紧张。预算管理制度改革之后，大量的土地财政收入管理严重不规范，导致地方财政支出管理混乱，财政资金使用效率低下，地方债务规模快速扩大，风险快速累积。

客观地讲，分税制改革本身也存在一些不足，在一定程度上不能适应国民经济发展的需要，给经济发展带来了一些消极影响。正因为这样，中国的财政制度才需要进一步改革、完善，也只有根据中国经济发展不同阶段的环境、面临的主要矛盾和关键问题有针对性地改革、创新财政制度，才能促进中国经济的持续、健康发展。1994 年分税制改革留下的规范中央政府和地方政府事权与支出责任的相关制度建设于 2019 年逐渐出台，相关制度的落实和效果还需要一段时间才能显现。随着税收制度的变化，政府间财权划分也阶段性地进行了适应性调整。同一级政府内部不同职能部门之间的关系和政府预算管理相关制度也需要随着经济社会发展而不断调整和优化。

15.2.2.5　中国对外经济活动的基本轨迹

对外经济活动是后发大国发挥技术与制度后发优势和大国优势的重要途径。在中华人民共和国成立初期，中国对外贸易落后、结构失衡，进出口规模十分有限。1978 年，货物进出口总额为 206 亿美元，居世界第 29 位。2018

年，货物进出口总额达到 4.6 万亿美元，比 1978 年增长了约 222 倍，跃居世界首位。服务进出口总额为 7 919 亿美元，比 1982 年增长了 168 倍，居世界第 2 位。随着贸易规模的扩大，进出口商品结构发生了明显变化。1980 年，出口产品中初级产品所占比重为 50.3%，工业制成品所占比重为 49.7%，其中机械及运输设备出口占 4.65%。2018 年，初级产品占总出口比重下降到 5.4%，工业制成品所占比重为 94.6%，其中机械及运输设备出口占 48.6%。20 世纪 90 年代以来，中国技术后发优势进一步发挥，随着制造业快速转型升级，工业制成品出口主力也由轻纺等劳动密集型产品转向机电等资本和技术密集型产品。1990—2018 年，中国机电产品出口年均增速达 19%，高于同期出口总额增速 4.9 个百分点，占出口总额的比重从 17.9% 提升至 58.7%。出口产品的技术含量大幅度提高[①]。

自中华人民共和国成立直到 20 世纪 70 年代，中国利用外资的渠道单一，后发优势基本没有发挥机会。改革开放以来，中国市场准入标准不断放宽，投资环境持续优化，引进外资规模大幅度增加。特别是自 2001 年加入世界贸易组织以来，中国积极放宽市场准入标准，优化投资环境，利用外资进入高速发展时期，后发优势也集中发挥出来。1983—1991 年，中国实际利用外资由 22.6 亿美元增长至 116 亿美元，主要以对外借款为主，期间外商直接投资从 9.2 亿美元增长至 43.7 亿美元。中国实际利用外资直接投资由 110 亿美元增长至 453 亿美元，年均增速达 32.7%。加入世界贸易组织以后，中国实施互利共赢的开放战略加快参与国际市场经济。党的十八大以来，中国积极营造更加公平、透明、富有吸引力的投资环境，优化区域开放格局，利用外资进入高速发展时期。2018 年，中国实际利用外商直接投资 1 383 亿美元，规模为 1983 年的约 150 倍，年均增长率为 15.4%[②]。伴随着外商直接投资的增加，中国同时引进了大量先进实用技术，一定程度上提高了国内的技术水平。借助于引进外资，中国较好地发挥了技术上的后发优势。利用外商直接投资增加和后发优势发挥形成了良性互动机制，即外商直接投资增加使外国先进技术和我国劳动力资源相结合提高产品的国际市场竞争能力，产品国际市场

---

① 《辉煌 70 年》编写组. 辉煌 70 年：新中国经济社会发展成就（1949—2019）[M]. 北京：中国统计出版社，2019：169-177.

② 《辉煌 70 年》编写组. 辉煌 70 年：新中国经济社会发展成就（1949—2019）[M]. 北京：中国统计出版社，2019：169-177.

竞争能力的提高进一步吸引外商直接投资。外商投资流入和技术后发优势相互推动、互相强化，共同促进中国经济持续发展。

随着经济发展水平的提高，中国对外投资层次和水平也不断提高。自中华人民共和国成立以来至 20 世纪 70 年代，中国只有少数企业开展对外贸易。改革开放以来，外贸迅速发展，带动企业逐步"走出去"。2002 年，党的十六大明确提出"走出去"战略，中国对外开放进入"引进来"和"走出去"并重的阶段，对外投资步伐加快。2002—2018 年，中国年均对外直接投资 750 亿美元，为 1982—2001 年年均投资额的 43.3 倍。伴随着对外投资规模的扩大，中国对外投资领域逐步拓宽，对外直接投资已经涵盖了国民经济的 18 个行业；对外投资方式不断创新，对外投资伙伴区域也不断扩大，涉及亚洲、拉丁美洲、欧洲、北美洲、非洲、大洋洲等①。通过对外投资，中国一方面扩大了国内产品的国际市场，另一方面也获取了经济进一步发展所需的资源、技术和市场，有助于充分发挥大国优势。

15.2.3　中国经济社会发展的基本轨迹

15.2.3.1　经济发展阶段转换的基本轨迹

从经济发展阶段转换看，根据后发大国经济发展主要阶段的基本特征，中国经济在 1978 年前后已经建成了独立的、比较完整的工业和国民经济体系。根据后发大国经济发展阶段演变的顺序，一旦建成相对完整的工业和国民经济体系，培养出符合现代经济增长的大规模劳动力，建立起适应市场经济体制要求的产权制度等经济制度，后发大国经济就将进入后发优势与大国优势充分发挥的阶段。

经济发展阶段转换所需要的经济体制条件与工业和国民经济体系同样重要，独立的、相对完整的工业和国民经济体系以及大规模的具备一定文化知识的劳动力是物质条件，适合后发优势与大国优势发挥的经济体制则是制度条件，只有当物质条件和制度条件这两个关键条件同时具备后，后发优势和大国优势才会比较充分地发挥出来。当然，现实中后发大国经济发展的具体的制度条件和物质条件不一定会同时满足，但独立的、相对完整的工业和国

---

① 《辉煌 70 年》编写组. 辉煌 70 年：新中国经济社会发展成就（1949—2019）［M］. 北京：中国统计出版社，2019：169-179.

民经济体系建成后，即使其他条件还不完全具备，后发优势和大国优势也可以部分体现出来。至于符合后发优势与大国优势发挥的经济体制条件的形成过程，其实也是一个由服务于奠定后发大国发展基础的经济体制过渡到有利于后发优势与大国优势充分发挥的经济体制的过程。经济体制的变革是一个制度变迁的过程，涉及一系列因素，需要经过较长时间才能完成。事实上，我国从计划经济体制向市场经济体制转变经历了一个比较曲折的过程，也经历了较长的时间。

由于后发优势与大国优势所需的基本条件已经基本形成，因此一旦党和国家的工作重心转移到经济建设上来，中国经济就进入了持续快速增长的通道。从1978年开始，中国长期保持了9%以上的经济增长率，技术水平持续提高，三次产业结构快速变化。伴随着经济快速增长，人民收入水平持续提高，城乡之间、地区之间的发展差距也持续扩大，后发劣势和大国劣势开始出现，中国经济发展进入了一个新的阶段。2002年，党的十六大提出全面建设小康社会的发展目标，经济建设的目标中提到全面繁荣农村经济，加快城镇化进程，积极推进西部大开发，促进区域经济协调发展。这意味着城乡和地区经济结构失衡已经成为中国经济协调、持续发展的障碍，解决城乡和区域经济结构失衡问题已经成为中国经济建设的重要方面。全面建设小康社会而不是继续推行以城市为重点的经济发展政策，这标志着中国经济发展从发挥后发优势与大国优势的发展阶段开始转向抑制大国劣势和后发劣势的发展阶段。2003年召开的党的十六届六中全会聚焦构建社会主义和谐社会，提出逐步扭转城乡、区域发展差距扩大的趋势，基本形成合理有序的收入分配格局，基本建立覆盖城乡居民的社会保障体系，进一步完备基本公共服务体系，进一步提高政府管理和服务水平，这既是抑制大国劣势的举措，也是进一步完善有利于后发优势和大国优势发挥的经济体制的举措。2004年的中央"一号文件"提出对农业发展实行"多予、少取、放活"的方针，标志着经济发展重点向农村转移。2017年，党的十九大召开，明确提出和概括了习近平新时代中国特色社会主义思想。2019年召开的党的十九届四中全会提出，坚持和完善中国特色社会主义制度，推进国家治理体系和治理能力现代化。这标志着中国经济发展进入了一个新的更高的发展阶段，即巩固基本经济制度，健全现代国家治理体系，弥补后发大国经济发展中的短板，消除经济社会发展中的瓶颈约束，实现中华民族伟大复兴中国梦的阶段。

通过对中国经济发展的简要回顾可以发现，在后发大国经济发展的框架下，中国经济发展走过了如下几个阶段：第一阶段，奠定后发大国发展基础阶段。这一阶段为中国经济较长时期的发展奠定了重要的物质基础，在居民消费、社会事业发展方面还存在不足。第二阶段，包括后发优势和劣势、大国优势和劣势并存的两个阶段，一是以后发优势与大国优势充分发挥为主的发展阶段，二是后发劣势与大国劣势逐渐显性化、大国优势与后发优势逐渐弱化的阶段。在第二阶段，中国经济发展取得了显著的成就。尽管有专家认为这一阶段中国经济发展的主要贡献者是市场经济体制改革，但是从我们的理论框架看，后发大国潜在的后发优势和大国优势才是中国经济发展取得显著成绩的内在原因，市场经济体制改革只是为后发优势和大国优势的充分发挥提供了外在的制度条件，而且由于市场经济体制的不完善、不健全，一定程度上导致中国潜在的后发优势和大国优势只能部分地被释放出来。第三阶段，国家有意识地抑制后发劣势和大国劣势的经济发展阶段。在这一时期，针对后发劣势和大国劣势的表现及其内在原因，国家做出了一系列制度安排，制定了一系列政策，在一定程度上抑制了后发劣势和大国劣势，拓展和延伸了后发优势和大国优势。第四阶段，从后发大国向发达大国跃升的中国特色社会主义新时代。从形式上看，这一阶段与上一阶段面临的问题和采取的措施具有一定的相似性，但这一阶段相对于上一阶段是一个质的飞跃，发展形势更加严峻，面临的挑战更加复杂，所采取的对策和措施更加具有战略性和全局性。尽管后发大国经济发展不同阶段的发展条件、环境和制度安排从理论上看存在最佳的耦合，但现实中这种耦合受到制度供给和制度需求的经济、政治与社会等因素的影响，制度和政策并不能及时地完全符合不同经济发展阶段的要求，即使主观上意识到制度和政策供给的必要性，但由于从开始提供到最后形成合意的制度与政策供给并发挥作用还存在一定时滞，因此经济发展的绩效与理论上的理想状态还存在一定的差距，甚至较大的差距。但是，整体上可以预期，只要中国能够通过及时、适当的制度安排和政策供给应对当前及将来一段时期的挑战，中国就必然会完成中华民族伟大复兴的伟大使命。

15.2.3.2   发挥后发优势与大国优势的经济体制建立与完善的基本轨迹

市场经济体制是后发优势和大国优势充分发挥的制度条件，但中国市场经济体制的建立和完善并没有在短期内完成，而是经历了一个较长的时期。

第一个阶段：反思奠定国家发展基础阶段的经济体制，并形成与经济发展阶段相适应的经济发展的基本思路的阶段。从计划经济体制向市场经济体制转轨首先需要解决思想认识上的问题，党的十一届三中全会明确经济建设是党和国家的中心工作，承认公有制以外的多种经济成分可能长期存在。1984 年召开的党的十二届三中全会提出改革是为了建立充满生机的社会主义经济体制，要建立自觉运用价值规律的计划体制，发展社会主义商品经济。1987 年召开的党的十三大提出社会主义初级阶段和党的基本路线，指出社会主义初级阶段要集中力量进行现代化建设，坚持对外开放，以公有制为主体，大力发展有计划的商品经济，这标志第一阶段任务基本完成。

第二个阶段：建立、完善与后发优势和大国优势相适应的市场经济体制的基本框架的阶段。1992 年召开的党的十四大正式提出经济体制改革的目标是建立社会主义市场经济体制，1993 年召开的党的十四届三中全会又专门制定了建立社会主义市场经济体制的主要内容。党的十四大以后，中国社会主义市场经济体制的框架加速构建，按照市场经济体制的要求，大步推进了财政、税收、金融、投资、外贸、社会保障等体制改革，市场在资源配置中的基础性作用明显增强。1997 年召开的党的十五大关于经济体制改革强调要充分发挥市场机制的作用。1998 年召开的党的十五届三中全会提出要在农村加快建立社会主义市场经济体制，弥补农村经济市场化滞后的短板。2003 年召开的党的十六届三中全会集中讨论了完善社会主义市场经济体制的若干重大问题。2007 年召开的党的十七大提出为进一步发挥市场机制的作用，需要完善基本经济制度，健全现代市场体系。2012 年召开的党的十八大及 2013 年召开的党的十八届三中全会聚焦全面建成小康社会和全面深化改革，提出加快完善社会主义市场体制。

第三个阶段：建立与中国经济发展新阶段相适应的经济体制的阶段。2019 年召开的党的十九届四中全会审议通过了《中共中央关于坚持和完善中国特色社会主义制度、推进国家治理体系和治理能力现代化若干重大问题的决定》，正式将市场经济体制纳入社会主义基本经济制度之中。事实上，中国的市场经济体制是具有中国特色的社会主义市场经济体制，具有市场经济体制的一般属性，更具有中国特色，这决定了中国市场经济体制建设之路不是复制某个标准模板，而是把市场经济的一般要求和中国经济社会的特殊性相结合的创新过程。因此，中国市场经济体制的建设过程会伴随经济发展走过相当长的一段时期。由于市场经济体制建设的过程性、探索性，受到市场经济体制影响的后发优势和大国优势的发挥过程也不同于理论上的后发优势与大国优势的发挥过程，这更加剧了后发优势和大国优势发挥过程中的经济结构性矛盾、收入分配差距等问题，增加了为抑制后发劣势和大国劣势的财政等经济制度建设的复杂性和难度。随着中国经济发展进入新的阶段，新的经济发展阶段主要表现在经济发展面临的新环境、需要解决的关键问题和需要突破的重点问题，这也意味着与该阶段经济发展相关的经济体制建设也进入了新的阶段。2020 年 5 月，《中共中央 国务院关于新时代加快完善社会主义市场经济体制的意见》明确提出以习近平新时代中国特色社会主义思想为指导，全面深化经济体制改革，加快完善社会主义市场经济体制，促进经济更高质量、更有效率、更加公平、更可持续的发展。新时代市场经济体制完善的重点是要坚持以习近平经济思想为指导，坚持解放和发展生产力，坚持和完善社会主义基本经济制度，坚持正确处理政府和市场的关系，以供给侧结构性改革为主线，扩大高水平开放和深化市场化改革互促共进等基本原则。

适应中国特色的后发大国经济发展的制度和体制框架的建设与完善是一个系统工程。促进后发优势与大国优势充分发挥，抑制后发劣势和大国劣势需要一系列相关制度和体制相互协同、配合，形成制度合力。从经济体制内部各制度之间的相互关系看，其应该包括基础性制度、核心制度、配套性制度、正式制度、非正式制度等，这些制度之间存在相互补充关系、相互替代关系，又存在并列关系，增强相关制度之间的协调性，避免制度之间的冲突，有助于提高整体经济体制内部各项制度之间的耦合性，提高经济体制的绩效。从静态的制度协调、配套角度看，财政、金融、外贸、投资、产业、要素等制度各自具有不同的规范领域，具有不同的制度核心目标，但任何一项制度安排都需要有其他相关的制度协调和配合，否则任何一项具体的制度都难以充分发挥作用，要么运行成本很高，要么难以实现制度的目标。因此，从后发大国经济发展的目标出发，相关领域的制度安排需要相互配合、相互补充、相互支撑，形成一个结构合理、功能强大的制度体系。从制度演变的动态视角来看，财政、金融、投资、外贸、宏观调控等具体制度演变的机制存在差异，有的制度变革进程要快一些，有的制度变革进程要慢一些，但在相关制度动态变化的过程中，它们必须相互协调、相互补充和相互支撑，否则在某一具体时期，相关制度关系协调，作用能够正常发挥，有助于经济发展优势的充分发挥，但在另外一个时期，整体制度的协调性就会降低，也就不利于该时期经济发展优势的发挥，甚至会抑制经济发展优势的发挥，导致经济发展劣势的出现，对经济发展产生严重的不利影响。需要进一步强调的是，服务于中国这一典型后发大国发展的市场经济体制不是固定的某一特定发达国家实行的市场经济体制。中国奠定国家发展基础之后的市场经济体制的建立和完善要处理好以下几个问题：其一，我国理论界和决策层对市场经济体制的认识有一个逐渐深化的过程；其二，市场经济体制的具体内容在不同经济发展阶段也是动态变化和发展的；其三，市场经济体制本身存在不足和失灵的领域；其四，建成服务于市场经济体制的相关制度是一个复杂系统的工程，必须处理好与政治、文化、历史和社会相关制度的关系。由此可见，服务于中国后发优势和大国优势的经济体制的建设和完善是一个复杂的系统工程，是一个长期的过程，不可能一蹴而就，也不可能一劳永逸，而是需要长期努力的。

15.3　中国财政演变的基本路径

财政制度是所有经济体制框架中所有制度中的十分重要的制度，根据经济发展阶段的变化，及时进行财政制度的变革，有助于提高经济体制的协调性和适应性，释放经济体的内在潜力，促进经济持续、稳定、协调发展。服务后发优势和大国优势的中国财政制度是从服务于奠定后发大国发展基础的城市偏向的、经济建设偏向的财政制度开始转变的。随着国家发展物质基础的基本形成，经济发展进入后发优势与大国优势充分发挥阶段，奠定发展基础的财政制度及时向服务于后发优势与大国优势充分发挥的具有后发大国特色的公共财政制度转变，经济建设偏向的财政制度向以提供公共服务为主的财政制度转变是新发展阶段财政制度变革的主线之一。

中国经济发展阶段的转变、经济体制的转变和财政制度的转变不是在有充分的、成熟的理论指导下开启的，中国经济发展的道路没有成功的经验可以借鉴，因此发展阶段的转变、经济体制的转变和财政制度的转变也带有较强的探索性和试错性，至少在经济发展的较长一段时间内具有较强的探索性。

在后发优势和大国优势充分发挥阶段，中国经济发展的基本事实特征定位了该阶段财政制度安排的基本坐标和方向。我们通过对照经济发展事实，可以发现财政制度变迁的经济背景，有助于对该阶段财政制度安排进行客观地评估，为进一步的财政制度安排提供指引。

15.3.1 中国政府间财政关系演变的基本路径

政府有效发挥经济发展职能是后发大国经济发展的必要前提，伴随着经济发展阶段的推移，政府需要根据不同经济发展阶段的需要，适时变革财政制度以适应经济发展的需要。在多层级政府的国家，政府职能是由不同层级政府共同履行的，如何配置不同层级政府的财政管理权限，使每一级政府都能有积极性高效履行职能是政府整体有效履行职能、促进经济社会发展的必然要求。后发大国政府是由多层级政府组成的，如何科学合理地配置不同层级政府的财政管理权限，处理好财政管理相关权利之间的关系是确保后发大国优势得到充分发挥、实现经济发展目标的必然要求。中国作为典型的后发大国，既有后发大国的一般特征，也有中国的政治、经济、社会和历史文化等决定的特殊性，处理好中央政府与地方政府之间以及不同层级地方政府之间的财政关系是中国充分发挥后发大国优势，实现经济发展目标的必然要求。

15.3.1.1 中国政府间财政关系的基本内容

中国作为具有悠久历史文化传统的、中国共产党领导下的后发大国，政府间财政关系具有多方面的属性，厘清政府间关系的主要内容是合理配置和处理好各级政府之间的财政关系的前提。

首先，中国是一个在历史上形成的统一的多民族国家。尽管历史上经历过短暂甚至相对较长时期的分裂，但整体上是一个统一的多民族国家，中央政府对全国的政治、经济、社会具有绝对的控制权。确保中央政府的绝对权威是有效维护国内政治经济统一、社会稳定和发展的必要前提，是有效抵御外敌入侵，确保国家主权独立、领土完整的必然要求，也是有效应对来自各方面的冲击，确保社会稳定和发展的必然要求。从整体上看，确保和维护中央政府的权威和对全国的控制力是中国经济社会稳定、和谐、有序发展的必要前提。

其次，中国幅员辽阔，各地区之间资源禀赋、风土人情和经济发展水平差异较大，尊重地方的差异性、多样性，调动地方发展经济和社会事业的积极性与主动性是确保地方具有充分活力的必然要求。我国国内各地区之间的自然地理条件、风俗习惯、生活方式、宗教信仰等都有一定的差异，各地区之间经济发展水平也存在明显的差异，尊重这种差异性、多样性，保持对这种差异性、多样性的包容是维持国家统一和稳定的必然要求。自然地理条件的差异性决定了经济发展方式的差异性和多样性的合理性。充分尊重各地基于资源禀赋的经济发展方式，并促进地区之间的要素充分流动、资源合理配置是确保各地区经济活力的必然要求。

再次，维护国家的统一、领土完整，尊重各地区的差异性和多样性，充分调动地方发展经济的积极性决定了中央政府与地方政府之间的关系的主要内容。维护中央的权威，是确保国家统一的必然要求，这自然要求中央对地方具有绝对控制权，要求地方无条件服从中央。自秦汉以来的国家治理实践中，中央和地方之间的关系是委托代理关系，不是联邦制、邦联制政体下的并列关系，这是理解中央和地方之间的关系的基本前提。尊重地方的差异性和多样性，并不意味着可以任由地区之间发展差距扩大，而是要发挥中央政府和地方政府的积极性，促成地方经济社会发展，缩小地区间发展差距，在促进经济发展的基础上尊重差异性和多样性。因此，在确保中央绝对控制权的前提下，充分发挥中央对全国经济社会发展的调节和控制作用，充分发挥地方发展经济的积极性、主动性和创造性，促进地区之间的经济交流合作，实现经济发展基础上的差异性、多样性共存是处理我国中央与地方政府关系的基本原则。

最后，中国中央政府与地方政府之间的财政关系既有各国中央政府与地方政府之间财政关系的一般内容，更有基于中国政治、经济、社会和历史文化的特殊内容。中央政府与地方政府之间的事权、支出责任、财权、财力的配置结构是多层级政府之间财政权力分配的重要内容。事权主要包括决策权、执行权、监督评估权三个方面，根据提供公共服务的外部性、公共品的受益范围、激励相容性、有效提供公共服务的信息分布等原则明确中央政府与地方政府之间的事权分配。事权分配决定了相应的财政支出责任。在事权和支出责任划分中还事实上存在应该由哪一级政府承担事权，履行相应支出责任和哪一级政府有条件履行好相关事权的差别。财权的分配主要涉及税收相关权利的分配，税收权利的分配包括税收立法权、征管权、税收收入分享权三项内容。中央政府与地方政府之间的财权一般根据税收的主要功能、税基的流动性、有效征税的信息分布、税基空间分布特征等划分。财权的分配与财力高度相关，财权大一般意味着财力强，但财力除了受到财权的影响外，还受到来自上级政府的转移支付以及包括动用行政权力干预财产权利分配等的影响。在一般情况下，一级政府的可用财力等于其拥有财权所对应的财力加上转移支付收入的总和。如果每级政府能够实现财权主要决定的财力与履行事权所需的支出责任相匹配，则从政府履行事权与财力匹配角度看该级政府能够履行好应该履行的职责，否则就需要借助于转移支付来平衡支出与自有财力之间的差异。在中国的政治体制和政府结构背景下，一级政府的事权的配置及其履行事权和支出责任还要受到政府人事任免制度与政府内部结构的影响。中央政府还借助于一套包括政治思想、组织纪律、政绩考核等在内的机制来考核、任用、评价干部，各级政府的主要领导和多数干部都要受到这套机制的影响，这套机制间接地有助于充分调动各级政府履行中央政府分配的事权与支出责任，进而确保各级政府高效率运行和有效履行相应的职责。此外，在各级政府之间分配事权和支出责任中，我国还存在发展和改革委员会（原国家计划委员会）对重大投资项目的决策和相关事权干预的影响。对于联邦制国家，中央政府与地方政府之间的事权、支出责任、财权、财力分配是依据联邦宪法和各州、地方的法律来确定的，中国属于单一制国家，中央政府有维护国家统一的职责，政治上具有绝对的控制权，整体上应该而且能够根据经济社会发展的需要，科学合理地界定并通过相关法律明确各级政府的事权、支出责任、财权、财力。在中国，中央政府与地方政府之间财政管理权利配置可以通过不同层级政府之间的事权、支出责任、财权、财力的界定，借助于中国共产党的指导思想、组织纪律来督促各级政府按照中央的意图履行相应的职责，再辅之以纵向管理的发展和改革委员会履行重大固定资产投资等方面的职责来强化、推动与国家经济社会发展相关的事项，即中央政府可以通过三个途径来引导、规范、强化各级政府履行经济社会发展的职能，促进经济社会发展。

15.3.1.2　中国政府间财政关系演变的基本轨迹

作为典型的后发展大国，自中华人民共和国成立以来，中国共产党就领导全国人民贯彻以人民至上的执政理念，立足于长远和经济社会发展全局开展经济社会建设，根据后发大国经济发展的阶段性任务、目标和约束来制定经济社会发展的战略，并据此科学、合理地调整中央政府与地方政府之间的财政管理体制，促成后发大国优势的形成和发挥，推进经济社会发展。

自中华人民共和国成立到 1978 年这段时期，在面临严重不利的国际政治经济形势下，为了能顺利从经历长期战争的废墟中恢复国民经济，巩固人民政权，维护国家主权独立和领土完整，奠定后发大国经济发展的物质基础，我国实行了中央集权为主的财政管理体制。在国民经济恢复时期，面临严峻的财政经济形势，中央组建了全国性的财政管理机构，结束了之前各根据地和解放区各自为阵的、分散的财政管理局面，统一、集中全国财政收支，有效完成了解放全中国、抗美援朝、稳定物价和恢复国民经济的任务。从 1952 年年末开始，为了能在经济发展水平极低的情况下启动重工业优先的工业化战略，奠定国家主权独立、领土完整和经济独立发展的物质基础，我国实行了以中央集权为主的财政管理体制。"一五"计划任务顺利完成后，由于在经济建设中对经济发展目标和国家发展能力的错误估计，加之受到严重不利的国际政治、军事、经济环境的影响，经济发展遭遇了一定的挫折。为了调动地方发展经济的积极性，中央多次下放财权、事权等经济管理的权限，但造成了经济过热、经济秩序混乱等局面。之后，中央又被迫收回财政经济管理权力。其间出现的中央对地方财政经济管理权力的下放是有限度的，主要涉及地方可获得财政收入的权力、地方的投资权力。中央始终保持着并不断强化中国共产党在政治上的领导，强调各级党员干部在政治上与中央保持高度一致。国家计划委员会在国家重大经济社会发展方面的决策作用的发挥以及中央代地方编制财政预算使得地方支出决策权不完整。因此，实质上，我国主要实行的是中央集权程度较高的财政管理体制。

这一时期的财政管理体制的运行奠定了国家主权独立、领土完整和长期经济发展的物质基础，但由于实行非平衡的发展战略，国民经济发展的重点是重工业，消费品工业发展严重不足，农业农村的发展也受到了一定程度的抑制，以中央集权为主的财政管理体制的实行带来了一系列问题，如农业发展缓慢，消费品供应不足，人民生活水平较长时期没有明显提高；地方政府利益没有得到必要的尊重，发展经济的积极性严重不足；国有企业被控制得过紧，积极性不能得到有效发挥。在极低经济发展水平基础上启动并强力实施的重工业优先的工业化导致财政危机，国民经济整体也面临严重危机。由于财政在国民经济运行中处于基础性地位，因此调整财政管理体制成为国家经济社会发展走出危机的重要突破口。

在党和国家把发展经济作为工作重点的背景下，财政制度也做出了重大调整，财政体制上的变革处于十分关键的地位。1978—1993年，我国财政体制改革最典型的特征就是放权让利，目的是调动地方政府发展经济的积极性，搞活国有企业。1978年，江苏省开始试点分税制。在此基础上，1980年，全国逐渐推行"划分收支，分级包干"的分税制。由于国有企业利改税的实行，1985年开始，"划分收支，分级包干"的财政体制调整成"划分税种，核定收支，分级包干"的财政体制。这一时期的财政体制整体上是中央对地方下放财政管理权，搞活地方经济，政府对国有企业放权，搞活国有企业。在这一时期，大力发展商品经济，增加地方财政收入是获得了更大财政管理权和经济发展权的地方政府的主要工作。伴随着地方政府发展的经济积极性被充分调动和激发出来，国有企业经营的积极性被调动和激发出来，加之农村家庭联产承包责任制的实行，我国经济出现了持续快速增长，地方财政收入出现了快速增长。由于征税权主要集中在地方政府，中央政府与地方政在财政收入方面信息不对称，地方政府可以隐瞒财政收入以减少上缴中央的财政收入，地方政府还可以将预算内财政收入转化为预算外财政收入，并将其留在地方政府内部。政府与企业之间信息不对称导致不规范的承包经营制度，各因素共同导致财政收入占国内生产总值的比重下降，中央财政收入占全部财政收入的比重下降。与此同时，由于地方政府都追求地方财政收入最大化，而各地方财政收入直接与地方价格高、税收多的产业和行业发展高度相关，因此中央向地方分权实际上间接引导各地竞相发展能够带来更多税收收入的产业和行业，导致相关产业在各地区重复布局。为了促进各地相关产业和行业发展，在市场容量既定的情况下，各地竞相封锁市场，导致全国统一市场被分成若干个同质的地方市场。由于各地竞相发展的产业和行业高度趋同，形成了全国同类产业和行业低水平的过度竞争。从整体上看，中央对地方的财政分权、政府对企业的经济分权所带来的"两个比重"的下降和全国市场封锁、分割，相关产业和行业企业的高度同质化、低水平竞争造成了比较严重的财政危机。

1978年，我国已经建成相对完整的工业和国民经济体系，意味着我国已经奠定了后发优势和大国优势发挥的物质基础。但是，由于有助于后发大国优势发挥的、以市场为资源配置主要机制的制度基础没有形成，加之在应对奠定后发大国优势发挥物质基础阶段的财政体制安排导致的财政和国民经济危机衍生出的"两个比重"的下降和国家统一大市场被分割等，导致后发大国优势在这段时期只能以扭曲的形式部分地发挥出来。

"分灶吃饭"和"大包干"财政体制直接引发的"两个比重"的下降的财政危机和解决统一市场被分割，企业同质化、低水平、过度竞争等经济社会危机引出了新一轮的财税体制改革，中央政府与地方政府之间财政关系的改革成为新一轮财税改革的重要内容。同时，后发大国优势发挥的物质基础形成之后，建立适应后发大国优势充分发挥的市场经济制度，也对财税体制改革提出的新的使命和任务。

从"分灶吃饭"和"大包干"财政体制对经济社会造成的影响看，或者说从消除由其带来的财政和经济社会危机的角度看，我国需要理顺政府与企业之间的关系，规范中央政府与地方政府之间的财政管理关系，提高财政收入占国内生产总值的比重和中央财政收入占全部财政收入的比重，规范地方政府之间的竞争行为，将地方政府之间的经济竞争引导到促进资源在全国合理流动与优化配置，引导地方政府根据地区要素禀赋发展各自优势产业，促进我国劳动力、自然资源、市场、完善的产业链与国外先进技术和管理经验相结合。实际上，上述措施也就意味着让市场在资源配置中发挥决定性作用，政府提供市场机制发挥作用的平台，提供市场不能有效提供的公共品和公共服务。符合上述要求的财政制度就是具有中国特色的典型后发大国在后发优势和大国优势发挥阶段所需要的公共财政制度。其中，规范的政府间的财政管理关系就是适应公共财政制度要求的，符合中国政治、经济体制的分税制。在理论上，当发挥后发大国优势所需的物质基础和制度基础具备后，后发优势和大国优势就会充分发挥出来，我国就会享受到后发优势和大国优势的红利。当然，如果适应后发大国优势发挥的制度条件不完全具备，后发优势与大国优势只能以不完全、不充分甚至扭曲的形式发挥出来。

1992 年，党的十四大明确了我国经济体制改革的目标是建立社会主义市场经济体制。1993 年，党的十四届三中全会通过了《中共中央关于建立社会主义市场经济体制若干问题的决定》，建立与社会主义市场经济体制相适应的财税体制被提上议事日程。在总结 1992 年全国 9 个省、自治区、直辖市进行分税制试点的基础上，1993 年 12 月 15 日，国务院出台了《国务院关于实行分税制财政管理体制的决定》，1994 年 1 月 1 日开始，分税制在全国范围内实行。这次改革的主要内容包括以事权划分为依据，确定中央和地方的财政支出范围；以税种划分为依据，明确中央与地方的收入范围；确定中央对地方税收返还数额；明确原体制补助、地方上解及有关结算事项的处理。自 1994 年实施分税制改革之后，我国根据分税制运行中出现的问题和中央宏观调控的需要，又对中央和地方收入分配比例进一步作了调整。具体内容包括调整证券交易印花税的中央与地方的分享比例；调高金融保险营业税的税率；改革个人所得税和企业所得税的分享办法，即除保留四大国有银行、三家政策性银行以及铁路运输、国家邮政、中国石油天然气股份有限公司、中国石油化工股份有限公司和海洋石油天然气等几大国有企业缴纳的企业所得税为中央财政收入外，其他企业所得税和个人所得税收入由中央财政和地方财政按比例分享，2002 年中央和地方分享比例为 50%：50%，2003 年中央和地方分享比例为 60%：40%；进一步完善政府间转移支付制度。为配合财政管理体制改革，国家还推进了一系列相关的财税改革，包括建立国有企业利润分配制度、工商税制改革、建立国家债务发行机制、建立完善转移支付制度。这些改革一方面扭转了财政收入比重不断下降和中央财政收入占全部财收入比重下降、中央宏观调控能力不足的财政危机，提高了财政收入占国内生产总值的比重，增强了政府履行事权的能力，尤其是提高了中央财政收入占全部财政收入的比重，增强了中央宏观调控能力；另一方面基本建立了与社会主义市场经济体制相适应的财税体制（税收制度和财政管理体制）。受制于多重因素，这次财税体制改革主要是提高财政收入占国内生产总值的比重和中央财政收入占全部财政收入的比重，增强中央财力，对中央政府与地方政府间事权和支出责任没有做出相应的实质性调整。这次并不完善、不全面、不彻底的改革与不完善的市场经济体制一起衍生出一系列经济社会发展中问题。客观来讲，由于对社会主义市场经济运行机制及其对城乡、区域、产业和行业的影响认识不充分，由于市场经济体制改革的不系统、不全面，由于对后发大国经济运行规律的了解不全面，加之受到中央与地方及不同经济发展水平的地方政府之间局部利益不一致的影响，受到全面推进经济体制改革和财税体制改革本身的复杂性、系统性的影响，这次改革确实不够全面、不够彻底，给后续的财税体制改革，尤其是财政管理体制改革留下了进一步完善的空间。

伴随着市场经济体制改革和财税体制改革的推进，后发大国潜在的后发优势与大国优势被激发出来，出现了经济快速增长、技术快速进步、工业化与城市化快速推进、对外开放领域不断拓宽与深化等发展局面。与此同时，由于财税体制改革的不完善、不全面、不彻底，加之伴随后发大国内部后发优势与大国优势的自然展开，后发劣势与大国劣势开始出现，并在一定程度上影响中国经济的协调、持续、稳定增长。其主要问题表现在城乡、地区之间发展差距和居民之间收入差距持续、快速拉大；产业、行业之间发展差距扩大，重要装备工业发展缓慢，能源、交通行业发展滞后，制约经济持续增长；关键核心科技严重依赖国外，经济安全存在严重隐患；消费需求不足，经济增长严重依赖出口和投资；生态环境破坏严重；地方政府追求财政收入最大化的竞争导致国内统一、开放、竞争、有序大市场长期不能形成。上述问题直接或间接表现为经济结构的失衡、经济增长的不可持续，干扰着后发大国的发展进程，使我国经济增长存在停滞的风险乃至发展进程存在巨大潜在风险。

为应对不完善、不全面、不彻底的分税制财政管理体制改革以及市场经济体制不健全、不完善等因素导致的经济社会发展困难，消除经济发展潜在的风险，党的十六大及之后，中央陆续提出坚持以人为本的科学发展观，实现"五个统筹"的发展理念。中央在制度上更是进一步加大了对"三农"的财政支持力度，加大了对东北地区、西部地区、中部地区发展的财政支持力度，强化了对科学、教育、医疗卫生、社会保障等民生领域的财政投入。从财政体制上看，相关改革主要表现为在中央财力逐渐增强的条件下增加了对调节城乡、区域经济结构失衡的财政支持力度；通过加大中央对地方的转移支付力度，增强地方政府提供教育、医疗卫生、社会保障、就业等公共服务的能力；建立、完善基本公共服务均等化机制，推进基本公共服务均等化；推进科学技术进步，支持建立国家创新体系。上述措施的目的是进一步健全与中国特色社会主义市场经济体制相适应的财政体制，修复、平衡一度严重失衡的城乡和区域结构，阻止居民收入差距的持续扩大，抑制后发劣势和大国劣势负面效应的全面释放。客观来讲，尽管财政体制改革采取了大量的措施，也取得了一些预期的成绩，但中国作为典型的后发大国，经济发展在一定程度上还是遭遇到了困难，甚至进入瓶颈期。例如，城乡差距和地区发展差距以及居民之间的收入差距仍然很大，继续扩大的趋势还没得到根本性扭转，整体经济社会发展的协调性不高，科学技术进步的阻力不断增大，大国统一国内大市场的优势没能得到有效发挥，更难说是得到充分发挥，后发劣势逐步明显，大国优势没能实现充分释放。如何在困境中顺利突围，开启具有中国特色后发大国经济发展的新征程成为我国经济社会发展面临的新的挑战和机遇。

2012年，党的十八大的召开，标志着中国特色社会主义进入新时代。党的十八届三中全会通过了《中共中央关于全面深化改革若干重大问题的决定》，标志着我国结束之前分散推进的、以个别领域改革为主的、单兵突进式的改革进入全面深化改革的攻坚时期。《中共中央关于全面深化改革若干重大问题的决定》充分体现了马克思主义社会有机体思想的精髓，强调了系统思维。在此背景下，财政被提上国家治理基础和重要支柱的地位。财税体制改革的目标是完善立法、明确事权、改革税制、稳定税负、透明预算、提高效率，建立现代财政制度。财政管理体制改革的目标是发挥中央和地方的积极性。在此背景下，财政管理体制改革主要采取了如下措施：启动并快速推进"营改增"改革，为了平衡中央与地方财力配置，最后确定为增值税中央和地方分配比例为50%：50%；进行税收征管体制改革，合并国地税征收机构；开展中央和地方共同事权、支出责任划分改革；配合中央与地方共同事权和支出责任改革，调整了转移支付制度，在中央一般转移支付中设立共同事权分类分档的转移支付。值得注意的是，1994年的分税制改革没有推进的政府间事权支出责任改革的内容在这一次全面深化改革的背景下做出了重要安排。2016年8月，国务院发布了《国务院关于推进中央与地方财政事权与支出责任划分改革的指导意见》，确立了财政事权和支出责任划分的具体实施方法。2018年，国务院发布了《基本公共服务领域中央与地方共同财政事权和支出责任划分的改革方案》。之后，国务院先后发布一系列文件，明确教育、基本医疗与公共卫生、科技研发、公共文化等领域的中央与地方共同财政事权和支出责人划分的改革方案。在之前改革中提出的统筹城乡发展和建设社会主义新农村等政策安排的基础上，党的十九大提出了一系列平衡城乡、区域经济结构，加大对科技、教育财政支持的要求，明确提出实施乡村振兴的战略。2018年11月，中共中央、国务院发布《中共中央 国务院关于建立更加有效的区域协调发展新机制的意见》；2020年5月，中共中央、国务院发布《中共中央 国务院关于新时代推进西部大开发形成新格局的指导意见》；2021年

1月，中共中央、国务院发布《中共中央 国务院关于全面推进乡村振兴加快农业农村现代化的意见》；2022年4月，中共中央、国务院发布《中共中央 国务院关于加快建设全国统一大市场的意见》。除了上述改革举措外，这一时期的推进全国范围内基本公共服务均等化，促进高质量发展，构建以国内大循环为主体、国内国际双循环相互促进的新发展格局等改革和创新都与适应我国作为典型后发大国在新的发展阶段所需要的促进经济结构协调发展、培养科技进步能力等需要高度相关。上述促进我国经济社会协调发展的政策的落实都需要科学合理划分中央与地方财政管理权限，需要充分发挥中央与地方各级政府发展经济社会事业的积极性。

党的十八大以来，我国经济社会发展进入后发大国经济发展的第四阶段，财税体制改革的相关举措尤其是财政管理体制改革的相关举措为平衡经济结构、缩小居民收入差距、培养科技进步能力，进而为拓展大国优势、抑制后发劣势，为我国经济持续健康高质量发展提供了有力的支撑。

15.3.1.3　对中国财政管理体制演变的简要评价

中华人民共和国成立以来，作为典型的后发大国，我国经济发展经历了以下几个相互衔接的发展阶段（这些发展阶段构成了作为典型后发大国的我国经济发展的几个重要阶段）：中华人民共和国成立，全国政治统一，主权独立，领土完整，消除外国势力对我国经济的控制，奠定了后发大国经济发展的政治前提；1949—1952年，通过建立中央高度集权的财政管理体制，完成抗美援朝和国民经济恢复任务，进一步巩固了后发大国经济发展的国内政治条件，营造了有利于经济发展的国际环境，为奠定有利于后发大国经济发展的经济条件提供了基本前提；1953—1978年，通过建立以中央集权为主的、中央与地方行政分权的财政管理体制，集中有限财力建立了相对完整的工业和国民经济体系，为后发大国发展奠定了基本的物质基础，但同时，财政和国民经济也出现严重困难；1978—1993年，通过建立以中央对地方分权、政府对企业分权的，以"分灶吃饭"和"大包干"为主的行政性分权的财政管理体制，在化解前一阶段的财政危机的基础上，带来经济的持续快速增长，但同时也伴随着"两个比重"下降和国内各地区低水平、同质化、过度竞争，国内市场被分割等严重不利于后发大国优势发挥的问题；1994—2002年，通过建立与社会主义市场经济体制相适应的与公共财政制度相匹配的分税制财政管理体制，初步奠定了后发优势和大国优势发挥的财政制度条件，促成后发大国优势在一定程度上的发挥，但由于市场经济体制改革不配套、不全面、不彻底，后发大国优势只能以不充分甚至扭曲的形式发挥出来，引发经济结构失衡、居民收入差距快速扩大等问题，后发劣势和大国劣势出现并有蔓延的趋势；2002—2011年，在贯彻科学发展和全面建设小康社会的背景下，进一步完善财政管理体制，城乡和区域经济结构失衡问题有所缓解，基本公共服务均等化被提上议事日程并持续推进，但经济结构失衡等后发大国劣势没有被根本抑制；2012年以来，在全面深化改革的大背景下，财政管理体制改革加大了对中央与地方事权和支出责任划分、转移支付、"营改增"、税收征收管理体制等改革，进一步加大了平衡城乡、区域经济结构，培养科技进步能力，促进高质量发展的力度，这些措施必将有助于将我国经济发展推向更高的发展阶段。

从我国财政管理体制演变的路径可以看到，变革的过程整体上符合后发大国经济发展的基本逻辑，但财政体制并没有根据后发大国经济发展的政治条件与物质条件准备情况，适应后发优势和大国优势充分发挥、抑制后发大国劣势、进一步培养后发大国优势等阶段的需求。我国作为典型的后发大国，经济发展的政治条件、基本物质条件、制度条件没有同时具备，而是存在一定的滞后、错位，后发大国优势发挥所需的条件的形成、发挥优势和抑制劣势之间的财政体制存在一定的过度时期。这直接影响了后发大国优势的充分发挥，导致后发大国优势以不完全、不充分甚至以扭曲的形式发挥出来，导致后发大国劣势过早出现、过多暴露，给我国经济社会发展造成了较大损失。但是，随着我们对中国特色社会主义经济规律和具有中国特色的社会主义市场经济体制认识的深入，我国财政管理体制变革的自觉性、及时性、有效性越来越明显，对经济社会发展的促进作用在整体上不断增强。

15.3.2　在后发优势和大国优势发挥阶段财政演变的基本事实

梳理中国经济发展阶段转换与财政制度变迁之间的基本线索有助于明晰中国财政制度变迁中存在的不足，提高财政制度变革的自觉性，进而更好地推进中国经济的持续、稳定、协调发展。

中国顺应后发优势与大国优势充分发挥阶段的财政制度变革的基本路径与市场经济体制的形成、构建、完善相联系，但滞后于市场经济体制的构建和完善。顺应后发优势与大国优势的财政制度理论上应该是具有中国特色的后发大国的公共财政制度。公共财政制度的重点是服务于市场机制在资源配置中发挥基础性、决定性作用，同时有效发挥政府的作用。从服务于奠定后发大国发展基础的计划经济体制下的财政制度转向服务于后发优势与大国优势充分发挥的社会主义市场经济体制下的有中国特色的公共财政制度的道路并不顺畅，中国经历了较长时期的探索、试错，克服了很多困难，在不断适应市场经济体制的过程中逐渐建立了与市场经济体制相适应的公共财政制度。但直到现在，该财政制度还处在进一步完善之中。

第一个阶段：从奠定发展基础的财政制度向充分发挥后发大国优势阶段的财政制度转变的过渡阶段。

中国财政制度的转变不是直接从奠定国家发展基础阶段向充分发挥后发大国优势阶段转变的，而是先矫正奠定后发大国发展基础阶段的财政制度，应对这一阶段财政经济危机的挑战，解决这一阶段经济社会发展中的一些重要问题，进而探索适应后发优势和大国优势充分发挥阶段的财政制度，从而经历了一个从前一个发展阶段的财政制度向新发展阶段的财政制度过渡的阶段。党的十一届三中全会决定把党和国家的工作重心转移到以经济建设上来，为了促进农村经济的发展，调动地方政府和微观经济主体发展经济的积极性，激发国有企业的活力，国家进行了放权让利的财政改革措施。这些措施包括提高农产品收购价格，增加农民收入；提高企业职工工资，改善居民生活；调整企业利润分成体制，出台促进企业提高经济效益的企业基金制度、部分企业的全额利润留成制度；多种形式的"财政包干制"（1980年的"划分收支，分级包干"、1985年的"划分税种，核定收支，分级包干"、1988年以后的"多种形式包干"）。上述财政政策和制度安排算不上是公共财政制度的安排，只能说是为了将奠定国家发展基础阶段的财政制度安排中被压抑的农民、企业和地方政府发展经济的积极性激发出来、调动起来而已。随着国有企业改革的逐渐深入，为了理顺国家与国有企业之间的分配关系，国务院在1983年和1984年分两步对国有企业实行了"利改税"。随着上述改革措施的推出和实施，出现了财政收入增速低于经济增速，财政收入占国内生产总值的比重下降，中央财政收入占总财政收入的比重下降的局面，这迫使财政制度进行进一步的适应性调整，包括调整财政支出结构，财政对传统生产领域的投资减少，预算内支出重点投向能源、交通和基础设施，财政支出步入自发的公共化进程。1979 年以来，对计划经济时期形成的税收制度进行改革也是财税制度改革的一项重要内容。这主要包括商品税、所得税的制度建设；为适应对外开放的需要，在涉外税收方面做了重要探索；为了达到某些政治经济目的，开征了建筑税等相关税收。客观地讲，这些税制改革在一定程度上改变了计划经济体制下不合理的税制状况，能够适应一定时期内经济社会发展的需要。但是，该税制设计明显不利于国内不同所有制企业、国内企业与外资企业的公平竞争，不符合市场经济体制下各经济主体公平竞争的基本原则，税制改革和设计具有明显的暂时性与过渡性特征。

从整体上看，在 1992 年召开的党的十四大提出建立社会主义市场经济的改革目标之前，财政体制改革整体上是解决计划经济体制下国有企业、农民等微观主体以及地方政府发展经济动力不足，改善人民生活，理顺国家与企业之间的经济关系等方面的问题以及由此带来的适应性财政改革的过程。在此时，国家提倡发展商品经济的政策已经带来了商品经济一定程度的发展，虽然财政制度改革在一定程度上顺应了商品经济发展的要求，但国家还没有有意识地构建适应社会主义市场经济体制的财政制度框架。

第二个阶段：开始搭建有助于发挥后发优势和大国优势的市场经济体制下的公共财政制度阶段。

党的十四大明确中国经济体制改革的目标是建立社会主义市场经济体制，这也确定了新时期财政制度建设的方向。党的十四大关于财税体制改革的内容主要服务于解决从奠定国家发展物质基础阶段转向充分发挥后发优势和大国优势阶段的财政问题和构建市场经济体制下的财政制度框架，包括理顺国家与企业、中央与地方的分配关系；建立待业、养老、医疗等社会保障制度和推进城镇住房制度改革，建立有助于市场机制作用发挥的社会安全网；厘清政府和市场之间的关系，使政府和市场各司其职、各展所长，既避免政府缺位，也避免政府越位；根据市场经济条件下政府的职能定位和政府内部的组织结构合理划分中央与地方的经济管理权限，促进政府作用的充分发挥。1993 年召开的党的十四届三中全会提出，在社会主义市场经济体制框架下，财政制度建设的三个重点领域如下：一是把现行地方"财政包干制"转向合理划分中央与地方事权基础上的分税制，建立中央税收和地方税收体系，改变国民收入分配中不利于政府作用尤其是不利于中央政府作用发挥的收入分配，为政府履行职能提供必要的财力支持；二是按照统一税法、公平税负、简化税制和合理分权的原则，改革和完善税收制度，为市场经济主体提供公平竞争的税收环境；三是改进和规范复式预算制度，构建有利于市场经济条件下政府合理理财、有效提供公共服务的制度框架。社会保障体系是市场经济体制下财税体制的重要内容之一，也是确保市场机制充分发挥作用的重要保障，还是确保社会稳定的重要制度设置。因此，建立全国范围内符合经济发展水平和发展阶段的社会保障制度至关重要。

在党的十四届三中全会提出的财税体制改革框架指导下的 1994 年的财税体制改革是建立适应社会主义市场经济的财税体制探索，对中国潜在后发优势和大国优势的发挥提供了重要的支持作用。该次改革一方面是应对先前放权让利财政改革带来的财政收入占国内生产总值的比重下降和中央财政收入占全国财政收入的比重下降带来的财政汲取能力下降与中央宏观调控能力下降的问题；另一方面是建立与市场经济体制相适应的财税体制。该次财税体制改革的主要内容包括在划分事权的基础上，划分中央与地方的财政支出范围；按照税种划分中央与地方政府之间的财政收入，明确中央与地方的收入范围；分设中央和地方两套税务机构，分别征管；实行中央对地方的税收返还；妥善解决历史遗留问题；开始规范转移支付制度。该次财税体制改革明显地改善了财政收入状况，增强了财政的宏观调控能力和统筹经济社会发展的能力，初步建立了适应市场经济体制要求的财税体制框架。但是，该次财税体制改革明显还存在一些不足，比如在重视提高财政收入占国内生产总值的比重和中央财政收入占全国财政收入的比重的情况下，政府间事权划分尤其是地方各级政府间事权划分明显不清晰，财权划分也存在明显不符合不同税种的收入和调节功能的发挥，给进一步完善财税体制留下了很大的空间。为了建立适应市场经济体制要求的税制体系，该次财税体制改革建立了工商税制体系，建立了以规范化的增值税为核心，包括消费税、营业税等在内的流转税体系，统一了内外资企业的流转税、内资企业所得税和个人所得税。该次财税体制改革尽管初步建立起了与社会主义市场经济体制相适应的税制体系，但还有进一步完善的空间，比如内外资企业所得税并存不利于内外资企业公平竞争等。

在建立社会主义市场经济体制的框架下，1997 年召开的党的十五大提出要改革国有企业，塑造市场经济的微观主体，并建立与该项改革相适应的社会保障体系。这些配套制度建设包括实行社会统筹和个人账户相结合的养老、医疗保险制度，完善失业保险和社会救济制度，提供最基本的社会保障，建立城镇住房公积金，加快改革住房制度。为了确保这些社会保障框架的建立，需要在国民收入分配结构上逐步提高财政收入占国内生产总值的比重和中央财政收入占全国财政收入的比重，并适应所有制结构变化和政府职能转变，调整财政收支结构，建立稳固、平衡的国家财政。

从实践来看，1997 年以前的财税体制改革主要是赋予企业活力和调动地方政府发展经济的积极性，应对相关联的改革措施导致的国民收入分配格局变化与财政收入不足和中央宏观调控能力不足等问题。客观地讲，尽管党的十四大提出了市场经济体制改革目标及其在该目标下政府和市场的基本关系，党的十四届三中全会提出了财税体制改革的三大任务，但这些财政改革目标主要是通过 1994 年的分税制来实施的。

受到中国经济发展路径的影响，微观市场主体的形成在中国财政制度改革和建设中处在十分重要的地位，许多改革措施都是围绕市场主体的形成而开展的。1999 年召开的党的十五届四中全会集中讨论了国有企业改革的问题，目标是基本完成国有经济的战略性调整和改组，形成比较合理的国有经济布局和结构，建立比较完善的现代企业制度。与此相适应，国家需要调整财政支出结构，合理划分企业、社会、政府的责任，财政要为改革提供财力支持。国家要在一定程度上分担地方政府财力不足的困难，解决企业改革中有助于劳动力合理流动的社会保障问题。为了配合国有企业战略性调整的改革目标，1997 年，国务院出台《国务院关于建立统一的企业职工基本养老保险制度的决定》；1997 年，国务院发布《国务院关于在全国建立城市居民最低生活保障制度的通知》；1998 年，国务院出台《国务院关于建立城镇职工基本医疗保险制度的决定》；1998 年，国务院出台《失业保险条例》；1998 年，中共中央和国务院联合发布《中共中央 国务院关于切实做好国有企业下岗职工基本生活保障和再就业工作的通知》。这一系列制度安排既具有服务于当时改革的短期应急的性质，又是市场经济体制运行的必然要求。但这一时期财政制度建设重点明显在城市，农村与市场经济体制相关联的财政制度建设严重滞后，这显然会导致城乡市场化进程差异，进而不利于国民经济的协调发展。

这段时期的财政制度变革和建设还要妥善处理经济运行中的其他现象，比如当时乱收费的情况及其引起的企业、个人负担加重，扰乱财政秩序的情况。为了规范政府收费行为，国家开始了一系列的税费改革。1997 年、1998

年、1999 年国家分别取消了 23 项、20 项、20 项行政事业性收费。2000 年，国家决定率先在安徽全省进行农村税费改革试点。2003 年 3 月，国家决定将税费改革推广到全国 20 个省份。

回顾这一阶段中国财政实践和财政制度建设的基本历程可以看出，中国财政制度建设并不是一开始就瞄准一个明确的目标展开的，而是在适应经济体制改革的需要、不断解决经济运行中出现的问题的过程中趋近于市场经济体制框架下的公共财政制度的建设过程。在中国财政改革的过程中，始终伴随着基于市场经济体制改革目标的确定和相关经济体制、财政基础理论的争论，直到 1998 年全国财政工作会议的召开才正式确立了公共财政建设目标。公共财政建设目标的确立既是对财政改革方向理论和实践经验的总结，也是对财政改革方向的定位。随着公共财政改革目标的确定，财税体制改革有了明确的目标，这意味着部门预算、国库集中收付、政府采购等相关改革必然会相继跟进。随着公共财政改革目标的达成，中国进行了包括城镇企业职工的养老保险、医疗保险、失业保险、城市居民最低生活保障等一系列社会保障制度建设。2000 年，中央部门开始实行部门预算制度。2001 年，中国开始实行国库集中收付制度。2003 年 1 月 1 日，《中华人民共和国政府采购法》开始实施。2007 年，中央本级开始实行国有资本经营预算。

第三个阶段：在后发大国经济发展框架下弥补经济发展短板，抑制后发劣势和大国劣势，促进经济社会协调、持续发展阶段。

市场经济体制的建立使后发优势和大国优势在一定程度上被激活，中国经济维持了较长时间的快速增长。伴随着经济的快速增长，城乡之间、地区之间的经济发展差距快速扩大，居民收入差距扩大，生态被严重破坏，环境质量下降，经济社会发展不平衡日益严重。为了抑制经济与社会失衡的负面效应，实现经济社会协调和可持续发展，2002 年召开的党的十六大以全面建设小康社会、开创中国特色社会主义事业新局面等为主题，在经济建设方面提出要建立健全同经济发展水平相适应的社会保障体系，完善城镇职工基本养老保险制度和基本医疗保险制度，健全失业保险制度和城市居民最低生活保障制度，多渠道筹集和积累社会保障基金。党和国家通过推进一系列制度建设缓解社会发展不平衡可能带来的社会矛盾，维持经济社会的持续发展。

党的十六届三中全会提出了在完善社会主义市场经济体制的框架下进一步完善公共财政体制。为了在经济快速增长但结构性矛盾逐渐突出的条件下进一步完善市场经济体制，进一步发挥后发大国的潜在优势，抑制后发劣势和大国劣势，财政制度需要重点采取如下措施：其一，进一步健全财政宏观调控职能，在促进经济增长、优化经济结构和调节收入分配方面发挥重要作用。其二，顺应经济发展阶段转换的需要，按照简税制、宽税基、低税率、严征管的原则，稳步推进税收改革。这主要涉及优化出口退税制度，为不同地区经济发展提供公平的税收环境，统一企业税收，推进增值税转型，完善消费税，改进个人所得税等。其三，逐步降低农业税负，稳步推进农村税费改革，减轻农民负担，统一城乡税制，促进城乡统筹协调发展。其四，继续完善分税制和转移支付制度，规范政府间分配关系，矫正由于分税制不完善导致地方政府经济行为扭曲及其对经济增长带来的不利影响。其五，进一步调整和优化财政支出结构，逐步规范公共财政支出范围；进一步加大对农业、科技、教育、公共卫生、公共安全、社会保障、基础设施建设、生态环境建设等社会公共需要的保障力度，加大对中西部地区的财力支持。其六，进一步完善和深化财政管理制度改革，努力提高财政资金使用的安全性、规范性和有效性。

简要回顾党的十四届三中全会以来关于财税改革的文件可以发现，在完善社会主义市场经济体制的背景下，财税体制改革有了新的定位，由"转变政府职能，建立健全宏观调控体系"变成了"继续改善宏观调控，加快转变政府职能"。党的十四届三中全会提出积极推进财税体制改革，党的十六届三中全会提出完善财税体制，这显然是在明确的公共财政的方向上指明了如何进一步完善公共财政体制。

党的十六届三中全会提出的新一轮税制改革在 2003 年后相继展开。2003年 3 月 27 日，国务院发布《国务院关于全面推进农村税费改革试点工作的意见》，要求农村税费改革在全国推开。为振兴东北经济，自 2004 年 7 月 1 日起，国家对东北地区装备和制造业等八大行业实行增值税转型试点。2005 年，全国人大常委会决定自 2006 年 1 月 1 日起废止《中华人民共和国农业税条例》，全面取消农业税。个人所得税改革从 2006 年开始也持续推进，力求在收入分配中发挥更大作用。自 2008 年 1 月 1 日起，国家统一内外资企业所得税法，为各类企业创造一个统一、规范、公平竞争的市场环境，进一步完善社会主义市场经济体制。自 2009 年 1 月 1 日起，全国范围内实行增值税转型改革。在完善社会主义市场经济体制的框架下推出的这些财税制度改革措施

对完善具有中国特色的后发大国公共财政制度无疑具有十分重要的意义。

中国公共财政制度的建设和完善是在计划经济体制下的经济建设型财政制度的基础上进行的，这意味着中国的公共财政制度既有适应中国特色社会主义市场经济、强化满足社会公共需要的公共性的含义，又有城乡财政制度建设双轨推进、不平衡推进的特征。党的十六届六中全会提出完善公共财政制度，逐步实现基本公共服务均等化就是重点强调新时期财政制度的公共性，包括调整财政支出结构以便更好地满足社会公共需要、增强基层政府提供公共品的能力、提高城乡居民在公共消费权利上的平等性三个方面。党的十六届六中全会提出的完善财政制度的具体内容包括调整财政收支结构，加大财政在教育、卫生、文化、就业再就业服务、社会保障、生态环境、公共基础设施、社会治安等方面的投入；进一步明确中央和地方的事权，健全财力与事权相匹配的财税体制；完善省以下财政管理体制，着力解决县乡财政困难，增强基层政府提供公共服务的能力；逐步增加国家财政投资规模，不断增强公共产品和公共服务供给能力。公共服务均等化是公共财政制度的基本要求，提出并着力解决公共服务供给的问题，意味着适应市场经济体制的公共财政制度朝着进一步完善的方向继续发展。

公共服务均等化既受到财政制度的影响，又受到经济发展水平的制约，在城乡之间、地区之间经济发展差距扩大情况下的后发大国公共服务均等化更是一个需要在比较长的时间内才能实现的系统工程。与党的十六届六中全会关于完善公共财政制度相关措施相一致，2007年召开的党的十七大在财税体制改革方面提出围绕推进基本公共服务均等化，继续完善公共财政体系。具体内容包括深化预算制度改革，强化预算管理和监督；健全中央和地方财力与事权相匹配的体制；加快形成统一、规范、透明的财政转移支付制度；加大公共服务领域投入；完善省以下财政体制，增强基层政府提供公共服务能力。这些改革措施是对公共财政体制的进一步深化和完善。

第四阶段：抑制后发劣势和大国劣势，突破后发大国发展瓶颈阶段。

随着中国经济总量的扩大，经济结构调整进入攻坚阶段，转换技术进步路径、突破技术后发劣势、应对国际发展环境风险、积累经济持续发展能力的发展阶段随之到来。应对经济发展新阶段的关键问题，化解发展的内外风险，确保经济发展阶段顺利转换需要财政发挥重要作用。在这一背景下，2012年召开的党的十八大提出了全面建成小康社会，夺取中国特色社会主义新胜利。这一定位意味着中国经济发展目标是要实现一个质的飞跃。为了保障社会发展水平的质的提升，需要全面深化改革开放。服务于全面建成小康社会目标的财政的功能和定位是在 2013 年党的十八届三中全会提出来的。党的十八届三中全会指出，财政是国家治理的基础和重要支柱，科学的财税体制是优化资源配置、维护市场统一、促进社会公平、实现国家长治久安的制度保障。基于财政的功能定位，党的十八届三中全会提出了建立现代财政制度的目标。党的十八届三中全会关于财政的表述和财政改革目标的定位标志着财税体制改革新时代的到来。社会主要矛盾的变化标志着中国经济社会发展进入新的阶段，由先前局部领域优先、领先发展进入追求全面协调发展阶段，这也意味着作为后发大国的中国的经济发展从充分发挥后发优势和大国优势、抑制后发劣势和大国劣势，转入全面突破发展瓶颈、补足发展短板、应对发展挑战，通过全面协调发展来积蓄发展能力，向更高发展水平的阶段推进。

　　2017 年召开的党的十九大明确提出中国特色社会主义进入了新时代，对新时代的基本特征、奋斗目标和工作重心做出了全面的规划。实现中国特色社会主义新时代的奋斗目标必须要求财政制度充分发挥国家治理的基础性作用，从而要求财政制度必须在新时代奋斗目标下加快建立现代财政制度的步伐。新时代的现代财政制度建设要保持中国财政制度改革的方向，抑制后发劣势和大国劣势，调整和优化城乡、区域经济结构，进一步扩大对外开放，充分拓展大国优势，切换科技进步路径，强化科技进步能力，为经济全面协调可持续发展提供强有力的支撑。总结我国经济发展阶段和经济体制及财政制度变迁的关系可以得出以下几点结论：其一，经济发展阶段、经济体制和财政制度是一个有机统一体，经济发展阶段要求有相应的经济体制与其相适应，财政制度则是经济体制重要的制度支撑。其二，财政理论、制度、政策和其作用发挥高度相关，但不一定完全一致。财政理论是财政运行规律的系统化和理论化，是财政制度和政策制定的理论依据。但是，财政制度和政策变迁受到经济等其他因素的约束，双重因素约束下的财政制度和政策产生的实际影响及效果才是财政实际的作用，这也是理论上的财政作用效果与实际作用效果差异产生的原因。服务于我国后发优势和大国优势的财政实践与财政制度的变迁在理论上应起到的促进经济发展作用的差距是客观的、必然的。完善发展财政制度也是必然的，将伴随我国经济发展全过程。其三，财政制度变革涉及理论、规划和实施三个方面。理论准备是变革的理论基础，理论需要转化为政策规划才能带来实际的变革，真正的变革不仅要有规划，还需要有条件和能力，要能克服变革的阻力，才能带来真正的变革。因此，财政制度变革不仅要有理论准备，认识到必要性，还要有规划，更要有推动变革的条件、动力和能力。

15.3.3　中国城乡经济结构变化中的财政制度演变

城乡二元经济结构是后发大国经济结构的重要组成部分。根据经济发展的一般理论，后发大国在发展初期城乡差距比较小，为了奠定国家发展基础，在政府集中资源在城市发展资本密集型的装备工业和进行基础设施建设的阶段，城市偏向的资源配置会导致城乡差距扩大。在后发大国发展的物质基础基本形成后，市场机制在资源配置中起决定性作用的情况下，由于城乡生产方式和区位差异，城市要素收益率高会吸引农村要素流入，形成城乡要素收益率差距和要素流动的因果循环累积机制，导致城乡差距累积性扩大。城乡差距的过度悬殊意味着城乡经济结构失衡，会对后发大国经济持续增长带来不利影响。为了促进经济结构协调和经济持续增长，后发大国需要采取一定的财政等制度安排，缩小城乡差距。城乡差距的协调程度是后发大国经济持续增长的必要条件，能否促进城乡经济结构协调是衡量财政制度是否有效的重要标准之一。

15.3.3.1　中国城乡二元结构演变的基本事实

改革开放以来，伴随着经济的持续、快速增长，中国经济结构快速变化，科学技术水平不断提高，城乡之间、地区之间经济发展差距快速扩大，居民收入差距也逐渐扩大。正如党的十九大报告所指出的，我国社会主要矛盾已经转化为人民日益增长的美好生活需要和不平衡不充分的发展之间的矛盾，城乡差距就是我国经济不平衡发展的重要方面。

中华人民共和国成立以来，随着国民经济恢复任务的完成，中国进入有计划、有组织的经济发展阶段。为了奠定后发大国经济发展的基础，中国于1952年开始实行工业和城市优先的经济发展战略。在20世纪60年代中后期，中国已经形成相对完整的工业体系和国民经济体系[①]，奠定后发大国经济发展

---

① 同上，也有观点认为，我国在1978年左右形成了基本完整的工业和国民经济体系。

基础的任务基本完成。改革开放以后，在经济持续快速增长的同时，中国的城乡经济结构失衡的问题也逐渐显现。其具体表现在以下几个方面：

第一，城乡居民收入差距持续扩大，近期开始缓慢缩小。1978—1984 年，城乡居民收入比由 2.56 下降到 1.82；1985—1994 年，城乡居民收入比再次扩大；1994—1997 年，城乡居民收入比短暂缩小；1997—2009 年，城乡居民收入比持续扩大；2009 年，城乡居民收入比呈现出缩小的趋势。中国城乡居民收入差距总体上经历了改革开放初期短暂缩小，之后随着经济快速增长持续扩大，再短暂缩小，之后再长期扩大，近年来出现缩小趋势的变化过程。2018 年，城乡居民收入比达到 2.69。以城乡居民收入比衡量的中国城乡居民收入差距的变化趋势如图 15-1 所示。

图 15-1　中国城乡居民收入差距变化趋势（1949—2015）

第二，城乡二元结构性失衡具有阶段性特征。二元对比系数和二元反差系数可以比较全面地反映城乡二元经济结构演变的趋势和路径①。图 15-2 和图 15-3 可以反映中国城乡二元经济结构变换的路径与趋势。从图 15-2 中可

———————
① 二元反差系数是衡量城乡二元经济差距的一个综合性指标，它表示农业部门和非农业部门收入或产值比重与劳动力比重的差的绝对值的平均值。二元反差系数越大，城乡二元差距越大；反之，城乡二元差距越小。二元对比系数是测度二元经济反差程度的一个综合性指标，是二元经济中农业部门的比较劳动生产率与非农业部门的比较劳动生产率的比率（比较劳动生产率是部门的收入比重与劳动力比重的比率）。发展中国家的农业部门的比较劳动生产率因收入比重低、劳动力比重高，导致比较劳动生产率小于 1，而非农业部门比较劳动生产率大于 1，从而使二元对比系数小于 1。一般来说，二元对比系数越小，城乡差距越大，反之，城乡二元差距越小。

以发现，反映中国城乡二元差距的二元对比系数的变化路径是：1952—1960年，城乡二元对比系数缩小；1961—1968年，城乡二元对比系数扩大；1969—1978年，城乡二元对比系数缩小；1978—1984年，城乡二元对比系数缩小；1985—1993年，城乡二元对比系数扩大；1994年以后，城乡二元对比系数出现逐渐缩小的趋势。从图13-3反映的中国城乡二元反差系数来看，1952—1960年，城乡差距呈扩大趋势；1960—1969年，城乡差距呈缩小趋势；1970—1978年，城乡差距呈扩大趋势；1978—1984年，城乡差距呈缩小趋势；1985—1993年，城乡差距呈扩大趋势；1994年以后，城乡差距呈现缩小趋势。

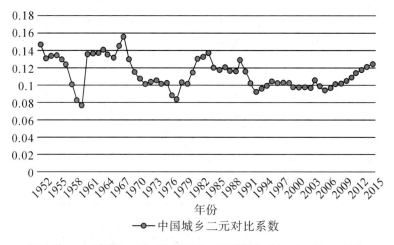

图 15-2　中国城乡二元对比系数变化的路径与趋势（1952—2015）

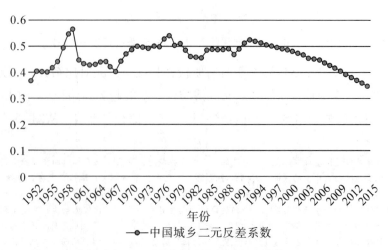

图 15-3　中国城乡二元反差系数变化的路径和趋势（1952—2015）

　　第三，城乡居民消费差距持续扩大。城乡居民消费差距主要表现在人均消费性支出规模、消费结构等方面。1953 年，城乡居民人均消费支出比为 2.37∶1；1978 年，城乡居民人均消费支出比变为 2.93∶1，绝对差距由 89 元增加到 207 元；2004 年，城乡居民人均消费支出比进一步上升到 3.51∶1，绝对差距扩大到 6 359 元；2018 年，城乡居民人均消费支出比为 2.55∶1，绝对差距扩大到 20 220 元。1956 年，城镇居民和农村居民恩格尔系数分别为 56.9% 和 68.1%；1978 年，城镇居民和农村居民恩格尔系数分别为 57.5% 和 67.7%；2004 年，城镇居民和农村居民恩格尔系数分别为 35.8% 和 45.3%；2018 年，城镇居民和农村居民恩格尔系数分别为 27.7% 和 30.1%。

　　第四，城乡居民基本公共服务消费差距拉大。1952—1978 年，为了奠定后发大国发展基础，国家实行城乡二元财政制度，城乡公共品供给机制明显不同，城市的基础设施、教育、医疗卫生、文化等公共品由政府提供，而农村居民的教育、医疗卫生、基础设施等主要由农村集体经济组织承担。

15.3.3.2　中国城乡二元财政制度变化的基本事实

　　城乡二元财政制度和城乡二元经济结构相互影响、相互作用，二元财政制度包含财政收入、支出等制度，是导致二元经济结构的重要制度因素。

　　第一，财政支持农业发展的基本事实。

　　在经济建设的较长时期内，中国财政对农业与非农业发展的支持力度存在明显差别，具有明显的工业优先特征。从财政对农业的支持力度看，尽管财政支农支出规模随经济发展在逐年扩大，但财政支农支出占财政支出的比重与农业对国民经济的贡献和农业发展的需求存在很大差距，较长时期还处在下降区间。1950 年，财政支农支出占财政支出的比重仅为 4.03%。1964 年，财政支农支出占财政支出的比重只有 17.01%，而同期的农业产值占国内生产总值的比重是 38.75%。1965—1971 年，财政支农支出占财政支出的比重从 17.01% 下降到 8.3%，同期农业产值占国内生产总值的比重从 38.26% 下降到 34.23%。1972—1979 年，财政支农支出占财政支出的比重由 8.5% 上升到 13.6%。从 1980 年开始，财政支农支出占财政支出的比重再次进入下降区间，从 1979 年的 13.6% 下降到 1985 年的 7.66%。1986 年以后，财政支农支出占财政支出的比重缓慢上升。1991 年，财政支农支出占财政支出的比重达到 10.26%。1992—2007 年，财政支农支出占财政支出的比重长期处于下降区间。其间，1997 年的财政支农支出占财政支出的比重由 8.3% 上升到 1998 年的 10.69%后继续延续下降趋势，直到 2007 年下降到最低点的 6.84%。2007
年以后，财政支农支出占财政支出的比重逐年缓慢上升，2016 年达到 9.9%。
2018 年，国家对农林水的财政投入达到 21 085.59 亿元，占全部财政支出的
比重达到 9.54%。同期，农业产值占国内生产总值的比重为 7.2%。中国财政
支农支出占财政支出的比重变化趋势如图 15-4 所示。

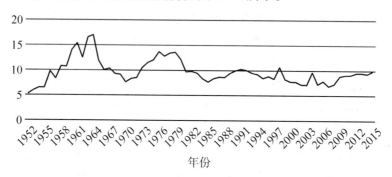

图 15-4　中国财政支农支出占财政支出的比重变化趋势（1952—2015）

第二，农业与非农业财政支持力度差异的基本事实。

财政对农业与非农业支出力度相对强度可以用二元财政对比度来考察。
二元财政对比度显示，在很长一段时期内，中国财政对农业投入严重不足。
二元财政对比度是农业部门单位产值所耗费的财政支出与非农业部门单位产
值所耗费的财政支出之比。这个指标将政府的财政支出结构与国民经济的产
值结构综合在一起，既考虑到财政支出自身的内部构成，又兼顾了国民经济
的产业结构变动。图 15-5 反映的是中国二元财政对比度变化的趋势和路径。
从图 15-5 可以看出，1997 年以前，中国财政对农业的支持力度低于对非农业
的支持力度。事实上，中国在 20 世纪 60 年代中后期就基本形成了相对完整
的工业和国民经济体系，就应该停止农业支持工业的财政制度安排，但实际
上农业支持工业、农村支持城市的财政制度安排一直在延续，直到 1998 年后
才有所扭转，财政对农业的支持力度才有所扩大。2004 年以后，相对于非农
产业，财政对农业的支持力度又呈现出减弱的趋势。

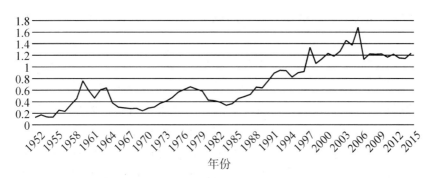

图 15-5 中国二元财政对比度变化的趋势和路径（1952—2015）

第三，城乡基本公共服务供给差距的基本事实。

中国城乡基本公共服务供给也存在典型的二元特征。教育、医疗卫生、基础设施、文化等公共品是居民消费的重要组成部分，也是体现社会发展水平的重要标志，还是体现社会公平的重要标志。中华人民共和国成立后的相当长时期内，城乡的上述公共品供给存在明显差异。城市的教育、医疗卫生、基础设施、社会保障主要由财政承担，农村的上述公共品供给成本主要由农村集体经济组织承担。城乡社会保障制度的二元特征尤其明显。改革开放前，城市国有企业和行政事业单位拥有养老、医疗、就业、生育、工伤、住房、子女教育等较全面的社会保障，农村居民仅享有依托于农村集体经济组织的、有限的、低水平的、旧的合作医疗保障和农村集体经济组织内部"五保"老人可以享受的低水平的"五保"供养保障，农村居民的养老、就业、工伤、子女教育、住房均由家庭承担。改革开放后，农村实行家庭联产承包责任制后，大多数农村集体经济组织瓦解，依托于农村集体经济组织的最基本的低水平社会保障也不再存在。为了建立与市场经济相适应的社会保障制度，城市先后建立起城镇企业职工养老保险、医疗保险、失业保险、工伤保险、生育保险以及城镇居民养老保险、医疗保险、最低生活保障等相对完善的社会保障体系。农村现代意义上的社会保障制度的建立严重滞后于城市，2003年开始建立新型农村合作医疗保险，2007年开始建立农村居民最低生活保障制度，2009年开始试点建立新型农村基本养老保险，其他社会保障制度建立的时间还要更晚一些。从整体上看，在改革开放后相当长的时期，城乡居民社会保障差距持续拉大。改革开放后，随着经济市场化程度的提高，城乡二元公共品供给制度必然拉大城乡发展差距，影响城乡要素合理流动和优化配置，不利于城乡居民共享经济社会发展的成果，不利于大国优势和后发优势的充分发挥。

15.3.3.3　中国城乡二元财政制度演变的基本背景

中国经济发展受到后发大国经济发展逻辑的内在驱动，内生于中国经济发展的城乡二元经济结构伴随着中国经济发展的全过程。城乡二元财政制度既是城乡二元经济结构形成的重要原因，也是影响城乡二元经济结构转化的重要因素。中国共产党的历届党代会关于经济发展的指导思想是中国经济发展的重要指引，每一次党代会都会提出接下来的一段时期内国家经济建设的重要规划，相应的财政政策和财政制度则是直接服从与服务于经济发展规划的。厘清中国城乡二元财政制度演变的基本轨迹有助于根据经济发展条件变化调整、优化财政制度，促进城乡经济协调发展，也有助于中国经济潜在优势的充分发挥。

1952—1978 年，中国经济社会发展的重点是奠定后发大国经济发展的物质基础。1978 年后的一段时间，尤其是党的十一届三中全会以后，党和国家的工作重点转移到了经济建设领域，开始了大规模的经济建设。党的十二大提出了 1981 年到 20 世纪末的奋斗目标，针对激发计划经济体制时期失衡的经济结构，强调农业问题、能源问题、交通问题、教育问题、科学问题在实现发展目标中的基础性地位，尤其是强调了农业在国民经济发展中的重要地位。

党的十一届三中全会宣布中国已经基本建成相对完整的工业和国民经济体系，这标志着中国经济发展具备进入后发优势与大国优势充分发挥阶段的基本物质条件。经济体制和经济发展的物质条件具有内在关联性，集中力量发展资本密集型工业、奠定后发大国发展物质基础的阶段需要集中的资源配置方式与之相适应，解决了经济发展装备工业约束问题后。为了激活后发优势和大国优势，国家需要有资源分散配置的市场经济体制与之相适应。在具备后发优势和大国优势充分发挥的物质条件后，为充分释放后发优势和大国优势，必然要求经济体制从计划经济体制转向市场经济体制。经济体制的转轨涉及经济、政治和社会一系列相关制度的调整，这种转变可能是渐进的，甚至还可能存在反复，相关制度变革也不一定是同步、协调推进的。党的十二大关于计划和市场机制在调节经济中的地位上强调以计划调节为主、市场为辅的原则就反映出了经济体制转轨的渐进性和复杂性。由此可见，尽管后发大国发展的物质基础已经基本形成，但市场在资源配置中的作用仍然没有得到有效发挥，这也预示着实际上的后发优势和大国优势的发挥与理论上的后发优势和大国优势的发挥在机制和程度上还存在差别。

党的十三大明确了中国正处在社会主义初级阶段，制定了经济建设"三步走"战略。农业发展不足是在较长时期内抑制中国经济潜在优势发挥的短板，教育和科学技术的发展是关系到后发技术优势能否得到较好发挥的重要因素。因此，党的十三届八中全会关于农业发展的文件中指出，要在预算内外都加大对农业的投资力度，要把发展科学技术和教育事业放在首要位置。在反思计划经济体制在资源配置中效率问题的条件下，党的十三届八中全会明确提出社会主义经济是在公有制基础上的有计划的商品经济，这为发展商品经济和市场经济打下了重要的理论基础。

党的十三大和党的十三届八中全会的精神反映了经济发展阶段转变和经济体制转轨具有复杂性，它们相互影响、相互制约。经济发展阶段变化与重大经济体制转轨必然是在国家发展指导思想指导下进行的，经济发展指导思想必须基于本国国情。奠定国家发展基础阶段的经济政策安排导致的农轻重经济结构失衡是否得到缓解直接关系到经济体制转轨的成败，如果不能矫正失衡的经济结构，经济体制转轨必然带来一系列社会不稳定因素，甚至导致转轨失败。长期以来，农业不充分发展正是我国经济发展阶段转换和经济体制转轨的短板与重要制约条件，因此加快农业发展在当时显得尤其重要。

党的十四大明确提出，中国经济体制改革的目标是建立社会主义市场经济体制，使市场在资源配置中发挥基础性作用，进一步解放和发展生产力，这为中国利用市场经济体制发展生产力提供了制度基础。党的十四大提出，农业是国民经济的基础，必须坚持把加强农业放在首位，全面振兴农村经济。党的十四届三中全会提出各级政府要逐步增加对农业的投入，不断改善农业生产条件，增强农业的物质、技术基础，扶持农用工业发展等，为农业发展提供有力的财政支持。在追求经济增长的背景下，如果地方政府拥有较大的财政事权，缺乏硬性约束，加大对农业财政投入的指导思想可能难以得到有效执行。

党的十五大继续强调要坚持把农业放在经济工作的首位，确保农业和农村经济发展、农民收入增加。党的十五届三中全会继续强调始终把农业放在国民经济发展的首位，在财政等相关政策上提出逐步增加财政对农业的投资，要切实减轻农民负担，坚持多予少取，让农民得到更多的实惠。

党的十六大是中国城乡经济社会发展的重要转折点。党的十六大将统筹城乡经济社会发展、建设现代农业、发展农村经济、增加农民收入置于全面建设小康社会重大任务的地位。党的十六大提出，农村富余劳动力向非农产业和城镇转移是工业化与现代化的必然趋势。为了促进农业农村发展，党的十六大提出，加大对农业的投入和支持，加快农业科技进步和农村基础设施建设。针对农民税费负担重的实际情况，党的十六大提出，继续推进农村税费改革，减轻农民负担，保护农民利益。为贯彻党的十六大精神，党的十六届三中全会要求完善农村税费改革试点的各项政策，取消农业特产税，加快推进县乡机构和农村义务教育体制等综合配套改革，逐步降低农业税率，切实减轻农民负担。农业税费改革是改变城市偏向的二元财政制度的重要一步，标志着城市偏向的城乡二元财政制度开始向统筹城乡发展的财政制度转变。党的十六届六中全会指出，和谐社会的主要目标和任务是逐步扭转城乡、区域发展差距扩大的趋势以及基本建立覆盖城乡居民的社会保障体系，使基本公共服务体系更加完备。党的十六届六中全会提出，贯彻工业反哺农业、城市支持农村和多予少取放活的方针，加快建立有利于改变城乡二元结构的体制机制，推进农村综合改革，促进农业不断增效、农村加快发展、农民持续增收。在财政资源的城乡配置结构上第一次提出各级政府要把基础设施建设和社会事业发展的重点转向农村，国家财政新增教育、卫生、文化等事业经费和固定资产投资增量主要用于农村。针对农村社会保障的不足，党的十六届六中全会提出，逐步建立农村最低生活保障制度，有条件的地方探索建立多种形式的农村养老保险制度，加快建立适应农民工特点的社会保障制度。值得注意的是，党的十六大开始出现了财政资源配置向农业农村倾斜的趋势，标志着中国财政制度演变开始进入新的阶段。

党的十七大在科学发展观的战略框架下提出了统筹城乡发展、区域发展、经济社会发展、人与自然和谐发展、国内发展和对外开放，将统筹城乡发展置于五个统筹之首；提出了建立覆盖城乡居民的社会保障体系，确保人人享有基本生活保障；强调了民主和文化建设也要全面覆盖城乡居民。党的十七大在统筹城乡发展和社会主义新农村建设中明确提出必须把解决好农业、农村、农民问题始终作为全党工作的重中之重。围绕统筹城乡发展的目标，党的十七大提出了一系列财政税收政策措施。党的十七届三中全会在贯彻党的十七大精神的同时，继续强调农业、农村、农民问题关系党和国家事业发展全局，提出要深入贯彻落实科学发展观，坚持工业反哺农业、城市支持农村和多予少取放活的方针。为实现上述目标，国家需要统筹工业化、城镇化、农业现代化建设，加快建立健全以工促农、以城带乡的长效机制，调整国民收入分配格局，巩固和完善强农惠农政策，把国家基础设施建设和社会事业发展重点放在农村，推进城乡基本公共服务均等化，实现城乡、区域协调发展，使广大农民平等参与现代化进程、共享改革发展成果。相关文件还提出了一系列的财政制度安排和政策措施，支持农业农村发展。

　　党的十八大聚焦全面建成小康社会和全面深化改革，提出加快改革户籍制度，有序推进农业转移人口市民化，努力实现城镇基本公共服务常住人口全覆盖。党的十八大强调，城乡发展一体化是解决"三农"问题的根本途径。党的十八大强调，要加大统筹城乡发展力度，增强农村发展活力，逐步缩小城乡差距；继续坚持工业反哺农业、城市支持农村和多予少取放活的方针；加快发展现代农业。为了改善农业农村发展条件，党的十八大强调，把国家基础设施建设和社会事业发展重点放在农村。为了补足农业农村发展短板，党的十八大强调，加快完善城乡发展一体化体制机制，形成以工促农、以城带乡、工农互惠、城乡一体的新型工农关系、城乡关系。党的十八届三中全会贯彻落实党的十八大的发展思路，强调城乡二元结构是制约城乡发展一体化的主要障碍，为缓解城乡二元结构，需要健全体制机制，形成以工促农、以城带乡、工农互惠、城乡一体的新型工农关系、城乡关系。党的十八大和党的十八届三中全会进一步强化了统筹城乡发展的机制，加大城乡基本公共服务均等化的财政统筹力度。

　　党的十九大继续高度关注城乡统筹发展，提出了城乡差距缩小、城乡基本公共服务均等化和共同富裕的发展目标。党的十九大继续强调农业、农村、农民问题是关系国计民生的根本性问题，必须始终把解决好"三农"问题作为全党工作的重中之重；坚持农业农村优先发展，推进乡村振兴战略。为推进乡村振兴战略，《中共中央　国务院关于实施乡村振兴战略的意见》强调，把解决好"三农"问题作为全党工作的重中之重，坚持农业农村优先发展，对标乡村振兴目标建立健全城乡融合发展机制。推进乡村振兴战略必须建立健全财政投入保障制度，确保公共财政更大力度向"三农"倾斜，确保财政投入与乡村振兴目标任务相适应。党和国家一系列关于农业、农村和农民的

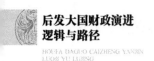
重要文件为涉农财政制度变革提供了重要的指导，城乡二元财政制度的变革一方面是落实党和国家的重要文件精神，另一方面会对城乡二元经济结构产生重要影响。

15.3.3.4 中国城乡二元财政制度的演变的基本事实

中华人民共和国成立以后，中国实行了长期的城市和工业偏向的财政制度。从 1952 年开始的为奠定后发大国发展基础的阶段，中国整体上实行了城市和工业偏向的财政制度，当农业停滞成为工业和国民经济发展瓶颈时，会进行短期的政策调整，当农产品供给能力有所提高，财政制度就继续回到城市和工业偏向的轨道。在改革开放后的财政包干体制阶段，各地方政府为促进本地经济发展，增加财政收入，实行了明显的城市和工业偏向的、农业歧视的财政制度，由于中央财政收入占全部财政收入的比重下降，即使中央有加强对农业财政支持的想法也受财力约束难以实施。1994 年分税制改革以后直到 2002 年召开的党的十六大提出统筹城乡发展战略期间，地方政府为了在经济增长的竞争中取得优势并增强地方财力，仍然延续了财政包干制时期的工业和城市偏向的、农业歧视的财政制度。在中央提出统筹城乡发展战略并配套供给相关制度后，工业与农业发展相关的财政制度才迎来变革的时机，但实际的城市和农村发展相关财政制度的变革时间则要晚于中央文件强调的工业与农业相关财政制度的变革时间。

2002 年召开的党的十六大提出全面建设小康社会的目标。纵观党的十六大以来的历次中央"一号文件"可以发现，财政在支持农民增收、农村基础设施建设、农业科学技术进步、农业现代化、缩小城乡基本公共服务差距以及全面乡村振兴中的定位发生了明显的变化，不仅在加大对农业农村投入力度上有显著的增强，在城乡配置结构中也出现了明显的变化，城市和工业偏向的财政制度向城乡均衡乃至农业农村优先的财政制度转变的方向越来越清晰，趋势越来越明显。2004—2020 年，中央"一号文件"的焦点和财政演变轨迹如表 15-3 所示。

表 15-3 2002—2020 年中央"一号文件"的焦点和财政演变轨迹

年份	文件标题	财政措施
2004	《中共中央 国务院关于促进农民增加收入若干政策的意见》	对农业采取"多予、少取、放活"的方针

表15-3（续）

年份	文件标题	财政措施
2005	《中共中央　国务院关于进一步加强农村工作提高农业综合生产能力若干政策的意见》	继续加大对农业的"两减免，三补贴"
2006	《中共中央　国务院关于推进社会主义新农村建设的若干意见》	建立以工促农、以城带乡的长效机制，全面取消农业税
2007	《中共中央　国务院关于积极发展现代农业扎实推进社会主义新农村建设的若干意见》	基础设施建设和社会事业发展重点转向农村，建立农村最低生活保障制度
2008	《中共中央　国务院关于切实加强农业基础设施建设进一步促进农业发展农民增收的若干意见》	建立农村新型养老保险制度
2009	《中共中央　国务院关于2009年促进农业稳定发展农民持续增收的若干意见》	大幅度增加农业补贴
2010	《中共中央　国务院关于加大统筹城乡发展力度进一步夯实农业农村发展基础的若干意见》	推动资源要素向农村配置，深化户籍制度改革
2011	《中共中央　国务院关于加快水利改革发展的决定》	加强对农业水利基础设施建设的财政支持
2012	《中共中央　国务院关于加快推进农业科技创新持续增强农产品供给保障能力的若干意见》	强调农业科技的基础性、公共性、社会性
2013	《中共中央　国务院关于加快发展现代农业进一步增强农村发展活力的若干意见》	优化财政补贴结构
2014	《中共中央　国务院关于全面深化农村改革加快推进农业现代化的若干意见》	保障粮食安全，实施城乡基本公共服务均等化
2015	《中共中央　国务院关于加大改革创新力度加快农业现代化建设的若干意见》	强调农业基础地位和农民增收
2016	《中共中央　国务院关于落实发展新理念加快农业现代化实现全面小康目标的若干意见》	支持农业供给侧结构性改革

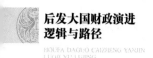
表15-3(续)

年份	文件标题	财政措施
2017	《中共中央 国务院关于深入推进农业供给侧结构性改革 加快培育农业农村发展新动能的若干意见》	加强农田基本建设,改善人居环境,提升农村基本公共服务水平,扎实推进脱贫攻坚
2018	《中共中央 国务院关于实施乡村振兴战略的意见》	坚持农业农村优先,公共财政更大力度向"三农"倾斜
2019	《中共中央 国务院关于坚持农业农村优先发展做好"三农"工作的若干意见》	坚持把农业农村作为财政优先保障领域和金融优先服务领域,公共财政更大力度向"三农"倾斜
2020	《中共中央 国务院关于抓好"三农"领域重点工作确保如期实现全面小康的意见》	继续加大中央和地方对"三农"的投入力度

面对长期实行的城市和工业偏向的财政制度和政策导致的农业、农村发展缓慢,农民收入水平较低,城乡与工农业结构失衡的经济格局,2004 年的中央"一号文件"聚焦"农民增收",提出了对种粮农民的直接补贴、良种补贴、农机补贴"三项补贴",深化粮食流通体制改革,降低农业税负等财政制度安排,开启了城乡统筹和对农业"多予、少取、放活"的政策进程。以此为标志,财政支农支出规模大幅度增加,开始扭转财政支农支出占财政支出比重低且在改革开放以来长期下降的局面。

2005 年的中央"一号文件"聚焦"提高农业综合生产能力",旨在解决农业投入不足、基础脆弱等问题,提出继续加大"两减免、三补贴"① 等财政对农业的政策支持力度,明确了稳定、完善支持粮食生产的有关政策。

2006 年的中央"一号文件"聚焦"社会主义新农村建设",提出加快建立以工促农、以城带乡的长效机制,全方位协调推进农村经济、政治、文化、社会和党的建设;明确提出全面取消农业税,对降低农业税负、增加农民收入、增强财政对农业的支持力度具有十分重要的里程碑意义。

2007 年的中央"一号文件"聚焦"现代农业",旨在夯实农业基础,确保新农村建设沿着健康的轨道向前推进。2007 年的中央"一号文件"第一次

---

① "两减免、三补贴"具体是指减免农业税、取消除烟叶以外的农业特产税,对种粮农民实行直接补贴,对部分地区农民实行良种补贴和农机具购置补贴。

明确提出把基础设施建设和社会事业发展的重点转向农村，要求在全国建立农村最低生活保障制度。把基础设施和社会事业发展重点转向农村无疑对扭转城市偏向的财政制度安排具有标志性意义。

党的十七大聚焦深入贯彻落实科学发展观和全面建设小康社会的目标，提出以人为本、统筹兼顾，实现经济社会全面协调可持续发展理念；提出统筹城乡发展，推进新农村建设等重点目标。为了贯彻党的十七大提出的发展理念，实现全面建设小康社会的发展目标，财税制度建设的目标是围绕推进基本公共服务均等化和主体功能区建设，完善公共财政体系；深化预算制度改革，强化预算管理和监督，健全中央和地方财力与事权相匹配的体制；完善省以下财政体制，增强基层政府提供公共服务的能力。

2008年的中央"一号文件"聚焦"农业基础设施建设"，旨在强化农业基础地位，保障主要农产品基本供给，解决农村社会管理和公共服务的矛盾。2008年的中央"一号文件"要求巩固、完善、强化强农惠农政策，提升农业科技、人才、服务等支撑能力，提高农村生产、生活的基本公共服务水平，首次提出建立新型农村社会养老保险制度，强调保障农民土地权益。财政对农业农村的支持力度进一步增强。

2009年的中央"一号文件"聚焦"农业稳定发展"，旨在防止国际金融危机冲击下粮食生产滑坡与农民收入徘徊。2009年的中央"一号文件"要求较大幅度增加农业补贴，提高粮食最低收购价格，增加政府对农产品的储备，加强农产品进出口调控，加大力度解决农民工就业问题，将农村民生建设重点投向农村电网、乡村道路、饮水安全、沼气、危房改造等领域。

2010年的中央"一号文件"聚焦"统筹城乡发展"，明显改变了先前针对农业农村农民局部领域的政策组合，旨在以城乡统筹破解"三农"难题，协调推进工业化、城镇化和农业现代化。2010年的中央"一号文件"明确要求推动资源要素向农村配置，首次提出促进农业发展方式转变，突出把农田水利作为农业基础设施建设的重点、良种培育作为农业科技创新的重点、主产区作为粮食生产支持政策的重点，提出深化户籍制度改革等一系列举措。值得一提的是，深化户籍制度改革意味着要着手破解城乡二元基本公共服务体制，是统筹城乡发展的重要举措，对城乡要素自由流动、合理配置具有十分重要的作用。

2011年的中央"一号文件"聚焦"水利改革发展"，旨在有效缓解水利

"基础脆弱、欠账太多、全面吃紧"等问题,财政支持措施也聚焦于解决农业发展的水利基础设施的关键问题。

2012年的中央"一号文件"聚焦"农业科技创新",旨在依靠科技进步实现农业增产增收、提质增收、节本增收。2012年的中央"一号文件"明确了农业科技公共性、基础性、社会性的定位,首次强调"三农"政策的强农、惠农、富农三大指向,提出推进农业科技创新、提升技术推广能力、发展农业社会化服务、加强教育科技培训等一系列举措。2012年的中央"一号文件"对农业科技的定位有助于加强财政对农业科技的支持,有利于提高农业科技对农业发展的支撑作用。

2012年召开的党的十八大将"三农"问题置于全党工作重中之重的地位,提出城乡发展一体化是解决"三农"问题的根本途径。为加快农业农村发展,党的十八大提出坚持把国家基础设施建设和社会事业发展重点放在农村,深入推进新农村建设和扶贫开发,全面改善农村生产生活条件;着力促进农民增收,保持农民收入持续较快增长;改革征地制度,提高农民在土地增值收益中的分配比例;加快完善城乡发展一体化体制机制,着力在城乡规划、基础设施、公共服务等方面推进一体化,促进城乡要素平等交换和公共资源均衡配置,形成以工促农、以城带乡、工农互惠、城乡一体的新型工农关系、城乡关系。

2013年的中央"一号文件"再次聚焦"发展现代农业",核心是创新农业经营体系,激活农村和农民自身的活力。在财政方面,2013年的中央"一号文件"要求优化财政补贴结构,优化补贴对象,要求新增补贴向主产区和优势产区集中、向新型生产经营主体倾斜,培育和壮大新型农业生产经营组织。

2014年的中央"一号文件"聚焦"农村改革",旨在贯彻落实党的十八届三中全会精神,破除农业农村体制机制弊端。2014年的中央"一号文件"高度关注粮食安全,强调确保谷物基本自给、口粮绝对安全,提出建立农产品目标价格制度、最严格的食品安全监管制度、粮食主产区利益补偿与生态补偿机制、农业可持续发展长效机制等重要举措,提出了农村土地产权改革的要求,确定了开展村庄人居环境整治、推进城乡基本公共服务均等化等重点工作。2014年的中央"一号文件"关于农村改革的定位和推进城乡基本公共服务均等化的表述对增强财政对农业农村发展的支持力度具有十分重要的指导作用。在此之前，2012 年国务院印发了《国家基本公共服务体系"十二五"规划》，明确指出把基本公共服务制度作为公共产品向全民提供，着力保障城乡居民生存发展基本需求，着力增强服务供给能力，着力创新体制机制，不断深化收入分配制度改革，加快建立健全符合国情、比较完整、覆盖城乡、可持续的基本公共服务体系，逐步推进基本公共服务均等化。

2015 年的中央"一号文件"再次聚焦"农业现代化"，意在继续强化农业基础地位、促进农民持续增收。2015 年的中央"一号文件"首次提出推进农村一、二、三产业融合发展，明确推进农村集体产权制度改革与农村土地制度改革试点等工作；首次提出完善农产品价格形成机制，加强农村法治建设；再次提出继续强化农业的基础地位和促进农民增收，有助于指导财政进一步增强对农业的支持力度，进而通过财政支持促进农民收入增加，缩小城乡居民收入差距。

2016 年的中央"一号文件"持续聚焦"农业现代化"，旨在用发展新理念破解"三农"新难题，加快补齐农业农村短板。2016 年的中央"一号文件"首次提出推进农业供给侧结构性改革，要求着力构建现代农业产业体系、生产体系、经营体系，实施"藏粮于地、藏粮于技"的战略；提出推进"互联网+"现代农业发展、加快培育新型职业农民、推动农业绿色发展、培育壮大农村新产业新业态等创新措施。

2017 年的中央"一号文件"聚焦"农业供给侧结构性改革"，旨在从供给侧入手，在体制机制创新上发力，从根本上解决突出的农业结构性、体制性矛盾。2017 年的中央"一号文件"在优化产品产业结构、推行绿色生产方式、壮大新产业新业态、强化科技创新驱动、补齐农业农村短板、加大农村改革力度等方面进行全面部署，提出建设"三区三园一体"，大规模实施节水工程，盘活利用闲置宅基地，大力培育新型农业经营主体和服务主体，积极发展生产、供销、信用"三位一体"综合合作等创新举措。农业供给侧结构性改革的方向为财政对农业支持方式提出了新的要求。

2017 年，党的十九大提出了乡村振兴战略。《乡村振兴战略规划（2018—2022 年）》在财政投入方面明确提出，建立健全实施乡村振兴战略财政投入保障制度，明确和强化各级政府的"三农"投入责任，进一步提出公共财政要更大力度向"三农"倾斜，确保财政投入与乡村振兴目标任务相适应。围绕乡村振兴战略，国家要坚持把农业农村作为财政支出的优先保障领域，公共财政更大力度向"三农"倾斜，健全投入保障制度，创新投融资机制，加快形成财政优先保障、金融重点倾斜、社会积极参与的多元投入格局，确保投入力度不断增强、总量持续增加，确保财政投入与乡村振兴目标任务相适应。

2018年的中央"一号文件"紧紧围绕统筹推进"五位一体"总体布局和协调推进"四个全面"战略布局，坚持把解决好"三农"问题作为全党工作的重中之重，坚持农业农村优先发展，按照乡村全面振兴的要求，建立健全城乡融合发展体制机制和政策体系，统筹推进农村经济、政治、文化、社会、生态文明建设和党的建设，加快推进乡村治理体系和治理能力现代化，加快推进农业农村现代化。2018年的中央"一号文件"提出，建立健全实施乡村振兴战略财政投入保障制度，公共财政更大力度向"三农"倾斜，确保财政投入与乡村振兴目标任务相适应。在继续加大财政对"三农"投入力度的同时，2018年的中央"一号文件"进一步要求优化财政供给结构，推进行业内资金整合与行业间资金统筹相互衔接配合，加快建立涉农资金统筹整合长效机制；充分发挥财政资金的引导作用，撬动金融和社会资本更多投向乡村振兴；引导地方政府一般债券、专项债券支持乡村振兴，推动财政与全国农业信贷担保体系、国家融资担保基金合作支持乡村振兴。

2019年的中央"一号文件"聚焦"农业农村优先发展"，为确保农业农村优先发展，提出优先保障"三农"资金投入，优先安排农村的公共服务，要求公共财政更大力度向"三农"倾斜。2019年的中央"一号文件"提出，推进城乡基本公共服务标准统一、制度并轨，实现从形式上的普惠向实质上的公平转变，城乡基本公共服务均等化进入新的发展阶段。

2020年的中央"一号文件"聚焦"实现全面小康"，提出集中力量坚决打赢脱贫攻坚战和补上农村基础设施与公共服务短板，保障重要农产品有效供给和促进农民持续增收，加强农村基层治理，强化农村补短板保障措施。2020年的中央"一号文件"明确要求加大中央和地方财政"三农"投入力度，中央预算内投资继续向农业农村倾斜，确保财政投入与补上全面小康"三农"领域突出短板相适应。2020年的中央"一号文件"规定地方政府一般债券支出要支持易地扶贫搬迁和乡村振兴项目建设，扩大专项债券发行规模支持乡村振兴。

通过对与中国城乡二元经济结构相关的财政政策和制度安排演变的基本

脉络、财政制度在应对和处理中国城乡经济结构失衡中的基本轨迹的观察，可以发现其中的规律。1952—1978 年的奠定国家发展基础阶段整体上是城市偏向的财政制度安排阶段，这段时期中国城乡二元结构基本形成。1978—1984 年，由于实行家庭联产承包责任制释放了农业农村经济的活力，农业农村经济出现了较快恢复性增长，城乡二元差距有短暂的缩小。但这段时间除了提高农产品收购价格外，财政对农业农村支出相对于以前没有实质性的变化。1985 年以后，经济体制改革的重点转向城市国有企业改革。为了解决城市国有企业改革的问题，国民收入分配格局出现了向企业、家庭倾斜，财政收入向地方财政倾斜的趋势，财政收入占国内生产总值的比重下降，中央财政收入占全部财政收入的比重下降。一方面，财政收入占国内生产总值的比重下降和中央财政收入占全部财政收入的比重下降削弱了国家统筹城乡发展的能力，地方财力增强，但在追求经济增长和财政收入的背景下缺乏增加对农业农村投入的积极性，财政对农业的支出比重持续下降；另一方面，在以经济建设为中心思想的指导下，地方经济建设的重点转向城市。为了加快地方经济发展和增加财政收入，在资源配置上，地方政府将财政支出等要素向城市集中，在加快城市发展的同时，农业农村经济增长较慢，出现了城乡差距持续扩大的趋势。1994 年分税制改革后，国民收入分配格局出现了向政府倾斜的趋势，中央财政收入占全部财政收入的比重也有所提高，宏观调控能力也明显提高。由于经济发展仍然是各级政府的工作重点，在分税制财政体制下，地方财政收入仍然与经济增长高度相关，中央对地方政府的政绩考核仍然集中在地方经济增长，地方政府依然延续了先前的财政支出格局，继续向以城市为主的基础设施等领域倾斜，农业农村财政投入继续处于次要从属地位，城乡要素收益率差异十分明显。城乡要素收益率差距引导要素持续向城市流动，进一步强化了农业农村经济发展的劣势，导致城乡差距继续扩大。随着城乡、农业与非农业发展差距的持续扩大，城乡经济结构失衡日益严重。城乡经济结构的失衡可能导致消费不足，影响经济的持续增长，甚至诱发城乡社会矛盾，强化大国劣势，影响后发大国优势的发挥。

15.3.3.5 中国城乡二元财政制度演变的基本脉络

中国城乡二元财政制度经历了形成、固化、僵化和逐渐弱化的过程。从中华人民共和国成立到城乡隔离的户籍管制制度的建立是二元财政制度的形成时期，之后经历整个计划经济时期和改革开放后直到 20 世纪末的固化和僵化时期，从 21 世纪初开始（严格说是从 2004 年开始）出现逐渐弱化趋势，以 2017 年党的十九大召开为标志进入根本改变阶段。

中华人民共和国成立后，根据当时国内外政治经济形势，在国民经济恢复任务完成后，中国确立了重工业优先的经济发展战略，配套实行了一系列经济社会制度，城乡二元财政制度也逐渐形成。以 1958 年 1 月 9 日第一届全国人大常委会第 91 次会议通过并颁布实施的《中华人民共和国户口登记条例》为标志，形成了城镇户口和农村户口区分、隔离的户籍制度。从此，对于几亿农村人口而言，户籍制度成了一道横亘在城乡之间不可逾越的城墙①。实际上，以户籍制度为依托，城市偏向的二元财政制度也完全建立起来。城乡公共服务、基础设施供给机制与消费权利、城乡公共服务成本分摊机制、税收制度、国家预算制度等相互联系的制度是城乡二元财政制度体系的主要内容。该制度体系的主要特征表现在城乡居民通过不同的税收和收费制度提供财政收入，作为自然纳税人的农民，税收负担重于城市居民；城乡居民享受不同的公共服务，城市居民拥有政府提供的养老、医疗、失业、工伤、生育保险，住房、子女上学等公共服务，农村居民享受的公共服务除国防等城乡居民共享的公共服务外，其他的公共服务主要是由农村集体经济组织提供的有限合作医疗、"五保"供养等范围有限且水平较低的公共服务；城市基础设施由国家提供，农民作为集体经济组织成员还长期为公路等基础设施建设提供无偿劳动，农村基础设施主要由农村集体经济组织提供，国家承担有限的财力支持。这种城市偏向的二元财政制度与城市偏向的金融制度、国有企业制度、集体经济经营制度、汇率制度、户籍制度、进出口制度等构成以城市为重点的、重工业优先的经济发展战略的完整制度生态，形成了制度目标明确，核心制度、基础性制度和辅助性制度相互协调配合的完整制度体系。

中国城乡二元财政制度在国家经济发展基础极差的条件下，启动了重工业优先的经济发展战略，并在短时间内建立了相对完整的工业和国民经济体系，为国民经济发展奠定了基础。但是，农业和农村发展也因此受到抑制，农民生活水平长期提高缓慢，这也直接影响到了国民经济的持续、稳定增长。农业发展停滞、农村经济落后和农民收入偏低导致消费能力较弱，进而导致

---

① 戴坚. 我国现行户籍制度的成因及其影响 [J]. 天水行政学院学报（哲学社会科学版），2008 (3)：63-66.

国内消费需求不足，又在一定程度上导致中国从 20 世纪 90 年代中期以后经济发展供求总量失衡和结构失衡，即经济在人均收入很低的情况下出现有效需求不足，尤其是国内消费需求不足，经济增长严重依赖于投资和出口拉动。显然，长期依靠农业无偿提供积累形成的工业生产能力与农村落后的消费能力和城市有限的消费之间的矛盾必然要寻求新的途径解决，即当工业产出不能在国内形成有效需求并实现供求均衡时，在开放经济条件下必然转化为对国际市场的高度依赖以及通过投资形成产出—投入转化机制来维持供求均衡。毫无疑问，这种平衡不符合后发大国经济发展的逻辑，必然或早或晚进行或主动或被动的调整。

中国城乡二元财政制度是后发大国经济发展特定阶段的制度安排，具有暂时性和阶段性，应该随着经济发展阶段的推移及时调整。在理论上，当国家建立起相对完整的工业和国民经济体系，工业具备自我积累、自我发展能力后就应该及时终止城市和工业偏向的城乡二元财政制度，以促进城乡平衡、协调发展。从 1952 年开始，经过 20 多年的努力，到 20 世纪 70 年代后期，中国已经建立起相对完整的工业和国民经济体系，培养了一大批具有一定文化知识的劳动力，为统一全国市场提供了政治经济条件，基本具备了后发大国经济发展的能力，可以通过制度安排进入后发大国经济发展的第二个阶段，即后发优势和大国优势充分发挥作用的阶段。但是，从 1978 年开始，城市偏向的二元财政制度出现了僵化和固化的趋势，城乡二元财政制度没能随着经济发展阶段转变而调整。相反，城乡居民在公共品的消费权利等方面的差距进一步扩大了。例如，作为农村改革标志的家庭联产承包责任制导致绝大多数农村经济组织的瓦解，以此为依托的小范围、低水平的农村公共品供给体制因此终结，包括合作医疗、集体内部"五保"供养、"低保"家庭的救济都停止或处于瘫痪状态，除了全国性的国防、外交等公共品外，农村集体经济组织丧失了提供社会保障、基础设施等公共品的能力，义务教育也演化为农民自己负担的教育。在城市，随着国有企业制度改革的开启，适应市场经济体制要求的养老保险、医疗保险、失业保险等社会保障体系在 20 世纪 90 年代后期及稍晚的时间先后建立起来，保障范围覆盖了企业职工、城市居民、城市低收入者等群体，义务教育、基础设施也持续、稳定推进、完善。在这一阶段，尽管农民开始在城市从事第二产业和第三产业工作，但在取得城市户籍之前仍然不能享受城市居民享受的由政府提供的公共服务。这一阶段的财政支农支出占财政支出的比重也持续下降，城乡二元财政制度处于固化和僵化时期。

21 世纪初，城乡二元财政制度演变进入"拐点"。随着市场机制作用的增强，受财政制度变迁滞后的影响，不仅后发优势与大国优势没有得到充分发挥，反而使后发劣势和大国劣势开始出现，如地区之间、城乡之间发展差距持续扩大，经济增长出现对国际市场的严重依赖，技术进步呈现出严重的外部依赖性的趋势等。为了抑制后发劣势与大国劣势，延续和进一步强化后发优势与大国优势，财政制度变迁在已经滞后的情况下出现了变化的迹象，如财政对"三农"的投入力度逐渐增大，尤其是 2004 年以后财政对"三农"的投入快速增加；国家重建农村合作医疗制度，形成了新型农村合作医疗制度，并逐渐加大财力支持力度；2006 年全面取消农业税，农村义务教育经费保障机制相继建立和完善；农村居民"低保"制度建立和运行；国家在农村社会养老保险制度中也从只提供政策支持向提供政策和部分财力支持转变，财政支持力度逐渐增强，党的十八届三中全会后开始了城乡居民养老保险制度"接轨"改革；财政在农业和农村发展中启动了农民种粮补贴、良种补贴、农机具购置补贴等补贴，且内容越来越丰富；实施财政支持农村综合开发和农村土地综合整治等农村发展计划。这些措施显示了城市偏向的二元财政制度演变轨迹的转变，尽管道路曲折但方向越来越明确，步伐越来越坚定。

从党的十九大开始，中国城乡二元财政制度进入快速变革阶段。党的十九大提出了乡村振兴战略，要求公共财政更大力度向"三农"倾斜，确保财政投入与乡村振兴目标任务相适应。2018 年，《中共中央 国务院关于实行乡村振兴战略的意见》指出坚持农业农村优先，公共财政更大力度向"三农"倾斜。2019 年，《中共中央 国务院关于坚持农业农村优先发展做好"三农"工作的若干意见》提出要坚持把农业农村作为财政优先保障领域和金融优先服务领域，公共财政更大力度向"三农"倾斜。2020 年，《中共中央 国务院关于抓好"三农"领域重点工作确保如期实现全面小康的意见》要求继续加大中央和地方的"三农"投入力度。党和国家经济工作重点在党的十九大以后转向农业农村，财政制度安排也顺应经济工作重点转移的要求全面转向农业农村。上述政策的集中密集出台标志着中国城乡二元财政制度转变进入快速瓦解阶段。当然，要彻底消除城乡二元财政制度对农业农村发展的影响还需要一个过程，至少消除以前实行的城乡二元财政制度对农业农村发展已经造成的不利影响就需要一个较长的时期。

15.3.3.6　对中国城乡二元财政制度演变的基本评价

中央文件中关于农业农村发展的相关财政制度表述反映了中国经济社会发展阶段性变化中财政制度演变的基本轨迹。随着后发大国经济发展物质基础的形成，中国经济进入到后发优势和大国优势充分发挥的阶段。伴随着经济发展阶段的推进，财政制度与经济发展之间的互动进入新的阶段。一方面，经济发展阶段决定财政制度变化的方向和进程；另一方面，财政制度与经济发展阶段的适应性变化又反过来影响经济发展的方向、速度和质量。按照后发大国经济发展阶段划分，在后发优势和大国优势充分发挥阶段，应该形成具有后发大国特色的公共财政制度。

随着后发优势和大国优势的发挥，市场机制作用下的要素流动会导致城乡发展差距扩大，城乡发展差距扩大可能导致后发劣势和大国劣势凸显，阻碍中国经济持续发展。因此，在后发优势和大国优势发挥到一定程度后国家要及时调整财政制度安排，缩小城乡差距，促进城乡经济协调发展。从后发大国发展基础奠定以来的历次党的重要会议中经济建设的相关内容来看，1978—1992 年这段时间主要在探索后发优势和大国优势充分发挥阶段的经济发展道路。由于缺乏经验借鉴，理论上应该在 1978 年前后开始的后发优势和大国优势充分发挥阶段被大大延迟，主要是因为适应后发优势和大国优势充分发挥的市场经济体制建设没有及时建成并充分发挥作用，而适应后发优势和大国优势充分发挥的具有后发大国特色的公共财政制度则是市场经济体制建成并发挥作用的必要条件。事实上，尽管国家在 1978 年后就已经着手调整财政制度，但直到 1998 年 12 月公共财政制度建设目标才正式提出，这意味着适应后发大国优势充分发挥的市场经济体制和财政制度建设事实上被严重延后。尽管社会主义有计划的商品经济理论被提出后，伴随经济体制上的边际调整和改革，中国的后发大国优势就开始被激活，但较长时期内后发优势和大国优势都只是部分得到发挥，甚至是以扭曲的形式发挥出来。后发优势和大国优势不完全发挥或以扭曲的形式被发挥出来必然会导致与后发优势和大国优势相生相伴的后发劣势和大国劣势过早出现。在经济快速增长的过程中，出现城乡差距、地区差距扩大以及消费不足等现象在一定程度上可以接受的，但在整体上以人均国内生产总值来衡量的经济发展水平还与发达经济体存在很大差距的情况下城乡差距、地区差距扩大以及消费对经济增长的贡献率下降确实在一定程度上反映出后发劣势和大国劣势的过早出现。

党的十六大的召开是中国城乡发展、农业与非农业发展的重要转折点，当然也是全面统筹协调发展的开始。从这一年开始，国家逐渐转变农业支持工业、农村支持城市发展的城市偏向政策和制度安排。2004 年召开的党的十六届四中全会提出了农业税费改革，这是改变城市偏向的二元财政制度的重要一步，标志着城市偏向的城乡二元财政制度开始向统筹城乡发展的财政制度方向转变。2006 年召开的党的十六届六中全会提出财政支出向农村社会事业发展和基础设施建设领域倾斜，开始出现农业农村偏向的财政制度安排。之后，中央进一步强调统筹城乡发展和乡村振兴，进而提出要促进农业农村优先发展，为此加大了对农业农村发展的政策支持力度，并出台了一系列制度安排。例如，党的十七届三中全会进一步强调农业、农村、农民问题关系党和国家事业发展全局，国家基础设施和社会事业发展支出重点向农村倾斜；党的十八大及党的十八届三中全会强调推进城乡基本公共服务均等化，通过推进城乡基本公共服务均等化和其他农村社会事业发展消除城乡二元结构；党的十九大继续强调农业、农村、农民问题是关系国计民生的根本性问题，强调要始终把解决好"三农"问题作为全党工作的重中之重，要坚持农业农村优先发展，推进乡村振兴战略。

综上所述，作为典型的后发大国，中国一直把农业农村放在国家经济社会发展的重要地位，在不同时期都出台相关政策和制度安排支持农业农村发展，关注农民收入增加，只是在不同时期关注的力度和关注的重点有所不同。在指导思想和政策上关注农业农村问题转变为实际可行的财政制度还需要经历一次重要的由理论向实践的跨越。财政对农业、农村、农民的关注从关心农业发展和农产品供给到关心农民收入增加、农村基础设施建设、农业现代化、农村整体形象、农村基本公共服务供给、农业和农村全面发展等经历了一个变化过程。尽管财政对农业、农村、农民发展的投入力度越来越大，把农业和农村逐渐置于城乡发展与国民经济发展的优先地位，但农业农村的发展速度、水平受到财政投入形成的存量的影响，还受到诸多其他因素的影响，可能还需要一段时期的持续发展，城乡差距才会持续缩小，城乡二元经济结构才会发生根本性转变，中国经济的发展才能摆脱城乡发展水平差距的约束。

15.3.4 区域财政制度演变的基本轨迹

作为典型的后发大国，中国国内各经济区域之间要素禀赋、发展环境和发展水平差异明显。为了充分发挥大国的经济优势，中国需要在不同经济发展阶段制定不同的区域经济发展战略，既要充分发挥不同区域的经济优势，又要防止区域发展差距的扩大。理论上，发挥大国优势就应该充分利用大国国内市场容量大的特点，促进企业专业化分工、规模化生产，享受规模经济优势。在开放经济条件下，大国企业可以把国内规模化生产形成的成本优势转化为国际贸易优势，享受国际贸易中的比较经济利益。国家应根据各区域的要素禀赋，鼓励各地区发展各具特色且具有比较优势的产业，形成国内各区域各展所长、优势互补的多元化优势。与此同时，大国经济发展需要避免由于地区间发展条件差异大、发展水平差距大可能导致的地区间经济结构失衡；避免由于经济发展水平悬殊引发各地区仅从地区局部利益出发开展低水平的过度竞争，形成地区间市场相互封锁、相互分割，导致国内大市场优势减弱甚至消失；避免由于地区间发展差距扩大导致地区间相互对立甚至引发国内政治上分裂等风险。

从整体上看，中国在奠定发展基础阶段和后发优势与大国优势充分发挥阶段以及抑制后发劣势和大国劣势阶段的区域发展战略存在一定差异。与区域发展战略相适应的是与区域发展相关的财政制度安排，通过梳理指导经济发展的重要中央文件可以找到中国区域发展及其财政政策演变的轨迹。结合中国经济发展阶段的转移，运用后发大国经济发展相关理论可以对中国区域财政制度调整和优化提出具有针对性的建议。

15.3.4.1 中国区域经济发展战略演变的基本事实

中华人民共和国成立后到改革开放前这段时间，为了奠定后发大国经济发展的物质基础，促进全国经济协调发展，我国在区域发展指导思想上经历了以下三个阶段：

第一阶段，全国各区域均衡发展阶段。从经济恢复时期（1949—1952年）到经济调整时期（1963—1965年），为了平衡生产力的区域布局，中国将内地作为区域战略的重点，希望通过有目的的区域布局来平衡全国的生产力，协调沿海和内地的关系。在经济恢复时期，国家工业建设的重点区域是东北地区，其次是华东地区与华北地区。"一五"时期建设的 156 项重点工程的80%被布局到中西部地区，694个限额以上重点工程有68%被布局在内地。"二五"时期明确规定工业布局的原则是在全国各地区适当分布工业的生产能力，使工业接近原材料、燃料的产区和消费地区，提高落后地区的经济发展水平。从合理布局区域经济格局、充分发挥大国优势的角度出发，这一时期的工业布局具有一定的合理性，但由于内地经济基础较差，工业项目配套条件有限，这种区域结构布局在一定程度上可能会影响工业项目的经济效益。

第二阶段，重视内地发展的区域发展阶段（1965—1972年）。"三五"时期和"四五"时期前期，中国对生产力布局进行了"战略转移"，生产力布局跳跃式向西转移。"三五"时期，内地的基本建设投资已占全国的66.8%，其中用于"三线"地区的建设占52.7%。国家在西北地区、西南地区的投资比例由"一五"时期占全国的16.9%上升到"三五"时期占全国的35.1%①。仅从短期经济效益角度看，这种生产力区域布局由于配套不完善、交通运输成本高，不利于经济效益提高，但对处在特定发展环境下的中国经济来讲，典型后发大国工业布局不仅要关注短期、局部的经济效益，还要考虑到这一时期投资项目对国民经济和国家长期发展乃至经济安全的作用，其中就包括固定资产投资对国防和经济安全的影响。因此，在特定的国际环境下，维护国防安全和经济安全也是这一时期生产力空间布局结构调整的重要原因。

第三阶段，区域经济结构战略调整阶段（1973—1978年）。1973—1978年，中国区域经济发展战略进行了大规模的调整。随着1971年中国恢复在联合国的合法席位，1972年中美关系开始趋于缓和，中国发展的国际环境发生了较大变化，加之"三线建设"中的问题，1973年1月，中国开始了以引进项目为重点的经济建设。在分两批引进的47个重要项目中，有24个布局在东部沿海地区，12个布局在中部地区，11个布局在西部地区②。这表明国家的产业布局开始逐渐从内地向东部沿海经济发达地区转移。

1978年后，中国经济发展进入充分发挥后发优势和大国优势的发展阶段。为了充分利用后发优势和大国优势，在市场机制和空间经济运行规律作用下，要素在经济空间内充分流动，优化配置。由于各区域之间区位优势差异和发展初始条件差异，自然会导致区域间要素收益率的差异，引致要素空间流动，

---

① 张可云. 区域经济政策［M］. 北京：商务印书馆，2005：440.
② 张可云. 区域经济政策［M］. 北京：商务印书馆，2005：441-442.

这容易造成地区间发展差距扩大，导致区域发展差距悬殊，空间经济结构严重失衡的局面。不仅如此，地区间发展条件差异和要素空间流动还会形成因果循环累积机制，导致地区间发展差距持续扩大。1978 年以后，中国区域经济发展经历了沿海区域优先发展阶段和追求区域协调发展阶段两个大的阶段。

沿海区域优先发展阶段（1979—1991 年）。1979—1991 年，为加快全国整体经济发展并为整体经济起飞创造"宏观增长极"，中国实施了向东部沿海地区倾斜的区域发展战略。该发展战略的意图是充分利用沿海地区的优势，面向国际市场，参与国际交换和国际竞争，大力发展开放型经济。1979 年，中国在福建、广东两省设立了四个经济特区。"六五"时期（1981—1985 年），中国确定利用沿海地区的现有基础，充分发挥其特长，带动内地经济的进一步发展。为了鼓励、支持东部沿海经济特区、沿海开放城市和沿海经济开发区的建设，中央在外资项目审批权限、财税、外汇留成、信贷等方面给予这些地区特殊的优惠政策。"七五"时期（1986—1990 年），中国计划根据经济技术水平和地理位置，将全国划分为东中西三大经济地带。1987 年 12 月，中央提出了沿海地区发展战略，强调沿海地区重点发展外向型经济，带动整个国民经济发展。这一时期国家对西部地区的援助相对较弱，各种优惠政策向东部沿海地区倾斜，中西部地区经济发展受到影响，导致区域发展差距扩大。在财政包干制的条件下，地区经济发展差距扩大，导致地区间财政收入差距扩大，为了保障本地区的经济增长和财政收入，各地区的保护主义开始盛行，区域间利益矛盾和冲突突出。由于这一阶段市场经济体制改革的目标还没有明确，区域之间发展差距主要来自地区间经济发展条件的差异，财税、项目审批、外汇留成等制度安排也起了一定的作用。尽管市场经济体制改革方向还没有完全明确，但发展社会主义有计划的商品经济这一指导思想已经明确。市场机制对区域间发展差距的影响在 1992 年以后才充分发挥出来。客观地讲，1979—1991 年这段时期，地区间发展差距的形成和拉大还不能完全或者主要归结为市场机制的作用，一个显然的事实是，中国内部各地区间区位优势和要素禀赋差异是导致各地区经济发展水平差距的重要原因。

追求区域协调发展阶段。1991 年召开的党的十三届八中全会提出要有计划地扶持西部不发达地区，按照优势互补、经济互利的原则，组织东部沿海地区和西部地区的经济联合以及各种形式的利益共同体，促进西部地区经济发展，使东西部地区之间差距拉大的趋势逐步得到缓解。党的十三届八中全会要求中央各有关部门要加强对西部地区资源的勘探和综合开发，有计划地安排一些大型基础设施建设，为 21 世纪西部地区经济更快发展打下基础。1992 年，中国确立了了建立社会主义市场经济体制的目标，考虑到前期地区差距已经扩大的事实，预期到市场机制下区域差距可能存在进一步扩大的趋势，中央开始通过政策安排有意识地重视区域协调发展。1992 年召开的党的十四大提出，中国地域广阔，各地条件差异很大，经济发展不平衡，应当在国家统一规划指导下，按照因地制宜、合理分工、各展所长、优势互补、共同发展的原则，促进地区经济合理布局和健康发展。党的十四大对东、中、西三大区域的发展重点做出了规划，要求东部地区在统筹规划下给予中部地区和西部地区支持。显然，中央已经意识到大国内部地区间发展差距扩大后可能导致统一、开放大市场的分割。事实上，在包干制财政体制下，地区间发展差距确实直接影响了地区间政府财力，影响了地方公共品和公共服务的供给能力，影响了各地区之后一段时期的经济发展。各地区产业发展中出现了比较严重的产业发展趋同和过度竞争问题，出于对地方自身发展利益的考虑，欠发达地区的地方政府已经出现了人为分割市场阻碍要素合理流动和优化配置的行为。上述情况已经在一定程度上抑制了大国优势和后发优势的充分发挥。

"八五"时期（1991—1995 年），在继续考虑沿海地区发展需要的同时，在国家预算投资中，中西部地区所占比重明显高于东部沿海地区。但在市场机制的作用下，"八五"时期东部地区基本建设投资仍然远远超过中西部地区。"八五"时期，中西部地区与东部沿海地区之间的经济发展差距进一步扩大。《中共中央关于制定国民经济和社会发展"九五"计划和 2010 年远景规划目标的建议》明确提出了"坚持区域协调发展，逐步缩小地方发展差距"。"九五"计划确定区域协调发展的方向是按照市场经济规律和经济内在联系以及地理自然特点，在已有经济布局的基础上，逐步形成 7 个跨省（自治区、直辖市）的经济区域。在促进区域协调发展方面，"九五"计划提出，要通过规范的中央财政转移支付制度逐步增加对中西部地区的财力支持[①]；加大对贫

[①]　事实上，1994 年实行分税制改革之前，中央财政收入占全部财政收入的比重处于较低水平，中央缺乏财力对西部地区进行转移支付。1994 年实行分税制改革之后，从 1995 年开始，中央财力有一定增加，在此基础上，中央才能通过纵向转移支付对西部地区提供财力支持，以缩小地区间的财力差距，促进区域经济协调发展。

困地区支持力度，支持民族地区发展；加强东部沿海地区与中西部地区的经济联合和技术合作。

《中华人民共和国国民经济和社会发展第十个五年计划纲要》明确提出实施西部大开发战略，促进地区协调发展，力争用5~10年时间使西部地区基础设施和生态环境建设取得突破性进展，促进科技、教育有较大发展。在财税政策上，"十五"计划提出，国家要实行重点支持西部大开发的政策措施，增加对西部地区的财政转移支付和建设资金投入，并在对外开放、税收、土地、资源、人才等方面实行优惠政策。

2002年召开的党的十六大正式提出"支持东北地区等老工业基地加快调整和改造"。2003年召开的党的十六届三中全会提出，为统筹区域协调发展，需要积极推进西部大开发，有效发挥中部地区的综合优势，支持西部地区加快改革发展，振兴东北地区等老工业基地，鼓励东部有条件地区率先实现现代化。

2005年通过的《中共中央关于制定国民经济和社会发展第十一个五年规划的建议》提出，实施推进西部大开发、振兴东北地区等老工业基地、促进中部地区崛起、鼓励东部地区率先发展的区域发展总体战略，健全区域协调互动机制，形成合理的区域发展格局。"十一五"规划指出，西部地区要通过加强基础设施建设，改善经济发展条件等途径加快发展步伐。财政制度安排上重点强调要加强和改善公共服务，提升西部地区公共服务水平；落实和深化西部大开发政策，加大政策扶持和财政转移支付力度，推动建立长期稳定的西部开发资金渠道。此外，国家对东北地区、中部地区和东部地区的发展都提出了相应的一些要求。例如，东北地区要加快产业结构调整和国有企业改革、改组、改造，在改革开放中实现振兴；中部地区要依托现有基础，提升产业层次，推进工业化和城镇化，在发挥承东启西和产业发展优势中崛起；东部地区要率先提高自主创新能力，率先实现经济结构优化升级和增长方式转变，率先完善社会主义市场经济体制，在率先发展与改革中带动和帮助中西部地区发展。为了在市场机制条件下充分发挥各区域之间的禀赋优势，充分发挥和挖掘统一大市场的优势，构建区域协调发展机制，"十一五"规划提出，健全市场机制，促进生产要素在区域间自由流动，引导产业转移；健全合作机制，鼓励和支持各地区开展多种形式的交流与合作；发达地区要采取对口支援等方式帮扶欠发达地区；按照公共服务均等化原则，加大国家对欠发达地区的支持力度。

　　2007 年召开的党的十七大聚焦基本公共服务均等化，引导生产要素跨区域合理流动，缩小区域发展差距。党的十七大强调，要继续实施区域发展总体战略，深入推进西部大开发，全面振兴东北地区等老工业基地，大力促进中部地区崛起，积极支持东部地区率先发展。除了发挥中央政府在区域协调发展中的主导作用以外，通过政策鼓励东部地区带动和帮助中西部地区发展也是实现区域协调发展的有机组成部分。为了补齐区域发展的短板，国家还需要同时加大对革命老区、民族地区、边疆地区、贫困地区发展的扶持力度。

　　《国民经济和社会发展第十二个五年规划纲要》提出，充分发挥不同地区比较优势，促进生产要素合理流动，深化区域合作，推进区域良性互动发展，逐步缩小区域发展差距。为加快西部地区发展，国家坚持把深入实施西部大开发战略放在区域发展总体战略的优先位置，给予特殊政策支持。具体措施包括加强基础设施建设，加强生态环境保护，在资源富集地区建设国家重要能源、战略资源接续地和产业集聚区，发展特色农业、旅游等优势产业，大力发展科技教育，增强自我发展能力等。此外，国家还提出全面振兴东北地区等老工业基地，促使中部地区发挥承东启西的区位优势，定位东部地区要率先发展，发挥对全国经济发展的重要引领和支撑作用，加大对革命老区、民族地区、边疆地区和贫困地区的扶持力度等。

　　党的十八大提出，继续实施区域发展总体战略，充分发挥各地区比较优势，优先推进西部大开发，全面振兴东北地区等老工业基地，大力促进中部地区崛起，积极支持东部地区率先发展；加大对革命老区、民族地区、边疆地区、贫困地区的扶持力度。党的十八届三中全会关于区域协调发展方面重点强调了抓住全球产业重新布局机遇，推动内陆贸易、投资、技术创新协调发展。

　　《国民经济和社会发展第十三个五年规划纲要》提出，深入实施西部大开发、东北地区等老工业基地振兴、中部崛起和东部率先发展的区域发展总体战略，创新区域发展政策，完善区域发展机制，促进区域协调、协同、共同发展，努力缩小区域发展差距。在深入实施西部大开发战略的财政支持政策上，"十三五"规划提出，健全长期稳定资金渠道，继续加大转移支付和政府投资力度，加快基本公共服务均等化。东北地区等老工业基地振兴要加快市场化进程，积极推动结构调整，改善营商环境，推进先进装备制造业基地和重大技术装备战略基地建设，等等。此外，"十三五"规划还对中部地区崛起和支持东部地区更好发挥对全国发展的支撑引领作用、增强辐射带动能力提出了比较具体的规划。

党的十九大在推动区域协调发展中提出，塑造要素有序自由流动、主体功能约束有效、基本公共服务均等、资源环境可承载的区域协调发展新格局，具体在推进东、中、西、东北地区和老、少、边、穷地区协调发展中，深入实施西部大开发战略，推动东北地区等老工业基地振兴战略，促进中部地区崛起战略等。

根据后发大国经济发展的基本逻辑，随着市场机制在资源配置中的作用增强，要素在地区之间的流动性进一步提高，资源配置效率的提高推动整体经济发展水平的提高。与此同时，由于经济发展初始条件差异（如政策优惠、区位条件等），地区经济发展差距持续扩大。经济发展差距扩大必然影响各地区之间自有财力的差距，在中央对地方转移支付制度不健全的情况下，地区间财力差距扩大，必然影响各地区基本公共服务供给。在这种情况下，短期内，各地方政府从各地方经济发展和公共服务供给等角度考虑可能会采取不利于要素流动和优化配置的行为，可能导致大国内部统一大市场的分割，进而抑制大国优势的发挥，甚至导致大国劣势的过早出现。在现实中，随着中国市场经济体制的建立和逐渐完善，市场机制在资源配置中的作用逐渐增强，中国出现了区域发展差距拉大、区域分化现象逐渐显现、地区之间恶性竞争、资源无序开发以及区域发展不平衡、不充分等问题，引发地方政府争抢税源，跨区域基础设施供给不足，跨区域、跨流域的生态环境保护不力，要素流动受阻等不利于市场机制和大国优势发挥的情况。随着地区之间发展差距的持续扩大，区域发展失衡对中国经济持续、协调发展的约束越来越明显，为了促进区域经济协调发展，构建后发大国优势充分发挥的体制机制；为了抑制区域经济结构失衡的加剧，促进区域经济协调发展，中共中央、国务院于2018年11月18日印发并实施《中共中央 国务院关于建立更加有效的区域协调发展新机制的意见》（以下简称《意见》）。《意见》提出了建立区域协调发展机制的近期、中期和远期目标。建立区域战略统筹机制是区域协调发展新机制的重要内容。战略统筹机制包括推动国家重大区域战略融合发展，健全市场一体化发展机制，优化区域互助机制。公共服务差距是地区间发展差距的结果，也是影响地区间协调发展的重要因素。因此，完善基本公共服务均等化机制是建立健全区域协调发展机制的重要内容。《意见》对完善公共服务均等化机制提出了明确要求，具体包括深入推进财政事权和支出责任划分改革，调整完善转移支付体系，强化省级政府统筹职能，确保基本公共服务投入向贫困地区、薄弱环节、重点人群倾斜，增强基层财政的基本公共服务保障能力；提高企业职工基本养老保险、基本医疗保险等基本公共服务统筹层次，增加中央财政对义务教育转移支付规模，加大对"三区三州"等深度贫困地区和集中连片特困地区支持力度。推动城乡区域间基本公共服务衔接也是完善基本公共服务均等化机制的重要内容，如加快建立医疗卫生、劳动就业等基本公共服务跨城乡跨区域流转衔接制度，研究制定跨省转移接续具体办法和配套措施，强化跨区域基本公共服务统筹合作。此外，《意见》还提出了区域调控机制和建立区域均衡的财政转移支付制度等机制。

在中国特色社会主义进入新时代、区域协调发展进入新阶段的当下，中共中央和国务院发布了《中共中央 国务院关于新时代推进西部大开发形成新格局的指导意见》。为了保障西部大开发新机制的顺利形成和实施，该指导意见提出，形成包括分类考核、财税、金融、产业、用地、人才等支持政策体系。财政支持作为支持西部大开发新机制形成的重要支持措施，主要包括稳妥、有序推进中央和地方收入划分改革；中央财政通过加大资金分配系数、提高补助标准或降低地方财政投入比例等方式加大对西部地区的倾斜支持力度[①]；继续加大中央财政对西部重点生态功能区的转移支付力度；中央在分配地方债发债额度时要加大地方政府债券对基础设施建设的支持力度；指导推动省以下财政事权和支出责任划分，调动市、县积极性；继续延长设在西部地区的鼓励类产业企业所得税优惠时间等政策。

15.3.4.2 中国区域经济发展格局变化的基本事实

中华人民共和国成立初期，中国地区差异很大，工业基础薄弱，仅有的少量工业都集中在广州、大连、上海、青岛、天津等沿海地区。20 世纪 50 至 70 年代，在工业化建设中，生产力布局逐步变化。改革开放以来，随着西部大开发、中部崛起、东北振兴、东部率先发展等地区协调发展战略统筹推进，区域发展空间不断拓展。改革开放以后，一度向东部沿海地区倾斜的财政及其他经济政策和东部沿海地区的区位优势一起驱动东部地区率先发展，东部

---

① 2019 年以来，在划分中央与地方政府在教育、医疗卫生、交通运输、能源、生态环境等领域的事权和支出责任中规定，降低西部地区地方政府财政支出比重会在很大程度上增加西部地区在基本公共服务方面财政支出压力，增强西部地区基本公共服务的供给能力，缩小西部地区与中部、东部地区基本公共服务的差距，促进全国范围内的基本公共服务均等化。

地区与中西部地区的发展差距快速拉大。

1952 年，东部、中部、西部、东北地区生产总值分别为 257 亿元、146 亿元、127 亿元和 84 亿元，到 1978 年分别增加到 1 514 亿元、750 亿元、726 亿元和 486 亿元。1991 年，东部地区生产总值首次突破 1 万亿元，2005 年首次突破 10 万亿元，中部和西部地区在 1995 年地区生产总值首次突破 1 万亿元，2011 年首次突破 10 万亿元。按不变价格计算，1953—2018 年，东部、中部、西部、东北地区生产总值分别增长了 377.7 倍、172.7 倍、227.8 倍和 171.4 倍，年均增长率分别为 9.4%、8.1%、8.6% 和 8.1%。其中，1979—2018 年，东部、中部、西部、东北地区生产总值年均增长率分别为 11.3%、10.3%、10.3% 和 8.9%。按地区人均生产总值看，1952 年，人均地区生产总值最高的东北地区和最低的西部地区相对差值为 2.6 倍，到 1990 年下降至 1.9 倍。从 1991 年起，东部地区人均地区生产总值开始超过东北地区居各区域之首，与其他区域的差距逐步拉开，与最低的西部地区相对差值在 2003 年达到峰值 2.5 倍[①]。从人均收入看，1994 年，东部地区农民人均纯收入最高的上海为 3 437 元，而西部地区农民人均纯收入最低的甘肃为 724 元，相差近 5 倍。

改革开放以来，中国区域经济结构值得关注。根据国家统计局相关数据，改革开放 40 余年来，是中国后发大国优势充分发挥的时期，中国区域发展总体协调平稳。东部、中部、西部、东北区域的地区生产总值从 1978 年的 1 514 亿元、750 亿元、726 亿元和 486 亿元，分别增加到了 2017 年的 449 681 亿元、179 412 亿元、170 955 亿元和 55 431 亿元。东部、中部、西部、东北区域的地区生产总值年均增长率分别为 11.4%、10.4%、10.4% 和 9.0%，呈现出东部地区领跑、各区域均衡发展的良好态势。2017 年，东部地区人均地区生产总值约为 11 530 美元，已经接近世界银行定义的高收入国家 12 736 美元的门槛。

从数据可以看出，自改革开放以来到 20 世纪 90 年代中期，中国东部地区和中西部地区的发展差距已经变得比较大，党中央适时作出了完善区域发展战略的重大决策。党的十四届五中全会提出把缩小地区差距作为一条长期

---

① 《辉煌 70 年》编写组. 辉煌 70 年：新中国经济社会发展成就（1949—2019）［M］. 北京：中国统计出版社，2019：28-30.

坚持的重要方针，要求从"九五"时期开始，更加重视支持中西部地区经济发展，逐步加大解决区域差距扩大问题的力度，积极朝着缩小差距的方向努力。1999 年 11 月，中央作出了实施西部大开发战略的决策。2003 年 10 月，中共中央、国务院出台《关于实施东北地区等老工业基地振兴战略的若干意见》，明确了东北振兴的主要目标和措施。2006 年 4 月，中共中央、国务院出台《中共中央 国务院关于促进中部地区崛起的若干意见》，标志着中部崛起战略进入实施阶段。2018 年 11 月，中共中央、国务院出台了《中共中央 国务院关于建立更加有效的区域协调发展新机制的意见》。2020 年 5 月，中共中央、国务院发布了《中共中央 国务院关于新时代推进西部大开发形成新格局的指导意见》。区域发展战略的制定是基于中国区域经济发展差距演变的基本事实、发展趋势和目标，从区域协调发展对大国经济发展必要性的角度提出来的。实施区域发展战略，促进区域经济协调发展要在尊重市场机制作用的前提下通过基础设施、产业发展规划和财税金融等制度安排，引导资源流向和流量，达到促进各地区经济协调发展的目标。每一个区域发展战略的实施都需要有财政制度的配套安排，财政制度安排不仅要调整财政的支持方向、方式，还要考虑财政的支持力度，只有在财政的支持方向、方式和支持力度同时到位，形成合力的条件下，再借助于市场机制作用才能加快欠发达地区经济发展，缩小地区发展差距，促进区域经济结构的协调。随着区域发展战略和相关的财政金融等政策的实施，中国区域经济结构出现了协调的趋势。2018 年，东部地区产值占全国的比重为 52.6%，比 1978 年上升了 9 个百分点。中西部地区后发优势不断显现，2018 年，中部、西部地区生产总值占全国的比重分别为 21.1% 和 20.1%。

15.3.4.3　中国区域经济发展的财政制度演变的基本脉络

改革开放以后，中国区域经济发展格局变化的过程是后发优势和大国优势发挥过程中区域经济结构变化的过程，这既是后发大国优势展开的过程，也是后发大国劣势逐渐显性化的过程。区域经济发展与区域财政格局演变是高度相关的，区域经济格局变化是区域财政格局变化的基础，区域财政格局的变化反过来会进一步影响区域经济发展速度和发展水平，进一步强化区域经济发展格局。

改革开放以后，在包干制财政体制时期，由于财政收入占国内生产总值的比重和中央财政收入占全部财政收入的比重下降，中央对中西部地区财政转移支付少，东部地区和中西部地区人均财力差距持续扩大。尹恒等（2016）利用 1993—2005 中国县级地区的财政数据对县级地区本级财政收入差距及其影响因素进行了分析，发现中国县级地区财力差距悬殊，并呈现不断上升的趋势①。20 世纪 90 年代中后期，中国各县（区）间财力差距相对稳定；2000年后，中国各县（区）间财力差距上升明显加快。县（区）间不断扩大的财力差距是中国地区间经济发展不平衡的结果之一，这种差距又反过来通过影响地区财政支出，财政支出直接影响经济发展条件和地方公共服务水平，进而影响要素流动和经济增长，形成财力差距和发展差距的正反馈机制，阻碍着地区间的平衡发展。地区间财力差距的持久性表明，中国地区间自有财力主要受不易改变的结构因素左右，依赖各地区自身的力量很难缩小。事实上，经济发展水平、产业结构和省际经济政策等方面的差异是导致地区间财力差距的主要因素，而城市化水平、地理条件、经济区位等则主要通过经济发展速度、水平和产业结构等对地方财力产生影响。

地区间财力不均衡具有自我增强机制。地区间财力差距直接影响地区间基础设施和公共服务的供给能力与水平。地区间基础设施和基本公共服务不均衡及差距扩大进一步强化了中西部地区经济发展的弱势地位，导致中西部地区劳动力、资本等要素进一步流失，中西部地区与东部地区发展差距进一步扩大。中西部地区与东部地区发展差距扩大又进一步扩大基础设施、公共服务的差距，引致劳动力、资本的流动，形成一个地区间经济发展水平、基础设施和公共服务水平、要素流动相互强化的因果循环累积机制，致使地区间发展差距累积性扩大。如果不能通过中央对中西部地区的财政转移支付改善经济发展的条件，地区间发展差距还会有进一步扩大的趋势。由于地方政府在经济发展中承担着发展经济、增加财政收入，提供基础设施和公共品的职责，如果转移支付制度不能解决欠发达地区财力不足的问题，欠发达地区地方政府为了促进本地经济发展、财力增加和公共服务供给能力的增强，会产生封锁市场的动机和行为，这可能导致大国内部统一市场割裂，导致大国优势减弱，阻碍大国经济持续、稳定、协调发展。

改革开放以来，在国家非均衡发展战略下，受优先发展东部沿海地区的

---

① 尹恒，王文斌，沈拓彬. 中国县级地区财力差距及其影响因素研究［J］. 北京师范大学学报（社会科学版），2016（6）：98-109.

区域倾斜发展政策的影响，中国东部沿海开放地区经济增长速度远远高于内地，从而出现了东、中、西部地区经济发展水平的差距，区域经济发展的不平衡开始成为制约国民经济全面协调可持续发展的重要障碍。东部地区优先发展也是后发优势的必然体现。因为后发优势主要是在开放条件下通过外贸和接受外国直接投资方式承接发达国家转移过来的先进技术。由于东部地区具有外贸和承接境外投资的区位优势，因此是最直接享受后发优势红利的地区。东部地区一旦率先发展起来，相对于其他地区就拥有了先发优势，可以吸引中西部地区的要素，加快本地区的发展，进一步强化吸引境外资本、技术的后发优势和吸引境内其他地区要素的先发优势，扩大其与中西部地区的发展差距。2002 年，党的十六大提出，积极推进西部大开发，促进区域经济协调发展。为促进西部大开发，国家要在投资项目、税收政策和财政转移支付等方面加大对西部地区的支持力度，逐步建立长期稳定的西部开发资金渠道。同时，国家要着力改善投资环境，引导外资和国内资本参与西部开发。中部地区要加大结构调整力度，推进农业产业化，改造传统产业，培育新的经济增长点，加快工业化和城镇化进程。东部地区要加快产业结构升级，发展现代农业、高新技术产业和高附加值加工制造业，进一步发展外向型经济。国家鼓励经济特区和上海浦东新区在制度创新与扩大开放等方面走在前列。国家支持东北地区等老工业基地加快调整和改造，支持以资源开采为主的城市和地区发展接续产业，支持革命老区和少数民族地区加快发展，加大对粮食主产区的扶持。东、中、西部地区要加强经济交流与合作，实现优势互补和共同发展，形成若干各具特色的经济区和经济带。

2007 年，党的十七大提出，推动区域协调发展，缩小区域发展差距，注重实现基本公共服务均等化，引导生产要素跨区域合理流动；继续实施区域发展总体战略，深入推进西部大开发，全面振兴东北地区等老工业基地，大力促进中部地区崛起，积极支持东部地区率先发展。国家重大项目布局要充分考虑支持中西部地区发展，国家鼓励东部地区带动和帮助中西部地区发展，加大对革命老区、民族地区、边疆地区、贫困地区发展的扶持力度，帮助资源枯竭地区实现经济转型。

从整体上看，改革开放前，财政对区域发展的影响还主要是通过财政直接投资方式来发挥作用。改革开放后，由于东部沿海地区具有交通、工业基础、海外贸易、引进外资等区位优势，为了加快经济发展，国家实行了东部地区优先发展的一系列财政、金融政策并配套实施了相关财政、金融、投资和外贸制度。在财政制度上，国家赋予东部沿海地区尤其是经济特区和沿海经济开发区更加宽松、灵活的自主权，释放了东部沿海地区经济发展的活力。在东部沿海地区经济快速增长、财政收入快速增加的情况下，国家通过地方财力上解的财政制度安排允许东部地区保留更多的财力，允许东部沿海地区通过更加灵活的融资方式改善基础设施条件。

在整个包干制财政体制阶段，由于东部沿海地区率先享受后发优势的红利，经济增速快，财政收入增长快，中央又实行了有助于东部地区发展的地方财力上解政策，东部地区地方财政收入大幅度增加。快速增强的财力在改善东部地区经济发展基础设施条件和其他公共服务条件的同时，吸引了中西部地区大量劳动力、资本等要素流入，进一步强化了东部地区的经济增长优势和财力优势。不仅如此，国家还通过优先安排东部沿海地区铁路、机场、港口、高速公路等基础设施项目支持东部沿海地区经济率先发展。改革开放后的一段时期，为了加快东部地区发展，国家实行了有利于东部地区发展的税收优惠政策，在加快东部地区发展速度的同时，吸引中西部地区要素大量流入，进一步强化东部地区的区位优势和领先发展的势头。

1994年开始实行的分税制改革在相当长的一段时期内具有进一步强化区域发展差距的作用。在转移支付制度上，为了照顾东部地区的既得利益，调整为中央财政收入的消费税、中央和地方共享税的增值税实行税收返还。由于东部地区来源于这两项税收收入的税收返还规模大，税收返还进一步拉大了东部地区与中西部地区的地方财力差距。由于中央财政收入中有很大一部分新增财力要返还给地方，中央实际可用于对中西部地区转移支付的财力规模较小，中西部地区从转移支付中获得财力增量较少，转移支付对增强中西部地区的地方财力的作用有限，在较长时期内难以起到缩小地区间财力差距的作用。客观地讲，2002年以后，随着企业所得税、个人所得税纳入中央和地方共享税的范围，中央可以用于按照因素法分配的转移支付资金有所增加，对缩小地区间财力差距和发展差距的作用有所增强。

实施分税制后，已经实行的税收优惠政策对缩小东西部地区发展差距的作用仍十分有限。为了推动西部大开发，国家实行了面向西部地区的区域性税收优惠政策，但由于东部地区经济基础好、要素集中程度高、具有较强的要素集聚和产业集群优势、经济增速快、要素收益率高，面向西部地区的区域性税收优惠并不能补偿西部地区和东部地区之间的要素收益率差距，要素投向西部地区的收益率即使在存在税收优惠的条件下仍然会低于东部地区。因此，在东部地区具有明显的经济发展先发优势的情况下，旨在加快西部地区发展的区域性税收优惠并没在吸引要素流入和加快西部地区发展中发挥实质性作用。不仅如此，在我国存在税收收入计划的制度背景下，经济发展水平较高的东部地区为了规避"鞭打快牛"的税收收入计划带来的不利影响，在经济增速较快的情况下甚至会人为放松税收征管，降低微观经济主体的税收负担，西部地区为了完成税收收入计划，在经济增长较慢的情况下甚至可能会征收"过头税"，导致西部地区微观经济主体的实际税负偏重，由此可能导致经济发达的东部地区实际税收负担低于（至少不高于）西部欠发达地区税收负担的情况。在东部地区存在要素集聚、产业集群的优势和远优于西部地区经济发展基础设施等条件下，东部地区和西部地区的实际税后要素收益率差距必然进一步导致西部地区要素向东部地区流动，这显然会导致面向西部地区的税收优惠政策在促进西部地区经济发展中失去作用。

一般公共预算中的经济建设性财政支出在缩小地区间发展差距中的作用也很有限。在一般公共预算中，交通运输、农业和地质勘探等经济建设支出有助于改善经济发展基础条件，这些财政支出应有助于优化经济发展的地区结构，促进区域经济结构协调。但是，实施分税制后较长一段时期内，由于中央财政增加的可自由支配的财力较少，加之在公共财政框架下，财政支出目标主要定位于提供市场不能有效提供的教育、医疗卫生、社会保障、生态保护、就业等基本公共服务，经济建设支出在财政支出中的比重已经大幅度下降，因此中央财政难以安排较大规模的资金加大对西部地区的经济基础设施建设，对改善西部地区经济发展条件、加快欠发达地区经济发展的作用有限，不能有效缩小地区间发展差距。由于事权和支出责任界定不合理、经济欠发达地区地方财力不足、转移支付制度存在设计缺陷，不同经济发展水平的地区之间基本公共服务差距没有得到明显缩小。根据事权和支出责任划分的一般原则，将义务教育、基本医疗卫生、基本社会保障等一般公共服务划归地方政府意味着不同地方的这些基本公共服务供给水平主要取决于各地方政府的财力情况，地区间的财力状况就将在很大程度上决定各地基本公共服务的供给水平。地方的财力主要来自地方政府的自有财力和中央政府的转移支付资金，在地区间存在明显的经济发展水平差距和财力差距的情况下，如果中央转移支付规模过小必然难以缩小地区之间的财力差距。在中国的转移支付体系内,税收返还具有明显的偏向经济发达地区的特征。一般转移支付具有缩小地区间公共服务供给差距的性质,各种专项转移支付主要用于特定领域的支出,对缩小地区间基本公共服务差距的效果不显著,尤其是需要地方财政配套的专项转移支付明显不利于增强欠发达地区,不利于缩小地区间的财力差距。事实上,在较长时期的转移支付中,税收返还和专项转移支付比重远远高于一般转移支付,这显然不利于缩小不同经济发展水平的地区间的财力差距、公共服务差距和经济发展水平差距。地方政府之间的策略性行为在一定程度上不利于缩小不同经济发展水平的地方政府之间的基本公共服务差距。在劳动力自由流动的情况下,具有一定人力资本的劳动力必然趋向于流向就业机会多、工资收入高、资本收益率高的经济发达地区,而财政对教育的支出实际上会转化为人力资本,经济欠发达地方的财政支出会促使具有较高人力资本的劳动力流出。随着欠发达地区劳动力的流出,劳动力、资本、技术和其他要素结构会因劳动力不足而出现结构性失衡。在劳动力逐渐成为经济发展的瓶颈要素后,劳动力的进一步流出会不利于欠发达地区经济发展。中央对欠发达地区的教育、医疗卫生等财政转移支付可能会因为地区间发展差距及其衍生的就业机会和工资水平差距导致欠发达地区劳动力流出而加剧欠发达地区的人力资本流出,进而在一定条件下强化欠发达地区经济发展的人力资本瓶颈,不利于欠发达地区的经济发展,在一定程度上会扩大欠发达地区与发达地区的经济发展差距。

随着新修订的《中华人民共和国预算法》的实施,在地方政府拥有中央核定分配额度的地方债发行使用权后,由于经济欠发达地区的经济发展水平、债务率、偿债率、债务依存度等指标可能导致这些地区分配的地方债发行规模小于地方经济发展对债务资金的需求,即使中央分配给这些地区较大规模的地方债发行额度,也可能因为这些地区的经济发展水平和财政状况导致发债难度大、债务利率高等问题,影响这些地区通过债务筹集财政资金的规模和成本,进而影响经济发展基础设施条件的改善和经济发展的速度、水平、潜力。

促进区域经济协调发展和发挥各地区经济发展的优势是相互联系的。各地区都存在各自的要素禀赋优势,经济发展应该从各地区的资源禀赋结构出发,发展具有本地区特色的优势产业。充分运用本地区的资源禀赋优势有助于降低产品成本，提高产品的市场竞争力，提高微观经济效益，从而有助于在有保障的微观市场主体经济效益基础上发展各地经济，实现健康持续的经济增长。客观地讲，东部地区由于经济发展水平较高，资金、技术、人才资源、国际市场等方面具有更加明显的优势，中西部地区尤其是西部地区的自然资源优势要明显一些，随着经济发展水平的提高，自然资源对经济增长的贡献率呈下降趋势。因此，在整体上，东部地区比西部地区具有更好的经济增长势头和发展潜力，劳动力、资本等要素向东部地区集聚更有助于提高资源配置效率，有助于提高经济增长质量，在国内大市场条件下，要素自由流动还可以把东部地区率先承接境外资本技术带来的后发优势红利传导到中西部地区，促成后发优势的扩散，但这又可能导致东部地区与西部地区的发展差距扩大，导致地区间经济结构失衡。如果地区间发展差距无限制扩大又可能导致全社会收入差距扩大，消费需求不足，部分自然资源闲置，影响地区间财力差距和公共服务供给水平，进而导致社会发展不公平，影响经济发展的持续性。对于大国经济来说，地区间发展差距扩大将直接影响地区间财政状况，如果转移支付制度不完善将直接导致地方政府出于地方财力考虑而封锁地区市场，导致全国统一市场被分割，大国优势转化为大国劣势，不利于经济的协调、稳定和持续发展。因此，反思当前经济发展中的财政制度安排与地区间发展差距产生的原因、地区间经济发展的趋势和可能存在的问题，提出相关具有前瞻性、可行性的财政制度优化对策和建议是中国经济持续发展的重要举措。

15.3.4.4 对中国区域发展相关财政制度与政策的基本归纳

从中国区域经济协调发展的相关财政政策和制度演变过程可以发现如下基本轨迹：

其一，在奠定后发大国发展基础的阶段，财政主要通过政府对国民经济装备工业和军事工业投资的方式在国内布局来平衡地区之间的发展。在1978年以后的较长一段时期内，国家主要通过税收优惠和地方财政上缴等政策优惠形式鼓励东部沿海地区优先发展。20世纪90年代以后，为了缩小东部地区与中西部地区的发展差距，国家主要通过转移支付、交通运输与能源开发等投资、区域性税收优惠等方式促进西部地区经济发展。21世纪以来，国家更多强调在市场机制下通过要素合理流动、优化配置来加快西部地区发展，促进区域经济结构协调。

其二，从财政促进区域经济结构协调的侧重点看，21 世纪以前，国家主要强调基础设施、资源能源开发等项目投资、转移支付、税收优惠等手段；21 世纪以来，国家新增加了促进区域基本公共服务均等化的内容，方式更加多元化了。

其三，从财政政策促进区域协调发展的效果看，1978 年以前，政府是全社会投资的主体，政府通过项目投资能够有效地影响区域经济发展格局，但由于对市场机制重视不够，投资的短期经济效益不高（从装备工业和军事工业的属性看，整体和长期的经济效益不一定低）。1978 年以后，国家利用税收、财政补贴等工具影响要素流动，对东部沿海地区的财政政策放大了要素流动规模，导致东部地区与中西部地区发展差距快速扩大。20 世纪 90 年代后，由于财政资源配置流向不能抵消市场机制引导的要素流动方向和规模，加之地区间要素禀赋差异的存在，财政对缩小地区发展差距的作用受到很大的抑制，尽管财政投入规模不断扩大，但地区间发展差距扩大的趋势还在继续。

总结财政促进区域经济结构协调的制度安排和政策可以发现，在市场机制越来越健全、要素跨区域流动越来越充分的条件下，财政制度和政策安排必须更加重视财政补贴、税收优惠、基础设施投资等手段的综合运用，要充分尊重地方政府的利益，通过财政制度安排缩小地区间基本公共服务供给能力的差距，促进地区基本公共服务均等化，引导地方政府充分利用要素禀赋发展特色优势产业，既促进地方经济发展，又促进国内各地区间要素流动和优化配置，充分发挥大国优势，促进经济协调可持续发展。同时，我们还需要认识到东部发达地区是最先享受后发优势红利的区域，东、中、西部地区发展差距是同时受到区位因素、财政等政策因素和后发优势的影响，在国内市场统一的条件下，大国特征强化先发展的东部地区的先发优势。财政制度会影响地区发展差距，但地区发展差距还受其他因素影响，缩小地区间发展差距要在发展中进行，要充分发挥财税制度和政策的引导作用。

15.3.5　促进装备制造业发展的财政制度演进脉络

在理论上，大国的国民经济是一个有机整体，重要的能源、原材料和装备制造业是国民经济的血液与骨架，对国民经济发展具有基础性的支撑作用。

装备制造业是制造业中最核心的组成部分，是整个工业部门的"母机"，是一个国家竞争力的重要基础，对国民经济的发展起着至关重要的作用。高端装备制造业与其他行业的关联度高，是引领装备制造业迈向新的发展阶段的重要推力。高端装备制造业的发展质量决定整个装备制造业产业链的质量。由于大国经济不可能向小规模国家经济一样高度依赖国际市场来实现国民经济的正常运行，装备工业部门作为大国国民经济体系中的重要组成部分，起着国民经济的"脊梁"的作用。缺乏装备工业会使大国经济长期面临被发达国家"敲竹杠"的风险，甚至使整个国民经济难以正常运转而崩溃。因此，装备制造业体系的完整程度和发展水平直接决定着大国经济抵抗外来冲击的能力和经济安全水平，装备工业完整程度和发展水平也是影响大国经济发展的稳定性、持续性的重要因素。

中国的工业化是跨越式非均衡的工业化，即跨过消费品工业，从重工业开始的。为了在远低于世界各国工业化起点的经济发展水平上开启工业化进程，奠定国家发展的物质基础，维护经济安全和国防安全，1949—1978 年，中国实行了重工业优先、跨越式赶超型的经济发展战略。这一模式的基本特点如下：政府主导并强制推行；以建立独立的工业体系为目标；追求增长的高速度，强调工业总产值和工业产出数量的增长；实行工业偏向的产业政策，突出重工业优先发展；实行高积累、低消费的经济政策[①]。这一时期的重工业具有明显超前发展的特征。在改革开放前，装备工业发展是中国工业化和经济建设的主体，国家通过实行城市偏向和重工业偏向的财政制度安排为装备工业发展提供了决定性的支持。重工业的优先发展在一定程度上奠定了国民经济发展的基础，这种非均衡的发展模式由于对农业和轻工业发展重视程度不足，导致了产业结构的失调，为中国经济长期协调可持续发展埋下了一定的隐患。从整体上看，1949—1978 年，在重工业优先发展战略的指导下，工业特别是重工业具有较快的增长率，成为当时拉动经济增长的主导产业部门。

改革开放以后，中国调整了工业化重点，工业化进程明显加快。改革开放后，中国的工业化战略做了重要调整，由优先发展重工业转变为轻重工业协调发展，甚至一度强调重点发展为满足人们消费需求的消费品工业，由政

---

① 邹晓涓. 中国重工业发展的历史阶段及其反思 [J]. 改革, 2008 (9): 64-68.

府主导、国企推动的工业化转变为政府与民间、国企与民企共同推动的工业化，中国的工业化走向了持续协调发展的道路。

重工业作为国民经济的骨架，与加工业具有很高的关联度。经济发展具有阶段性，装备工业和与其匹配的加工业形成的工业经济体系之间的结构也具有阶段性。随着经济发展水平的提高，作为国民经济基础的装备工业也必须实现技术的升级，或者通过新一轮的工业化实现技术升级。计划经济时期建立的装备工业基础在支撑国民经济发展中所起的作用到 20 世纪末已经不能完全适应国民经济新的发展阶段的要求了。2002 年召开的党的十六大提出走新型工业化道路，具体要求包括加强基础研究和高技术研究，推进关键技术创新和系统集成，实现技术跨越式发展；鼓励科技创新，在关键领域和若干科技发展前沿掌握核心技术、拥有一批自主知识产权。

中华人民共和国成立以后，借助于城市偏向的经济政策，装备工业得到优先发展，奠定了中国经济发展的基础。但是，着眼于一定技术水平的装备工业只能为一定时期的经济发展提供支撑，随着经济发展阶段的推移，国民经济的进一步发展需要新的更高技术水平的装备工业为其提供支撑。21 世纪以来，全球高端装备制造业格局正在经历巨大的变化，美国、德国等发达国家都相应制定了制造业的战略规划。与之相比，中国的高端装备制造业起步晚、基础差等问题对中国高端装备制造业的发展提出了更高的要求。相对于美国、德国等发达国家的高端装备制造业，中国的高端装备制造业尽管得到了很大程度的发展，但整体上仍然处于较低水平，研发创新力度、高素质人才培养以及研发基础设施等方面均存在较大的提升空间。

财政支持是发展装备制造业和促进高端装备制造业向高水平、高质量方向发展的必要条件[①]。由于高端装备制造业在发展过程中有前期投入大、直接经济效益对投资企业缺乏吸引力、资产专用性强、正外部性明显等特征，财税政策在其发展过程中的辅助意义重大。高端装备制造业研发投入与产出本身存在较大的不确定性，风险较高，高端装备制造业企业在发展过程中往往受到资金不足的困扰。一般来讲，财税政策可以通过为高端装备制造业企业提供税收优惠、财政补贴等政策促进高端装备制造业企业发展，帮助企业降低失败的风险，并激发企业的研发热情，从而促进高端装备制造业发展。当

---

① 游秋琳，张霄，肖兆飞. 制造业转型升级中的财政政策定位 [J]. 地方财政研究，2016（4）：97-101.

然，财政还可以通过人才培养、基础研究和重大应用研究、市场需求等途径为重大装备制造业发展提供间接而有力的支持。

财政对中国装备制造业的发展提供了有力的支持，但仍不适应新发展阶段装备工业发展的需要。中华人民共和国成立后，国家先是通过财政直接投资的方式为重工业发展提供了大量的资金支持，随着国有企业改革的推进，重工业企业的资金来源从财政直接拨款改成向银行贷款，尽管一段时期为了降低企业资金使用成本和税收负担采取了税前还贷的方式，但由于重工业企业资金密集程度高、资金需求量巨大，贷款利息负担仍然很重。在市场经济体制下，政府一般可以通过直接的财政补贴、间接的信用担保，或者通过财政支持发展资本市场以拓宽融资渠道，或者通过财政支持发展装备制造业尖端技术的风险投资基金等方式缓解高端装备制造业发展中的资金困难。由于制度建设存在滞后性，中国装备制造业企业自我资金积累能力弱，更主要的是装备制造业企业经营机制不适应市场机制要求，导致装备制造业企业经营困难，融资渠道狭窄，尤其是资本市场融资渠道不畅一度使企业陷入发展困境。

中国装备制造业企业集中的东北老工业基地在改革开放后的较长时期整体经济发展缓慢乃至停滞是装备制造业发展困难的一个缩影。客观地讲，装备制造业企业在计划经济体制下一直是国家所有制企业，企业盈利都通过再投资转化成了新的固定资产，或者通过上缴利润和纳税的途径转化为财政收入被用于其他领域。在财政包干制时期，由于财政收入占国内生产总值的比重下降，中央财政收入占全部财政收入的比重下降，财政对装备制造业投资的资金不足，这在很大程度上加剧了装备制造业企业发展的困难。在装备制造业企业比较集中的东北地区，由于装备制造业的不景气，整体经济发展缓慢，政府陷入财政困难，对装备制造业的投资能力严重不足，更加剧了装备制造业的发展困难，形成了装备制造业行业困难、地方财政困难的相互强化，致使装备制造业发展陷入困局。

税收制度也是影响高端装备制造业的重要制度之一。所得税和增值税是影响企业投资能力和投资意愿的重要税收。在流转税方面，2004年以前，中国对企业一直实行生产型增值税制度，重工业企业增值税税负普遍重于轻工业企业，这在一定程度上不利于重工业企业的发展。2004年7月，国家开始试点在东北重工业基地的8个行业试行生产型增值税向消费型增值税转型才使该行业增值税税负重的局面得以缓解。在所得税方面，根据1984年出台的

《中华人民共和国国营企业所得税条例》和《国营企业调节税征收办法》的规定，盈利的国营大中型企业的所得税税负重于其他类型企业。根据 1989 年出台的《关于国营企业实行利税分流的试点方案》、1991 年出台的《国营企业实行"税利分流、税后还贷、税后承包"的试点办法》和 1993 年出台的《中华人民共和国企业所得税暂行条例》的规定，重工业企业的所得税税负重于其他类型企业。直到 2007 年《中华人民共和国企业所得税法》出台，重工业企业与国内外其他类型企业的所得税负担才趋于平等。当然，现实涉及高端制造业的优惠所得税税率、研发支出扣除等都在一定程度上鼓励企业从事投资和研究开发活动。高端装备制造业的发展不仅仅受到资金投入的限制，研究开发中涉及的大量基础科学理论、重大应用科学技术、从事装备制造研究开发的人才以及需要国内配套生产或从国外进口的关键核心材料和配件等都是制约高端装备制造业发展的因素，财政都可以通过直接和间接的支出对相关领域、环节提供支持，促进高端制造业发展。

客观地讲，中国作为世界上典型的后发大国，技术上的后发优势一直存在"天花板"约束。不可否认，中国在奠定后发大国发展基础阶段及改革开放后的一段时期通过引进海外直接投资、购买机器设备和专利等途径在一定程度上获得了技术后发优势，但中国技术进步一开始就明显受到世界性的约束。1949 年 11 月，在美国的提议下秘密成立以美国为首的包括英国、法国、德国、意大利、丹麦、挪威、荷兰、比利时、卢森堡、葡萄牙、西班牙、加拿大、希腊、土耳其、日本和澳大利亚等 17 国的巴黎统筹委员会，其宗旨就是限制成员国向社会主义国家出口战略物资和高新技术，列入"禁运"清单的有军事武器装备、尖端技术产品和稀有物资等三大类上万种产品。中国等社会主义国家就是巴黎统筹委员会"禁运"的重要对象。1993 年 11 月，巴黎统筹委员会会员国的高级官员在荷兰举行会议，一致认为巴黎统筹委员会"已经失去继续存在的理由"。1994 年 4 月 1 日，巴黎统筹委员会正式宣告解散。然而，它所制定的"禁运"物品列表后来被"瓦森纳协定"所继承并延续至今。不仅西方资本主义国家对中国技术进步进行"封锁"，较长一段时期内的社会主义国家也采用相关措施阻碍我国技术进步和装备工业发展。随着中国经济实力的增长、发展水平的提高，与发达国家之间的差距逐渐缩小，发达国家为了继续占领全球产业链的高端，运用其掌握的技术优势控制世界经济，获取超额垄断利润，保持其在科学技术上的绝对优势地位，势必采取各种可能的手段阻止后发大国科学技术的进步，中国科学技术的进步必然面临着严峻的国际形势。

从科学技术的进步途径来看，任何一个国家的技术进步基本上存在两条途径：其一是通过学习、引进获得发达国家已经研究开发出来的成熟技术，这是在一段时期内后发国家重要的技术进步途径，但要受到发达国家技术转让意愿的约束。其二是自主研发新的技术，或者通过与相关国家合作，联合开发新技术，共享新技术研发的成果。这种技术进步方式的成本高、耗时长，还具有很大的不确定性。后发国家是技术上的追赶者，发达国家认为追赶者的技术进步对其技术优势构成挑战时，就会采取各种手段加大技术追赶者技术进步的难度。进入 21 世纪，中国的科技进步主要依靠自主研发来实现。

事实上，相对于发达国家财政对高端装备制造业的支持方式和支持力度，在经济发展新阶段，当高端装备制造业明显成为经济进一步发展瓶颈的条件下，中国支持装备制造业发展的财政政策事实上不能满足高端装备制造业发展的需要。相对于一般消费品工业，装备制造业的资金投入量大、研发生产周期长、市场需求量较小，研发企业承担的风险大，如果没有稳定的资金投入，仅凭一般的市场经济主体难以承担高技术的、支撑国民经济的装备制造业发展的重任。以当今世界芯片加工的光刻机为例，荷兰的 ASLM 光刻机技术十分复杂，需要大量的资金投入，产品生产周期长，市场需求量相对较小，为了分散、规避产品研发和生产等风险，荷兰采取了研发、生产和需求的相关主体相互持股的经营模式。如果不能采取有效措施解决装备制造业企业资金投入困难、研发技术来源单一和市场需求不足的问题，装备制造业发展可能难以为中国经济发展的新阶段提供有效的支持。中国东北重工业基地遭遇的困境显然不仅仅是资金投入不足和经营机制不活的问题，进一步优化装备制造业发展的环境是需要系统思考和努力改善的重点。一个显而易见的事实是，支撑传统产业发展的装备制造业体系肯定难以支撑现代工业、新型产业的发展。当前，尽管中国的传统制造业发展取得了显著进步，已经形成了世界上较为完善的制造业体系，某些领域的技术已经进入与世界先进水平同台竞技的水平，但还有一些领域与世界先进水平存在很大的差距。中国现有的装备制造业还不足以承担起为世界一流制造业提供有力支撑，还不能胜任经济高质量发展和产业结构升级的要求。在新一轮世界科技竞争的平台上，中国在高端芯片的研发制造、新型材料的研发制造、智能机器人的研发制造等方面还远不能满足国民经济发展的需求。这些装备制造业领域的瓶颈问题在很大程度上制约了中国经济的进一步发展，如何优化包括财政补贴、税收优惠、政府采购、支持装备制造领域的风险投资等财税政策和其他制度在很大程度上影响着中国装备制造业等关键、核心领域技术进步，也将在很大程度上影响中国经济发展的趋势。

15.3.6 促进人力资本形成的财政制度演变的基本事实

人口规模大是后发大国的典型特征，从积极的方面看，人口可以转化为人力资本，形成具有较大规模的劳动力，配合资本形成生产能力；人口多意味着潜在市场需求大，可以为大国经济发展提供市场支持。但是，人口多也可能转化为劣势，即如果人力资本少、人均产出低，意味着国民积累率低，国家难以积累资本，不能形成大规模的投资，经济可能停留在低水平的生产、消费、人力资本均衡状态，不利于后发大国潜在优势的发挥。教育和医疗卫生投资则是将人口数量优势转化为人力资本优势的必要条件，因此教育和医疗卫生相关财政制度和政策供给是后发大国经济发展的重要条件。由于后发大国的经济发展要经历不同的发展阶段，根据不同经济发展阶段对人力资本的需求和人力资本形成的基本规律供给相应的财政制度和财政政策也应该具有阶段性的特征。

15.3.6.1 支持教育发展相关财政制度演变的基本路径与评价

15.3.6.1.1 国家关于教育发展的指导思想演变路径

教育是将后发大国的人口数量优势转化为人力资本优势，激活后发优势和大国优势的关键措施。教育发展相关的财政政策和制度安排是影响教育事业发展和后发大国潜在优势发挥的重要制度。中华人民共和国成立以后，在奠定后发大国发展基础阶段、后发优势与大国优势充分发挥阶段、抑制后发劣势与大国劣势阶段和积累发展能力准备赶超发达国家阶段实行了不同的财政制度和政策。厘清中国经济发展过程中教育发展相关财政制度和政策演变的基本路径和基本脉络有助于发现中国教育发展相关财政制度和政策演变的基本事实，发现教育发展相关财政制度和政策安排中存在的不足，提出具有较强针对性的支持教育发展的财政制度和政策，推动我国经济社会协调、持续发展。

从中华人民共和国成立到改革开放开始前的一段时期内，中国加大了对教育的财政投入，但受到国家整体财力的约束，加之需要将主要财力投入到建立装备工业体系等领域，奠定国家发展的物质基础，财政对教育的投入整体上处于较低水平。即使在财力有限的条件下，国家也在大力推进教育事业发展。在这段时期，城市教育支出由财政予以保障，农村的义务教育中除了小部分由国家财政提供资金支持外，其他的主要通过农村集体经济组织出资、出力的方式解决资金供给问题。此外，国家还通过开办夜校"扫盲"的方式解决农民群众的基本文化教育问题。1966—1976 年，教育受到很大冲击，对人才培养产生了很大的负面影响。

由于教育事业发展与培养和形成符合经济社会发展要求的人才队伍及劳动力队伍之间存在较长的时间滞后期，较长时期对教育的财政投入不足在一定程度上影响了中国教育事业的发展，导致经济社会发展中较长时期的人才短缺、劳动力文化知识水平不高和劳动技能缺乏。尽管计划经济时期劳动力绝对规模大，但劳动力的知识、技能结构不能适应后发优势和大国优势充分发挥阶段的现代经济发展对劳动力的需求，同时还导致高素质的人才队伍储备不足。这些因素都在一定程度上影响中国劳动力数量优势转化为劳动生产率优势，影响了后发优势和大国优势充分发挥。

改革开放以后，中国进入后发优势和大国优势充分发挥阶段，在不同的经济发展阶段，教育和科学技术对经济发展的作用呈现出不同的阶段性的变化。国家对教育的认识具有阶段性特征，这直接决定了教育发展相关财政制度和政策安排的阶段性。1978 年之前，经济社会发展整体上的主要目标是奠定后发大国经济发展的物质基础，对教育的重视程度不够，甚至在个别时期出现过对教育事业发展和对知识分子认识的严重偏差。1978 年之后，随着对经济社会发展认识的深化，国家对教育在经济社会发展中作用的认识不断深化，对教育的重视程度不断提高。1978 年 4 月召开的全国教育工作会议提出教育要适应国民经济发展。1980 年，党的十一届五中全会提出"确定适合国民经济发展需要的教育计划和教育体制"的任务。1982 年召开的党的十二大提出，科学技术是社会主义现代化的关键，必须大力普及初等教育，加强中等职业教育和高等教育，发展城乡各级各类教育事业，培养各种专业人才，提高全民族的科学文化水平。1987 年召开的党的十三大把发展科学技术和教育事业放在首要位置，提出科技发展、经济振兴乃至整个社会的进步都取决于劳动者素质的提高和大量合格人才的培养，要将经济建设转到依靠科技进步和提高劳动者素质的轨道上来。党的十三大强调，必须坚持把发展教育事业放在突出的战略位置，加强智力开发。为了使教育发展适应经济社会发展的要求，国家要逐年增加教育经费，同时继续鼓励社会各方面力量集资办学。1992 年召开的党的十四大明确提出，要把教育摆在优先发展的战略地位，优化教育结构。为了加快教育事业发展，党的十四大要求各级政府要增加教育投入，鼓励多渠道、多形式筹集教育经费，通过多种形式发展教育。鉴于基础教育发展的不足，党的十四大提出，到 20 世纪末要基本实现九年制义务教育的目标。1997 年召开的党的十五大提出了实施科教兴国战略。党的十五大提出，要深化科技和教育体制改革，促进科技、教育同经济的结合。国家应该加大人才培养力度，将巨大的人力资源优势转化为经济优势。2002 年召开的党的十六大提出，教育是发展科学技术和培养人才的基础，在现代化建设中具有先导性、全局性作用，必须摆在优先发展的战略地位。党的十六大强调，为了促进教育事业的发展，需要加大对教育的投入和对农村教育的支持，鼓励社会力量办学，完善国家资助贫困学生的政策和制度。党的十六届六中全会提出，要全面实施素质教育，建设现代国民教育体系和终身教育体系；要缩小城乡之间、地区之间的教育差距，明确各级政府提供教育公共服务的职责，保证财政性教育经费增长幅度明显高于财政经常性收入增长幅度，逐步使财政性教育经费占国内生产总值的比例达到 4%；要普及和巩固九年义务教育，落实农村义务教育经费保障机制；在加大农村地区教育投入的同时，要逐渐取消城市义务教育的学杂费。

2007 年召开的党的十七大将教育发展置于更加重要的地位，明确提出优先发展教育，建设人力资源强国的发展战略。随着经济社会的发展，技术后发优势逐渐减弱，大国劣势也在某些领域开始显现，科技可持续发展和社会公平日益受到国家的高度重视，教育在中国经济社会发展中的瓶颈问题越来越明显。基于这一基本事实和认知，党的十七大把教育定位为民族振兴的基石，将教育公平置于社会公平的重要基础的地位。党的十七大提出，在普及九年制义务教育的基础上要进一步促进义务教育均衡发展，加快普及高中阶段教育，大力发展职业教育，提高高等教育质量。为了促进社会公平，国家必须加大教育公平发展力度。党的十七大提出，要坚持教育公益性质，加大财政对教育投入，规范教育收费，扶持贫困地区、民族地区教育，保障经济

困难家庭、进城务工人员子女平等接受义务教育。

2012 年召开的党的十八大进一步将教育定位为民族振兴和社会进步的基石，并提出优先发展教育，全面实施素质教育，并对各层次教育发展提出了明确要求。党的十八大提出，为了促进教育公平，资源保障至关重要。因此，合理配置教育资源，重点向农村、边远、贫困、民族地区倾斜，加大对困难群体教育的支持力度十分必要。

随着我国经济社会发展的持续推进并进入新的阶段，2017 年召开的党的十九大将建设教育强国置于中华民族伟大复兴基础工程的高度，提出必须把教育事业放在优先位置，加快教育现代化。党的十九大指明了素质教育和教育公平的发展方向，强调要推动城乡义务教育一体化发展，完善职业教育和培训体系，加快一流大学和一流学科建设进程，实现高等教育内涵式发展，提高劳动力受教育水平。

简要回顾党的历届全国代表大会关于教育发展的相关论述，有助于厘清党和国家对发展教育的态度，为财政制度和政策安排提供一个比较清晰的参考。党的十一大提出，教育要适应国民经济发展的需要；党的十二大提出，科学技术是社会主义现代化的关键，要大力发展各类教育，提高全民族科学文化水平；党的十三大提出，把发展科学技术和教育事业放在首要位置；党的十四大提出，把教育摆在优先发展的战略地位；党的十五大提出，实施科教兴国战略；党的十六大提出，教育在现代化建设中具有先导性、全局性作用，必须摆在优先发展的战略地位；党的十七大提出，优先发展教育，建设人力资源强国；党的十八大将教育定位于民族振兴和社会进步的基石的高度，提出必须优先发展教育；党的十九大将建设教育强国置于中华民族伟大复兴基础工程的高度，提出必须把教育事业放在优先位置。党和国家对教育的重视程度不断提高。对教育认识的每一次深化都伴随着经济社会发展条件下教育发展的思路和财政支持的制度安排的变化。

15.3.6.1.2 支持教育发展的财政制度和政策的演变

人力资源优势是中国经济发展的最重要的优势之一，但劳动年龄阶段人口绝对数量大既可能是优势，也可能是劣势，当大规模劳动年龄阶段人口平均受教育水平低、劳动生产率低时，其消费将消耗掉很大比重的产出，这将直接导致储蓄不足和投资严重不足，影响经济的持续增长。只有提高劳动力受教育水平，提高劳动生产率，才能形成更大的生产能力，带来更多的储蓄，促进投资增加和经济的持续增长。对劳动力进行投资的重要方式是发展教育事业，由于教育具有很强的正外部性，因此政府应该在教育投资中承担重要的职责。

随着国家对教育的重视程度的深化，财政制度为我国教育事业发展提供了重要的制度支撑。财政对教育的支持主要体现在财政投入规模和结构的变化上，而财政对教育的投入规模除了受到财政收入规模的影响外，还受到财政体制的影响。在财政收入总规模相对稳定的情况下，财政体制所体现的不同层级政府可支配财力直接影响到其各自负责的教育支出的规模和结构，进而对教育发展产生重要影响。梳理中国财政体制演变不同阶段财政对教育支出的相关制度安排的变化可以比较清楚地了解财政支持教育发展的基本情况，有助于为教育事业发展提供更加有针对性和可行性的财政制度及政策建议。

1980年，国务院提出，实行"划分收支、分级包干"的财政管理体制，教育行业迅速做出反应。教育部在1980年4月发布了《关于实行新财政体制后教育经费安排问题的建议》，提出从1980年起教育经费拨款由中央和地方两级财政"切块安排"。在当时的教育经费管理体制下，中央财政只负担中央部（委）所属高等及中等院校经费，省、市所属高校和中小学的经费由省、市人民政府负责①。1983年，中共中央、国务院发出了《关于加强和改革农村学校教育若干问题的通知》，提出以国家办学为主体，充分调动各方面办学的积极性，多种渠道解决农村教育经费问题。客观地讲，这一时期并未建立真正意义上的政府财政义务教育投资体制。在管理权限上，当时的义务教育主要实行国家办学、中央集权、财政单一投入的管理模式。高等学校的教育事业经费由过去的中央政府独自承担改为中央与地方各自"切块安排"，分级负责，即由中央政府各部（委）举办和管理的学校，其事业经费由财政部拨款；由地方政府举办和管理的学校由地方财政拨款。政府间分权型高等教育财政体制初现雏形②。1985年发布的《中共中央关于教育体制改革的决定》规定，在教育投入上，今后一定时期内，中央和地方政府对教育拨款的增长要高于财政经常性收入的增长，并使按在校学生人数平均的教育费用逐步增

---

① 林丽芹，吕乾星. 新中国以来的教育财政体制变革和反思［J］. 当代教育论坛，2011（8）：10-11.
② 杨会良. 改革开放以来中国高等教育财政体制的演变、特征与发展对策［J］. 河北大学学报（哲学社会科学版），2010（3）：76-82.

长，即"两个增长"。高等教育要实行中央和地方两级管理①。1986 年出台的《中华人民共和国义务教育法》将义务教育实行"地方负责、分级管理"以法律形式确定下来。这一时期义务教育经费由政府和受教育者共同负担，政府负担的经费以地方政府负担为主，义务教育经费主要由地方政府负责。1987 年，国家教委、财政部在《关于农村基础教育管理体制改革若干问题的意见》中指出，要扩大乡一级管理农村学校的职责权限，乡政府在教育管理方面有必要也有可能承担比过去更多的责任。农村义务教育的管理责任主要由乡政府承担，相应的经费的也由乡级提供，农村义务教育财政采取了"以乡为主"的体制。当时，县乡财政的困难导致农村地区财政对教育的投入不足。在这个阶段，基础教育相关财政体制逐步形成了"分级管理、以乡为主"的体制；高等教育相关财政体制形成了政府间财政分权的体制，同时建立了成本分担和成本补偿机制。这一阶段教育支出的绝对规模大幅增长，但教育支出占财政支出的比重还处于一个较低的水平。

1993 年 2 月，党中央、国务院发布《中国教育改革和发展纲要》，要求各级政府、社会各个方面和个人都要增加对教育的投入，确保教育事业优先发展。《中国教育改革和发展纲要》提出，到 20 世纪末，国家财政性教育经费支出占国民生产总值的比重应达到 4%。

1995 年 3 月，党的八届全国人大第三次会议通过的《中华人民共和国教育法》明确规定了以各级财政拨款为主、以依法征收教育费附加等多种渠道筹集教育经费为辅的体制，并规定逐步增加对教育的投入，保证国家举办的学校教育经费的稳定来源。《中华人民共和国教育法》以法律的形式明确了《中国教育改革和发展纲要》提出的国家财政性教育经费支出占国民生产总值的比例在 20 世纪末要到达 4%的目标。

2005 年 12 月发布的《国务院关于深化农村义务教育经费保障机制改革的通知》要求全部免除农村义务教育阶段学生学杂费，对贫困家庭学生免费提供教科书并补助寄宿生生活费。该通知对 2006 年和 2007 年西部地区、中部地区、东部地区免除中小学义务教育阶段学杂费、公用经费补助等做出了安排。

2006 年 6 月 29 日，全国人大常委会审议通过了修订后的《中华人民共和国义务教育法》。修订后的《中华人民共和国义务教育法》规定，国家将义务

---

① 龙舟. 我国教育财政制度改革变迁研究 [J]. 当代教育理论与实践，2009 (8)：8.

教育全面纳入财政保障范围，义务教育经费由国务院和地方各级人民政府依照法律规定予以保障。国务院和地方各级人民政府将义务教育经费纳入财政预算，及时足额拨付义务教育经费。国务院和地方各级人民政府用于实施义务教育财政拨款的增长比例应当高于财政经常性收入的增长比例。义务教育经费投入实行国务院和地方各级人民政府根据职责共同负担，省、自治区、直辖市人民政府负责统筹落实的体制。国务院和省、自治区、直辖市人民政府规范财政转移支付制度，加大一般性转移支付规模和规范义务教育专项转移支付，支持和引导地方各级人民政府增加对义务教育的投入。地方各级人民政府确保将上级人民政府的义务教育转移支付资金按照规定用于义务教育。

2016 年 8 月，国务院发布《国务院关于推进中央与地方财政事权和支出责任划分改革的指导意见》，对中央与地方事权和支出责任划分做出了原则性规定。合理的事权和支出责任划分可以在一定程度上减少或弱化由于经济发展水平差异造成的地方财力差异导致教育投入不均衡和投入不足的问题，有助于促进教育基本公共服务的均等化。2018 年 1 月，国务院办公厅发布《基本公共服务领域中央与地方共同财政事权和支出责任划分改革方案》，将义务教育、学生资助等八项事权列为中央与地方共同事权，规定了中央与地方共同事权支出责任分担原则。2019 年，国务院办公厅发布《教育领域中央与地方财政事权和支出责任划分改革方案》，对义务教育、学生资助等财政支出责任作出了明确规定。这有助于缓解经济欠发达地区对教育投入的压力，保障财政对教育投入随着全国经济的增长而增长，从而保证教育财政投入与经济社会发展的需求相适应。

从整体上看，党的十一届三中全会后，中国的教育事业得到全面恢复。教育财政分权化改革适应了国家经济体制从传统高度集中的计划经济体制逐渐向社会主义有计划的商品经济体制转变的形势。基础教育财政逐步形成"分级管理、以乡为主"的体制；高等教育财政形成了政府间财政分权的体制，同时建立了成本分担和成本补偿机制。这一阶段教育支出的绝对规模大幅增长。客观地讲，1994 年实行分税制改革以后直到 2018 年这段时间，由于中央与地方事权划分和支出责任界定改革之后，教育事权和支出责任存在一些不合理的地方，一定程度上影响了财政对教育的支出规模和地区间财政对教育的支出公平性。在这段时间，由于地方承担的教育支出责任与地方财力不适应，经济欠发达地区财力不足，导致农村教育经费短缺。同时，由于一些地方政府长期存在重视经济增长、忽视教育的倾向，在较长时期内对教育发展产生了不利的影响。事实上，地方政府承担的教育支出责任和地区间经济发展差距两个因素共同作用，加大了地区间教育发展的差距。基础教育财政投入力度不足会影响人才培养，进而影响后发大国经济优势的发挥。地区间教育发展不均衡和长期存在的城乡间教育发展不平衡必然会在较长一段时期内影响地区之间、城乡之间的经济发展水平和发展差距，甚至导致地区经济结构和城乡经济结构失衡。2018 年以后，随着中央与地方政府共同事权和支出责任的规范，在较大程度上缓解了经济欠发达地区财力弱、财政对教育支出压力大、不同经济发展水平地区之间财政对教育的支出不公平等问题，有助于教育支出增加和教育事业发展。

中华人民共和国成立以后，尤其是《中华人民共和国义务教育法》实施以来，财政对教育的支出规模不断扩大。初步统计，2018 年，全国教育投入总量达 4.6 万亿元，是 1952 年的 3 977.1 倍，年均增长 13.4%。财政对教育的投入力度尽管在改革开放后增长较快，但总规模并不算大。1980 年、1990 年、2000 年、2010 年和 2018 年，财政性教育经费占财政支出的比重分别为 9.29%、15%、16.13%、13.96% 和 17.75%，财政性教育经费占国内生产总值的比重分别为 2.49%、2.45%、2.56%、3.04%、4.02%。2000 年，世界各国平均财政性教育经费占国内生产总值的比重为 3.9%；2005 年的这一比重为 4.2%；2014 年的这一比重为 4.4%。由此可见，中国财政性教育经费占国内生产总值的比重低于世界平均水平①。

政府对教育的投资不仅体现在财政对教育的支出规模上，还体现在财政对不同层级教育的支出结构和支出方式上。优化教育支出结构形成合理的人力资源结构以适应不同经济发展阶段对人力资源的需求，对后发大国经济发展十分重要。当后发大国经济发展处于具有巨大的潜在后发优势的阶段，在有其他条件支持且可以从国外引入大量先进适用技术的条件下，经济社会发展主要需要大量能够应用先进技术的熟练劳动力，财政对教育的支出结构应该适应这种人力资源的需求。随着后发大国技术水平的提高，其可以低成本使用的先进技术越来越少，后发大国需要自主进行先进技术的研发，甚至需要资金从事基础理论研究，这时候的财政对教育的支出就应该关注对培养创

---

① 相关指标是根据国家统计局网站相关数据加工整理而成。

新型人才的教育的支出。此外，优化财政对教育的支出方式，引导家庭和社会加大对教育的投入，形成全社会关心教育、投资教育的氛围也是财政对教育的支出需要注意的重要问题。不同层次的教育的外部性不同，财政支出的力度也应该有所区别。通过适当的财政对教育的支出方式引导更多民间资金对教育投入可以放大财政对教育的支出效果，提高财政对教育的支出绩效。

财政对教育的支出大幅度增加为教育事业发展和人才培养提供了有力的财力支持。中华人民共和国成立初期，人口文化素质低，学龄儿童入学率只有 20%左右，全国 80%以上的人口是文盲。20 世纪 50 至 70 年代，国家重视发展基础教育，1978 年基本普及小学教育，学龄儿童入学率达到 94.0%。1982 年，文盲率降低至 22.8%。改革开放以来，中国教育进入全面发展时期，义务教育不断完善，高等教育逐步加强，国民受教育程度不断提高。2018 年，九年义务教育巩固率达 94.2%；普通本、专科在校学生达 2 831 万人，比 1978 年增长 32 倍；15 周岁及以上人口受教育年限由 1982 年的 5.3 年提高到 9.6 年；高等教育毛入学率为 48.1%，已经达到中高收入国家的平均水平①。

15.3.6.1.3　对中国教育财政制度和政策的简要评价

中华人民共和国成立后较长时期内，国家将财政支出重点放在经济建设上，对教育和科学技术的财政支持力度不大，一定程度上影响了后发优势和大国优势的充分发挥。在理论上，后发国家与发达国家存在很大的科技水平差距。在科学技术外生于一国自身的教育发展的情况下，教育层次结构决定人力资本的知识与技能结构，人力资本的知识与技能结构应该同经济发展水平相适应，这样教育所培养的人才才能在经济发展中发挥最大的作用。教育具有很强的外部性，对教育的支持应该与教育的层次结构、经济发展水平相适应。在中国经济发展的初期，尤其是科学技术水平与发达国家还存在较大差距的阶段，中国可以利用技术后发优势从国外引进先进、实用技术，促进和加快中国经济发展。基于此，财政对教育的支出重点放在初等和中等教育层次，培养具有对应人力资本的劳动者有助于使劳动力的知识和技能结构与从国外引进的技术水平相匹配，有助于人口优势、劳动力优势与后发技术优势相结合，使中国实现较长时期的持续、快速增长和技术水平的提高。随着国家整体技术水平的提高，中国与发达国家的技术差距逐渐缩小，能够从国

---

① 《辉煌 70 年》编写组. 辉煌 70 年：新中国经济社会发展成就（1949—2019）［M］. 北京：中国统计出版社，2019：225-228.

外低成本引进的先进技术越来越少，本国技术进步需要转换到主要依靠本国自主研发来实现时，本国技术进步就变得内生于本国的教育发展了。这时财政对教育的支持力度、教育的发展层次结构就成为科学技术发展水平和层次的重要决定因素了，进而成为决定本国科学技术水平和经济发展潜力、经济发展后劲的重要因素了。由于初等和中等教育主要培养普通劳动力，高等教育主要培养更高层次的具有一定创新能力的人才，对高等教育的财政投入不足可能导致本国技术进步陷入缺乏人力资本支撑的困境，可能导致本国经济发展和技术进步乏力、缺乏后劲。人才培养从投入到产出具有周期性，科学技术进步也有一个过程，因此要使科技进步和创新能力与经济发展水平相适应，要求财政对教育的支持要领先于经济发展水平一段时间，否则一国经济发展和科学技术进步难以形成自主技术研发能力，技术进步可能锁定在对国外成熟技术的消化、吸收、改进和落后的路径，使本国技术长时期停留在简单引进国外成熟技术的水平。当中国与发达国家的技术差距快速缩小后，发达国家出于中国技术进步对其技术垄断地位威胁的危机感，会本能地控制对中国的技术转让，甚至会人为设置障碍，阻碍中国的技术进步。这将导致中国在技术水平上始终与发达国家保持较大的技术梯度差距，甚至使中国经济的持续发展严重受制于技术进步，进而陷入停顿。因此，根据我国经济发展进程和科技发展情况制定促进科学技术和教育事业发展的规划，并调整优化财政制度和政策匹配科技和教育事业发展规划是充分享受后发大国红利并及时切换技术进步和经济发展路径，将后发优势转化为创新优势的必然要求。

15.3.6.2 支持医疗卫生事业发展的财政制度演变路径和评价

15.3.6.2.1 中国医疗卫生事业发展及相关财政制度和政策的基本情况

经济发展和社会事业发展相互依存、相互促进，兼顾经济发展与社会发展是社会协调发展的基本要求。经济发展为医疗卫生事业发展提供经济基础，医疗卫生事业发展是人力资本形成的前提，因此也是经济发展的前提。中国医疗卫生事业发展是将人口数量优势转化为人力资本优势的前提，是后发大国优势发挥的基础。中华人民共和国成立以后，我国医疗卫生事业取得了长足进步，国民健康水平持续提高。改革开放以来，国家对公共卫生领域的投入不断增加，医疗科技水平迅速提高，医疗卫生体系基本建立，居民预期寿命由中华人民共和国成立之初的 35 岁提高到 2018 年的 77.0 岁，婴儿死亡率由中华人民共和国成立之初的 20% 下降到 2018 年的 0.61%。

在医疗卫生事业取得显著成绩的同时，在部分领域和个别时期也存在明显的不足。从医疗卫生的财政支出规模看，改革开放以来的较长时期内，财政对医疗卫生的支出占财政支出的比重不高。1978 年、1988 年、1998 年、2008 年和 2018 年全国政府卫生支出分别为 35.44 亿元、145.39 亿元、590.06 亿元、3 593.94 亿元和 1 399.13 亿元，分别占财政支出的 3.69%、5.84%、5.46%、5.74% 和 7.42%，这一比重与发达国家相比还有较大差距。当然，医疗卫生事业发展除受财政支出规模影响外，还受到财政支出方式和支出效率的影响。政府医疗卫生支出规模较小意味着社会和个人承担的医疗卫生比重较高。中国的个人卫生支出占卫生总费用的比例在 1978 年是 20.4%，改革开放后一度快速上升，2001 年上升到 60.0%，之后才逐渐下降。2018 年，个人依然承担 28.6% 的卫生总费用。

15.3.6.2.2　财政支持医疗卫生事业发展的基本评价

在较长时期内，不仅政府医疗卫生支出规模偏小，还存在城乡分配不均衡、严重向城市居民倾斜的情况，这导致农村居民承担的医疗卫生费用占医疗卫生支出的比重远高于城市居民，城乡医疗卫生服务不均等。随着 2003 年开始实施新型农村合作医疗保险，尤其是 2012 年开始试点、2015 年全面建立的大病医疗保险以及 2003 年、2005 年城乡试点并在 2008 年全面实施医疗救助制度以来，中国城乡居民在医疗卫生服务方面的差距才逐渐缩小，医疗卫生公共服务均等化进程才逐渐加快。从中国卫生事业发展的基本轨迹可以发现，中国医疗卫生事业经历了一个从受财力约束而投入严重偏低、发展严重不足到逐步提高重视程度、不断增加投入的过程，其发展在一定程度上支撑了我国经济发展。由于城乡之间、地区之间经济发展差距较大，医疗卫生事业发展并不均衡，整体发展水平也还不高。从支持中国经济发展的大局出发，医疗卫生事业还需要加快发展步伐，提高均等化水平，提升发展质量。

15.3.7　促进科技发展的财政制度演变的基本事实

中国科学技术进步与创新大体上经历了基础理论研究和重大技术突破、深化科技体制改革和技术引进模仿、攻占科技制高点和自主创新等三个发展阶段，并在不断探索中砥砺前行。中国科学技术进步整体上体现了后发大国技术后发优势演变的逻辑。与其他国家一样，中国科技进步也要受到科技体制、财力支持和科研人才等因素的影响。在奠定后发大国发展基础的阶段，中国学习、借鉴了苏联的科研体制和相关技术，之后开始了独立自主的研究开发过程。改革开放以后，中国充分利用技术后发优势，实现了技术较快进步。值得提及的是，由于较长时期受到外国的技术"封锁"，我国科学技术方面的后发优势并没有得到充分发挥。中国的技术后发优势持续到 21 世纪初，之后技术后发劣势逐渐显现。随着与发达国家技术差距的缩小，我国技术进步开始面临关键核心技术瓶颈约束、基础研究不足等问题，技术进步阻力逐渐增大，成本快速上升，速度逐渐下降。中国当前及今后一段时间将处在增强研究开发能力，尤其是强化基础科学研究，弥补科学技术短板，大力促进科学技术推广与应用，并在局部领域走向世界技术前沿的阶段。与技术进步阶段相关，中国财政支持科技进步的指导思想和科技进步体制也经历了不同阶段。客观描述中国科技进步经历的主要阶段和科技管理体制与财政支持科技进步的制度变迁过程有助于发现中国作为典型后发大国的科学技术进步的基本事实和发展的制度背景，发现存在的问题，提出具有较强针对性的促进科技进步的财政对策和建议。

15.3.7.1　中国科技发展基本脉络和财政支持制度和政策演变的基本轨迹

从中国经济发展与科学技术关系的角度考察，中国科学技术管理和对应的科学技术发展经历了如下几个阶段：第一阶段包括奠定后发大国发展基础阶段、计划经济体制阶段、受到"文化大革命"冲击阶段、向以经济建设为中心的党和国家工作重心转移的过渡阶段等几个科技管理体制阶段。第二阶段是适应充分发挥后发优势的、市场在资源配置中发挥基础性作用的、以经济建设为中心的科技管理体制阶段。第三阶段是开始意识到后发大国科技劣势并着手改变这一劣势的、市场经济体制下的、以经济建设为中心的科技管理体制阶段。第四阶段是中国当前正在经历着的努力培养科技创新能力、抑制后发大国科技劣势、力争弥补科技短板、积累科技创新优势的科技管理体制阶段。将来，中国还将进入继续增强科技创新能力、保持较强科技竞争力的科技管理体制阶段。科技发展的每一个阶段都伴随着科技管理体制的改变、财政对科技支持制度和政策的调整与优化。

从中华人民共和国成立到 1978 年，在奠定后发大国经济发展基础的阶段，中国的科学技术进步主要经历了两个阶段：第一个阶段是在苏联的帮助下"一五"计划期间完成了 156 项重点工程，中国主要是引进了苏联的相关技术。这在一定程度上提高了中国的科学技术水平，奠定了较长时期中国经济发展的基础。第二阶段是"二五"计划及"三线"建设时期，由于过度强调钢铁工业发展、苏联停止对中国的技术支持以及"三线"建设时期科技重点服务于国防目标，科技进步在国防领域取得重大突破的同时，民用科技进步相对较慢。整体上，这段时期的科研管理体制主要是一套适应计划经济体制下的行政管理体制，不利于调动科研人员和科研机构的积极性，不利于科研成果向经济效益的转化和扩散，具有明显的局限性。

在缺乏理论指导和实践经验借鉴的条件下，从计划经济体制下的科研管理体制向更适应后发优势和大国优势充分发挥的科研管理体制转变是一个曲折的过程。1978年3月，中共中央在北京召开了6 000多名代表参加的全国科学大会。在开幕式上，邓小平指出，科学技术是生产力，现代科学技术的发展使科学与生产的关系越来越密切了。在这次大会上，中央提出了"经济建设要依靠科学技术，科学技术要面向经济建设"的科技发展方针，通过了《1978—1985年全国科学技术发展规划纲要（草案）》，确定了包括农业、能源等8个重点科研领域和108个重点研究项目。这是中国科技体制改革试点和探索的开始，对后来的科技体制改革和科技进步具有一定的导向作用。

中国科技进步和对经济发展作用的发挥既需要通过体制改革激活原有科研潜力，发挥科技对经济增长的作用，又需要建立适当的科研机制，引进、消化、吸收国外科技成果，享受技术上的后发优势。《中华人民共和国国民经济和社会发展第六个五年计划》提出，中国科技发展的重点是经过五年的努力，争取在一些重要和急需的科学技术方面缩短同世界先进水平的差距，使国民经济一些主要行业的生产技术面貌有一定的改变。1982年召开的党的十二大提出，"四个现代化"的关键是科学技术的现代化，必须加强应用科学的研究，重视基础科学的研究，并组织各方面的力量对关键性的科研项目进行"攻关"。1985年3月，中共中央发布了《中共中央关于科学技术体制改革的决定》。中央在认识到技术创新与产业应用之间严重脱节、无偿转让技术和科研活动"大锅饭"导致研发活动激励不足等传统体制下存在的问题的基础上，提出国家财政的科学技术拨款应以高于财政经常性收入增长的速度增加，鼓励部门、企业和社会加大对科学技术投资。具体在科研经费管理上，中央提出了财政对科研支持的一套具体措施，比如对基础研究和部分应用研究通过设立国家预算拨款的国家社会科学基金和自然科学基金的方式提供财政支持，

"硬化"预算内约束，推动科学技术研发面向市场等。《中共中央关于科学技术体制改革的决定》的发布标志着中国科技体制改革进入到全面展开阶段。1985年，《中共中央关于制定国民经济和社会发展第七个五年计划的建议》经审议通过。国务院据此制定《中华人民共和国国民经济和社会发展第七个五年计划》（以下简称"七五"计划）。"七五"计划强调，科学技术发展一方面要抓好科技成果的推广、普及，推动企业技术进步，使科学技术迅速转化为直接生产力；另一方面要集中人力、物力和财力，围绕经济建设和社会发展中提出的关键性技术难题，认真开展科技攻关，争取在新技术和高技术领域的研究与开发中取得较大的成果，大力采用新技术改造传统产业，并继续加强应用研究和基础研究。"七五"计划重点强调了科学技术成果的运用，对基础研究重视明显不足。为了充分利用技术后发优势，"七五"计划指出，必须以更大的力量扩展对外贸易、利用外资和引进技术的规模，坚持把重点放在引进软件、先进技术和关键设备上，积极发展进口替代，加强同国外工程技术人员的合作。科学技术的进步涉及研发创新和运用两个方面，运用就需要掌握一定科学技术知识的人才，因此为了适应科学技术发展和经济社会发展的需要，国家需要大力发展教育，提高教育质量。

党的十三大提出，把发展科学技术和教育事业放在首要位置，使经济建设转到依靠科技进步和提高劳动者素质的轨道上来。党的十三大提出，加速科技进步，应当立足中国实际，放眼世界，选准发展的方向和重点。从根本上说，科技的发展、经济的振兴，乃至整个社会的进步，都取决于劳动者素质的提高和大量合格人才的培养。1988年9月5日，邓小平在会见捷克斯洛伐克总统胡萨克时，提出了"科学技术是第一生产力"的重要论断。1992年年初，在南方谈话中，邓小平再次强调"科学技术是第一生产力"。科学技术在经济发展中的重要作用逐渐成为共识，加快科技管理体制改革，充分发挥科学技术在经济发展中的作用也逐渐成为国家相关制度和政策安排的重要指导思想。《中共中央关于制定国民经济和社会发展十年规划和"八五"计划的建议》提出了要增加对科技的投入，充实科研基础设施，有计划地建设一批重点实验室和专业实验室等措施。

1991年12月，国家科学技术委员会发布了《中华人民共和国科学技术发展十年规划和"八五"计划纲要（1991—2000）》，提出科学技术要"重点面向经济建设主战场"，贯彻"经济建设必须依靠科学技术，科学技术工作必

须面向经济建设"的战略方针，坚持科学技术是第一生产力，促进科学技术
与经济紧密结合，最大限度发挥科学技术对经济社会的引导和推动作用。

　　1992年，邓小平发表南方谈话后，中国明确了社会主义市场经济体制改
革的方向，科学技术管理体制也面临新的改革任务。党的十四大提出，加速
科技进步，大力发展教育，充分发挥知识分子的作用。经济加速发展、调整
结构、提高效益急需全社会提高科技意识，多方面增加科技投入，真正依靠
科技进步。为了充分发挥科技在经济发展中的作用，国家要在开发研究、高
新技术及其产业、基础性研究三个方面合理配置资源，明确各自的目标。由
于教育与科技进步的高度关联性，党的十四大提出，必须把教育摆在优先发
展的战略地位，努力提高全民族的思想道德和科学文化水平。

　　随着科学技术在经济发展中的作用不断发挥和增强，政府对科学技术在
国家发展中的作用有了更加充分的认识。1995年发布的《中共中央 国务院关
于加快科学技术进步的决定》提出了科技兴国的战略。1996年通过并发布的
《中华人民共和国国民经济和社会发展"九五"计划和2010年远景目标纲要》
正式确立了科教兴国的基本国策。1996年5月出台的《中华人民共和国促进
科技成果转化法》、1996年10月出台的《国务院关于"九五"期间深化科学
技术体制改革的决定》等都提出了进一步深化科技体制改革、加快科技进步
的一些改革措施。

　　通过改革科技管理体制、加大基础领域和应用领域的研究、加强科技成
果推广以及直接引进国外先进实用技术或引进外资等方式在很大程度上加快
了中国科技进步。科学技术在经济发展中发挥了重要作用，一定程度上使中
国的技术后发优势得到较好的发挥。但是，随着后发优势和大国优势的发挥，
我国工业品生产能力快速提升，高能耗、高污染、低附加值的粗放生产很快
遇到生态环境和资源的约束。同时，从国际发展形势看，国家产业竞争越来
越表现为高技术的竞争。发达国家为了保持技术上的绝对优势，对中国技术
进步设置障碍，导致中国技术进步阻力增大，难度加大，技术进步速度明显
下降。为了走出技术进步和经济增长的困境，中国需要建立促进技术创新的
机制，一方面避免陷入技术上的后发劣势，另一方面培养自主研发、创新能
力，积累技术上追赶、超越发达国家的能力。

　　2001年，《中华人民共和国国民经济和社会发展第十个五年计划纲要》
（以下简称"十五"计划）强调，科学技术发展要面向经济建设，总体跟进，

重点突破，发展高科技，实现产业化，提高科技持续创新能力，实现技术跨越式发展。在科技发展的具体思路上，"十五"计划强调在主要领域盯住世界先进水平，缩小差距；在有相对优势的部分领域，达到世界先进水平；在局部可跨越领域，实现突破；突出企业在技术创新中的主体作用，推进技术升级；科技进步要为产业结构调整特别是传统产业升级提供技术支撑；加强对引进技术的消化吸收和创新；积极推进高技术研究，在有相对优势或战略必争的关键领域取得突破，在一些关系国家经济命脉和安全的高技术领域，提高自主创新能力，努力实现产业化。"十五"计划提出，要同时加强基础研究和应用研究，力求实现基础研究和应用研究协调推进。为了整体协同推进国家科技进步，"十五"计划提出，着手建设国家创新体系。这意味着国家已经意识到技术后发劣势的存在，迫切需要改变以引进为主的技术进步路径，着手培育自主创新能力，突破技术进步中对发达国家的过度依赖，为突破技术"封锁"做好准备。

2006年，《中华人民共和国国民经济和社会发展第十一个五年规划纲要》（以下简称"十一五"规划）关于科学技术发展的指导思想是实施国家中长期科学和技术发展规划，按照自主创新、重点跨越、支撑发展、引领未来的方针，加快建设国家创新体系，不断增强企业创新能力，加强科技与经济、教育的紧密结合，全面提高科技整体实力和产业技术水平。在促进自主创新的支持措施中，"十一五"规划强调，建立多元化、多渠道的科技投入体系，保证科技经费的增长幅度明显高于财政经常性收入的增长幅度，逐步提高国家财政性科技投入占国内生产总值的比重。

2006年9月，国务院发布了《国家中长期科学和技术发展规划纲要（2006—2020年）》标志着政府对科学技术在国家发展中的作用和地位的认识上升到一个新的高度。《国家中长期科学和技术发展规划纲要（2006—2020年）》确立了"自主创新，重点跨越，支撑发展，引领未来"的科学技术发展方略。《国家中长期科学和技术发展规划纲要（2006—2020年）》提出，到2020年中国科学技术发展的目标是：自主创新能力显著增强，科技促进经济社会发展和保障国家安全的能力显著增强，为全面建设小康社会提供强有力的支撑；基础科学和前沿技术研究综合实力显著增强，取得一批在世界上具有重大影响的科学技术成果，进入创新型国家行列，为在21世纪中叶成为世界科技强国奠定基础。

　　为了支持建立国家创新体系，国家出台了《国家中长期科学和技术发展规划纲要（2006—2020 年）》的若干配套政策，提出了支持国家创新体系建设的相关配套政策。作为重要支持政策的财政政策包括财政科技投入增幅明显高于财政经常性收入增幅、切实保障重大专项的顺利实施、优化财政科技投入结构、发挥财政资金对企业自主创新的引导激励作用、创新财政对科技投入的管理机制等。税收优惠政策包括加大对企业自主创新投入的所得税税前抵扣力度、允许企业加速折旧研究开发仪器设备、完善促进高新技术企业发展的税收政策、支持企业加强自主创新能力建设、完善促进转制科研机构发展的税收政策、支持创业风险投资企业的发展等。支持科技创新体系建设的政府采购政策主要侧重在建立财政性资金采购自主创新产品制度；改进政府采购评审方法，给予自主创新产品优先待遇；建立激励自主创新的政府首购和订购制度；建立本国货物认定制度和购买外国产品审核制度；发挥国防采购扶持自主创新的作用，等等。此外，配套政策还在金融、保护知识产权等方面提供了系统的制度安排。

　　中国的经济发展越来越受到科学技术的影响，自主创新能力已经成为影响整体经济发展的重要因素，在全面建设小康社会的大局下，增强自主创新能力必然成为国家高度关注的重点。2011 年正式发布的《中华人民共和国国民经济和社会发展第十二个五年规划纲要》（以下简称"十二五"规划）提出，加快建设国家创新体系，着力提高企业创新能力，促进科技成果向现实生产力转化，推动经济发展更多依靠科技创新驱动。相对于"十一五"规划，"十二五"规划对自主创新、重点跨越和建设国家创新体系给予了更大的关注。涉及国家创新能力培养的财政支持政策主要包括保持财政科技经费投入稳定增长，加大政府对基础研究投入，深化科研经费管理制度改革；全面落实企业研发费用加计扣除等促进技术进步的税收激励政策；实施知识产权质押等鼓励创新的金融政策。加大对基础研究的投入力度，突显出中国经济发展进入新阶段后基础科学研究对科技可持续发展的重要基础性作用。在科学技术发展面临发达国家抑制、阻挠的条件下，加强基础研究成为中国科学技术发展走出引进消化吸收为主的技术进步之路的必然选择。

　　2016 年正式发布的《国民经济和社会发展第十三个五年规划纲要》（以下简称"十三五"规划）在创新驱动发展的战略下提出了强化科技创新引领作用。"十三五"规划强调，发挥科技创新在全面创新中的引领作用，加强基础研究，强化原始创新、集成创新和引进消化吸收再创新，着力增强自主创新能力，为经济社会发展提供持久动力。财政支持科技创新的政策措施主要集中在增加财政对科技的投入，重点支持基础前沿、社会公益和共性关键技术研究；落实企业研发费用加计扣除和扩大固定资产加速折旧实施范围政策；强化对创新产品的首购、订购支持，激励企业增加研发投入。随着我国科学技术的进步，与发达国家的科技差距缩小，为应对日益激烈的国际科技竞争，积累科技发展能力，服务高质量发展，科技创新能力被提升到一个新的高度。《中华人民共和国国民经济和社会发展第十四个五年规划和2035年远景目标纲要》提出，"十四五"时期要实现国家创新能力显著提升，2035年在关键核心技术上要实现重大突破，进入创新型国家前列。为达到"十四五"规划和2035年远景目标，我国在指导思想上要坚持创新在现代化建设全局中的核心地位，把科技自立自强作为国家发展的战略支撑，深入实施科教兴国战略、创新驱动发展战略，完善国家创新体系，加快建设科技强国。为支撑"十四五"规划和2035年远景目标，我国提出要加大基础研究财政投入力度，确保全社会研发经费投入年均增长7%以上；在科研经费结构上，要将基础研究经费投入提高到占研发经费投入8%以上；为引导企业加大研发经费投入，要对企业实施更大力度的研发费用加计扣除、高新技术企业税收优惠等普惠性政策。从体制保障上，我国要深入推进科技体制改革，完善国家科技治理体系，优化国家科技计划体系和运行机制。

从整体上看，中华人民共和国成立以来国家科学技术发展及相关财政政策基本是沿着以下三条线索推进：

第一条线索是随着经济发展阶段的推移，科技发展主动适应经济发展的要求。随着经济发展阶段的推移，科技发展重点从奠定国家发展物质基础阶段充分利用外国（苏联）的技术、重点发展装备工业转向独立自主重点发展钢铁工业和服务于国防目标的阶段，再到改革开放后逐渐引进、利用国外技术重点发展消费品工业的阶段。随着国民经济发展的推进，科技进步开始受制于技术进步后发劣势的影响。2001年开始，国家提出建立创新型国家的科技发展战略规划。2006年开始，国家逐渐强化自主创新能力培养、部分科技领域突破和超越的路径。从整体上看，中国科技进步在国民经济发展中的定位先是奠定国家发展的科技基础，之后进入享受技术后发优势红利阶段。随着技术后发优势的逐渐释放，国家逐渐强调自主创新，切换科技进步的路径，力求规避科技进步中的后发劣势，培育科技创新优势。

第二条线索是科技管理体制主动适应经济社会发展要求，在国家整体协调下调整优化。在奠定国家发展基础阶段，国家重点强调统一布局的科技发展管理体制设计和制度安排；在后发优势和大国优势发挥阶段，国家强调鼓励企业开展研究开发，发挥企业在科技进步中的重要作用，强调政府、科研机构与企业合作，军用技术与民用技术相互融合发展。国家首先强调政府在科技发展中的主体作用，之后充分调动企业在科技进步中的作用，激活企业和科研机构的活力，促进企业与科研机构相互协作，甚至是军用科技与民用科技相融合。此后，国家再次突出政府的战略规划和科技发展方向的主导作用与关键作用，同时继续发挥企业的技术进步主体作用。政府科研发展重点聚焦于基础研究和重大应用领域研究，力求体现有所为、有所不为的原则。

第三条线索是财政对科技发展的支持模式、方式和力度的变化。在奠定国家发展基础阶段，国家主要是借助于计划机制，集中国家主要财力重点支持装备工业体系的建立，构筑国家发展的物质基础。在后发优势和大国优势充分发挥阶段，国家主要是激活企业和科研机构的活力，在市场机制的框架下通过财政支出、税收优惠、政府采购等方式促进科技发展。随着科技后发优势的弱化和后发劣势的出现，国家更加强调加大科研投入力度，突出对基础研究、局部重点领域的财政支出，鼓励建立国家创新体系。2006 年以后，国家对科技基本的财税支持力度明显增强，支持政策涵盖了财政、税收、政府采购、产业政策等，体系更加完善。财政税收政策支持基础研究与应用研究、企业与专业科研机构、军用技术与民用技术的结构更加趋于合理和优化。

15.3.7.2　中国财政支持科技发展的基本情况

作为后发大国，中国具有很大的潜在科技后发优势，创造条件充分发挥科技后发优势是中国经济发展的重要任务之一。中华人民共和国成立初期，中国科研人员和机构短缺，全国科研人员不超过 5 万人，专门科研机构只有 30 多个。20 世纪 50 至 70 年代，中国自力更生发展科技事业，国防工业和国防科技体系初步建立，取得了"两弹一星"等重大成果，但科技总体水平仍明显落后于发达国家。改革开放以来，随着科教兴国战略的实施，科技体制改革深入推进，一系列重大科技计划出台，科技领域投入持续增加，带动创新产出不断扩大，科技潜力得到一定程度的发挥。随着对外开放政策的实施，外国投资增加，中国通过引进、消化、吸收、创新等方式提高了整体科学技术水平，在一定程度程度上享受了技术后发优势的红利。

表 15-4 是 1991—2018 年中国研发经费投入情况。1991 年以来，中国研发经费规模快速扩大，研发经费占国内生产总值的比重逐渐提高，财政对科研的支出规模随着财政收入增加也大幅度增加。2018 年，全社会研究与试验发展经费支出（研发经费规模）为 19 677.93 亿元，是 1995 年的约 56 倍。1992—2018 年，我国研发经费年均增长约 20%，远超过同时期按现价计算的国内生产总值年均增长率。2018 年，按折合全时工作量计算的全国研发人员总量为 419 万人，是 1991 年的 6.2 倍。中国研发人员总量在 2013 年超过美国，居世界第 1 位。中国自 2013 年起成为世界第二大研发经费投入国，研发人员总量、发明专利申请量均位居世界首位。2017 年，国家财政科技拨款为 8 383.6 亿元，是 1980 年的 3 倍，1981—2017 年年均增长率约为 14.1%。

表 15-4　1991—2018 年中国研发经费投入情况

时间	研发经费规模/亿元	研发经费占国内生产总值的比重/%	政府研发经费/亿元	政府研发经费占财政支出的比重/%
1991	143	0.6	160.7	4.74
1995	349	0.6	302.4	4.43
2000	896	0.89	575.6	3.62
2005	2 450	1.31	1 334.9	3.93
2010	7 063	1.71	4 196.7	4.67
2014	13 016	2.02	6 454.5	4.25
2017	17 606.13	2.13	8 383.6	4.13
2018	19 677.93	2.18	9 518.2	4.31

数据来源：根据 1992 年以来各年的中国统计年鉴和《中国科技统计年鉴》（2019）相关数据整理而成。

支持科学技术进步是财政的重要职责，对科学技术的支出是财政支出的重要组成部分。中国在改革开放后的较长一段时期内对科学技术进步的财政支持力度并不大，研发投入强度较低。在这段时期，中国的科学技术进步主要采取购买、引进、租赁的方式，放弃了对很多关键领域技术的研究开发，这给科学技术进步带来了很大的隐患。尽管中华人民共和国成立以来国家在科学技术方面取得了举世瞩目的成绩，但仍存在明显的不足。例如，中国的研发经费投入强度与美国、日本等世界科技强国相比仍有较大差距，中国的研发经费投入在结构上还存在一定的不合理性。多年来，中国基础研究占研发经费的比重在5%左右，2018年才首次突破1 000亿元大关，占研发经费的比重为5.5%①。中国的基础研究仍然相对落后，关键核心技术存在"卡脖子"问题，重要科技成果仍然不足，投入效率有待进一步提高。当前，我国芯片领域遭遇到以美国为首的发达国家的遏制就是典型的例子。不可否认，任何一个国家都不可能在所有科技领域都走在世界前列，但如果不掌握关键技术领域的核心技术，技术进步甚至经济的持续发展受制于人的风险就会很高。客观地讲，中国在改革开放后直到20世纪90年代末的一段时间内技术进步比较快，技术进步的成本也比较低，但是过分重视应用技术进步，过度关注短期直接经济效益，过度依赖国外科技成果，忽视关键领域核心技术的研发，对基础理论尤其是重大基础理论的研究重视不够，导致技术进步后劲不足。将本国技术进步和国民经济运行建立在外国关键核心技术基础上，给经济社会发展带来重大隐患。基础理论研究薄弱，重大应用技术不能有所突破可能使中国技术发展在接近世界技术先进水平的关键时刻被发达国家遏制，沦为发达国家技术上的依附者。财政对科学技术进步的支持不仅涉及支持强度、支持领域和支持方式，还涉及如何引导企业等主体加大对科研的投入，如何把财政对科研的投入强度、支持领域、支持方式与科研管理体制相协调，提高财政支持科研的效益。

15.3.8　财政支持社会保障事业发展的基本情况

从经济发展的角度看，社会保障是分散经济社会运行中的风险、促进要素充分流动和合理配置、提高要素配置效率的必要保障，同时社会保障也是提高居民福利水平的重要制度安排。社会保障通过建立社会安全网，提高国民福利水平，可以增强国民对国家的认同，降低后发大国随经济发展阶段而进行制度变革的阻力，增强制度对经济社会发展的适应性，促进后发大国优势充分发挥。此外，社会保障筹集的资金在合理管理的情况下还可以用于经济建设，增加经济建设可用的资金。在中国经济发展的进程中，社会保障在

---

① 李娣，任宇. 新中国70年科学技术进步与创新发展研究 [J]. 全球化，2020（1）：84–96，136.

促进经济发展和提高居民福利水平方面发挥的作用存在一定错位，受经济发展的资金约束和经济体制选择等影响，中国社会保障制度的发展经历了一个调整的过程。由于社会保障的供给主体主要是政府，政府又借助于财政制度提供社会保障，因此了解中国社会保障制度演变的基本轨迹也就可以了解财政在支持社会保障事业发展中的作用发挥情况。

中华人民共和国成立初期，国家形成了城市偏向的社会保障体系。中国在完成国民经济恢复任务后，为了在经济发展水平极低的条件下集中有限的财力在一个比较集中的时间内建立一个相对独立和完整的工业体系，维护国家的经济安全、政治安全和国防安全，奠定国家发展的物质基础，制定了一系列城市、工业偏向的经济政策，城乡二元化的社会保障制度在此背景下逐渐形成。为了集中全国资源支持城市工业部门发展，国家的所有经济政策和制度安排都具有农村支援城市、农业支持工业的特征。城乡二元化的社会保障制度以 1951 年政务院制定并于 1953 年修订的《中华人民共和国劳动保险条例》和随后的限制城乡劳动力流动的城乡户籍制度为基础，在为城镇劳动者提供养老、医疗、工伤、生育等保险的同时，广大农村居民的年老、生病等风险主要由家庭承担，农村集体经济组织主要为本集体经济组织成员提供有限的旧的合作医疗保险，为"五保"老人提供养老、医疗、安葬等保障。这种城乡二元化的社会保障体系主要为城市行政事业单位和国有企业职工提供养老、医疗、失业、工伤、生育、子女读书、住房等保障，农村居民的所有养老、医疗、生育等保险主要依托于农村集体经济组织和家庭成员，具有明显的城乡不平等的、非均等化的特征。从后发大国经济发展的角度看，在后发大国发展成本的分担上，农村居民在社会保障方面承担了比城市居民更高的成本。从社会公平的角度看，当社会发展到一定水平后，国家应该通过对农村居民提供补偿的方式实现跨期的社会公平。从效率的角度看，国家通过为一部分社会成员提供非生产性的社会保障支出可以将本应为农村居民提供社会保障的一部分资金节省出来用于建立国民经济装备工业体系，加快奠定国家发展基础的进度。

改革开放后的一段时期内，城乡居民社会保障差距进一步扩大。在农村，由于实行家庭联产承包责任制，有的地方集体经济组织实质性地解体了，导致传统合作医疗保险和"五保"救助失去经济支撑，农村最基本的社会保障制度不再存在，农民的所有风险事实上一度完全由家庭承担。

　　在城市，随着国有企业改革的推进，社会保障制度也快速跟进，以配合和支撑国有企业改革。20 世纪 80 年代初，国有企业保障负担很重，国有企业改革要求企业甩掉包袱、轻装上阵。从 1984 年开始，各地国有企业开始试行国有企业职工退休费用的社会统筹改革，即由企业自保转向社会统筹。1986年的国有企业用工制度改革和《中华人民共和国企业破产法（试行）》的颁布实施，推动失业保险制度的建立。1984 年，卫生部、财政部印发《卫生部 财政部关于进一步加强公费医疗管理的通知》，各地开始了公费医疗制度改革的探索和试点。党的十四大以后，中国确立了建立社会主义市场经济体制的改革目标。为了支持国有企业改革，国家在城市相继建立起与市场经济体制相适应的社会保障制度框架。随着国有企业改革的深入，部分职工下岗，1993 年起一些城市陆续建立居民最低生活保障制度。1997 年，国务院发布《国务院关于在全国建立城市居民最低生活保障制度的通知》，明确要求在全国建立城市居民最低生活保障制度。1994 年，劳动部出台《企业职工生育保险试行办法》。1997 年，国务院发布《国务院关于建立统一的企业职工基本养老保险制度的决定》。1998 年，国务院发布《国务院关于建立城镇企业职工基本医疗保险制度的决定》。2008 年，中国开始试行城镇居民养老保险制度。2011 年，国务院决定开展城镇居民社会养老保险试点。1999 年，国务院出台《失业保险条例》。1996 年，劳动部出台《企业职工工伤保险试行办法》。2003 年，国务院出台《工伤保险条例》并于 2010 年对《工伤保险条例》进行修订。可见，随着国有企业改革的推进和社会主义市场经济体制框架的基本建立与逐渐完善，城市基本建立起了与市场经济体制相适应的社会保障框架。

　　随着农村经济市场化的推进，市场机制在农村经济中作用加大，在农村建立与市场经济相适应的社会保障制度也成为必然。1995 年，国务院转发民政部《关于进一步做好农村社会养老保险工作的意见》，提出探索建立以农民个人缴费为主、集体缴费为辅、国家政策扶持的农村社会养老保险制度（"老农保"）。受多种因素影响，"老农保"对农村居民的保障功能严重不足，农村居民参保意愿不强。2009 年，国务院决定开展新型农村养老保险的试点。2002 年 10 月，《中共中央 国务院关于进一步加强农村卫生工作的决定》明确提出，逐步建立以大病统筹为主的新型农村合作医疗保险制度。相对于城市社会保障而言，农村的失业保险、工伤保险和生育保险存在明显的缺失。

在计划经济时期，为了尽快建立国家发展的物质基础，国家建立了城市偏向的城乡二元化的社会保障制度。在经济体制改革重心转向城市后，为了配合国有企业改革和市场化的经济体制改革，城市社会保障制度框架逐渐建立，农村社会保障一度呈现出"真空"状态。随着市场经济体制改革的推进，城乡社会保障制度并轨逐渐被提上议事日程。

建立城乡一体化的社会保障制度不仅受到公共财政理念的驱动，还受到城乡劳动力流动的推动。2002 年，党的十六大提出全面建设小康社会的奋斗目标，将社会保障体系比较健全作为一项重要目标，对城乡社会保障制度改革提出新的要求。党的十六届三中全会和党的十七大把社会保障制度改革作为统筹城乡发展、构建和谐社会、保障和改善民生的重要任务并做出部署。在总结东北三省试点经验的基础上，国务院陆续出台了完善企业职工基本养老保险制度的改革措施，要求解决农民工、被征地农民的社会保障问题，制定城镇企业职工基本养老保险关系转移接续政策，普遍建立养老保险省级统筹制度。以统筹城乡发展为显著标志，中国社会保障改革进入统筹城乡发展和制度创新阶段。随着市场经济体制在资源配置中作用的增强，国内城乡之间、地区之间要素流动越来越充分，建立统一的城乡社会保障制度势在必行。2003 年，国务院出台《工伤保险条例》，标志着工伤保险制度建设进入法制化的轨道。2005 年，国务院发布《国务院关于完善企业职工基本养老保险制度的决定》，改革基本养老金计发办法，初步建立多缴多得、长缴多得、晚退多得的激励约束机制。2006 年，《国务院办公厅转发劳动保障部关于做好被征地农民就业培训和社会保障工作指导意见的通知》印发，标志着全国范围被征地农民社会保障工作正式启动。2007 年，《劳动和社会保障部、财政部关于推进企业职工基本养老保险省级统筹有关问题的通知》印发，推动各省（自治区、直辖市）普遍建立起省级统筹制度。2009 年，国务院办公厅印发《城镇企业职工基本养老保险关系转移接续暂行办法》，解决城镇企业职工跨省流动就业时养老保险关系转移接续问题。2009 年，国务院决定开展新型农村社会养老保险试点。2010 年，全国人民代表大会常务委员会通过《中华人民共和国社会保险法》，明确国家建立社会基本养老保险、工伤保险、失业保险等社会保险制度，为社会保险事业发展提供了法律依据。2010 年，国务院修订《工伤保险条例》，进一步扩大制度覆盖范围，提升基金统筹层次，提高待遇标准，对工伤预防费作出制度安排。2011 年，国务院决定开展城镇居民社会养老保险试点。2012 年，党的十八大提出，为全面建成小康社会而奋斗，把社会保障全民覆盖作为重要目标，全面建成覆盖城乡居民的社会保障体系。2017 年，党的十九大提出，按照兜底线、织密网、建机制的要求，全面建成覆盖全民、城乡统筹、权责清晰、保障适度、可持续的多层次社会保障体系。2012 年，新型农村社会养老保险制度和城镇居民社会养老保险制度在全国实现全覆盖。2014 年，国务院印发《关于建立统一的城乡居民基本养老保险制度的意见》，将新型农村养老保险和城镇居民社会养老保险制度合并，建立统一的城乡居民基本养老保险制度。2014 年，《社会救助暂行办法》出台，国家第一次以行政法规的形式确立了八项社会救助制度，实现了社会救助制度的整合，实现了城乡社会救助从二元并存向协调发展的转变。2015 年 1 月，国务院发布《关于机关事业单位工作人员养老保险制度改革的决定》，改革机关事业单位工作人员的退休保障体系，形成了机关事业单位职工养老保险制度。2016 年 1 月，国务院印发《关于整合城乡居民基本医疗保险制度的意见》，要求整合城镇居民基本医疗保险和新型农村合作医疗保险制度，建立统一的城乡居民基本医疗保险制度。2017 年，《财政部 人力资源和社会保障部关于进一步完善企业职工基本养老保险省级统筹制度的通知》要求积极创造条件，实现省级基本养老保险基金统收统支。2018 年，国务院印发《关于建立企业职工基本养老保险基金中央调剂制度的通知》，决定建立养老保险基金中央调剂制度，合理均衡地区间养老保险基金负担。2018 年，人力资源和社会保障部、财政部印发《关于建立城乡居民基本养老保险待遇确定和基础养老金正常调整机制的指导意见》，提出建立城乡居民基本养老保险待遇确定和基础养老金正常调整机制。

中国社会保障制度建设相对滞后实际上积累了规模巨大的社会保障风险。由于劳动力规模大，大量计划经济体制下国有企业职工的社会保障通过退休费的方式解决，没有社会养老保险，国有企业改革后大量国有企业职工被推向市场，其养老资金来源成为社会保障的巨大压力。大量农村居民长期缺乏社会保障，在城乡要素自由流动情况下也会使潜在的风险显性化。此外，中国人口出生时间受政策影响不均匀也导致特定时段养老保险支出压力巨大。长期以来，中国养老、医疗保险统筹层次低，风险分担能力弱。这些都是中国社会保险的风险，有效化解这些风险是确保中国经济持续稳定发展的重要前提。

纵观中国社会保障制度演变的路径可以发现，中国社会保障经历了城乡二元社会保障体制形成、强化逐渐弱化和一体化的过程。从中华人民共和国成立以后开始大规模、有组织、有计划的经济建设以来，直到 2002 年，国家实行的是城乡有别的二元社会保障制度，城市居民的社会保障体系相对比较完善，农村只存在零散的、低水平的、以集体经济组织为依托的社会保障。改革开放以后，农村集体经济瓦解后，除了国家提供的面向城乡居民的基本社会救助等社会保障外，农村依托集体经济组织的社会保障基本上消失了。随着城市国有企业改革的启动和非公有制经济的成长壮大，为了建立与市场经济相适应的社会保障安全网，城市相继建立面向城市企业职工和居民的社会保障制度。随着市场机制在资源配置中作用的增强，城乡之间、地区之间要素流动性增强，地区和城乡之间社会保障制度呈现出了一体化的趋势，为了促进城乡要素的合理流动和优化配置，体现社会公平的发展理念，2002 年以后，国家加快了建立统筹城乡社会保障制度的进程。

社会保障体系的演变对经济发展产生了重要影响。城乡二元社会保障体系形成的初衷是在低经济发展水平和严重不利的国际政治、经济、军事环境下，在城市集中有限的资源尽快建立相对完整的工业和国民经济体系，为国家发展奠定物质基础。进入后发优势和大国优势充分发挥阶段后，城乡二元社会保障结构抑制了后发优势和大国优势的充分发挥。市场机制有助于大国城乡之间、地区之间要素充分流动和优化配置，加快经济发展，提高经济发展质量，但城乡二元社会保障制度抑制了要素的充分流动和优化配置，阻止了后发优势和大国优势的充分发挥，降低了经济的实际增长率。2002 年以后，城乡社会保障开始了统筹和一体化的进程，在一定程度上有助于城乡之间、地区之间要素的合理流动和优化配置，有助于促进社会公平，从而有助于进一步发挥大国经济的潜在优势，促进经济社会的协调、持续发展。

15.4 对后发优势与大国优势充分发挥阶段财政制度演变的基本归纳

当国家发展的基本物质条件具备后，制度建设就是影响后发优势和大国优势充分发挥的重要因素了。当装备工业、基础设施等影响供给约束的基本物质条件具备后，国民经济在理论上就有了较强的供给弹性，在要素流动障碍消除后，市场机制通过供给、价格和竞争机制的作用可以提高资源配置效率，促进经济持续增长。在中国的经济体系内，人口、自然资源、市场等潜在经济优势在市场机制的作用下充分发挥出来后，就会出现经济持续快速增长、经济结构快速变化。在现实中，由于市场经济体制不完善，市场作用不充分甚至以扭曲的形式发挥作用，公共财政制度不健全，没能充分提供市场机制发挥作用的条件，没能在市场存在缺陷的领域有效弥补市场经济的不足，在一定程度上导致后发优势和大国优势发挥不充分，在一定程度上抑制了中国经济的持续、协调增长，进而导致后发劣势和大国劣势过早地出现并对经济增长产生不利影响。

市场经济制度的不健全导致市场机制作用不能充分发挥，是抑制中国经济优势充分发挥的重要因素。在理论上，完善的市场经济制度是一个完整的系统，包括产权保护等基础性制度，有众多既具有充分的经济活动自由又具有较强的自律意识的微观经济主体，有统一、开放、竞争、有序的市场体系，有健全、完善的市场经济交易制度，有健全的宏观调控体系以及降低市场交易成本、分散市场经济活动风险的社会保险等制度。中国的市场经济体制是从计划经济体制转变过来的，是由政府主导构建的，许多与市场经济相关的内生制度并不具备，加之经济体制转轨和相关市场经济制度建设受到经济理论准备不充分、经济建设经验不足、传统计划观念惯性、政府财政能力以及利益结构掣肘等因素的制约，市场经济体制及相关制度建设从建立基本框架到深化市场经济体制改革，再到全面深化社会主义市场经济体制改革经历了较长的时间。在后发优势和大国优势充分发挥所需要的物质条件基本具备，外部经济条件也基本具备的情况下，市场经济制度建设滞后，抑制了市场经济体制功能的正常发挥。其具体表现在：第一，要素市场建设滞后，城乡之间、地区之间要素流动不充分，资本要素被扭曲配置；第二，地方政府广泛、深度介入微观经济活动，影响正常的经济活动秩序，一定程度上导致经济结构扭曲；第三，政府公共服务供给严重滞后，导致经济活动交易成本居高不下，影响资源配置效率的提高，等等。

中国财政制度变革一方面促进了后发大国优势的发挥，另一方面由于变革进程缓慢，在一定程度上又影响了后发优势和大国优势的发挥。

15.4.1 中国财政制度促进后发大国经济发展的简要归纳

财政制度对中国后发大国优势发挥和经济增长的促进作用主要通过以下两个方面表现出来：

第一，财政制度支持市场经济体制改革，促进市场机制发挥作用。这主要通过以下几个方面体现出来：在城市国有企业改革过程中，为了降低市场经济活动的风险及其对社会造成的震荡，国家建立了城镇企业养老保险、医疗保险、失业保险、工伤保险、生育保险、城市居民最低生活保障等社会保障制度，通过促进国有企业改革，形成自主经营、自负盈亏、自我发展、自我约束的微观经济主体；理顺政府之间的财政管理权限，促使各级政府有效履行政府职责，为市场经济正常运行提供了基础性条件；通过统一全国财政税收制度，建立企业公平竞争的税收环境，激发企业活力；通过转移支付等财政制度安排，缩小地区之间的财力差距，促进地区之间的基本公共服务均等化，消除地区之间的市场封锁、分割，激活全国统一市场的活力；建立有助于引进外资的财政税收制度，加强对外经济交流，激活后发经济优势。

第二，财政制度变革增强后发优势和大国优势的实体性要素，激活潜在的后发大国优势。财政对能源、原材料、基础设施、农业和装备工业领域的支持，降低了经济活动的不确定性和要素流动与配置的交易成本，改善了后发优势和大国优势充分发挥的经济环境；建立社会保障体系，分散了市场经济活动可能给各经济主体带来的风险，充分激活了市场经济的活力；对教育、医疗卫生的投资将中国的人口规模和劳动力规模优势转化为人力资本优势，提高经济体吸纳国外先进技术和进行技术创新的能力，将潜在的大国优势转化为现实的经济增长；加大对农业、农村的财政支持力度，促进农业、农村经济社会发展，激活农村的经济活力，有助于城乡要素充分流动、优化配置，实现城乡经济的良性互动；财政支出结构调整改善欠发达地区经济发展的条件，促进地区之间要素合理流动和优化配置，优化区域经济结构，有助于遏制大国劣势，发挥大国优势；财政收入和支出制度变革促进基本公共服务均等化，缩小收入差距，提高居民福利水平，促进社会和谐，化解社会矛盾，为后发优势和大国优势的充分发挥提供了有序和谐的社会环境。

15.4.2　后发大国经济发展视角下中国财政制度存在的不足

受多种因素影响，中国财政制度变革滞后，相关财政制度结构不协调，在一定程度上不利于后发大国优势的充分发挥，影响了中国经济发展的进程和质量。

中国财政制度变革滞后主要表现在适应后发大国经济发展的不同阶段的财政制度变迁的滞后。1978 年，中国基本具备后发优势和大国优势充分发挥的物质条件时，奠定国家发展基础的以经济建设为主的、以城市为重点的、高度集权的财政制度还没有发生根本改变，随着适应奠定发展基础阶段计划经济体制的缓慢松动、变化并向市场经济体制转变，财政制度还需要调整国民收入分配结构以应对经济体制调整所带来的财力不足的困难，导致适应市场经济体制的公共财政制度建设严重滞后。事实上，1992 年召开的党的十四大就明确提出了建立社会主义市场经济体制的改革目标，但建立与市场经济体制相适应的公共财政制度的财政制度改革目标是在 1998 年年底才提出来的。2003 年 10 月，党的十六届三中全会通过的《中共中央关于完善社会主义市场经济体制若干问题的决定》正式提出，中国公共财政体制框架已经初步建立。在此基础上，该决定提出了进一步健全和完善公共财政体制的战略目标。2012 年召开的党的十八大和 2013 年召开的党的十八届三中全会提出建立现代财政制度的目标。随着中国特色社会主义进入新时代，社会主要矛盾发生明显变化，经济发展由高速增长阶段转向高质量发展阶段，改革开放由经济体制改革为主，到全面深化经济、政治、文化、社会、生态文明体制改革，财政被纳入现代国家治理总体布局并摆在基础和重要支柱位置。在初步建立公共财政体制框架的基础上，国家将财政制度建设目标定位于与国家治理体系和治理能力现代化相匹配的现代财政制度。客观地讲，1998 年以前，中国财政制度变革和建设受到经济体制转轨的影响，明显滞后于经济发展阶段的转变，其地位和作用是从属于、服务于经济体制转轨而不是直接服务于后发

大国经济发展阶段的变化。从 2002 年召开的党的十六大以来，财政制度建设逐渐跟上经济社会发展的步伐，瞄准经济社会全面协调发展目标，主动适应经济社会主要矛盾的变化，甚至提前考虑国家发展对财政制度的需求，规划财政制度建设的目标，较好地适应了经济发展的需求，有助于经济社会持续、协调、稳定发展。

中国财政制度变革和建设内容存在不均衡、不协调的问题。财政制度包括财政收入制度、支出制度、政府间财政关系、政府预算制度等方面，它们首先作为一个整体与经济社会发展阶段和经济体制相适应，同时它们之间还相互依存、相互制约。在我国财政制度变革和建设方面，2002 年之前，财政制度作为一个整体滞后于经济发展阶段和经济体制变革，在各项财政制度中也存在明显的不协调。例如，在"分灶吃饭"和"包干制"财政体制阶段，财政收入制度建设滞后同时伴随着政府预算管理制度建设滞后，导致政府财力不足，尤其是中央政府财政收入的比重下降，影响财政支出制度的优化，制约政府职能的履行。在明确建立社会主义市场经济体制目标后，适应市场经济体制要求的税收制度、政府间财政关系的规范、政府预算管理等财政制度改革和建设规划以及制度安排才被提出并付诸实施。1994 年以后，国家基本建立与市场经济体制相适应的税收制度体系。但是，内外资企业公平竞争的企业所得税制度是直到 2008 年形成。较长时期内财政收入不足的问题得到较大程度的缓解后，政府间事权和支出责任的规范与优化以及省级以下政府财政体制的改革仍然滞后。政府间关于教育、医疗卫生、科学研究、交通运输、环境保护等事权和支出责任的规范则是在 2018 年以后陆续出台并实施的中央与地方政府共同事权和支出责任的划分的相关制度后才取得实质性的进展。与整体经济体制和财政制度相适应的政府预算管理制度则是在 2015 年才出台并付诸实施。当然，2002 年，中央提出全面深化经济、政治、文化、社会、生态改革以后，财政制度变革和建设的自觉性明显增强，财政制度内部各项制度建设的协调性也明显提高。

中国财政制度建设的不平衡性还体现在城乡之间、地区之间公共财政制度建设进展不一致。在 1978—1993 年的"分灶吃饭"和"包干制"财政体制阶段，由于各地经济发展水平不同，地方政府财力差异较大，在中央财力不足、转移支付制度难以发挥缩小地区之间财力差距和有效提供公共品的条件下，各地方政府在推动本地区经济发展和提供地方公共品方面存在很大差距，这一方面拉大了各地区经济发展的差距，为地区经济结构失衡埋下隐患，另一方面也扩大了各地公共品和公共服务的差距，事实上是放大了大国劣势、抑制了大国优势的发挥。即使在 1994 年分税制改革后，尽管中央财力增强，转移支付规模扩大，但由于转移支付结构不合理，各地方财力差距在较长时期内还在继续扩大，各地区之间公共品供给能力和公共品供给水平差距仍在继续扩大。1997 年召开的党的十五大提出，促进地区经济合理布局和协调发展。1999 年召开的党的十五届四中全会正式作出了进行西部大开发的决定。2001 年召开的九届全国人大四次会议通过了《中华人民共和国国民经济和社会发展第十个五年计划纲要》，明确提出了实施西部大开发战略。"十五"计划提出，国家要实行重点支持西部大开发的政策措施，增加对西部地区的财政转移支付和建设资金投入，并在对外开放、税收、土地、资源、人才等方面实行优惠政策。之后，国家先后出台了振兴东北老工业基地、中部崛起等相关战略规划和区域协调发展规划，但西部地区与东部地区之间的财力差距并没有很快出现明显缩小的趋势，各地区之间公共品供给能力差距仍较大。

中国财政制度建设不均衡还表现在城乡之间基本公共服务的差距上。在奠定国家发展基础阶段，教育、医疗卫生、社会保障等公共服务重点保障城市，农村公共服务水平严重偏低。从改革开放开始直到 1998 年明确提出建立公共财政制度的目标这段时间，各级政府的工作重点是经济建设，经济建设和公共服务供给的重点在城市，政府对农业农村的财政支出不足，城乡基本公共服务差距持续扩大。党的十六届六中全会提出了统筹城乡协调发展的目标，要求各级政府要把基础设施建设和社会事业发展的重点转向农村，国家财政新增教育、卫生、文化等事业经费和固定资产投资增量主要用于农村。在这之后，财政对农村投入大量增加，农村新型合作医疗保险制度、新型农村养老保险制度、农村最低生活保障制度和义务教育经费保障制度等建设逐渐取得明显进展。尽管如此，受到长期城市偏向的财政投入形成的存量的影响，农村公共财政建设进程仍然明显滞后于城市公共财政制度建设，城乡公共财政制度建设的非均衡性仍然较为明显。

人力资本积累、社会保障体系建立、科学技术发展、基础产业强化和城乡与区域经济结构优化都是后发大国优势充分发挥的必要条件，但这些都需要有财政制度的有力支持。尽管中国财政制度在积累人力资本、搭建社会安全网、增强科技实力、培养人才和优化产业结构等方面发挥了重要作用，但还存在明显的不足，这在一定程度上抑制了中国后发优势与大国优势的充分发挥。作为后发大国的一种潜在优势，后发优势和大国优势需要以一定的条件为基础，如果这些条件不完全具备，后发优势和大国优势只能部分地发挥出来，或者以扭曲的形式呈现出来。后发优势和大国优势的发挥是一个过程，这一个过程要经历不同的阶段，每一个阶段对人力资本、科学技术、基础产业和经济结构等条件的要求都不一样。为了使后发大国经济发展顺利经过每一个发展阶段，并且每一个阶段的优势都得到充分发挥，就需要财政制度在形成后发大国每一个发展阶段的发展条件中充分发挥作用。否则，后发大国的经济发展过程中就可能出现障碍，甚至出现发展进程中断的风险。

中国财政在促进教育事业发展和人力资本积累进而使后发优势和大国优势充分发挥中起了重要作用，但还存在明显的缺陷。教育投入、人才培养和人才适应经济社会发展之间存在较长的时滞。中国在奠定国家发展基础阶段尽管教育经费投入绝对规模不大，但教育投资形成的人力资源确实对后发优势和大国优势充分发挥阶段的经济发展提供了有力支撑。但也要承认，20 世纪 60 年代中期以后，中国教育发展的混乱也在很大程度上导致后发优势和大国优势充分发挥阶段的人力资本短缺，抑制了后发优势和大国优势的充分发挥，高技术人才短缺直接导致中国技术后发优势没能得到充分发挥，还影响科研能力的积累，不利于抑制技术后发劣势。此外，中国财政在城乡教育投入力度上也存在明显的不足。由于长期实行城市偏向的财政制度，财政对农村义务教育经费投入不足，农民家庭承担的教育经费比重较高，农村教育事业发展严重不足，导致农民整体文化知识水平较低、劳动技能较低，严重抑制农村人力资源的形成。尽管改革开放后尤其是 20 世纪 90 年代以后，城乡劳动力可以在城乡之间自由流动，农村劳动力向非农产业流动提高了劳动力资源的配置效率，有助于发挥中国的大国优势和后发优势。但农村人力资本形成不足实际上对后发优势和大国优势产生了比较严重的不利影响。规模巨大的农村劳动力文化知识缺乏，劳动技能偏低，吸收现代科技知识的能力不足，边际创新能力缺乏，这直接抑制了中国充分享受技术后发优势的红利。此外，农村劳动力受教育水平低，人力资本存量少，直接影响其收入水平的提高，这又导致中国经济快速增长的同时收入差距快速拉大。城乡收入差距的快速扩大直接抑制了消费需求的扩大，国内消费不足导致中国经济增长对投资和出口的过度依赖，投资和出口的波动加剧了中国经济的波动。由此可见，财政对农村教育投入不足加剧了城乡经济结构失衡，进而带来宏观经济结构失衡，影响经济持续、平稳增长。2005 年之前，农村义务教育经费主要由地方财政负责，受财政体制安排和农村经济发展水平的影响，财政对农村教育投入不足的局面一直存在。2005 年发布的《国务院关于深化农村义务教育经费保障机制改革的通知》要求，全面取消农村义务教育学费，农村义务教育经费得到有效保障。由于财政教育投入与教育事业发展、人力资源形成和经济发展阶段之间具有较长的时滞，2005 年之前财政对农村教育投入不足对经济持续增长的负面影响将在较长一段时间内存在，影响潜在经济优势的发挥。

财政对医疗卫生事业的支持也是影响人力资本形成、影响劳动生产率提高，进而影响中国劳动力优势发挥的重要因素。财政对医疗卫生的支出是保障人们身体健康的重要途径，财政对医疗卫生的支出力度和不同群体支出结构直接影响到国家整体与不同群体人力资本形成及劳动生产率。财政对医疗卫生支出不足直接导致居民承担更高比重的医疗卫生费用。1978—2001 年，政府卫生支出占卫生总费用的比重由 32.2% 下降到 15.9%，个人承担的卫生费用占卫生总费用的比重由 20.4% 上升到 60%。2001 年以后，国家加大了对医疗卫生事业的投入力度，政府承担的卫生费用占卫生总费用的比重由 15.9% 逐渐上升，2017 年达到 28.9%。与此同时，个人承担的卫生费用占卫生总费用的比重由 60% 下降到 28.8%。中国财政对医疗卫生的支出在城乡之间长期不平衡，存在着严重的重城市轻农村的现象。2002 年后，农村开始实行新型合作医疗保险制度，财政投入增加，农村医疗卫生状况得到明显改善。随着医疗卫生体制改革的推进，财政在满足人们医疗卫生服务需求方面发挥了越来越大的作用。财政对医疗卫生的支出规模不仅通过对人力资本形成影响经济增长，还通过影响家庭消费支出和社会总消费影响经济增长。财政对城乡医疗卫生的支出结构既借助于人力资本渠道影响城乡居民人力资本、劳动生产率，进而影响经济增长；又通过城乡居民收入水平、城乡居民收入差距影响消费需求，进而影响经济增长，还通过城乡居民身体素质、人力资本、收入水平、消费能力和社会发展空间结构影响社会公平，进而影响经济增长的公平性和可持续性。为了充分发掘中国经济增长中的人口优势，提高经济增长的持续性，中国不仅要扩大财政对医疗卫生的支出规模，还要优化城乡和区域医疗卫生的支出结构，提高对财政医疗卫生的支出的公平性。

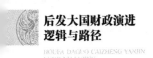
财政对农业、基础设施、重要能源和装备工业部门等基础产业的支持是中国潜在后发大国经济优势发挥的重要条件。

财政对农业的投入力度直接影响农业的发展水平。农业的发展水平直接表现为国内农产品的供给能力，国内农产品的供给能力越强，意味着中国经济越能少受国际农产品供求波动的不利影响。农产品的供给能力一方面通过影响其对非农人口农产品消费的支撑能力，影响非农产业的发展水平和城市化进程及城市化水平，另一方面直接影响农民的收入、农民对工业品的消费能力，进而影响国内工业的发展水平。总之，农业的发展水平是国民经济发展的基础，对中国经济增长的持续性、稳定性和经济结构的协调性产生重要影响。在奠定国家发展基础阶段，国家对农业的财政支出和农业对国家的财政贡献之间的差距与农产品供给周期性变化导致了国民经济的多次被迫调整。改革开放以后的较长时期，无论是"分灶吃饭""包干制"时期，还是1994年以后直到2004年的财政分税制时期，财政对农业的支出占财政支出的比重持续下降。1978—2003年，财政对农业的支出占财政总支出的比重由13.43%下降到7.12%，加之农业生产的特性、农产品市场需求的特殊性和国际市场的冲击，农业对国家经济发展的支撑作用受到很大的抑制。党的十六大是中国城乡发展、农业与非农业发展的重要转折点，从这一年开始，国家逐渐转变农业支持工业、农村支持城市发展的政策和制度安排。2004年召开的党的十六届四中全会提出的农业税费改革标志着城市偏向的城乡二元财政制度开始向统筹城乡发展的财政制度方向转变。2006年召开的党的十六届六中全会提出，财政支出向农村社会事业发展和基础设施建设领域倾斜，农业农村偏向的财政制度安排开始出现。党的十六大以后，财政促进农业发展被提高到一个新的高度。党的十九大以后，财政对农业支持力度的加大对农业现代化、农村经济社会发展和农民收入增加，进而对城乡经济结构的协调和中国经济的持续增长具有十分重要的作用。当然，该财政相关制度调整的效应还要通过一定传导机制，经过一定时间才能显现出来。

包括公路、铁路、航空、水运等在内的交通运输基础设施系统是国民经济的大动脉，财政支持是这些基础设施发展的重要前提。交通运输类基础设施投资的资金需求量大、建设周期长、对国民经济的外溢性强、项目直接经济效益较低，其建设还涉及土地占用等复杂的交易环节，一般需要有政府的强力介入才能获得较好的发展。在奠定国家发展基础阶段，国家主要重点发展装备工业、钢铁，财政对道路交通运输的投入较少。当时，装备工业布局主要接近原材料所在地，交通运输对国民经济发展的制约作用还不是太大。改革开放以后，中国工业发展重点转向消费品工业，连接全国广大产品生产地和消费地的交通运输对经济发展十分重要。由于政府财力不足，尤其是中央财力不足，国家对交通运输的投入不足，导致各地运力紧张，尤其是在经济发展较快的东部沿海地区，交通运输一度成为经济增长的瓶颈。1994年分税制改革后，政府财力增强，加大了对国民经济运输体系的财政投入力度；同时，资本市场对交通运输投资也提供了大力的支持。2000年以来，中国铁路、高速公路、高速铁路等快速发展，经济欠发达地区的交通运输条件也出现了很大的改善，交通运输系统为国民经济发展提供了有力的支撑。随着经济发展水平的提高，尤其是以大数据、云计算、人工智能、第五代移动通信网络等为引领的现代产业的发展，支撑经济高质量发展的其他产业逐步形成，城市化进入新的发展阶段，必然对基础设施产生新的需求。随着市场经济体制的逐渐完善，原来需要完全由财政投资的领域可以通过利用财政补贴、税收优惠、政府和社会资本合作（PPP）等方式为新的基础设施建设融资。新的基础设施建设不仅可以进一步激活大国优势，通过资金、技术带动劳动力等资源的充分利用，还可以为更高水平的经济社会发展提供基础设施支持。

能源与交通运输一样，也是国民经济运行的基础，同样由于其资金需求和对国民经济的关键支撑作用，需要财政提供有力的支持。中国的大国优势的充分发挥需要稳定的、有保障的能源供给来支撑。财政对能源建设的投资力度很大程度上影响着能源的供给能力和对国民经济的保障能力。中华人民共和国成立初期，中国能源生产能力严重不足。1949年，中国的能源生产总量仅为0.2亿吨标准煤。2018年，中国的能源生产总量达37.7亿吨标准煤，比1949年增长187.5倍[①]。由于财政对能源投入不足，2000年以前，中国的能源生产总量、能源消耗总量、人均能源消费量处于较低水平。2000年以后，能源生产总量、能源消耗总量、人均能源消费量都有较大幅度的上升。能源供给的大幅度增加为国民经济发展提供了有力的支持。随着经济结构的变化，能源消耗结构也发生了明显的变化，运用财政等多种手段充分保障能源供给，

[①] 《辉煌70年》编写组. 辉煌70年：新中国经济社会发展成就（1949—2019）[M]. 北京：中国统计出版社，2019：111.

优化能源供给结构是适应中国经济发展阶段的变化，促进经济持续发展的必然要求。

装备工业是制造业的基础和核心，建立以装备工业为核心的基本完整的制造业体系是中国经济发展的重要条件。作为典型的后发大国，中国有建立比较完整的工业经济体系的条件和必要性，装备制造业则是工业经济体系的基础。由于装备工业体系自身的资本密集性、产品市场需求的周期性等特征①，财政对装备工业体系发展的支持具有十分重要的作用。在奠定中国经济发展基础阶段，资本主义世界的集体封锁是中国建立相对完整的工业和国民经济体系的直接原因。在当时的条件下，中国集中财力重点建立了基本完整的国民经济体系和装备工业体系，为政治独立、经济独立和国家安全提供了重要的基础。改革开放以后，中国进行了经济结构调整，消费品工业成为工业发展的重点，这也是在改革开放前已经建立了比较完整的装备工业体系基础上工业经济结构调整的自然推进。随着市场机制在资源配置中作用的增强，加之国民收入分配结构的变化，财政收入占国内生产总值的比重下降，财政对装备工业的投入力度下降。与此同时，在加入世界经济大循环后，国内基于国内自主生产和从发达国家进口的技术上的差距形成了一种关于生产资料的"造不如买，买不如租"的思维，并在一定程度上主导了装备工业发展。此外，装备工业领域市场化转型滞后等原因导致中国装备工业发展在一段时期被忽视，甚至主动放弃某些领域的自主研发、生产，导致中国装备工业领域出现"软肋"，相关产业领域对国外生产高度依赖，带来产业安全的隐患。事实上，进入 21 世纪后，我国的技术进步和经济发展开始受到发达国家的阻挠和打压，装备工业部分领域的"软肋"成为我国经济持续发展的瓶颈，经济安全、产业安全和某些产业的产业链安全引起了全社会的高度关注。由于装备工业部门的特殊性，国家除了运用财政补贴、税收优惠、政府采购等手段加大对装备工业发展的支持力度以外，还应该优化财政支持装备工业发展的政策手段，综合运用产业政策、财政政策、金融政策等措施促进装备工业的发展，为大国优势发挥和技术发展从技术后发优势切换到科技立国、科技

---

① 装备工业市场需求的周期性是指装备工业的产品主要是生产资料，属于固定资产，厂商一旦购买并投入生产过程后会长期持续使用，在报废或购买新的设备之前会一直使用，不会像日常消费品一样被频繁地购买。只有扩大再生产或再投资，或者报废后需要购买新的设备时才会购买新的装备工业产品。

兴国模式提供有力支持。

科学技术的发展是支撑中国经济发展的重要基础。作为世界上最大的后发大国，中国在建立起相对完整的工业和国民经济体系的基础上，在改革开放后逐渐进入后发优势和大国优势发挥阶段。客观地讲，中国在奠定国家发展基础阶段也在接受苏联技术支持后享受了一定程度上的技术后发优势。尽管受到巴黎统筹委员会和"瓦森纳协定"的阻碍，在改革开放以后的较长时期内，中国通过外商直接投资、引进国外专利技术、购买先进机器设备等方式享受了一定的技术的后发优势。受教育事业发展水平不高的限制，中国并没有充分发挥技术后发优势，在引进国外技术中也走了不少弯路，花了不少"冤枉钱"。1995 年以前，虽然国家也强调科学技术在经济发展中的重要性，但对科学技术的重视更多是停留在如何发挥科学技术尤其是科学技术成果的运用对国民经济发展的作用，对创新的重视程度不够。1995 年中共中央、国务院作出《关于加速科学技术进步的决定》，提出科教兴国的战略，标志着中国对科学技术的重视被提上一个新的高度。"十一五"规划提出建立国家创新体系，标志着中国对科学技术的认识上升到又一个新的高度，开始由模仿、引进、"跟跑"向培养整个国家的创新能力转变。随着国家对科学技术在经济社会发展中地位和作用的认识深化，财政对科技发展的支持逐渐增强。同时，财政对科技支持方式也在不断优化，在利用财政补贴、税收优惠、政府采购等方式鼓励企业加大科研投入的同时，政府科研机构重点集中在基础研究和全局性、公益性、重大应用技术研究方面，财政支持对科学研究的支撑作用不断增强，对中国高质量发展的支撑作用也越来越明显。

城乡和区域经济结构变化既是中国后发大国优势发挥的表现形式，又是影响中国经济持续增长和高质量发展的重要因素。中国城乡之间、区域之间资源禀赋的巨大差异是客观事实，这也是导致城乡之间、区域之间发展速度和水平差异的前提之一。在奠定国家发展基础阶段，为了集中有限的资源重点发展装备工业，必然采取资源在城乡之间、地区之间非均衡配置的方式，这进一步强化了城乡之间、地区之间本来就已经存在的经济发展条件的差异。在后发优势和大国优势充分发挥阶段，在市场机制在资源配置中发挥决定性作用的前提下，经济发展条件的差异会转化为要素收益率的差异，这进一步引导要素向经济发展较快的、要素收益率较高的城市和先发达地区流动，要素空间流动导致城乡之间、地区之间要素结构差异进一步强化城市和经济发达地区的发展条件，提高其要素收益率，吸引要素流入，进而演变成城乡之间和地区之间发展差异和要素空间流动的因果循环累积，导致城乡之间、地区之间发展差距的持续扩大。改革开放后，农村家庭联产承包责任制的推行带动农村经济较快发展，一度使城乡发展差距有所缩小，但从1985年开始，经济体制改革的重点转向城市，国有企业的一系列改革在激活城市国有企业活力的同时，进一步拉大了城乡经济发展差距。随着城乡发展差距的扩大，城乡二元经济结构失衡日益严重。城乡发展差距扩大包含城乡居民收入差距扩大、农业与非农业内在有机关联性越来越弱、城乡社会发展差距不断扩大。由于奠定国家发展基础阶段的国家投资重点在城市，城市在基础设施、教育、医疗卫生、社会保障、科技水平等方面明显优于农村，加之农业与非农业生产方式的差异，在市场机制的作用下，农村劳动力、资金等要素大量向城市流动。要素的流动和再配置在促进城市经济社会发展的同时，也带来农村内部要素结构的变化。受到农村土地制度变革滞后，金融服务短缺，基础设施、教育、医疗卫生、社会保障等公共服务严重不足的影响，农村多余劳动力的流出并没有带来农业生产方式的变革，反而导致农业发展缓慢，甚至在部分地区出现发展停滞。城乡发展差距扩大对中国经济持续、协调发展带来的负面影响主要体现在如下几个方面：其一，城市非农业要素收益率提高吸引农村精壮劳动力流出，理论上农业劳动力人均土地占有规模扩大，有利于改变农村要素结构，提高农业劳动生产率，但由于农业现代化进展缓慢，农村劳动力流出促进农业发展和农民增收的效应没有充分显现出来，农民收入增长仍然缓慢。农民收入增长慢导致消费需求不足，致使大量农村劳动力流向非农产业带来的工业品产出增加不能通过消费需求扩大来消化，工业品总供求矛盾增大。其二，由于政府将主要资源配置在生产领域，城市基础设施、基本公共服务供给增长缓慢，不能将流向非农产业的农民转化为城市居民，表现为工业化与城市化不同步。其三，地方政府财政支出向城市和有助于经济增长的工商业领域倾斜导致农村基本公共服务供给不足、基础设施条件改善缓慢，电力、自来水、网络建设滞后，使流向非农产业的农村劳动力增加的收入不能及时转化为消费需求，进一步加剧供求矛盾。其四，城乡发展差距扩大导致农村必要劳动力流向城市，导致农村经济社会发展的人力资本短缺，部分地方出现农村"空心化"，一些农村土地荒芜、房屋废弃，形成了严重的资源浪费。上述城乡差距扩大的弊端直接抑制了大国优势的充分发挥，甚至存在可能因为供求矛盾进一步尖锐中断中国经济增长的进程的风险。2002 年，党的十六大在科学发展观的视域下提出统筹城乡发展是对中国较长时期城乡差距扩大及其对中国经济发展长期风险的反思和进行的重大调整。党的十六大以后，财政加大了对农业农村的财政支持力度。2007 年，国家提出把基础设施建设和社会事业发展的重点转向农村。2012 年，国家提出坚持把基础设施建设和社会事业发展的重点放在农村。2017 年，党的十九大提出，公共财政要更大力度向"三农"倾斜，确保财政投入与乡村振兴目标任务相适应。2019 年，国家在农业农村优先发展目标下提出优先保障"三农"资金投入，优先安排农村的公共服务，要求公共财政更大力度向"三农"倾斜。从财政"三农"政策指导思想演变看，国家对"三农"的重视程度越来越高，"三农"成为财政重点保障的对象。从财政支持"三农"的措施看，其主要包括如下措施：其一，改革农业税费制度，取消农业税，降低农业税收负担。其二，加大对农业的财政支出，实行多项农业补贴，引导农民采用农业新技术，促进农业现代化。其三，加大对农村医疗卫生、社会保障、教育等公共服务的投入，改善农村基本公共服务状况。其四，加大对农村基础设施投入力度，改善农村经济社会发展的基础设施条件。上述措施无疑有助于加快农业现代化进程，促进农村经济社会发展，增加农民收入。但是，农业农村的发展和农民收入的增加不仅受到财政政策的影响，还受到农业农村土地制度、农民观念意识、科学文化知识和劳动技能、农村金融服务以及农村基层政府行政意识和能力等多种因素的影响，只有相关制度相互协调、相互配合、形成合力才能对农业农村发展和农民收入增加产生较好的效果。从整体上看，财政对农业农村的支持政策的演变方向基本符合中国作为后发大国的经济发展阶段的要求。由于从提供财政制度安排到产生预期制度效果之间存在时滞，因此财政制度安排应该略微超前于经济发展阶段变化。实际上的财政制度安排存在明显的滞后性，受到政府财力的制约，财政支农力度明显不足，财政支持农业农村发展机制还需要进一步优化。

　　促进区域经济协调发展的财政政策也值得反思。从 1978 年开始，国家实行东部地区优先的发展战略，配套提供了财政、税收等优惠制度安排，激活了东部地区潜在的经济优势，在加快东部地区发展的同时，东部地区与中西部地区的发展差距逐渐拉大。"九五"计划开始提出"坚持区域协调发展，逐步缩小地方发展差距"，国家提出加大对西部地区转移支付的力度，加快西部地区发展。"十五"计划明确提出西部大开发战略。2002 年，国家提出振兴东北老工业基地。2005 年，国家提出中部崛起。此后，国家对区域经济结构协调发展给予了更多的关注。在缩小区域发展差距、促进区域经济协调发展方面，国家采取了优先安排经济建设相关项目、加大财政转移支付力度、提供区域性税收优惠政策、安排交通运输等基础设施项目、鼓励发展具有比较优势的产业、强调促进要素自由流动和提高要素配置效率等措施。在计划经济体制下，优先安排项目还具有一定的协调区域经济结构的作用；在市场经济体制下，政府投资比重下降、投资领域收缩，政府投资对缩小区域发展差距的作用受到很大的限制。在 1994 年之前中央财力严重不足的条件下，转移支付很难发挥缩小区域间发展差距的作用，即使 1994 年以后中央财力增强，用于缩小区域差距的转移支付规模扩大，转移支付对缩小收入差距的作用仍然十分有限①。转移支付的"公共池"效应还会引发各地方政府对公共资源的错配，影响地方经济增长。加大对经济欠发达地区的交通运输等基础设施建设确实对改善这些地区经济发展条件有所帮助，但如果其他配套制度不到位，交通运输条件的改善对缩小地区间发展差距的作用也会大打折扣。区域性税收优惠缩小地区间发展差距还需要其他条件配合，要素和产业的空间集聚效应与经济发展水平高度相关。经济发达地区比经济欠发达地区有更强的集聚经济效应，如果对经济欠发达地区的税收优惠不能抵消经济发达地区的经济集聚效应优势，经济欠发达地区要素向经济发达地区流动的趋势就难以扭转，地区间发展差距可能还会继续扩大。鼓励各地区根据各自的资源禀赋发展特色优势产业，减少、避免同质化的过度竞争，引导在先发达地区不再具有比较优势的产业、行业转移到欠发达地区，同时建立以规范的财力均衡性转移支付为主的转移支付制度，切断至少弱化各地区经济增长、可支配财力和地方公共服务供给能力与公共服务供给水平之间的联系，会更有利于地区之间的要素流动和优化配置，更有助于发挥大国的大市场、深度分工、专业化和规模化生产的优势。地区之间的经济发展水平与统一税制下各地区的财政收入贡献正相关，与各地区获得的财力均衡性转移支付负相关，激励地

---

① 李永友, 沈玉萍. 财政收入垂直分配关系及其均衡增长效应 [J]. 中国社会科学, 2010 (6): 108-124.

方政府发展经济与转移支付制度之间存在一定的冲突。缩小地区间发展差距，实现基本公共服务均等化，抑制大国地区发展水平差异，弱化大国劣势是体现大国内部中央政府政治合法性的必然要求①。因此，在建立机制鼓励各地区之间要素充分流动、合理配置，激活国家整体经济活力的条件下，改善经济欠发达地区的经济发展条件，建立更加合理的转移支付制度更加必要。2018年以来，中国逐步实行的中央政府与地方政府在教育、医疗卫生、交通运输、科学技术、生态环境保护等领域共同事权和支出责任的科学界定，根据各地区经济发展程度，经济发展水平越低的地区中央政府主动承担越高比重的支出责任，这实际上有助于增强经济发展水平较低的地区地方政府公共服务供给能力，同时又能较好地降低对经济发展水平较高的地区发展积极性的损害，从而具有更好地发挥大国优势的效果，有助于中国经济持续高质量发展。

---

① 在政治学理论和实践中，至少在单一制政体下，缩小地区间发展差距，促进基本公共服务均等化是中央政府的基本职责，否则可能弱化中央政府的权威，影响地方政府对中央政府的认同感。

16
对中国财政制度进一步变革的展望

16.1   中国财政制度演变的基本线索

作为典型的后发大国，中国财政的变迁一方面反映了财政发展的一般规律，具有财政的一般性的属性，另一方面是中国经济社会发展中的一个重要因素和重要组成部分，具有典型的中国特色。作为财政发展的一般性的体现，中国财政的变革和所有财政演变发展的路径一样，是从较低水平的财政向更高水平的现代财政发展的。作为中国这一典型后发大国经济发展中的一个特殊事物，财政要服从于、受制于、贯穿于中国这个典型的后发大国经济发展的全过程，随着经济发展阶段的变化而变化。

16.1.1   财政发展一般趋势在中国财政演变中的表现

财政作为人类社会的一种政治经济现象，其发展的过程受到经济发展水平、国家政治结构、社会发展伦理、历史文化等因素的制约和影响，又反作用于经济、政治、社会发展伦理、历史文化。

第一，从经济发展水平的角度来看，中国财政收支规模和结构与经济发展水平高度相关。从财政收入看，中华人民共和国成立以来，财政收入的绝对规模越来越大，财政收入占国内生产总值的比重越来越高。随着财政收入规模的扩大，财政收入内部结构也逐渐发生变化。经历多次重大税制改革以后，商品劳务税收入占财政总收入的比重逐渐下降，所得税和财产税收入占财政总收入的比重逐渐上升。规模巨大的国有资源和国有资产也直接或间接地对应较大规模的财政收入。伴随着财政收入结构的变化，税收调节收入分配的功能逐渐增强。随着市场制度的逐渐完善和市场机制的逐渐健全，商品劳务税收入占财政总收入的比重逐渐下降的同时，对资源配置的扭曲也逐渐减少。从财政支出看，伴随着财政收入规模扩大和占国内生产总值的比重提高，财政支出绝对额也快速上升。在经济发展水平提高的同时，社会对公共品的需求规模和需求结构也逐渐发生变化，早期财政支出重点集中在装备工业部门，近期满足社会公共需求的支出占财政总支出的比重逐渐上升。

第二，从财政支出决策机制的角度来看，中国财政支出所体现的政治民主水平不断提高。财政收支决策机制反映了国家的政治结构和政治民主程度。财政支出的目的是满足社会的公共需要，要在机制和程序上充分体现民众的主体地位。当然，财政支出决策的程序还受到民众需求表达对财政支出规模与结构的影响。政府预算是财政支出与收入决策机制，它不仅规范决策程序，体现不同社会群体对财政支出的意愿，还约束政府和政府官员。从中华人民共和国成立以来预算制度变化的路径来看，预算决策的参与人的代表性越来越强，不同社会群体代表人数的分配越来越公平；预算决策文件的规范程度越来越高，预算编制越来越详细；预算审查程序越来越规范、合理，现代信息技术被越来越充分地用于对预算的审查；参与年度预算审查的人大代表和政协委员的综合素质越来越高，履职能力和履职意愿越来越强。从预算的结果看，财政支出结构更加合理，满足民生需要的财政支出比重不断提高，城乡之间、地区之间财政支出结构更加趋于合理。最明显的是，随着发展阶段的推移，财政基本上从经济建设财政转向了民生财政，从城市偏向的财政转向了城乡逐渐公平的国民待遇财政。从财政支出整体上看，群众对财政支出所形成的公共品和公共服务的整体满意度不断提高。财政支出决策机制所体现的政治民主程度是逐渐提高的，政府财政支出越来越体现民众的意愿，越来越受到民众直接和间接的监督与约束。从财政收入依据和过程看，税收依据的税法立法层次越来越高，税收法律要素的法治化程度越来越高。税收征收过程越来越充分地体现纳税人的权利。总之，从财政收入的取得、分配和使用的全过程看，财政的民主化程度是不断提高的，机制是不断完善的。

第三，从社会发展伦理的角度来看，财政对社会公平的关注程度不断提高。任何国家的财政对公平和效率的关注都离不开社会发展伦理的影响，但也离不开经济社会的发展水平的制约。中国在奠定国家发展基础的时期，财政支出重点偏向经济建设领域和城市居民，农业、农村和农民承担了更高的国家发展成本，这段时期的财政公平性相对于效率性处于次要地位。随着经济发展进入后发优势与大国优势充分发挥阶段，财政制度安排开始向城乡公平的方向转变，在取消农业税的同时，财政资源配置中对农村义务教育、医疗卫生、社会保障、基础设施等给予了越来越多的支持。党的十九大提出实施乡村振兴战略，财政制度安排在公平方面出现了重大的变化，无论是新增公共服务支出，还是基础设施支出都优先配置到农村地区，在城乡发展差距显著缩小之前，这一财政制度安排可能还要持续一段时期。

第四，从历史文化的角度来看，国家财政总是包含和体现着一定的历史文化基因。中华人民共和国成立以来，不同经济发展阶段的财政都体现了中央政府较强的权威性。任何国家中央政府的权威都来自历史文化的传承、中央政府的政治合法性和民众对中央政府的信任与认同。中国是一个具有悠久历史的国家，长期是一个统一的多民族国家，中央政府的权威在民众心目中得到高度的认同。中国共产党作为执政党，其权威性和执政能力是在长期革命和建设实践中锻炼出来的。中国共产党以人民为中心的执政理念更是得到全中国人民的高度认同。作为后发大国，维护国家统一、发挥大国优势、实现经济发展目标要求中央政府具有较强的权威性和统筹协调能力。无论是在奠定国家发展基础阶段，还是充分发挥后发优势与大国优势阶段，财政收入和支出的中央集中度都相对较高。在短时期内，地方财政收入的比重高于中央财政收入的比重导致的经济社会发展问题从反面证明了中央财政主体地位和主导性作用的合理性。尽管中国地方财政支出占财政总支出的比重偏高，但地方财政支出中的较大比重来自中央财政的转移性支付，这更说明中央主导、拥有较强的财力的必要性和合理性。

16.1.2 中国作为后发大国的财政演变的基本线索

作为典型的后发大国，中国在特殊的国情下开启了具有中国特色的经济发展过程，财政作为经济社会制度的重要组成部分，在中国经济发展中承担了重要的角色。在经济发展的过程中，财政与财政制度的演变也沿着后发大国经济发展阶段的推移、经济体制转变和财政现代化的方向展开。

第一，财政与经济发展阶段相互依存，随经济发展阶段的推移而形成、展开和变化。作为一种资源配置方式，财政制度需要与国家经济发展目标紧密结合，承担好资源配置的职能。根据后发大国经济发展的一般逻辑，后发大国具有潜在的后发优势和大国优势，但要使潜在的后发优势和大国优势转化为现实的经济发展还需要一些条件。后发大国经济持续发展需要也有必要和条件建立相对完整的工业和国民经济体系，需要有较好的农业发展基础，需要通过教育将人口数量优势转化为人力资源优势，需要建立成体系的交通运输系统为统一大市场的形成创造条件，上述条件是后发大国优势发挥的必要条件。后发大国经济发展具有形成以国内经济循环为主的国民经济运行系统的必要性和可能性，但为了发挥后发优势，后发大国还需要加入国际经济循环，内循环和外循环在后发大国经济发展中处于何种地位还需要结合后发大国发展的国际国内环境具体考虑。由于中国在开启大规模、有计划的后发大国经济发展时面临以美国为首的资本主义世界的封锁，后来又受到苏联的孤立，国际环境很不利，必须在尽可能短的时间内建立起支撑国家发展的物质基础，因此需要建立高度集权的资源配置方式，将有限的资源配置到装备工业部门及重要的物质、能源、原材料领域，从而形成城市偏向的、以经济建设为主的、中央高度集权的、城乡二元化的财政制度。这就是中国作为后发大国在经济发展的第一个阶段的财政制度的基本特征。

随着后发大国发展的物质条件基本形成，建立有助于后发优势和大国优势充分发挥的经济体制就成为经济发展的迫切要求了。有助于后发优势和大国优势充分发挥的经济体制的典型就是市场经济体制，建立市场经济体制要求财政、金融、外贸、投资等经济制度在已经形成的奠定国家发展基础阶段的基础上做出适应性变革和调整。财政制度在所有经济制度中处于基础地位，在国家治理中处于枢纽地位，所有制度的变革都需要财政制度提供必要的支持。因此，中国经济发展的第二阶段的财政制度变革主要是围绕着构建确保市场机制在资源配置中发挥基础性、决定性作用的具有后发大国特色的公共财政制度展开。其具体包括构建以流转税为主体的财政收入制度；在城乡非均等化的公共服务供给水平的基础上逐渐提高城乡公共服务均等化水平的财政支出制度；在确保中央权威和在宏观经济及全国性公共服务供给能力基础上充分发挥地方政府在发展经济与保障民生中的积极性的政府间财政管理体制；在财政支出决策、执行中逐渐规范政府财政支出行为，维护纳税人合法权益的政府预算管理制度；为了配合国有企业改革，促进要素充分流动和优化配置，为市场机制在资源配置中发挥决定性作用，建立在普惠原则下的社会保障体系；在国家财力可承受范围内有步骤的、渐进推进的城乡基本公共服务均等化。在后发优势和大国优势充分发挥阶段，一方面，在大国优势和后发优势充分发挥的过程中，大国劣势和后发劣势同时逐渐显现，如城乡和地区经济结构失衡逐渐累积，技术进步上急功近利倾向趋于明显甚至强化，对国外技术的依赖性增强，抑制技术创新的隐患逐渐积累；另一方面，受制于财政能力、财政理论准备和利益结构的影响，财政等经济制度变革滞后于经济社会发展进程，财政制度内部相关制度建设进度不一致，协调性差，重要制度建设缺失，财政、金融、政治、社会制度变革不同步等原因导致后发优势和大国优势发挥不充分，后发劣势和大国劣势过早出现，或者被放大，一定程度上影响了中国经济发展。

　　伴随着后发劣势和大国劣势的出现并显性化，中国经济发展进入第三个阶段，财政制度发展也进入通过创新抑制后发劣势和大国劣势，培养科技进步能力，促进经济持续发展的阶段。以 2002 年召开的党的十六大为标志，这一阶段的财政制度开始通过财政制度变革调节城乡、区域等经济结构，缩小城乡、区域发展差距，促进经济社会协调发展。财政制度具体表现在调整财政支出重点，对农业农村实行"多予、少取、放活"财政政策，加大对农业、农村、农民的财政支持力度，进而将新增基础设施和公共服务资金重点投向农村；加大实施西部大开发、振兴东北老工业基地和中部崛起战略的财政支持力度；通过科技发展规划，建设国家创新体系。这些措施旨在抑制、消除阻碍中国经济持续、协调发展的因素，挖掘、拓展大国优势和后发优势。这一时期的一个影响财政制度调整的重要因素是 2012 年左右经济从先前的高速增长短期内转为中高速增长，财政收入增速也同步下降，这给中国经济结构调整和培育可持续增长动能带来一定的不利影响。经济从高速增长转向中高速增长以及伴随的收入差距扩大问题、城乡和区域经济结构失衡问题、生态环境修复压力大等标志着中国经济发展进入新阶段。党的十八大以后，中国特色社会主义进入了新时代，中国经济发展也进入了新时代，中国经济已由高速增长阶段转向高质量发展阶段。为了应对经济增长中的结构性问题，排除阻碍中国经济持续发展的障碍，中国加大了制度创新的力度。在新时代的视域下，中共中央出台了一系列重大政策，如在新时代完善中国特色社会主义制度、在新时代完善社会主义市场经济体制、在新时代推进西部大开发形成新格局等。为了协调推进新时代发展战略，财政制度做出了重大调整，如构建适应乡村振兴的财力保障机制，促进农业农村优先发展，财政对农业农村投入力度进一步加大，投入机制进一步优化；稳妥有序推进中央和地方收入划分改革；中央财政在一般性转移支付和各领域专项转移支付分配中继续通过加大资金分配系数、提高补助标准或降低地方财政投入比例等方式，对西部地区实行差别化补助，加大倾斜支持力度。此外，推进形成以国内大循环为主体、国内国际双循环相互促进的新发展格局，党的十九届四中全会提出的"构建社会主义市场经济条件下关键核心技术攻关新型举国体制"都需要财

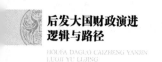
政制度配合。

第二，伴随着经济的发展，财政制度逐渐从经济建设型财政制度向具有后发大国公共财政制度和中国特色的现代财政制度转变。

1952—1978 年，为了在较低水平的经济发展阶段启动重工业优先的经济发展战略，奠定国家发展的物质基础，中国实行了城市偏向的、以经济建设为主的、中央高度集权的经济建设型财政制度。经济建设型财政制度是中国在特定发展阶段实行的一种财政制度。随着相对完整的工业和国民经济体系的建成，中国开始了市场经济体制目标导向的经济体制改革，财政制度也朝着公共财政的目标推进。在从计划经济体制改革向市场经济体制改革的过程中，为了调动企业和地方政府发展经济的积极性，国家实行了一系列放权让利的财政改革，使得国民经济分配格局出现变化，财政收入占国内生产总值的比重下降，中央财政收入占全部财政收入的比重下降，一定程度上削弱了中央的宏观调控能力和政府提供公共服务的能力。为配合市场经济体制改革，理顺财政管理体制，建立适应市场经济的税收制度，国家在 1994 年进行了财税体制改革，这次改革主要包括如下内容：以 1994 年的财税体制改革为标志，中国基本建立了与社会主义市场经济体制相适应的财政制度框架；建立了有效保障中央收入的收入机制；调动了中央和地方的积极性，使财政收入大幅度增加；缩小了地区间财力差距，促进了公共服务均等化。1994 年财税体制改革后，针对财政领域税费混乱的局面，国家开展了大范围的税费改革，取消了一部分行政事业性收费，基本理顺了税收和行政事业性收费的关系。1998—2004 年，中国为应对东南亚金融危机实行了积极的财政政策，加大了基础设施建设力度。同时，为了配合经济体制改革，加快建立社会主义市场经济体制，中国建立了社会统筹和个人账户相结合的基本养老保险制度、失业保险制度和城镇居民最低生活保障制度，促进了公共财政建设。在中国经济发展和财政改革的推动下，针对社会主义市场经济条件下的财政理论探索也持续推进，1998 年 12 月，全国财政理论工作会明确中国财政体制的改革方向是建立公共财政制度。建立公共财政制度的方向明确后，国家在财政支出结构调整、部门预算编制、国库集中支付、政府采购制度、绩效预算、国有资本预算等方面的改革取得重要进展，在养老保险、医疗保险、失业保险、城镇居民最低社会保障等方面的制度建设也持续推进，社会主义公共财政体制的框架基本形成了。

2003 年，党的十六届三中全会提出完善社会主义市场经济体制作为市场经济体制的重要组成部分，进一步完善公共财政体制也被提上议事日程。党的十六届三中全会将财政制度改革的目标确定为进一步健全财政宏观调控职能；按照建税制、宽税基、低税率、严征管的原则稳步推进税制改革；稳步推进农业税费改革，逐步实现城乡统一税制；继续完善分税制和转移支付制度，规范政府间分配关系；进一步调整优化财政支出结构，规范公共财政支出范围；进一步深化财政管理体制改革，努力提高财政资金使用的安全性、规范性和有效性。中国在调整财政政策应对 2008 年的国际金融危机的同时，稳步推进了包括农村税费改革、改进和完善个人所得税、调整出口退税率、推进增值税转型、统一内外资企业所得税、调整资源税税率、改革消费税等在内的税制改革。在财政支出制度方面，国家调整公共财政资源配置格局，加大对"三农"的投入力度，逐步实现公共财政覆盖农村并向农村倾斜；加大了财政对教育、医疗卫生、社会保障、科技创新、环境保护的支出力度。在财政管理体制上，国家通过实施所得税收入分项改革，改革出口退税机制，实施"三降一补"政策缓解县乡财政困难，推进"省直管县"和"乡财县管"。中国政府预算改革主要进行了政府收支分类改革；推进部门预算改革，强化预算约束；深化国库集中收付制度改革，加强预算执行管理；大力完善政府采购制度，提高财政资金使用效益；深化"收支两条线"改革，全面规范管理预算外资金；推进"金财工程"，提升财政管理信息化水平。在这一时期，国家还加快了财税立法进程，制定了《中华人民共和国政府采购法》，修订了《中华人民共和国企业所得税法》等法律法规，将《中华人民共和国预算法》等重要财税法律列入新的立法或修订规划。

2013 年 11 月，党的十八届三中全会立足于全面深化改革的大局，提出了建立现代财政制度的目标，开启了财政发展的新阶段。中国财政发展进入建立现代财政制度阶段。随着经济发展阶段的推移，中国社会的主要矛盾发生了重要变化，由人民日益增长的物质文化需要同落后的社会生产之间的矛盾转化为人民日益增长的美好生活需要和不平衡不充分的发展之间的矛盾。社会主要矛盾的变化要求党和国家在经济社会建设的指导思想上也要做出相应的调整。中国经济体制改革经过确定建立社会主义市场经济体制的目标到建立市场经济体制的基本框架，再到完善社会主义市场经济体制，直到市场经济体制基本建成这几个阶段。经济社会是一个有机整体，随着经济体制改革的推进，经济发展水平的提高，政治、文化、社会、生态等领域也应相应做出调整，实现经济、政治、文化、社会、生态在更高水平上的协调。更高水平的经济社会协调发展要求提升国家整体治理水平。中国财政在之前更多地服务于经济增长，支撑、配合经济体制改革。在新发展阶段，为适应现代国家治理，作为国家治理基础和重要支柱的财政，必须将其定位提升到服务于现代国家治理的高度。构建现代财政制度是整个现代化进程中的一个重要环节，借助财政改革推动国家治理的现代化，再由国家治理的现代化扶持和推进经济与社会的现代化，这是发达国家在发展过程中展现出的一般历史经验。为了实现现代国家治理的要求，现代财政制度应该定位于优化资源配置，维护市场统一，促进社会公平，实现国家的长治久安。服务于现代国家治理目标的财政改革的具体内容主要体现在如下几个方面：在财政收入制度方面，"营改增"全面推开并简化了增值税税率，资源税改革顺利推进，消费税征收范围逐步拓展，环境保护税正式开征，国地税征收管理机构合并；在政府预算管理方面，2018 年正式颁布并实施新修订的《中华人民共和国预算法》，2020 年出台《中华人民共和国预算法实施条例》；在财政管理体制方面，确立了"营改增"后中央和地方增值税收入划分办法，确定了义务教育、医疗卫生、科学技术、交通运输、环境保护等领域中央和地方政府共同事权与支出责任方案；在财政支出制度方面，财政支出更大程度向农业农村倾斜，确保农业农村优先发展实际上是最重要的内容。此外，2015 年修订的《中华人民共和国立法法》进一步明确了税收法定原则，这无疑为财政现代化提供了十分重要的制度保障。党的十九大提出加快建立现代财政制度。世界面临百年未有之大变局，大变局中必然存在大挑战和大机遇，作为国家治理的基础和重要支柱，财政制度将始终围绕国家治理的目标不断调整、变革和发展。

回顾中国财政制度演变的历程，可以发现中国财政现代化经历了如下四个阶段：1952—1978 年是奠定后发大国发展基础的经济建设型财政阶段，1979—1993 年是经济建设型财政向公共财政过渡阶段，1994—2012 年是具有中国特色的后发大国的公共财政建设、完善阶段，2012 年以后进入服务现代国家治理的现代财政制度建设阶段。中国特色社会主义进入新时代，国家治理面临百年未有之大变局，这要求财政制度保持对经济社会发展的强烈的敏感性、应变性和适应性。

16.2 中国财政制度变革的基本格局

当前，中国财政制度存在多重变革空间并存的制度变革格局，厘清多重财政制度变革的内容，分析各自在整体财政制度变革和现代国家治理中所处的地位和应该发挥的作用，剖析影响财政制度变革的主要因素，有助于推进财政制度变革，加快建立现代财政制度，为中国经济发展新阶段提供有力的制度支撑，这也是后发大国经济发展的必然要求。

中国经济发展的全过程就是奠定后发优势与大国优势发挥条件，并促成后发优势和大国优势充分发挥，抑制后发劣势和大国劣势，拓展后发优势和大国优势的过程。经济发展是一个包含多个发展阶段递次推进的过程，每一个阶段面临的要素和制度约束都有所不同。要素禀赋条件差异意味着经济发展的具体机制也有所区别。为了形成有助于新经济发展阶段的发展机制，就需要建立新的经济制度，变革、调整先前形成的经济制度。因此，经济制度的变革伴随着中国经济发展的全过程。财政制度作为一种重要的经济制度，也必须适应经济发展不同阶段的需要，主动和及时地进行调整、变革先前形成的财政制度。

根据考察角度的不同，财政形态可以有不同的类型。国家财政、发展财政、公共财政、转型财政和国际财政是财政的五种基本形态，每一种形态的财政对应着不同的考察视角。国家财政是以国家为主体的，为实现国家职能进行的国民收入分配活动。国家财政贯穿于国家产生以后的所有经济发展阶段。发展财政是指国家通过配置资源促进经济发展的财政形态。在经济发展的不同阶段，国家在经济发展中的地位和作用不同，会影响发展财政在财政中的地位和作用。公共财政是指在政府和市场二分法的资源配置中，政府主要负责提供市场在资源配置中发挥决定性作用的条件，提供市场不能有效提供的公共品的一种财政形态。尽管市场和政府在不同经济发展阶段的作用不同，但只有市场在资源配置中发挥决定性作用的市场经济条件下，公共财政才获得了比较独立的地位。转型财政是伴随经济发展阶段、经济体制和社会转型的财政制度变革过程中的一种过渡财政形态。在不同的经济发展阶段，经济体制和社会转型的内容不同，转型财政的具体内容也有所不同。国际财政是在开放经济条件下世界各国在国际公共品上的消费和成本分摊的一种以相关的主权国家为主体的财政形态。上述几种财政形态存在于每一个主权国家，也存在于每一个主权国家的每一个发展阶段，只是在不同国家，或者同一国家的不同发展阶段的具体形式和不同形态财政地位与作用有所区别而已。

当前，中国财政制度变革包含适应现代国家治理需要的国家财政制度的调整与变革的内容。从奠定国家发展基础阶段的城市偏向的城乡二元财政转向城乡一体财政是中国财政制度变革的重要内容。尽管中国公共财政制度的基本框架已经形成并在某些领域取得重要进展，但还有进一步完善的空间。在经济社会发展的新阶段，为应对百年未有之大变局，中国还需要在新时代中国特色社会主义的现代财政制度的建立与完善方面做出较长时期的努力。其中，建立适应现代国家治理需要的现代财政制度是诸多财政制度变革的重点。

完善国家财政制度始终是中国财政制度变革的重要内容。财政是主权国家存在并发挥国家治理功能的基础。国家的存在就需要履行一系列职能，就需要一定的财力支持，国家汲取财政收入的能力是决定和影响国家职能发挥的基础。国家汲取财政收入的能力与国家能力高度相关，缺乏财政汲取能力的国家将难以充分履行国家的职能，难以有效履行国家治理职责，难以推动国家发展，甚至难以维持国家的继续生存。在后发大国发展的四个阶段中，国家财政处在不同的地位，发挥着不同的作用。在奠定国家发展基础阶段，当受到发达国家封锁引进外资缺乏可行性时，如果没有强有力的国家财政汲取能力，就难以在比较短的一段时间内建立相对完整的工业和国民经济体系，后发优势和大国优势所依赖的条件不能形成，中国就不可能有经济持续快速增长和综合国力显著增强。在后发优势和大国优势充分发挥阶段，由于国民经济发展的基础已经具备，民间资本具有一定的投资能力，海外投资者的投资也可以在一定程度上弥补国内资金的不足，一般应用技术还可以从国外引进，因此财政汲取能力对经济增长的重要性也有所降低。但是，如果财政汲取能力太低影响国家能力发挥，导致国家不能根据经济发展阶段变化及时提供配套条件，则会抑制后发优势和大国优势发挥。在抑制后发劣势和大国劣势阶段，国家需要通过财政支出缩小城乡和地区发展差距，缩小收入差距，增加对教育和科学技术的投资，经济社会发展对财政汲取能力的要求提高，国家财政的重要性也有所提高。在消除发展障碍，应对来自发达国家的阻挠，实现经济发展重要突破阶段，国家财政的重要性再次上升到十分重要的地位。随着中国技术水平的提高、经济实力的增强，发达国家集团出于维持经济和科学技术的垄断地位，获取来自世界经济体系的垄断利益，必然设置各种障碍阻挠中国经济持续增长和技术进步。中国必须消除经济进一步发展的国内和国际障碍，积累科技进步能力，实行以国内经济循环为主的国内和国际经济双循环，强化国内经济循环体系。强化国内经济循环体系必然涉及构建先前严重依赖国际经济循环的部分供应链，如果不能进行这些方面的有效投资，必然导致被其他国家"敲竹杠""卡脖子"。重建支撑国内经济循环的关键产业链，确保国家经济安全需要大规模的投资。尽管在现代市场经济条件下，这些投资不一定完全由财政作为投资主体，可以采取多种市场融资方式筹集资金，但分散投资风险，引导、鼓励民间投资仍然需要财政提供相应的支持。因此，国家财政在该阶段经济发展中处于主导地位，发挥着支配性作用，国家财政能力的强弱甚至关系到中国能否在这一发展阶段顺利突围，实现经济发展的目标。

尽管中国的公共财政制度建设已经取得一定的成绩，但适应新时代中国特色社会主义发展需要的公共财政制度还处于不断完善之中。公共财政制度包含多个层次的含义：其一，在理念层面，在市场经济框架下，政府主要为市场机制充分发挥作用提供基础性支持，提供市场不能充分、有效提供的公共品和公共服务为全体社会成员提供一视同仁的公共品。其二，在制度建设层面，国家要建立一套与公共财政理念相适应的财政制度，这里需要区分发达国家的公共财政制度、一般的公共财政制度和中国公共财政制度之间的关系。其三，在具体操作层面，国家要促进基本公共服务均等化，保障所有社会成员对公共品的消费权利。公共服务均等化是一个过程，不是在某一个时间点一定要实现的绝对意义上的所有人公共服务消费的无差异性。其四，市场经济有一个逐渐建立、完善的过程，公共财政制度的建立和公共服务的均等化也需要一个过程。中国的市场经济体制是在计划经济体制的基础上转变过来的，按照市场经济的一般原则构建相关制度的过程，也是结合中国典型后发大国的特点和中国政治、经济、历史、文化等因素创新的过程。与中国的市场经济体制的建立、创新相联系，中国的公共财政建设也是在配合经济体制改革的过程中融入公共财政理念，参照其他国家公共财政制度框架，结合中国典型后发大国经济发展和政治、历史、文化等因素不断创新的过程。

因此，中国的公共财政既有一般公共财政的共性，也有中国政治、经济、历史、文化的个性，是一个随着中国经济发展阶段的转变和经济发展水平的提高而逐渐调整、完善的过程。公共需要是社会成员基本需要的重要组成部分，公共需要本身也有一个范围和层次。在不同的经济发展条件下，公共需要的重要程度、范围和层次存在差别。在中国奠定经济发展基础的阶段，为了提供私人难以提供的国家层面的发展基础，在资源有限的情况下，将公共需要的范围限定在基本公共需要领域，并将基本公共需要控制在维持基本生活的水平，将国家发展必需的物质基础作为长期的满足公共需要的条件，并为其配置较高比重的资源也符合公共财政的基本理念。在后发优势和大国优势充分发挥阶段、抑制后发劣势和大国劣势阶段，将主要财政资源用于满足符合经济发展水平的公共需要是基本的要求。由于城乡之间、地区之间经济发展水平差距较大，在满足所有居民基本公共需要的前提下渐进扩大公共服务的范围，逐渐提高公共服务的水平是符合实际的、可行的选择。公共服务的有效提供不是完全被动地满足人们的公共需要，其有效提供还可以促进经济发展，推动社会发展进程。公共需要的满足需要借助一系列财政制度来实现，因此财政收入制度、支出制度、政府预算制度、财政管理体制等是公共财政制度的重要组成部分。财政制度的建立、完善既要考虑公共财政的基本要求，还要从政治、经济等角度考虑相关财政制度供给和需求的适应性，考虑财政制度供给的可行性，考虑政治、经济因素对财政制度安排的影响。在西方国家，利益集团的政治博弈是决定与影响财政制度和财政政策安排的重要因素，有些制度安排在形式上体现了公平原则，但在实质上却存在明显的不公平，甚至歧视。在中国，中国共产党作为全国最广大人民群众利益的代表，具有超越利益集团束缚向全体人民提供符合经济发展水平的财政制度安排的优势。财政制度安排不仅受到理念、意愿的影响，还要受到政治、经济体制和相关理论的影响，还要受到利益集团对公共财政制度供给的阻挠和干扰。中国公共财政制度建设需要进一步完善的地方主要包括：其一，加强对具有典型后发大国特色的公共财政理论的研究，弄清其本质、内涵、外延和动态演化特征，为公共财政制度建设提供理论指导。其二，进一步完善公共财政相关制度。国家要进一步优化财政支出结构，尤其是在公共财政资源优先配置农村地区的同时，确保农村公共品的有效提供，避免财政资金的浪费。国家要加大对经济欠发达地区公共资源配置的倾斜力度，缩小地区之间基本公共服务的差距，提高公共资源配置的效率，确保公共品的有效供给，提高财政资金的使用效益。其三，贯彻税收法定主义原则，加强税收立法，增强税收制度的法律效力；健全地方税体系，根据经济发展水平调整优化税收收入结构，降低流转税的比重，提高所得税、财产税的比重。其四，认真贯彻新修订的《中华人民共和国预算法》及《中华人民共和国预算法实施条例》，提高预算的规范性，强化预算监督约束。其五，优化中央和地方政府之间的事权与支出责任，在确保中央的权威性和宏观调控能力的同时，调动、激活地方政府发展经济、提供公共品、促进经济社会发展的积极性。

发展财政在中国经济发展的四个阶段中始终处于重要地位。发展财政是指通过财政作用的发挥改善经济发展条件、促进经济发展的一种财政形态。通过财政制度安排对社会总产品进行一定程度的分配和再分配，提供全社会经济发展所需的一些条件，促进社会投资增加，推动经济增长，是发展财政的基本内容。一定的财政汲取能力是发展财政的基础，政府配置资源的能力（含政府可用财力和干预、影响社会经济活动的能力）是影响发展财政职能发挥程度和效果的重要条件。在奠定后发大国发展基础阶段，中国通过建立城市偏向的、以经济建设为主的、中央集权的财政制度，配置资源，建立了以装备工业与钢铁工业为主的工业和国民经济体系，奠定了国家经济独立的物质基础，维护了国家的经济安全，为较长一段时期的经济发展提供了基础条件。在后发优势和大国优势充分发挥阶段，各地方政府贯彻执行中央确定的以经济建设为中心的工作方向，通过配置财政资源改善各地区经济发展的基础设施条件，促进了经济持续快速增长。在抑制后发劣势和大国劣势阶段，为了优化城乡和地区经济结构、增强科技实力、增加人力资本投资，中央立足国家整体经济社会发展，提供顶层设计并组织地方政府运用财政支出和税收等制度优化配置资源，改善经济发展条件，为经济发展提供有力支撑。进入积累科技进步能力和经济持续增长阶段后，中国经济增长面临新的约束条件，经济增长的阻力进一步增大。调整城乡和区域经济结构进入攻坚阶段，科技进步方面前期的基础研究积累不足，国家整体创新能力不足，在全球化时期过度依赖国际分工，忽视了部分关键领域的研发投入，导致国民经济部分关键核心技术严重受制于发达国家，经济发展存在严重的短板，国民经济持续增长面临很大的不确定性和风险。发达国家集团改变经济全球化的规则，利用对关键核心技术的垄断地位阻止、抑制甚至妄图中断中国经济发展。为了降低中国经济进一步发展的风险，增强中国经济发展的稳定性和持续性，中国必须利用财政制度通过政府主导并积极鼓励、发动民间资本加大对国民经济的关键核心技术领域的投资，满足国民经济持续增长的需要。同时，不同经济发展阶段对基础设施和装备工业的需求存在明显差别，而基础设施和装备工业发展对资本的需求不能仅仅依靠民间资本投入，甚至不能主要依靠民间资本投入，必须借助财政制度的安排来融资或吸引、支持、鼓励民间资本投资。在较长一段时期内，国内很多研究文献都认为，地方政府是发展型政府，财政支出过度向基础设施等经济领域倾斜，中国人均资本存量已经很高。但实际上，通过与发达国家相比较，我们发现，中国人均资本存量远低于发达国家的水平，要形成对更高经济发展水平的有力的社会资本支撑，中国还需要进行大规模的固定资产投资。由此可见，从中国经济发展所在阶段看，发展财政还将在较长时期内在中国财政诸形态中处于十分重要的地位。

转型财政在中国财政演变中具有阶段性。中国经济发展已经经历了三次重要转型，目前正在开启新一轮转型，每一次经济转型都伴随着财政转型。第一次财政转型是伴随着经济发展第一阶段向第二阶段转变，从计划经济体制向市场经济体制转轨实现的，主要是从城市偏向的、以经济建设为主的、中央集权的财政制度向有助于后发优势和大国优势充分发挥的、与市场经济体制相适应的公共财政制度的转型。第一次财政转型中间经历了中央对地方的纵向财政分权和以放权让利为主要内容的横向财政分权。第一次财政转型以 1994 年的分税制改革为标志，但明确具体的方向是 1998 年 12 月全国财政工作会议确定的建立公共财政制度。从公共财政的基本要求和中国经济发展的实际看，第一次转型至今还在进行中，比如税收制度改革涉及的地方税收体系的建立和国家预算制度的进一步完善，政府间事权和支出责任的规范也在进行之中。第二次财政转型是从充分发挥后发优势和大国优势的中国特色的公共财政转向抑制后发劣势和大国劣势的促进经济协调发展的财政，重点是调整经济发展中的城乡和区域经济结构失衡，建立国家创新体系，弥补国家经济发展的短板。第二次财政转型的标志是 2002 年召开的党的十六大提出科学发展观，追求"五个"统筹的国民经济持续发展。第二次财政转型的主要内容是调整后发优势和大国优势充分发挥阶段实行的城市偏向的财政制度，通过加大对农业农村的财政支持力度，加快农业农村发展，缩小城乡发展差距；改变东部地区优先的财政制度，以西部大开发、振兴东北老工业基地和中部崛起为抓手，加大对中西部地区和东北地区的财政支持力度，力求缩小地区发展差距，促进区域经济结构协调；以建立国家创新体系为抓手，加大对科研和教育的支持力度，力求增强中国科技进步的后劲。第二次财政转型目前进入攻坚阶段，比如 2019 年提出农业农村优先发展，将新增财力重点配置到农业农村；2020 年提出新时代推进西部大开发形成新格局的指导意见，对西部大开发作出了新的财政政策安排。第三次财政转型以党的十八大提出的我国社会主要矛盾变化为基础，以追求经济高质量发展目标为主要内容。党的十八大及党的十八届三中全会把财政定位为国家治理的基础和重要支柱，提出建立现代财政制度。党的十九大进一步提出加快建立现代财政制度。第三次财政转型刚刚开始不久，但在调整政府间财政关系，调动中央和地方积极性方面，健全预算制度、强化税收立法、部分税种税收制度改革等方面已经取得了阶段性的成绩。需要注意的是，中国的三次财政转型并不是独立的，而是存在关联、交叉的。第一次财政转型是第二次财政转型的基础，第二次财政转型又是第三次财政转型的基础。例如，第一次财政转型要达到的目标与第三次财政转型要达到的目标有交叉，即建立与市场经济体制相适应的公共财政与建立现代财政制度在内容上有交叉，市场经济体制也不是固定的，需要随着经济发展阶段推移而调整、优化和升级。由于市场经济体制与公共财政制度具有内在的联系，因此第三次财政转型需要建立的现代财政制度与第一次财政转型需要建立的公共财政制度在基本理念、基本内容方面具有一致性，但具体内容有所不同，层次更高。

国际财政在中国财政中的地位具有增强的趋势。中国经济发展的过程是一个立足本国要素禀赋同时整合国外要素并逐渐融入国际经济循环推进经济增长的过程。在奠定国家发展物质基础阶段，由于较长时期受到不利国际环境的影响，中国对国际经济活动的参与不多。在后发优势和大国优势充分发挥阶段，由于国际政治经济形势发生了有利的变化，中国充分利用和平的国际环境，借助国际贸易组织的平台，积极引进外资，开展进出口经济活动，在引进国外资金、技术和管理经验的同时，激活了后发优势和大国优势，促进了经济的持续快速增长和技术进步。客观地讲，尽管受到以美国为首的资本主义国家建立的抑制中国技术进步的国际组织的阻挠，这段时期和平稳定的国际环境、便利的国际贸易等国际公共品的供给给中国经济发展带来了实实在在的利益。但是，受到政治经济实力的限制和旧的国际政治经济秩序的阻挠，在发达国家集团主导的国际公共品供给机制下，中国对国际公共品的需求偏好并没有得到充分尊重，仅仅是国际贸易规则等国际公共品的被动接受者。在抑制后发劣势和大国劣势阶段，随着经济实力的增强，中国开始在国际公共品的提供中主动承担责任，如参与国际政治经济规则的制定等。值得注意的是，国际公共品的提供和成本分摊机制不同于主权国家内公共品的提供和成本分摊机制，部分发达国家其实是在提供国际公共品的过程中追求和实现自身的利益，作为后发大国，中国经济社会发展对国际公共品的正当需求与发达国家的利益存在一致性，也存在矛盾和冲突，甚至存在根本利益上的冲突。由于与发达国家集团在根本利益上的差异，中国在参与国际公共品提供的过程中正当、合法的要求可能会受到发达国家集团的阻挠、遏制。发达国家集团从维护其既得利益出发，必然希望长期垄断国际公共品供给的主导权，在让中国承担国际公共品生产成本的同时限制中国的发展。不难理解，国际财政领域的政治博弈会直接影响到国际政治经济环境，对中国今后一段时期的经济发展产生重要影响。为此，在经济发展受到全球化深度和广泛影响的条件下，中国一方面需要承担后发大国应该承担的国际责任和履行国际义务，积极参与国际公共品的提供；另一方面需要根据中国自身的财力情况在承担国际义务中量力而行，防范发达国家集团在国际公共品成本分摊中"甩包袱"，加重中国的国家财政负担。在国际公共品的提供中，中国一方面要考虑到经济全球化对国际公共品的需求，另一方面要尽量团结广大发展中国家，集体表达对国际公共品的需求偏好，维护好发展中国家的共同利益。

作为一个典型的后发大国，中国的财政制度变革同时涉及国家财政、公共财政、发展财政、转型财政和国际财政这五种财政形态的空间并存和动态演变。从当前的财政制度变革的态势看，国家财政作为维持、巩固主权国家政权，保障国家经济社会长期持续发展，应对复杂国际政治经济形势的一种财政形态应该进一步加强。公共财政是与市场经济体制相适应的一种财政形态，改革开放以来，尽管已经经历了较长时间的建设，取得了一定的成绩，但随着经济社会的发展还有进一步深入完善的空间。在市场机制下，政府发展经济的角色定位有所调整，在追求高质量发展阶段，考虑到经济发展的环境和实际任务，国家还需要进一步优化政府履行经济发展职能的方式，协调政府和民间资本在经济发展中的分工，强化政府在经济发展中的职责履行。转型财政具有过渡性和暂时性，中国当前正在面临的建立现代财政制度的转型对中国经济的进一步发展至关重要，需要引起高度重视。随着国力的逐渐增强，中国经济发展的国际形势发生了重大变化，为应对复杂国际形势对中国经济发展的影响，中国必须高度重视国际财政，力争营造一个稳定、公平、开放的国际政治经济环境，促进中国经济持续、稳定、健康发展。

16.3　对中国财政制度变革的展望

16.3.1　财政制度变革的基本分析

从制度变迁理论看，由于人们的有限理性和资源的稀缺性，制度的供给是有限的、稀缺的。随着外界环境的变化或自身理性的增强，人们会不断提出对新的制度的需求，以实现预期的利益。当现存制度不能使人们的需求得到满足时，或者说人们会从新的制度中获得超出旧的制度安排的增量收益时，就会发生制度的变迁。制度变迁的成本与收益之比对促进制度变迁起着关键作用，只有在预期收益大于预期成本的情形下，行为主体才会去推动直至最终实现制度的变迁。

明确制度变迁的主要行为主体及相互之间的关系对推动制度变迁具有十分重要的作用。当出现制度变迁的必要性后，由于制度变迁会损害原来制度安排下既得利益集团的利益，因此其会采取各种可能的方式阻碍新的制度安排形成并发挥作用。厘清制度变迁中各行为主体之间的行为方式和在制度变迁中的作用有助于推动制度变迁进程。

对经济社会发展具有全局性作用的重要制度的变迁，由于对经济社会整体发展具有基础性、全局性的影响，牵涉到所有社会成员的利益，因此区分制度变迁的主导者和主体十分重要。制度变迁的主导者主要是国家层面的领导集团，其立足于国家整体经济社会发展全局，根据经济社会发展的环境、阶段，借助经验或相关理论对全局性、长远性制度安排提出整体性安排，对全局性和基础性制度变迁的时机、节奏进行统筹协调。制度变迁的主体是指切身利益与制度安排高度相关并实际领导、参与制度变迁的主体。制度变迁的主体可能是中央政府或某一个、某几个相关的具体部门，或者是地方政府，或者是特定利益集团。对基础性、全局性、关键性的制度安排，由于涉及面广，牵涉的利益群体和人数多，制度供给主体主要是政府，制度的基础性、全局性、关键性越强，制度供给主体在权利层级中的层次越高。当然，在这些基础性、全局性、关键性制度变迁中还有大量的参与者，制度安排对其利益有或多或少、或大或小的影响，其对新的制度安排会采取支持、反对或观望的态度，从而对制度变迁起着发动、促进、推动或者阻碍作用。全面了解制度变迁中相关主体对制度变迁的态度和影响有助于制定合理的制度变迁方案，推进制度变革顺利开展。

财政制度是所有制度中十分重要地位的一种制度，其变革对经济社会发展的影响具有基础性、广泛性。财政制度是国家凭借政治权利参与国民收入的再分配的制度，对社会经济主体具有强制性。财政制度提供的公共品和公共服务是为满足社会公共消费，具有强制性、不可分割性的特征。此外，财政制度作为国家治理的基础和重要支柱，对经济社会运行和其他制度都会产生直接和间接的影响，并通过这些制度影响经济社会。由此可见，财政制度是一国所有制度中具有重要影响的基本制度，既关系到人们的基本生产生活，又连接政治、经济、社会生产生活，是国家经济社会的基础和支柱。

作为政治、经济、社会生产生活的基础，财政制度的变革受到政治、经济、社会等多种因素的影响。

第一，政治结构、民众对执政党的信任程度、执政党的执行力等是影响财政制度变革的政治因素。政治因素对财政制度变革的影响主要体现在以下三个方面：一是国内政治结构影响财政制度变革。在西方民主政治体制下，不可否认，财政制度在一定程度上具有体现社会共同需要的属性，但是在存在阶级、阶层和利益集团的情况下，在不同利益群体中，财政制度并不是完全中性的，它会更加偏向于强势利益集团。因此，利益群体和利益集团的政治影响力会影响财政制度安排和财政制度变革。一定的财政制度必然反映一定的利益群体和利益集团结构所形成的利益结构或者利益格局。在中国，中国共产党代表中国最广大人民的根本利益，能够超脱于不同利益群体和利益集团的影响，根据经济社会发展条件、目标决定财政制度安排和财政制度变革。中国财政制度变迁在理论上的优势还需要政治体制的改革和完善才能得到充分的体现。二是民众对政府的信任程度是影响财政制度安排和变革的重要因素。由于需要承担很大的信息收集、处理成本，还需要大量的专业知识，不是所有民众都能充分了解财政制度变革的原因，理性预期在新的财政制度中的可能收益，因此执政党和政府在群众中的威信、群众对执政党的信任程度是影响财政制度变革的重要因素，群众对执政党和政府的信任程度越高，越能够理解、支持财政制度变革，越有利于减小财政制度变革的阻力，降低财政制度变革的成本。三是执政党的执政能力是影响财政制度变革的重要因素。执政党和政府设计财政制度变革方案、应对财政制度变革中出现的风险、解决财政制度变革中出现的问题的能力以及各级政府和政府官员对财政制度变革方案的认同与执行力都是影响财政制度变革的重要政治因素。

第二，经济增长、就业、收入分配是影响财政制度变革的经济因素。一般来讲，经济增长越快意味着财政收入越有保障，政府越有财力去补偿制度变革中利益受损的群体，化解制度变革的阻力，推动制度变革顺利推进。就业形势越好，公众的收入越有保障，对财政制度变革中出现的利益损失和收入不确定性的心理承受能力越强，越有助于财政制度变革的实施。收入分配结构是影响社会公平的重要方面，收入分配差距越小，意味着社会公平程度越高，社会公众对社会的公平感越强，越容易接受财政制度变革，越容易支持有助于经济增长、社会公平程度提高的财政制度变革。经济增长趋势、就业状况和收入分配结构作为经济因素的集中表现本身就是引起财政制度变革的重要因素，财政制度变革在理论上是有助于经济增长态势变好、就业形势转好和收入分配结构改善的，因此有利于财政制度变革的经济因素会带来财政制度的变革，财政制度变革反过来会进一步助力经济发展，从而形成财政制度变革和经济发展的良性互动。

第三，国际政治经济环境也是影响一国财政制度变革的重要因素。现实中没有哪一个国家能够完全不受到其他国家政治、经济、军事、文化的影响。任何国家的民众对本国财政制度与他国财政制度安排所带来的正面和负面影响都会直接或间接地影响其对本国财政制度的评价，进而影响其对财政制度变革的态度和立场。学习国外先进的财政制度，提供与本国经济社会发展相适应的财政制度是大多数国家财政制度变革的基本方向。当然，任何国家的先进的财政制度都是内嵌于所在国家的政治、经济、社会系统中的有机组成部分，离开特定的政治、经济、社会环境，很难对财政制度做出客观的评价。因此，一国在借鉴其他国家财政制度中必须充分考虑到本国的政治体制和结构、经济发展水平和结构、历史文化传统与拟借鉴的财政制度相容性，否则极有可能会导致财政制度变革的失败。

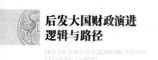

16.3.2　中国财政制度变革的现实条件分析

当前，中国财政制度变革存在多重财政制度变革空间并存、相互交织的局面。整体上看，国内政治结构和政治体制有助于推动财政制度变革的实施。经济发展进入优化经济结构、积累科技进步能力、推动经济持续增长、促进高质量发展的阶段，经济发展面临的问题迫使财政制度作出及时、精准的变革。国际政治经济形势整体上也有助于中国财政制度的变革。

首先，中国国内的政治形势有助于财政制度变革的推进。其一，中国共产党作为中国的执政党，经历中国革命和建设的长期考验，带领全国人民取得了中国革命的伟大胜利，在中华人民共和国成立以来的社会主义建设中也取得了辉煌的成就，尤其是改革开放以来，在其正确领导下，经济持续快速增长，人民收入水平迅速提升，综合国力飞速上升，这些成绩使中国共产党赢得了中国人民的尊重和信赖，中国人民对中国共产党的信任和支持是中国财政制度变革最重要的基础。其二，中国的行政管理体制既维护中央的权威，又充分发挥地方政府的积极性，中央借助越来越趋于合理的政绩考核机制和中国共产党的组织体系，能够高效率地推动财政制度变革。其三，中国实行不同于西方的政治制度，中国共产党代表最广大人民群众的根本利益，制度变革主要根据不同经济社会发展阶段的发展环境、条件和发展目标作出，不受特定利益集团的干扰。这决定了中国财政制度变革方案决策成本低，只要方案可行，付诸实施遇到的阻力相对较小。其四，经历了经济发展的三个阶段，政府积累了比较丰富的财政制度变革的经验，并且通过党的历次重要会议、国民经济和社会发展规划明确了财政制度变革的方向，使全体社会成员了解财政制度变革的方向，财政制度变革的阻力得以降到最低。其五，中国的理论界和决策咨询机构中的大量专家学者既熟悉发达国家财政制度变革的基本事实，了解财政制度变革所需的理论知识，熟悉中国财政经济运行的基本事实，又能运用现代科学技术手段对财政制度变革中可能出现的有利影响和不利影响做出比较准确的预测与评估，能够确保财政制度变革方案可行，并把风险控制在一定范围之内。中国在制度变革中还积累了个别地方试点、总结经验、扩大试点范围，之后在全国范围推广的经验，可以将财政制度变革的风险降到最低。

其次，中华人民共和国成立以后，尤其是改革开放以来，中国经济持续快速增长，综合国力显著增强，承担财政制度变革成本和风险的能力得到了明显的提高。从经济发展阶段推移来看，中国已经走过了奠定后发大国发展基础阶段、后发优势与大国优势充分发挥阶段，正处在抑制后发劣势与大国劣势阶段向积累发展能力、追求高质量发展阶段过渡的阶段。伴随着经济发展阶段的推移，中国整体发展水平、经济结构、收入分配状况等也发生了有助于财政制度变革的变化。其一，从经济发展阶段推移角度看，经济发展阶段既对财政制度变革提出了要求，又为财政制度变革提供了基础和条件。一方面，中国当前的城乡发展差距和区域发展差距的现实迫切要求国家通过财政、金融等制度安排直接、间接配置资源，缩小城乡发展差距和区域发展差距，引导资源在城乡之间、区域之间合理流动和优化配置，否则继续扩大的城乡发展差距和区域发展差距会通过影响消费、社会稳定等途径抑制经济的持续增长；另一方面，中华人民共和国成立以来尤其是改革开放以来的持续经济增长，国家财政实力明显增强，为缩小城乡发展差距和区域发展差距，增加对教育、科技和生态环境建设投资积累了必要的财力。此外，财政理论研究逐渐深入，对中国典型后发大国财政运行的机理、存在的问题有了更加全面、深刻的了解，对中国财政制度变革的约束条件、变迁机制和推进财政制度变革的措施等有了更加透彻的理解，积累了比较丰富的推进财政制度变迁的经验。这些都为中国财政制度变革提供了有利的条件。其二，伴随着经济发展，中国人均国内生产总值和人均财政收入大幅度增加，尤其是国家财政收入的持续增加增强了国家承担财政制度变革成本、减小财政制度变革阻力的能力，为财政制度变革提供了必要的财力支持。2019 年，中国一般公共预算收入达到 19 万亿元，人均财政收入达到 13 598 元，财政收入占国内生产总值的比重达到 19.3%。考虑到政府性基金预算、国有资本经营预算和社会保险基金预算收入，中国人均财政收入还要更多一些。人均财力的增加和财政汲取能力的增强提高了国家承担财政制度变革成本的能力，有助于财政制度变革的实施。其三，随着经济增长和经济结构的变化，尤其是第三产业产值比重的提高，中国就业人口绝对规模持续扩大，失业率稳步下降。比较充足的就业可以为家庭提供比较稳定的收入，有助于增强家庭抵御风险的能力，为财政制度变革提供了较好的经济条件。其四，伴随着经济增长，社会保障体系基本建成，社会安全网的建成有助于抵御财政制度变革的风险，降低财政制度变革给社会经济运行和家庭、个人可能带来的不确定性。其五，中国持续推进扶贫、减贫事业，历史性地解决了绝对贫困问题。全面完成脱贫攻坚任务为财政制度变革提供了比较坚实的社会基础。

最后，公共财政制度在世界各国的普遍实施既为中国财政制度变革提供了很好的示范和参考，也降低了中国财政制度变革可能遇到的国外财政制度的不利冲击。公共财政制度及与其高度相关的现代财政制度与市场经济体制、较高的经济社会发展水平之间的适应性基本达成了世界性的共识。国外市场经济国家的公共财政制度为中国财政制度变革提供了各种不同类型的例子，降低了中国财政制度变革的试错成本。尽管各国公共财政制度和现代财政制度的具体内容存在差异，不能为中国财政制度变革提供现成的、可供直接模仿的具体方案，但可以为中国财政制度安排提供大量可供借鉴的材料。

虽然中国坚实的经济社会发展基础为财政制度变革提供了有利的条件，但在当前及今后一段时期内，也还存在一些不利于中国财政制度变革的因素。全面分析阻碍中国财政制度变革的不利因素有助于采取有针对性的措施，减少、化解财政制度变革的阻力，顺利推进财政制度变革。

第一，中国经济增长开始进入中高速增长阶段对财政制度变革可能带来的不利影响主要体现在如下几个方面：其一，经济增长进入中高速增长阶段后，在不提高宏观税负的情况下，必然意味着财政收入增速显著下降。在财政收入增速下降的条件下，由于地方债务上涨速度较快，为控制地方债务风险，政府可支配财力增速会下降。在财政支出方面，一般公共服务支出继续大幅度减少的空间越来越小，为了积累科技进步能力，培养国民经济可持续增长潜力，政府还需要加大对教育、科学技术等方面的支出力度。相对于发达国家的社会保障支出而言，中国在这方面的支出还需要进一步增加。此外，国家还面临着加大对装备制造业发展等的支持力度，夯实国民经济发展的基础，加强国民经济重要产业链的薄弱环节等。总之，在经济进入中高速增长区间后，财政收入增速相对于 2012 年之前明显下降，财政支出还存在进一步扩大的趋势，财政收支矛盾有进一步激化的趋势，这在一定程度上可能加大国家应对财政制度变革和财政支出增加的困难。财政能力相对下降可能导致政府承担财政制度变革的能力下降，并影响政府减少财政制度变革阻力，持续推进财政制度变革的能力。其二，经济增长进入中高速增长阶段后，经济结构调整的难度会加大，这反过来导致财政制度变革的难度增加。经济增长进入中高速增长阶段后，财政收入增速也将进入中高速甚至中速增长阶段。

一方面，国家整体财力增长减速后，用于调整城乡和区域经济结构的财力分配空间减少。城乡之间、地区之间在市场机制和政府预算机制下要素流动的方向是相反的，在财力受限的条件下，市场机制和政府预算机制的综合作用可能导致农村及经济欠发达地区财力向城市及经济发达地区的过度流动，进一步强化农村及经济欠发达地区的要素约束，致使调整城乡和地区经济结构失衡面临更大的不确定性，甚至有失败的风险。另一方面，如果城乡和地区经济结构失衡难以抑制，城乡和地区发展差距进一步扩大，可能导致欠发达地区地方政府采取阻止要素自由流动的市场分割和封锁行为，降低资源配置效率，进而影响经济持续增长，从而进一步强化经济增速下降的趋势和财政制度变革的财力约束，形成经济增速下降与财力减弱、经济结构矛盾突出相互强化的不利局面。其三，经济增速下降，财力相对减弱可能导致财政制度变革的选择空间变小。财政制度变革既涉及财政收入制度、支出制度的调整，政府预算制度的完善和政府间财政关系的优化，又意味着财政资源配置结构的调整、变化。财政支出资源配置调整和优化包括增量与存量结构的调整和优化。在财政收入增量减少的情况下，其更多地体现为存量结构的优化。一般来讲，调整财政支出存量结构可能影响既定的利益结构，其调整难度比对财政支出增量结构调整的难度更大，如果调整力度过大可能会激化相关社会利益群体之间的矛盾，影响社会稳定，进而导致财政制度变革停顿，甚至失败。此外，经济增速下降还可能影响就业机会增加，对社会稳定产生不利影响，对财政制度变革产生不利影响。在互联网等导致经济极化趋势加强的情况下，财政收入增速下降可能会导致财政用于调节收入分配的财力不足。如果因为财力限制导致政府对收入分配的调节作用下降，国内收入差距持续扩大，这会直接影响财政制度变革的社会环境，不利于财政制度变革的进一步推进。

第二，中国政治民主水平的提高整体上有助于财政制度变革的推进，但国家稳定推进政治民主水平的提高与民众的过高期望之间的差距可能会影响财政制度变革的推进。政治民主化既是经济发展的必要条件，也是经济社会发展水平提高的重要表现。民众的民主意识增强、民主能力增强是政治民主程度提高的必要条件和重要组成部分，但政治民主程度提高还需要国家民主机制健全作为保证。民众民主意识对政治民主化的作用具有两面性：一方面，民众民主意识提高是政治民主程度提高的基础和前提；另一方面，民众过度超前的民主意识导致对政治民主程度提高的期望超出民众自身的民主能力和国家的民主机制建设可能保证的民主水平，则可能导致部分民众在心理上的失落，如果不能合理引导则可能导致社会混乱，反过来阻碍政治民主化的进程。财政是经济和政治相互作用的中介，政治民主程度提高是推动财政制度变革的基础和前提，但超越经济社会发展水平的民主期望可能影响社会稳定，阻碍财政制度变革。在开放经济条件下，国外的民主政治观念、机制对中国政治民主化具有一定的促进作用。但是，受到不怀好意的政治势力干扰的政治民主运动对中国的社会稳定和经济持续发展必然产生干扰和阻碍作用，进而阻碍公共财政的完善和现代财政制度的建立。中国作为典型的后发大国，维护社会稳定和国内市场统一、开放、竞争、有序，必须要维护中央政府的权威，确保中央政府较强的全局把控和宏观调控能力。与此同时，为了充分发挥各地的禀赋优势，激活地方经济发展的活力，国家又需要适度的经济分权，赋予地方政府一定的财政管理权限。合理划分中央政府和地方政府的经济管理权限，调动中央政府和地方政府的积极性是中国经济体制安排的基本原则。在中国经济发展的大多数情况下，地方经济权力过大，有利于搞活地方经济，但容易出现经济结构失调；过度强调中央的宏观调控又往往会出现地方经济发展活力不足的问题。如何在财政体制上设计出合理的政府间财政事权、支出责任和财权划分规则，建立规范的转移支付制度，发挥好中央和地方的积极性，还需要在理论和实践上做出更多的探索。

当前，中国经济发展取得的成绩和发展势头吸引发达国家集团的关注，出于维护其在经济、科技、军事领域的垄断性优势地位，其开始在政治、经济、军事、国际事务等诸多领域发起对中国的全面阻击，这对中国经济发展和财政制度变革必将带来很大的阻力。在政治上，发达国家集团可能利用其宣传、信息和话语权等方面的优势，强化其意识形态的偏见，运用包括所谓的人权等手段扰乱中国经济社会发展的环境，阻碍财政制度变革的有序推进；在经济上，其可能通过阻止甚至切断与中国的技术交流，通过某些逆全球化的手段在中国全球产业链中打入"楔子"，切割中国与国际社会的经济联系，阻止中国经济发展；在军事上，发达国家集团可能进一步强化其对中国的军事压力，打乱中国正常的经济社会发展秩序，迫使中国调整合理的资源配置结构，进而阻止中国的经济发展；在国际事务中，发达国家集团可能重新调整国际政治、经济、社会规则，转嫁国际事务成本，对中国造成不必要的压力，扰乱中国的经济社会发展秩序，打乱中国的经济发展进程，进而阻止中国的财政制度的变革。

16.3.3　推进中国财政制度变革的对策、建议与前景

在中国经济发展的视野下，财政制度与金融制度等是服务于经济社会发展的重要制度，其变革的深层次原因在于经济发展阶段的推移，其变革又会反过来对经济社会发展产生重要的影响。同时，财政制度具有一定的独立性，有其自身变化发展的内在规律。在经济发展的新阶段，中国财政制度需要适应国家积累发展能力、促进经济持续发展、提高经济发展质量的目标。此外，应对经济国际化的挑战也需要财政提供有力的支撑。从财政自身发展演变的角度看，中国当前的财政制度变革的方向是进一步完善中国具有后发大国特色的公共财政制度，建立适应国家新发展阶段的现代财政制度。

根据中国经济社会发展中所蕴含的影响财政制度变革的有利因素和不利因素，推进中国财政制度变革的基本思路应该是加大促进经济结构调整的财政支出力度，优化财政支出结构，提高财政支出的综合绩效；强化财政对教育、医疗卫生和社会保障的支出，培养经济可持续增长的能力；改善收入分配结构，夯实社会稳定的基础，筑牢社会安全网，维护社会稳定，促进社会公平；根据建立以国内大循环为主，国内国际循环相互促进的经济运行机制的原则，构建有利于经济平稳运行、持续增长的经济体系，促进经济增长和财政运行的良性互动；根据中国作为后发大国经济社会发展的需要和现代财政制度的基本要求，推进财政制度现代化。

当前，中国经济发展和财政制度变革的关键环节是通过财政制度安排支持经济结构调整，缩小城乡和区域发展的差距，促进经济持续、稳定增长。影响财政制度变革的重要因素是政府财力的大小。在财政收入制度基本稳定的条件下，经济增长是决定财政收入增长趋势的重要因素。城乡经济结构问题和区域经济结构问题是中国作为后发大国的经济发展的重要结构问题，也是当前中国经济结构的突出问题，更是接下来的一段时期影响中国经济持续发展的重要问题。当前，中国应该继续实施农业农村偏向的财政政策，加大财政对农业农村的支持力度，调整、优化财政对农业农村的支出结构，创新财政支持农业农村发展的机制，提升财政促进农业农村发展的绩效。中国农

村面大、发展水平较低、发展差距较大，农业农村偏向的财政制度安排需要持续十年左右的时间，不能希望3~5年就取得显著的成效。在促进城乡经济协调发展过程中，中国要在加大对农业农村财政支持力度的同时，促进城乡要素的合理流动，优化资源配置结构，提高资源配置效率。中国要立足大国经济发展，建立粮食安全的底线思维，建立城乡相互依存、相互促进、相互繁荣的发展视野，大胆探索通过财政支持构建城乡利益共同体等经济合作模式。中国要缩小不同经济区域的发展差距，优化区域经济结构是中国财政支持经济结构调整的重点。大国内部不同区域的协调发展是大国经济发展的重要内容和必要条件，财政促进区域协调发展不应该单纯从财力角度平衡地区之间的发展差距。财力上的平衡应该重点着眼于国内不同区域基本公共服务均等化目标，不应该聚焦缩小地区间人均产值意义上的发展差距。因此，财政支持区域协调发展应该鼓励各地区根据要素禀赋发展优势产业，避免产业趋同和同质化过度竞争；应该通过财政制度支持缩小地区间经济发展基础设施的差距，在形成全国统一、开放、竞争、有序大市场的基础上，鼓励区域之间要素充分流动，实现资源在全国范围内的优化配置，实现全国范围内效益最大化，而不是鼓励各地区各自追求效益最大化。全国范围内资源最优配置和产出最大化意味着全国财政收入最大化，实现全国范围内经济增长和财政收入增长的良性互动。

　　人才是经济发展的重要前提，教育、科技是后发大国经济持续发展的基础，财政支持教育、科技发展既有助于提升社会公平，也有助于促进社会持续发展。中国城乡经济发展差距和区域经济发展差距与城乡教育发展差距和区域教育发展差距之间具有因果循环累积机制，切断该机制的最好途径是在财力可及的条件下加大对教育的支持力度，优化教育支出的城乡结构和区域结构，促进城乡之间、区域之间教育发展均衡，通过教育发展均衡促进城乡和区域间经济发展均衡、协调。科技水平是决定一国经济增长潜力、经济发展质量和发展水平的重要基础，加大财政对科技发展的支持力度，优化财政对科技发展的支持机制，提升财政支持科技发展的绩效是增强科技对中国经济发展支撑力的重要措施。优化科技支出结构的重要方面是根据经济发展阶段的变化合理调整基础科学研究、应用科学研究和科技推广普及的支出结构。当前，中国科技进步的后发优势逐渐减弱，后发劣势日益明显，基础理论研究不足、重大关键技术受制于人是科技后发劣势的重要表现。抑制科技后发劣势的最好方式是加大对科学技术研究的支持力度，提升基础研究能力和创新能力。财政支持是促进基础研究和重大关键技术进步的重要支持方式之一。财政对社会保障的支出是维持社会稳定、促进社会公平、助力中国经济长期可持续发展的重要保证。尽管财政对社会保障的支出的绝对规模和其占财政总支出的比重相对于发达国家而言还有进一步增大和提高的空间，但从中国经济发展的水平和未来一段时期可能会面临的挑战而言，财政对社会保障的支出的总规模基本适当。财政对社会保障的支出的结构还有很大的优化空间。其一，国家应该在统一城乡居民基本养老保险制度的基础上通过调整财政资源配置结构缩小城乡居民基本养老保险的差距。其二，国家应该在全国社会保障统筹基金和全国基本养老保险调剂基金的基础上，尽快推动全国基本养老保险在基本待遇方面统筹，缩小地区之间基本养老保险的差距，促进劳动力资源在全国充分流动和优化配置。其三，国家应该统筹推进医疗、医保和医药"三医"改革协同，切实降低医疗服务和医药成本，确保居民享有基本均等的医疗健康服务。其四，国家应该在统筹考虑经济发展趋势、人口规模和结构变化趋势的基础上做好阶段性人口老龄化对经济社会冲击的应对措施。

收入分配问题是关系到短期经济社会稳定和长期经济可持续发展的重要问题，财政可以通过财政收入和支出制度安排发挥重要作用，影响收入分配结构，促进经济社会稳定和持续发展。经济发展不同阶段的收入分配机制和格局存在显著差别，库茨涅兹的倒 U 形曲线主要还是基于对工业化情形下的收入分配的理论推导和实证研究，其中所反映的收入结构变化具有阶段性、局部性，在经济发展进入以互联网、大数据为代表的现代服务业比重比较高的发展阶段后，收入分配向少部分人集中的趋势会显著增强，收入差距会快速扩大。一般来讲，财政可以通过所得税制度直接调节收入分配结构，通过财产税、遗产税间接调节收入分配结构，通过对教育、医疗卫生、社会保障的支出影响收入分配结构。财政收入和支出制度对收入分配的调节是相互补充的，也可能存在一定的冲突。例如，财政要加大对教育、医疗卫生和社会保障的支出以调整收入差距，就需要增加税收，如果税收收入是以个人所得税为主，增加税收又可能影响对经济增长贡献比较大的高收入群体生产财富的积极性。如果因此导致投资减少，经济增长下降，低收入群体的收入可能会下降，从而抵消财政收入和支出制度对收入分配的调节效果。反之，如果降低所得税税负，减少对教育、医疗卫生和社会保障的支出，居民收入差距可能会扩大，但对经济增长贡献较大的高收入群体则可能加大投资，促进经济增长，进而为低收入群体提供更多就业机会，增加低收入群体的可支配收入，一定程度上缩小了收入差距。这里的关键在于，在服务业比重较高的发展阶段，经济增长对缩小收入差距的作用究竟有多大，与以第二产业为主的经济增长阶段有什么显著差别？此外，财政制度安排不仅会影响收入差距、财产差距，也会影响消费差距。在现代科技进步的条件下，人们的生活消费品的质量提高，而价格快速下降，尽管人与人之间收入和财产差距在快速扩大，但人与人之间的消费差距却有缩小的趋势。如果收入主要是用来消费，则消费差距的缩小比收入与财产差距的缩小具有更加重要的实质意义。实际上，政府还可以限制过度消费，这样即使人与人之间收入和财产差距在扩大，但消费差距却在缩小，人与人之间基于消费的福利差距也会缩小，社会公平程度会有所提高。事实上，当高收入群体的过度消费被抑制后，其不能被消费的收入就会转化为投资，如果政府能够通过相关法律法规合理引导投资方向，则经济可能进入更好的发展轨道。因此，在考虑财政支出对收入分配调节作用时，需要考虑财政收入制度、支出制度以及经济增长等中间变量对收入分配、消费和经济增长的影响机制及作用大小。此外，政府可以借助法律法规等措施缩小人与人之间的消费差距，还可以通过引导社会发展伦理，限制过度消费，间接促进社会公平。中国国土面积辽阔，不同地区之间要素禀赋差异较大，即使在完善的市场经济制度下仍然存在部分地区经济发展缓慢、与其他地区发展差距快速扩大的趋势，大力度的财政转移支付，财政对教育、医疗卫生和社会保障的支出以及所得税等税收制度也难以加快这些地区的发展、缩小与其他地区之间的发展差距。为了确保社会稳定，国家有必要在采用常规财政税收政策的同时，借助特殊的财政和其他政策形成的政策组合，加快特定区域的经济发展。

根据大国发展的相关理论与国际经济发展实践，大国的国际贸易依存度相对于小国要低，这意味着大国经济发展到一定的阶段需要形成以国内大循环为主，国际和国内循环相互促进的经济运行机制。在中国经济发展中，发展初期经济发展水平低，居民人均收入水平低、消费能力弱，国内消费品供给只能满足国内消费，装备工业部门产出的中间产品在装备工业部门内部消化，国家是以国内循环为主。在后发优势和大国优势充分发挥阶段，中国通过引进国际资本、技术和管理经验，与国内大规模劳动力和自然资源结合产生了强大的工业品生产能力。与此同时，限于经济发展水平，国内消费能力弱，国内消费难以满足国内生产能力对消费的要求，存在大的消费缺口。由于充分利用了国内廉价的劳动力和自然资源，产品生产成本低，在国际市场上竞争力强，形成了依靠大规模出口来消化国内工业品的供给，又通过大规模进口获得工业品生产所需的原材料、半成品和机械设备等，形成了"大进大出"的经济循环，国内经济运行高度依赖国际市场。在这段时期，中国充分利用国际市场，通过引进国外资本、技术与国内劳动力、自然资源等要素相结合，带来了经济的持续快速增长，同时也使经济增长的周期受到全球经济周期的影响，一定程度上影响了经济增长的稳定性，1997 年东南亚经济危机及其对中国经济影响就是典型的例子。进入 21 世纪后，中国经济发展进入新的发展阶段，很多情况发生了质的变化。其一，要素结构开始出现明显变化。随着人口规模和结构的变化，劳动力人口规模逐渐减少，廉价劳动力优势逐渐减弱；相对于以前的大规模、粗放生产，自然资源、生态环境已经明显出现供给瓶颈；尽管资本仍然是中国经济进一步增长的重要约束条件，但供给情况已经明显改善；一段时期内通过引进国际技术、设备和自主研究开发、积累，技术水平明显提高。其二，随着经济发展水平的提高，人均收入增加，消费能力明显增强，中国开始成为全世界最大的消费市场。其三，在中国经济快速增长并缩小与发达国家的发展差距的同时，发达国家已经开始感受到来自中国的经济追赶和技术水平提高的威胁，如果中国经济继续高速增长，技术水平继续快速提高，发达国家在科学技术上的垄断地位就会受到挑战，一旦失去科学技术上的绝对垄断地位，垄断利润减少，其在国际社会的地位就可能动摇。因此，发达国家集团出于维护其在科学技术和产业链顶端的垄断地位的动机，必然会通过技术封锁、打压等方式阻挠中国科学技术发展。为了阻止中国经济发展，其可能会人为制造障碍，切断中国国民经济运行所高度依赖的全球产业链，这必然给中国经济持续增长带来巨大的负面冲击。为了减少发达国家集团的遏制对中国经济增长的不利影响，中国必须提前采取应对策略。其一，中国应充分利用国内超大市场对生产的超大容纳能力的优势，利用财政扶持政策补齐国民经济体系的短板，强化关键核心技术对国民经济的支撑能力。其二，中国应利用财政政策激活、释放国内消费潜力，拉动供给端的结构优化、升级。其三，中国应同时充分争取有利的国际经济交流机会，营造统一、开放、竞争、有序、互利、共赢的国际经济交流平台，借助国际经济交流平台弥补国内经济的不足，促进中国经济高质量发展。其四，在特殊情况下，中国应树立、强化底线思维，财政政策务必维护国民经济全产业链安全，确保其在极端条件下正常运行。全产业链的底线思维是中国在国际经济循环中避免被发达国家集团"敲竹杠""讹诈""断供"的必要举措，也是中国在国际经济交流中获得有利条件的"筹码"。在防止发达国家集团遏制中国经济持续发展和高质量发展中要处理好利益最大化和风险最小化的关系。放弃国内经济大循环，依靠国际经济循环可能收益更大，但最大的风险就是丧失经济独立性，中断经济发展进程。树立底线思维并采取相应措施可以规避发达国家集团的"敲竹杠""讹诈"，规避中断经济发展进程的风险。补齐国民经济产业链短板，甚至在不具有绝对优势的领域投入大量人力、物力和财力，这确实会导致一部分经济利益损失，但对于保持国民经济持续、稳定发展的目标而言是值得的。要让不具有优势的相关产业链生存下来就意味着财政需要对这些产业链的企业提供必要的支持，需要财政承担一定的损失。这些损失相对于中国经济继续发展需要规避的国民经济风险而言是值得的，也是必须的。部分不具有显著优势的产业如果能充分利用全球最大市场提供的发展机会也会获得较好的发展。

随着中国经济发展水平的提高，经济实力的增强，调整、适应经济全球化也是中国财政制度变革的重要内容。中国作为典型的后发大国，后发优势和大国优势的发挥都有赖国际经济交流与合作。后发优势的源泉一部分就在于国外先进技术和制度，大国优势也需要国际经济交往才能实现。国际经济交流与合作需要借助国际经济交流合作平台。国际经济交流合作平台是由包括国际经济组织、国际经济合作规则、国际交通运输通信等基础设施组成的一个国际公共品系统。有助于国际交流合作的国际公共品的有效提供需要支付一定的成本，成本分摊主要根据一定的规则由相关国家承担。国际公共品类似于但不同于主权国家内部的公共品，国际公共品并不必然满足所有成员都公平消费。国际公共品主要由在世界经济政治中处于主导地位的国家、国家集团从自身利益出发，同时兼顾其他国家利益的原则提供。因此，在涉及国际经济交流合作的公共品的提供中，起主导作用的国家主导的国际经济交流合作相关的公共品也必然主要体现和服务于其国家利益。应该说，中国在后发优势和大国优势充分发挥阶段主要是被动接受发达国家集团主导并提供的国际公共品，确实也在消费这些公共品之中享受了部分后发优势和大国优势，也损失和让渡了部分利益。但是，随着经济发展水平的提高，在国际公共品的生产与消费中中国的角色发生了显著的变化。其一，以美国为首的发达国家集团通过重新谈判、重新制定规则或"退群"的方式要求中国承担更多的国际公共品的生产成本。其二，在后发优势和大国优势充分发挥阶段，中国没有主导国际公共品供给，没有在国际经济规则中充分体现和维护中国的合法权益。随着新发展阶段的到来，为了维护自身的合法权益，中国必须在国际公共品的提供中获得一定主导权，或者主动发起成立某些国际经济合作交流平台，主张维护中国的合法权益。毫无疑问，要在国际经济交流合作等国际公共品中维护中国的合法权益，争取必要的发展权益，就需要财政提供必要的支持。值得注意的是，在国际公共品的提供中承担的成本高低与从中获得的利益多少并不完全对称，国际公共品提供中消费偏好的表达和体现还更多受到相关国家的综合影响力等因素的影响，中国在经济发展水平还不高的情况下要避免承担超出经济发展水平和国家财政实力的负担，尤其要避免发达国家集团转嫁国际公共负担、阻碍中国经济持续发展的情况出现。具体而言，中国应顺应国际政治经济形势，加大国防投入力度，增强维护中国正当权益的能力；积极开展大国外交，团结广大发展中国家，尤其是广大后发大国，建立广泛的国际合作统一战线；积极参与全球性、区域性国际经济合作组织并充分发挥作用，维护中国的正当合法的发展权益。

财政制度变革与财政变革高度相关，财政变革是财政制度变革的内容和实质，财政制度变革是财政变革的形式化表现，财政变革需要借助一定的财政制度来规范和巩固。中国财政变革一方面要反映中国作为典型的后发大国的一定经济社会发展阶段的特殊性需要，另一方面要遵循财政变革的一般规律。财政变革需要借助财政制度安排的变化固定下来。从形式上看，财政制度主要包括财政收入制度、支出制度、政府预算制度、财政管理体制等。随着经济发展水平的提高，财政收入制度变化的趋势是财政收入规模逐渐扩大，财政收入占国内生产总值的比重逐渐提高，之后在一个适当的水平相对稳定下来；作为财政收入主体的税收收入中流转税（货劳税）的比重逐渐下降，所得税、财产税的比重逐渐上升。中国作为典型的后发大国，财政收入中还涉及数额很大的国有资产收益。随着国有资源价值的实现和国有资产经营绩效的提高，来自国有资产收益的财政收入绝对规模有增长的趋势。财政支出制度变化的趋势是财政支出规模逐渐扩大，在经历经济起飞阶段后，经济建设方面的财政支出占财政支出的比重逐渐下降（对于后发大国而言，经济建设支出占财政支出的比重的变化还存在周期性），之后保持在一个较低的水平；科学、教育、文化、卫生支出占财政支出的比重逐渐上升，尤其是在科学技术成为影响一国经济发展潜力的重要因素后，科学技术和教育支出占财政支出的比重较快上升；社会保障支出在经济发展到较高水平后在财政支出中占较高的比重，容易成为财政支出中刚性很强的一类支出；一般国家的军费支出规模在正常情况下保持在一个比较低的水平，但大国军费支出规模较大，占财政支出的比重也相对较高。政府预算制度变化的趋势是财政支出会受到越来越规范的政府预算制度的约束；预算的透明度逐渐提高；社会公众参与财政支出决策和监督越来越充分；所有的财政支出都会逐渐纳入政府预算之中统一规范；追求财政支出绩效是各国预算管理的重要目标。当然，由于各国政治体制、历史文化传统和政治文明发展水平的差异，各国政府预算规范化程度也存在一定的差异。财政管理体制变化的趋势是在合理划分政府整体职责范围的前提下，通过法律明确划分中央与地方政府以及各级地方政府之间的事权和支出责任；根据一定原则划分各级政府的财权（主要是税收的立法权、征收管理权和收入权）；建立有助于平衡各级政府之间和同级的不同政府之间的财力平衡机制。不同规模的国家受到政治经济体制、历史文化传统以及其他因素的影响，中央与地方政府之间的事权和支出责任划分存在较大的差异，尤其是对于幅员辽阔的超大规模国家而言，国内各地区的情况更加复杂，纵向与横向政府之间事权和支出责任的划分更加复杂。从发挥大国优势的角度出发，一方面，由于大国优势主要来源于国内统一大市场及其衍生出的专业化分工、规模化生产的优势，因此要获得大国优势就需要确保中央政府的权威，维护国家的政治统一和国内大市场的统一；另一方面，由于大国内部各地区之间要素禀赋差异大，经济发展水平差距大，要在大国内部实行有效治理就需要赋予不同地区一定的治理权限，使各地区能够根据具体情况因地制宜发展地方经济社会事业。如果各地区的发展完全取决于、依赖于本地区的要素禀赋和发展能力，则要素禀赋差的地区在大国内部就缺乏归属感，甚至会采取分割统一大市场的行为。因此，统一的中央政府必须采取一定力度的财政转移支付促进要素禀赋差的地区发展经济社会事业，缩小地区之间的发展差距，促进地区之间经济结构协调。

中国财政制度变革最重要的就是要调动中央和地方的积极性，处理好不同经济发展水平地区之间的关系。中央政府主要负责制订财政制度改革的方案，统筹规划、协调各级政府之间和不同政府部门之间的关系；地方政府主要负责财政制度变革在本地区的落实。从中国政治经济的特殊性来看，中国的财政制度变革尽管也会涉及不同层级政府和不同政府部门之间的关系，但由于中国中央政府具有远高于其他国家中央政府的权威，由于始终贯彻以人民为中心的发展理念，专注于人民整体的长远利益，作为执政党的中国共产党在全中国人民心目中具有极高的威望，中国的财政制度变迁不仅借助于政府的管理渠道贯彻实施，还借助于中国共产党的组织系统推动财政制度变迁。这些优势使中国财政制度变迁中的基础性制度变革的阻力可以被大大减小，有助于供给主导的财政制度变迁的实施。从制度变迁的具体展开方式看，中国经过长期探索已经形成了典型试点、总结经验、之后逐渐推广的地方发动的制度变迁模式。在制度变迁中充分尊重地方政府的自主权、主动性和创造力，地方政府愿意积极主动参与、实施财政制度变革试点，这使中国需求导向的、诱致性的财政制度变迁容易得到实施。一般而言，供给主导的、强制性的制度变迁主要涉及基础性的制度供给，需要从上到下强制性地推进，可以避免制度体系中的关键性、基础性制度缺失，避免低效制度的长期存在；需求导向的、诱致性的制度变迁主要是适应局部地区或领域为了响应环境变化带来的潜在利益而自发推进的制度适应性供给的制度变迁，这有助于使制度保持对经济社会变化的适应性和活力。供给主导的、强制性的制度变迁与需求导向的、诱致性的制度变迁相互补充可以确保整体制度的生机与活力。中国同时具有供给主导的、强制性的财政制度变迁和需求主导的、诱致性制度变迁的优势，可以确保中国财政制度对经济社会发展具有很强的适应性，使中国经济社会始终保持生机与活力。

参考文献

[1] 安体富, 李齐云. 深化收入分配制度改革的财税机制与制度研究 [M]. 北京: 经济科学出版社, 2018.

[2] 巴里·诺顿. 中国经济: 转型与增长 [M]. 安佳, 译. 上海: 上海人民出版社, 2010.

[3] 白重恩, 蔡昉, 樊纲, 等. 中国经济发展新阶段的机遇 [M]. 北京: 中信出版社, 2020.

[4] 蔡昉, 李培林, 谢寿光. 中国经济改革与发展 (1978—2018) [M]. 北京: 社会科学文献出版社, 2018.

[5] 蔡昉. 中国经济发展的世界意义 [M]. 北京: 中国社会科学出版社, 2019.

[6] 陈宗胜, 钟茂初, 周云波. 中国二元经济结构与农村经济增长和发展 [M]. 北京: 经济科学出版社, 2008.

[7] 陈宗胜. 经济发展中的收入分配 [M]. 修订版. 上海: 格致出版社, 2014.

[8] 陈宗胜. 中国居民收入分配通论: 由贫穷迈向共同富裕的中国道路与经验——三论发展与改革中的收入差别变动 [M]. 上海: 格致出版社, 2018.

[9] 邓力平. 中国特色社会主义财税思考 [M]. 厦门: 厦门大学出版社, 2016.

［10］邓力平.中国特色的社会主义财政:"四位一体"的分析［M］.北京:经济科学出版社,2011.

［11］德隆·阿西莫格鲁,詹姆斯·A.罗宾逊.国家为什么会失败［M］.李增刚,译.长沙:湖南科技出版社,2015.

［12］高培勇.中国财政70年［M］.北京:经济科学出版社,2019.

［13］高培勇,赵学军,彤新春.中国经济70年［M］.北京:经济科学出版社,2019.

［14］H.钱纳里,S.鲁滨逊,M.塞尔奎因.工业化与经济增长比较研究［M］.吴奇,译.上海:上海人民出版社,1995.

［15］何振一.理论财政学［M］.北京:中国社会科学出版社,2015.

［16］H.钱纳里,M.塞尔奎因.发展的型式1950—1970［M］.李新华,译.北京:经济科学出版社,1988.

［17］胡鞍钢.中国政治经济史论1949—1976［M］.2版.北京:清华大学出版社,2008.

［18］华莱士·E.奥茨.财政联邦主义［M］.陆符嘉,译.南京:译林出版社,2012.

［19］洪崎,贾康,黄剑辉,等.战略与路径:迈向2049年的中国——以新制度供给促进创新型国家建设及经济可持续健康发展［M］.北京:企业管理出版社,2018.

［20］姜文学.国际经济一体化的新特征与大国战略［M］.大连:东北财经大学出版社,2009.

［21］贾俊雪.中国财政分权、地方政府行为与经济增长［M］.北京:中国人民大学出版社,2015.

［22］金碚.中国工业发展70年［M］.北京:经济科学出版社,2019.

［23］贾康,刘薇.财税体制转型［M］.杭州:浙江大学出版社,2015.

［24］贾康,刘薇,孙维.深化财税体制改革的战略取向与要领［M］.广州:广东经济出版社,2017.

［25］贾康,刘薇.构建现代治理基础:中国财税体制改革40年［M］.广州:广东经济出版社,2017.

[26] 贾康. 深化收入分配制度改革研究 [M]. 北京：企业管理出版社，2018.

[27] 贾康. 建设创新型国家的财税政策与体制变革 [M]. 北京：中国社会科学出版社，2011.

[28] 贾康，王敏，刘薇，等. 中国财政改革发展战略研究：从"十三五"到 2049 [M]. 北京：企业管理出版社，2019.

[29] 李炁. 农业剩余与工业化资本积累 [M]. 昆明：云南人民出版社，1993.

[30] 李由. 大国经济论 [M]. 北京：北京师范大学出版社，2000.

[31] 李稻葵. 大国发展战略：探寻中国经济崛起之路 [M]. 北京：北京大学出版社，2007.

[32] 李永友. 财政分权、财政政策与需求结构失衡 [M]. 北京：中国人民大学出版社，2012.

[33] 林毅夫. 新结构经济学 [M]. 北京：北京大学出版社，2012.

[34] 刘尚希. 大国财政 [M]. 北京：人民出版社，2016.

[35] 刘尚希，傅志华. 中国改革开放的财政逻辑 1978—2018 [M]. 北京：人民出版社，2018.

[36] 刘守刚. 财政中国三千年 [M]. 上海：上海远东出版社，2020.

[37] 刘元春. 中国新常态宏观经济：机制变异与理论创新 [M]. 北京：中国社会科学出版社，2016.

[38] 刘承礼. 分权与央地关系 [M]. 北京：中央编译出版社，2015.

[39] 楼继伟，刘尚希. 新中国财税发展 70 年 [M]. 北京：人民出版社，2019.

[40] 陆铭. 中国的大国经济发展道路 [M]. 北京：中国大百科全书出版社，2008.

[41] 马海涛，肖鹏. 现代财政制度建设之路 [M]. 北京：中国财政经济出版社，2020.

[42] 迈克尔·波特. 国家竞争优势 [M]. 李明轩，邱如美，译. 北京：华夏出版社，2002.

［43］欧阳峣. 大国经济发展理论［M］. 北京：中国人民大学出版社，2014.

［44］乔宝云. 增长与均等的取舍：中国财政分权政策研究［M］. 北京：人民出版社，2000.

［45］沙安文. 宏观联邦主义与地方财政［M］. 王少康，译. 北京：中国财政经济出版社，2019.

［46］田国强，陈旭东. 中国改革：历史、逻辑和未来（振兴中华变革论）［M］. 北京：中信出版社，2016.

［47］王曙光. 财政税收理论与政策研究［M］. 北京：经济科学出版社，2019.

［48］王弟海. 中国二元经济发展中的经济增长和收入分配［M］. 上海：复旦大学出版社，2019.

［49］王丙乾. 中国财政 60 年回顾与思考［M］. 北京：中国财政经济出版社，2009.

［50］王国清. 财政基础理论研究［M］. 北京：中国财政经济出版社，2005.

［51］文峰. 制度变迁与中国二元经济结构转换研究［M］. 北京：经济科学出版社，2008.

［52］魏后凯，谭秋成，罗万纯，等. 中国农村发展 70 年［M］. 北京：经济科学出版社，2019.

［53］吴敬琏. 中国经济改革进程［M］. 北京：中国大百科全书出版社，2018.

［54］西蒙·库茨涅兹. 现代经济增长：速度、结构与扩展［M］. 北京：北京经济学院出版社，1989.

［55］西蒙·库茨涅兹. 各国的经济增长：总产值和生产结构［M］. 常勋，等译. 北京：商务印书馆，1999.

［56］小艾尔弗雷德·钱德勒. 规模与范围：工业资本主义的原动力［M］. 引野隆志，张逸人，译. 北京：华夏出版社，2006.

［57］亚当·斯密. 国民财富的性质和原因的研究［M］. 北京：郭大力，王亚南，译. 北京：商务印书馆，1972.

［58］姚洋，杨汝岱. 政府行为与中国经济结构转型研究［M］. 北京：北京大学出版社，2014.

［59］杨志勇. 财税现代化大国之路［M］. 上海：格致出版社；上海：上海人民出版社，2018.

［60］杨志勇，杨之刚. 中国财政制度改革 30 年［M］. 上海：汉语大词典出版社，2008.

［61］邹薇，张芬，周浩，等. 中国经济增长与收入差距：理论与实证研究［M］. 武汉：武汉大学出版社，2011.

［62］邹至庄. 中国经济转型［M］. 徐晓云，牛霖琳，石长顺，译. 北京：电子工业出版社，2017.

［63］周黎安. 转型中的地方政府：官员激励与治理［M］. 2 版. 上海：格致出版社，2017.

［64］张培刚. 新发展经济学［M］. 郑州：河南人民出版社，1992.

［65］张军，王永钦. 大转型：中国经济改革的过去、现在与未来［M］. 上海：格致出版社；上海：上海人民出版社，2019.

［66］张馨，杨志勇，郝联峰，等. 当代财政与财政学主流［M］. 大连：东北财经大学出版社，2000.

［67］白重恩，杜颖娟，陶志刚，等. 地方保护主义及产业地区集中度的决定因素和变动趋势［J］. 经济研究，2004，39（4）：29-40.

［68］蔡昉，都阳. 中国地区经济增长的趋同与差异：对西部开发战略的启示［J］. 经济研究，2000（10）：30-37.

［69］陈共. 构建新时代中国特色社会主义财政学［J］. 财政研究，2020（8）：3-11.

［70］陈共. 关于财政学基本理论的几点意见［J］. 财政研究，1999（4）：2-6.

［71］陈工，何鹏飞. 民生财政支出分权与中国城乡收入差距［J］. 财贸研究，2016，27（2）：95-103.

［72］迟诚，马万里. 财政分权对城乡收入差距的影响机理与传导机制［J］. 经济与管理研究，2015，36（9）：19-27.

［73］崔潮. 国家治理财政学：学说渊源、理论基础及主要特征［J］. 河北大学学报（哲学社会科学版），2020，45（1）：88-97.

［74］丁学东. 创新型国家支持科技创新的财政政策［J］. 经济研究参考，2007（22）：2.

［75］董黎明，满清龙. 地方财政支出对城乡收入差距的影响效应研究［J］. 财政研究，2017（8）：43-55.

［76］范子英，张军. 财政分权、转移支付与国内市场整合［J］. 经济研究，2010，45（3）：53-64.

［77］范子英，张军. 中国如何在平衡中牺牲了效率：转移支付的视角［J］. 世界经济，2010（11）：117-138.

［78］方红生，张军. 中国地方政府竞争、预算软约束与扩张偏向的财政行为［J］. 经济研究，2009，44（12）：4-16.

［79］方红生，张军. 中国地方政府扩张偏向的财政行为：观察与解释［J］. 经济学（季刊），2009（3）：1065-1082.

［80］甘行琼，李玉姣，蒋炳蔚. 财政分权、地方政府行为与产业结构转型升级［J］. 改革，2020（10）：86-103.

［81］高培勇. 中国财税改革40年：基本轨迹、基本经验和基本规律［J］. 社会科学文摘，2018（11）：41-42.

［82］高培勇. 中国财税改革40年：基本轨迹、基本经验和基本规律［J］. 经济研究，2018，53（3）：4-20.

［83］高培勇. 新时代中国财税体制改革的理论逻辑［J］. 财政研究，2018（11）：11-16.

［84］高培勇. 论中国财政基础理论的创新：由"基础和支柱说"说起［J］. 管理世界，2015（12）：4-11.

［85］高培勇. 论国家治理现代化框架下的财政基础理论建设［J］. 中国社会科学，2014（12）：102-122.

［86］高培勇，袁富华，胡怀国，等. 高质量发展的动力、机制与治理［J］. 经济研究，2020，55（4）：4-19.

［87］郭庆旺. 论加快建立现代财政制度［J］. 经济研究，2017，52（12）：19-21.

[88] 郭庆旺. 以习近平新时代中国特色社会主义思想指导新时代中国财政理论创新和财政制度建设 [J]. 财政科学, 2017 (11): 22-23.

[89] 郭庆旺, 赵志耘. 中国经济增长"三驾马车"失衡悖论 [J]. 财经问题研究, 2014 (9): 3-18.

[90] 郭庆旺, 赵旭杰. 地方政府投资竞争与经济周期波动 [J]. 世界经济, 2012 (5): 3-21.

[91] 郭庆旺, 贾俊雪. 地方政府间策略互动行为、财政支出竞争与地区经济增长 [J]. 管理世界, 2009 (10): 17-27, 187.

[92] 郭庆旺, 陈志刚, 温新新, 等. 中国政府转移性支出的收入再分配效应 [J]. 世界经济, 2016, 39 (8): 50-68.

[93] 胡佳, 杨运忠. 财政分权及地方政府支出行为对城乡收入差距的影响 [J]. 华东经济管理, 2019, 33 (11): 94-99.

[94] 贺俊, 吴照奂. 财政分权、经济增长与城乡收入差距: 基于省际面板数据的分析 [J]. 当代财经, 2013 (5): 27-38.

[95] 洪源, 王群群, 秦玉奇. 城乡二元经济结构下民生财政对城乡居民收入差距的影响 [J]. 经济与管理研究, 2016, 37 (1): 22-30.

[96] 洪源, 杨司键, 秦玉奇. 民生财政能否有效缩小城乡居民收入差距? [J]. 数量经济技术经济研究, 2014, 31 (7): 3-20.

[97] 胡汉昌, 郭熙保. 后发优势战略与比较优势战略 [J]. 江汉论坛, 2002 (9): 25-30.

[98] 贺颖, 吕冰洋. 行政性分权与地区市场分割: 基于地级市的研究 [J]. 经济学报, 2019 (4): 127-157.

[99] 贾康. 财政学基础理论几项研究成果的梳理 [J]. 中国财政, 2019 (20): 59-63.

[100] 贾康, 龙小燕. 财政全域国家治理: 现代财政制度构建的基本理论框架 [J]. 地方财政研究, 2015 (7): 4-10.

[101] 贾俊雪, 郭庆旺, 高立. 中央财政转移支付、激励效应与地区间财政支出竞争 [J]. 财贸经济, 2010 (11): 52-57.

[102] 贾俊雪, 高立, 秦聪. 政府间财政转移支付、激励效应与地方税收收入体系 [J]. 经济理论与经济管理, 2012 (6): 56-63.

[103] 贾俊雪，郭庆旺，刘晓路. 资本性支出分权、公共资本投资构成与经济增长 [J]. 经济研究，2006，41 (12)：47-58.

[104] 刘勇政，贾俊雪，丁思莹. 地方财政治理：授人以鱼还是授人以渔：基于省直管县财政体制改革的研究 [J]. 中国社会科学，2019 (7)：43-63，205.

[105] 贾俊雪，张晓颖，宁静. 多维晋升激励对地方政府举债行为的影响 [J]. 中国工业经济，2017 (7)：5-23.

[106] 贾俊雪，张超，秦聪，等. 纵向财政失衡、政治晋升与土地财政 [J]. 中国软科学，2016 (9)：144-155.

[107] 贾俊雪，张永杰，郭婧. 省直管县财政体制改革、县域经济增长与财政解困 [J]. 中国软科学，2013 (6)：22-29.

[108] 贾俊雪，余芽芳，刘静. 地方政府支出规模、支出结构与区域经济收敛 [J]. 中国人民大学学报，2011 (3)：104-112.

[109] 贾俊雪. 政府间财政收支责任安排与地方公共服务均等化：实证研究 [J]. 中国软科学，2011 (12)：35-45.

[110] 贾俊雪，郭庆旺. 中国区域经济趋同与差异分析 [J]. 中国人民大学学报，2007 (5)：61-68.

[111] 姜维壮. 关于确立我国财政学理论基础与财政基础理论的几点想法 [J]. 财政研究，2010 (2)：31-33.

[112] 李炜光，任晓兰. 财政社会学源流与我国当代财政学的发展 [J]. 财政研究，2013 (7)：36-39.

[113] 李炜光. 公共财政：现代国家的"哥白尼式转向"[J]. 国际税收，2014 (4)：39-42.

[114] 李炜光. 财政何以为国家治理的基础和支柱 [J]. 法学评论，2014，32 (2)：54-60.

[115] 李俊生，姚东旻. 财政学需要什么样的理论基础？兼评市场失灵理论的"失灵"[J]. 经济研究，2018，53 (9)：20-36.

[116] 李俊生. 新市场财政学：旨在增强财政学解释力的新范式 [J]. 中央财经大学学报，2017 (5)：3-11.

[117] 李俊生，姚东旻. 重构政府与市场的关系：新市场财政学的"国家观""政府观"及其理论渊源 [J]. 财政研究，2018 (1)：20-32.

[118] 李俊生. 财政在我国改革开放进程中的基础功能与支柱作用是如何体现的？对我国改革开放四十年历程的财政理论思考 [J]. 辽宁大学学报（哲学社会科学版），2018, 46 (5)：31-44.

[119] 李俊生，王文素. 再论"财政"："财政"渊源探究 [J]. 财政研究，2014 (6)：8-13.

[120] 李永友. 财政基础理论与新时代的财政使命：基于"财政"一词的解读 [J]. 财政研究，2018 (12)：10-18.

[121] 李永友，张帆. 垂直财政不平衡的形成机制与激励效应 [J]. 管理世界，2019, 35 (7)：43-59.

[122] 李永友. 转移支付与地方政府间财政竞争 [J]. 中国社会科学，2015 (10)：114-133.

[123] 李永友. 财政激励、政府主导与经济风险 [J]. 经济学家，2014 (6)：14-24.

[124] 李永友，沈玉平. 财政收入垂直分配关系及其均衡增长效应 [J]. 中国社会科学，2010 (6)：108-124, 222-223.

[125] 李永友，钟晓敏. 财政政策与城乡居民边际消费倾向 [J]. 中国社会科学，2012 (12)：63-81.

[126] 李永友，沈坤荣. 财政支出结构、相对贫困与经济增长 [J]. 管理世界，2007 (11)：14-26.

[127] 李永友. 多级政府体制下财政支出政策的调控效果：理论与实证 [J]. 数量经济技术经济研究，2009 (1)：45-57.

[128] 李齐云，刘小勇. 分税制、转移支付与地区财政差距研究 [J]. 财贸经济，2009 (12)：69-76.

[129] 李永友. 公共卫生支出增长的收入再分配效应 [J]. 中国社会科学，2017 (5)：63-82, 206-207.

[130] 李永友，王超. 集权式财政改革能够缩小城乡差距吗？基于"乡财县管"准自然实验的证据 [J]. 管理世界，2020, 36 (4)：113-130.

[131] 李永友. 失衡的增长结构与财政制度安排 [J]. 经济理论与经济管理，2010 (9)：41-49.

[132] 李永友. 我国财政支出结构演进及其效率 [J]. 经济学，2009, 8 (4)：307.

［133］李永友. 需求结构失衡的财政因素：一个分析框架 ［J］. 财贸经济，2010（11）：63-70.

［134］李永友，沈坤荣. 中国粗放型增长方式的成因与强化 ［J］. 学术月刊，2009，41（2）：72-80.

［135］李永友，张子楠. 转移支付提高了政府社会性公共品供给激励吗？［J］. 经济研究，2017，52（1）：119-133.

［136］李永友，沈玉平. 转移支付与地方财政收支决策：基于省级面板数据的实证研究 ［J］. 管理世界，2009（11）：41-53.

［137］李永友. 转移支付与地方政府间财政竞争 ［J］. 中国社会科学，2015（10）：114-133.

［138］李玉虎. 经济发展与我国区域税收优惠政策比较分析 ［J］. 现代经济探讨，2012（8）：25-27，42.

［139］李娣，任宇. 新中国70年科学技术进步与创新发展研究 ［J］. 全球化，2020（1）：84-96，136.

［140］李雪松，冉光和. 财政分权、农业经济增长与城乡收入差距 ［J］. 农业技术经济，2013（1）：86-94.

［141］李伶俐，谷小菁，王定祥. 财政分权、城市化与城乡收入差距 ［J］. 农业技术经济，2013（12）：4-14.

［142］李实，赵人伟. 中国居民收入分配再研究 ［J］. 经济研究，1999，34（4）：5-19.

［143］李平，陈萍. 城市化、财政支出与城乡公共服务差距 ［J］. 财经问题研究，2014（9）：64-71.

［144］林毅夫，蔡昉，李周. 中国经济转型时期的地区差距分析 ［J］. 经济研究，1998，33（6）：5-12.

［145］吕炜，张妍彦，周佳音. 财政在中国改革发展中的贡献：探寻中国财政改革的实践逻辑 ［J］. 经济研究，2019，54（9）：25-40.

［146］吕炜，靳继东. 始终服从和服务于社会主义现代化强国建设：新中国财政70年发展的历史逻辑、实践逻辑与理论逻辑 ［J］. 管理世界，2019，35（9）：1-15.

［147］刘晓路. 构建现代财政制度的理论基础：蒂利模型的财政学解读 ［J］. 财政研究，2017（1）：28-35.

［148］刘晓路，郭庆旺. 财政学 300 年：基于国家治理视角的分析［J］.
财贸经济，2016（3）：5-13.

［149］刘晓路，郭庆旺. 国家视角下的新中国财政基础理论变迁［J］.
财政研究，2017（4）：27-37.

［150］刘志广. 财政社会学视野下的财政分权与经济增长：关于中国财
政分权与经济增长的一个初步分析框架［J］. 上海市经济学会学术年刊，
2008（0）：360-371.

［151］刘邦驰. 论中国财政学基础理论之根基［J］. 财经科学，2001
（A1）：102-105.

［152］刘晓路. 财政分权与经济增长：第二代财政分权理论［J］. 财贸
经济，2007（3）：47-53.

［153］刘晓路，郭庆旺. 国家视角下的新中国财政基础理论变迁［J］.
财政研究，2017（4）：27-37.

［154］刘寒波. 空间财政理论：研究方法、核心命题与主要内容［J］.
中国财政，2012（20）：71-73.

［155］刘胜强，朱弯弯. 统筹城乡发展的财政政策：基于"二元"财政
视角［J］. 重庆理工大学学报（社会科学），2010（3）：59-62.

［156］刘晓路. 现代财政制度的强国性与集中性：基于荷兰和英国财政
史的分析［J］. 中国人民大学学报，2014，28（5）：1-10.

［157］龙舟. 我国教育财政制度改革变迁研究［J］. 当代教育理论与
实践，2009，1（4）：7-9.

［158］陆铭. 城市、区域和国家发展：空间政治经济学的现在与未来
［J］. 经济学（季刊），2017，16（4）：1499-1532.

［159］陆铭，李鹏飞，钟辉勇. 发展与平衡的新时代：新中国 70 年的
空间政治经济学［J］. 管理世界，2019，35（10）：11-23，63，219.

［160］陆铭，陈钊. 在集聚中走向平衡：城乡和区域协调发展的"第三条
道路"［J］. 世界经济，2008（8）：57-61.

［161］陆铭，陈钊. 城市化、城市倾向的经济政策与城乡收入差距［J］.
经济研究，2004，39（6）：50-58.

［162］吕冰洋，刘晓路，马光荣. 财政制度、国家治理与经济发展：
第五届中国财政学论坛综述［J］. 经济研究，2020，55（4）：201-204.

[163] 吕冰洋. 官员行为与财政行为 [J]. 财政研究, 2018 (11): 23-27.

[164] 吕冰洋, 毛捷, 马光荣. 分税与转移支付结构: 专项转移支付为什么越来越多? [J]. 管理世界, 2018, 34 (4): 25-39, 187.

[165] 吕冰洋. 从市场扭曲看政府扩张: 基于财政的视角 [J]. 中国社会科学, 2014 (12): 81-101.

[166] 吕冰洋, 台航. 从财政包干到分税制: 发挥两个积极性 [J]. 财贸经济, 2018, 39 (10): 17-29.

[167] 吕冰洋, 贺颖. 分权、分税与市场分割 [J]. 北京大学学报 (哲学社会科学版), 2019, 56 (3): 54-66.

[168] 吕炜, 靳继东. 国家治理现代化框架下中国财政改革实践和理论建设的再认识 [J]. 财贸经济, 2019, 40 (2): 5-19.

[169] 吕冰洋. 现代政府间财政关系的构建 [J]. 中国人民大学学报, 2014, 28 (5): 11-19.

[170] 吕冰洋, 台航. 国家能力与政府间财政关系 [J]. 政治学研究, 2019 (3): 94-107, 128.

[171] 吕冰洋, 郭庆旺. 中国税收高速增长的源泉: 税收能力和税收努力框架下的解释 [J]. 中国社会科学, 2011 (2): 76-90, 221-222.

[172] 吕炜, 许宏伟. 土地财政、城市偏向与中国城乡收入差距 [J]. 财贸经济, 2015 (6): 45-56.

[173] 马珺. 财政学研究的不同范式及其方法论基础 [J]. 财贸经济, 2015 (7): 15-28.

[174] 马珺. 布坎南财政思想中的国家治理理论 [J]. 财贸经济, 2016 (12): 28-37.

[175] 马珺. 财政学基础理论创新: 重要但需审慎对待的诉求 [J]. 财政研究, 2018 (8): 50-61, 75.

[176] 马拴友, 于红霞. 地方税与区域经济增长的实证分析: 论西部大开发的税收政策取向 [J]. 管理世界, 2003 (5): 36-43, 59-154.

[177] 马拴友, 于红霞. 转移支付与地区经济收敛 [J]. 经济研究, 2003 (3): 26-33.

[178] 马光荣, 张凯强, 吕冰洋. 分税与地方财政支出结构 [J]. 金融研究, 2019 (8): 20-37.

[179] 马光荣，郭庆旺，刘畅. 财政转移支付结构与地区经济增长 [J]. 中国社会科学，2016 (9)：105-125，207-208.

[180] 马光荣，杨恩艳. 打到底线的竞争：财政分权、政府目标与公共品的提供 [J]. 经济评论，2010 (6)：59-69.

[181] 齐守印. 论中国特色财政学的理论基础 [J]. 河北大学学报（哲学社会科学版），2018，43 (3)：77-84.

[182] 邱伟华. 公共教育支出调节收入差异的有效性研究 [J]. 清华大学教育研究，2008，29 (3)：20-26.

[183] 史锦华. 基于财政社会学中"中国困惑"的深度思考：兼论中国财政学的构建 [J]. 地方财政研究，2016 (3)：45-50，64.

[184] 孙文杰，薛幸. 财政支出、空间溢出效应与城乡收入差距演变 [J]. 当代经济科学，2016 (2)：69-78，126.

[185] 孙群力. 地区差距、财政分权与中国地方政府规模 [J]. 财贸经济，2009 (7)：56-61.

[186] 陶源. 城镇化与城乡劳动收入差距：基于中国省级面板数据的实证研究 [J]. 经济问题探索，2020 (8)：87-96.

[187] 王能，李万明. 财政分权、城市化与城乡收入差距动态关系实证分析：基于向量自回归模型 [J]. 农业经济问题，2016 (9)：32-41.

[188] 王曙光，金向鑫. 我国区域经济发展差异及其协调的财政政策研究 [J]. 中国行政管理，2014 (9)：97-101.

[189] 王小鲁，樊纲. 中国收入差距的走势和影响因素分析 [J]. 经济研究，2005，40 (10)：24-36.

[190] 王文甫，王召卿，郭枪沂. 财政分权与经济结构失衡 [J]. 经济研究，2020，55 (5)：49-65.

[191] 王丽艳，马光荣. 财政转移支付对地区经济增长的影响：基于空间断点回归的实证研究 [J]. 经济评论，2018 (2)：3-14，73.

[192] 王小斌，李郁芳. 土地财政、城镇化与城乡收入差距：基于1999—2011 年省级面板联立方程的实证研究 [J]. 产经评论，2014，5 (5)：127-138.

[193] 徐建炜，马光荣，李实. 个人所得税改善中国收入分配了吗：基于对 1997—2011 年微观数据的动态评估 [J]. 中国社会科学，2013 (6)：53-71.

［194］熊进. 从财政学到财政社会学：高等教育财政研究的范式转换：以对高等教育项目制的分析为例［J］. 教育学术月刊，2019（9）：3-12.

［195］肖育才，姜晓萍. 财政支农支出对城乡收入差距影响的实证研究［J］. 经济问题探索，2017（11）：35-45.

［196］许毅. 财政学基础理论的理论基础［J］. 财政研究，2000（2）：2-9.

［197］闫坤. 新中国财政学研究70年［J］. 财贸经济，2019（12）：2.

［198］杨晶，邓大松，申云. 产业结构升级、财政支农与城乡居民收入差距［J］. 经济问题探索，2018（7）：130-137.

［199］杨俊，黄潇，李晓羽. 教育不平等与收入分配差距：中国的实证分析［J］. 管理世界，2008（1）：38-47，187.

［200］袁连生. 中国教育财政体制的特征与评价［J］. 北京师范大学学报（社会科学版），2011（5）：10-16.

［201］袁连生，何婷婷. 中国教育财政体制改革四十年回顾与评价［J］. 教育经济评论，2019（1）：11-37.

［202］詹新宇，刘文彬. 中国式财政分权与地方经济增长目标管理：来自省、市政府工作报告的经验证据［J］. 管理世界，2020，36（3）：23-39，77.

［203］张军. 分权与增长：中国的故事［J］. 经济学（季刊），2008（1）：21-52.

［204］张晏，龚六堂. 地区差距、要素流动与财政分权［J］. 经济研究，2004，39（7）：59-69.

［205］张启春. 政府间转移支付与地区财力差距变化［J］. 中南财经政法大学学报，2005（6）：112-116，145.

［206］赵为民，李光龙. 中央财政转移支付缩小了城乡收入差距吗？［J］. 社会主义经济理论与实践，2017（2）：55-56.

［207］周黎安. 中国地方官员的晋升锦标赛模式研究［J］. 经济研究，2007，42（7）：36-50.

［208］周申蓓，夏欣，武翰涛，等. 人力资本、财政农业支出与城乡差距［J］. 统计与决策，2020（14）：141-144.

［209］朱军，许志伟. 财政分权、地区间竞争与中国经济波动［J］. 经济研究，2018，53（1）：21-34.

[210] 朱军. 现代宏观财政理论研究的脉络与启示：兼谈对财政学基础理论创新的借鉴意义 [J]. 财贸经济, 2015 (7)：29-43.

[211] 张军, 高远, 傅勇, 等. 中国为什么拥有了良好的基础设施? [J]. 经济研究, 2007, 42 (3)：4-19.

[212] 朱德云, 董迎迎. 财政支出结构对城乡居民收入差距影响的效应分析：基于包含虚拟变量的省级面板数据的实证分析 [J]. 经济与管理评论, 2015 (3)：125-130.

[213] ATTILA CHIKAN, ERZSEBET K, TUNDE T. Macroeconomic characteristics and inventory investment：A multi-country study [J]. International Journal of Production Economics, 2005 (93-94)：61-73.

[214] DIXIT AVINASH K. Growths patterns in a dual economy [M]. Oxford：Oxford University Press, 1970.

[215] HAYEK F A. The use of knowledge society [J]. The American Economic Review, 1945, 35 (4)：519-530.

[216] PETER N I, SCOTT SCHUH. Productivity and US macroeconomic performance：Interpreting the past and predicting the future with a two-sector real business cycle model [J]. Review of Economic Dynamics, 2007 (10)：473-492.

[217] JING JIN, HENG-FU ZOU. Fiscal decentralization, revenue and expenditure assignments, and growth in China [J]. Journal of Asian Economics, 2005, 16 (6)：1047-1064.

[218] BRUCE LONDON, DAVID A SMITH. Urban bias, dependence, and economic stagnation in noncore nations [J]. American Sociological Review, 1988, 53 (3)：454-463.

[219] GABRIELLA MONTINOLA, YINGYI QIAN, BARRY R WEINGAST. Federalism, Chinese style：The political basis for economic success in China [J]. World Politics, 1995, 48 (1)：50-81.

[220] MUSGRAVE R A. The thoery of public finance [M]. New York：McGraw-Hill, 1959.

[221] OATES W. Fiscal decentralization [M]. New York：Harcourt, Barce and Jovanovich, 1972.

[222] QIAN Y, ROLAND G. Federalism and the soft budget constraint [J]. American Economic Review, 1998, 88 (5): 1143-1162.

[223] YINGYI QIAN, BARRY R WEINGAST. Federalism as a commitment to preserving market incentives [J]. The Journal of Economic Perspectives, 1997, 11 (4): 83-92.

[224] REDCLIEF M R. "Urban bias" and rural poverty: A Latin American perspective [J] Journal of Development Studies, 1984, 20 (3): 123-138.

[225] JONES, GARETH A, CORBRIDGE STUAR. The continuing debate about urban bias: The thesis, its critics, its influence and its implications for poverty-reduction strategies [J]. Progress in Development Studies, 2010, 10 (1): 1-18.

[226] TIEBOUT, CHARLES M. A pure theory of local expenditures [J]. Journal of Political Economy, 1956, 64 (5): 416-424.

[227] TOMMASI M, WEINSCHELBAUM F. A principal: Agent building block for the study of decentralization and integration [Z]. Working Papers, 2011.

后记

本书是西南财经大学中央高校基本科研业务费专著出版与后期资助项目（编号 2020110005）的成果，感谢该项目的资助，感谢西南财经大学出版社的大力支持和帮助。

本书从立项到正式出版经历了将近三年的时间，初稿完成后笔者又对书稿内容做了一定程度的拓展，但临到即将正式出版时笔者还是感到有些不安。特别是最近看了几本关于财政制度演进与经济发展方面的专著后，这种感觉更加明显。本书距离系统、深入研究后发大国财政演进逻辑与路径还有不小的距离，甚至只能算是才刚刚开始，但想到"学无止境"又略感欣慰。人类对真理的追求本来就是一个不断深入、渐进接近真理的过程，本书就是笔者对后发大国财政问题探索的一项阶段性成果。

自从 2005 年开始从事财政理论与实践的教学和研究以来，笔者对财政理论与实践的认识经历了几次明显的转变：第一次是在建立完善中国特色社会主义市场经济体制的背景下从对国内传统财政理论的学习、研究转向西方公共财政理论与政策的研究；第二次是在重点强调突出中国特色财政理论研究的背景下从对西方公共财政理论学习、研究转向重点关注中国特色的公共财政理论与实践；第三次是在构建中国话语体系和坚持"四个自信"的背景下从中国特色社会主义公共财政转向重点关注以中国为典型代表的后发大国财政理论与实践。驱动三次研究视角转变的基本动因是笔者对财政理论研究和财政实践关系认识的深入。从马克思主义哲学的基本观点来看，理论是对客观对象内在运行规律的认识。由于认识主体、客体和认识工具、方法的局限性，人类对真理的认识是一个不断深入的过程，每一个阶段性的认识成果都毫无疑问带有特定认识主体、客体和认识工具、方法的烙印。来自特定认识主体、客体和特定认识工具、方法的认识成果只能是阶段性的、局部性的真理，不能直接用基于特定对象的阶段性和局部性的理论指导所有多样化的经济社会实践。中国特色的社会主义市场经济实际上包含三个层次的内容，即市场经济体制、社会主义市场经济体制和具有中国特色的社会主义市场经济体制。现代公共财政理论是在一定程度上反映了市场经济体制下财政运行内在规律的理论体系。当今主流公共财政理论只是主要反映了英美等发达国家市场经济运行规律的一般规律，并没有全面反映包括发达市场经济国家、转轨经济国家和其他发展中国家市场经济运行的一般规律，更没有穷尽对人类社会发展至今的全面财政现象运动、变化、发展的全部内在规律。社会主义市场经济体制下的公共财政在公共财政存在的经济基础、服务的经济社会发展目标及其所依托的政治制度、历史文化传统等方面明显不同于主流的西方公共财政理论，因此社会主义市场经济体制下的公共财政理论尽管与主流的西方公共财政理论在反映市场经济体制下财政运行规律方面具有共性，但仍存在明显的差异，具有显著的异质性，用主流的西方公共财政理论直接指导多样性、异质性的社会主义国家市场经济下的财政实践必然存在理论和实践的错配问题。中国特色的社会主义市场经济体制是中国经济发展的一个阶段，也是当前我国实行的经济体制，它不仅具有社会主义市场经济的一般性，更具有典型的中国特色。后发大国、社会主义政治制度、特定的历史文化传统以及中华人民共和国成立以后至今所经历的、实行中国特色社会主义市场经济体制之前的经济社会发展实践都是中国特色社会主义市场经济的内在规定性和重要元素，只有把中国特色与社会主义市场经济基本属性有

机结合起来的财政理论才是指导我国当前及今后一段时期财政经济与社会实践的正确理论。正是基于上述认识，结合笔者对财政理论与中国经济社会发展的相关理论及感性认识才有了这本即将问世的专著。

在此还需要说明一点，书中提出了我国财政制度变革滞后于经济体制转变和经济发展阶段的推移是较长时期内我国财政制度演进的重要特征，这在一定程度上影响了我国后发大国优势的发挥。在理论上，财政制度与经济体制和经济发展阶段应该精准匹配，同步演进，但事实上财政制度的演进或变革受到诸多因素的影响和制约，很难做到与特定经济发展阶段、经济体制的及时、精准匹配。财政制度的变革或演进除了受到书中提及的一般的制度供给与需求适应的规律影响之外，还受到"挑战与应对"机制的影响，当政府意识到现存财政制度已经面临危机需要对财政制度进行变革时，还需要考虑到财政制度供给能力、制度变革阻力、制度变革时机等因素，这些客观因素具有不以人的主观意志为转移的属性，是导致财政制度变革滞后于经济体制转变和经济发展阶段推移的一个重要原因。当然，影响财政制度变革的客观因素的变化方向也受到主观能动性的影响，如果政府尤其是中央政府具有高效的决策机制，具有强大的统筹经济社会发展和统筹各级政府、各方面力量的能力，财政制度变革的自觉性会明显增强，财政制度与经济体制和经济发展阶段相匹配的精准性和及时性会更强，后发大国潜在优势会得到更好、更充分的发挥。

理想是丰满的，现实是骨感的，受笔者理论水平、社会阅历、研究能力和表达能力的限制，书中肯定存在各方面的问题，恳请读者批评指正。

在本书完成之际，笔者要深深地感谢我的博士研究生导师廖君沛教授、硕士研究生导师袁仕勇教授和已逝的硕士研究生导师李以国教授等老师。李以国教授和袁仕勇教授是笔者攻读马克思主义哲学硕士研究生学位的导师，笔者从他们那里学习到的马克思主义哲学的基本理论和养成的思维方式一直指导笔者的科学研究和教学工作。廖君沛教授指导笔者研究中国二元经济结构转换问题，正是在中国特色的二元经济结构转换理论和实践的探索中的不断深入、拓展才让笔者逐渐将研究重点聚焦于典型后发大国经济社会发展和财政制度演进这个研究方向。习近平总书记提出构建以国内大循环为主体、国内国际双循环相互促进的新发展格局的战略构想对中国特色后发大国经济社会发展理论和财政理论研究带来了新的机遇与挑战。

笔者还要深深地感谢已经离世的父亲和母亲，他们都是典型的、普通的中国农民，他们是为中国特色后发大国经济社会发展默默奉献的那个群体的典型代表，他们承担了巨大的国家发展成本，为国家发展做出了很大的牺牲。父亲和母亲是普通的、平凡的，也是伟大的，他们教育笔者要老老实实做人、实实在在做事，所作所为要对得住自己的良心，做一个有良心的人。笔者一直牢记双亲的教诲，虽然一度困惑于变化的学术活动和学术氛围，但笔者认为认认真真地研究值得研究的真问题，立足中国经济社会发展开展研究，是笔者该做的、能做的事。

笔者还要感谢笔者的妻子和女儿，绝大多数在家的时间笔者都在阅读杂乱的书籍，没能陪妻女游览祖国的大好河山。笔者对此深表歉意，更感激妻女对笔者学习和工作的理解与支持。

2022 年 8 月于西财学府尚郡